宁波大学哲学社会科学著作出版资助

中国公众史学丛书

钱茂伟 著

当代中国家谱编修理论与技术研究 上

中国社会科学出版社

图书在版编目（CIP）数据

当代中国家谱编修理论与技术研究：全二册／钱茂伟著. -- 北京：中国社会科学出版社，2024.11.
（中国公众史学丛书）. -- ISBN 978-7-5227-4502-2

Ⅰ. K810.2

中国国家版本馆 CIP 数据核字第 2024X5R617 号

出 版 人	赵剑英
责任编辑	吴丽平
责任校对	冯英爽
责任印制	李寡寡

出　　版	中国社会科学出版社
社　　址	北京鼓楼西大街甲 158 号
邮　　编	100720
网　　址	http://www.csspw.cn
发 行 部	010-84083685
门 市 部	010-84029450
经　　销	新华书店及其他书店
印　　刷	北京明恒达印务有限公司
装　　订	廊坊市广阳区广增装订厂
版　　次	2024 年 11 月第 1 版
印　　次	2024 年 11 月第 1 次印刷
开　　本	710×1000　1/16
印　　张	59.5
字　　数	1022 千字
定　　价	298.00 元（全二册）

凡购买中国社会科学出版社图书，如有质量问题请与本社营销中心联系调换
电话：010-84083683
版权所有　侵权必究

杨冬权

对新修家谱全面而又系统的研究

2022年11月，应老同学徐建华教授之邀，参与萧山图书馆主办的学术研讨会。会上，结识来自宁波大学的钱茂伟教授。当时，钱教授的公众史学与口述史报告，给我留下了深刻的印象。近钱教授新作《当代中国家谱编修理论和技术研究》即将付印，嘱我作序。这是本专门研究新中国成立后新修家谱的专著，我对新谱并无研究，但考虑到本人与中国新修家谱又有一点关系，所以勉为其难，成此序言，或可对本书的研究提供一点背景资料或趣闻轶事。

我同新家谱的关系，起源于1982年我到国家档案局工作以后。这年年初，我从南京大学历史系毕业，分配到国家档案局的档案馆业务指导处（简称二处）工作。由于家谱也是家族的档案，它与档案密切相关，因此，1980年初，国家档案局在中国大陆范围内调查过各藏书单位的家谱收藏情况，共获家谱目录4000余条。我虽然是学历史的，但从未见过家谱，不过出于专业兴趣，有时晚上我还是会翻看这些目录，发现偶尔也有新中国成立后新编的家谱。这是我第一次知道新修家谱的存在。

1983年下半年的一天下午，南开大学历史系教授冯尔康先生，偕同中国社会科学院历史研究所图书馆馆长武新立先生，到我们处来，同我的处长郝存厚先生商谈联合编修全国家谱综合目录的事，他们三人一拍即合。因为我是学历史的，处长就让我来具体负责。之前，我读过《中国地方志联合目录》一书，所以，我就确定按照那本书的样子来编这本书，并确定要尽量收全，一网打尽，把全国各个档案馆、公共图书馆、高校图书馆、博物馆、文管会及其他收藏单位收藏的家谱都收录进来。为此，第一步必须起草一个向各单位征集家谱目录的通知。当时，我得知征集公共图书馆和博物馆的目录，要征得文化部公共图书馆处和博物馆处的同意；征集高校图书馆的目录，要征得教育部所属全国高校图书馆协调委员会的同意。于是，我在阅读了一些古代的家谱及有关家谱的文章后，起草了一个通知稿。然后，多次到有关单位，征求他们的意见。最后，终于在1984年11月20日发出了国家档案局、教育部、文化部。意想不到的是，这个通知的下发，竟然大大促进了全国各地的新修家谱。在这之前，由于受"文化大革命"中极"左"思潮的影响，很多人认为家谱是封建遗物，不敢公开新修或续修。但这一下，中央国家机关三个部委联合发文，公开征集家谱目录，并在文件中明确指出："（家谱中）蕴藏着有关人口学、社会学、民族学、民俗学、经济史、人物传记、宗族制度以及地方史的资料，它不仅对开展学术研究有重要价值，而且对当前某些工作也起着很大作用。"这个文件为人们打破了思想枷锁，打消了思想顾虑，让人们得到了"尚方宝剑"。文件发出后，我们不断接到电话，要求给他们寄送这个"红头文件"，以便学习和利用。一直到2014年，还有人到中央档案馆的政府公开信息查阅处，要求复印这份文件。

2019年，我到家谱收藏者励双杰家里，看到了一些前些年新修的家谱。我打开后，发现开头印的，就是这份文件。我笑着问他："你知道这份文件是谁起草的吗？"他说："不知道。"我说："远在天边，近在眼前。"我们都哈哈大笑起来。这时我才明白，人家是把这份文件当做"尚方宝剑"和"护身符"，来证明家谱是好东西，不是坏东西；新修家谱是正当的、国家允许的，不应该打压和禁止。

2024年10月，我在河南老家家谱馆，看到他们把这份文件放得很大，挂在家谱馆里。他们告诉我，每次向学员培训修谱，都要学习和解读这份文件。看来，这份文件又成为新时期家谱编写者们的广知文件和必读文件了。

由上可见，我和新修家谱，确实还是有一点关系和缘分的。

正如本书提到的，《中国家谱综合目录》于1990年6月编成，1997年9月由中华书局出版。为了起草通知的附件，即本书的编辑凡例，我看了几十种旧谱，研究它们的内容与版本。通知发出后，我又争取到国务院古籍出版规划小组为目录出版资助1万元。我还到部分报送单位核实家谱目录，到个别未报送单位抄录其已开放的家谱目录，和同事们一起抄写目录卡片，并按地区排列卡片，一起抄写书稿。我在统完书稿后，又撰写了书的前言，并统一校对了全部

对新修家谱全面而又系统的研究

书稿。特别是在这过程中，我开始了中国家谱史的研究，并撰写了一系列论文。

钱教授在书中提到了中国谱牒学研究会编辑的《谱牒学研究》丛刊。丛刊第1期，发表了我写的《中国家谱起源研究》一文。该文依据考古学、民族学、民俗学等资料，对之前谱学界关于家谱的宋代起源说、战国秦汉起源说、周代起源说作了辨证，指出：中国家谱的起源，远远早于周代，除了以文字的形式开始出现于我国文明的开端时代外，还曾以结绳的形式、口头传诵的形式等，存在于文明时代以前的漫长时代里。具体地说，它是母系氏族时代的产物。文中还列举出古籍记载中的上古世系，商代甲骨文和金文中的世系，少数民族中遗传的结绳家谱、口述家谱、母系家谱等。这一原创性的新观点，在中国谱学界和世界谱学界都是独有的、开创性的。今天，它已成为中国谱学界的共识。

对家谱起源的研究和上溯，第一，填补了我国家谱发展史研究中对周代以前和文字形式以前的家谱研究的空白，找出了我国家谱的原始形式和家谱在文字产生以前的起始环节，从而完整了我国家谱的发展演变史。它为钱教授这本书所研究的新修家谱，找到了最早的源头。

第二，找到了自有文字产生以来，我国这个多民族国家中一直与文字家谱并存的、文字形式以外的其他形式的家谱，揭示了我国家谱有多种形式以及这多种形式的家谱在历史上长期并存这样的事实，从而扩大了我国家谱和家谱研究的范围。它为钱教授这本书中研究的各种形式家谱，补充了新的形式。

第三，它揭下了长期贴在家谱上的封建标签，证实了家谱存在的普遍性。指出，家谱是人类共同的文化形式或文化现象。它为钱教授这本书研究的新修家谱，消除了顾虑，打开了闸门，并为他们揭示出共同的本质——它们本质上都是人类的一种文化形式或文化现象。无论是原始的、古老的各种家谱，还是当代新修的各种家谱。

该丛刊的第2、第3、第4辑，还分别发表了我的论文《周代家谱研究》《汉代家谱研究》《六朝时期家谱研究》。这些论文分别研究了各时代各种家谱的编撰；家谱的作者、体例、内容、格式；谱学著作、谱学家、学谱兴盛的原因、谱学在史学中的应用、谱学同史学的关系等。这些都可以找到钱教授本书中许多内容的源头及流变，可以成为本书的扩展或延伸，成为本书的知识链接。

钱教授的这本书，对新修家谱做了全面而又系统的研究，并从新谱编修的指导思想、体例、内容、形式、编修队伍、编修经费、出版等方面，给出了示

当代中国家谱编修理论与技术研究

范性案例，作出了指导，提供了指南。因此，本书既是新中国时期新编家谱的全面、系统、深刻的总结，又是对今后新编家谱的综合、明确、实用性指导。它不仅是一部系统总结家谱编修理论的学术巨著和科研力作，而且是一部为新编家谱提供新鲜案例和具体指导的实用工具和操作指南。它不仅为人们研究和了解新中国家谱，提供了大量史料和实际案例，而且将会促进全国家谱编写者们用新观念、新体例、新格式、新手段去编出具有新内容的家谱，促进家谱上质量、上水平、上高度、出精品。这不仅是家谱编修的一个利好，而且是中国史学的一个利好。因为大量好家谱的出现，会让地方史和国家史都具有更丰富的内容和更坚实的基础。因此，这本书既是一部谱学著作，也是一部史学著作；不但对谱学编修者有参考价值，而且对史学工作者也有参考价值；不仅谱学界应该庆贺，而且史学界也应该加以庆贺。本人作为学习历史又对新谱编修出过微力的人，理当应命作序，为本书的内容补些余料，为本书的问世而呼一口号，为本书的出版而致一敬意。

2024 年 11 月 10 日于北京典兰台书房

徐建华

在家谱实践中进行家谱理论思考

去年底，茂伟兄大作杀青，蒙他不弃，索序于余。我因不长于此，且自忖为人作序，乃名家所为，茂伟兄成名已久，圈内地位远高于我，倘序中有言不及义或评价不到位之处，难免有佛头着粪之虞，即婉言谢绝。无奈茂伟兄言辞恳切，青眼狂抛，使我一时把持不住，慨然应允。然系统读完上下两册的《当代中国家谱编修理论与技术研究》之后，极为震撼，恍惚之余，竟感觉无从置喙，无法下笔，不禁为当初的草率后悔不已。可茂伟兄却不以为意，不时催促，屡屡提示。今出版在即，再拖恐误茂伟兄大事，故不揣冒昧，勉力一为。茂伟兄阅后訾我友我，在所不计。

我是在我的学术流浪期不自觉地进入家谱领域的，至今已近40年，虽屡有言论，但严格来说，对这个领域，基本上还是处于不是很明白、很理解的状态。细细想来，原因大致有两个：

一个是家谱虽然在古今文献类型中的普及率、影响力和知名度均较高，但却是一个比较复杂且不易说清的类型。因为从家谱形成过程和发展历程来看，经历过一个由政府把控，具有鲜明政治色彩，起到保障政治稳定、血统纯净、地位延续、权力更替、财产继承的作用。之后又从天堂跌落民间，成为各家族不轻易示人而内涵家族历史上有和没有荣光的带有某种自嗨或自娱自乐的文献。由于不同时期家谱的侧重点不一样，同一时期不同家族、不同编制者理解的不一致，再加上存续的时间段很长，一个时代有一个时代的倾向，致使古今家谱文献的内容、结构和水平参差不齐，很难用一个标准来进行衡量。

另一个是家谱领域参与者的角色和成分比较复杂，大致归纳一下，基本有

当代中国家谱编修理论与技术研究

研究者、收藏者和编修者三大类，而每一类又可加细分。在这其中，专门的研究者不多，水平大致均等，偶尔客串者差距就大了。收藏者分图书馆的公藏守护者和个人私藏者，图书馆公藏中除上海图书馆等少数单位之外，水平严重分化，且大多守阙于一得之见；私藏者由于收藏数量的多寡，容易囿于个人收藏而致使眼界有限。编修者成分最为复杂，除当年孔姓、叶姓、邱姓不计成本修总谱而聘请专家之外，其余的一家一姓的普通家谱，主修者多为当地有热情、有一定社会地位、有一点文化、有一些社会活动能力或曾经有一点权力的诸如退休的中学校长、县里面的局长之类，凭着对本家族祖先的热情和对家谱文献一知半解、自以为是的理解，照猫画虎，毫无章法，大胆率性而为；也有一些素有大志者，东拉西抄，起手就是编姓氏总谱或联宗谱；除此之外，在江浙、江西一带，还有专门为他人代修家谱的谱师，凭着一点师承，匠气十足；当今之世，更有专门印刷家谱者积久病而自认为成良医者，也来指导修谱；诸如此类，不一而足。最有意思的是，这些在家谱领域承担不同角色者，彼此间却畛域分明，互相看不上，难有来往。以在下为例，除在《孔子世家谱》编修中与台湾廖庆六先生作为常年顾问之外，孔德墉先生还请过业师戢龛先生和南开冯尔康先生到济南帮助审定文稿；深圳叶家和邱家也与在下保持较为密切联系；其他家族，不知是我还是他们，则没这份幸运。另以我亲历过的几件事，也可略见一斑：21世纪初，我为写作《中国的家谱》需要，想了解民间修谱现状而参加了徐姓借湖南省图书馆召开的一次宗亲会，被时任湖南省图书馆古籍部主任的寻霖兄斥之为"学院派为何参与江湖行为，这是自甘堕落"；同是世纪初，国家图书馆曾组织过一次家谱研讨会，组织者借主场之利，对安徽大学的赵华富老先生从井底之蛙的一己之见角度进行百般学术纠缠，没完没了，被我见不过呵斥而止，我亦从此不再参加国图古籍部组织的其他相关学术会议。

这些状况带来的直接后果是不同群体之间缺乏平等而有效的交流，这既不是没有机会，或者有物理隔绝，而是彼此间身份决定的。即使有人来组织不同群体同时与会，也基本上鸡同鸭讲，各说各话，难以进行深入沟通，这既令人十分困惑，也是十分可惜的。

其实，如果仔细考察一下自改革开放以来我国的家谱领域，每一个方面都还是有可称道之处的。尤其是进入新世纪之后，在家谱的诸多领域，都发生了带有颠覆性的变化。譬如家谱收藏，以各类型图书馆（包括天一阁博物院在内的博物馆、档案馆）为代表的公藏机构，不仅系统收集、补充旧家谱，入藏新家谱，整理、编制本馆的馆藏家谱目录，还在上海图书馆的带领下，系统而基本完整地编制了记录海内外公私收藏的联合提要目录——《中国家谱总目》，大致摸清了当今存世的旧家谱底数，使得公藏家谱的服务从记录、整理提升到数字化阶段；私藏中的优秀者如慈溪励双杰兄在条理、出版家藏旧家谱中多有心得，普惠学林与家谱界，常州朱炳国兄在整理收藏的同时不忘研究、宣传与普及家谱知识，其连续出版的《谱牒文化》在圈内影响很大。又如家谱的编制方，除了存在专门的谱师代劳之外，谱师也在与时俱进，学习和推出新的格式和形式；家族修谱，能请专家的请专家，不能请专家的也注意参加培训与学习。目前家谱界最活跃的当属在郑州的"老家河南家谱馆"，从印刷家谱入手，到收集新家谱，再到组织专家评谱和办班指导修谱，目前已连续10年举办了全国范围内的家谱展评大会，举办了20多期家谱培训班，收藏新家谱超过2万部。与此同时，政府对于宗亲会和家谱编修、出版也持相对容忍和宽松态度，如福建、河南两省由于统战与寻根需要，都有政府的参与，其他省份，虽然政府没有直接参与，但也能看到政府机构的痕迹。

具体到家谱研究方面，也是成果丰硕。仅以国家社科基金资助项目为例，据不完全统计，自2014年以来的10年里，共批准了6项重大课题，7项重点项目，25项一般、西部和青年项目。2014年之前也有3项重大课题，2项重点项目，9项一般、西部和青年项目。学科涉及民族学、中国历史、世界历史、中国文学、图书馆·情报与文献学5个领域，且知名学者也不少（见下表）。

国家社科基金项目家谱类项目表

序号	学科	类型	名称	编号	备注
1		重大	两岸关系族谱资料数据库建设	17ZDA214	谢必震
2		重大	编纂《1949年以来中国家谱总目》	18ZDA329	王鹤鸣
3		重大	华侨谱牒搜集整理与海上丝绸之路研究	18ZDA187	林枫
4		重大	辽金西夏金元族谱文献整理与研究	19ZDA200	王善军
5		重大	三到九世纪北方民族谱系研究	20ZDA212	韩昇
6		重大	当代中国公众历史记录理论与实践研究	19ZDA194	钱茂伟
1	民族	重点	中国古代彝文谱牒整理翻译与研究	14AMZ002	王继超
2	中国文学	重点	现代中国"革命文学"社群结构与作家谱系研究	14AZD080	杨洪承

续表

序号	学科	类型	名称	编号	备注
3	中国历史	重点	当代中国家谱编修理论与技术研究	17AZD023	钱茂伟
4	民族	重点	少数民族原始形态口传家谱的抢救与整理	17AZD021	王鹤鸣
5	中国历史	重点	中古氏族谱文献的整理与研究	18AZD025	范兆飞
6	中国历史	重点	明代徽州家谱中的乡村史料整理与研究	22AZS010	徐彬
7	中国历史	重点	明代江南地区家谱文献的分类整理与专题研究	22AZS009	卞利
1	中国历史	一般	东北民间八旗谱牒文献收集整理与研究	14BZS012	许淑杰
2	民族	青年	苗族谱牒《龙氏迪光录》研究	15CMZ020	胡展耀
3	中国历史	一般	回族家谱文献考述	15BZS011	张詠
4	中国历史	一般	明清西南边疆汉族移民家谱搜集整理与研究	17BZS099	康丽娜
5	中国历史	一般	明清以来徽州家谱所录文书整理与研究	17BZS144	董家魁
6	民族	青年	黔中屯堡家谱的收集、整理与利用	17CMZ008	傅慧平
7	中国历史	外译	中国家谱通论	18WZS025	吴钵
8	图书馆	青年	仡佬族家谱抢救性搜集与整理研究	18CTQ009	宋汉瑞
9	中国历史	青年	贵州清水江流域家谱整理与研究	18XZS007	龙泽江
10	民族	西部	月亮山地区苗族口传形态家谱的抢救性搜集、整理	18XMZ023	胡雪芳
11	中国历史	一般	西南土司家谱收集整理与研究	18BZS140	田书清
12	新闻学	一般	"一带一路"背景下东盟国家华侨华人谱牒跨文化	19BXW075	邢永川
13	图书馆	青年	我国传统彝文家谱的内容挖掘与可视化方法研究	19CTQ011	叶康杰
14	中国文学	一般	知青文学作家谱系研究	19BZW152	车红梅
15	中国文学	一般	家谱所见宋代文学文献整理与研究	19BZW080	梅华
16	中国文学	一般	清华学派戏剧家谱系、风格及影响研究	19BZW133	杨婷
17	中国历史	青年	明清华北门型族谱修撰与乡村社会变迁研究	20CZS064	任雅萱
18	中国历史	一般	明清家谱修撰与西南蒙古人历史研究	20BZS139	宏英
19	中国历史	一般	民族融合视角下清代满族家谱的修撰与社会变迁研究	20BZS058	孙明
20	图书馆	一般	基于中原地区家谱的中华优秀家风、家训搜集、整理	20BTQ012	谢琳惠
21	中国历史	一般	河湟地区家谱收集整理与区域社会变迁研究	21BZS137	张生寅
22	民族	一般	西南少数民族家谱书写与中华文化认同研究	21BMZ022	罗凌
23	民族	一般	元代西域内迁少数民族族谱中的多民族交往交流	22BMZ115	杨绍固
24	民族	西部	云南边境少数民族家谱编修与筑牢中华民族共同体	22XMZ040	王晓艳
25	图书馆	一般	江南民间稀见明清家谱整理与研究	23BTQ028	赵宣
1	世界历史	重大	波斯文《五族谱》整理与研究	10zd&116	王一丹
2	中国历史	重大	中国南方少数民族家谱整理与研究	10zd&114	陈支平
3	中国历史	重大	千年徽州家谱与社会变迁研究	11&ZD009	周晓光

在家谱实践中进行家谱理论思考

续表

序号	学科	类型	名称	编号	备注
1	图书馆	重点	北方少数民族家谱整理与研究	11ATQ004	王华北
2	中国历史	重点	基于宦谱家谱诰敕谕旨等的土司制度研究	12AZD078	龚荫
1	中国历史		中国家谱总目	01EZS001	王鹤鸣
2	民族	一般	哈萨克族谱系研究	06BMZ027	亚森 库马尔
3	中国历史	一般	东北地区民间满族谱牒的调查、抢救、整理与研究	08BZS052	于鹏翔
4	中国历史	一般	中国家谱史	08BZS045	王鹤鸣
5	中国文学	后期	族谱所见文学批评资料整理研究	10FZW017	张廷银
6	民族	一般	苗族口传家谱调查研究	12BMZ033	李锦平
7	图书馆	一般	中国少数民族家谱目录	12BTQ029	陈建华
8	图书馆	西部	白族家谱整理与研究	13XTQ014	何俊伟
9	图书馆	一般	河洛地区名人家谱收集、整理与研究	13BTQ038	谢琳惠

仔细分析完这些题目，我开始有点明白。国家社科基金资助的研究项目，代表着国家层面对本领域学术的认同，而这些题目所涵盖的诸如对古今不同文种、不同时代、不同类型、不同地区、不同民族家谱的调查、收集、整理与研究，包括编制目录、文化认同、数据库建设等，对家谱中某种特殊资料的整理与研究，包括家风、家训、文学批评资料、某朝文学资料、稀见家谱、社会变迁，以及基于家谱的对古代某种政治制度如土司研究，对铸牢中华民族共同体、中华文化认同、海上丝绸之路等的研究。既有宏观的整体而系统研究，也有微观的具体单谱研究，其学术价值和意义自不待言。然而，落实到当今蓬蓬勃勃的民间修谱的大潮中，又难免有卿居象牙塔之巅，其奈我何，干我底事之慨。家谱学术界与广义的家谱业界的藩篱，大约就是在这不知不觉中形成了，这大约就是我长期涉足家谱界却对这个领域不是很明白、很理解的原因之所在。

然而我忽然发现，在20多年国家社科基金资助的有关家谱领域的科研项目中，只有茂伟兄的题目与众不同，为"当代中国家谱编修理论与技术研究"，且列入2017年重点支持课题行列。茂伟兄学养深厚，曾师从仓修良、盛邦和教授，尤长于明代学术、区域史学、史学理论、史学史、历史文献学等，著述良多，获奖无数，为人景仰。2011年即获国家社科基金后期资助项目"明代的科举家族：以宁波杨氏为中心的考察"，2013年又以"中国公众史学研究"为题再获国家社科基金后期资助项目，2019年，以首席专家身份，主持"当代中国公众历史记录理论与实践研究"课题荣获国家社科基金重大项目资助，成果卓著。

由此亦可看出茂伟兄与我等家谱领域研究者不同之处在于我们是就家谱研究家谱，且以存世的旧家谱为主，对于当今新家谱的编修和进展，难免有隔靴搔痒的隔膜感。而茂伟兄则古今一体，旧家谱研究紧紧抓住断代史学和区域学术，以新史料的形式厕入，有的放矢，高见迭现，既深入了相关学术研究，又展示了旧家谱的价值；对于新家谱，茂伟兄早在21世纪初，就已经将其纳入家谱的理论研究，尤其是将新编家谱纳入他自己的历史学的民间视野之中。他整合了梁启超与20世纪60、70年代以来兴起于美国的一种史学派别公共史学，开创了中国公众史学的范畴，并努力推广，使之成为大众之学，成果显著。2013年以"中国公众史学研究"课题获得国家社科基金后期资助，2019年，又以"当代中国公众历史记录理论与实践研究"课题获国家社科基金重大项目资助，在这其中的2017年，"当代中国家谱编修理论与技术研究"列入重点支持课题行列，由此足见茂伟兄对于如何指导当代新家谱编修的所有思考都是在中国公众史学的理论与实践的范畴之内开展的，也就是说，将当代新家谱的编修行为上升到一个相对完整的理论与实践范畴之中进行考察，自然就大大提升了新家谱编修的整体研究的理论性，更增强了理论的说服力和措施的可操作性。

茂伟兄在我等家谱研究者中一直是独树一帜，也是最接地气的。他以浙江为中心，依托他的公众史学研究中心，在国内能够顾及的地区，在研究旧家谱自身及其对区域文化的贡献与价值之外，持续关注新修家谱领域，抑或是直接在新修家谱领域耕耘，乐此不疲。在他主持的"公众史学"微信公众号上，我们可以看到大量这样的例子：如考察当今新修家谱存在各种状况的"修谱见闻"，内容多到超出一般人想象；对于新修家谱的认知与思考，也超出一般学者，包括新家谱的编修要点，新家谱的编修如何体现和加强党的领导，如何让新修家谱中的人物描写如何鲜活起来；同时还认真关注传统家谱文化如何完成现代化的转型，不仅关心女子入谱，更关心女子后代如何入谱；对于城市化背景下如何修谱也有心得，详解修谱流程；连续多届办会、办班，指导修谱；关注新的家谱形式——行政村联姓通谱——村谱；编制家谱续修应用软件；加强修谱队伍的规范管理，对专业谱师进行认证、考核、评审、定级；组织、成立浙江省百姓家谱文化研究会，修谱指导委员会，并在各地设置联络站；主持制订浙江省家谱编修与出版标准等等，不一而足。所有这一切，都是茂伟兄近年来进行新旧家谱思考和研究的一小部分，令人感动。

《当代中国家谱编修理论与技术研究》是茂伟兄2017年国家社科基金资助的重点课题的结项成果，大概也是全国社科规划办立项的第一个专门研究当代中国家谱编修的重点项目，意义显著，示范作用明显。结项之后，又经过2年的打磨，日臻完善。全书除导言外共16章，前5章是理论部分，茂伟兄在对古今家谱编修历史进行了较为翔实回顾的基础上，指明了家谱编修的意义和作用，同时对当下家谱编修的观念、方法以及相关问题进行了细致的总结；从第6章开始进入修谱的具体探讨，包括编修主体，编修方法与流程，不同类型家谱的编修状况，网络化等进行阐述。第12章开始是茂伟兄对当代家谱编修完成以后，可能会产生的问题进行的分析与研究，包括长效机制，党的领导，编修队伍建设与管理，质量标准，家谱行业组织，新修家谱的信息管理机制，健康家谱文化的推广路径等等，均有明晰的思考，且给出的措施创造性强。全书紧紧扣住新家谱的编修、生产过程，条分缕析，结构清晰。尤其是书名舍"编纂"而用"编修"，更接地气，通俗易懂，茂伟兄能够如此自放身段，实属难得。

茂伟兄大作的出版，实际上是为未来一个时期的家谱研究，开辟了一条更加贴合实际的学术之路，其筚路蓝缕、以启学林之功，当为后来者所铭记。我坚信，随着茂伟兄大作的面世，国内的家谱领域，必将发生重大变化，铲除藩篱，使得不同群体之间的学术融合与交流，互相学习，相互促进，成为常态，使得我在文初所感存在的疑惑，成为过去。同时还衷心希望，茂伟兄在学术上（包括家谱领域）还能够再上层楼，不断地给我们以学术惊喜。

是为序。

2024年11月于南开园

潘捷军

《当代中国家谱编修理论与技术研究》与中华族谱传统文化的传承弘扬

钱茂伟教授作为史志大家仓修良先生的高足，在全国史志学界历来深具影响，近年来他又深耕于谱牒学研究领域且成果丰硕。尤其作为国家社科基金重点项目，这本《当代中国家谱编修理论与技术研究》，既反映了目前家谱理论研究的最新进展状况，同时也代表了这一领域的最高学术水平。此言并非溢美之词，由于我长期从事地方史志的管理与编研工作，近年来又参与了不少与家谱文化的相关工作，因此对这一事业相对较为了解。但我毕竟未直接从事过家谱编修工作，在学术上也只是略有所知而已，因而写这篇文章前我也有过犹豫忐忑。而最终促使我动笔的主要原因在于，与钱教授一样，我们都认为中国传统的家谱文化传统应该到了被高度重视和大力传承弘扬的时候了，我们理应为之鼓与呼。

家庭是构成社会的基础要素，家族是在特定范围内聚合各个家庭的重要载体，而家谱则是记载本族世系沿革和主要事迹的图籍式历史文献，通常又有族谱、谱牒、宗谱、世谱等不同称呼，它们是中华民族留传至今的一种重要的传统文化形式。在中国传统文献体系中，家谱与正史、方志历来被学界视为三大支柱。中国地方史志事业的集大成者章学诚早就说过："家有谱，州县有志，国有史，其义一也。"三者之所以"其义一也"，不仅在于形式上有密切关联，更重要的还在于它们实是一个有机整体和递进关系：即应先有"谱"，后有"志"，再有"史"，否则"皮之不存毛将焉附"？更何况先"修身齐家"而后"治国平天下"历来是中国社会的传统共识。因此，中华民族正是由分散的各姓氏宗族个体开始，再到以独特文化为标志凝聚的各民族群体，直至各族人民共同组成的大一统中华民族共同体。可见，当今意义上的家谱文化不是民间的散漫结构而是构成社会的基础要素，不是浅层的家庭亲情维系而是深层的民族精神凝聚，不是传统的狭窄单一形式而是与时俱进的现代文化体系，在此意义上看，作为构成社会和民族重要的基础性要素，它对建设中华民族现代文明和构建中华民族共同体发展战略具有重大现实意义。

当然，由于所处不同时代的历史局限性，自古以来，中国传统的家谱文化确也存在不少弊端，这也是当今不少人对其始终存有疑虑并敬而远之的重要原因。同时这也更需要当代学界进一步加以研究，通过守正创新来取其精华去其糟粕，不断促使其创造性转化和创新性发展，为建设中华民族现代文明和构建中华民族共同体发展战略作出新贡献，这是当代史志工作者应尽的历史责任。

(作者系浙江省政府地方志办公室原主任，中国地方志学会原副会长，浙江省社会科学院研究员)

杜钟文

当代中国家谱编修学的集成之作
——《当代中国家谱编修理论和技术研究》

家谱与方志、国史，从微观、中观和宏观三个层面建构了我国悠久而丰富的文本历史。家谱修编作为我国文化传统，曾经深刻影响着个人、家庭和社会，其技艺堪称国家乃至世界非物质文化遗产。由于我国当代社会两次经历千年未有之大变局，家谱文化也随之存亡兴衰。改革开放前，三十年传统文化断裂，二十年城乡经济、文化二元割裂，十年国民教育的荒芜，致使当今绝大多数人对家谱茫然无知，也难以卒读旧谱。改革开放以来，市场经济发展，人、财、物诸要素频繁流动，因封闭、聚居形成的宗族文化迅速崩溃；社会保障、商业保险、社区居家养老等已经或正在取代宗族的互助保护功能和子孙赡养传统，以家谱作为收族载体的宗族物质保障因素丧失。当今社会实用主义、物质主义价值观超越了文化、精神价值追求；生活、社交方式多元化，家庭结构原子化，婚姻关系复杂化。特别是当代行政、依法管理取代宗法自治管理，相对稳定的传统文化不断受到时尚文化、迅速发展的科学技术冲击。当代家谱修编面临着前所未有诸多复杂的新情况、新问题。所以许多人怀疑家谱在当今时代是否有必要，以后是否还会存续下去，家谱的前途究竟在哪里？

改革开放前，家谱虽然曾作为封建传统的"四旧"被大量焚毁，化作纸浆，但民间还是偷偷大量保存，据该书表明，即使是"文化大革命"时期，家谱修编行为还是如缕未绝。扎根于民间家族的家谱，民众基础之厚实、生命力之顽强亦由此可见。因此改革开放后，特别是随着20世纪80年代中期开始的第一轮修志，秘藏已久的传统家谱大量现身，家谱修编如星星之火复燃，虽然地区、城乡、氏族之间极不平衡，但发展可谓蓬勃。进入21世纪以来，家谱修编以宗谱为主体，类型上、形式上各有拓展和创新，特别是随着互联网的发展，家谱修编更是百花齐放。家谱修编队伍，主力是有文化有家族情结的老年人，并出现职业修谱师和专业修谱公司，组成家谱文化研究社团。家谱作为文化传统和文化产业进入了复兴期，其学术价值、应用价值、经济价值和社会意义充分体现。从学术研究上，家谱补国史、方志之不足外，对基层修志写史特别是乡村志编写起到了接续历史、拾遗补阙作用，特别是近代以来至民国时期这段被遮蔽的史实。从乡村建设上，家谱对各地乡村文化建设、乡风文明塑造，如浙江省村社区文化礼堂建设作用巨大；通过家谱寻根，也促进了地方招商引资，经济发展和文化产业，促进了自20世纪80年代初起港澳台侨胞支持祖国与家乡教育、文化、卫生和基础设施建设。从家族家庭层面上，家谱所记载的祖宗、乡贤、慈善公益和家族文学等，对家族、家庭及个人的影响也是显而易见的。

当代家谱修编复兴的主阵地在乡村，主力在民间、老年人，他们多是"文化大革命"时期中小学生，热情有余而能力不足，对当今社会各种剧烈变化往往难以适应，对传统家谱往往只知其一（本族家谱）而又难以阅读，而一些职业修谱师、家谱专业公司因为利润导向而漠视家谱质量，所以当代家谱大多良莠不齐。家谱修编行业化、专业化、职业化发展严重滞后于实践，家谱修编理论和技术的研究更加落后，高屋建瓴的综合性系统研究几近空白，导致当代家谱修编有的盲目因循守旧或胡乱创新，编纂过程乱象丛生，致使当代家谱总体上质量较差，家谱的学术地位和价值功能与传统家谱尚且难以相提并论。正如宁波大学钱茂伟教授的研究结论："新谱生产是一个野蛮的自由生长的领域。"

钱教授素以史学理论及史学史、学术史见长，作为历史学家，曾利用家谱文献研究发表学术论文，进行学术著述，如《王应麟学术评传》（中华书局2011年版）和《明代的科举家族：以宁波杨氏为中心的考察》（中华书局2014年版），后者其中一章专门探讨《镜川杨氏宗谱》编修史。早在2005年，他编纂论文集《史学的国家视野与民间视野》时，注意到史学的民间视野是值得关注的全新领域，于是关注民间史学研究。2012年以后重点建设公众史学学科体系，承担首个公众史学类国家社科基金项目，创办中国公众史学网（2014），首开通识教育核心课程"公众史学"（2014），出版首部《中国公众史学通论》（中国社会科学出版社2015年版）和《公众史学读本》（2018，浙江省普通高校十三五新形态教材），同时成立宁波大学公众史学研究中心。家族史研究是公众史学研究的重要门类，家谱是重要文献载体，当代家谱修编是公众历史产生的重要途径。因此，经过文献研究和广泛调查，他又申报《当代中国家谱编修理论和技术研究》成为2017年国家社科基金重点项目，由此当代家谱编修研究进入主流史学界。

这一当代家谱修编学课题持续研究近五年，初步成果汇编成专著16章，加导论，凡80余万字，重点研究家谱修编理论与实践，主要分为四大部分：第一部分是当代中国社会变迁与新谱修编历史研究，结合前三十年和今四十年的时代变迁和科技进步，谈家谱学而家谱修编学，全面系统梳理家谱修编发展史包括网络家谱修编史，家谱修编理论研究史，对当代家谱修编作分时分区研究，重在叙述修谱者、修谱观念、修谱体例、编谱技术等的发展、差异和变化；第二部分是当代中国家谱修编实践和类型研究，重在研究修编方式、流程等实务和互联网等新技术、新趋势，详细介绍新编家谱的各种类型，以及从公众史学出发改造家谱，从家谱的百姓致用功能思考家谱的现代转型问题。建设公众视野下的家谱学，将为家谱的生产提供学科与专业的支撑，从而改变家谱这种边缘化的地位，促进当代家谱的生产，当公众直接参与当下历史记忆生产，家谱就成为全新的实践学科，就会产生旺盛的生命力；第三部分是当代中国家谱修编队伍建设及家谱质量管理研究，将民间的修谱经验与案例搜集起来，然后放在学术层面，深入研究家谱修编的长效机制，包括修编队伍建设，专题探讨家谱修编质量保障和标准研究；第四部分是当代中国家谱修编的行业化、组织化与信息化管理研究，企图解决政府、学界与民间修谱关系问题，全景式介绍我国为主的各级各类家谱社团和家谱收藏、研究机构，当代中国新谱总目信息管理和当今家谱文化推广路径和策略。这些研究成果，建立在多层面、立体化文献资料收集基础上，研究史料和对象纵横交织，点面结合，视野开阔独特，个例丰富深入。该书厘清了独立的当代家谱修编史和家谱行业发展史，深化了当代公众家族史编修分支的建设，提升了当代新编家谱的理论与技术研究水平，建构了现代家谱修编学的理论体系，具有较高的学术研究价值；同时有别于传统史学研究，将家谱修编当作一个文化生产行业来观察思考，指明了当代家谱改革的公众历史取向，为当代家谱修编提供了系统有效的理论与技术指导，将极大促进中国当代家谱修编整体水平的提高。

此外，该书有许多可圈可点的原创结果和判断，新颖观点迭出，如"家谱的本质仍是生命之链的文本化接续""宗谱性质经历了政治档案、宗族档案与历史记录三大阶段的嬗变，当代中国家谱的创新是建立在家谱历史化基础上的。一旦家谱的性质转型为历史记录，则它的体裁可以更为灵活多样化"。当代"续修族谱，虽仍是主流，但显然属形态上的复辟与延续而已，仅是文本形态的宗族群体建构而已，不再有实质意义"。"修谱是公民修史权的回归。到了公民社会，公民成为国家的主人，当然有资格书写自己的小历史，写自己家族的历史，这是历史书写权的回归。""互联网修谱，既满足了大众对家谱的个体表达和多元记录形态的追求，又给了大众写小家谱的机会。同时以互联网互动的形式给当代公众带去了一定的归属感和认同感。因而互联网修家谱实际上是互联网时代史学从庙堂之学走向公众史学的一个缩影。家谱网站和家谱 App 的存在，给更广大公众带来自己修家谱的契机。修谱方式、内容和传播的变化，是时间流变中人们所做出的选择。互联网修谱对当代的影响是独一无二的，这亦是时代科技的发展对人类编撰历史方式的更新。"挖掘整理了大量典型的民间家谱修编个案，如成都市阎晋修发明填写式新家谱（1993），2001年用"现代家庭档案"方式申报选题正式出版《现代家庭档案——填写式新式家谱》；第一个研究当代中国家谱编纂理论与技术专家云南姚建康，出版的《家谱编纂指南》（2006）成为当代中国家谱编纂学建构之作；第一部真正意义上的家谱编纂实务之作，长丰县林家俊编著的《家谱编纂实务》《续修家谱琐言》（2009）；中共济南市委宣传部干部杨宗佑研究出版的《中华家谱学》（2009），希望建构家谱理论体系，是国内首部以家谱为研究对象的通俗类家谱理论专著。河北沧州安如华以自己家族为参照标点，完成家谱史上第一本《齐北燕南滨海安氏如华一脉母系型家谱》（2018）；国家版权局认可的全新家谱体例——韩氏家谱体例等。深入梳理了网络家谱修编史，广东徐闻县人吴卫东创办的"华夏吴氏网"——中国第一家家谱网站（1997）；金华人江源及其团队，在国内最早探索将传统家谱和互联网信息技术相结合，发明线上自修家谱方式，家谱文化推广的系列重大活动和研究成果影响较大，最终因金华市政府和公司经营、项目投入等，"中国家谱网"倒闭，准备将姓氏文化产业做大的金华市失去了曾经的"谱都"位置，等等。

钱茂伟教授认为："当代中国家谱编修研究，应是家谱编修全程活动的研究，或文本，或活动，且应有大量深度案例作基础。一旦引入具体的家谱名，家谱研究就会实证化。当代中国家谱研究，一是根据家谱文本作出判断，二是根据家谱编修活动作出全程判断。同时作为理论思考，又得有直悟的功夫。既面向生活世界思考，又面向文本世界思考。通过大脑的高度提炼，形成自己独到的思想。"确实，他的家谱修编研究发挥了自身的学术专长，可以看出研究视角和路径的四个方面。

一是兼重社会史、家谱史与家谱理论研究，力图解决新谱修编面临诸多理论与技术难题，以研究新谱的高度、广度和深度，使家谱修编学进入主流学术领域。

二是注重公众史学、网络史学入手改造传统家谱性质，革新谱学观念，使当代家谱修编实现现代转型，通过理论与技术创新，推动现代家谱修编工作的新跨越。

三是重视研究家谱文本、家谱修编文献与修编主体经验相结合。家谱修编学是实践性很强的应用性研究，因此研究者特别重视搜集民间文献、网络文献和实证调查，积累丰富个案，参与家谱社团活动，亲临家谱公司考察交流，组织家谱论坛，经常与职业修谱师和家谱修编有专长者深入研讨，了解他们的经验与感悟，而且自己尝试修谱，并完成《走入寻常百姓家的小历史》及《新修小家谱的意义及体例》，在任教高校让大学生修编小家谱，10多年来成绩显著，主编《公众历史书写》电子刊物88辑，其中20多辑是小家谱，共408部，约400万字。该书从实践中发现问题，从历史上寻找解决措施，寻找学理思考材料，引证的资料丰富，引用分析了许多家谱修编者观点和口述采访录，梳理各地各种家谱文献和修编技术的个例，把众多鲜活、典型的个案整理作为全部研究的基础，用公众历史记录的方法，广泛总结比较第一手实践经验，通过解剖各个麻雀，从特色家谱中发现、提炼家谱的创新。家谱修编是一项实践活动，研究者善于从家谱修编实践中提炼学术观点，从实践的前沿走到学术的前沿，让读者对当代特别是当今四十多年中国家谱修编史会有全面、直接的深刻理解。

四是重视全面搜集原创的家谱修编网络文献资源。研究者充分注意到当今数字网络时代，大量家谱修编文献资料尤其是民间个案记录文章，往往通过网络方式发表，所以坚决抛弃一定要坚持引用公开的纸质文献的陈腐学术观念，把网络资料作为与家谱文本，口述调查并重的当代中国家谱修编实证研究三大主要资料来源之一。所以该专著注释格式和参考文献也明确网络来源，突破了当下某些正规历史类学术著述引用参考的底线，这种尝试适应了网络时代学术方式、方法转型的特征和公众史学的学术研究特点。

传统儒家思想是家谱修编的思想基石，当代集体主义、社群主义宣传教育实际上是儒家思想的现代化。当代中国家谱修编面临着现代文明自由、民主精神的挑战。所以该书对当代民众是否参与家谱修编的多元自主选择还可以抱以更多宽容。基于当代社会微观主体自由化发展，人生选择多元化趋势，家谱修编工作所把握的总体原则是否就是"鼓励引导，尊重选择，依法修谱，保护隐私"。当代村级社区管理，自上而下的行政权和自下而上的自治权并行，家谱修编作为大众性基层文化建设活动，在当代复兴时期，需要党政倡导推动，史志、档案等部门帮助指导，但家谱及其修编具有民间性、自主性和档案性、隐私性等特点，决定其不可能全面开花，难以实现村村、家家有谱，人人留史，更不适宜纳入公安系统户籍管理数据库。该书提出，家谱作为历史记录形式的独立体裁，面对新时代需要通过公众史学改造创新，改变其功能属性，由家族、家庭历史档案或"身份证"，成为以血脉为基础、以谱牒为基本的家族、家庭历史文化记录册，这无疑是现代家谱改革的趋势，是现代谱牒学思想的重大创新。但创新不是凭空的，家谱不等于家族史，首先要"守本"，其次才是"应时"，当代家谱修编的复兴兼有转型的时代特征，肩负让今人了解旧谱又认同新谱的双重使命，家谱修编要坚持家谱的根本，恪守基本规范，就需要深入研究传统家谱，以更好地扬弃，如传统家谱版式处理的尊崇文化和避讳文化，卷首图像选择、诰敕文献妥善处理等，该书对这方面的研究似乎还可以深化。家谱修编理论和实践涉及多种学科，除历史学及档案学、方志学外，如古代汉语、写作学、社会学、中西哲学、管理学、心理学、民俗学、慈善学、产业经济学和相关法律等，也需要作中外、地域性、类型学等方面比较研究等，该书对相关学科与家谱修编的关系研究还可以充分阐述。同时作为应用性研究，可以充实各类图像，如不同类型家谱版式、装帧设计等形式，让研究对象更加形象、直观。正如钱教授认为"史学理论对应史学实践，理论研究服务于当下生产实践。要让历史编纂学成为当下实践指南性的理论学科"，所以当代家谱"编修"或是"编纂"还是"修编"学的用词，值得斟酌商榷。该课题名称弃用传统"编纂"是准确的，因为历史编纂学是研究历史编纂的理论、体例与方法，一般不研究家谱具体生产过程和技术。对于家谱生产实践而言，"编"和"修"既是同义，

当代中国家谱编修理论与技术研究

又有差别。"修谱"指称家谱文本编纂者行为时,与"编谱"同义,"修编"属于同义复用。传统家谱生产责任主体有"主修"和"编纂"等名目,当代一般称"理事会"和"主编"之类,所以"修谱"兼指主持统筹家谱编纂的组织管理者行为,故"修编"概念的外延更广,涵盖家谱生产全过程,也包括了"编修"成谱这一主要环节。当代家谱修编学,研究的是当代家谱修编理论与技术,涵盖当代家谱生产各个环节、各种技术路径及其各类产品,因此有必要调整前后词序,冠以"修编"为宜。

我与钱茂伟教授同龄,是恢复高考后1978级学生。他在高校工作,连续取得硕博学位,长期从事史学理论及史学史、浙东学术史、明清史的教学和研究,现今则专注于公众史学研究,发表专业论文200多篇,著作25多部,先后获4个国家级课题项目,成为蜚声国内史学界特别是公众史学界的著名学者。我则辗转于中学、县(区)和乡镇党政机关,后来主持区级党校和史志编研机关工作,兼从事应用性社会科学和地方史志、家谱文化写作研究。20世纪80年代中期第一轮修志以来,利用家谱编纂过多部基层史志和个人史、家族史、机构史等公众历史著作,写过一些文史研究论文。2012年起,业余编成宗谱、房支谱、联姻谱等若干部,也指导过宁波市几十种家谱修编,同时普查、编著出版过《鄞州现存家谱总目家谱提要》。因此,对当代家谱修编现状有一些综合性直观了解,也积累了一些经验,逐步形成了较为系统的修编观点,但一直忙于岗位工作和其他写作研究,多在所修编家谱序言、后记里和各家谱论坛、研讨会专题发言时不断梳理发表一些体会和想法,如家谱作为传统文化和民间文献,要"恪守根本,规范基本,拓展内容,丰富史料,具有个性,富有特色",即家谱内容坚持"守本应时",重视"三脉(血脉、文脉、地脉)一风(家风)";在家谱类型上,主张当代修谱以宗族谱为基本,以房支谱为重点,提倡修编两代核心家庭为纽带,父母双系上溯三代、翔实并记的家庭谱;在家谱修编上,坚持既要记载父母双系的血缘或联姻谱系,又要记载家族和世居地的文化谱系,更要重视记载家庭和姻亲精神谱系。这些公众历史写作和家谱修编观念及实践,与钱教授的理论观点本质上大多一致。因此,我们曾初识于宁波桃源书院文化建设研讨会,午间休息于同室,促膝畅谈两个小时而犹觉相见恨晚。其后,我应邀多次参加钱教授组织的中国公众历史研究研讨会,就家谱修编做专题发言。我的一些家谱序跋和公众历史作家传,刊发于他主编的公众史学公众号及其网刊。因他诚邀，曾受聘宁波大学公众史学研究中心特约研究员；经他引荐，参加浙江百姓家谱文化研究会公众历史专业委员会、修谱委员会，参与浙江省家谱修编标准制订的讨论，并为鄞地两位文化乡贤举行公众历史作家及系列作品研讨会。我则介绍支持他为宁波市鄞州区下应街道史家码村和江六村编著村史，这两部村史充分利用家谱文献，运用了口述史写法，成为公众社区史，著述方法有学术上独创之处。这些年，我坚持深入阅读公众史学研究相关理论成果，接受钱教授公众历史写作和家谱修编的许多学术观点，所以钱教授也是我的学术导师。

钱茂伟教授曾自言："在近30多年的史学研究中，我擅长整体规划与专题研究相结合的思考，即先划定一个圈，作宏观与整体思考。在此基础上做专题研究，最后整合成一本书。明代史学、浙东学术、明代科举、国家理论、王应麟、公众史学等专题研究均有这个特点。"我与钱教授有近十年交往，对他善于理论构建、学术创新的治学风格深有体会。而且他时常走出象牙塔，学术研究与实践创新并举，融文献研究与调查研究一体的，正如他所体会的："家谱本身来就是民间的，研究人员的眼睛自然应向下。修谱实践生活远比家谱文本丰富，只要不断到民间调查，就可搜集到丰富的修谱实践资料。修谱一线人员需要高校专家的支撑以增加思考的力量，而高校专家也需要一线修谱人员的经验与探索。这是一种互利互惠的双赢合作模式。"这段时间拜读该书，让我对他的治学风格和治学态度有了更深刻的体会，就信笔写下这些学习体会，对这部当代家谱修编学集成研究的奠基之作顺利结题和出版表示热烈祝贺，对这位勤勉进取、不耻下问的当代公众史学家表示由衷敬意。

2022 年 12 月 11 日

总 目 录

导论　当代中国新编家谱研究设想 / 1
第一章　由家谱学而当代家谱编纂学 / 37
第二章　家谱编纂的基本问题 / 90
第三章　当代中国公众家谱观念研究 / 163
第四章　当代家谱编纂分时研究 / 194
第五章　当代家谱编纂分区研究 / 248
第六章　家谱编纂主体研究 / 279
第七章　族谱编修方式及流程中诸问题 / 311
第八章　家家有谱与村村修谱 / 360
第九章　多形态的现代家族史 / 425
第十章　通谱编修历程及基本问题 / 469
第十一章　家谱编修网络技术化考察 / 560
第十二章　家谱编修长效机制研究 / 617
第十三章　家谱编修质量保障与评论研究 / 670
第十四章　家谱行业组织及管理建设 / 720
第十五章　当代中国新谱总目信息管理 / 772
第十六章　家谱文化推广的路径与策略 / 827
全国哲社规划办专家组鉴定意见 / 849
征引文献 / 850
后　记 / 893

目 录

(上册)

导论 当代中国新编家谱研究设想 / 1

第一节 新谱研究的学术回顾 / 2
  一 中国家谱研究的历程 / 2
  二 当代新谱研究的兴起 / 5

第二节 总体评述与发展空间 / 9
  一 研究基础与发展 / 9
  二 存在问题与不足 / 11
  三 拓展与突破空间 / 12

第三节 新谱研究的价值和社会意义 / 14
  一 学术价值 / 14
  二 应用价值 / 15
  三 社会意义 / 16

第四节 新谱研究的总体思路与方法 / 18
  一 研究对象与总体问题 / 18
  二 研究框架和主要内容 / 20
  三 思路视角路径与方法 / 27
  四 关键问题和重点难点 / 31
  五 拟突破创新推进之处 / 32

第一章 由家谱学而当代家谱编纂学 / 37

第一节 谱牒学/家谱学建设历程 / 38

当代中国家谱编修理论与技术研究

  一 中华家谱学建构脉络 / 39
  二 当代家谱编纂学脉络 / 48
 第二节 家谱编纂学的体系建构 / 60
  一 家谱学科化与专业化 / 61
  二 家谱编纂学体系建构 / 64

第二章 家谱编纂的基本问题 / 90
 第一节 由权贵而大众：家谱性质与功能的嬗变 / 90
  一 永恒的家族名诞生家谱编纂 / 90
  二 家谱编纂的大众化与历史化 / 96
 第二节 新修家谱的价值与意义 / 109
  一 生活世界的修谱意义 / 111
  二 间接文本世界价值 / 117
  三 留下家族历史记录 / 126
  四 促进家族文化建设 / 130
  五 增进姓际华裔联系 / 138
 第三节 公众口述史让人人可参与修谱 / 139
  一 口述史多层次理解 / 140
  二 口述史与家谱编纂 / 147
 第四节 家谱编纂的客观与和谐问题 / 150
  一 修谱遵循客观、和谐原则 / 150
  二 家谱编纂可能的法律风险 / 152

第三章 当代中国公众家谱观念研究 / 163
 第一节 修谱事前诸多观念问题 / 165
  一 对家谱种种错误认知 / 166
  二 将修谱视为谋利之事 / 170
  三 现代社会不必修谱了 / 174
 第二节 修谱事中诸多观念问题 / 178
  一 自己修或请谱师修 / 178

二　是合修或分修问题　/　179

　　三　谱丁征集诸种观念　/　180

　　四　捐款遇到诸多观念　/　182

　　五　其他方面诸多问题　/　185

第三节　修谱事后诸多观念问题　/　187

　　一　圆谱诸多观念　/　187

　　二　其他诸多观念　/　188

第四节　公众家谱观念更新　/　189

　　一　家族观念教育　/　189

　　二　修谱实践先行　/　190

　　三　文化老人入手　/　191

第四章　当代家谱编纂分时研究　/　194

第一节　不绝如缕的前30年家谱编纂　/　196

　　一　线状发展轨迹　/　197

　　二　家谱编纂思想　/　219

第二节　逐步繁荣的后40年家谱编纂　/　221

　　一　分时发展轨迹　/　224

　　二　编纂方式变化　/　229

　　三　不同修谱声音　/　231

　　四　老谱纷纷外流　/　235

第三节　近40年家谱编纂繁荣原因　/　237

　　一　促进修谱的内因　/　238

　　二　促进修谱的外因　/　240

第四节　新谱编修活动的特征、成绩、不足及对策　/　243

　　一　特征与成绩　/　243

　　二　不足与建议　/　245

第五章　当代家谱编纂分区研究　/　248

第一节　家谱编纂区域的失衡及研究方式　/　248

一　家谱编纂区域的不平衡　/　249
二　当代家谱分区研究方式　/　253

第二节　用村谱强化乡村家谱编纂弱区　/　261
一　以村为单位修百姓联谱　/　262
二　以家为单位修公众家谱　/　263

第三节　城市人家谱编纂　/　269
一　依附乡村的家谱编修　/　270
二　城市本位的家谱编修　/　272
三　同姓联合通谱的可能　/　275
四　城市人未来家谱编纂　/　277

第六章　家谱编纂主体研究　/　279

第一节　公众修谱　/　279
一　个人修谱　/　280
二　集体修谱　/　289

第二节　职业修谱　/　293
一　独立修谱人　/　294
二　公司化修谱　/　300

第三节　多元修谱方式的并存　/　307
一　修谱离不开家族的参与　/　307
二　不同修谱模式各有利弊　/　309

第七章　族谱编修方式及流程中诸问题　/　311

第一节　族谱仍是当下新谱的主流形态　/　311
一　宗谱续修　/　312
二　创修宗谱　/　314
三　新谱重修　/　315
四　支谱增多　/　317

第二节　当代修谱流程及主要问题　/　321
一　家谱编修前诸问题　/　322

二　家谱编修中诸问题 / 328
　　三　家谱编修后诸问题 / 341
　第三节　宗谱的框架体系 / 345
　　一　体例形成与发展 / 345
　　二　世系图的多样化 / 349
　　三　宗谱的其他格式 / 353

第八章　家家有谱与村村修谱 / 360
　第一节　大家来做公众家谱 / 360
　　一　新修家谱当下意义 / 361
　　二　新修公众家谱原则 / 364
　　三　公众家谱编纂程序 / 368
　　四　进一步发展的设想 / 371
　第二节　填写式家谱的种类 / 373
　　一　《现代家庭档案》《现代家谱》 / 373
　　二　杨乃琛《新家谱》 / 374
　　三　李鸿明《家谱实用大全》 / 376
　　四　李毅《现代家谱》 / 376
　　五　李政民《千秋家谱》 / 377
　　六　任清剑《现代族谱》 / 377
　　七　公众史学中心的公众家谱 / 378
　　八　涂金灿与《传世家谱》 / 382
　　九　河南家谱会《某氏家谱》 / 382
　　十　高新《现代家谱》 / 383
　　十一　张登荣《某氏家谱》 / 383
　　十二　时间盒子《传家录》 / 384
　　十三　蔡允中《家家有谱》 / 384
　　十四　罗毅《家谱编修指南》 / 385
　　十五　《百年五代简明家谱》 / 385
　第三节　村级百姓联谱编纂 / 389

附录　现代家谱技术（纸谱）／390
　　一　村谱的由来／391
　　二　村谱的编纂／406
　　三　村谱的意义／416

第九章　多形态的现代家族史／425
第一节　影像谱制作／425
　　一　家族影像志价值意义／425
　　二　家族影像志制作流程／426
　　三　家族影像志制作模式／428

第二节　口述家史／438
　　一　口述家史价值与意义／439
　　二　口述家史流程与模式／441
　　三　口述家史的执行主体／446

第三节　家族史写作／449
　　一　家族史的价值意义／449
　　二　家族史编修流程及模式／452
　　三　家族史的项目类型／454

第四节　亲情谱制作／462
　　一　亲情谱价值意义／463
　　二　亲情谱制作模式／464

导 论

当代中国新编家谱研究设想

1950年代以来中国新编谱牒的整理与研究，如果将"1950年代以来中国"置换为"当代中国"，也可称为"当代中国新编家谱的整理与研究"。也就是说，统一的家谱概念被划分为"传统家谱"（老谱）与"新编家谱"（新谱）两大块。新谱，时间上起1950年，下限定在2021年，71年历史。空间上，以大陆为主。完整的谱牒，应包括家谱、姓氏、年谱等，本书重点关注家谱（族谱），不及年谱。

梁洪生最早提出了"新谱"概念。① 新谱之新，首先是时间新，是1950年以后新修的家谱。其次是形态与内容之新。形式上，1950年以后家谱编纂有四大新趋势：一则由乡村而城市，打通城乡，大家谱（族谱）与公众家谱（百年直系家谱）并存。二则由血缘谱而联谊谱，由小而大，通谱编纂成风。三则由纸谱与电子谱两者并存，方式更为丰富。四则家谱产品化，填写式家谱的出现，促进了家谱编纂的大众化进程。从历史上说，修谱编纂的高峰期有两个时间段，一是生死存亡期，二是社会繁荣期。1980年后，当代中国修谱逐步走向繁荣的过程，正是中国文明走向复兴的过程，正是当代中国走向宽松社会的过程，正是民间主动进取、重视自身家族文化建设的过程。女性入谱，说明当代中国妇女翻身政策的成功；华侨入谱，是当代中国国家力量逐步强大的结果。家谱是祖宗发明的三大类型历史文献之一，是记录民众历史的最直接载体，老祖宗的创造发明不能丢掉了，必须加以继承。重视家谱编纂，既是发扬中国传统文化

---

① 梁洪生：《新谱与新志的对接》，见王鹤鸣主编《中国谱牒研究：全国谱牒开发与利用学术研讨会论文集》，上海古籍出版社1999年版。

载体的需要，也是公众史学发展的需要，更是当下国人文化上共同富有建设的需要。

目前的新谱编纂及研究状况，可用三句话来概括：一是家谱编纂繁荣，据上海图书馆统计，稍加其他遗漏之数，近5万种陆续进入图书馆。二是家谱编纂理论与技术的研究繁荣，有32种专著。三是家谱史研究或家谱的社会史研究刚起步。学界成果有了一些粗略的看法，但没有精准的量化与定性，没有更有深度的理论与技术思考。本研究会关注新编家谱的目录整理、当代中国家谱编纂史、家谱编纂理论与技术研究。尤其是公众史学角度、家谱的百姓致用功能来思考家谱的现代转型问题。

本章是为2017年国家社科重大招标项目"1950年代以来中国新编谱牒的整理与研究"写的申报书总课题论证部分。虽然，因为项目流标，重大转重点，研究范围大大缩小，但感觉仍有必要放在前面，权当导论，让大家有所了解。因为，它是一个整体设想，规划的研究范围与内容，对后人参与此类研究整理仍会有所启迪。

第一节 新谱研究的学术回顾

当代中国新谱与传统老谱，虽在时间上有切割，但内容上是紧密联系的，老谱得以随着新谱而再生。为便于专家们了解家谱研究的来龙去脉，先扼要阐述中国家谱研究历程，后述当代新谱研究历程。

一 中国家谱研究的历程

家谱是中国各家族的"圣经"，一直在小范围内收藏，不对外传播，自然也没有进入公共研究视野。1964年"四清"、1966年"文化大革命"活动，强行把家谱驱赶出来。后逐步进入图书馆，才逐步进入公共研究视野。市场经济以后，民间家谱也进入流通领域，为人所收购。这是20世纪八九十年代以后的事。因为家谱涉及时空小，所以高校研究人员也不多。目前家谱研究有四途：一是借用家谱材料，做学术研究；二是通过宗法史来研究家谱；三是家谱理论与技术研究；四是家族续修人员的查阅与研究。由于宗谱没有进入学校教育，所以对大多数国人来说，大脑记忆中没有概念。作为文本技术，应入中学生教育之门。

20世纪20年代以来的90年间，海内外学者对中国族谱进行了广泛的研究和利用，大致可以分成奠基、复兴与拓新三个阶段，各阶段都有代表性的研究成果。①

（一）家谱学的奠基（1929—1979）

新史学开山者梁启超重视家谱学，指出族谱资料的重要性。生物遗传学与民族学家潘光旦以特有的视角开中国谱学研究之先河。中国大陆1949年后受政治的影响，视族谱为封建制度产物，研究停滞，仅有极个别的学术论文。1949年以后，从内地到香港的学者罗香林专攻族谱学，蔚然成为一家。继罗香林之后，在香港大学任教的林天蔚是重要的研究者，其所著《地方文献论集》（2002）"谱学篇"收录7篇论文。台湾地区在1949年后逐渐开展族谱学研究，从事者不绝如缕。

（二）家谱学的兴盛（1980—1997）

日本为了深入认识中国社会，重视中国族谱的搜集整理。多贺秋五郎较早地关注全球中国族谱收藏目录。美国家谱学会Ted A. Telford等编成《美国家谱学会中国族谱目录》（1984）。大陆"文化大革命"期间，台湾进行"中华文化复兴运动"，将族谱视为传统文化予以重视。美国犹他家谱学会开展中国台湾业务，与台湾学者合作调查中国族谱以及编辑目录，也刺激了族谱学的开展。特别是随着台湾经济高速发展，大力开展族谱学研究，台湾《联合报》文化基金会成立国学文献馆，聘请台大教授陈捷先出任馆长，请族谱学家盛清沂进行研究，台湾的族谱学迈上新台阶，进入全盛时期。不过，20世纪90年代中叶以后，因政治的变动、经济的停滞以及学术代际更替等原因，台湾族谱学研究盛极而衰。

进入20世纪80年代，大陆的谱学研究受人关注。如陈直（1980）、杨廷福（1980）、刘光禄（1981）、仓修良（1983）、陈光贻（1984）、冯尔康（1984）等先生均写了家谱类文章。中国大陆由于受政治动荡的影响，对于族谱的搜集、整理略显滞后。改革开放以后，族谱研究奋起直追。1984—1997年的《中国家

---

① 详参常建华《中国族谱学研究的最新进展》，《河北学刊》2009年第6期；常建华《中国族谱资料的整理、研究和数字化建设》，《安徽大学学报》（哲学社会科学版）2014年第1期。

谱综合目录》编纂，更促进了家谱的研究，带动了相关的研究，出了相关成果。1988年，在山西五台山召开第一届中国家谱学术研讨会，与会专家讨论成立学会事，当时大多数学者还是习惯叫家谱研究会，也有人提出用"谱学"，仓修良先生坚持认为要用"谱牒"，最后采纳仓先生意见，称为"中国谱牒学研究会"。此后成立的家谱类学会，也用"谱牒"一词。1991年在山西先后举行两届中国谱牒研讨会，出版专门刊物《谱牒学研究》共计4辑，《谱牒学论丛》7辑。1992年，山西省社会科学院家谱资料中心为参加香港的中华族谱特展，出版《中国家谱目录》，收录家谱2565种。这是中华人民共和国大陆正式出版的第一部中国家谱目录。1992年，上海谱牒学研究会、江西谱牒学研究会成立，这是最早成立的省级谱牒学研究会。1996年，曾在扬州召开谱牒学术研讨会，这是由两岸谱牒学人参与的研讨会。1997年，《中国家谱综合目录》出版，收录451姓家谱14719条。这期间大陆族谱学的代表作是陈支平的《福建族谱》（1996），探讨了明清主要是清代福建族谱的特色。

（三）家谱学研究的拓新（1998—2017）

1997年，上海图书馆新馆开业，成立"谱牒研究中心"，整理、开发与研究馆藏家谱被列入议事日程，编纂《上海图书馆馆藏家谱提要》（2000）。该《提要》收录1949年前编印的旧家谱约11700种，近10万册。他们对于馆藏家谱的整理是高起点、高品位、高档次的。其间，连续二次组织学术研讨会。1998年召开"全国家谱开发与利用学术研讨会"，2000年又召开"家谱研究及其资源的开发——迈入21世纪中国族谱国际学术研讨会"。1999年以后，上海图书馆是引导力所在。如此，上海图书馆重新举起了谱牒研究的大旗。世纪之交，中国族谱研究再次转盛。2001年始，上海图书馆又牵头编纂《中国家谱总目》。2008年，全书出版，显示全球家谱藏量52401种。

2004年、2005年，国家图书馆召开了两次地方文献学术研讨会。安徽大学徽学研究中心致力于以徽州族谱研究推动徽学研究，2005年、2009年召开了两次学术研讨会。随着地方史研究、地方志编纂的需要，"地方文献"越来越受到重视。"地方文献"中，族谱是其大宗。将族谱作为地方文献，就是看重族谱的地域属性。

近十多年来，福建成为家谱研究的一个中心。2000年5月，福建上杭县成立"客家族谱馆"。2003年12月，厦门召开海峡两岸谱牒研讨会。近年，泉州的闽台缘博物馆组织了三届两岸家谱学术研讨会。2008年7月，中国闽台缘博物馆主办"泉州百家姓族谱联展暨泉台百家姓渊源学术报告会"。2009年5月，中国闽台缘博物馆承办"闽台姓氏族谱和涉台文物展暨宗亲恳亲会"。2010年5月，中国闽台缘博物馆承办了在台南市吴园公会堂举行的"闽台宗亲交流暨姓氏族谱展"。晋江谱牒研究会组织了四次学术研讨会，2008年"海峡两岸谱牒研究与五缘文化研讨会"。2016年，召开"谱牒研究与海丝文化"研讨会。2009年，由福建省客家研究联谊会和上杭县政府主办了"海峡两岸客家族谱论坛"。

2008年，厦门大学成立民间历史文献研究中心，承担教育部重大课题攻关项目"民间历史文献与文化传承研究"。自2009年以来，每年举办一届民间历史文献论坛，目前已经办至第八届民间历史文化论坛。族谱则是民间文献，尽管士大夫受到官方意识形态的影响，但毕竟是独立制作的。民间文献有独立的传承系统，反映着地方社会历史的脉络，传承着文化。其间家谱成果，汇成《族谱研究》（2013）。以往的研究将族谱主要作为史料使用，至于族谱文本本身的编纂、生产、使用和流传，以及与社会文化史之关系等重要问题则甚少关注。该书围绕以上问题，尝试从族谱的编纂与生产、族谱与时代变迁、族谱与宗族建构、族谱与地方权力结构四方面探讨族谱研究的新视野与新的解读方法，并在总体上展现出今后族谱研究值得关注的新动向。

此外，2016年，广东社联也组织了"海峡两岸家谱研究"学术交流活动。

这十几年的学术研究更加多元化，受社会史、文化史、生活史的影响，学者追求族谱学研究的新突破。

二 当代新谱研究的兴起

20世纪80年代是民间家谱编纂的兴起期。当时，修谱在全国各地不同程度地兴起，完全处于民间的自发状态，不受学界关注。查询《中国家谱论文索引（1874—2008）》与中国期刊网，均未见相关文章。

进了20世纪90年代，续修家谱之风开始普及和盛行。这其中除家族意识在起作用外，许多台湾同胞和华裔、华侨，他们到大陆寻根追祖，往往通过家谱来寻找其血缘关系，他们把家谱视作命根，也起到了推波助澜的作用。同时，由于中国经济的高速发展，人们生活水平的日益提高，续修的家谱也就成了这些家族自然而然的事了。

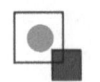

这个时段，出现批评家谱声音。目前来说，集中出现于1991年。吕定禄《对当前农村兴起修谱续谱热的思考》（1991）的结论，明确发出"不能忽视修谱续谱热的危害"。刘安平《农村修姓氏族谱热的兴起令人忧虑》（1991）、晓涵修《造家谱——农村社会的恶瘤》（1991）、胡秀彬等《略论民间修谱之风》（1991）、蒋均时《农村续修族谱热刍议》（1994）、陈平福《农村修谱风扫描》（1996）、邱勇明《人大代表不能参与修族谱》（1996）、白玉民《怎样看待当前农村的续修家谱热？》（1996）、刘岳林《修族谱之风要狠刹一下》（1996）、郭阳《干部党员不要参与续族谱活动》（1996）、王笑天等《乡村社会重修族谱现象的思考——兼论宗族意识与农村现代化的关系》（1996）、钟组研《坚决刹住农村续修宗谱风》（1997）、《农村基层党组织要坚决刹住续修宗谱风》（1997）、周羽《农村修家谱风当刹》（2002）。出现这样的批评十分正常。中华人民共和国成立以来，一直将家谱当作"四旧"之一来批斗，"文化大革命"前后各地甚至烧家谱。改革开放以后，竟然死灰复燃，自然会受到批评。仔细观察可知，20世纪90年代以来对家谱编纂风的批评，多是政治性批评，不是学术性评论。

另一方面，肯定家谱编纂的声音也在逐渐形成之中。1983年，山西隰县县志编纂委员会委托李宗渊编纂《李氏族谱》，1989年完成。在此基础上，作者介绍了修谱经验。① 这是一篇较早在杂志上正面介绍修谱经验的文章。蔡锦涛（1994）也反对修谱，主张修村志取代续宗谱势在必行，比起单纯地续修宗谱，更符合我国国情和时代特色。修村志比修家（宗）谱，还更能体现地方区域特点。1993年，成都的阎晋修研究老谱，借鉴中华人民共和国时期广泛使用的表格，发明填写式新家谱。此后，逐步推广之中。1995年，梁洪生发表《近观江西民间修谱活动》和《大陆民间兴起修谱活动——本文作者考察江西三十余县修谱活动的报告》，两文是江西对修新谱的考察，这是最早关注新谱编纂研究的论文。同年，谢维扬等用人类学眼光关注了江西民间修谱活动（1995），这是较早用人类学眼光肯定新谱编纂活动的文章。因为是专书中一章，学界于此文关注也不足。

新修家谱热原因成为核心选题。时代（1996），称近年兴起的"家谱"热，有其客观必然性，不可一概视为"封建沉渣"的泛起，对于其中可以增强民族

---

① 李宗渊：《浅谈家族谱的编写——山西隰县李氏族谱编后》，《沧桑》1994年第3期。

凝聚力，促进人际亲情和社会稳定的积极方面，应及时予以引导，使其有利于精神文明建设。

20世纪八九十年代时，新谱数量少，进入图书馆尚少，学者无法阅读，无法研究。另一方面，历史学者向来有隔时研究传统，不太关注当代作品研究。历史研究关注的是过往，至少是几十年之前的事。家谱生产者与家谱研究者是两批人，研究者是使用者与阅读者，在厚古薄今思想下，让人感觉研究过往是学问，研究当下不是学问，所以忽视当代家谱研究。老谱的研究成果无法用于新谱的编纂，新谱编纂中的问题与经验，得不到家谱专家的重视与研究，得不到及时提升。老谱研究与新谱编纂，两者完全脱节。到了21世纪，新谱编纂有了67年历史。从1980年计算，也有三十多年了，新谱数量多了，不少进入了图书馆，公共研究也方便了。此时，才逐步受到学者的关注。

真正有影响是1998年的事。1998年11月，上海图书馆与上海海峡两岸学术文化交流促进会联合召开了"全国谱牒开发与利用学术研讨会"。从会后论文集《中国谱牒研究》来看，基本是清一色的老谱研究，只有两篇文章涉及了新谱研究。梁洪生《新谱与新志的对接》，思考了谱志结合问题。代表官方的方志界的普遍观点是，将近十余年在修志活动中形成的一套制度与运作方式，移植到修谱活动中，并期望在不同层面收集与保存地方社会的资料方面，私谱可以和方志这种"官书"对接。这种情况实际上是通过族谱的方志化，来获得族谱的社会认同。这正是当时较为普遍的看法，希望以村志代替宗谱编纂。最为重要的是，梁洪生提出了"新谱"概念。在统一的家谱中另列出"新谱"，对应"老谱"，这是一大进步。从此以后，新谱研究逐渐受人关注。会后，《社会科学报》发表了一组文章。受此影响，笔者也参与新谱撰修思考，发表《我对家谱新修的设想》（《社会科学报》1998年12月17日，《文摘报》1998年12月27日），认为家谱的实质是写家族史，国史、地方志、家谱，向来是我国三大类型的史籍，这个传统不能丢。

冯尔康《当代家族谱编修论略》（1999）是一篇最为详尽的当代家谱编修研究的论文。对90年代编修的族谱的体例和书例进行了探讨，指出新谱的新的社会文化取向。宗亲活动，一是祭祖，二是修谱。修"挂谱"的同时，要求修书谱。千年本家，这种观念值得关注。通过家谱，把本家联起来。新谱例的追求，有革新精神。如图例、风云、风情、经济创业录、家族大事记、家庭通信录、世系检索表、家族影集、亲戚、附录。最后指出几点：男女并书；按实际情况书写，尊重族人意愿；编写族志的趋向。

2000年5月，上海图书馆发起并主办了迈入21世纪的"中国族谱国际学术研讨会"。会后，出版《中华谱牒研究》。此会论文中开始有新家谱的论文，如袁逸《对新修宗谱现象的认识与思考》（2000）。作者关注了当代浙江家谱编纂的形式、出版、经费、仪式、内容诸特征。最后，讨论了宗谱该不该修、怎么修的问题。作者的态度，当然要修。同时，也指出了当下修谱存在的问题，讨论了如何修的问题。较之陈可畏文章来说，有了更进一步的思考。来自台湾的林瑶琪介绍了台湾族谱编纂的现状。2001年，王鹤鸣《编纂新家谱的几点认识》，主张用新观点新方法新材料来修谱。

进入21世纪，中国更为开放了。2001年，阎晋修的家谱产品化终于突破，他别出新法，用"现代家庭档案"方式申报，选题获得通过，由四川美术出版社出版。出版时，在下面打了一行小字"填写式新式家谱"，称为《现代家庭档案——填写式新式家谱》。此后，他又找了其他两家出版社出版《现代家谱》《家谱》。另一方面，21世纪中国逐步进入网络时代，他在网上开了新家谱网，如此进入了推广期，为更多人所知。

2003年12月，厦门召开海峡两岸谱牒研讨会，次年出版《中华之根——海峡两岸谱牒研讨会文集》，中间有几篇文章讨论到新谱问题，如阎晋修《对旧体家谱的改革与创新》、王焜《关于我国目前修家谱现象的几点思考》、王大良《关于我国目前修家谱现象的几点思考》。阎氏新谱引起媒体的关注，《厦门晚报》以《谱牒商品化：买份表格修家谱》作了报道。从此，阎氏新谱引起更多人的关注。

2005年，浙江图书馆举办了家谱文化研讨会，其中袁逸《关于浙江新谱现象的思考》值得关注。此文关注了浙江新谱的时间、空间特点。朱炳国主编的《家谱与地方文化》（2008）也有三篇文章关注新谱修撰。王铁主张不必过于滥引远祖，只管修好本支即可，大宗统谱是没有意义的。戈春源强调内容上，要关注经济、科技、政治，凡有一荣、有一技、有一长的人，均要加以宣传。吕锡生主张修谱的规模宜小不宜大，修谱体例要不断创新，新修宗谱原则应符合当下时代。反复修通谱，这是他们共同的主张。

2009年，上海图书馆召开第三次家谱会议"中国家谱文献价值及开发利用研讨会"，会后出版《中国家谱论丛》。"修谱活动出现了近四十年的断层"，这是较为普遍的说法。来自慈溪的励双杰首次关注了共和国前三十年家谱纂修情况，颠覆了这个观点。徐建华的《当代家谱编纂特色分析》，是第一篇从宏观上描述当代新谱特征的论文。朱炳国《常熟家谱文化的传承与发展》、苏慎《常州姓氏文化发展的新形象》则介绍了常州当代新谱的编纂情况。施清刚等、周仪扬等人的文章，介绍了晋江谱牒研究状况。另外，张海瀛、邱宗儒介绍了《中华邹氏宗谱》《中华邱氏大宗谱》。李玉棠提出建立中华谱牒博物馆，这也是可以考虑的事。

2013年，《谱牒学论丛》第六辑也开始关注新谱研究，收录了四篇文章，介绍修谱经验。

关于重修族谱活动的研究，目前仅见于冯尔康等少数学者的研究，且这些研究多集中于对族谱文本（包括体例和凡例等）的解读，而缺乏对重修族谱活动组织过程和机制的考察。蒋国河（2010）就赣南闽西部分宗族重修族谱活动的组织与筹措过程加以深入考察，以揭示当代宗族活动基本的组织与运行特征及其所发生的变迁与转型。

由上可知，当代新谱的研究，大体经历了三个阶段：一是批评，二是肯定，三是深度个案分析，标志着新谱研究的逐步深入。

第二节 总体评述与发展空间

一 研究基础与发展

迄今为止，家谱研究已经在以下几方面取得了较为丰富的研究成果：

第一，老谱整理与研究成果多，国家课题老家谱项目多。老谱的研究成果，常建华教授已经作过多篇文章加以介绍，此不重复。值得注意的是，近年来的国家社科立项中，共有17个家谱类项目。其中，民族谱整理与研究计有12个项目，他们是"哈萨克族谱系研究"（亚森·库马尔，2006）、"东北地区民间满族谱牒的调查、抢救、整理与研究"（于鹏翔，2008）、"中国南方少数民族家谱整理与研究"（陈支平，2010）、"波斯文《五族谱》整理与研究"（王一丹，2010）、"北方少数民族家谱整理与研究"（王华北，2011）、"基于宦谱家谱诰敕谕旨等的土司制度研究"（龚荫，2012）、"苗族口传家谱调查研究"（李锦平，2012)、"中国少数民族家谱目录"（陈建华，2012)、"白族家谱整理与研究"（何俊伟，2013)、"回族家谱文献考述"（张訸，2015)、"苗族谱牒《龙氏迪光录》研究"（胡展耀，2015）等。分区类项目两个，"千年徽州家谱与社会变迁研究"（周晓光，2011)、"河洛地区名人家谱收集、整理与研究"（谢琳惠，2013)。其他三个，即"中国家谱史"（王鹤鸣，2008)、"族谱所见文学批评资料整理研究"（张廷银，2010)、"中国家谱总目"（王鹤鸣，2011)。一般项目、重点项目均有，即使重大项目也有两项，即陈支平与周晓光负责的项目，正好是民族家谱一个，分区家谱研究一个。由上可知，前人重在老谱整理与研究，而当代新谱的整理与研究尚未提上议事日程。

第二，新谱编纂成果惊人。图书馆重视新谱的收藏，也有专门的家谱馆。2017年8月，国家图书馆近六千，数量最多；其次是河南五千多，山西社会科学院家谱中心也有几千种，福建图书馆三千多，上海图书馆两千多，国家图书馆两千多，湖北图书馆两千多，浙江图书馆近千，天一阁四百多，绍兴图书馆六百多，常州图书馆六百多。全国的新谱，估计二万种。网上修谱的公众家谱数量更多，至2017年8月底，仅公众家谱网络，就有60778人在线修谱，共修家谱148417部。

第三，新谱理论研究成果多。新谱编纂实践的繁荣，也促进了家谱理论与技术的研究，仅专书就出了32部。所及问题，已经涉及全面，某些地方开始整理成家谱细则。在家谱体例创新方面，也有了可贵的探索。

第四，新谱整理的起步。新谱有目录可在各大图书馆上搜集到。部分新谱全文上了网，如福建省图书馆。个别网如中华家谱网，有新谱个案介绍。有相当媒体报道也提供了民间修谱的相关信息、人物、经验、想法等。

第五，当代中国新家谱研究破题。对新家谱的发展状况，有了宏观粗略的概括与批评。除乡村修谱活动，也关注到了城市化对修谱的影响。中华家谱馆的《家谱编纂报》经常推出新谱介绍，这个理念值得推广。家谱展评是一个好的平台，可以对各类新谱作出点评。

第六，各地家谱研究会与家谱馆的成立促进了各地家谱编纂活动。2015年起，河南家谱研究会筹办中华家谱博物馆，组织一年一度的中华新谱展评机制值得肯定。可以团结全国各地的家谱研究会成员，让他们捐赠家谱，从而不断增加中华家谱博物馆的收藏量。

第七，有了家谱协同攻关研究的前例。两个重大项目，"中国南方少数民族家谱整理与研究"（陈支平，2010）与"千年徽州家谱与社会变迁研究"（周晓光，2011），为老家谱的协同攻关研究提供了借鉴。2006年至2009年，任清剑牵头组建"滑县炎黄谱牒文化研究会"，得以专职系统研究谱牒。研究会确定"全县家族调查""旧家谱研究与珍藏""谱牒学理论研究""现代谱牒体例与内容研究""现代谱牒修编、珍藏与使用研究"五个研究课题，把研究会成员分成六个研究攻关小组，对课题深入调查研究。经过近五年的探索和实践，应该说研究会各攻关小组均取得可喜的成就，尤其是在谱牒学理论以及现代谱牒的体例、内容，现代谱牒的修编、珍藏、使用等几个环节均取得了质的突破。这样的系统分工研究模式，近于重大项目研究体制了。这为当代中国新谱重大项目研究提供了借鉴。

第八，修谱技术的模板化、产品化，共有十多个家谱填写产品。网上也生产出了几十个修谱软件，有单机版的，有网络版的，这些方便了大家修谱。

最后，借用陈支平教授《福建族谱序》中的话说："有志的学人们东奔西忙，为把谱学建成一门新兴学科而积极进取。于是，在短短的十年间，有关谱学研究的论文和著作不断问世，专门刊载谱学研究成果的杂志和丛书次第出版，各种各样层次不一的谱牒研究团体，犹如雨后春笋，在全国各地不断涌现。这种欣欣向荣的学术景象，值得庆幸，催人振奋。"这段描述今日仍有效。

二 存在问题与不足

新谱成，进图书馆、家谱馆，积少成多，数量可观，时间流程也长了。到了一定时段，要回头全面整理一下，温故而知新，是可以发现一些新问题，得到一些新启示的。

第一，编纂力量弱，编纂水平低。普通人只会模仿，不太会创新。第一批修谱活动，由于专家参与少，导致可供选择的模式少，从而导致普遍的水平不高。民间宗谱编纂过程中存在的问题是什么，这是值得调查的。

第二，新谱整理尚未提上议事日程。新谱修了近七十年，但未见完整的统计与著录、收藏，处于无序与混沌状态。编纂目录往往不会关注家谱内容，图书馆目录系统的人只管谱名、作者、卷帙，忽视排行的记录。由于缺乏学术意识，错过了很多很好的家谱资料积累机会。

第三，新谱评论未成为机制。史学界与文学界不同，文学作品出版以后，马上便有人来评论。但史学界往往滞后，虽有评论，多不付诸文本，在心中或口上说说而已，停留于口述状态。这样的状态，实际上是不正常的，应加强新史著的研究。从目前情况来看，新谱的介绍与研究，目前尚不成气候，相关谱牒学会类刊物也不以新谱研究为己任。

第四，系统的当代中国新谱史未成形。家谱编纂史，目前不多。除了为数不多的几篇论文外，没有出版过一部专著。

第五，家谱编纂的社会史考察仍有不足。高校中的家谱研究，主要关注古代、近代的家谱史研究，他们不关注当下的修谱实践活动本身。个别专家虽关注到了新谱史研究，但重在家谱的社会史会考察，其重点不在谱牒史，而在"借谱说话"，家谱自身的发展历程，各地的发展状况，仍未完全关注到。家谱的社会史、宗族史、人类学研究，有较大局限性。人类学研究重在说理，所以也难以普及。做总目的统计分析，偏重数字统计，而不是空间段与时间段的深度解读。家谱版本学研究者只重家谱形式，忽视家谱内容的研究。

第六，懂家谱的史学理论与史学史工作者介入少。理论与技术研究者，往往是家谱生产队伍群体中产生的，这就是规律。家谱学术研究者，往往成不了理论创新的主体。新谱理论与技术的主力在民间，在民间家谱生产队伍中。部分有经验的修谱人及相关人，成为新谱理论研究的专家。他们的理论与技术成果重在普及，而提升则仍待更高层次的史学理论工作者介入。

三 拓展与突破空间

第一，新谱总目提要编纂。以前的提要仅是图书馆界的工作而已，层次稍浅。本课题拟在以上这些方面有所突破。家谱提要的写作，涉及了家谱的研究，所以是有一定难度的事。今日新谱提要完全可以做，一是不稀见，二是可让各地参与。如何做家谱提要？其一要提升家谱提要的学术价值，提要的核心是揭示作品的学术价值。工具书型提要，这是最常见的形态，层次稍低。其二，家谱的编纂格式一直按姓氏来排比，也有其不足。应附录一个家谱空间分布目录，便于人们按县、镇、村来寻找某姓家谱。对一个家谱资料检索者来说，最难的是不知道某人是否在某地某姓氏家谱之中。其三，提要的编纂一定要建立在阅读与研究基础上。家谱提要的写作，涉及了家谱的研究，所以是有一定难度的事。鼓励大家阅读之余，将阅读札记写出来，这是一大趋势。做家谱提要，要从生产者角度来思考，同时也要兼顾使用者，两者的要求不同。其四，这种家谱编纂学，可以是按姓氏进行，也可以按区域，按收藏单位来划分。其五，过眼录有创新，不同于史料辑录，不同于总目提要，而是研究性个案。其六，空间分布也不是一个统计数字问题，会包括更多的区域文化分析。譬如象山可成为县级个案，温州可成为地市级个案，浙江可以成为省级个案。

第二，新谱的历史研究。家谱的编年有新意，史学与方志均有编年，但家谱没有编年。

第三，新编家谱史的编纂。新谱编纂历程70年，一直处于自发状态，要有人来研究，要有评鉴。此前的谱学史只及中华民国时期，只有《中国家谱通论》涉及新时期修谱情况，但较简略，家谱史考察仍须回归家谱本身。

第四，新谱可作类型学的分析。家谱的类型分析须结合新旧家谱的嬗变，从大量个案中加以归纳。进入新时代，家谱的编纂类型越来越复杂，如果用单一的血缘家谱眼光来看待，是无法理解家谱变化的复杂状况的。

第五，新谱理论与技术的某些关键环节可进一步提升。目前出版了不少指导修谱的图书，理论思考尚待提升。家谱理论与技术是在大量个案基础上的理论与技术提炼，须不断与修谱人对话，提升对当代家谱编修过程的认知。具体来说，有如下诸问题：一是要将姓氏学与家谱学分开来。某姓通史之类，严格说来是姓氏学。二是家谱的本质为家族史，重心放在家族史，才可避免不必要的争议。族谱最大的价值是世系表，是平民历史的记录。公众史学的分支公众社区史是宗族史的进一步现代建构。三是目前的户口管理偏重现状，忽视历史。实际上，每户应有"生辰簿"。国家应为每一户人家发一本生辰簿，让每一户人家建立自己的支谱，登录人口变动情况，记录生活事迹。这样以家族为单位的人口管理，更有历史文化意义。四是出于寻根问祖与学术研究的需要，应该加强家谱数字化与网络化建设。家谱面向未来，特别要在电子谱上有所突破。要重点研究各色家谱软件，寻找改进的机会。要提供家谱编修册子，供民间使用下载，尤其要解决电子家谱的普及问题。

第六，专家得发挥更高级的作用，走产学研一体化之路。创新是专家的事，但得与一线人员直接沟通。有过修谱实践的人，说出的话更为到位。必须有懂史学理论与史学史，懂家谱理论与家谱历史，懂公众史学的专家参与，依托修

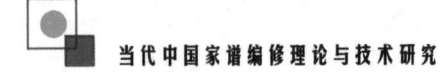

谱研究会成员平台，与他们多联系多沟通，将实践与理论结合起来，才有可能真正突破家谱编修理论与技术上的瓶颈。

综上所述，目前的家谱研究，关注传统家谱多，对新家谱关注较少。当代新谱是以家谱生产为主的园地，研究工作尚未提到议事日程，新谱研究尚未专业化与专门化。新家谱的编纂近70年了，不能再忽视了，要整理，要研究。反思与研究当代家谱编纂的目标是推进下一步工作。①

第三节 新谱研究的价值和社会意义

一 学术价值

第一，可以建构起独立的新谱编纂史知识谱系，提供精确的家谱行业发展史知识。当下关于家谱史的认知，要么是描述，要么是数字，没有详细的过程分析，没有精确的知识谱系。学人有独立的家谱史概念，会系统关注家谱的发展历史，建构起一个家谱发展过程的知识谱系。有了家谱编纂史，就成为一个独立的知识领域，可以为后人所用。这样的当代家谱编纂史，也是一种创举。

第二，提升当代新编家谱的理论与技术研究水平，为当下的家谱编纂提供有意义的理论与技术的指导。这是基础研究也是问题研究，是希望解决家谱编纂中存在的问题，提供充足的学理思考。当代家谱编纂研究，一直没有进入学术界研究视野。新谱生产是一个野蛮的自由生长的领域。在这个领域，只有家谱协会的一批"土专家"在把关，没有真正的家谱专家。学院派专家几乎不涉及新谱生产，他们对新谱的生产表示轻蔑，不肯付出力气。当下参与新谱编纂理论与技术研究的，多是民间少数修谱者。他们没有家谱理论指导，没有专业把关，其生产出来的产品，质量低劣，也是意料之中的事。这样的成果，专家看不上眼。如此，陷入恶性循环之中。他们毕竟是业余人员，研究水平有其限度。家谱的创新，必须靠学者；普通人只会模仿，不太会创新。专家要参与进去，要引导别人，要设计出更为理想的模式，更让之多元化。现在，视野更为宽阔的高校家谱理论专家直接介入，与当下一线修谱人员建立联系通道，获得

---

① 钱杭：《新谱研究导论——意义·规模·方法》，见钱杭主编《中国历史地理评论》第二辑，复旦大学出版社2018年版。

他们的实践经验，能进一步提升民间智慧，从而大大提升家谱理论与技术的研究水平。

第三，深化公众史学当代公众家族史编修分支的建设。2015年中国公众史学整体架构完成后，目前正向分支建构发展。本课题的开展，可以大大深化公众家族史编修理论与历史体系的建构，将建立起相对完整的公众家族史编修分支学科。

第四，开创系统研究当代中国新编家谱理论与家谱史之风。用家谱理论与家谱史眼光重新审视新谱。上万种新谱文本放在馆中，除了供人阅读外，也要加以精深的研究。整理，系统的调查研究，是对修谱人员及其家谱文本的肯定。全面阅读新谱研究的成果，思考新谱整理与研究的路径与选题，从而拓宽公众史学在家族史编修的想象空间。本项目的开展，可以带动新谱研究之风，以后可以做新谱提要，可以做新谱个案分析。

第五，新谱概念的强化可以提升新谱的学术与社会地位。本项目若能入选国家重大项目，说明得到了国家顶级的认可，标志着当代新编家谱的研究进入了主流的学术界。连续关注五年，就可以出一系列成果，出一些新知，培养出一批人才，成为学界关注的新领域，成为新的知识增长点。同时也可以提升新谱收藏的信心，提升新谱收藏的价值，对新谱的收藏是一个福音。

总之，当代新谱研究的价值，一是断代谱牒史，二是当代公众家族史的建构理论与技术的深度思考。两大方向提炼出来以后，当代家谱编纂的理论与家谱史研究就完整了，可以建构出当代家谱理论与家谱学史分支。

二 应用价值

新谱的价值，要从生产与使用两大方面来谈，要从民众史与其他史料价值来谈。

第一，促进当下正进行着的家谱行业。由"用"家谱到"研"家谱，回归本体研究。我们的研究不是"借谱说事"的间接研究，而是"就谱说谱"的直接研究，是一个应用导向型的研究。新谱理论与技术的研究是前瞻性的，是可以直接服务于当下修谱行业，能推动新谱行业进一步发展的。

第二，可应用于乡村文化建设。经济的提升要求文化的深化。国有史而家有谱，随着文化乡村建设活动如浙江文化礼堂建设的加深，家谱的编纂更为迫切。除了传统型家谱，本课题也提出了公众家谱、村谱的编纂。所谓村谱，就是全村多姓合一的家谱，有别于传统一姓家谱。由一姓家谱至多姓家谱，更利于基层政府介入家谱编修活动，加强执政党在家谱编修上的领导地位与集体、公共财政的支撑。

第三，填充式家谱与网上家谱有着巨大的发展前景。用公众史学视野来看，家谱编纂的终极目标是家家有谱。面对普通民众在修谱观念上的一些障碍，前沿的学人不可能一一来解释，必须通过技术的改进来解决，而技术最终又必须产品化才能普及。要达到这样的发展目标，必须在两大方面努力：一是产品化。目前开发出来的填充式家谱，应家家一本。二是电子化，直接在网上修谱，这可以降低采访成本，让更多的人参与进来。同时考虑到民间家谱公司云端的非永恒性，必须同时保存家谱纸本。

第四，有益于国家加强家谱修编的法治化管理。家谱编纂是一项民间文化建设活动，所以政府仍得加强宏观管理。理想的境界是，政府文化立法，公共财政支持，加强宣传，学者引导，民间参与，促进家谱编纂事业的健康发展。甚至可考虑扩充公安局户籍管理系统的功能，使之具备历史文化保护功能，成为全国各姓氏历史的永久户口簿，那就近于中华大族谱建设目标了。

三　社会意义

修家谱非常重要，其意义主要表现为五个方面：

第一，家谱解决了中国人的人生终极三问，让个体有一个安身立命之处。有人说中国人没有信仰。联合国执行局前主席、德国人特维叟·莱特说，这是一个伪命题。中国人信仰的是自己的祖先而不是宗教人物，所以"落叶归根"就是中国人的精神信仰，"不给祖先蒙羞"就是中国人的奋斗目标。中国是一个祖宗崇拜的国家，家是中国人安全、教育与精神所在，家谱记录了家族血脉的历史，只有中国会区分一个人的"出生地"和"祖籍"。西方哲学上的终极三问：我是谁，我来自哪里，我将去哪儿。中国人用修家谱之法解决了，每一个人都会在祖宗世系图中有自己的小方块，从而让狂妄的个体知道自己在家族历史中的定位。光宗耀祖，就是中国人秉持的人生奋斗大道理。这个习惯使中国文化屹立不倒，别的国家学不来。正是这种遗传性的思维习惯，使得中国文化一直延续，没有中断过。祖宗与上帝，祠堂与教堂，让中西文化走上不同的发展道路。家谱的编修与研究，必须放到中国独特的民族精神体系来理解。

第二，家谱编修具有家族文化工程建设意义。没有家谱文本，人类的家族记忆多只能追溯三代。一个家族平淡或辉煌的历史，必须通过家谱文本来呈现。没有家谱的家族，是一个在文本世界不存在的家族。家族过往成为文献，有了文脉，才有资格称为文化家族。人的自信主要来自文化的自信，也即文献记录的自信。家谱是家族历史户口簿，是一本永远不会注销的户口簿，可以让祖宗与后代共处一个精神家园。

第三，家谱编修受益人口多。国史写不到百姓，方志所记有限，只有家谱才不分贵贱，让百姓留下人生的印记。家谱涉及千家万户，涉及你我他各个家庭历史，是真正的人民群众历史记录载体，自然应鼓励民间编修家谱。让全部的姓氏拥有自己的家史，这应是民间人士与基层政府的共同责任。

第四，从公众史学角度来说，编修新谱也是家族自强自立的表现，是人民写人民史，这是当代人主动替自己留下当代史。家族的稳定与文化建设水平，直接决定国家的稳定与文化建设水平。

第五，写好一族一姓的历史可以丰富大国家史。人人即国家，人人的历史是国家总体历史的一部分，这就是大国家史理念。族谱是民众史，宗谱的意义在于人人留史。家谱为一家之史，众谱为众家之史，自然成就大国家史。有了丰富的家族史，才可能有完备的大国家史。公众家族史数量越多，大国家史才越丰富。

女性入谱，是南北各地新谱的共同亮点，女子彻底入谱是现代家谱的一个革命性变革。这正是女性地位提高的表现，正是共产党执政提倡妇女顶半边天、女性得到彻底解放的结果。据称，公众家谱编修尤其受城市人与女性欢迎，正是这一表现。

家谱编修的复兴是中国文化复兴的结果。家是中国社会稳定的基石。习近平总书记说"注重家庭、注重家教、注重家风"，说"千年传统文化不能在我们手上丢了"，家谱正如此。它与国史、方志鼎足而三，为中国三大基本文献种类之一，在新的时代更不应丢了。盛世修家谱，说明有钱有闲后，想到家族文化建设了。这说明基层社会生活质量提高了，正是中国梦初见成效的表现，中国宽容社会的到来，中国文化复兴的表现。

家谱是加强移民文化联系的基本手段。移民可以是国内移民，也可以是海外移民。至2012年统计，海外侨胞数量达4500万。中国是宗籍管理传统的，家谱就是宗族户口簿。对于迁移者来说，行政户口在别地，但宗籍仍在原地。有

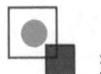

了家谱就有了宗籍，这可以弥补现行中国户口管理制度的不足。家谱是加强人群间有机联系的黏合剂，是联合本土民众与迁移于外民众关系的直接纽带。千年宗亲认同不会变，家是移民的根基所在。只有家在，移民走到天涯海角，都会关心家庭的，进而关心祖国的，所以移民并不可怕，可怕的是断了他们的根。在全球化时代，家谱是联结华侨的最好桥梁。

总之，修家谱是一项全国性的、全民性的历史文化建设活动，有着巨大的学术、应用价值与社会意义，于国于民均是大好之事，可以说有百利而无一害，是民间文化建设重中之重，需要有国家重大项目来提升其学术与社会影响力。早在20世纪初，史学大师梁启超等就已大声疾呼："尽集天下之家谱，俾学者分科研究，实不朽之盛业。"到了21世纪，我们完全有实力达到这样的理想目标了。

第四节　新谱研究的总体思路与方法

一　研究对象与总体问题

1. 研究对象

本课题以当代中国新编家谱文本及家谱编修行业为研究对象。史学的直接研究对象是文本，家谱研究的直接研究对象是家谱文本。但当代家谱不同于古代、近代的家谱，时间近，主编多在人世，所以还可以搜集到更多家谱文本之外的主编口述史资料，会扩大到家谱文本之外的历史信息。家谱编修又是一个正在进行着的文化行业，有大量的参与人与从业者，每天在不断生产出家谱，如此就得做家谱文本的前后延伸，研究对象会扩大到整个家谱行业。

本课题的"问题对象"是当代中国新编家谱编修史、家谱编修实践与理论中存在的问题。家谱文本仅是家谱编修活动的结晶。从家谱的全流程说，可以分为家谱编修、家谱传播与家谱研究三大层面。只有生产出了家谱，才有整理与研究的可能。当代新家谱是一块以生产为主的园地，研究工作尚未提到议事日程。修谱人是当事人、实践者，他们对家谱的问题有切肤之痛。为了让家谱适应现代社会，他们会努力探索，从而成为一线的家谱理论与技术创造者。学者是第二层面的，仅是加工者、推广者。家谱生产过程的描述是相当容易的事，但针对过程各个环节容易出现的问题展开讨论才是最为重要的。家谱史研究重在弄清过程，重视家谱文本生产过程及传播过程的研究。家谱理论与技术研究，会关注民间智慧的搜集与提炼。除了家谱生产与家谱研究相结合外，也会线上家谱与线下家谱结合，思考由纸质家谱而电子家谱转型诸活动。除成功的案例，也会关注失败案例的分析。

2. 总体问题

本课题的总体问题是要解决政府、学界与民间修谱关系问题，建立家谱编修、保存、整理、研究的长效机制。从宋代以来，家谱的修编向来是民间自我作主的事，它是宗族自我管理的文本手段，不需要与政府商量。而且，家谱向来藏于民间，是各家族内部的私有之物，社会影响面相当小。进入20世纪以来，宗族管理不断受到冲击，家谱的编修也受到冲击，进入"文化大革命"时期，收藏于民间的家谱被强行取出来。后来，剩下的未毁家谱进入了公藏图书馆。新中国前30年中，家谱的编修仍不绝如缕，数量虽有所下降，但仍有上千种。80年代改革开放以后，经济逐步繁荣，政治逐步宽松，文化氛围加强，于是家谱编修重新兴起，由民间的悄悄自印发展到公开的出版。家谱编修由农村包围城市，由民间收藏进入公共图书馆收藏，学人得以在图书馆与家谱馆集中阅读，到了政府、学界应关注、引导的时候了。加强社会管理，加强民间文化建设，这是国家未来的任务所在，自然也是学界的任务所在，民间修谱需要更高层的专家来参与，这就是将当代中国新编家谱整理与研究上升为国家重大项目原因所在。将民间自发的修谱活动与国家的民间文化建设任务衔接起来，学者居间，联系上下，建立长效的家谱编修机制，无疑是当下应解决的重大问题。

具体地说，上述重大问题需要把握下列四个要点：

第一，当代中国社会的变化直接制约了家谱的编修。当代中国经历了三大全新的变化：一是由"家国同构体制"向"国家社会体制"转型，二是由农耕文明向工商文明转型，三是由静态的、纸本化的媒介向网络化与数字化转型。这样的变化，标志着公众时代的来临，这是制约家谱编修的外在原因。

第二，家谱编修的制约也有其内在原因。近三十多年的新谱编修之所以还有不理想之处：一是人才匮乏。20世纪以来，随着城市化的发展，乡村文化人日益被抽干，乡村中找不到大学生，大学以上的文化人进了城。二是学界的忽视。学人从事高端学术研究了，低微的家谱编修得不到理论与技术的支撑。三是家族公共财政积累机制崩盘，导致家族文化建设缺乏财政支撑。

第三，既要重家谱的数量也要重家谱的质量。近四十年，家谱编修的风气形成了，家谱数量上来了。有人说，这届新谱质量最差，循旧者或不达，标新者多失格。新谱数量上万种，中间肯定有好的家谱，也有不好的家谱。所以，简单地讨论优劣是不够的，理想的状况是发现家谱的特色所在，这才是有益于家谱行业发展的举措。

第四，要建立家谱编修、保存、整理与研究的长效机制。家谱整理与研究的目标是为家谱的生产提供服务，是面向未来的过往回溯研究，纯回溯研究，于当下与未来家谱编修的直接作用小。本课题关注的是宗谱的形式与建构研究。完整的家谱问题，涉及编修、保存、整理与研究四大环节。编修是直接的家谱生产环节，其他是家谱的加工环节，这是一条龙的链条。

二 研究框架和主要内容

本课题由总课题和子课题二大块组成。总课题由七个部分构成，子课题凡五大方面，共二十六个问题，两者共三十三个问题。六大方面，三十三个问题，就是本课题的问题系统所在。总课题及子课题的研究内容见表0-1。

表0-1　　　　　　　　　　本课题的总体研究框架

课题类别	编号	研究内容
总课题	第一部分	新编家谱的文化与社会功能研究
	第二部分	家谱编修质量、财力保障研究
	第三部分	新编家谱的鉴评机制研究
	第四部分	新编家谱著录的常规化研究
	第五部分	新编家谱全文保存与使用机制研究
	第六部分	家谱产学研一体化机制研究
	第七部分	当代中国新编家谱分区分时分类研究
子课题	子课题1	当代中国新编家谱分区总量研究
	子课题2	当代中国新编家谱编年考
	子课题3	当代中国新编家谱类型研究
	子课题4	当代社会变迁与新谱修研究
	子课题5	公众史学、网络史学与新谱编修理论研究

1. 总课题的研究框架与内容

第一，新谱研究价值与意义，主要回答研究的必要性与可能性。家谱整理与研究的目标是为家谱的生产提供服务。是面向未来的过往回溯研究，纯回溯研究无益当下与未来。关注的是宗谱的形式与建构研究。

第二，家谱编纂质量、财政保障研究，主要回答修谱质量提升问题。家谱不同于其他历史或文化类作品，其作者群体层次普遍不高，所以家谱质量也不会太高。家谱研究是民间史学，不同于传统的精英史学研究模式。高校应加快家谱学科建设，依托高校科研实力，对谱牒进行标准化、权威化研究，进一步提升民间谱牒编修质量。呼吁各姓族贤多关心本宗族事务，提升家谱编修质量。又譬如家谱编修财力保障研究，主要回答家谱编修的财政措施。呼吁社会贤达成立家谱文化基金，支持家谱文化研究和家谱续修工程。甚至允许成立中国家谱出版社，创新出版体制，走与出版社不太相同的体制。

第三，新编家谱的鉴评机制研究。当代人要留下当代人的见识。新谱出版后要及时加以宣传，公开序跋与图片资料，如河南《家谱修编报》推广模式。也可编纂《中国家谱年鉴》。家谱编修已经成为一个庞大的文化行业，当然要有年鉴来总结。家谱年鉴的编纂模式也可创新，在网上建立自助模式，鼓励民间提供新谱的相关资料。也可以有意识地找不同行家来写意见书，汇编成册。可进一步改革年度中华新谱展评机制，使之更为学术化，这是未来研究当代新谱的第一手学术史资料。

第四，新编家谱著录的常规化研究。一方面，应在网上建立国家级长效家谱自助著录机制，鼓励民间自印家谱及时登入。另一方面，各县图书馆应建立村镇民间修谱调查机制，主动出击，收集相关的家谱编修信息。

第五，新编家谱全文保存与使用机制研究。除了纸本保存，更强调数字化保存，由国家图书馆出面，建立类似中华家谱数据库这样的长效机制。

第六，家谱产学研一体化机制。修谱公司、家谱学会与高校应合作，成立家谱研究院所，培养家谱研究生，培训家谱编修人才，建立主编经验交流机制。家谱人才培养，家谱理论研究，直接决定家谱行业的发展水平。

第七，当代中国新编家谱的分区分时分类研究，主要回答家谱个案基础上的群体研究模式。

2. 子课题的研究框架和内容

（1）当代中国新谱的分区总量研究

仔细考察编纂背景，研究其传承规律，了解其他不修的背景，如何促进编纂。本课题将研究以下四大问题：

第一，新谱总量的统计。在排列上，改变传统家谱目录按姓氏编纂习惯，主张按行政空间来排列，以空间为经，以姓氏为纬。分区目录，才可以发现各地不均衡，知道努力方向，推动未修谱地区的修谱活动。《中国家谱总目》出版以后，各地纷纷要编地区总目，说明按姓氏排列的模式不适合各地实际使用。分区家谱目录的好处，能与各省市县级的家谱提要编纂匹配。

第二，家谱的特色研究，可称为鉴赏新谱。既然留下了一万多种新家谱，自然要对其编纂例模式有一个研究。发现新谱的亮点，找出新谱的盲点，开辟新谱评论学。以过眼为准，力求全面，避免被总目的全面要求所限。

第三，家谱的空间分布特点，用区域文化理论来思考各地的不同，重点思考区域文化与当代新谱编纂关系。这个选题的设立，有三大方面的考虑：一是各地风格的不同，二是归纳各地修谱不均衡的特点及地区成因，三是促进未编纂地区加强修谱。譬如山东家谱与江西家谱就不同，由于北方战乱多，生命难保，所以更喜欢立高高的石头丰碑，上面书上六代人名，可称为"石谱"，而南方则靠纸谱。

第四，建立新谱图像志长编，将封面、目录、序跋资料汇编成册。拟仿《中国家谱藏谈》《慈溪家谱》，在阅读家谱基础上，写一部详细的提要，加上图像。目标是希望做一部相当完整的新谱提要，但因为难以做齐，不想受到限制，所以不敢加上"总目"。同时，也想改革家谱提要的纯文字风格，要求加上图像。

（2）当代中国新编家谱编年考

研究对象是新谱的编纂背景及过程。新谱编纂的时间流程观察，每部家谱的编纂过程资料放于此。拟用资料长编法，以时间为经，以家谱为纬。重在家谱宗旨、背景、过程。这是家谱编纂史得以成立的基础，是家谱研究的学术基础。这也是一种研究对象的筛选，有了编年，研究目标就更清楚了。编年重在家族史建构之路梳理，关注要素为时间、人物、背景、传播、保存。比现有家谱提要更为详尽，是一个个专题的家族编纂史研究。通过编年长编，可以看出各个时段各地各书的具体编纂情况，同时前后有一个比较参考的环境，让家谱作品的判断与定位更容易。家谱编年可以说是家谱成就的时间定位系统，树立了当代新谱发展的时间标杆。前30年新谱编纂史，可证明宗族编纂一直在进行之中。后40年新谱编纂史，可证明家谱编纂的繁荣。

（3）当代中国新谱的类型分析

本课题的研究对象是新家谱的不同类型。可以更好地把握家谱的特征，理解其意义。新编家谱的类型学分析相当"特色类型"。由"体例"而"类型"，更有理论高度，更便于操作。目前的家谱类型主要有以下几种：传统型大家谱、树谱、房谱、支谱，新创之谱如村谱、公众家谱、百年家谱、家史型，及姓氏学范畴的通谱。公众家谱与大家谱，并不矛盾，各有存在的价值。在家谱复兴阶段，肯定是继承传统家谱多。随着文化乡村建设活动的加深，村谱、家谱、公众家谱之类会编得更多。由石谱而纸谱，由纸质谱而电子家谱，由乡村家谱而城乡公众家谱、大通谱，适应现代城市社会。标准化家谱与创新家谱。进入21世纪的网络时代，家谱电子化是趋势。家谱电子化的表现，一是家谱全文上网，阅读方便。二是创谱方便，人人参与，分级管理。三是照片多，故事多，成为家族人员间的交流工具。这正是公众史学的努力方向所在。网上修谱软件适合编修与传播，不太适合保存。从保存角度来说，仍要编辑成稿，打印出来，成为固定文本。网络更新太快，公司倒闭太快。放在云端的信息，一旦公司关闭，就一切都没有了。

（4）当代社会变迁与新谱编纂研究

本课题的对象是修谱人与家谱文本的体例与内容，重在修谱人的变化，修谱观念的变化，修谱体例的变化，这应是考察家谱编修史的核心脉络所在。当代社会的变迁，反映在几大方面：一是基层管理的强化，区域管理代替宗族管理。二是家庭的嬗变，核心家庭的强化，大家庭的弱化。三是由紧张社会至宽容社会的转型，话语体系的嬗变，民国纪年的残留。四是个人迁移的增强，尤其是海外华人的增加，导致宗族会、同乡会、商会的发达。五是家庭史研究受到重视，日常生活史的提出，丰富了普通人历史的书写内涵。本课题拟将家谱放在当代中国时空变迁中加以观察，揭示各个时期各地家谱编修的真实历史情况。可分为三大时期，1950—1979年为第一阶段，1980—1999年为第二阶段，2000—2020年为第三阶段。20世纪50年代以来的大陆是新中国时期，尤其是80年代以后是中国历史上变化最剧烈的时期，家谱的编修既传承又创新。在新旧变动之机，家族文化的维持更成民间的第一选择。前两个阶段是纸质家谱时代，第三个阶段进入纸质与电子家谱并存期。第一阶段关注传统谱师与纸质家谱，第二阶段关注当代谱师与传统家谱的复兴，第三阶段更关注电子修谱。家谱史，除了家谱编修史，也应包括家谱研究史，范围更广。家谱编修队伍研究。当下的修谱人员，处于新旧嬗变之中。现在，大半是粗通文字的半文盲在弄，班门弄斧，不懂装懂，尽出洋相，所以解放后的家谱编修质量普遍不高。文化人皆进城了，进城后又没有续谱意识，村里有修谱意识的老人则没有经济实力，没有编修能力。村里只有一些初中水平的文化人，高中生也不多，自然难提升修谱水平。

（5）公众史学、网络史学与新谱编纂理论研究

本课题将关注以下几个问题：

第一，民众家谱观念研究。一是祖宗崇拜、宗籍管理与宗谱的存在。家谱是家族文化建构活动，是中国祖宗崇拜的产物。民众家谱观念研究，不修谱是为不孝。二是家谱是移民社会的产物。家谱是移民的传家宝。迁移频繁，更有加强宗谱编修的需要。辈分是家谱体现宗籍管理的核心原则，既有内部前后辈的辨识意义，也有外部同姓宗族支派关系的辨识作用。三是文化家谱与血缘家谱的区分。这涉及新家谱的托伪、附会的看法问题。这是两个不同的概念，也是不同的发展方向。不要用血缘家谱看文化家谱，也不能用文化家谱当血缘家谱。

第二，公众史学与家谱研究。一是新编家谱的当代历史记录性研究。由生活世界而文本世界的过程就是历史书写。修谱是家族过往的文本化建构。文化成熟的第一标准是有文字记录，一个家族若没有留下文字记录，就表明其家族文化是不成熟的。家谱重在当代，不是前代。家谱的当代部分是靠谱的，前面回溯部分容易出问题。二是修谱是文化消费，花钱是值得的。有人将人人捐款视为摊派，这是错误的，应更新观念。这是只有生活世界、没有文本世界观念的结果，是眼光近视的表现。三是口述史与当代家谱的编修。家谱的主体是当代公众家族史，现存的文本较少，多数记忆存储于大脑之中，所以必须用口述史的方式来搜集相关记忆。四是家谱大众化推广机制研究。加盟模式，产品销售模式。公益指导，自助编修。五是家谱编修的大众化研究。家谱编修的趋势是走向大众。线下的产品化，线上的电子化，是未来家谱大众化的两条主要路径。公众修谱，是未来的发展方向。

第三，家谱编修质量与法律问题研究。家谱编修数量上来以后，我们要强

调质量，所以下一步的目标是提升家谱的编修质量。一是个性化非常大的家谱编修，如何规范化，这是一大难点。修谱的内部印刷，导致三编三校没有执行。修谱是一种编书出书活动，对一个没有编书出书经验的乡村人来说是一种考验。二是涉及工商时代家谱编修的法律风险问题。新谱传播的法律风险，是一个全新的话题。宗谱的准确性审核，既是一个历史准确性问题，也可能成为一个法律问题。家谱编修的法律风险。有两个案例说明，编修家谱必须核对过。尤其是公开印刷的族谱，更应核对过，否则易被人告状。家谱全文上网，存在家族隐私外传风险，但福建图书馆新谱提要上网。家庭成员、生卒时间、娘家地址都是隐私。部分商人、公职人员，就不能写居住地，容易成为讨债公司的追踪指南。

第四，新家谱的数字化与网络化研究。主要是两个方面：一是网络家族互动社群，家族互动社群平台，在线互动家谱编纂，家族 SNS 数据的整合与利用。二是数字新家谱长期保存，长期保存技术与方法，长期保存机制的建立，中华家谱数据库建设研究。

第五，新编家谱社会与文化功能研究。一是新谱的家规家训研究。自 2015 年习近平总书记提倡"注重家庭、注重家教、注重家风"以后，家规家训就受人关注。传统家谱中，普遍有家规家训。新编家谱的时代不同，自然家规家训的内容不完全相同。总结提炼不同家庭的成功经验与人生治家训条，无疑是家族文化建设的核心所在。家庭的文化建设直接体现国家的文化建设水平。浙江各地有乡村文化礼堂，家谱编修可以成为配套的文化建设活动。新谱的家规家训研究，拟辑录各地家谱的优秀家训，为后人提供借鉴。二是新编家谱性质与功能研究。修谱是家族过往的文本化建构，由生活世界而文本世界，就是历史书写。家谱重在当代，不是前代。家谱的当代部分是靠谱的，前面回溯部分容易出问题。

3. 总课题和子课题之间的逻辑关系

（1）本课题总课题的内在逻辑

分为新谱整理与新谱研究两大板块。整理与研究，不是脱节的，而是自然融合的。整理与研究工作分两个阶段，一是个案梳理，二是深入加工。整理是为了研究，研究是为了深化整理。整理也是研究，是初步的研究。后面的研究，是更为深入的研究。整理是基础，为研究服务，专题研究是提升。本课题的每个子课题，以整理为基础，展开深入研究。研究是面向过去、展望未来的。同时,用研究的视野来整理,否则整理就成了没有应用方向的盲目整理。整理新谱,研究新谱。整理新谱的内容,研究新谱的编纂。有了整理这个基础,就可以加工出不同类型的作品来。如此说来,第一个子课题,才是真正的以整理为主的研究。全部整理以后,就可开展第二层次综合研究,可以加工出编年、类型、通史、理论来了。总课题由新谱的总量、新谱的空间、新谱的时间、新谱的发展脉络、新谱的类型和新谱的理论与技术六个问题构成,是层层递进的基本问题。通过总课题的研究,形成基本框架。这六个问题的回答是具有严密的逻辑递进性的。

总课题偏重长效机制研究,涉及家谱编修的功能、生产、积累、收藏、研究诸多问题,是一条龙流程中某一环的机制与理论思考。家谱功能是家谱的立身之本,家谱编修是家谱生产机制,家谱的鉴评可以积累起家谱史资料,家谱的收藏方式直接决定使用方式,家谱是接地气的文化行业,要建立产学研一体化机制,家谱的研究模式多样化。有了这套完整的长效机制建设,家谱行业的发展、家谱的研究就会进入良性循环阶段。

(2) 本课题子课题的内在逻辑

第一子课题回答"新谱现状如何",是课题研究的现实基础,是整个课题研究的起点;第二子课题回答"新谱编纂的时代轨迹",是一个纵向的时间流程考察;第三子课题是回答"新谱的类型状况",方便修谱人的掌握与操作;第四子课题是"新谱史",着力解决时代变迁与新谱编纂间的互动关系;第五子课题是回答"新谱编纂的理论与技术",致力于解决新谱编纂的理论与技术难题。因此,五个子课题也存在着严密的逻辑关系。而且,第一、第二、第三子课题可以支撑第四、第五子课题。子课题相互之间的内在逻辑关系,是一个由低而高、不断提升的逻辑设计。各子课题间,互相依赖,也互补支撑。这样的子课题设计,内在逻辑性更强。

(3) 本课题总课题和子课题的逻辑关系

第一,总课题与子课题之间是"全面"与"重点"的关系。这样,既考虑到覆盖面的问题,又考虑到突出重点的问题。通过总课题的研究,形成基本框架,五个问题的回答是具有严密的逻辑递进性的。

第二,总课题与子课题是"理论假说"与"实证分析"的关系。总课题是在子课题研究的基础上的理论提炼。总体上讲,五个子课题均是支撑总课题研究的几个重大问题。第五子课题支撑第一部分新编家谱的文化与社会功能研究，第二部分家谱编修质量、财力保障研究，第五部分新谱全文保存与使用机制研究。第一子课题支撑第四部分新谱总目著录方式研究，第二、第三子课题支撑第六部分当代中国家谱分区分时分类研究。第四子课题支撑第四部分新编家谱的鉴评机制研究、第六部分家谱产学研一体化机制。总课题与子课题之间的逻辑关系示意图见图0-1。

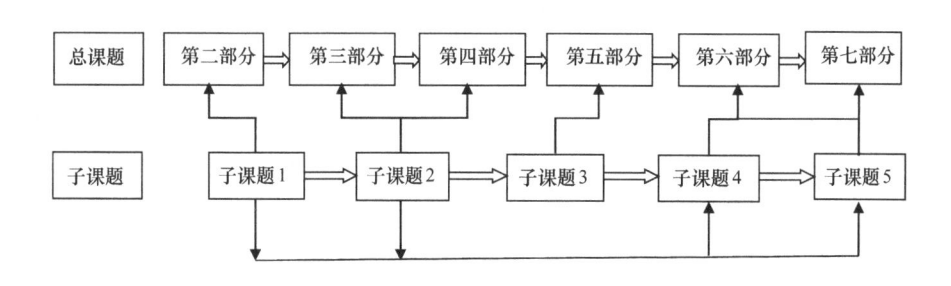

图0-1 总课题与子课题之间的逻辑关系示意图

三 思路视角路径与方法

1. 本课题的总体思路

新编家谱文本整理与研究并行。为什么要整理，为什么要研究；如何整理，如何研究，这应是本课题要思考的两大层面逻辑问题。当代中国留下了近两万种家谱文本，要对此进行整理与研究。家谱整理与家谱研究相互支撑，整理是研究的基础，研究是整理的深化与提升。更精确地说，用研究的专门视角指导整理，用整理过的资料做深入加工的基础。本课题的每个子课题，以整理为基础，展开深入研究。

新编家谱的整理主要是文献学的整理。为了突出新编家谱的位置，肯定要将新编家谱目录单独列出来。目前，各馆有数字目录，这完成了第一步整理。同时，也可动用各地的修谱力量，让他们提供介绍。某些姓氏网上也有简介。坚持实事求是原则，从上万种新谱中梳理资料。用数据库法输入相关的信息，一旦完成，即可按时间与空间重新排列。

新编家谱的研究主要是新编家谱的历史学研究，其他也有新谱的人类学研究、新谱的文化学研究等。新编家谱的历史学研究又可分为两途：一是家谱的史学理论与史学史研究，一是新编家谱的专门史（如社会生活史）研究。本课题偏重家谱理论与家谱史研究。新谱的历史研究解决家谱行业发展史的建构问题，新谱的理论研究解决新谱编修进一步发展面临的理论与技术难题。有别于其他借助宗谱资料进行历史研究的行为，重在研究家谱本体，其内容，其形式，其历史，其理论，其使用，其生产。从家谱的生产与研究来说，可以分为家谱编纂与家谱研究。近70年的家谱编纂史、编纂经验值得思考。也要引入公众史学与网络史学，使家谱的编修实现现代转型。通过新谱历史的梳理，理论与技术的研究，提升新谱研究水平，使之进入主流的学术界。

子课题将从五个方面深化总体问题：分区特色研究，弄清各地修与不修的内在机制。分时研究，弄清不同时间段生产出了哪些家谱文本。类型研究，是为便于掌握中华人民共和国家谱形态的传承与创新，预测未来的发展方向。类型化为了便利操作。对现行的几种电子家谱软件，会作一一分析。断代家谱史研究，是为了弄清当代中国家谱编纂史与家谱研究史，对家谱编纂嬗变的阶段，作宏观的观察。编纂家谱史，是为了建构相对精确的家谱发展过程知识谱系。理论与技术研究，是为了提炼当下中国家谱编纂实践的经验。

2. 本课题的研究视角

（1）传统文化与现代公众史学相结合

家谱新修要放在传统文化复兴与公众史学新兴的思潮中加以联想。公众史学的引入，可以大大革新谱学观念。前人受传统国家史学观影响，总喜欢从家谱中寻找大人物。这样的思路当然有其存在的价值。从公众史学角度来看，它是普通人的家族历史，记录了普通人的名字与历史，这才是最为重要之处。只有名字，聊胜于无。某些家谱传记少，这可能与家谱的档案定位有关，也可能无人会写。如果有传记，就理想多了，这正是今天要求用历史学精神改造传统家谱的理由所在。引入公众史学，可以使家谱编修由通代转向当代，由研究转向生产，由少数人参与到多数人参与。

（2）家谱文本与编修主体相结合

修谱者与家谱文本，是构成家谱编修史的主体内容。会涉及详述编修群体，可以为称谱师群体。家谱是人来修的，所以，修谱人才的修谱观念、修谱机制决定修谱状况与水平。对这些修谱队伍的口述采访，可以获得第一手的实践经验。他们有经验，有时不会总结，需要谱学研究专家加以提炼。

（3）纵向的历史思考与横向的理论思考相结合

放在时代背景中思考新中国家谱编修的嬗变，从理论的高度思考其得失。家谱向来是按姓氏编纂的，家谱编年从来没有人做过。家谱编年可以了解各地发展规律，可以制成分省分县家谱编修规律表。不同家族要隔三十年左右编修，不同家族编修的时间表不同，综合在一起就有群体观察效果。本团队的优势是家谱理论思考，不断思考体裁的创新，顺应时代，提倡公众家谱编修。由于是建立在家谱个案研究上的，所以家谱编修史会更为成熟。

3. 研究路径

（1）由个案整理而群体专题研究

坚持由新谱个案而群体分析原则。偏重对新谱本身的研究，偏重体裁、体例、内容的创新。体例的创新，参与人员的变化，要列出几项考察指标。个案整理是全部研究的起点。拟在各地图书馆、家谱馆目录基础形成一个新谱总目。第一阶段，全体人员参与编纂提要写作，成数据库。第二阶段，在数据库基础上，各团队分专题研究。家谱个案分析，建立在个案研究基础上，有可能突破前人研究的不足。在提要的搜集上，拟充分发挥中华家谱展评会机制，它有两层意义：一是增加一个鉴赏视角，留下当代的评判。二是提升学术积累，将申报家谱的材料汇编成册，积累家谱的学术史资料。新谱的好处，作者是当下的，所以可以鼓励他们写出好的介绍资料来。这种学术资料积累是政府或民间评奖部门所忽视的。这也告诉我们，当代作品的积累，可以发挥当事人的积极性，并不必研究人员事事亲力亲为。做家谱的学术研究，必须有相应的学术资料。这正是我谱写后记的原因所在。只有了解更多的家谱个案编纂史，才能对当代中国整体的家谱编纂史有全面完整深刻的理解。

（2）从修谱实践中提炼学术问题

以前的学术问题都是从书本中寻找的，现在的目标是从实践中寻找问题。深入家谱生产第一线，就会发现许多问题。修谱实践者的经验最为丰富，遇到的问题最多，也有办法解决这些问题。将民间的修谱经验与案例搜集起来，然后放在学术层面，加以更为深入的研究，就能推进家谱的理论与技术研究水平。譬如是否修谱话语权讨论，譬如村谱、乡谱的出现，就值得关注，可以进一步推广。

（3）从间接研究而直接研究

传统的家谱文本解读，完全是由学者操控的单向解读，是间接研究；而当代家谱研究是一种直接研究，可以与主编直接对话，梳理其问题，给予更有学理的说明，提升其水平。家谱本来就是民间的，研究人员的眼睛自然应向下。修谱实践生活远比家谱文本丰富，只要不断到民间调查，就可搜集到丰富的修谱实践资料。修谱一线人员需要高校专家的支撑以增加思考的力量，而高校专家也需要一线修谱人员的经验与探索。这是一种互利互惠的双赢合作模式。譬如村谱的出现就值得关注，可以进一步推广，这更适应当下中国的地方行政管理体制。

（4）从特色家谱中寻找家谱的创新

由于时代的不同，必然导致修谱风格的变化。当现代人重新接续家谱时，发现原来的家谱模式适应不了现代社会的要求，于是他们就会寻思改革。如此，家谱自20世纪90年代以来，不断处于创新之中。公众家谱、村谱的出现最为典型。家谱核心的世系图，也在不断改革之中。吕有凯的"三代系表户主编号法"、靳新的"年轮式世系图"、崔丙书的"家记图"，均属创新较大者。其他细小改革的家谱更多，这需要我们从已经出现的家谱文本中加以发现、提炼并推广。

4. 研究方法

图书著录法：家谱总量的调查，属家谱文献整理。这项工作量最多，需要到全国各地省市县图书馆调查家谱收藏情况。在拍摄大量家谱资料的基础上，加以整理与研究。拟用数据库方式来做，如浙江古籍信息库、福建图书馆家谱数据库，这样的容量更大。

定量分析法：第一子课题拟按分区原则，进行统计分析。在分区分析时，会结合区域文化背景，思考其异同点。通过分区的统计分析，可以看到家谱编修的时空分布轨迹图，从中发现热点与弱点，寻找弱点的突破方向。

编年考索法：第二子课题重在家谱个案编修过程性研究。有了家谱个案编年，就建构起了新谱的群体图，知道前后左右有哪些家谱。乔治忠教授团队，擅长史学编年法，将此法迁移到家谱，可以顺利地完成家谱编年考工作。具体格式是纲目体法，加上按语。

历史考察法：第四子课题，则重在从社会与家谱互动中宏观地梳理家谱行业发展史。编修史回归社会史，将家谱文本放到特定的时间段中加以考量，思考时代精神是如何影响其编修的。这种研究近于宗谱的社会史研究,适合家谱个案研究,也适合家谱群体研究。新谱编修史知识脉络建构起来后,就能在家谱群体中论断个案性史事的意义,才就能作出实事求是的论断。

类型分析法:前人家谱称为家谱体例研究,第三子课题改为家谱类型研究。类型是一个群体概念,可以有基本的形态,也可有略为变异的形态。除了学理的说明,更重在案例归类分析,每一种类型会提供几种案例加以阐述。强调家谱体例多样化,反对用一种单一的血缘家谱理念看待不同功能的家谱类型。

口述访谈法:新谱研究属当代史范围,由于时间近,许多当事人在世,故可以进行直接的历史研究。第四子课题之家谱编修队伍研究,将充分使用口述史法,采访一些重要家谱编修的当事人,了解修谱的背景及遇到的问题。采访谱匠,了解家谱出版状况。采访家谱学会,了解活动方式。网上修谱状况,也要通过口述访谈的方式。

理论提炼法:第五个子课题重在家谱编修理论与技术的直接调查研究。通过多种姓氏网、家谱网、修谱师,调查修谱活动中存在的问题,搜集修谱经验。家谱理论创新源于家谱编修实践。修谱实践者的经验最为丰富,遇到的问题最多,也有办法解决这些问题。将民间的修谱经验与案例搜集起来,然后放在学术层面加以更为深入的研究,就能推进家谱的理论与技术研究水平。

大数据分析法:从未来的发展趋势来看,家谱整理与研究须借助大数据技术,提升研究水平。

以上的研究方法手段,是文献学、史学理论与史学史常用的研究方法。口述访谈则是公众史学的产物,它更适合当代历史记录。当代家谱编修是属当代历史记录层面,所以比较适合用此法。

四 关键问题和重点难点

1. 本课题拟解决的关键性问题

本课题拟解决的关键性问题是当代中国新编家谱总体状况与当代中国新编家谱编纂发展轨迹。围绕这两个关键问题,将从当代中国新编家谱提要、当代中国新编家谱编纂史、新旧家谱的转型研究三个方面来整理与研究。当代中国新编家谱提要涉及家谱的个案研究,而当代中国新编家谱编纂史涉及家谱的时空分布特征、内外成因分析。新旧家谱的转型研究涉及家谱体例的创新、编纂方式的创新。

2. 重点难点

拟解决以下四个方面的重点难点问题：

第一，家谱个案的分区分时特色研究。就纸本家谱作一个全面的调查研究，工作量大，难度不小，须有较强的组织力与执行力。

第二，家谱编纂史。家谱不同于其他历史或文化类作品，其作者群体层次普遍不高，所以产品的质量与体例也不会太高。后来的专家要研究这些家谱文本，必须研究家谱生产群体。如果不与这个群体联系沟通，了解其所思所虑，是无法理解家谱文本的，从而无法建构好家谱编纂史。

第三，电子家谱状况。电子家谱在中国推广了十多年，状况到底如何，要给出一个调查报告，这是全新的课题。相关的文章与专著也有了，只是比较专业化，普通人不太理解。软件的开发是专业的，但软件的使用必须是通俗普及的。家谱软件的设计须有专家参与。如果电子家谱软件更为广泛和便捷，那么会有更多的年轻人主动修好自己的公众家谱，对整个大家族联宗修谱将会带来更多的促进作用。

第四，产学研一体化。高校人员的优势是居高临下，面向全国来思考问题。民间修谱人员有实践经验，部分人也会思考，但仍有较大局限性。如果高校与修谱人合作，就可以实现产学研一体化。在这个方面，浙江万卷谱局开了一个好的先例，修谱之余主动与高校合作，成立家谱文化研究所。

以上四大类问题的解决就是本课题的主要创新。

以上述所阐述的几个方面，既是本课题的研究重点，也是课题研究必须突破的难点。

五　拟突破创新推进之处

1. 问题选择上的推进

第一，由重家谱文本到家谱、谱师、谱匠、谱局、谱会并重。家谱的整理与研究，是一项静态的文本研究活动。鉴于当代家谱编修是一种直接研究，所以本课题也延伸到了相关修谱人员、机构、组织的研究。道理很简单，他们是家谱修编的主体，只有研究透了家谱主体，才能理解家谱文本的特点所在。

第二，由单一的家谱编修或研究到家谱编修与家谱研究并重。家谱编修者重视家谱编修而忽视家谱研究，专家则重家谱研究而忽视家谱编修。本课题则家谱编修与家谱研究并重。

第三，由重家谱理论研究到家谱理论与家谱史并重。家谱的理论研究，已经受到关注，但家谱史研究刚起步。本课题将家谱理论与家谱史研究并重，且增加家谱的公众史学、网络史学观察点。

第四，由家谱整理、研究而家谱修编、保存、整理与研究的长效机制建设。总问题不再是具体家谱整理与研究，而是寻找长效机制的建立。有了这样的长效机制，未来的家谱编修、保存、整理与研究，才可能进入良性循环的状态。

2. 学术观点上的创新

第一，用家族史改革档案化家谱。家谱的模式受制于时代。时代变迁，家谱也会跟着变。以前的宗谱是宗族管理，是放在修身、齐家、治国、平天下模式中加以建构的，所以只写生卒年之类宗族信息。今日是放在国家与社会治理中加以重视的，大宗族小家庭化，流动性加强，宗族色彩淡化，所以家谱重在家族史，要加强历史色彩，详写生活史。历史的底线要求在抬高，必须留下更多的历史信息。对小人物来说，能光宗耀祖，就值得肯定了。

第二，家谱编修与各地的小传统有关。这个家族是否有家谱编修传统，是决定他们是否续修的原因所在。如果祖上修谱，其子孙也会坚持续修；反之，如果完全草根而未修谱的家族，不太会想到编修家谱。外面的政治大氛围会有对其修谱活动影响，但根本性因素是某族是否有修谱传统。更直接地说，村中是否有缙绅家庭是主因。今日，甚至有为新旧缙绅身份（退休老书记与前地主儿子）而闹翻的，某些人将修谱权当作某家的特权了。有老谱传统的村，容易编修家谱。侨乡如潮汕容易恢复修谱，因为保存有家谱。国家有大道理，民间有小道理，小道理对民间的影响更大。三年不修谱就是不孝，就是这样的小道理。反之，要开创修谱传统，难度不小。

第三，族谱最大的价值是民众史。其世系表保住了每个家族成员历史记录的底线，上线在于记录了家族中的名人。也就是说，一部家谱集中了大人物与小人物，让两者和谐共处。今日的家谱研究仍是名人研究，所以关注从家谱中寻找地方名人的资料，这是外在的研究视角。其实最大价值是记录了公众的世系，其他意义与价值是增值部分。家谱是家族的文脉，家谱能够容纳宗族历史各个方面的资料，令族人人人上谱，人人有历史记录，皆大欢喜。

第四，家谱是以家族为单位的永恒户口簿。为了确立现代的"国家—社会"管理体制，必须打破传统的"家国同构"管理体系。一旦确立了新的社会管理体制，回头可以宽容地允许宗族加强自我历史管理，弥补"国家—社会"管理体制的不足。家谱就是以家族为单位的民间历史文化建构。宗族是民间最大的最基本的血缘群体单位，这种建构单位更为牢固。人除了地域行政户口，更应有家族户口。在今日个人责任盛行时代，更有必要加以强化。没有宗谱的家族，是没有历史、没有社会地位的宗族。

第五，修谱费用是家族历史文化投资。不少人以为集资修谱是摊派行为，这样的观点是似是而非的。实际上这是历史文化投资，它是增值的文化活动，人人应为自己的家族史记录投资。投资家谱编修，就是投资未来，否则几十年以后连名字也不存在。我们更主张成立家谱基金会，推动家谱事业的发展。

第六，谱师、谱匠群体的出现是家谱编修职业化的表现。退休士大夫仍是修谱群体。家谱的编修是一种文本化的活动，更受读书人接受。参与家谱的编修的人，往往是退休干部、中小学老师，也就是传统所谓的士大夫群体。除了自助修谱，浙江、江西诸南方地区出现谱师、谱匠群体，这是家谱编修职业化分流的表现，这是值得肯定的现象。只有职业化修谱或学者参与修谱，才能提升修谱质量。

3. 研究视角、方法上的突破

第一，在研究视角上，传统文化与公众史学结合，家谱文本与家谱实践结合，家谱理论与家谱历史的纵横向思考结合。

第二，用中国人的祖先崇拜信仰来理解宗族管理。家谱，就是中国式家族自我历史管理的文书。

第三，从家谱个案角度进行大规模的文本研究。此前，只有零星的家谱文本个案研究。

第四，从修谱实践与家谱文本的直接研究中寻找思想源泉。本课题不是纯家谱文本话题，而是一个可以延伸到生活中修谱活动的话题。回归生活，进入生活，观察修谱，这就是典型的公众史学话题了。

4. 话语体系上的创新

第一，用公众史学精神理解当代家谱编修活动。人人参与，家家留谱，服务多数,这是公众史学视野下家谱发展的三大方向。史学成果的价值在于服务人,服务人口有多少,这是一个全新的考察指标。家谱服务人口多,这是一个不争的事实。

第二,文化家谱与血缘家谱的区分。这是两个不同的概念,也是不同的发展方向。不要用血缘家谱看文化家谱,也不能用文化家谱当血缘家谱。这可以成为新的话题体系。过往不详的部分家谱谱系,可以列为文化宗族来说,后面是血缘宗谱。传统回溯的谱系,应归入文化家谱行列,如此才能使家谱的发展避免被史家讥笑的地步。传统的家谱编修,受姓氏学观念影响较大,一定要弄清姓氏来源。且是通史思维,动辄想整出一个上千年的家族谱系图来,自然错误百出,笑话连篇。家谱关注祖先源流的部分,不能当历史资料用,只能当家族文化信仰建构之用。

第三,既关注大家谱也关注公众家谱。家谱建构视角在改变,以前是家族整体下的个体记录,现在是个体视野中的家族史,体制更为灵活了。家族碎片化,个人迁移各地,传统宗谱的修编难度越来越大,面临改革要求,必须多样化。这也就是家谱类型化研究的意义所在。现在进入多元宗谱时代,或者说多种家族史时代。家谱是家史。早期是谱牒,后期只有谱牒的形式,精神早已成为家史。既然如此,不如直接改为家史。"家史"一词,在汉语中早已存在。今日完整地说就是家族史,如此更名实相符,且可走出污名化的阴影,让人发挥充分的想象力。相对说来,家谱留给人的想象力差,而家史留给人的想象力更丰富。不用族谱,可用族志或族史,这是名称不同而已。家谱是宗族的成文历史。一姓家谱史编修,就是发展公众家族史。现在的家谱是另一种户口籍,这是家族户口籍。

第四,由一姓家谱到多姓村谱。传统中国体制是家国同构体制,所以宗族管理得到肯定。现在社会是国家与社会体制,如此,社会管理与宗族管理就产生了矛盾,这正是20世纪以来不断冲击宗族管理的内在原因。现在社会也要关注家庭,这是小家庭。将传统的大家谱加以改造,成为多姓合一的村谱,这完全适应了现代社会管理模式。村谱适应了村级行政管理,公众家谱适应了民间操作。也就是说,创造了全新的基层修家谱与私修家谱的格局。村谱的创新,一是体例的创新,二是组织方式的创新,三是经费的保证,四是解决了执政党与修宗谱间的关系。公众家谱是一大创新,村谱又是一大创新。由一姓到多姓,由多家到一家。公众家谱的意义，在于为城市人提供了家族史建构的全新载体，完全脱离了大家谱的宗族维系色彩。

5. 依托平台上的突破

第一，与有修谱经验的民间谱师联系，了解其中的故事。拟以浙江公众家谱文化研究会等作为依托机构，加强与修谱人员的沟通联系。"浙江百姓家谱研究会"微信群的出现，可以使我们及时与第一线编修人员取得联系，与第一线的收藏人员取得联系。首席专家是该学会主要专家，作为热心参与者，经常抛话题，主持家谱专业话题讨论。以上百号修谱者作为支撑队伍，可以获得智力上的支撑，他们可以提供直接的修谱经验与问题、对策。修谱实践者经验最为丰富，遇到的问题最多，也有初步的办法解决这些问题。将问题提炼出来，将技术写出来，就能推进家谱的理论与技术研究水平。

第二，与河南家谱研究会、中华家谱网建立联系。河南家谱研究会依托魏怀习的家谱印刷厂，编印一体化，可以留下每部家谱的复本。一年印刷三百多部，平均一天一部。又可多印一些家谱，与人交流，收购成本低廉。又通过举办年度的中华新谱展评会，鼓励参评者捐赠家谱。如此，他们的中华家谱博物馆收藏量增长较快，每年近千部。目前有五千多种新谱，又有老谱五千种左右。既可成家谱馆，又可成编印推广中心，这是其机制可贵之处。又通过中华家谱网与《家谱编修报》，及时刊登新谱的序跋与图像资料。还举办年度家谱学术交流会，出版家谱论文集。他们正在编纂《中原家谱总目》，可与本课题配套。如能进一步改革，将修谱的品评与研究学术化、常规化，则更为理想。会长魏怀习作为本课题组人员，将全力支持本课题，这是本课题得以完成的直接支撑平台。

此外，上海图书馆家谱中心、国家图书馆家谱中心、山西社科院家谱中心，丰富的馆藏将直接支撑本课题的完成。他们更可以提供大量的家谱背后故事，如各地宗亲会信息、家谱捐赠故事等。

也就是说，本课题的依托平台，既有高校、图书馆，又有家谱编修印刷一线单位，一线编修人员。上顶天，下接地，这可以使本课题研究建立在非常专业的基础上。

第一章

由家谱学而当代家谱编纂学

在史学理论及史学史研究中，向来有历史编纂学。只是目前多用于中国历史编纂学史研究①，即使编纂学史研究也局限于前代历史文献编纂史研究。从史学理论及史学史学科来说，所有历史学分为两类，一是过往史研究，二是当下编纂研究。前者是历史研究，后者是理论研究。方志学、家谱学、公众史学，均有两个面相。现行的史学理论研究，因为没有实践领域观照，结果成为史学理论文本的再研究，出现内循环现象。史学理论对应史学实践，理论研究服务于当下生产实践，要让历史编纂学成为当下实践指南性的理论学科，如此才能实现外循环。

本书所用的"编修"，即传统所谓的"编纂"。之所以不用"编纂"，而用"编修"，感觉前者比较文雅，后者更通俗易懂。历史编纂学，是研究历史编纂的理论、体例与方法的学科。"包括史书的体裁与体例、编撰分类、撰述旨趣、编撰方法、史书笔法、语言表述等，而最基本的内涵则是史书的体裁、体例问题。"② 当代家谱编修理论与技术，可以涵盖于历史编纂学范围而稍异，它遵循的是历史科学、历史技术与历史产品三分路径，是一种垂直的体系划分。近四十年家谱学科与专业建设是值得回顾与思考的。③ 本书根据笔者掌握的更多家谱信息，拟对此作一全面梳理，希望对家谱学科与专业建设提出更为理想的建设路径与步骤方案。

---

① 近年有陈其泰、张峰、屈宁、刘永祥《中国历史编纂学史》5卷本，国家图书馆出版社2018年版。
② 汪高鑫：《中国传统历史编纂学的发展路径——以史书编纂体裁为中心的考察》，《河北学刊》2021年第5期。
③ 王建平：《近四十年来中国大陆地区的家谱文献研究及学科理论构建（1978—2017）》，硕士学位论文，华中师范大学，2018年。选题不错，只是视野过旧，功力不足，掌握的家谱文献信息量过少，难以谈出新意。

第一节 谱牒学/家谱学建设历程

中国家谱学如何成为合法的学科？一直找不到支点。近年，中国自主知识体系建构的提出，似乎找到了自证的机会。自古以来，中国与西方走的路就不同，由此而来的文化知识体系也不同。有"家"才有"国"，"国"是千万"家"，中国是一个"家国同构"的国家。由此，诞生了相应的家谱编修传统。帝王谱牒的编修，比国史记录还早。家谱是中华文明"家国同构"文化逻辑的载体，谱牒学有着悠久的三千年编纂历史，这是中国本土独一无二的文化传统与知识体系。

进入20世纪，新文化运动兴起，抨击传统宗族观，提倡个性解放，成为主流。追求个性解放的背后，是西方一神教在作怪。要实现教民直接对上帝负责，必然弱化"家"的体制。在这种背景下，传统宗族体制逐步成为被批评、甚至革命的对象。作为宗族制度副产品的宗谱编修，历经宗法制度的瓦解、革命话语的消解、市场经济的冲击，也跌落神坛。在全面向西方学习观下，学科体系的建构宗旨也一切向西方文化看齐。西方学科中没有宗谱，于是中国的现代学科体系中也没有宗谱学。如此，传统中国的宗谱学边缘化，处于可有可无的位置，一直未完成学科与专业建构，未能列入教育部学科目录，丧失"整体性认知"优势，知识生产出现断裂。

今日中国崛起，中国文化自信建设成为当务之急。如此，必须将边缘化的中国知识体系重新扶起，成为法定的中国自主知识体系之一。为什么要重视中华家谱知识体系建构？中国家谱编修自主知识体系的建构，不仅是学术研究的需要，更是文化传承、民族认同、社会治理与国际话语权建构的重要举措。一方面，中华文明体系的建构，要通过中国人的谱系图来完成。没有千年的国人家族世系，如何实证中华文明是一脉相承的？这种跨越时空的知识生产，正是中华文明保持连续性的密码。另一方面，家谱编修是人民文化提升必要载体。宋以后才出现的家谱编修平民化现象，让平民家族也有资格修谱，让平民有机会上谱。这是中国对世界文化的一大贡献。要想家族进入有"文化"行列，仍离不开家谱的编修。中国家谱编修自主知识体系的建构，本质上是一场文明话语权的重构运动：对内是激活传统文化基因、增强文化自信的"解码器"，对外是讲好中国故事、参与全球文明对话的"身份证"。唯有立足本土实践、融合现代科技、贯通古今中西，才能让中国家谱升华为"文明复兴的基石"。

中国家谱自主知识体系是以中华传统谱牒文化为基础，结合现代学术理论与技术方法，形成的具有中国特色、独立性和系统性的知识框架。中国家谱学的当代复兴与学科化建设，本质上是中华文明"文化主体性"重构进程中的重要环节。这一知识体系的重建遵循"否定之否定"的历史辩证法，在"衰落—觉醒—重构"的文明演进中完成螺旋式上升，在自主性建构中实现传统的创造性重生。这种知识体系重构，遵循"创造性转化"与"创新性发展"原则的文明再造工程。其终极目标在于将"家谱学"从"地方性知识"提升为具有普遍解释力的"文明分析工具"，在解码"家国同构"治理智慧的同时，为人类命运共同体构建提供"中国式知识方案"，为人类文明多样性贡献中国方案。

目前，学界有姓氏文化与谱牒学两个相关概念。严格说来，两者相关联而不完全相同。姓氏文化，是从家族本体上说的；谱牒学或家谱学，是从文本生产来说的。研究姓氏来源，梳理家族史，是姓氏学研究解决的。家族是一个血缘、地缘与文化的共同体，而家谱是这种共同体的文本表达。姓氏研究是社会学话题，世系学是一个学术概念，可以为更好地理解宗法制度。谱牒学比较典雅，家谱学比较通俗易懂，均为家谱编修活动及文本研究之学。

一　中华家谱学建构脉络

1. 20世纪80年代谱牒学（家谱学）学科体系框架的提出

虽说1949年以后一直有人在编家谱，1978年以后逐步在上升之中，然而家谱编纂理论与技术类图书的编纂与出版却不理想，只有一些单篇谱牒史研究论文。这种情况的出现，有多种因素，政治因素影响学术因素，相应地出版社也不太积极。1985年以后，出版社因市场经济而讲究效率，不太愿意出版赚不了钱的学术图书，这就会影响作者专著写作的积极性。譬如仓修良20世纪80年代有意编纂《谱牒学通论》，但因为没有出版社来接手，整个八九十年代只写了部分稿子，刊登了3篇谱牒学论文。

1988年8月，吉林的林之满、艾秀柏提出编纂《谱牒学概论》设想。林之满是《社会科学战线》编辑，艾秀柏是吉林大学图书馆古籍部馆员。全书分六章，分别是谱牒与谱牒学、谱牒的发展与演变、历代谱牒学的研究、中华人民共和国成立后对谱牒的整理与研究、少数民族谱牒研究、家族谱的纂修。① 这年8月，适中国谱牒学研究会成立，这样的设想应该是十分及时。这个设想构思不错，注意到了少数民族谱牒研究、家族谱的纂修，确实实现了谱牒学概论的纵横相通要求，较完整地代表了20世纪80年代谱牒学人的想法。遗憾的是，此书终未编纂出来。检索知网，艾秀柏1983—1987年发表过4篇谱牒学文章，此后没有谱牒学文章，可见并没有坚持下来。这个机会的失去，也就让中国谱牒学学科建构之作一直处于落后状态。同时期的方志学，则因第一轮方志的编纂，出版了来新夏主编的《方志学概论》（1983）、仓修良《方志学通论》（1986年交稿，1990）等学科建构之作。

1988年，是中国谱牒学发展史上有纪念意义的年份。1988年7月，成立了中国谱牒学研究会。同年底，山西社会科学院武新立研究员发表《中国的家谱及其学术价值》②，较为全面地阐述了谱牒学的历史、体例、学术价值及家谱收藏现状。用今日眼光来看，这是一篇概论性的文章，学术含金量其实不高，能刊登于权威刊物《历史研究》证明当时谱牒学研究之薄弱。作者提及"目前已出现一门独立的学科——谱系学"，但并未展开思考。值得注意的是，作者用的是"谱系学"，并不是学会所用的"谱牒学"。考清代的钱大昕用过"谱系之学"。

这个时段，既没有独立之作，也未见集体合作编纂之作，说明当时高校没有相关专业，社会没有相关培训活动，可见当时谱牒仍是完全边缘化的学科。这个时期海外学人的中国家谱研究有日本学人多贺秋五郎《宗谱之研究》研究篇，1981年出版日文版，中文版直到2008年才出版。

2. 90年代进入谱牒学体系建构

进入20世纪90年代，在重中国传统文化背景下，出版社面向社会，策划了一些传统文化通俗类丛书选题。于是，作为传统文化之一的家谱被介绍给大家。这类作品的共同特点是，用古今大视野观察家谱，进而对之作系统的介绍。目前所见，最早的是来新夏、徐建华《中国的年谱与家谱》，1991年由山东教育出版社，为任继愈主编《中国文化史知识丛书》之一。③ 1997年修订后，由商务印书馆再版。2007年重印。又有2010年中国国际广播出版社《中国读本》丛书

---

① 林之满、艾秀柏：《〈谱牒学概论〉编写大纲》，《社会科学战线》1988年第4期。
② 武新立：《中国的家谱及其学术价值》，《历史研究》1988年第6期。
③ 有趣的是连作者徐建华先生也遗忘了这个事实，以为欧阳宗书《中国家谱》是最早介绍家谱之作。

版。全书由年谱与家谱两部分构成，按谱牒学理解，年谱为谱牒之一。2002年应出版社之邀，徐建华又增加几部分，由百花文艺出版社单独出版《中国的家谱》。2010年再印。全书分起源、名称与类型、发展与演变、内容与结构、字辈与堂号、宗规、家训、纂修、家谱的流弊、避讳与谱禁、皇室家谱——玉牒价值与利用、名谱之最——《孔子世家谱》、少数民族家谱、流传与收藏、记录与整理、价值与利用、家谱的现状、家谱的数字化，共17部分。附录常见中文家谱网站简介。这部书较全面地建构了家谱的方方面面，从而影响了后来的相关书籍。此书业界影响比较大，引用率比较高。

相关之作有欧阳宗书《中国家谱》，新华出版社，1993年，为季羡林主编的《神州文化集成丛书》之一。作者现为财政部干部培训中心主任。武新立审订。全书分四章，概说、起源与发展、体例、谱学与谱书价值。马志超《家谱》，是李吉主编《寻根认祖》系列丛书之一，气象出版社，2000年。马志超系山西社科院中国家谱资源中心成员。李道生《中华谱牒知识问答》，金盾出版社，2006年。本书以问答的形式，简明通俗地叙述了中华谱牒的历史渊源、发展过程及现代认识，载录了部分与谱牒文化有关的历史资料，具有知识性、通俗性和一定的资料保存价值，可供初涉谱牒知识的爱好者以至广大读者学习、参考。全书分六章：一、谱牒历史概问，二、谱牒体例与修撰，三、谱牒功能与现代认识，四、姓氏谱牒学历史人物，五、正史载录姓氏谱牒类书目录，六、中国历史年代表。吴强华《家谱》，重庆出版社，2006年。吴强华系上海师范大学中国近代社会研究中心副教授。全书分"黄帝以来皆有年数"：家谱的源起与发展；血脉的圣经：笼罩着神圣光环的家谱；同心一体：家谱中的祠堂、墓地与族产；家族成员的行为准则：家谱中的家法族规，共四章。岳晗《家国情怀：儒家与族谱》，中州古籍出版社，2014年。全书分缘径探幽看演变、条分缕析显异同、提纲挈领明宗旨、追根溯源辨昭穆、族产宗范聚人心、谱榜生辉显忠孝、千年族谱盼新生，共七章。高宇飞《血缘脉系：家族家谱与家庭文化》，现代出版社，2014年，为《中华精神家园（民风根源）》之一。

1996年，由"中国孔子学会编辑委员会"组编、群众出版社出版的大型学术辞书《国学通览》，郑重地将"谱牒学"作为"国学"之一种，由袁俪撰写，分为三大部分：谱牒学的形成和发展，谱牒研究概况，家谱的收集与研究活动。卞孝萱、胡阿祥主编的《国学四十讲》，湖北人民出版社，2008年，有曾京京编的《谱牒学》。说明谱牒学已正式成为中国学术之一种,得到学界的认可。此外,徐扬杰《宋明家族制度史论》(中华书局,1995)有专章,钱茂伟、王东《史学与传统文化》(北京图书馆出版社,2004)也有专章《敬宗睦族的教科书:中国的家谱》。

彭开富《家谱史话》,四川民族出版社,2018年。上篇家谱的起源、发展与演变,1—8章。下篇家谱的编纂、内容与体例,9—16章。共有十六章,25万字。《后记》自言:力求通俗易懂,便于世人阅读,现将他奉献给读者,希望能有所启发和收获。因此,对《家谱史话》主要是依据其历史发展轨迹进行叙述,与家谱历史进行亲密接触,力求根据对家谱的历史资料进行梳理,客观反映中国家谱在各个历史时期经历治乱兴衰的发展历程,深入地寻绎家谱历史中所蕴藏的中华民族的文明和智慧,从而使读者产生一种阅读上的兴趣。末章《谱牒学再开新局 续谱热精彩纷呈》,值得关注。

3. 专题研究的深入

家谱的专题研究,始终是推进学科建设的关键所在。陈支平《福建谱牒》,1995年出版,是20世纪90年代最有分量的区域家谱研究之作。

家谱专题研究,多见于各类家谱及论文集。武新立主编《谱牒学研究》1—4辑,1989年、1991年、1992年、1995年。王岳红主编《谱牒学论丛》,2006—2012年间,出版了5辑。2013年,李书琴主编《谱牒学论丛》第6辑。这10本家谱刊物,大大推进了家谱研究。这本名称前后稍异的刊物是第一份家谱刊物,可惜没有取得正规杂志号。以书代刊,难以坚持。这份刊物,能坚持到2013年,已经相当不错了。

邢永川编选了《中国家谱纵横谈》,广西教育出版社,1993年,44万字。邢永川系广西大学文化与传播学院副教授。全书选编了20世纪40—90年代的家谱研究重要论文25篇,另有3篇附录。该书附录《中国家族谱研究论文索引》,汇编了1945年至1990年间的133篇论文目录。[①] 奇怪的是,检索国家图书馆等馆,均未收藏此书。检索百度,甚至孔夫子旧书网,也未找到相关图书信息,转引率十分低,最后在台湾学人陈进传《数位系谱的建构与运用》(《宜兰文献杂志》第64期)参考文献发现4次引用,说明印刷量极少。这应是目前所见最

[①] 王泉根:《中国谱牒学及其八九十年代研究综述》,《文教资料》1999年第5期。

早的家谱论文集了。

王鹤鸣主编《中国谱牒研究：全国谱牒开发与利用学术研讨会论文集》，上海古籍出版社，1999年。王鹤鸣等主编《中华谱牒研究：迈入21世纪中国族谱国际学术研讨会论文集》，上海科学技术文献出版社，2000年。王鹤鸣主编《解冻家谱文化》，上海古籍出版社，2002年。全书分论家谱文化和名人家谱粹要两部分，内容包括：中国家谱综论、浅论方志与家谱、从家谱看海峡两岸人民的宗亲情结等。

沙其敏、钱正民主编《中国族谱与地方志研究》，上海科学技术文献出版社，2003年。本书是1999年在美国犹他州盐湖城召开的中国族谱与地方志学术研讨会的论文集，19篇论文涉及家谱与地方志的研究及其作为史料在各学科中的应用等问题的探讨。

林仁川主编《中华之根——海峡两岸谱牒研讨会文集》，中国文史出版社，2005年。程小澜主编《家谱与中国文化：浙江家谱研讨会论文集》，浙江人民出版社，2005年。朱炳国主编《家谱与地方文化》，中国文联出版社，2008年。上海图书馆编《中国家谱论丛》，上海古籍出版社，2010年。冯尔康《中国宗族制度与谱牒编纂》，天津古籍出版社，2011年。张海瀛《缅晗集：张海瀛谱牒研究文选》，张桂萍编，山西人民出版社，2012年。朱炳国《中国家谱文化》，凤凰出版社，2012年。饶伟新主编《族谱研究》，社会科学文献出版社，2013年。林建春主编《两岸谱牒文化研究与交流》，九州出版社，2020年。这些论文集也不同程度地推进了家谱学的研究。

谱牒刊物一直没有机会正规化，只有以书代刊的论文集，这是稍为遗憾的地方。

4. 新时期谱牒学、家谱学体系的建构

至2007年，有人就"宗谱学"的学科体系构架作了思考，认为至少应包括八个方面：一、宗谱、宗谱学的概念、内涵、意义；二、宗谱和宗谱学的历史沿革和发展；三、宗谱的功能（文化功能、史学功能、社会功能）及其开发利用；四、宗谱与民族、氏族、家族；宗谱与社会；五、宗谱的内容和结构；六、宗谱的修编、发放和收藏；七、宗谱的改革和创新；八、宗谱的时代使命。[①] 这是一个宗谱

[①] 丁宁：《读谱·悟谱·说谱》，义乌市人民政府网2007年8月9日。

学科建设建构设想，应该是比较全面的，为后人的家谱体系建构提供借鉴。

日本学人多贺秋五郎《中国宗谱》，周芳玲、阎明广译，中国社会科学出版社，2008年。全书分唐及唐以前的宗谱、近代宗谱的产生和发展、明代宗谱的兴盛、清代以后宗谱的盛行、宗谱与国法族法的关系五章。此书主要是一部古代中国谱牒编纂史，研究水准高。这是山西张海瀛策划组织翻译的家谱研究专著。此书中文版的出版，对中国家谱学体系的建构有借鉴意义。

较早实现体系化建构的是杨宗佑《中华家谱学》，济南出版社，2009年。作者杨宗佑原为中共济南市委宣传部干部。2002年，他参与《中华杨姓谱乘探源》编辑。他本想参考相关的谱牒学作品，然而由于信息滞后，他能查阅到的家谱类著作十分少。从"主要参考书目"来看，未见过徐建华《中国的家谱》之类的作品。作者以为，中国家谱有着三千多年悠久的历史，但是作为专门研究家谱的理论著作却不多见；民间修谱的热潮虽然不断蔓延，但理论研究却没有与之同步，处在相对滞后的状态。2006年，决定编纂此书。前后费了两年左右的时间成稿。这是一个"古老的课题"，他想建设一个"崭新的学科"。[①]《中华家谱学》系统介绍了传统家谱的产生和发展演变，初步探索了新形势下编纂家谱的原则和体例要求。共分12章，分别是绪论、姓氏名称与家谱、家谱的起源与发展演变、家谱的名称类型与版式、家谱的内容与结构、郡望堂号与字辈命名、族规与家训、家谱避讳与谱禁、家谱编纂与组织、家谱收藏与流传、家谱的价值与研究利用、家谱的历史局限与改革创新。评论者称此书具有以下几个特色：一则新老交汇；二则术理结合；三则热冷融合；四则中外共需。[②] 这四条归纳得非常漂亮。全书正文共199页，篇幅也与徐建华《中国的家谱》正文193页相等。从条目范围来看，与徐建华《中国的家谱》框架差不多，这是家谱学建构的基本问题，所以有类似的想法。他有家谱学科建设概念，希望建构家谱理论体系，打出"中华家谱学"旗帜，这是此书的亮点所在。就此而言，称此书是"国内首部以家谱为研究对象的理论专著"，可以成立。总体上看，它仍是一部通俗类家谱理论建构之作，尚不能算学术性理论建构之作。附录与家谱有关的历史知识，共100页，占了三分之一篇幅，也证明它重在方便应用。作者是公众家谱研究者，不是经院派家谱理论专家，学

[①] 孙世治：《序》，见杨宗佑《中华家谱学》，济南出版社2009年版。
[②] 朱琦：《中华家谱学：谱学研编工具书》，《济南日报》2009年8月21日。

科建构能达到这个水平已经相当不错了。

王鹤鸣《中国家谱通论》，分经、纬两编，2010年。大体说来，经编为中国谱牒史，共8章，从理论角度系统阐述了中国家谱的起源、兴盛、转型、完善、发展、普及。后来经编辑王澄改编的《中国家谱史图志》（2012）更为理想了，收录了300多幅珍贵图片，使得全书图文并茂，更为直观。纬编也是8章，为相关专题论文汇编，比较驳杂。中间的三章，涉及家谱体例、内容，家谱功能的嬗变，近于家谱编修理论体系建构。称家谱是"记述血缘集团世系的载体"，是作者比较特殊的定义。关注到了宋真宗天禧五年（1021）颁布的《敕文武群臣修家谱诏》对于宋代士大夫私修族谱持鼓励的态度。主张通过文集研究朱熹的谱学思想，认为朱熹肯定欧苏法。又关注了图表研究。[1]《敕文武群臣修家谱诏》是否是真作，值得怀疑，当然目前无法举证。此书是部头最大的家谱体系建构之作，代表了21世纪中国家谱史与家谱理论研究水平。本书是2008年国家社科基金项目《中国家谱史》的结晶，也是第一个家谱史国家级项目。项目催生成果，这是现代学术的特点。此书的传播面广，促进了中国家谱学的研究。

仓修良《谱牒学通论》，华东师范大学出版社，2017年。仓修良早在80年代初就关注谱牒学研究，属此领域的元老。全书分谱牒学的起源、《世本》—我国最早的谱牒著作、两汉谱学的发展、谱学发展的鼎盛时期—魏晋南北朝谱学、作为政治斗争工具的唐代谱学、处于发展转型的宋代谱学、明代谱学发展概况、停滞不前的清代谱学、谱学发展的新成员—年谱、家谱概论、家谱辨伪举要共11章，前8章叙述到清代，第9章专论年谱，第10—11章是概述。由此可知，此书实际是一部中国古代谱牒学史。这是作者1983年以来一直在写的书，其主体文章均早已完成，一直延续了近三十年才汇集成书。此书没有列入相关科研项目，所以也就减少了早日成书的内在动力。作者坚持章学诚以来对"谱牒"的定义，将年谱纳入其谱牒体系，这是不同于他人之处。章学诚继承前人将年谱纳入谱牒门的传统，《史籍考》第七部为《谱牒部》，下分专家、总类、年谱、别谱四类。这是传统的图书分类法。仓著继承了章学诚的谱牒学体系，坚持按章氏谱牒学框架建构谱牒学体系，认为将"谱牒学"缩小为"家谱学"，贬低了

---

[1] 陈希红、陈瑞：《中国家谱研究的一部新力作——评王鹤鸣先生著〈中国家谱通论〉》，《安徽史学》2010年第3期。

谱牒学的价值。这是此书与王鹤鸣《中国家谱通论》最大不同所在。不过，仓著仅增加年谱一章，年表涉及不多，没有完成全部建构理想。

王鹤鸣、王治洪等《中国少数民族家谱通论》，上海古籍出版社，2018年。这是2011年度上海市哲社重大项目"中国少数民族家谱整理与研究"的最终成果。少数民族谱牒研究，早在1988年林之满、艾秀柏《谱牒学概论》计划中已提出，徐建华《中国的家谱》涉及，《中国家谱通论》首设一章，将少数民族家谱牒研究付诸实践。在此基础上，王鹤鸣进一步深入，带领团队，完成了这一项目。全书分通论与专论两部分。总论重在述其种类、特色及价值。分论按地域划分，分为东北内蒙古、西北、西南、中南东南四个地区，对24个少数民族家谱一一作了论述。它虽是一部论文专著，但结构完整，资料扎实，论述清晰，图文并茂，且具一定规模，是中国家谱文献领域第一部全面论述中国少数民族家谱的学术论著。[①] 2017年后，王鹤鸣又承担国家社科基金重点项目"少数民族原始形态口传家谱的抢救与整理"，2022年结题称《中国少数民族原始形态家谱调查》。这项成果出版，又将进一步推动少数民族口传家谱的研究。

通过以上的脉络梳理可以知道，谱牒学或家谱学均有自己的体系建构。就谱牒学系统介绍来说，始于徐建华《中国的家谱》。杨宗佑《中华家谱学》尝试"中华家谱学"体系建构，有学科建设思想。相对说来，多贺秋五郎《中国宗谱》、王鹤鸣《中国家谱通论》、仓修良《谱牒学通论》均偏向中国家谱史梳理。其中，《中国宗谱》《谱牒学通论》又限于古代中国家谱史，只有《中国家谱通论》延伸到当代家谱史了。之所以是这种风格的作品，与作者的学院风格，与编纂的目标定位有关。这些均是学者治谱牒，所以偏历代谱牒的整体梳理。这些家谱类图书的编修目标，是让人知道中华特色的家谱体系是什么。它是几千年大时空思考，所以是历代家谱编纂的纵横向思考。

到底是用家谱学，还是谱牒学？这是值得辨析的。从相关研究可知，谱牒是最早的本义，谱是世系表，牒是对世系表的注，近于后世的世传。谱、牒合起来，就构成了世系管理的核心成分。后来，司马迁据此衍生出年表体，成为纪传体一部分。宋人又进而延伸出年谱。于是乎，章学诚将年表、年谱也纳入谱牒学门类之一。仔细分析下，谱牒及年表年谱，是内容与形式上的两种不同

[①] 王鹤鸣：《中国少数民族家谱通论》，上海古籍出版社2018年版，前言第2—5页。

方向的延伸。谱牒的核心内容是世系管理，形态是表格。后世的家谱、族谱，是对谱牒内容与形态的完整继承；而年表、年谱，则仅是形态上的继承，内容完全是普通历史而已。如此，将年表、年谱纳入谱牒学建构，是值得商榷的。一定要纳入，这是两种不同形态的纳入，是形态上的继承。至于年谱，完全是个人编年史，更倾向归入个人史行列，可称为中国式的长篇个人史，有别于西方的长篇传记。

本书重点关注家谱与族谱，这两个概念今日混用，而且有往"家谱"发展的趋势。如何理解这两个概念？家谱与族谱，是两个完全不同的概念。宋以前，是家谱。我们看相关艺文志或经籍志的著录可知，都是"家谱"。这种表达是精确的。因为，此"家"，仍"帝族、贵族之家"，是其中高贵一支，不及同姓其他小民之家。宋元以后出现的是"族谱"，是"全族之谱"，不分贵贱，这是一种祖宗崇拜的产物。根据血缘原则，凡同祖均属子孙，均可入谱。它与宋元明清中华民国的宗族自治相吻合。今日喜用"家国同构"，其实，精细划分下，宋以前是"家国一体"，宋以后是"族国一体"。进入中华人民共和国，宗族不再，地方管理完全国家化，乡村与社区成为管理主体。户籍管理地方化，人分属不同的地方，成为不同地方的人。复经工商业化，族人关系越来越弱化。在这种情况下，续修族谱，虽仍是主流，但显然属形态上的延续而已，仅是文本形态的宗族群体建构而已，不再有实质行政管理意义。鉴于一代或二代的核心家庭成为主体，笔者主张编修"家谱"，它是户户家谱，既有贵人，更多是平民。大家都有机会通过家谱编修，成为文化上的贵族。

更大的背景是，它的功能在不断嬗变，早期是世系管理。作为政治家族的帝族、贵族，为了世袭的需要，重视家庭世系管理，如同组织部的人事档案管理。宋元以后，扩大范围，同族平民也得享受此待遇，如此世系管理成为全族性的世系管理。同时，进入图书刊刻时代地方志昌盛的时代，受方志体的影响，逐步成为"宗族志"。进入中华人民共和国，宗族不再，它要进一步转型，只剩下家族历史记录功能，成为民众史、公众史载体，或者可称为人民史。这么说来，称为谱牒学，稍嫌古老了，也不够通俗，更易拖泥带水。称为家谱学，勉强可接受，感觉无法涵盖"族谱"。称为家族史、宗族史，合现代史学分类，可能更为合适。作为理论研究，可称家谱编纂学；作为历史研究，可称家谱编纂史。

二 当代家谱编纂学脉络

家谱是一个不断生长的领域，除了前人留下的"老谱"值得研究外，更要关注当代中国编纂的家谱，简称为"新谱"。20世纪80年代兴起的家谱研究，由于受历史的影响，较多地关注了老谱的研究，而忽视了新谱编纂的研究。20世纪八九十年代以来的家谱研究偏重纯学术研究，即使通俗类家谱作品也以介绍老谱为主，不太顾及当下的家谱生产，导致二十多年的家谱生产没有理论指导，家谱编纂者只能循旧。一方面是70年代末民间悄然兴起的修谱热潮，另一方面是新家谱学理论研究的相对冷淡，这正是导致新谱不新的原因所在。理论与实践相对应。指导家谱编纂的图书，修谱的修撰离不开理论与技术的指导。进入21世纪，这种状况有所改变。参与新谱理论与技术思考的人是修谱实践人，是关注新谱编纂的人，而不是学术界研究家谱的人。家谱编纂实践者多年从事家谱实践之余，不断遇到新问题，开始探索家谱编纂理论与技术，从而编出了可供操作参考的指南。实践出真知，实践中发现的难题，引导他们不断创新。之所以要修家谱实务之类理论作品，是为了后人编纂的方便，经验总结是给后人看的，可以扩充见闻，进而让人独立思考。

（一）指南性诸作

1. 李鸿明（笔名清明）《家谱编纂指南》，成于1998年，刊于2006年。其主要内容包括：家谱概述、宗族制度、婚姻家庭、亲属关系、称谓俗语、丧祭祀仪和家谱范例等七章。就全书分五部来说，有创新性，值得肯定。只是，此书的知识工具书更强，仅最后《家谱范例》略有实操性质。

2. 孟明锋、吴寿钦、陈一青《家谱编修必备》，无锡市谱牒文化研究会、清砚家谱制作中心，2008年印。此书主要辑自李道生《中华谱牒知识问答》，增加《中国古代职官称谓》一部分。这两部书属家谱工具书知识介绍。

3. 穆升凡《修谱宝典》，中国文联出版社，2010年。穆升凡，1952年生，贵州仁怀市文联副主席。有业余写作40多本书，主编《仁怀市志》。又喜欢家谱，主编《中华义门陈麻城庄贵州仁怀茅台德庄陈氏族谱》（2014）、《贵州仁怀吕氏联谱》（2016）等。《修谱宝典》名，始于此。鉴于作者参与过家谱编纂，当有一定的参考价值。

4. 朱炳国《修谱指南》，南京大学出版社，2012年。全书由家谱编纂、谱牒纵论、祠堂博览、修谱范文、颁谱开祠、修谱参考、地名对照八部分构成。聚各方之才，汇百家之长，历五年攻关，十易其稿，终成此书。此书针对不同的现实问题，给出了不同的答案。"面对家谱阅读方面国学培训非现实的难题，我们提出来针对不同群体在实践中边干边学的参考意见；面对修谱体例的历史流变，我们探寻着家谱的同一型、兼容型直至如今混合型踪迹，致力于解决理论指导和实践操作问题；面对部分修谱族人从未立说却要著书的困境，我们按家谱体例将写与编分开论说，并附以范文，以有所指导；面对如今修谱缺乏历史传帮带的现状，我们讲各种活动程序选编归类，以有所借鉴；面对历史、地理、文化的古今差异，我们选录了字词、地名、职官、历法等各类知识，以拓展视野。""汇理论性、实践性、操作性、程序性、知识性于一体，对于增强家谱编撰工作理论水平和实际操作能力，提高家谱续修的质量和档次，具有重要的现实意义。"[1] 此书基本属修谱工具书。

5. 卢佳谋《家谱编修浅谈》，福建尤溪县姓氏源流研究会卢氏委员会，2012年。

6. 柳育龙《家谱编纂指南与答问》，中国文学艺术出版社，2018年。作者毕业于武汉大学，是一名年轻的中建铁道职工，利用业余时间专注于文史研究与写作。内容较为广泛，涉猎资料众多。其第一、第二部分，介绍了族谱编纂过程中必备的基础知识327条。第三部分，对编纂家谱过程中的140项具体实务，进行了答问式的解说。第四部分，收录告族人倡议书、凡例、谱序、考略、家训、人物传、祭文等范文若干篇。其余部分则对新家谱存在的问题、旧谱辨伪、寻根问祖基地、历代官制、历代年号对照等与编辑族谱有关的内容，进行了详细的介绍。对族谱编纂事务，指导性、针对性都比较强。史料翔实，考证精准。该书所著录的内容相当丰富，特别是一些史料，作者都进行了翔实的考证。[2] 此书体例不纯，稍嫌博杂，这也是民间人士编书的不足之处。

7. 田克华《家谱编纂与礼文写作》，2021年由中国炎黄文化出版社出版，该书详解家谱和各种礼文的基本知识与写作方法。田克华，湖北鄂州市群艺馆副研究员。《家谱编纂与礼文写作》一书实用性较强，由"家谱文化"和"礼

---

[1] 朱炳国：《修谱指南》，南京大学出版社2012年版，第404—405页。
[2] 张先德：《桑梓情浓赤子心：读〈家谱编修指南与答问〉》，九州文萃2020年4月18日。

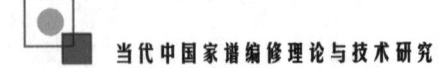

文写作"两大部分组成，讲述了家谱是中国特有的文化遗产，构成中华民族历史大厦的重要支柱，不仅涵盖姓氏源流、族规家训、礼俗仪式等内容，涉及一些重要事件及人物，是一种综合性的民间历史文献。同时，还可从书中了解家谱编纂的基本格式、写法及喜庆类、祝贺语类、家族称谓类等礼仪文书写法。[①]

（二）实操性诸作

1. 新家谱编纂指南作品的出现，始于阎晋修《怎样修家谱》（2004）。它是指导阎氏新家谱编纂的说明书，篇幅尚小，附在家谱产品后面，属于家谱编修实操类作品。

2. 2006年，云南的姚建康出版《家谱编纂指南》，可称为当代中国家谱编纂学建构之作。此后，同类作品不断问世，形成一个新的系列。姚建康（1938—　），云南建水人。曾任昆明赫威集团公司党委办公室主任、《昆明财贸》副主编。约2000年前后，兄长病逝，临终嘱咐："编纂家谱是为孝，姚氏家谱久散失，在我们这一代手里，一定要把姚氏家谱编纂出来。""家谱为何物，从没见过，头脑一片空白。为了了却兄长心愿，我开始走访昆明市区书店，均未发现家谱一类书籍。最后，终于在省图书馆找到。"[②] 由此可知，兄长的遗愿直接促成了他开始姚氏家谱编纂。当时书店没有相类图书，说明当时社会之忽视。幸省图书馆有相关家谱类作品，从而引导他进入家谱编纂行业。通过《韩家铺姚氏支谱》的编纂，他逐步积累了实践经验。2005年，昆明第二轮地方志编纂启动，他担任"商务局志"编纂，由此接触地方志。于是，他"收集了大量的家谱及相关资料，对地方志与家谱进行了多年的比较研究，有了这本书"。全书大体可分两大块，一块是基本知识，包括家谱的定义和名称；家谱的起源；家谱的种类和特性；家谱的功能；家谱的内容；家谱的体例；家谱发展史略；家谱的现状；旧家谱的通病；家谱的收藏和利用共十章。另一块是新家谱编纂要诀，包括为什么要编纂新家谱；新家谱的编纂工作；新家谱的指导思想和原则；新家谱的内容和体例；新家谱的质量要求；资料的搜集工作；序、凡例和附录的编写；人物传的编写；家谱的记述方法；以及家谱的修订、审查和出版；家谱实例简介共十二章。附录中文家谱网站简介。关于家谱的基本知识，主要是借用了徐

---

① 夏阳：《家谱如何编修？鄂州出了本"教科书"》，鄂州政府网2021年11月24日。
② 姚建康：《家谱编修指南》，云南人民出版社2006年版，第206页。

建华《中国的家谱》、王鹤鸣《解冰家谱文化》、马志超《寻根认祖：家谱》及《谱牒学研究》诸文章，属于家谱常识的介绍。最为重要的是第二块新家谱编纂知识的梳理。此前的有关家谱作品，多是学院派人物写的，不太涉及新家谱编纂。《家谱编纂指南》较早涉足此领域，而且明确题为指南，就是供人实践操作使用的，这就满足了当代中国修谱人的需求。据参考文献可知，他参考了地方志编纂类作品，如甘恢平等《方志编纂指南》（1987）、王宜斌主编《实用续志编纂100问》（2004）。某些归类至今仍有效，如新家谱的编纂工作，分建立机构、拟定篇目、搜集资料、分工撰写、搞好总纂和筹措经费六部分，实际上是家谱编纂流程。又如新家谱的质量要求，分为思想质量、资料质量、体例质量、文字质量四方面，概括到位。作为一个非专业的家谱研究者、非专业的地方志研究者，敢于大胆动手，借鉴前人成果，系统梳理成书，及时出版，确实不易。他突破了学院派家谱研究的不足，进入当代中国家谱编纂理论与技术思考领域。这个领域是中华人民共和国家谱行业的薄弱环节，学院派不为，实践派能力不足。他实际上成为第一个研究当代中国家谱编纂理论与技术的专家，虽然编纂的成分仍较大。由于云南地处边疆，他掌握的信息有限，不少新出的家谱类图书无缘见到。知网也没有机会用上，从而难以获得更多的家谱论文。不过，他用了诸多家谱网站提供的信息。作为第一部当代中国家谱编纂理论与技术著作，满足了社会修谱人的实用理论与技术需求。由此书2010年重印、凡五千册可知，确实有其独到创新性。

3. 申屠水荣《百姓修谱实用手册》，中国社会出版社2010年。申屠水荣，浙江桐庐县人大常委会机关干部。近十年来，他潜心研究和挖掘利用地方传统文化。这是作者参与编纂申屠氏族谱基础上写成的，擅长总结是他的特长所在。全书分宗谱的基本知识、修谱的前期工作、宗谱的编写印刷、圆谱的庆典活动、修谱的善后事宜五章，将整个修谱过程作了一个比较系统的总结归纳，提升为一套完整的能够指导实践的方法和技巧，便于读者朋友在修谱工作中借鉴。用流程思维介绍宗谱编纂技术，这是此书的优势所在。尤其是第四、第五章，完全建立在实践经验上，写得比较细致。此书前面有浙江省副书记梁平波题词："全族保护文化遗产，合力守望精神家园。"此书的销售渠道不畅，人们对此书的关注度并不高。

4. 绍兴市家谱协会《家谱编纂指南》，西泠印社出版社，2011年。《家谱编纂指南》，内容分为三个部分：一是家谱纂修知识，收录了杨伟春、丁怀新两位资深修谱者在"家谱编纂知识讲座"上的讲话内容；二是家谱纂修体会，收录了家谱修编工作的一些实践体会；三是家谱修编附录，收录了一些范文。由此可知，属学会相关家谱文章汇编。第二部分最值得注意，记录了修谱经验。

5.《家谱编修指南》，家谱传记书店编，作为培训教材，2011年内部发行。

6. 金继承《家谱编纂导论》，2012年成，未见。金继承先生长期在柞水县党政机关工作。在参与《柞水县志》编纂工作的同时，又下村入户，调查历代家谱编纂情况及研究新家谱的纂修。经过多年不懈努力，不但在新式家谱编纂实践方面取得了不少成功的实例，也在谱牒学理论研究方面取得了可喜的成绩。《家谱编纂导论》一书，就是他理论研究与新谱编纂实践相结合的成果。全书十二章，开篇即以三章的篇幅，简略而又明确地叙述了谱牒学的基本知识，对诸如家谱的渊源与发展、名称与种类、地位与性质、特点与功能、编纂家谱的目的与作用及现实意义等，结合历史资料，作出了条分缕析的论述。根据自己的修谱实践，在综合传统修谱体例和方法的基础上，提出了新时期编纂家谱应当"注意更新观念，力求与时俱进，顺应变化了的形势而变化，跟着时代的发展而发展，随着文化科技的进步而改进"，编纂新谱要有"新版式、新内容、新作用和新特点"，使所编新谱更加科学化、合理化，增强谱的知识性、历史性、资料性、可读性。并大胆创新，主张在编写新谱中使用现代汉语和标准简化汉字，采用横排格式；增加对本族本姓女性的记述；在老谱内容基础上增加十几项新的内容；以及介绍了作者所创，并在新谱编纂中用于实践的"金氏版式"的编纂方法。这些主张和方法，使人耳目一新。作者这种勇于探索、勇于实践的精神，值得肯定。① 不过未见此书公开出版信息，可能仅是内部印行。

7.《家谱编纂实用大全》，河南省家谱研究会组织二十多位国内牒谱专家，历时三年编纂而成，中州古籍出版社，2015年。全书分卷首、概论、姓氏、家谱编纂、姓氏图腾、附录等六个部分。重点介绍家谱编纂的方法及必备的相关

---

① 知行合一：《家谱编纂导论序》，知行合一的博客2012年10月23日。

知识、家谱编纂的意义、组织、家谱的体例和格式、家谱的世系编录、旧谱价值的发掘、家谱的排版和印刷、家谱的结构与内容、版式和编纂模式、家谱各项内容的编写实例等。有三个亮点：印刷流程规范详尽；首次权威发布四百姓氏图腾；近百个编纂案例，让修谱变得轻松简单、一目了然。主编是中国家谱编印基地老总，所以对家谱的出版流程十分熟悉。

8. 朱炳国、岳祖瑞《修谱百问》，南京大学出版社出版，2015年，共有20.8万字。偏重技术层面，让普通人更易操作。针对武进修谱热，选择了256个问题，分别从修谱名字解释、修谱准备、收集资料、家谱制作与校对等方面对修谱者进行指导，同时对修谱过程中可能出现的新问题、新情况逐条分析，体现了谱学的新水平。这种问答体，更适应新手。

9. 傅传松《家谱编纂概论》，长江文艺出版社，2016年。傅传松曾在教育与党政机构工作。据作者自述，1990年即参与家族续修家谱。2001年退休后，总结修谱经验，写成15万字的《家谱初探》。2011年，有幸参与《中华傅氏通谱》，进而研究通谱相关资料，特别借鉴了王鹤鸣《中国家谱通论》。于是，形成了本书。全书分五章：家谱的源流、家谱的体例、家谱的内容、家谱的编纂、通谱的编纂。作者分别参与过宗谱与通谱编修，所以相关经验丰富。《通谱的编纂》一章，比较有价值，可以说是较早专论通谱。作者文字功底较好。

10. 王大良《家谱文化知识与编修技巧》，大象出版社，2017年。属于关注家谱的人编纂的作品。王大良为中国青年政治学院教授。"在多年研究和多次指导多个姓氏修谱、为多部新编家谱作序、多次参与修谱或颁谱活动的基础上，用近30万字的篇幅，编写了这本系统介绍家谱知识和编纂方法的书籍。"全书共分五章，分别介绍家谱的定义、起源、种类、特性、功能、内容和体例、发展和现状、收藏和应用，以及新旧家谱的编纂方法、新家谱编纂的指导思想和原则、新家谱的质量要求、新家谱的内容和体例、编纂新家谱的资料搜集、新家谱的序和凡例及附录的编写、人物传的编写、家谱的修订、审查和出版等。"把家谱修成新型的家史、族史"，这个理念值得肯定。此书关注了填入式家谱、数字化家谱，也值得肯定。这可以算作当代家谱编纂学体系的尝试，不过作者似乎没有这样的体系建构意识。

11. 严乐《修谱宝典》4册，每册5万字左右，每册25个问题，共收录99

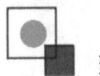

篇文章，2017—2018年自印。严乐是武汉汉口谱局、汉口书局的老板，曾是记者，2006年进入修谱行业。自称一直践行着用靠谱的态度编纂一本靠谱的族谱。经历一次修谱，方知族谱编修不易。修谱对于每一次修谱组织者，都是一个从零开始学习的工作，修谱宝典将永远是修谱时的指导者，不管修谱技术以及方法如何发展，修谱基本的内容是恒久不变的。用回答体写成，绝大部分是作者在修谱过程遇到的典型事例。"无需权威论证，只用经验告诉你修谱之道。"[①] 问答体，偏实践经验的总结，是此书之长。从问题本位来说，直接修谱中遇见的常见问题归纳为百问百答，这是值得提倡的做法。这是从客户角度提出的实际问题，而不是家谱书编纂者自拟的基本问题。不过，笔者读了几篇样文，感觉过于啰唆。

12. 程晞《修谱宝典》，线装，家谱国际公司自印，2021年。程晞，家谱国际公司首席执行官。此书囊括了修谱常识和各种注意事项，从修谱倡议到修谱峻成全流程指导。宝典在手，修谱不愁。大体分家谱的意义、家谱的编修原则、家谱编修的类别和体例、家谱编修的筹备工作、家谱构成篇、家谱印刷与装帧、家谱信息化、家谱编修参考资料等八部分。

13. 冯志亮与涂金灿合编《怎样编家谱》《怎样编家史》《怎样写自传》，家谱传记书店，2022年。冯志亮是该公司副总，中华姓氏研究院院长。冯志亮此前编写过六部教材：《家史家谱编修实录》是一本记录古往今来家史家谱发展历程以及撰写方式的教材。《家谱世系编修培训教程》一书是讲述家谱世系编修的专业书籍，对家谱的编修有重要的指导作用，可以让家谱的编撰更具有系统性。《家谱年谱编修实录》，上部写了家谱编修实录、下部写年谱编修实录。《家史写作与实例分析》是一本家史的自述，全书共分七章，从定义、种类、沿革、特点、写作、意义以及案例赏析等多个方面对家史进行了深刻讲述，可以使学习家史写作的读者无师自通。如《传记写作知识与应用技巧》，全书共包含传记的概念及特征、传记的阅读与鉴赏、传记写作的前期准备、传记写作实体、自传写作示例等五个章节。《回忆录写作基础知识》是面向具有回忆录写作心理需求的新生代作者的一本实用性教材。此外，有《姓氏溯源

---

① 严乐：《修谱宝典》之二序言、之三序言、之四序言。

与民俗探究》。① 在此基础上，又编出了《怎样编家谱》《怎样编家史》《怎样写自传》三部工具书。这批普及型家谱工具书，方便了普通人操作与学习。由于内部印刷，外界不易可见。

(三) 网络及未见

1. 林家俊《家谱编纂实务》《续修家谱琐言》，2009 年。林家俊，历任长丰报社总编、长丰县文联副主席等职务。林先生因主编《长丰林氏族谱》而成家谱研究专家。序言称："我觉得现在缺少一部修谱专论，特别是结合新时代现实的可具操作性的专论。再者，近年来，我接触了不少新修的族谱，其中存在很多问题，也使我感觉到有必要写一篇专论，以期规范。"《家谱编纂实务》分为序言、组织上、组织下、经费收支、体例和格式、编辑步骤、世系编录、女儿能否入、旧谱价值的发掘、排版和制作、装订和排序、校对与修改、结构及内容、版面与版式、编纂模式、加工成册、降低印刷成本、现代家谱编纂者的素养、读旧谱必须弄通的一个问题——安徽省府州县的设置、如何编写世系表、如何编纂家谱、家谱编纂的基本术语，凡 20 讲。2009 年 4 月起，《家谱编纂实务》20 篇在其《江淮述林博客》连载。《家谱续修琐言》，2010—2013 年成。又成《续修家谱琐言》28 篇，即确定内容、选择谱法、家谱命名方法、目录编序、分房立卷、重视谱序、家谱凡例、制定捐例、完善世表、写好人物、族女入谱、把握用词、走出误区、彰显人文、体现价值、澄心克难、当守六法、辨析真伪、突出特点、订购宣纸、研读老谱、超越老谱、版式承续、繁简转换、行传书例、考察世系等。前后累计 48 篇。2013 起，有人将《续修家谱琐言》续编，成为《家谱编纂实务》21—37 讲。剩下的仍称《续修家谱琐言》，凡 11 篇。此两书虽未刊，但实际上传播面很广，多家博客与微信号曾连载。这是第一部真正意义上的家谱编纂实务之作，完全按修谱流程与模板构思，突破了家谱编纂成为家谱史尾巴的传统，将家谱编纂流程当主体来建构。

2. 贾载明《现代家谱理论及编纂方法》，2015 年成，20 万字。贾载明是重庆作家、文化学者。贾载明本来对家谱没有好感，但当族人拉他修谱以后，观感就变了。"今人编纂家谱要与社会精神及风貌相吻合，即鲜明的时代性、丰富的科学

---

① 恪祯文博会秘书长：《中华姓氏研究院院长冯志亮：修家谱编家史写传记，探究姓氏与民俗》，网易 2022 年 5 月 24 日。

性、创新的进步性、有益的历史性。要用新的观念和方法来编著家谱。由此我萌生了撰写《现代家谱理论及编写方法》一书的念头，目的是为民间的人们和有关专家编纂和研究家谱文化提供一些参考资料"①，主要文章见博客，惜至今尚未正式出版。凸显"现代家谱理论及编纂方法"旗帜，这个思路值得肯定。

3. 弦吟秋寒《家谱编修实用指南》10 篇，2014 年 5 月 21 日起在"弦吟秋寒的博客"连载。分为什么是家谱、家谱文化相关的常识、家谱的主要内容、编纂模式、编辑步骤和流程、如何编写世系表、现代家谱的凡例革新、女儿能否入谱、怎样编好族谱、家谱的价值与弊端十篇。

4. 任清剑《新家谱148解》，见"公众史学"微信号 2021 年连载。

此外，有富阳倪毓佩《修谱见闻》，分别见"公众史学"号 2020 年连载，也可参考。

（四）家谱改革诸作

1. 吕有凯《家谱理论与编纂技术》，中国文史出版社，2014 年。吕有凯是贵州盘县人，官至县副局长。享受公务员"三五政策"退休后，专业专职从事家族文化研究。主攻家谱理论、家谱体例、编辑技术、排版方案等改革创新课题，成功研制了吕氏首创的"三代系表户主编号法"整套家谱体例，集成了整套技术、方案，并运用于实践，积累了丰富的家谱编纂经验，取得了家谱质量、理论和编纂技术成果。作者用这一新体例编纂的家谱功能完善，易读易懂，查阅方便，有利于普及，提高了家谱的实用性。他集"十七年编谱生涯中的实践经验、体会，和收集、整理的谱牒历史与家谱知识，弃伪存真，削粗取精，浓缩精华"，成《现代家谱讲义》五讲。全书分为六部分：核心观点、编纂技术综合论坛、家族文化知识、家族教育与家庭教育集锦、家族文化应用文家族事务纪实写作例文、附录。实际上是作者相关文章的汇编成册，略显博杂，缺乏内在的体系设计。本书的主题是规范、深化、普及家谱理论，推广、运用作者首创的现代家谱体例和编纂技术。

2. 任清剑《谱牒新编》，中州古籍出版社，2016 年。任清剑系河南滑县文化局长。滑县炎黄谱牒文化研究会会长。早年，随叔续修家谱。2009 年，任清剑出版了固续式家谱"现代祖谱"。不久，受河南大学校长之托，著《谱牒学讲

---

① 贾载明：《记〈现代家谱理论及编修方法〉一书有感》，卓尔 2015 年 3 月 30 日。

义》，著《谱牒学与现代族谱研究》。2014年，出版《现代族谱》《百年家谱》。2016年，出版《谱牒新编》。共六部分：传统谱牒概念、功能与价值，传统谱牒的起源、诞生与发展，传统谱牒之辨正，新谱牒的基本建制，《现代族谱》记录说明，新谱牒的内容栏目、栏目内容和基本体例。前两部分为传统谱牒内容，后四部分为思考和创新内容，尤其是第五部分——《现代族谱》的记录说明，详细解读了《现代族谱》作为现代新型谱牒文化载体的实用性。此类经过实践检验的理论与技术类作品，最值得肯定。

3. 安如华《母系型家谱创编指南》，南洋出版社，2018年。作者系河北沧州书法家，中国神州书画院副院长。他以自己家族为参照标点，开创性地完成了宗族牒谱史上第一本《齐北燕南滨海安氏如华一脉母系家谱》，同时验证了实施母系家谱的科学性和可行性。他要解决女儿支谱的建立问题。家谱编制历来是男权社会的产物。女性成员则难以入谱，一旦嫁人，女性与其母系源流就断了。作者首创"父系母系源流并存、自上而下双线贯穿"理论，并在此基础上完成了新著《母系型家谱创编指南》，是对传统父系型家谱的一个矫正、补充和完善。除序言《把"母系源流"请上历史舞台》外，全书分为概论、母系型家谱序言写作要点、世系排列图的绘制要领、母系型家谱姓名处置办法、写好家训、附件实例、释惑问答，共七章。59页。篇幅精短，言简意赅，集中体现说明事物和指导实践的特征。旨在帮助广大独女户、多女户等有女无子户，进而扩展到有女有子的家家户户，移风易俗，建立科学完整的不存在性别歧视的新型家谱。因为新型家谱的起始点都会是一位母亲，故书名冠以"母系型"。考虑到建立母系型家谱是一个几千年来从未有过的新生事物，该书用较多文字阐述了传统父系型家谱存在的弊端和创新理论、转变观念、推广母系型新家谱的先进性、科学性、迫切性、可行性。为了进一步打消人们行动过程中的顾虑和畏难情绪，作者还专门设立了"释惑问答"章节，对实践中可能遇到的主要困难和问题进行了具体解释。该书曾被出版社认定为"具有比较厚重学术创新价值的文献类图书"。作者在血缘传承双系理论、母亲创谱立世规范、姓名与血缘关系的本质与对策、外来姓氏融入传承延续、双系后代同谱理念、母系型新家谱与父系型老家谱续接与同化，以及新型家谱的语言特色、版面设计、记载方式等方面，进行了根本性的创新、改革和发展完善。作者通过一本薄薄的小书，为人们打开了一扇可供深入研究、广泛实践的新领域

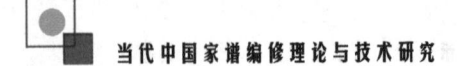

的厚厚的大门。①

4. 韩清涛《家谱体例韩式》，线装书局2019年。韩清涛（？—2019），河北省河间市建筑高级工程师。退休后从事家谱编纂工作，担任世界韩氏宗亲名誉会长、世界韩氏总谱馆馆长，2012年4月至2018年6月主编《世界韩氏总谱》三期39卷，3158万字，后又录入了古今韩式名人7323人，累计24458页，2018年11月被上海大世界吉尼斯中国之最评为"字数最多的家谱"。还编有《华夏韩姓联谱》一部，发表相关论文十几篇。近年来各姓的寻宗合谱、建新谱，有的大姓全宗人口上千万计。常用的几种家谱体例已经不能满足这种大姓的需要。亟待一种世系清楚，书写方便，内容清晰，能容纳上千万人的新的体例。如何把整个家族能放到一起，放到一张或多张国际通用纸A4纸上，既要通俗易懂，还要便于制作、阅读、存放？韩清涛先生利用工作之便，经过30年的收集、查阅、研究创作了家谱"韩式体例"。作者在研究欧式、苏式、颜式、孔氏等多种家谱的基础上，根据建谱的实际需要，创建了一种新的家谱体例——韩氏家谱体例。此体例用数字连接世系，把一个庞大的家族人丁依次排列在A4纸上，简洁易懂，省工省料，它适用于每个姓氏各种家谱、族谱、总谱的编纂。他使用这种体例编写了《华夏韩姓联谱》，取得了国家版权局的认可。2016年编纂的《世界韩氏总谱》十三卷都使用了这种体例。"韩式体例"是我国姓氏家谱文化的发展和进步。全书分四部分：我国旧家谱体例、韩式体例、韩式家谱体例的形成、春晚展雄风。可以说，作者为韩氏通谱编纂及体例创新贡献了一切。

以上四部家谱著作，均有自己独到的家谱技术。

（五）通谱编纂

1. 林学勤《中国家谱的编纂》，河北人民出版社，2012年。作者系江西人民出版社社长。"从我策划主持编辑出版《中华姓氏史话丛书》和姓氏经典图解开始，就一直关注着古人、今人对谱牒的论述，并萌生了写作家谱作法之书的念头。后来担任多部姓氏总谱修撰的顾问与编审，对当今修谱现状的了解，更加深了我对写这样一本书的紧迫性和必要性的认识，民众修谱的热情和对修谱知识的渴望，促进拙著的写作完成。"②"应多个姓氏宗亲会的要求，根据各宗族

---

① 李东来、郭东风：《女性在家谱之中的重要意义——读安如华新著〈母系型家谱创编指南〉有感》，书画之家·安如华日志2018年12月2日。

② 林学勤：《中国家谱的编修》，河北人民出版社2012年版，第225—226页。

不同类型的谱牒举办了谱牒写作讲座。本书的内容，就是在这些讲座讲稿的基础上修订而成的。"① 全书分家谱宗旨的历史嬗变与当代升华、家谱修撰材料的搜集、鉴别与使用、家谱的篇章安排、家谱基本篇章的编写要求、当代家谱编纂的组织模式与现代风貌、当代家谱修撰人员的基本素养等共六章，从家谱宗旨的确定、家谱材料的收集鉴别、篇章安排、编写要求、组织模式、编撰人员的基本素养、姓氏文化与谱牒知识等各个方面进行了系统而深入的探讨。最后一章当代优秀谱牒鉴赏，为11篇作者所写的书评。本书实际上是通谱编纂理论与技术类图书，可以说是第一部系统论述通谱编纂的专书。

2. 宛福成《姓氏文化与实务》，北京九亲文化股份有限公司印，2020年。收录了作者近年写的论家谱文章，是理论（姓氏文化）与实践（实务）的亲身经历总结。读者留言称此书，实话实说，接地气。既深又浅，且浅显易懂。文字朴实无华，却道出了深奥而富有哲理的学问。

3.《中国姓氏大百科》（ECS），2019年3月立项，2020年启动，预计2025年底前全部完成。由刘运河总主持。致力于打造"最有影响力、最具大众化特色的中华姓氏文化知识体系"，以及"最具权威性、专注中华姓氏文化知识门类的专业百科全书"。以"服务炎黄子孙寻根问祖，凝聚全球华人家国情怀"为己任，旨在打造一个涵盖中华姓氏文化领域知识的中文信息收集、共享、应用的开放式平台，强调用户的参与和奉献精神，充分调动互联网用户的力量，汇聚全网用户的头脑智慧，协作共享，持续迭代。以准确权威、开放共享、大众化、知识性为指导思想。坚持辩证唯物主义和历史唯物主义，秉持客观、科学、礼敬的态度，取其精华、去其糟粕，扬弃继承、转化创新，不复古泥古，不简单否定，不断赋予新的时代内涵和现代表达形式，不断补充、拓展、完善，使中华民族最基本的文化基因与当代文化相适应、与现代社会相协调，弘扬社会主义核心价值观。其项目定位：最有影响力、最具大众化特色的中华姓氏文化知识体系，最具权威性、专注中华姓氏文化知识门类的专业百科全书。核心理念：互联网分布式知识协作、传统出版与数字出版结合。总体目标：编撰出版《中国姓氏大百科》丛书共计100卷，涵盖100个姓氏，每个姓氏1卷，每卷1—3册不等，预计每卷平均收录词条约1万条，总计收录词条约100万条；研发推出

---

① 林学勤：《中国家谱的编修》，河北人民出版社2012年版，前言第2页。

《中国姓氏大百科》网络版（总数据库）与100个姓氏专版（子数据库），预计每个姓氏专版数据库平均收录词条约2万条，总计收录词条约200万条。体例创新：《中国姓氏大百科》以《中国大百科全书》第三版编写体例为总指导，以家谱、百科两种图书的编写体例为基础，予以融合创新，研究制定《中国姓氏大百科》词条条目著录元数据规范与编写体例，采集、编撰、审核、收录涵盖100个姓氏的"姓氏源流、望族世家、先祖名人、族群聚落、谱牒著述、祖训家规、祠堂陵墓"七种核心词条条目，以及"民俗典故、昭穆字辈、故居胜迹"三种扩展词条条目，共计10大类词条条目。项目实施：《中国姓氏大百科》项目由中国大百科全书出版社批准立项，并负责出版发行，由中国大百科全书出版社百科开源分社、中根源姓氏文化数字化推广中心共同负责项目实施统筹，由湖北中姓文化数字平台有限公司负责项目的技术开发与项目运营，由100家从事姓氏文化研究的具有影响力、具有编纂实力的机构具体参与100个姓氏分卷的编纂工作。[①] 如此这个计划制订十分完备，是家谱百辞辞典。据2022年5月了解到的最新消息，受疫情的影响，又无稳定经费保障，该计划在操作上陷入困难，难以为继。

小结

由此可知，老一代学人没有家谱体系建构思想，他们做的是家谱史及相关研究。他们没有关注家谱编修行业研究，所以无法建构起家谱理论体系，只有家谱实践者才有这样的想法。另一方面，修谱人要有自己的总结与写作，否则见闻与经验不传于后世。前33种公开出版、内印、网络诸家谱编修之作，均是实践出真知的文本梳理结果。稍显不足的，他们毕竟不是高级专家，所以思考的深度略有欠缺。指南或手册，也可分初级与高级。前者简易，用于入门；后者复杂。要成为经验总结大全，成为高级谱师必备的手册，这正是本书可以继续发力之处。未来，可整合人力资源，可考虑编纂《家谱辞典》，可用人人参与的方式，让不同地方不同单位不同个人提供条目。最后，主编汇总梳理成稿。

第二节 家谱编纂学的体系建构

学科化是一个学术概念，是以一定制度、体制的形式被确定下来的研究方

[①] 中根源：《关于编纂出版〈中国姓氏大百科〉丛书的通知》，中根源文化2020年1月1日。

向和领域。"学科化的标志性特征体现在学科体系的建立、学术共同体的形成、建制化人才培养、学科带头人的涌现以及学术期刊和平台载体的搭建等方面。"①而专业化是一个社会职业概念，意味着有一群人可以利用专业知识，找到相应的工作岗位。当代中国家谱的学科化与专业化，也面临着类似的问题。

一 家谱学科化与专业化

1. 家谱的学科化

家谱学科建设要思考两大任务，一是家谱自身体系的建构，二是家谱学科的归属问题。通过以上的回顾，可以知道，谱牒学科内部的理论与学术建设成绩不少。然而，谱牒学/家谱学更大的学科位置却找不到归属。学科归属问题涉及大学系科的设置、师资队伍建设、学生的培养。现代社会的专业人才培养，是靠高校来承担的。高校又是按学科目录设置学系与专业的。无法进入学科目标，无法进入高校，在现代社会就不可能有地位，更不能有合法的发展。家谱的学科化、专业化，这是一个尚在路上、远没有完成的话题。

家谱为什么成不了学科？这是由历史学目录体系设计的缺陷决定的。教育部落后的、受西方学术影响过大的学科目录，影响了方志学与家谱学的学科建设与发展。在传统史学体系中，向来有"三史"（国史、方志、家谱）说法。能与国史、方志并称，说明家谱的地位是比较高的。不过，20世纪80年代初建立的历史学科体系，只有国史，没有方志与家谱的位置。它明显是以统一的国史为基准划分的，没有充分考虑中国空间过大，没有考虑中国特殊的家国体制问题，没有考虑中国原来的史部分类体系。以国家史为己任的历史学也有点看不上家谱，历史研究在相当时期内不引用家谱文献。这与传统历史研究的国家本位有关，传统历史研究的主体是国家历史，是政府本位的历史，自然对家谱的需求度不高。也因为国家本位，传统历史学对民间家谱多少有一种轻视的心态，只偶尔引用家谱材料时才会关注一下。其结果，国史早已学科化，方志正在学科化之中，而家谱一直处于自流状态，这说明原来的历史学科体系设计是有缺陷的。其次，现行历史学科体系忽视历史编纂学。现行的历史学以资料再研究为宗旨，如此必然忽视历史编纂学研究。只重视科学知识生产，忽视技术生产

---

① 潘教峰：《智库建设须寻学术之根、筑科学之基》，《光明日报》2022年11月3日。

与应用，这是当代中国历史学的最大不足所在。其实，历史学既是科学，也是技术，有产品，甚至有商品。从当代社会来说，历史学必须进入当代社会，成为一项历史文化产业生产活动，才有广阔的出路。习用了近四十年的历史学学科体系，要做出重大调整，难度是较大的，很多专家的观念一时转不过来。不过，从长远的发展来说，必须修订原来的历史学科体系设计。

在目前的历史学科门类下，如何解决家谱学科归属问题？有三种方案可供考虑：

一是成为历史编纂学的分支。可增设"历史编纂学"，与"历史文献学"并称，成为"历史文献学/历史编纂学"。现在有"历史编纂学"是中国史学史下的分支学科，只研究过往史学作品的编纂，属历史编纂学史研究，不及当代的历史编纂学研究。这样的缺陷，正是由当下中国历史学的缺陷决定的。因为只研究过往文献，于是有了历史文献学。因为忽视当下的历史文献建构，于是缺乏实践性的历史编纂学。如果历史编纂学可成立，则下面可分别设方志学、家谱学，或者家族史与家谱编纂、地方史与地方志编纂。目前，复旦大学的方志学是放在"历史文献学"下面招收研究生的，因为它重在古代方志文献的研究。

二是让当代家谱编纂学成为公众史学分支之一。公众史学，可成为"史学理论"的分支学科。现行史学理论，下面的分支不详。公众史学的提出，实际上突破了这一要求，进入公众历史文献生产领域。公众史学的建设，将为家谱的生产提供学科与专业的支撑，将改变家谱这种边缘化的地位。就当代家谱编纂来说，它属公众史学。当代家谱的生产是公众史学一个分支，公众史学是家谱的娘家。建设公众视野下的家谱学，可以促进当代家谱的生产。当然，公众史学本身也面临着类似的问题，没有解决学科归属问题。

三是更大胆的思路是建设"中国学大类"。20世纪以来，中国文化逐步丧失了自主性，导致方志、家谱这类国粹性学问无法进入中国学科门类。中医虽进入了学科体系，但又时时受到西医的挤压。当中国国力强大、中国文化逐步强大以后，可以重新考虑建立新国学/中国学体系。"马克思主义理论"一级学科体系的设立，就是中国特色的表现。"马学科"成立之初，很多学人私下讽刺，称是西方没有的东西，完全缺乏自信心。最近，中共党史、纪检监察也成为一级学科，这是让人兴奋的好消息。既然如此自信，也可考虑建立新国学。建立新国学，是指要建立一套独立的以中国文化为背景的学科。以中国为中心，以人民为中心，这是中国学的核心要求所在。目标是给中国特色的不受人关注的学术，以应有的学科地位，使之自由成长。新国学的设立，将让中国学人走出亦步亦趋西学的状态。新国学是中国特色的、研究中国的学术总称，应是学科大类，下面再设置一些一级学科，譬如方志学、家谱学、公众史学。总之，可将一些无法纳入的边缘中国特有的学科纳入此列。一旦学科问题解决，大学就可设立国学院，下设不同系，招收不同的专业学生。如此，教师、教材、科研、人才建设自然跟上来，就会进入良性循环。再在社会上不断宣传，扩大影响。如此，门类—学科—专业，就成体系了。

要让历史编纂学成为当下实践指南性很强的理论学科。所有历史学研究可分为两类，一是过往史研究，一是当下历史文本生产理论研究。前者是历史过程研究，后者是史学理论研究。公众史学分为公众史学史与公众史学理论两大层面，方志学分为方志学史与方志学理论两大层面，家谱学分为家谱史与家谱理论两大层面。现行的史学理论研究，因为没有历史编纂实践领域，结果也成为史学理论的再研究，成为史学理论史研究。其实，理论对应的是"实践"，史学理论研究来源并服务下于当下史学编修实践。传统历史学脱离现实，只管通过过往文献研究过往历史，从来没有想到通过当代过往记忆编纂当代过往文献。民间的历史编纂实践活动，迫使我们来从事历史编纂学的理论与技术研究。家谱研究是指对家谱进行再研究，它是学术化的小众化活动；家谱理论指直接借用家谱理论与技术，书写当代家族史。家谱编纂是一项文化生产行业，适合大众化参与的活动。家谱编纂是一种技术，是可以为当下人所用的模板，可以将当下的家族世系文本化，成为记录家族史的载体。家谱学如不走向当代社会，会是永远地龟缩在过往圈的小众学问，无法直接为当下人所用。家谱与其他"二史"一样，直接参与当下历史记忆生产，成为全新的实践性学科，它就会产生旺盛的生命力。家谱编修实践才是不断生长、更有活力的领域。

2. 家谱编纂的专业化

谱牒学学科归属问题解决不了，导致无法进入高校，进而影响家谱的学术研究队伍的建设，更影响家谱新生力量的培养。没有专业，至今不要说本科招生，就是研究生招生也没有明确的谱牒专业。家谱分为家谱生产研究与家谱资料研究两大方向，家谱编纂与家谱研究的重心不同。家谱编纂的专业化，表现为业余化与职业化。它可以是业余从事的专业活动，也可以是职业从事的专业活动。家谱编纂的专业化发展如何，取决于它的社会需求度。如果社会上各家族的家谱编纂需求度大，这个行业的发展就会有比较好的前景。从近四十年的家谱编纂实践来看，这是一个有着繁荣前景的行业。如此，家谱编纂职业人才的培养，也应提到议事日程上来。专业生产要有专业人才，要组织人才，培养专业人才。家谱编纂人才，主要是主编与编辑人才。修谱人是家族历史记录者。没有这类人，同姓人员无法著录成谱。背后要有专业团队，要有专业公司。不要当代生活的旁观者，要主动成为一个时代记录者。人才培养分为几种，一是高校的职业培养。要培养专业人才。以前学史，就是国史。从历史知识生产层面来说，国史轮不上学生，须由专家来承担。有了公众史学，历史专业学生可承担公众历史生产，既可操作，又可弥补传统国史记录与研究之不足。公众史是国家微观史，是国家局部史。二是社会的职业训练，让更多的人成为家谱职业生产者。重点要培养家谱主编人才。老主编要考虑接班人，有意识地在家族中年人、年轻人中培养未来的家谱主编。可以明确指定一两个接班人，加以重点培养。相当于师徒制，让这些人跟着学跟着做。如此，这些中年人、年轻人未来会接上班，主持续修族谱工作。三是业余家谱编纂者。让家谱馆成为学生参观场所，让年轻人接触宗谱。如此，才能培养更多的接班人。

家谱学与方志学的学科化专业化之路，有类似的情况，都处于学科内部建设尚未成熟，但学科的归属问题没法解决，从而导致大学中的位置边缘化。目前，国内尚没有高校建立方志学系，宁波大学仅是历史学下建立了方志学模块，每年招生。2022年，中国地方志指导办公室与中国社会科学院大学历史学院合作，在历史学院下建立方志学系。从社科院大学历史学院的自设学科试点，一旦成功，可进一步推广，这是一个利好消息。从学科的发展前景来说，彼此各有优势。方志学是官办的，靠组织的力量，有一个"中指办"系统。而家谱编纂则是民间行为，力量似乎弱。不过，家谱靠市场的力量来发展，发展远景可能并不差。至少从技术上来说，家谱的技术更发达。如此，两个学科的发展，不相上下。

二 家谱编纂学体系建构

家谱学体系建构与当代家谱编纂学体系建构的概念不同，前者范围大，后者范围小。要放在当代中国的时空中，思考新家谱生产的理论与技术诸问题。它会面向家谱史中思考理论与技术,不过更主要是面向家谱编纂实践领域,思考其理论与技术诸问题。当代只有摸清了公众的家谱思想规律,才能找到相应的对策。家谱编修必须与时俱进,才能适应时代之需求,才有更久的生命力。某些人知道家谱长什么样,但不知为什么会这样。只有知道为什么会这样,才能思考家谱改革的方向,否则,只会是形式上传承而已。家谱编修理论包括哪些内容,需要如何建构?历史上的学人虽然有所涉及,但并未作深入探讨,更没有系统地建构。根据笔者的理解,拟将家谱编修体系归纳为以下几大方面:

(一) 当代家谱是人民正史

家谱理论的前提是家谱的性质是什么。家谱性质,又是由家族历史定位是什么来决定。家族历史是什么,需要从历史演变的大时空中加以说明。

1. 家谱是帝族贵族血缘世代史

家谱起源于帝王、贵族的世系管理。家族世系管理,普通人没有这种动力,只有帝王及贵族才有这种实际需求。所以,家谱是帝王及贵族文化的产物,"小史"就是负责宗族世系管理的。中国较早地进入了家长制传承,所以也较早地有家谱。因为一直是家长制,所以家谱的编纂也一直成为习尚。

其他类型的作品,空间一大,人物一多,经过筛选,就会出现大小不均现象。只有家谱不同,它是家族血缘世代史,是内部体系化的,是按家族自然的世代血缘关系来梳理的。凡世系上人物,自然成为书写对象,所以人人自然入列。世系表是均衡的,这不怕人多,这是此类载体天生的公平之处。因为入列人物太多,必须用表格。因为人多,难以全面介绍,于是世传多是简略的基本信息,不会太复杂。家传写作,又会出现轻重筛选现象,只有重要人物才有传。也就是说,它是公平与重点兼顾的。

同宗共祖的血缘集团世系人物承传是家谱的本质,"说到底,家谱就是人谱,就是由血缘关系构成、按世系顺序排列的男人谱"。家谱的宗族人员管理功能,近于今日的户口本,所以人人有份。所不同的是,过世之人也会上谱,近于"生死簿"。某些不被认可的宗族人员(诸如弃祖、叛党、犯刑、东贼等)不会上谱,这点又近于史籍了。吕有凯认为,家谱就是家族历史户口簿。家谱就是家族历史户口簿,又不同于国家户籍户口簿,二者有着显著的区别,主要不同点有五:一是在国家户籍户口簿中,人丁去世即注销,换本不再录;二是外迁则注销；三是不作传记；四是单户独立，不列族中同代多户横向关系；五是不录其家族发展的人与事。家谱作为家族历史户口簿，与国家户籍户口簿的主要区别相应有五：一是记录人丁生殁，逝世者不注销，而且重编或续编都能保留并沿袭；二是外迁也保留原有记载，为外迁户后裔保留寻根问祖依据，续编还跟踪；三是历代户主、夫人均需作生平简介，公开传记；四是本族户户汇集，历代各户横向关系明晰，纵向传承（世系）保留沿袭；五是详细记录家族发展的人和事。所以，家谱就是家族历史户口簿，是一本永远不会注销的户口簿。[①]

2. 家谱是家族正史

有人说，家谱是"特殊的历史"。这是将国史当作唯一的历史，才会有特殊的说法。在国家历史之外，增加公众历史，就它不特殊了，这是普遍的家族史。湖南常德戴鸿国主编的《戴氏族史》（2001），直接称为"族史"，这是可以考虑使用的。族史就是家族史。之所以说家谱是家族正史，是为了凸显家谱的权威性。正史，在中国是最权威的历史作品。

家谱的发展，先有系表与行传。六朝时期，汇合了家传。明清以后，增加其他类别，成为一本独立的家谱图书。这是它内在体例逐步扩容的三大阶段。今日可进一步扩容，增加家史部分。如此，它就完全成为志、史合一的家族志、家族史。家谱编纂背后的根脉意识（家脉），才是核心因素，近于国脉。

当代中国家谱的编纂，有做大与做小两大趋势。做大，更近于家族通志。做小，则是当代历史记录，是人民史记录，是人民文化建设。它是当代家族历史建构，是比较实在的，这正是公众历史记录。以小家族为单位建构公众历史，更为靠谱，更容易成功。

修谱是一种文化生产活动，本来只有少数人参与即可。不过它是一项群众性文化生产活动，要人人参与。因为，家谱天生是人人入谱的作品。其他作品，被人反复考虑以后，小人物就会边缘化，只有大人物才有机会进入文本之中。不过，家谱天生是人人有份的。因为，它遵循的是血缘原则。这点，往往为普通人所忽视。因为，他们只有生活世界观念，仅知"我姓什么"，天生是这个家族成员之一。也就是说，他们只能看到生活世界的家族群体成员之一。殊不知，尚有一个文本世界。如果不在文本世界建立世系图，则只有百年存在期。百年

---

① 吕有凯：《家谱理论与编修技术》，中国文史出版社 2014 年版，第 12 页。

之后，不再为人所知。如果有了家谱，则他们永恒存在，这点是公众不了解的。而且，修谱是家族世系管理。以前，只有帝王与贵族才有这种管理需求，因为他们有权力、财产的继承问题。普通人没有什么权力，也没有多少财产可继承，自然也没有太多管理世系的内在需求。不过，现在时代变了，普通人不普通了，也成为富人了。如此，自然也有必要管理世系了。今日修谱倒不是什么王位继承，而是为了历史，留下清晰的系谱，让后人知道我是谁，我从何而来，去往哪儿。能在宗族谱系中找到了位置，也就知道自己的家族传承责任所在。

人人入史，这是公众历史的理想状态。说及人人入史，许多人的第一反应，这是不可能的，也是没有必要的。君不见，家谱早已实现。家谱这种体裁，较早地实现了这样的理想。这是一种由帝族、贵族宗籍人口管理而来的历史作品。最早是宗籍管理，为简易的宗人世系标注。宋元以后，与家传、家状合一，增加家训，成为复杂的宗族之书。书写范围也得以扩大到全宗族，不再是某族的某一支贵族，其他同姓成员也享受宗籍管理资格。清代、中华民国以后，家谱编纂普及化。今日也用于普通百姓的宗籍管理，这是一大进步。这正是今日公众史学提倡修谱的原因所在，这是公众家族史。只是，人人参与，做得不太理想。人人分享，更没有做到，这是传统家谱不足所在。今日要扩大参与度，要加大家谱传播、宣传、教育，从而获得更大的群众基础。有群众基础的家谱编纂，才有发展前途。

3. 家谱是人民的历史

从中国的官民体制来看，"民"一直处于从属地位。20世纪以来，随着近代化的来临，民的地位不断上升。最终，出现为人民服务、一切以人民为中心的中华人民共和国。这是全新的国家形态。一切以人民为中心，自然得写人民史。如何写人民史？这是值得探索的。由于向来的历史是国家历史，所以最终"人民"成为一个集体概念，人民成为"统计学意义的生命"概念。人民，是国家下的人群总称。它是一个集体概念，不是群体概念。要想改变这种思维，须将"人民"转化为"公众"，公众才是群体概念。公众，是一个"个体兼群体"的概念。也必须进入当代公众历史书写层面，才能落实人民史书写，将人民书写成为"有故事的生命"，这正是今日公众史学要解决的问题。这是普通人历史意识的觉醒，家谱书写的人人，正是公众意义上的"人民"。家谱这种历史体裁完全地落实了人人有史的理想，它可以涵盖大人物与小人物，不论出身与社会地位高低。家族是社会最小的细胞，自然也是最基本的书写单位。按家族来书写人民史，可能更有可操作性。其他集体组织史，都难以保证人人人史。

把寻常百姓写进历史很好。宋明以来家谱的最大价值是记录了民众的世系及历史。早在20世纪八九十年代，冯尔康先生就已经注意到了这个特点，将家谱称为"民众史"。可惜，他没有展开充分的研究，后人也没有接着他的话头演绎。直到近年提倡公众史学，才深刻理解了冯先生观点的价值与意义所在。当代家谱的编纂，本质上是属当代公众史编纂，这是百姓的历史。为此，笔者在《中国公众史学通论》专门开辟二章，讨论公众家族史与公众社区史，形成了相对系统的理论思考。公众社区史，可以说是宗族史的现代建构模式。只是宗谱的性质在变，由宗族管理工具变成宗族历史记录载体。家族史是民间个人史的最大建构单位，是家族过往的文本化建构。国有国史，家有家史，早在宋明时期，不断有人在强调了。现在剔除了宗族管理的外衣，完全成为家族史建构。

以上对家谱性质的定位，也就昭示了家谱编纂的指导思想，就是人民史、公众史。人人的历史都是历史，家家的历史都是历史，是值得书写下来的。如果这个定位没有争议，则家族史的书写，也就可以落到实处了。

（二）家谱编纂是家族文化大厦建设

为什么要编纂家谱？关键是文本世界优于生活世界。由生活世界与文本世界的二分来看，家谱是家族文化大厦的建设。这个世界上，只有文化才可以让人永垂不朽，可传承下去。精神动力高于、久于物质欲望动力。文本具有永恒性，文化是人类活动的最高结晶。

修谱是一项大型文化建设工程。修谱是一种文化整理工作。如果不修谱，没有文本世界建构，不会想到将生活世界散乱的信息汇集起来。也就是说，文本编纂可以产生整理的外在动力。生活世界是分散的，只有进入文本，它才是汇集的。整体会统合分散，外在的文本编纂动力，可以促进生活世界分散信息的汇总。此类文本汇集工作，平时家族中没有人来关注。一个单位也许会有人来搜集相关信息，各类单位会有会计有文秘来做各类信息数据表的汇编与制作；但家族往往不重视，如此家族的信息汇总是比较少的。由此也说明，家族中的信息搜集是十分落后的，完全处于口耳相传阶段，没有文本化。这提醒我们，家族要设置一个秘书或史官，专门负责家族信息的搜集与汇总。由分散而整齐，此间难度最大。

当代家族史编纂会促进家族信息的精准化。生活世界的家族信息是分散的，似乎知道一些，其实多是不精准的，这正是口述不如文本精准的地方。家谱编纂就是家族信息的文本化，也会促进信息的精准化。文本化以后，提供的是全面的精准的知识。有了家谱图，一图在手，家族人员名单全部搞定。也就是说，文本化的优势是全面化、整体化、精准化。

修谱是家族文化高贵化的必经之路。有人以为修谱是土老帽活动，这是部分受"破四旧"思想的老人带来的错误想象。其实，修家谱向来是家族高贵化的文化建设行为。家谱编纂是基层文化建设之本，是家族文化积累、提升之本。人类高于其他动物之处，正在于有文化生产。家谱编纂是家族文化积累之本，是托底的活动。没有文化生产，一切过往记忆不再。有了文本，可以承前启后，将过往信息留下来。一个家族要成为有品位的家族，要有文化建设；否则即使有钱也仅是暴发户，为世人瞧不起。书写历史，本来是大人物的专利。现在，老百姓的生活水平提高，修谱也逐步平民化了，不再是名门望族的专利。小人物也可写史，小家族也可修谱，这才是人间奇迹所在。

正在进行的共同富裕建设、乡村振兴活动，也要强调民间文化建设的均衡化。在文化共同富有建设中，修谱是基层家族文化建设之本。物质上的发达，必须辅以文化上的进步。公众史学可以参与当代公众文化建设活动，让各家成为文化之家，甚至成为新贵之家。家谱修不起来，表明家族经济力量弱，内部没有凝聚力，这是没有面子的事。没有文化积累，家族的繁荣不可持久。

落实当代历史文本化。这是族人联谊的需要。一个家族人员流动速度过快、个人化过快的社会，需要家族的力量来凝聚。家族的联谊是建立在血缘基础上的，更为容易。也就是说，中国可以血缘平等原则来解决政治公平诉求。它是一种民间家族文化建设活动，修谱是一种家族文化建设活动，这个性质必须明确。要把公众历史产品做成文化奢侈品，成为人人喜欢、人人推崇的高档文化产品。这是当下与未来值得努力的一个方向。

(三) 家谱编纂的内在规律

在成人世界，文化生产向来处于边缘化，只有少数专业人士参与。如此，要想让更多的人参与家谱编纂，难度是不小的。那么是哪些观念因素制约普通人参与家谱编修呢？

1. 生活世界与文本世界的矛盾

家谱编纂是出入于两个世界的活动，一是生活世界，二是文本世界。文本生产是读书人熟悉的世界，文本生产是精英发明的活动。文化是奢侈品，它是超常的活动。公众历史记录是一种以人为本位的记录活动。社会是人类的社会，所有的活动都是人做出来的。人类活动只有一度性，必须转化成文本，它才会永恒存在。没有历史文本生产，不影响当下人的基本生存，所以普通人不关心。普通人不熟悉也不关心，这就是历史文本生产容易被人忽视的地方。普通人没有文本记录意识，没有录音录像习惯。拍照，也是智能手机普及后偶尔为之的事。他平时用的历史是自己过往的大脑记忆，也可以不用成文，只要口传即可，这正是面对普通人推广修谱的难度所在。

背后是当下观与长久观的不同。有用无用，是人人做事之前最喜欢说的话，但实际上大人物与小人物的回答会不同。人的当下短期利益与未来长期利益观不同，普通人有短视病，只有部分优秀的人才会有长远观。也就是说，希望上历史的人都是高端的人，低端的人没有这样的需求。当下利益与长远利益不能对立起来，两者是可以平衡的，当然会有一个先后关系，先满足当下利益，后满足长远利益。在当下利益满足时，要同步考虑长远利益建设。家族的核心是家人的代代相传，家谱则是代代相传的文本化。修谱，是家族文化必须建设的活动，这是家族往事保底的活动，两者缺一不可。退休的老人要思考家族的长远建设问题。

2. 知识生产与知识消费的矛盾

文化生产与文化消费，历史生产与历史消费，家谱生产与家谱消费，这是三对不同的关系概念。人人是知识消费者，但人人不可能成为文化生产者。文化边缘化，是指文化生产的边缘化。文化消费与文化生产不同：文化消费容易，可以普及化；文化生产难以普及化，它是专业的，只有少数人是文本生产者。文化生产既要有技术，也要有成本，要求比较高。一旦生产出来，可以丰富别人的文化消费，能满足人民日益增长的文化需求。

当然，人人也可以算是知识生产者，这指的是口头知识生产者，不是文本知识生产者。口头生产，只有当下性，没有永久性。文本生产，既有当下性，又有未来性，它是永恒的存在，这正是其厉害之处。口头生产是普通人的常态，文本生产是异态。说是人类最基本的表达能力，而写则是少数人会的高级表达能力。要普通人实现由口头生产到文本生产的转型，这是一大难度。要想实现由口头生产到文本生产的跨越，必须大规模推广口述史。它是语言表达的文本化，最适合普通人的文本化需求。此外，家谱生产者与家谱使用者的想法也不同。家谱生产者强调低成本，能做出简谱就相当不容易了，但家谱使用者则希望详赡，史料价值高。尤其是学术研究者，都有类似的想法。这是一种得陇望蜀心态，不同的主体有不同的要求。

3. 个人与家族集体的矛盾

个人意志与利益至上，没有整体观，自然难以建构家族体系。这里有一个整体与个人利益位置如何摆放问题。整体利益高于个体利益，家族会有整体观。个人利益高于家族整体利益，家族会支离破碎。现代商业社会的发展，会让城乡人的价值观扭曲，家族意识越来越淡，自然修谱的动力也不强。这个矛盾不是现在才有，古代就有了。修谱宗旨之一睦族，其实就是针对此难题而提出。生活世界难有家族整体观，但文本世界可以建构家族整体观。

4. 通代谱与断代谱的矛盾

许多人修谱，就想修通代谱。他们的怪论是，修断代谱，家族会断掉的。这是不成立的。对很多家族人来说，修通代谱是不太现实的，没有老谱，没有人才。修谱的重点应是当代，是修百年谱。有的人忙于寻找老谱，反而忽视当下的修谱，这也是不可取的。

掌握以上规律，因势利导，才可以逐渐推进家谱编修的普及。

(四) 谱系主体由"男主女次"到"双系并存"

1954年《中华人民共和国宪法》首次确定男女平等思想，这是观念上的一大突破。家谱编修中，如何体现这种新精神？大家在不断探索之中。[①] 由"男主女次"到"双系并存"，这是理论上的一大突破。

人类氏族形态，经历了母系社会与父系社会两大阶段。相应地，家谱编修也经历了母系家谱与父系家谱两大类型。作为人类，总是由父亲与母亲两性结合而来的。以母系为骨干线索记录世系，注意到了人人是母亲生的，是人类自我生产流程中的后端。以父系为骨干线索，注意到了人类自我生产流程的前端，人人是父亲下的种。两种世系记录方式，各有存在的理由。以母系或以父系来计算，仅是计算的系端不同，本质上是相通的，必有其不足。以父系或母系作为千年不变量，另一端的母系或父系就成为可变量，必然会出现忽视父系或母系一端现象，会出现断系现象。所以，母亲本位与父亲本位，各有利弊。迄今

---

① 杨先烘：《对独生子女后代双姓双记入谱传世的思考》，《浙江家谱文化》2022年第2期。

为止，中国人仍处于父系社会阶段，修父系家谱，也是主流的方式。如此，承担了族外婚交流角色的女性，她的世系记录经常是断裂的。出嫁前的女儿，挂在父亲下面；结婚以后的妻子，挂在丈夫下面。她们总是处于从属位置，导致世系记录经常是断裂的。这种现象，明代的方孝孺就注意到了。方孝孺的大族谱思想值得关注。其《族谱序》设计的族谱体例有十点，其中六"迁妻妾之外氏"，七"载适女之出处"，最值得关注。冯尔康称"记录妻妾娘家的历史"，"记录族女之婆家"。①仓修良也注意到，称"这是修谱事业上的一大进步"②。不过，二位先生的表彰，没有完全讲透彻。精确地说，原来族谱的世传，有妻妾、族女记录，只是多附在丈夫与父亲小传下面，信息过于简略。现在的创新在于，独立成二个专篇，专门记录妻妾与族女家族的情况，即外、内两大亲戚关系，这是一大创新。它完全超越了男系宗谱的概念，近于今日的亲情谱了。只是，这种过于超前的修谱思想，后人循而学习者并不多。只有到了20世纪的中国，才有相关实践活动。有女儿合集式如《刨根问底集——林家三姐妹的后人》，有独立女性家谱如王火主编《熊岳满族赫舍里氏女性家谱》（1999）。

2005年，贾载明较早地关注到了传统家谱女子不入谱的弊端，对此做了较全面的批评。称"古代的家谱是残破不全的家谱"，"是中国封建政治在文化上的最基本、最根本的体现"，"而且对人种生命的繁衍、生命的承接、生命的遗传所采取的态度也是极不科学的"。进而通过20世纪以来家谱的梳理，说明女子彻底入谱是现代家谱的一个革命性变革。民国时期湖南《大界曾氏五修族谱》就把女子编入了家谱，而且谱后的"跋"也是曾宝荪这个女才子写的。福建省福清市渔溪镇郑村的《定山郑氏族谱》，从民国时起，女性即可以冠冕堂皇地入谱。1986年，福建省长乐县横岭乡谢氏修订家谱，一反女子不入谱的旧习，把当代女性大作家谢冰心编入了家谱。湖北鄂州"槐荫堂"1993年新编的《王氏宗谱》，也将女性入了谱。2003年，孔子世家第6次续修家谱，决定打破昔日只有男性入谱的惯例，不仅女性孔子后裔可以入谱，女性后裔的子女也同样可以写入家谱。当然，除孔子世家第6次续修家谱对女性入谱的决定比较彻底外，其余的都不太彻底。③

---

① 冯尔康：《古代官府与民间编纂谱牒简史》，见氏著《中国宗族制度与谱牒编纂》，天津古籍出版社2011年版，第273页。
② 仓修良：《谱牒学通论》，华东师范大学出版社2017年版，第312页。
③ 贾载明：《现代家谱的一个革命性变革：女子彻底入谱》，天涯论坛2006年3月23日，又见氏著《姓谱新话》，2019年（未刊，下同）。

中国历史上就面临着只有女儿没有儿子家族的香火传承问题。处理此问题的办法，向来是招赘。它意味着女婿得上门，成为妻子家一员，与嫁女一样。普遍的做法，女婿要改姓改名。如此，子女自然也成为某姓。这种偏极端的吞没女婿姓氏权利的做法，可以让女婿死心塌地，省得未来有反悔的思想与行为出现。当然，不少地方习俗并不同，譬如在宁波，虽也招婚，但小孩仍随父姓，并不必随母姓。美其名曰：尊重女婿。

1979年，中国开始实行独生子女政策。进入21世纪，这些独生子女进入结婚年龄段。其中的独生女尤其麻烦，面临着未来子女冠姓权问题和母姓香火不继问题。在乡村，不少地方仍坚持着传统的招婚办法。问题是，进入城市社会，这个问题面临着全新的问题。新婚夫妻独立居住，既不住夫家，也不住娘家。如此，与妻家共同生活的意义消失。在这种情况下，只剩下随母姓或父姓问题。这对夫妻生的小孩，就是他们共同生育的孩子，随母姓或父姓，仅是姓氏的冠名与传承问题。如何解决此类问题？在独生子政策下，后代随母姓或父姓是一个大问题。有的父母坚持传统的观念，要随母姓。据说有的年轻男女，彼此关系十分好，但因为彼此父母对随母姓或随父姓谈不拢，导致迟迟结不了婚。如何解决这个随姓问题？早在2005年，重庆的贾载明提出一个方案，在具体入编上，可以采取"双记法"，即本族姓要记录，丈夫方也要记录。女性的后代可以取两个名字，一个从母姓，一个从父姓，然后记入双方的家谱。在记录时应注明性别和从父从母两个名字。[①] 这是一个好办法。笔者的想法，"女性的后代可以取两个姓名"，操作上可以更简单些，"一名两姓"，从而获得"两个姓名"，分别记录在彼此的家谱上。因为在日常生活中，国人习惯叫名不带姓，所以冲突不算大。如此，也不必纠结于改不改姓问题。在身份证办理上，随父姓或母姓均是可以的，取决于彼此父母双方的协商。甚至可考虑一个身份证号，两个姓名方式，即一主一辅，辅姓加注括号。只是，这需要国家政策来调整，操作上稍复杂一些。在二孩政策下，这个问题简单，一个随父姓，一个随母姓。两个小孩，一随父姓，一随母姓，在城市中早就出现了，精确的时间点，无法详考。至少，20世纪60年代就存在了。不过此法不普遍，某些人不易接受，也会

---

① 贾载明：《现代家谱的一个革命性变革：女子彻底入谱》，天涯论坛2006年3月23日，又见氏著《姓谱新话》，2019年。

带来副作用。据报道，某出嫁女生了两个儿子，小外孙随母姓，外公愿意将继产交给小外孙，而大外孙没有。女婿不悦，但也无奈。又有一个出嫁女生了两个儿子，外公希望其中一外孙随母姓。结果，出嫁女先不同意，说弄得两兄弟不是亲兄弟似的。由此说明，媳妇更愿意按传统习俗，子女随夫姓。外公心有不甘，与亲家吃饭时总纠结此事。男方亲家提出，可以取两个姓，同时上两边家谱，不就解决问题了。外公一听，思路大开，不再纠结此事了。由此可见，这是由子女只可拥有单一姓氏习俗引发的问题。如果允许子女同时拥有父母双姓，此类问题不再。近二十几年，南方"并家婚"或"两头婚"的出现更要求父母双系家族记录制度。民间早有解决办法了。

2011年，山西辛存寿主编的《原平上院辛氏族谱》，试行"双血亲"式叙谱法，对本族女性从哪村哪家嫁过来，或嫁往何村何人，并附有对方男性所在他们族谱中的行辈、页码数，使数十年婚嫁网络可互相参证。[①] 2018年，有独立设置族女谱系卷如《艾氏缘谱》，这是一大创意。双血亲式叙谱法，这应是家谱改革的方向，这正是历史化的表现。

2018年，河北安如华提出"父系母系源流并存理论"，编纂了《母系型家谱创编指南》。他面临着实际的独生女后裔如何记录问题，所以他研究家谱编修问题是为了解决他面临的实际问题。基于实现宗族源流方面男女平等的目标，安如华准确地提出了"父系母系源流并存理论"。这一崭新的观念，符合人类发展与传承的本来面目，使人类繁衍的链条回归科学与完整。双系并存的重点为"母系源流论"找到了合理存在的位置，从而确立了实施和推行母系家谱的理论基础，并明确了实行母系家谱与传统家谱衔接互补的原则。如何操作？他归纳确立了母系家谱的四条运作规则"父系母系双线贯穿，有女出世单线变换，姓名事迹完整传承，凡有生育永不断线"，从技术层面解决了母系家谱组织与编撰中的女性入谱建谱问题。如此，社会中的任何家庭，即使独生女，也完全可以建立起各自的一条有迹可循又清晰完整的繁衍传承脉络。实施和推行母系家谱，是母系源流论的实践和对传统宗族制度的一个突破，是一种符合客观实际的正本清源。其意义在于从传统与现行宗族观念中，开辟一条男女平等意义上的新路。使女性宗族传承上可以与男性宗族传承同样的一脉相承，从而颠覆了宗族

---

① 李旭东：《修谱续谱之风盛行，民间修家谱热调查》，《山西晚报》2011年4月22日。

谱牒中男性传承有序而女性为旧有制度所中断的不合理现象。他以自己家族为参照标点，开创性地完成了宗族牒谱史上第一本《齐北燕南滨海安氏如华一脉母系型家谱》，也同时验证了实施母系家谱的科学性和可行性。①

在当代特殊的独生女儿语境下，独生女家庭后代支谱如何编修确实值得思考。目前的新时代族谱编修，根据宪法的男女平等原则，解决了独生女世系挂线问题，允许女儿也挂线。但挂多少代，各地会有不同的做法。一是女儿挂线，外甥不挂。二是女儿与儿子同等角色，外甥及后裔也挂线。《母系型家谱创编指南》解决了独生女家庭如何修谱的理论与技术问题。进而提供样板《齐北燕南滨海安氏如华一脉母系型家谱》来看，这是一大贡献。根据他的设想，独生女儿可以修谱，有儿有女家族，可修成儿子部与女儿部，"一谱两部"，这是他的创意所在。它不是对原来父系家谱的否定，而是进一步的完善，增加了女儿家谱。如此，家谱篇幅会增加。过往的大宗谱有篇幅的限制，今日公众家谱的篇幅不成问题。有人说，这样一来不就变成百姓谱了？其实，生活世界的每个家庭都是由父姓与母姓组合而成的，百家姓才是现实。在古代的宗法体制下，女系记录被人为边缘化。现在进入后宗法时代，以家庭历史记录为己任的新修编修，百家姓不成问题。以前在同姓宗谱下，尚有人关注女婿家族上谱要不要改名问题，现在根据历史记录的实事求是原则，也不必改名了。

从样本《齐北燕南滨海安氏如华一脉母系型家谱》来看，它重点是面向下代创修支谱问题。如此说来，"母系型家谱"的概念可能值得再思，因为令人费解，易产生歧义。母系，是一个特殊概念。宽泛地说，父系、母系，都是站在孩子立场说的话。一定要坚持表达原来意思，不如换成"女性家谱"或"女儿家谱"更合适。"安氏如华一脉"，用语过于直白。如学古人，取一个文绉绉的名字，标注"某房"，更显得有文化。有儿有女，分成两部，这符合生活现实。现实生活中，儿子、女儿确实是两大分支，分属不同姓氏。分为两部的做法，相当于是替女儿两边家族同时修谱了，自然是值得肯定的好事。

这样面向下一代的支谱编修改革，可能是外公辈修谱人的一片好心，事实上难以为继。因为女儿出嫁以后，也会以男系家族人员自居；女儿的后代即外孙外孙女用父姓，不见得仍乐意挂在外公家谱系下，他们肯定更愿意按父系来

---

① 洛几：《把"母系源流"请上历史舞台》，书画之家·安如华日志 2018 年 8 月 15 日。

记录。外公代女婿、外孙立了家谱,如何防止外孙转换父系,导致母系记录断线问题?笔者的建议,要解决这个问题也不难,直接交由女儿后裔来续记,就可以保证永不断线了。考虑到未来可能的谱系重心转移,方便外孙将母姓谱系转化为父姓谱系,可在公众家谱中设置两个版本家谱,一是以母姓为主体的家谱,二是以父姓为主体的家谱。此间内容信息不变,仅是书写顺序调整,双姓源流的不同,比较容易操作。这是先为至极的做法,可以命名为"双系家谱"。这样的方式更为公平合理,可能才是未来值得倡导的方向。安如华的解决办法是,根据父系母系双系原则,实行双系认证。每人既有一个父系代位编号,又有一个母系代位编号。有了双系家族代位编号,就可以保证双系记录的永不断线。这是一个更为简便的办法。有了两系认证,姓氏改与不改,就无足轻重了。这是家谱观念与技术上的一大突破。

最近,安如华又有"双线全谱"概念,正在编辑《齐北燕南滨海安氏家谱双线全谱》,分父系子传卷、母系女传卷。"双线全谱",似改为"双系全谱"更为理想。双线,表示两条线索。双系,表示两大姓氏来源"男系"与"女系"(传统习惯用"父系"与"母系",这是站在儿子角度使用的概念。如站在中性立场,用"男系"与"女系"更合适)。"母系女传卷",感觉怪怪的,不好理解。进一步沟通,才知道安先生是代外孙立言,是站在外孙角度逆向来思考的,所以称为"母系女传卷"。按外公顺向角度来思考,有点难以理解。如此,《齐北燕南滨海安氏家谱双线全谱》可以称为总谱,《齐北燕南滨海安氏如华一脉母系型家谱》就是支谱了。支谱与总谱,是一个相对概念。先修支谱,后修总谱。或先修总谱,后修支谱,这些都是可以相辅相成的事。

如何实现父母双系并存?笔者的想法,新修谱谱系图要同时标注父母名字,改变传统只标父系习惯。早在2010年前后,笔者设计的公众家谱体例,就这么处理,每个方块中出现夫妻双方名字。其他学人也有类似的表达,称"丈夫与妻子在世系中可平头书写"①。这是一个小小的技术改变,却可体现男女平等、父母"合资"的现状,其意义不可低估。这样的变化,在五代公众家谱中容易实现。如在老族谱中,要重新设置过,稍复杂一些。

---

① 朱丽莉:《陕西当代新修族谱的编纂及其史料价值》,《青海民族研究》2013年第3期。

同时，也可在宗谱中设置媳妇（外亲）篇、族女（内亲①）篇，进一步介绍相关家族的信息。所谓族女，就是出嫁的女儿，指姑婆、姑姑、女儿。此前的宗谱，忽视族女世系的记录。目前不少宗谱已经这么尝试了。如何记录？媳妇篇，至少可记录媳妇的上三代。至于族女篇，完全等同儿子，可以不断续下来。2012年编修《杭州余杭崇贤狮子桥钱氏家谱》时，为了体现男女平等，将男系与女系混合排列。笔者的做法是，将儿子、女儿统括成"孩子"，彼此性质与地位相等，就可自然记录女儿世系了。具体操作上，夫妻双名世系图中，将女儿名放前面，女婿名放后面，如此既不违背同姓家谱原则，又可将女儿家族世系自然写进来。2022年5月，考虑到女系确实有特殊性，故而另设族女篇，将姑婆、姑姑、女儿移到此篇。如此，眉目更清楚了。

因为在传统的多子女家庭语境下，女儿家、姑姑、姑婆家是本家的内亲，亲戚往往三代而断。一旦不再往来，后面的世系信息难以为继。结婚以后，每个人有两个家族身份，所以也应有两个家族编号。双系编号，可以从技术上保证女系不断，从而实现由父系永不断线到女系永不断线的转型。如果再直接交由女儿家后裔来续记，就可以解决这个永不断线问题。

（五）家族身份编号的数字化

大家都说家谱是人的"特殊身份证号"，但实际上在技术上是没有体现出来。中国人按辈分字起名制度有其好处，比较直观，见名就可知道哪一代。不过，横向同辈识别率低，因为同辈前后顺序没有编号。我们要在老谱中寻找一个人，须在第几代中横向同辈群体中逐一寻找。遇到房派多的大家族，找人十分费力。也就是说，纵横向定位仍是不精准的。如何解决这个问题？唐代时，曾有过同辈数字编号问题，后人称为行第，如白居易称为"白二十二"。元代镜川杨氏有杨成一、杨成二、杨成七、杨成九之类。这种"字辈+行第"的制度，既有纵向的成字辈，又有横向的数字排列，便于纵横向识别。不过，直接在名字中加排位数字，肯定是不雅的，显得没有文化。所以，明清以来没有成为主流取名模式。当代也有人在尝试改革。譬如吕有凯提出"三代系表户主编号法"，基本方法是代与户，几代几户，比较直观，但仍用"汉字+数字"来表达，

---

① 内亲，多指内子家族即妻族，近本文所谓"外亲"。本文所谓内亲，指女儿家族。它是父系同宗所出，故称"内亲"。

没有完全数字化。而且仍遵循儿子系，似没有女儿系记录。安如华提出，根据经纬度定位原则，可以将族人做一个纵横向的定位。几代，是经线；同辈，为纬线。从纵横向经纬线来说，纬线会更宽，因为子孙繁衍速度更快。这种家族代位编号仍比较简单，仅是标明几代而已。笔者在他们两人方案基础上，拟再往前走一步，借用身份证号有规则编制理念，直接编制家族身份号，让族员人人有一个家族身份号。如何操作？拟由代、父母户、子女户三大数字要素构成。笔者对2012年完成的《杭州余杭崇贤狮子桥钱氏家谱》的全部人员做了编号。第一代始祖为11，第二代祖为211，第三代有三房，分别称为3111、3112、3113，下面不断地延伸，最后到第八代第一房后裔时，编号为81112221。此间有两个小难题，独生子女如何编号？所娶夫人或所嫁丈夫如何编号？思考再三，独生子女一律标"1"。所娶妻子或所嫁丈夫，用英文W（妻子）或H（丈夫）标示。因离婚或过世，有多任妻子或丈夫者，用W1、W2、H1、H2来标示。如此，代位编号完全数字化，成正式的家族身份编号，可以显示房派，这是家谱编修理论与技术上的一大突破。以上是儿子家族篇，可以统一按代来排列。至于族女，因为分属不同的男姓家族，所以必须独立按代来编排。

以我为中心的中国式的五代、九代概念，方便纵向称呼。连续计算的代位概念，更方便横向排比。有了精确的家族编号，可以进行纵横向定位了，人人在家谱系统中就有一个精确位置了，不再须用辈分字号了。缺点是手工编制，且代数越多，编号会越来越长。如此，此套技术比较适合代数不多的新建公众家谱。如遇大宗谱，操作起来就会十分费劲。因为，它是一不断派生的过程。不断往下派生，后面的支系会越来越复杂。

世传族人编号，不少家谱编修公司早已进行，是一项成熟技术。他们是如何制定编号的？笔者询问了天下谱局饶玉华董事长，他们是在电脑上随机编号的，仅是连续编号，可以知道收录了多少人。他的说法，只要各位族人有一个固定的编号，不与同族他人串联就可以了。这么说来，操作比较简单，且是自动编号的。电脑编号法，适应大家谱，可能更为方便。如此说来，笔者的编号规则，可以表达特定的代、房、户。身份证号，是全国统一的，所以得有编排规则。家谱号比较特殊，它是同族内部识别号。如此，随机编号与人工编号，均是可以接受的规则。

（六）家谱编修的多元化

新一轮家谱编修活动有较大的特殊性。一则是经历了打压，导致相当多的老谱消失，增加了寻找难度。二是未修谱间隔时间长，导致许多信息不全。三是修谱空间范围有所扩大。

1. 组织编纂单位的多元化

冯尔康将古人的谱牒分为通国谱、州郡谱和私家谱三大类。[①] 章亚光将谱牒种类分为家谱、挂线谱、支谱、族谱、宗谱、会谱、世谱七大类型。[②]

要不断地创新家谱编纂理论。当下的族谱编纂，完全是继承而已，过于保守。吕有凯认为，要总结编家谱的经验，在传统体例中找缺点也找优点，学优点，处理缺点，多交流，多学习，不要固执己见，运用新体例，有利于自己，有利于子孙后代。民间修谱人素质不高，难以创新。学者参与不足，没有编纂出更为高明的家谱样本，让人模仿。这些因素，导致修谱创新不足。现代家谱学说的理论，主要概述基于下述八个要素：在尽可能上接历代先祖世系的前提下，重点编辑现代人文资料的家谱；用现代编谱技术体例编辑的家谱；符合现代人和后人阅读习惯的家谱；用现代简体字编辑，有初中文化的现代人和后人都能看懂，有利于普及的家谱；可适应并进入现代电子设备存盘和阅读的家谱；不是因循守旧、不是生搬硬套传统模式的新家谱；按照现代文本格式排版印刷的家谱；按照现代装订技术装订的家谱。[③]

公众家谱的提出，是中华人民共和国家谱编修真正创新所在。它继承了家谱法，又以小家为单位，这是现代社会原子化的结果。百姓联谱的提出，更适应当下地域化管理需求。这两者才是真正创新所在。

村谱的提出在理论上有突破。从宗族建构来说，需要强调一姓；但如果着眼历史记录，以村为单位是比较理想的。这是由当代中国基层行政管理体制决定的。村谱编纂一次，可以让不同姓村民拥有家谱。家谱一定要成为村谱，是众姓家谱，不再是单姓家谱。修谱，不是只修一姓，而是全村各姓都修，这就是负责任的表现，是党加强文化建设领导的表现。今日没有宗族力量了，只有

---

① 冯尔康：《中国宗族制度与谱牒编修》，天津古籍出版社2011年版。
② 章亚光：《修谱宜注意的若干问题——以"瀛洲新谱"为例》，《合肥学院学报》（社会科学版）2013年第4期。
③ 吕有凯：《家谱理论与编修技术》，中国文史出版社2014年版，第21页。

党领导下的村民，只有同姓村民群体而已，编村谱，最合当下要求。当代中国城乡家谱编纂的大众化，家家有谱，成为村谱，与地方志匹配，家谱编纂就进入了全新的时代。为什么要与地方志结合？因为方志编纂是合法的行为，有管理机构，自成体系。家谱编纂完全是民间化，没有政府管理机构。如果仍是传统的以家族为单位的家谱编纂，永远会存在越来越困难的问题，不可持续。因为中华人民共和国的户口政策，影响了它的空间延伸性。以行政区为单位，编纂各家的家谱，最为理想，容易让人接受。村谱的意义在于由将宗族视角转换为地域视野，强调各姓和谐共处，这是值得肯定的，这正是人民公社化的结果。由此可知，从村内各姓的和平共处来说，公社体制是成功的，它彻底地改变了村民的宗族性。称名不称姓，可能是乡村的特点。地域与族缘的不同，回归到乡村，其实族与族间的界限并不明确，彼此联系多，会通婚，尤其是同村会共同工作。

目前的家谱编纂出现另一种趋势，就是做大，即编纂通谱。通谱，理论与技术均有突破。做大与做小，都是有地域化倾向，各有它存在的必要。

"母系型家谱"的提出，倒可让我们关注"母系氏族家谱"编修问题。当代中国某些少数民族（如怒族、彝族、佤族、布朗族、纳西族、羌族等）仍保持着母系氏族，按母系来记录。[①] 这也可证明，历史上确实存在过"母系家谱"或"女系家谱"。由于尚未进入文字书写时代，所以现存的母系家谱都是口传家谱。为了便于记忆，多用母女连名制。

2. 文字家谱与影像家谱的并存

虽然文献家谱仍是主流，但不得不提醒大家，影像家谱才是未来要努力发展的方向。可分两步走：一是增加图片，做成图像家谱；二是增加录像，可称为口述家史。用影像的手段来记录当代家族往事，更合动态的人类社会特点，所以更为理想。

3. 纸谱与网谱并存

从编纂方式来看，数字化或网上修谱，则是修谱与传播方式上的创新所在。

4. 家谱内部框架更为丰富化

世系及简介，是家谱的核心内容所在。不过，随着时代的发展，要求增加

---

① 王鹤鸣：《中国家谱通论》，上海古籍出版社2010年版，第27—36页。

其他更为丰富的内容,这也是一大趋势。家谱生产者与和使用者的想法有异,家谱生产者想成本低一些,但使用者则想家谱内容丰富一些。进一步丰富家谱的内容,家谱编纂公众史化,也是一个趋势。如何进一步丰富?可从以下几方面入手:

一是增加口述篇。从资料角度来说,必须增加传记数量。只是传记的写作难度较大。因为都想成为优秀的文章,难度自然大。如果口述即可成文,也许难度会小些。家谱如果设置《口述篇》,就可让更多的家人传记参与进来。

二是得增加社会关系网介绍。某人与某人关系好之类的话题值得书写,如此实际上是个人史化了。交往圈,确实是一个家族史值得思考的话题,这正是可以创新之处。要放在社会关系网上写个人,个人总是社会关系网中的个人。目前,只发现李政民的《千年家谱》有此类目。

三是增加白话译文。原来的家谱编纂是精英文化的产物,所以是古文写作。今日进入平民时代,白话文成为标准文本,必须适应当今时代的白话文阅读。传统的家谱编纂也面临读不懂问题,许多厅级领导都读不懂,更不要说普通农民了。某些老谱内容,要翻译成白话。至于新修之谱,特别是序之类,建议以白话为主。那种复古做法,要用文言写作序跋之类,是不值得提倡的。有些老人感觉文言显得有文化,这是一种误区。文言与白话,没有高低之分。文言、半文半白、白话,均是可接受的。到底使用哪一种,取决于两种情况,一是是否有老谱,有老谱,可遵循;创谱,不必遵循,白话写作即可。二是家族中有人会写文言,或能找到写文言的,也是可以的。

(七)家谱主题进一步日常化

增强家谱的日用元素。水墨画、照片和家族遗传病史等元素的加入,可以让传统的家谱更显实用。"在宗谱里写进族人的平凡生活,这使得宗谱更具有可亲近性,有利于后辈更好地了解前辈的生活、宗族的变迁。"[①] 这提醒我们,家谱编纂的内容要不断地革新,不断地丰富。传统的族谱或者史书当中有人物事迹的记载,很多限于达官贵人,普通民众很难进入史家的笔端。"我有点理解别人看待历史的方法了,在他们看来,历史不是军国大事,也不是政治迭变,历史只不过是我们日常生活中的小事罢了,点点滴滴即成风云。真的,如果连自

[①] 洪光豫:《做套家谱要花数十万元 杭州修订家谱热悄然兴起》,《浙江工人日报》2011年3月24日。

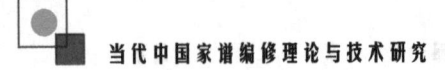

己家的历史都弄个不清不楚，甚至连曾祖的名字都弄不清，奢谈历史，未免荒谬。"① 改革家谱的档案性，使之有更多的公众史人文气息，这是要努力的方向。如此，要增加家族史篇幅。

记录日常的异代意义。人类为什么书异不书常？物以稀为贵，这是人之常情。常态是当代人熟知的、不稀罕的，自然让人感觉是没有价值与意义的。异常，是打破常规的事，影响面大，所以在当代人眼中显得价值大，受人重视，成为书写对象。由此可见，书异不书常，正是当代历史记录中容易出现的现象。不过，换一个时空，如果从后代来说，当下的常事也是值得记录的。因为，当代常态的生活全部消失以后，到了后代就成为稀罕之物。对后代来说，异事与常事均有价值。日常，才是人类的常态；没有常态，人类无法生存下来。日常生活是渐进的发展过程，意义似乎不明显；但如果从一个较长时段来观察，就会发现渐进即量变就是有意义的事。平凡的坚持就是超常，福州老人叶景吕简单的每年拍照动作坚持了62年，就创造了世界上平民连续摄影时段最长的奇迹。

口述史的引入有机会将更多平常或异常的普通人生活往事、经验记录下来。宋明以来的宗谱，"志"的色彩过浓，"史"的色彩过淡。从家风家训教育来说，更引入传记史的分量，让前辈有正能量的言行成为后人学习的榜样，这是一大亮点。

（八）职业修谱与公众修谱的并存

家谱编修，谁来生产？谁来提供信息？家谱生产，要职业生产与业余生产兼容。家谱这座文化大厦的建设，须靠专业人士来主持。同时，修谱应是家族行为、个人行为，是终身行为。民间应形成这样的氛围，人人为自己家族贡献一份力量，就会有家谱。家谱生产，鼓励公众的业余生产，特别是在没有专业生产介入的情况下，只能自己动手，质量差些，问题不大，因为是给小群体阅读的，不是生产名著，不追求广泛传播，但总的发展趋势是专业生产。家谱生产是费时间的，有成本的。只有专业生产，质量才是有保障的。

家谱编纂是一项群体活动，鼓励家家、人人参与修谱。因为，家家、人人的信息在家家、人人的大脑记忆中。如果家族人员不参与，信息都是旁人提供的，容易出差错，更容易出现畸轻畸重现象，即本支详细，旁支简单。这是常

---

① 老沈：《家族历史篇》，老沈观历史2021年6月18日。

见现象，不是家谱编纂者有意要这样，而是由人的天性即"熟悉本支、疏于旁支"决定的。这是小视野普通人的常态。同时，也可能是由旁支参与不足，没有提供所在支信息的结果。

修谱中最难的事是家族人员信息的调查。作为群体史建构，修谱修史都面临一个桩脚即联络员设置问题。没有家族支派桩脚，支派资料征集会十分困难。人人只重视自己一支，所以信息的征集必须从家家、人人入手，让他们参与，让他们校对，才是靠谱的。家谱编纂中出现的差错问题，本质上都是没有家家参与、人人参与校对的结果。如果当事人参与校对，就不会出现这样或那样的错误现象。

目前，没有更好的办法，除非公安户籍系统开放，允许他人查询。即使开放，仍存在过往人口没有登录问题。因为户籍只管活人，不管死人。家谱，既要管死人，也管活人。假如建立全国性的人口信息数据库，中间就按时空来划分不同，从而可以做不同的纸本联谱。譬如浙江钱氏联谱、宁波钱氏联谱、海曙钱氏联谱之类。中间没有内在联系，就是同姓归并而已。这样就建立了完全以地域为单位的姓氏家谱联合，没有什么宗族关系，就是完全的姓氏历史记录而已。这么说来，通谱的出现是一大进步，它是地域意义上联谱，不再是血缘意义上的联谱。通谱是联谱，不再是血缘谱，所以也不必争论是否有血缘联系。这样的联谱编纂，就彻底摆脱了宗法观念，而成为地域观念上联谱编纂。姓氏联谱就是人民联史，中间没有任何宗法色彩。

(九) 家谱产业的流程化

说家谱是古老的，是因为先秦就存在了。初而帝王贵族之家，中而门阀之家，后而士绅之家，经过三大阶段嬗变。说它新生的，是因为时代不同了，家谱编修观念、技术手段也不同了。

家谱与方志、国史并列为三史，有不同处，无非行政空间管理大小的不同。有相同处，主体是集体编纂（少量有个人编的）。修谱多是一种集体活动，每次修谱每个家族都要组织一套班子。在乡绅强大的明清时代，就由各家族的乡绅组织修谱活动。进入20世纪以后情况大变，一是乡绅的衰落，乡村中的读书人普遍进城居住；二是乡村治理的国家化，直接由国家来管理各姓，不再是一姓管理。中华人民共和国最为典型。如此，要求修"百姓联谱"（简称为"村谱"），应是一个重要选项。至于单姓家谱，目前仍是主体。这样的体制，也便

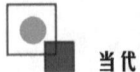

利于五世公众家谱的流行，从而实现人人参与的目标。百姓联谱的优势，可汇编成册，也可单行，这样更为灵活。

家族修谱有它自身的需求，会逐步成为各家族的刚需。就一家一姓来说，修谱活动是一件前后间隔很长的活动；不过，就横向的各姓来说，会不断有家族在修谱。等第一轮修谱完成，第二轮修谱又开始了。由于空间大，姓氏多，彼此的修谱周期并不同，所以家谱行业的间隔冲突性应不大。由此可见，修谱是有较大市场的文化活动，修谱是一项可持久的文化生产活动。

既然有修谱需求，就会有相应的修谱工作需求。修谱，无非家族自修与公司他修。进入21世纪，职业修谱公司的出现，是全新的一大变化。修谱公司有大有小，有的是作坊式，有的是大公司。修谱公司的出现，使家谱编修真正行业化。这样，个人与公司中的修谱之人，就会成为家谱编纂同业之人。

家谱编纂既是一个文化行业又是一个文化产业。以宗谱为中心，大的可以做通谱，小的可以做公众家谱。说它是行业，它是众多行业之一；说它是产业，它是一个生产性的行业。家谱编纂是一项产业，可分为上游、中游、下游三个环节。在这个流程中，会有多种相关人与公司的存在。有家谱编修，就会有与家谱编修相关的工作，有人编纂，有人传播，有人著录，有人收藏，有人研究。家谱编修越普及，家谱行业越繁荣，于是产生家谱同业公会、家谱同业研究会，这些不同的家谱活动构成了家谱行业。它既可以提供公益服务，更可以提供商业服务。这是个生生不息的文化生产行业，它的市场潜力是无限的。

除家谱标准之外要有一个手册，可以包括各种可能出现的类型。仅有一个标准是不够的，不便于具体操作，必须建立一套编纂、出版一体化的规范，指导各地家谱编印。可纳入家谱印刷企业，实现编印一体化。家谱内部印刷会带来一个不合规矩，自己怎么想就怎么做就的问题，印出来的家谱明显不合图书规模要求。如何解决这个印刷规矩过于自由问题？要从印刷厂入手，控制家谱出口。因为编纂家族太多，无法一一规范。如果有一套省级规范，可以让修谱人与印谱人来执行，就可以避免此类问题了。编纂家谱可以满足家族史建构，可以增加部分职业，让一部分修谱人可以找到生计，可以养活印刷企业，可以养活造纸业。也就是说，家谱生产可促进相关产业的发展。

（十）强化政府管理可以平衡各地家谱编修的失衡

谁来组织管理？家谱编纂管理，由家国体制引申出家谱编纂管理的地域化问题。

按宗族组合个体，这是中国家国体制的特征所在。进入后宗法时代，要重新续修老式宗族，难度相当大。因为管理体制不同了，以前是宗族血缘管理体制，现在是乡村地域管理体制。以前有族产有乡绅，现在乡村读书人进城了，没有族产，导致无人无钱无力量来组织修谱工作，完全靠族中热心人来张罗。今日则是国家管理一切，个体完全由村组织管理，宗族的作用彻底弱化。公众史学也要成为历史文化管理学。就家谱编纂来说，它是专业活动。就政府管理来说，它是镇村领导的事。乡村设立文化官员，由文化副镇长承担民间文化建设管理之责。从政府管理来说，既放在镇村层面，也可放在地方志管理中。前者是行政管理，后者是专业管理，实现双重管理。修谱，主要是家族内部的事。之所以也强调政府的宏观管理，是为了平衡各地家谱的失衡状态。这种因自然与历史因素形成的失衡，各地家族无法来自我平衡。必须由政府出面倡导，才有可能。家谱编纂如同民间宗教，要有心人不断经营与宣传，才能逐步扩大影响。当全社会形成氛围，人人重视家谱了，家谱事业就会就会进入全盛时期。

家谱续修时间点也要明晰化。现在都是大而化之的30年一小修，60年一大修，以后要直接确定某个年份是小修年，某年是大修年，至少规定未来二轮续修时间。前面的续修时间，也要列表显示。从目前来看，各家族修谱都有一个时间点的约束力在，这种自定的家族修谱时间周期更有效力。甚至可考虑缩短编修时间周期，因为今日数字化了，续修应是比较容易的事。

（十一）家谱的数据库建设与数字化传播

家谱的公开传播。传统的家谱是不公开传播的。现在的家谱会送到部分图书馆或家谱馆，会大时空公开传播。老人修谱，早年手写即可，现在提倡输入电脑，打字印刷，增加复本，有利于广泛传播。未来应是家族数据库建设。进入数据库，就是进入文本世界，就是有历史的表现。有了文化保底要求，每个家族每个人可以写出更为丰富的历史。毕竟当下家谱数据库中资料仍是比较简单的。如果进一步链接与扩展，可以包括更多的传记资料，当更有历史价值。这么说来，数据库与宗谱仍是不同类型的。家谱是一部书，自成体系；而数据库，更多是世系图与简介，应有更多的人物传记信息。如果户籍系统开放，让各人自行增补信息，会强化应用功能，这是双赢的行为。两者可互补，但不可代替。如果改革户籍系统，或另建一个以家族为单位的系统，是可以实现"谱海"理想的。让各居民区负责征集并录入相关信息，就可实现这样的理想。有了这个系统，检索会十分方便。同时，也方便了线下家谱的编纂。考虑到安全因素，由民政部与计生委合作组织另建一个系统。中国是一个家族为单位的社会，所以必须建立中国特色的家族本位的数据库系统，不能简单地只学习西方的以个人本位的户籍系统。个人本位与家族本位并存，才是理想的，符合中国国情的。要强化地域化的家族数据建设与管理。家谱编纂体系化，完全以空间为单位来编纂。这样的地区性家谱编纂，更合当代中国地域化管理要求。古人之所以以血缘宗族为单位建构，是为了地域化宗族管理之需。今日是现代意义上的地域化管理，只是按地域按某姓氏记录而已。省、市、区、镇、村，均可成为空间单位，它可以是综合的村级百姓联谱，也可以是县级百姓联谱。

把家谱信息数字化才是真正能让家族文化传承和弘扬下去的载体。数字化家谱有几种方式：首先是家谱目录的数字化，其次是家谱文本的图像化，最后是家谱内容的数字化。一是老谱的数字化，制成图像版、文字版。二是借助数字平台实现新家谱的编修与传播。家谱修谱工具，一次录入，永久保存。只要拥有一台手机，就可做到随时编辑、随时修改、随时查看。家谱编修，本质上是资料收集、整理的过程。用互联网方式提升家谱编修的效率，保存珍贵的家族资料，让年轻人自觉地参与到家族传承中来。通过家谱修谱后台，根据家族的需求，可生成传统欧式、苏式、大典式、牒记式、宝塔式等不同的体例。智能家谱工具还可根据家族的特点，量身定制适合家族的家谱体例。数字化家谱，目前正在建设中。三是社交化的数字家谱即家族树。利用互联网，把家庭成员按辈分排序构成了一个树状模型，每个树中的成员可以找到与其他相关树中的同一个连接起来，共同构成一个巨大的网络家谱。寻求自己家庭和家族的起源和历程，家庭成员的信息可以随时查阅。对它来说，数字化就是最关键存在问题。全新的多媒体家谱主界面、真人肖像模式、成员相册、成员影像集、成员录音集，五大亮点，令人耳目一新，可谓精彩纷呈。用年轻人喜欢的方式了解家谱。将纸质家谱上的基本信息和照片、视频录入系统，形成电子家谱，不仅查阅便利，而且能实时更新信息，在手机上就能搜索了解族谱。数字化修谱的方式，能够更全面地帮助大家寻根、修谱。

（十二）要建立家族文化长效管理机制

从更长远的保障机制来说，要加强家族文化管理与准备。

要加强家谱在家族内的传播与教育。家谱无法成为普通人的刚需,与文本无法成为普通人的刚需有关。宗谱可以不对外,但对内要传播与教育。"旧时人们将族谱视若神明,平时不得随便翻阅,即使本族人,也只能在每年农历六月六日晒谱时方得一见,外族人要阅读更是难上加难。"[①] 传统的家谱收藏过于神秘化,平时封闭,没让族人人人熟悉,导致家谱教育跟不上。除了编族谱,也要讲族谱。因为,普通人不会阅读家谱,要将家谱的主要内容,用故事形态讲给大家听,让大家知道家族历史。家谱观念与知识的教育,要从娃娃抓起,让他们从小见过家谱、知道家谱。日常生活中不见家谱,自然难以获得人民群众的支持,获得族人的支持;而专业人才的培养跟不上,导致能参与修谱生产的专业族人少。修谱是一项群众性文化建设活动,需要人人参与,书写人人。要让大家接受这样的文化生产活动,要时时见处处见,观念上要接受,行为上要习惯。见过家谱,修过家谱,大脑中才有家谱概念。如果群众家谱观念跟不上,配合度就会低,内生动力不强。这是由中小学语文教学失败引起了的,没有让每个学生养成写作与记录的习惯。养成记录习惯,就知道家谱是家族记录本,是万不可少的。

家谱应多版本并举。许多家谱编纂以后,只印几十部。这是不理想的,必须家家一套。只有家家一套,才能普及家族历史知识,才能产生宣传力量。《诸暨张氏家谱》,家家一套。如果篇幅过大,无法做到,也要多开发系列产品,增加房谱,让每户人家一套,可以随时添加。要有通俗版,方便族人了解。传统的家谱重在编成一本书,然后束之高阁,只放在某些人家,平时不用,只偶尔请祖宗时显摆下,当作神龛之物。现在提倡普及化,家家一套。有人选编《马氏宗谱》文史资料,成为方便阅读的宣传纪念册《马氏人家六百年》,随谱赠发。这是个好办法。

家谱产品要进入生活世界。可以开发家谱文创产品,搞家族徽章,每人应该有一个家谱徽章,表示是某族某房第几代。小孩出生时,应定制一份,如同生肖章,也可考虑同时加上生肖。谱系图也不是简单的文字,而应是一寸照图像,可以做成3代、4代或5代。这样的彩色谱系图应挂在每户人家的客厅里。每一代每户人家,都应该有一套。家谱软件要加强谱系照的制作功能。举办圆

---

① 邰邰:《他修了半个世纪的宗谱》,豆瓣2016年11月29日。

谱大会也要增加文化含金量，不是简单的祭祖、吃饭，应该进行家族历史的教育，把修谱主要成果宣讲下，比如说迁徙图，主要的分支、主要人物，家训家规。族谱可以再现过往一段历史。开圆谱大会的时候，每个人胸口别一个胸章，表示他是第几房第几代某人。

将家庭家教家风教育与家谱编修相联结。2016年12月起，习近平总书记明确强调要加强家庭家教家风建设。2021年5月，中共中央党史和文献研究院为此专门编辑出版了《习近平关于注重家庭家教家风建设论述摘编》。这提醒我们，家谱编修仅有历史记录功能不够，须进一步强化家族史的教育功能，让家史进入生活世界。如此，结合"三家"学习，要进一步向家风教育遗产方向发展。要实现这样的目标，就得增设"祖宗言行录"，总结提炼优秀的祖先事迹、言论，这是给后人留下的文化遗产。如此，祖先的故事可以留下来了。有小传与言行录，普通家人的生活形象，就可以全新的面目出现。

要有家族记忆采集、文献积累编修习惯。家族文化传承，分内容与形态两部分。一般人关注的是内容，我们更关注载体文本。"近些年来，在谈论家族传承时不再只是谈论财富传承，家族文化传承的重要性开始逐渐提升。"① 家族文化传承是家族传承的关键，它重在"凝聚与传递家族愿景、家族价值观"②，如家和万事兴、尊老爱幼、勤俭持家等，都体现了中国人家文化传承的观念。陈佳佳《家族传承——佳佳说家文化》（上海社会科学院出版社，2021）主张"传承无限，止于至善"理念，值得关注。家族文化传承，最终是要通过文本来传承百年千年的。痕迹是事物在产生、发展和消亡过程中所留下的印迹。痕迹管理，就是让所有的活动都留下文本记录，保证以后有据可查，可以有效复原已经发生了的活动，这对家族历史文化编修有帮助。根根痕迹管理学原理，要重视家庭档案积累。档案文献是编纂家谱的第一手资料，所以家族要重视家族档案的积累，包括照片、证书、日记、表格等。如此，才有可持续的家谱、家史编修活动。迄今为止，多数家庭没有家族文化管理与建设思想，家族文化底蕴浅薄，这是要逐步确立的全新现代观念。

家谱专业生产要有专业人才。任务是组织人才，培养专业人才。家谱编纂

---

① 品道书院：《百年望族传承的核心密码》，知乎2021年11月4日。
② 品道书院：《百年望族传承的核心密码》，知乎2021年11月4日。

人才，主要是主编与编辑人才。修谱人是家族史记录者。没有这类人，同姓人员无法著录成谱。背后要有专业团队，要有专业公司。不要做当代生活的旁观者，要主动成为一个时代家族往事记录者。人才培养分为几种，一是高校的职业培养。要培养专业人才。以前学史就是学国史。问题是，从生产层面来说，国史轮不上学生，多由专家来承担。有了公众史学，历史专业学生可承担公众历史生产，既让他们有机会操作，又可弥补传统国史记录与研究之不足。公众史是国家微观史，是国家局部史。二是社会的职业训练，让更多的人成为家谱职业生产者。老主编要考虑接班人，有意识地在家族中年人、年轻人中培养未来的家谱主编。可以明确指定一两个接班人，加以重点培养。相当于师徒制，让这些人跟着学，跟着做。如此，这些中年人、年轻人未来会接上班，主持续修族谱。三是业余家谱编纂者。家谱的双方，无非客户与修谱人两批人。让家谱馆成为学生参观场所，让年轻人接触宗谱。如此，才能培养出大批的修谱接班人。在家族文化人才培养上，要达成"分解、共担、能干"共识，形成一支想干、愿干、能干的家族文化建设人才队伍。[①]

  以上诸多方面，重在解决家谱编修是什么，为什么要编纂家谱，如何编纂家谱，如何建立长效机制。生活世界往事只有一度性，文本世界可实现永久传承。有了家谱文本，可以派生多种用处，温故而知新。

---

① 杨曦：《关于切实推进家族文化建设的九条措施建议》，百家大视野 2018 年 6 月 21 日。

第二章

家谱编纂的基本问题

家谱的性质与功能，家谱的价值与意义，是家谱最基本的理论问题。

第一节 由权贵而大众：家谱性质与功能的嬗变

家谱是什么，这是家谱理论首先要回答的问题。家谱是什么，这要历史地看。王鹤鸣将家谱的功能归纳为四条：萌芽阶段是优生；兴盛阶段是政治；普及阶段是伦理；新修家谱是文化。① 这个分析大体可成立，尤其是关注到了优生功能，这是不同于他人之处。姓氏、宗法与家谱，这是三大要素所在。就载体来说，历史是文本；就内容来说，至少可分为国家历史与公众历史。家族史，是公众历史类别之一。家谱以家族为单位记录家人的历史，家谱是中华文化特有种类，无疑是中国的一大发明。宋以前的家谱是官谱，主要是君臣家谱。官谱有现实的政治与婚姻功能，所以受上层社会的重视。宋以后的家谱是私谱，本质上是民谱，它是士大夫与百姓的共同家谱。当时的家国同构体制，地方是宗族自治，所以家谱成为宗族自治的手段。今日村政是党委领导下的基层组织，如此当以村为单位进行编纂家谱，使家谱编纂与现代国家体制相吻合。将家谱定位为百姓的家族史、民众史，是与人人相关联的历史载体，可让大家放开手脚来做。

一 永恒的家族名诞生家谱编纂

汉族家谱编纂传统的形成，显与中国独特的"先姓后名"的姓名传统有关。

---

① 王鹤鸣：《中国家谱通论》，上海古籍出版社2010年版，第448页。

我们大家对汉人有姓氏之事，见多不怪，习以为常。不过，当视野扩大到藏族、维吾尔族、蒙古族时，就会发现藏族多数有名无姓。蒙古族以旗为单位，有旗名，没有姓。维吾尔族是父子连名，也没有姓。① 欧美国家，多数是名前姓后。② 也就是说，世界的人名姓氏构成主要有三种类型：姓前名后，名前姓后，有名无姓。姓前名后，可称为"东方姓名顺序"；名前姓后，可称为"西方姓名顺序"。与"有名无姓""名前姓后"模式相比，"姓前名后"模式，显然更有家族族徽的统一性。姓在前，且是不变的；名在后，是可以变的，不同的人有不同的名。家族名，比国名的时间更为悠久，可以说永恒不变，这是值得留意的现象。

不管换了多少朝代，改了多少年号，中国人的姓氏一直延续着，从未间断。这是世界上独一无二的，没有一个国家和民族的姓氏历史有这么长远，这是中华民族的骄傲，中国人的自豪。中国是最早使用姓氏的国家，5000年前的伏羲时期，中国就出现了姓氏，而西方欧美国家到1500年前才有姓氏，朝鲜、越南则在1000年前才有，最晚的是日本，到1870年才有姓氏。③

汉族姓氏的特点，是统一家族名与个性名字的有机结合。汉族姓氏为什么是先姓后名？这应是宗法制度的产物。建立在血缘基础上的宗法管理体制，天生有一种平等性，不论后天的富贵贫贱。

中国人有姓氏的历史估计有五千年左右。姓氏是如何来的？姓前名后，表示集体大于个体。从人类组织形态的起源来说，"有家才有国"，家族是最基本的组织形态；"国是千万家"，国家是由众多的家族组成的。先有家后有国，国家的出现是在某个主体部族基础上形成的。姓氏的出现，与大家族出现有关。为了辨识族与族，才有姓。中国是世界上最早出现姓氏的国家，有人将之推到母系社会后期。姓氏是在母系社会与父系社会发展中逐步产生的，先有姓，后有氏。"姓"是指源于同一女性始祖、具有共同血缘关系的族属所共有的符号标志。"氏"的本义是"支"，是指源于同一父性族祖分出去的各支系的开氏始祖的符号标志。可见，姓是母系社会时产生的，氏是父系社会产生的，先有"姓"后有"氏"。进入父系社会，逐步进入国家。国家无法直接管理各地，只能采取

---

① 大体说来，突厥语民族没有自己的姓氏。
② 匈牙利例外，姓前名后，这可能与西汉时东方民族入侵有关。泰国语人名的次序是先名后姓，这个传统来源于印度。据研究，印度人这种姓名习惯，是18世纪受欧洲影响的产物。也就是说，印度、泰国受欧洲影响。
③ 张祖其：《家谱是家族的生命史》，楼下宅人的博客2020年4月19日。

间接管理法，于是大行分封制。各诸侯又进一步分封，于是出现氏。氏是父系社会的产物，属儿子分家的部族，是分封的产物。秦汉后相对稳定，姓、氏二轨合一，姓氏就是姓而已。有姓有名，就成为汉人的传统。"姓氏合一是中国姓氏文化史上的一个重要转折点，它有着重要的历史意义和文化内蕴，标志着姓氏由帝王权贵走向平民百姓。从此，姓与氏可以通称，帝王平民都有姓氏，且每一个家族都有自己固定的姓氏，子孙代代承传。"[1] 夏商周三代时期，姓是贵族的专有之物；秦汉以后，姓氏社会化、平民化，同族之人都可拥有共同的姓氏。最近有学人提出，"姓氏从父，恰恰是紧箍咒，将自然状态的求偶雄性，变为文化状态履行责任的父亲"[2]。也就是说，父系社会的出现是一种进步，让男人承担家族责任。

为什么有的民族没有家族名？为什么姓后名前？内部发达，姓氏分裂快。从母系社会而来的姓，数量并不多，估计受益面也有限。进入周以后，允许子孙自立门户，立氏名，如此，氏的分裂速度加快，使中国成为一个姓氏大国。据袁义达等《中国姓氏大辞典》，从古至今各民族用汉字记录的姓氏多达2.4万个。经过历史的嬗变，目前在用的有6000多个姓氏。就姓氏数量来说，中国可能是全世界民族中数量最多的。在先秦时代，只有贵族有姓有氏，其他平民没有姓氏。日本人很晚才有姓，由此证明姓氏的出现是贵族之家的产物。最早是同姓贵族，后来异姓贵族也逐步增加。他们为了世袭，保证血缘纯洁性，必须设立家谱，这正是父系贵族社会的特征。姓氏合一以后，姓氏数量相当大，如此受益面也广。下面的平民，有了不同的姓氏。每个姓氏，包括不少人员。族下有姓，姓氏就是汉民族的各分支。百家姓就是汉族下几百家分支名称。分支越多，汉族体量越大，这正是汉族成为一个庞大民族的原因所在。子女随父姓，保持姓氏世代传承，也是汉族重历史的表现。姓氏千年不变，不断自我繁殖，生活世界的宗族轨迹不断，当然文本世界的宗族史或有断续。

中国的宗法血缘体制，如同一棵树发芽长大，使同姓之人可以共同拥有一个姓氏符号，这是一大奇迹。一个群体始终保持着自己的姓氏徽号，这是件了

---

[1] 周远成、夏群芳：《汉族姓氏演变源流述略》，《湖南城市学院学报》2005年第1期。
[2] 李竞恒：《父亲角色是人类文明的隐喻》，《南方周末》2021年6月28日。

不起的事。姓是家族徽号，姓先名后，姓高于名，是不变的。姓氏，可能是中国式的部落制遗留物。有国号，有家号，这正是中国家国同构的特点所在，这是中国汉族坚持图腾崇拜、祖宗崇拜的表现。为什么会这样？这是血缘宗法制度决定的。姓氏，是天生的血缘王国。以后成为习惯，一直沿用到今天。这是父系社会的产物，大家习以为常，少有人质疑。一个姓氏就是一个部落，大家共同拥有一个部落符号。因为有一个共同徽号，所以同姓群体的人，可以编纂一部共同的家族史，这就是通谱。因为有共同的姓，所以可以编辑某姓的家谱。某姓氏群体是其研究对象，家谱是其家族信息文献载体。

中国何以会形成独特的姓氏文化？这有两大因素，一是图腾崇拜。原始图腾崇拜是中华古姓的根源，图腾后来演变为姓氏。姓氏是"人所生也"，是血统派生出来的家族图腾，不同的图腾可以区分不同氏族集团。拥有同样的姓氏，就代表是一个部族的成员，是一家人。各姓各氏均有自己的图腾标志，是永恒的族徽符号，可以别血缘，别婚姻。宗法管理，就是各姓自我管理，防止血缘混乱，这是符合科学原则的，是社会进步的表现。中国人可能是家族图腾最发达的民族。为什么要找名人作为家族共祖？这与精英史观有关。在这种特殊的背景下，没有名人的家谱，是不受人关注的。即使今日，仍是如此。普遍忽视公众家谱，这才是导致家谱喜欢建构名人的原因所在。家庙为什么要供一位有名的同姓远祖？显然是受了佛教的影响。只是，家庙又有特殊性，有血缘性，有时难与后人直接联系，这是易致后人诟病之处，也是家族祭祀难处。祠堂是祖宗崇拜精神灵魂所在。明白家庙的供奉性，就可理解家谱的谱系的建构性。要用宗族信仰角度来理解祠堂与家谱。祠堂的主体是祖宗牌位。祖宗崇拜，各个家族各司其职，管好各个家族的祖先。少数民族口述或实物家谱只有个性化的直系家谱图，不同支系会有不同的人名。没有统一的家谱世系图，这是他们最大的缺陷。

二是分封制与宗法制结合的产物。中国姓氏大分裂时代是周朝。西周的分封制与宗法制，允许分封的子孙随地立祖。《礼记·大传》说："别子为祖，继别为宗，继祢者为小宗。有百世不迁之宗，有五世则迁之宗。"于是派生了无数的氏，这是汉族姓氏众多的原因所在。从母系社会而来的姓，数量并不大，估计受益面也有限。进入周以后，允许子孙自立门户，各立氏名，如此，氏的分裂速度加快，使中国成为一个姓氏大国。就姓氏数量来说，中国可能是全世界

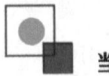

民族中数量最多的。当然，姓氏的来源十分复杂，郑樵《通志·氏族略》将姓氏来源归纳为32种。明人胡广将之分为9种。"古者圣人吹律以定姓，以记其族。后之命氏，其义有九，盖号、谥、爵、国、官、字、居、事、职之谓也。"①今人王大良将姓氏来源归纳为13类，如图腾、部落或小国名、居住地、官职、职业、山川、先辈名字、父祖名号、行等、某种事物等。②也有人归纳为八大来源：祖先的族号、分封的国家名字、担任的官名、爵位、死后的谥号、居住的地方、从事的工作、亲属的排行。

有统一的家族名，才需要也可能编出家谱。家谱虽起源于母系社会，但主要是父系社会的产物，是一族男性祖先下子孙群体的历史记录。战国末出现的《世本》，记录了上起上古帝王之世系的玉谱，下至周天子封赐诸侯之世系的家谱，包括这些家族的姓氏起源、世系源流、迁居本末等内容，这是世界上有关国家重要家族历史系统记录的最早家谱专著。这是史官之作，正体现了当时官修家谱的模式。

祖宗崇拜是中国修国史与修家谱盛行的根本原因。每年大年三十晚上，院庭堂房打扫干干净净，擦亮供桌，请族谱供奉中间，长辈们合双手，通告吉言，以示后代思念祖先，不忘父母养育之恩。初一早晨，儿孙们向家谱三叩首后，晚辈们挨户向长辈家问好，磕头拜年，敬老孝长，增进情恩，传承我族传统家风中华美德。③ 这是典型的祭祖习俗。百姓修谱与政府修史的性质是一样的，只是方式不同。西方受基督教文化影响，淡化家国概念，所以家谱编纂不成传统，仅有部分贵族有类似谱系作品。今日仍要修谱，家谱写好以后，就搁置一边了。它主要是给人看的，是大脑记忆外部化的产物。有了文本，人与家族的历史，就可以独立流传。人与家族的物质载体不会流传，最后会消失掉。不把家族的故事写出来，几十年以后会彻底消失于地球。有了文本，人死后，其故事仍可流传于世，可以影响后世，可以为后辈所传。只要后辈保存，图书馆收藏，其事迹可以永远流传。今天可以通过查阅家谱，了解某些家族的人员做了什么事。追溯生活历程，总结人生得失，是圆满人生的一大任务。上了五六十岁的中老

---

① （明）胡广：《胡文穆公文集》卷一一《彭氏族谱序》，见吴宣德、宗韵辑《明人谱牒序跋辑略》上，上海古籍出版社2013年版，第231页。
② 王大良编著：《家谱文化知识与编修技巧》，气象出版社2017年版，第98—99页。
③ 秦有学：《族谱历险保护记》，美篇2019年8月28日。

年人要寻根、修谱，是想知道自己从哪里来，顺便祭拜自己的祖宗。这就是祖宗崇拜情结。

美国摩门教"寻找祖先"理论与中国祖宗崇拜信仰有相通之处。美国犹他州家谱协会有一个专门收集世界各国死亡者档案的图书馆。一个协会都可以这么做，一个国家更应这么做。它就是收藏馆，如同他人收藏不同的物品，它专门收藏死亡档案。它不是国家行为，而是民间活动。这与摩门教理念有关，摩门教信仰的是基督，信徒们相信经过耶稣基督的复活，灵魂和身体会结合，家庭关系还会持续，祖先的心和后人的心是连在一起的。他们的口号是"寻找祖先"，建立婚姻的目的是创造骨肉身体予灵魂居住。灵魂与肉体结合成为活人，两者分开就成为死人。祖先可以复活，祖先的心和后人的心是连在一起的，近于中国的祖先崇拜。为什么要生小孩？列维纳斯认为，生育是一个存在论范畴，是作为个体的我的化身，是生命的延续。因为，人是要灭亡的，但通过生育，可以延续我的生命，相当于我的二代、三代。中国人的"代代相传"，就是家人生命的代代延续。中国文化中没有"复活"概念，但大家相信，祖先与我同在，大家心连心，祖宗一定会保佑后人。中国文化称为"寻根"，中国人是用大树来比喻家族的，祖先就是树干，子孙就是树枝。散叶开枝，这是对家族发展链的描述。中国人慎终追远的传统近于此，有了宗谱就像有了根，每姓都有一部书，这是了不起的家族信仰。编纂家谱不能拖延，因为每一位老人的逝去，随之而来的就是宝贵资料的消失。寻根，是生死以外，人类的第三种本能。

据王鹤鸣在《中国家谱通论》中的统计，目前已知的存世中国家谱里共有608个姓氏，其中单姓552个、复姓56个。除了汉族，少数民族也有家谱吗？答案是有的，但原则、形态不同。王鹤鸣主撰的《中国少数民族家谱通论》[①] 提及了彝族连续61代的《家堂祖师经》、怒族连续41代的"斗霍族"世系、哈尼族连续72代的神谱《指路经》、藏族连续38代猪颌"年轮"、蒙古族连续23代家族谱系等。从有关情况来看，他们是连续性的英雄、首领、法王世系。[②] 少数民族的家谱，普遍结构简单，就是世系图，而且是单一的直系谱图，不及各代的旁支，与宋元以后汉族家谱的完整性与复杂性无法相比。且停留于口述、实

---

① 王鹤鸣等：《中国少数民族家谱通论》，上海古籍出版社2018年版。
② 钱杭：《中国少数民族有家谱传统吗》，《中华读书报》2019年4月17日。

物阶段，多数没有成为纸本，传播的局限性较大，也可见其文明程度较低。

宗谱是宗籍建构。古代没有行政户口簿，所以宗谱就是宗族户口本。开除宗籍，是最严厉的惩罚。宗族是建立在一祖共同信仰之下的人口共同体，这才是本质所在。家谱不同于宗教之处，宗教是虚的，宗族是实的。宗教是间接的，宗谱是直接的、血缘的。

从本体论来说，存在万年一系的家族，子孙肯定都是祖先的后代；但从文本记录来说，不存在这样的千年万年谱系。因为中间文献记录的断档太多了，无法前后连接。不要说下层家族，就是上层家族也接不上。历史书写，须有真实的人名与生卒年，否则不成谱系。

除了中国，欧美也有家谱吗？欧美人没有中国式家谱，但有"某家族家谱树"，属家族关系图，就是将父母双方的亲属关系梳理清楚，可称"亲情谱"。他们的优势是有人像图。此类作品，肯定是贵族之家特有的事。

父子连名制，如果有家谱图，也许是比较理想的。但如果没有家谱图，就只剩下二代了，永远只有二代。面对无姓之少数民族，如何定谱名，是值得研究的。可以参照汉人的习惯，让他们以可考的祖先名字为家谱名，称"某人家族家谱"。

入关以后的满族人很好地接受了中原汉文化，很重视家谱编纂，取名字的时候也都排字。进入中华民国，为了生存，满族普遍改了汉姓。如此，我们的建议是，维吾尔族、藏族、蒙古族可学满族办法，取一个共同的姓氏。当然，这样的做法会泯灭各族特征，估计难为人接受。

二　家谱编纂的大众化与历史化

因为受"破四旧"观的影响，有人说"修谱是文化落后的表现"，是"沉渣泛起"。这种观念完全是"文化大革命"的极左思想产物。事实上，家谱是贵族的产物，平民不需要家谱。李竞恒称："在很多人看来，家谱这种东西土得掉渣，属于穷乡僻壤的'山杠爷'、未开化野蛮人才有的。但实际上，姓氏自古以来是贵族特权，中国平民是最早有机会模仿贵族获得姓氏的人群。而建立在姓氏基础之上的家谱，其实自古以来也是贵族的特权，中国很多平民有机会模仿贵族搞出了家谱，反而是奇迹。"[①] 这个观点是值得多加宣传的，修家谱是一个

---

① 李竞恒：《家谱土得掉渣？其实自古是贵族专利》，《南方周末》2020年5月23日。

家族走向文化积累的开始。为什么中国人重视家谱？这肯定与中国文化的世俗性有关。建立在农耕文明基础上的中国，是一个以人为本位的国家。哪些观念推动了中国家谱编纂事业的发展？不同时期有不同的观念。有人说，在"三史"中，国史与方志是政府管理的，只有家谱是民间的。这实际上是宋元以后的状况。如果拉长时空段来考察，就可以发现，先秦与汉唐时期的家谱也是政府管理的，是官僚家族的家谱。在宋代以前，家谱编纂是国家行为；宋代以后，家谱编纂是民间行为。

1. 家谱是帝王家族世系管理载体

谱牒的产生与政治权力的宗族世袭有关。三代时期的政治体制，基本是一种家族世袭制。如此，宗室成员的世系记录就十分重要，如同政府人事档案。道理很简单，需要家谱的人不会是平民，而是帝王家族。有姓氏，能凝聚起更大规模的同姓家族力量。也就是说，姓氏观念的出现，实际上是一种家族集体凝聚意识与能力的唤醒。先秦时期，可以称为同姓贵族统治时期。为了世袭权力与婚姻，帝王将相需要记录全家人口。"自虞氏别生分类，而周人有小史之职以奠世系，辨昭穆。下逮春秋，则有《世本》。"[1] 明胡广认为："自赐土之制度著于夏书，司商所掌表于周典，世本起于汉氏，昭穆著于晋家，于是谱学之传厥有所由，而属籍之辨得不以不紊矣。"[2] 这段说法，不为今人所习。早期的家谱，实际上是世袭贵族的档案。"古者世国世家，代有谱牒。"[3] 周代商而起，姬姓当家，家国同构，国家管理表现为宗族管理，周王室成员被直接派往各地管理天下，人称分封制。同姓为主，兼及部分功臣之后，如姜姓。周室的"小史"，就是负责宗族世系管理的。"系牒，至周而详。"[4] 这个观点可以成立。谱是表格，牒是谱表之注，近于后世行传[5]。这说明，谱、牒早合一了。如此，谱牒学就是谱学。这种王室谱牒管理体制，一直盛行到清朝。

---

[1] （明）杨守陈：《陈文懿公文集》卷八《胡氏族谱序》，见吴宣德、宗韵辑《明人谱牒序跋辑略》上，上海古籍出版社2013年版，第493页。

[2] （明）胡广：《胡文穆公文集》卷一一《彭氏族谱序》，见吴宣德、宗韵辑《明人谱牒序跋辑略》上，上海古籍出版社2013年版，第231页。

[3] （明）李东阳：《怀麓堂集》卷二七《汪氏家乘序》，见吴宣德、宗韵辑《明人谱牒序跋辑略》上，上海古籍出版社2013年版，第585页。

[4] （明）林俊：《见素集》卷三七《程氏姓源序》，见吴宣德、宗韵辑《明人谱牒序跋辑略》上，上海古籍出版社2013年版，第617页。

[5] 仓修良：《谱牒学通论》，华东师范大学出版社2017年版，第192页。

2. 家谱是贵族世系管理载体

两汉六朝时期，权力集中到几大家族，称为门阀。秦汉进入全新的新旧贵族转型期。"秦朝基本摧毁了先秦贵族社会，并焚烧破坏了记载各国贵族祖先的史书，但随着汉代儒学对社会的重建，一方面是平民大量开始模仿先秦贵族，创造拥有了自己的姓氏，使得平民家谱成为可能。另一方面，则是散沙化的平民，开始学着先秦贵族，组建自己的宗族。这些平民的新世家，也继承了先秦贵族的文化，开始打造自己的家谱。"① 也就是说，秦汉时期通过儒学选举出来的新贵，逐步成为新的门阀贵族，即士族。家国同构色彩更强，国家的权力由几个政治大家族控制。权力让不同地区的不同家族出现贵贱之分，这就是郡望。郡是秦汉时代一级行政区划，近于今日的省。郡望突出的是某郡某姓的贵族性，是以地缘划分的有等级的贵族姓氏。贵族要选官与通婚，就要编家谱。"汉有官谱，晋有族姓昭穆之记。周齐以来，乃设图谱之局，而建官撰谱，四方以家状来上者，官为考定，藏于秘阁，副在有司，而选举、婚姻皆于是乎稽焉。"② 三代至唐代的家谱是官谱，此时的家谱完全是贵族之家的政治档案。六朝时期的谱牒，只可称为家谱，不可称为族谱，这正是不同之处。家谱，显然范围小，记载的是某一支贵族。唐末以前的人重视的是"家"而不是"族"。也就是说，门阀贵族小家谱才是六朝谱牒的主流。修谱是以家为单位的，精确地说是"郡望之家"修谱，是某郡某贵族的家谱。同姓的其他平民之家，不在修谱范围内。只有部分贵族有谱，平民没有谱。"只有帝王将相、名臣才有资格修家谱，普通人如果要修家谱属于犯上。"③ 此说不确，不是不允许修谱，而是没有修谱的必要性。"到了汉代家谱，不仅在内容记载立谱人直系祖先的名字与官职，同时还兼及记载得姓缘由、先世源流、居住地方、人物事迹、从事职业、葬地坟墓、旁系祖先、女性亲疏、祖宗忌讳、序言和跋、立谱目的等。在体例上，汉代家谱基本可分为两种：一种是图表式，即利用图表或辅之以文字记述来表示家族世系和人物，采取分代分格顺序编写；一种是叙述式家谱，它用文字叙述来记录家族世系和人物。"④ 家谱是权贵之家的政治档案，每一个大家族是世袭，所以要编制家族档案，然后送到政府保存，以备选拔，以

---

① 李竞恒：《家谱土得掉渣？其实自古是贵族专利》，《南方周末》2020年5月23日。
② （明）杨守陈：《陈文懿公文集》卷八《胡氏族谱序》，见吴宣德、宗韵辑《明人谱牒序跋辑略》上，上海古籍出版社2013年版，第493页。
③ 杨建波：《民间修谱悄然兴起 十年增三倍》，《十堰晚报》2017年4月5日。
④ 王鹤鸣：《中国家谱通论》，上海古籍出版社2010年版，第68—69页。

别婚姻。贾弼之"广集众家,大搜群族",撰成《十八州士族谱》一百帙、七百多卷,缮写抄定后藏在官府中,由专人管理。由此,建立了正式的士族家谱档案。当时朝廷有《十八州士族谱》《十八州谱》《百家谱集抄》《东南谱集抄》《百家集谱》等。唐朝仍有《氏族志》《姓氏录》《姓族系录》之类全国性联合姓氏录。

家传,本是一种独立的家族史载体。家谱与家传,一是表格体,一是文字体。又有"家状",这是周齐以后出现的。后来的科举考试,也继承了这一习惯,士子参加科考,要交三代家状。宋元明清的登科录中,尚保存着家状制度。

宋以前的家谱,处于竹简、卷轴时代,适合谱系图的标注,内容一般比较简单。当时称为一册、一卷。

早期的谱系都是单线的,有人不解,难道没有兄弟?当然不是,这是因为早期的谱牒是真正的家谱,不是族谱。家谱,就是某地某姓一支之谱,自然是单线传承。族谱,是多家之谱,那是宋元以后的事。

六朝时期是门阀时期,也是某些区域的大姓成为贵族时期。就是说,大家同是王姓,但山东琅琊王才是门阀,其他王姓仍是庶民。同一个姓氏,区分不同区域的贵贱,这是地域社会下宗族发展的产物。分封体制下的宗族与郡县下的宗族,风格完全不同。门阀是地域时代的贵族,有别于分封时代的王族。在地域管理下,只有官民之别。由于各个家庭发展能力不同,于是出现贵贱之分,有了郡望。

3. 宗谱是宗族志

隋唐以后,随着科举制的兴起与发展,官员的选拔逐步依赖科举考试,出现流动贵族即士大夫家族,这使中国社会的权力不断地在不同家族间变化,新旧贵族为之嬗变。"唐初,谱录既废。"[①] 由此可见,科举兴起以后,原来的谱牒制就受到了挑战。于是,皇帝下令编纂了《氏族志》《姓氏录》等,"氏族之学于是为盛"[②]。由此可见,唐代的特点是"氏族之学"繁荣。这是全国性的氏族排名录,反映了新旧权力家族的斗争。明人王直说:"隋唐之际,最尚氏族,族必有谱,所以著其本而联其支。"[③] 据说,族谱早在唐代就出现了,此说的依据不知来自何处。

---

① (明)胡广:《胡文穆公文集》卷一一《彭氏族谱序》,见吴宣德、宗韵辑《明人谱牒序跋辑略》上,上海古籍出版社2013年版,第231页。

② (明)胡广:《胡文穆公文集》卷一一《彭氏族谱序》,见吴宣德、宗韵辑《明人谱牒序跋辑略》上,上海古籍出版社2013年版,第231页。

③ (明)王直:《抑庵文集》卷五《泰和罗氏族谱序》,见吴宣德、宗韵辑《明人谱牒序跋辑略》上,上海古籍出版社2013年版,第327页。

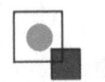

此外，唐末五代间军阀战争与改朝换代，不断消灭旧贵，产生新贵，大家族处于不断的重新洗盘之中。由此，唐末五代时期，官谱编纂出现断层。

宋代以后，由官而民，由家而族，家谱编纂经历了很大的转型。宋代的家谱是在废墟上重新建构起来的另一种形态的家谱。宋以后，进入流动贵族时期，出仕完全靠科举，家谱成为民间之物。经过唐末五代的动荡，如何建立一套新的规则，稳定社会，成为思想家关注的中心任务，于是宋代理学产生。建设地方家族小共同体，国家借助地方宗族治理地方，是理学家摸索出来的地方治理的有效方案。"能仅谱其家者，盖不多得矣。若进而能谱其族，则加鲜焉。况又能推而谱其所同原异流者哉？"① 也就说，由家谱而族谱，最后到通谱，经历了三大转型，空间不断扩大。后期的家谱编纂重在确立伦理秩序，所以有辈分与家谱习俗，这是与前期不同之处。辈分，是一种建立在自然血缘基础上的上下等级秩序，是一种家族自治理念。它是建立在大宗族体制上的。一村一族的宗族管理，有其存在的合理性，所以有祠堂、家谱之类。有"无宗祠难以祀先祖，无宗谱难以理世系"② 的观念。收族，将分散的家族人员重新聚焦起来，实现文本上的统一，是他们的共同想法。这正是用文本世界建构生活世界的尝试。

欧阳修写《新唐书》，从《宰相世表》制作中得到灵感，于是开始修家谱。《宰相世表》难以弄清，家族历史更难弄清，于是创修家谱。由此可知，后期家谱是从国史编纂中开始的，直接源头是史表，间接源头是谱牒。也就是说，是历史学家发明了族谱体。于此前断档，自然都是创修新谱。"惟前宋欧苏两大儒制为谱牒，止尊本派，不屑远引，深协人心。欧阳之谱取法史传，苏氏之谱则仿世系图而为之，制虽不同，而切于尊祖敬宗之谊则一也。今举世仿之，不亦宜乎？"③ "欧阳则世经人纬，若史氏之年；苏则系联派属，若礼家之宗图。"④ 此间透露的信息，苏氏之谱是仿世系图而成的，有一定的新意。由欧阳小宗之谱而苏氏大宗之谱，也是值得注意的现象。欧阳用小宗，这是初创的特点，又是

---

① （明）程敏政：《篁墩文集》卷三四《五城黄氏会通谱序》，见吴宣德、宗韵辑《明人谱牒序跋辑略》上，上海古籍出版社2013年版，第568页。
② 范宝仁：《跋》，见氏编《范氏家乘》，清砚谱社，2014年。
③ （明）吴节：《吴竹坡先生文集》卷五《金溪王氏总谱序》，见吴宣德、宗韵辑《明人谱牒序跋辑略》上，上海古籍出版社2013年版，第458页。
④ （明）杨守陈：《陈文懿公文集》卷八《胡氏族谱序》，见吴宣德、宗韵辑《明人谱牒序跋辑略》上，上海古籍出版社2013年版，第493页。

史家风格。苏氏进一步扩充至大宗，就往宗族建构方向更近了一步。由此可知，经过改革，朝宗族建构的方向演进了。二轨并行，是宋元以后宗谱的特点。

宋明宗谱编修的主体是士大夫之家。"近世士大夫之家类皆有谱"①。家谱编纂为什么是从士大夫家开始的？科举家族的不断嬗变，促进了家谱编纂。凡出科举名人的家族，都喜欢编纂家谱。随着科举新贵的产生，士大夫尝试小宗修谱。"谱，大臣君子事也。"② 为了保护家族利益，加强宗族小共同体建设，于士大夫率先编纂新型的宗谱。这种宗谱与宗族内部的自我管理有关。能否上谱，表明是否有宗族的合法性。原来的政治利器功能消失后，家谱编纂寻找到了新的亮点。宋元以后，家谱编纂的功能在转型，由官谱至民谱，成为宗族建构的手段。

很多人动辄拿宗谱中某些宋元以前的谱系建构说事。事出有因，宋以前缺乏完整的宗族史料，只有部分贵族支系才有谱系，而且是单支的，没有旁支。甚至说，明清家谱多伪造。此说是片面的，没有认真调查过。即使有这样的伪造现象，占比肯定是非常小的。今人动辄将宗谱当史料看，发现有问题，于是全面否定家谱的价值，这样的态度也是不可取的。正确的态度，应该是要关注首次立谱的时间段。一般说来，立谱前追溯的世系不太可靠，五代的追溯尚可，十代以上追溯就值得商榷了。至于立谱后的世系建构，没有太大问题。因经常续修，一般族人的记录总体上都是准确的。要学会分析，不能笼而统之地看待家谱的可信性。要知道宋元以来，一直有宗谱编纂求真的呼声。"谱牒之书，本为不忘其初而作，于以传信将来。"③ 要传信就得求真。"夫作谱之法，谱其所可知，而阙其所不可知，欲以传信也。"④ "夫谱之法莫大于知本，尤莫要于究实。"⑤ 可见，不是只有今日才有人求真。

宋元以来的宗谱，有较多的宗族集体建构色彩，原不完全是历史记录。"祖者，生民之所自，而族者，祖之支。是以，祖虽远而气脉贯焉，族虽众而本原

---

① （明）张岳：《小山类稿》卷一一《新昌蔡氏族谱序》，见吴宣德、宗韵《明人谱牒序跋辑略》下，上海古籍出版社，第822页。

② （明）叶盛：《泾东小稿》卷四《姚氏谱后序》，见吴宣德、宗韵辑《明人谱牒序跋辑略》上，上海古籍出版社2013年版，第479页。

③ （明）吴与弼：《康斋集》卷九《五峰余氏族谱序》，见吴宣德、宗韵辑《明人谱牒序跋辑略》上，上海古籍出版社2013年版，第414页。

④ （明）王直：《抑庵文后集》卷二二《乐安谢氏罗氏宗谱序》，见吴宣德、宗韵辑《明人谱牒序跋辑略》上，上海古籍出版社2013年版，第361页。

⑤ （明）李东阳：《怀麓堂集》卷六二《洛阳刘氏族谱序》，见吴宣德、宗韵辑《明人谱牒序跋辑略》上，上海古籍出版社2013年版，第586页。

同焉。此君子贵于尊祖而收族欤！"① "尊祖" "收族"，就是宗族集体建构的意义所在。它是宗族内部文献，是给自己的宗族看的，只要宗人认可，原不存在真伪问题。既然如此，早期的一些谱系建构，就不能用学术史学的真伪来理解。为了强化同姓共同体建设，必须寻找老祖宗，于是有了系谱建构。在传统的精英史学原则下，有时逼着他们寻找自己家族的精英，没有精英，便创造精英，从而出现个别家谱的作伪现象。如果民众史得到认可，他们不必如此，实事求是就可以了。"弃援"，即选择性编纂，有的抛弃，有的攀附，均是利益作用的结果，是宗谱编纂的一大缺陷。

后人对宗谱的质疑，主要在于早期谱系建构部分。今日应从文化人类学眼光来看待宗谱的谱系建构。大体来说，宗族的谱系建构分为两大部分，一是文化祖宗，二是血缘祖宗。这是两个不同的概念，时空宽度完全不同。前者是全国范围内的同姓建构，它建构理由依据是一本多源的同宗共祖理论。"犹之木与水也，千枝万叶必同此一本，千流万宗必同此一源。"② "夫先王之赐姓，一本之散于万殊也；近世图谱，万殊之归于一本也。"③ 从生活世界来说，这套理论基本上是可以成立的。尤其是从遗传学原则来说，子孙都是由男系父亲Y染色体决定的，Y染色体是不变的，如此同宗共祖是成立的。不过，实际上，同姓不一定同血统，来源会比较复杂。"所以说，要在今天的中国土地上，找出一个自黄帝以来，一直是纯正血统的姓氏，完全是不可能的。"④ 当然，从文化祖宗建构来说，不受这些因素的制约。它可以撇开血缘之复杂性。由于宋元以前的谱系没有传承下来，即使有传承，也是不完全的。所以，宋元以前谱系建构就成为一个大问题。在精英史学原则下，各姓会从国家历史记录中寻找各姓的历史名人，作为自己的文化祖宗。"然南之谱必引重于前代名贤，甚者推极于唐虞三代之世，夷考之无征也。"⑤ 从全国性同姓来说，自然也可算本家族的名人。这不

---

① （明）吴与弼：《康斋集》卷九《五峰余氏族谱序》，见吴宣德、宗韵辑《明人谱牒序跋辑略》上，上海古籍出版社2013年版，第415页。

② 尹昌隆：《尹讷庵先生遗稿》页四《梁氏族谱序》，见吴宣德、宗韵辑《明人谱牒序跋辑略》上，上海古籍出版社2013年版，第329页。

③ （明）郑纪：《东园文集》卷一三《家谱引》，见吴宣德、宗韵辑《明人谱牒序跋辑略》上，上海古籍出版社2013年版，第550页。

④ 张爽：《家族史的传承——家谱》，张爽主编《姓氏名人故事》，金盾出版社2016年版。

⑤ （明）王云凤：《博趣斋稿》卷一六《马氏谱序》，见吴宣德、宗韵辑《明人谱牒序跋辑略》上，上海古籍出版社2013年版，第658页。

是修谱傍名人，其实是扩大了家族视野，是从更大的全国文化鼻祖来理解的。"谱者，谱吾祖之所出也。"① 它是日益强化的祖先崇拜的产物。一般人理解的家族名人，往往是直系某支的名人。这是一种比较狭小视野的理解。

宋明年间，家谱又经历了小宗之谱到大宗之谱的转折。宋元以后实际进入家族信仰化建构阶段。大空间祖先与小空间祖先，是两个不同的概念。姓氏不同于国或地方，完全是民间的，没有集体建构性。陆游说，某常姓人不同支派间没有联系，正说明族群意识的薄弱。小共同体宗族意识的激发，是明朝以后的事，这是文本世界的建构。生活世界的建构，也许更早一些。明朝宗族意识的强化，与经济发达，自我管理加强，祖宗崇拜强化有关。明以后，扩大祭祀范围，大宗也在关注范围。宋以后修谱，是为了宗族自我管理。这段时间，家谱的核心功能是宗族自我管理。国有国法，家有家规，这就是家族的自我管理。家族自我管理，虽然全国不统一，但有管理肯定比无管理好。修谱须用祖宗崇拜来理解，用宗族自治来理解，不能用科学或历史事实来理解。家谱是特殊的家族信仰建构文本。用赵汀阳话说，"中国是一个以历史为本的精神世界的国家"。② 我是谁？我从哪里来？我将到哪里去？这就是中国人以人为本的历史哲学观。历史乃中国人精神世界之根基。以人为本，而不是以神为本，才是不同之处。以神为本，是普遍的现象。以人为本，是中国人特有的思维方式。祖先崇拜，是中国人的特点。祠堂与家谱，最能体现这种精神特质。对家族来说，家谱的建构是家族信仰建构。这正是祖宗崇拜不断强化的表现。于是，逐步扩大到同族全体人员。由小家修谱而全宗修谱，这是一个范围不断扩大化的过程。由于建构的需要，此前回溯的谱系多是不可靠的。经历了20世纪的宗法打压，给国人的感觉是宗法制是十分落后的制度。这是后世人的想象。在明清时代，宗法自治是先进的社会管理方式。只有宗教社会，才能建构统一的大社团。在世俗社会，这是最为理想的同姓小社团。中国的异姓社团，就是按地方行政区划确立的某县人。同姓社团与异姓地方，这是传统中国人的两大集体认同与稳定方式。

某些观念如"三世不修谱，当以不孝论"，推动了中国家谱编纂业的发展。当代人说及宋元以来的修谱思想，往往会说朱子说"三世不修谱，当以不孝论"，朱

---

① （明）陈敬宗：《澹然先生文集》卷六《题吴氏族谱后》，见吴宣德、宗韵辑《明人谱牒序跋辑略》上，上海古籍出版社2013年版，第299页。
② 赵汀阳：《历史为本的精神世界》，《江海学刊》2018年第5期。

熹说过此话吗？未见有人加以认真考察过。查鼎秀古籍网，直接输入"三世不修谱，当以不孝论"，没有此语。有人称"三代不修谱，即大不孝"，输入鼎秀古籍网，也找不到一条出处。可见，这些都是现代人说的。输入"三世不修谱"，检得八条。再查"古籍馆"，输入"三世不修谱"，检得四条。综合下来，最早是西汉孝侯程黑说过"三世不修谱"①，这是明中叶人程敏政说的。或说是欧阳修说的，"欧阳公谓三世不修谱为不孝"②，可惜是清朝人说的。查朱子作品，根本没有涉及"三世不修谱"。较早提及朱子说过"人家三世不修谱为大不孝"③，是清朝人说的，凡二处提及。此间，"人家三世不修谱"，可见即使是朱子说的，也是引用别人观点，不是朱子自己的修谱思想。目前可考，最早是明代人宋濂说"三世不修谱，谓之不孝"④。明中叶人李濂也说过类似的"故古之人以三世不修谱牒，谓之不孝"⑤。总结以上诸说，汉孝侯程黑说，时代过早。欧阳修说、朱子说，出现的文献记录过晚。目前可考，明人宋濂是最早说此过话的人。三世当修谱，这是有道理的，因为大脑所存的家族记忆多不出三代。过了三代，前后代间的记忆容易断档。

宋以前家谱体例中最重要的世系图并没有统一标准。"有的六世为一图，有的七世为一图，有的五世为一图等。"⑥ 一般的说法，自从欧阳修和苏洵以小宗宗法，按"近亲疏远"原则，创立五世一图的世系图。仓修良先生首次纠正了此论，他认为欧阳谱创立的不是五世小宗法，而是九世大宗法。⑦ 这个观点，今人关注不多。当然，苏洵创立的谱图倒是小宗法。宋代前后家谱风格何以有此变化？这有几种可能，一是孟氏"君子之泽，五世而斩"理念。"五世一提者，以泽为量，且使人易明也。"⑧ 二是与记忆规则有关。宋以后家谱五代一系，以祖父为中心，上下二代，正好构成五代，符合祖父级老人大脑记忆不出三代的

---

① （明）程敏政：《篁墩文集》卷十二《辨祁谱》，《四库全书》集部第1252册。
② （清）刘凤诰：《存悔斋集》卷十一《谭氏谱序》，《清代诗文集汇编》，第467册。
③ （清）熊文举：《侣鸥阁近集》卷一《雪山朱氏族谱序》，《四库禁毁书丛刊》集部，第120册。
④ （明）宋濂：《宋濂全集》第二册《翰苑别集》卷九《符氏世谱记》，浙江古籍出版社1999年版，第1119页。
⑤ （明）李濂：《嵩渚文集》卷五六《金钟李氏谱图序》，见吴宣德、宗韵《明人谱牒序跋辑略》下，上海古籍出版社，第802页。
⑥ 王鹤鸣：《中国家谱通论》，上海古籍出版社2010年版，第118页。
⑦ 仓修良：《谱牒学通论》，华东师范大学出版社2017年版，第189页。
⑧ （明）董应举：《崇相集序一·高安龙山吴氏族谱序》，见吴宣德、宗韵《明人谱牒序跋辑略》下，上海古籍出版社，第1270页。

常规。三则可能与图书风格有关。六朝时期的卷轴，可以多写几代。宋以后的图书格式，一页中放五代最为合适。无论是宋元时期的抄本型宗谱或明清中华民国时期的印刷型宗谱，都接受了这样的五代一系原则。

家谱与国史、方志并称"三史"概念的出现是宋以后的事。宋以后，进入图书出版时代，从而使家谱编纂图书化，内部结构越来越复杂，这也是有别于宋以前家谱之处。谱牒、家传、地记三结合，成为宋元以后的宗谱。宗谱或族谱，严格说来，可称为"宗族志"，它受地方志影响更大一些。"三史"，实际上是"一史二志"。元明以来，宗谱的体例逐渐向史书、志书学习，出现史志化倾向。志与谱，十分接近。之所以近，都是民间之物，仅是政府与家族之别而已。志谱，涉及当代，所以用志体。近世家谱的发展期，正是地方志发展期，所以受地方志体的影响也不奇怪。宋代的家谱，在内容上包括谱序、姓氏源流、谱例、世系图、家训家诫家规、祠堂坟茔义庄等族产情况、本宗族人的行实传记、艺文等，形成了包括表、志、图、纪、例等比较规范的内容体例。中国家谱的内容和体例在宋代基本定型，为后世奠定了基本格局，此后元、明、清以及中华民国时期的家谱在宋代家谱的基础上有所丰富和发展。[①] 可见宋以后的家谱编纂，实际上将图表式与家传结合起来了，可以说"二轨合一"了。宋以后家谱内部架构之所以进一步扩容，显然与宗族自治管理有关，必须增加家训家诫家规、祠堂坟茔义庄等信息。

到了清代、民国时期，家谱编纂的民间性与大众性更强，留下的家谱数量最多。民间性与大众性的表现，就是除了档案功能，也具备了历史文本功能。不断向下延伸，成为普通家族记录家族历史的载体。

中古的家谱多为抄本，私修官藏。此前的汉唐时代家谱，因为数量少，经籍志或艺文志偶尔有记录。宋以后，家谱编纂走向民间化，促进了编纂的繁荣。不过成为民间之物后，也逐步边缘化，退出国家经籍志之列。宋以后家谱编纂民间化、私藏不传以后，国家图书总目不再著录家谱，其结果导致家谱没有全国性的总目。明代家谱数量不少，但刊刻者数量应不多。清代中叶以后，家谱刊刻者增多。晚清以后，家谱刊刻十分普遍了。宋元明清中华民国的家谱数量多，但社会影响小，有多种因素，其中之一是此类作品的档案性限制了其传播。

---

① 王鹤鸣：《中国家谱通论》，上海古籍出版社2010年版，第121页。

当时皇室编家谱，地方各姓家族普遍修谱，当然也不可能是全部修谱，而是部分人家修谱，只是数量较多而已。因为属家族档案，不公开传播，也不著于经籍志，这就缺少了社会影响度。

4. 家谱是人民史

有些人坚持按古代的家谱标准编纂家谱，这种守旧心理需要否定。道理很简单，宗族体系早已废除，中国也已进入了动态的现代社会，怎么可能再按原来的规矩办事？宋明以来的宗谱是建立在宗族自治体系之下的，与此配套服务的。那时中国是一个静态的农耕社会，聚族而居，管理十分方便。20世纪以来，家国体系被打破，人人进入组织化政府管理体系之内。20世纪80年代以来，中国逐步进入动态社会，人口流动十分频繁。在这种情况下，重新提倡修家谱，就是提倡以家族为单位，建构家族历史而已，没有其他用途。

中华人民共和国成立以后，国家权力彻底渗透到基层，宗族势力被打破，百姓完全成为国民。中华人民共和国修谱史，前30年断续有一些，尤其是浙江；后40年，家谱编修逐步恢复。进入21世纪，家谱只起到宗族人口记录而已。现代家谱的功能弱化了，自然不受人关注。以前一直是政治功能，无非由国家政治向地方政治转型。现在完全失去了政治功能，丧失了宗族信仰建构功能，只具有文化功能，是历史记录的手段，自然不再受人关注。

地方成为乡村管理，不再是家族自我管理。破"四旧"，宗谱被强行公开。"文化大革命"后进入公共图书馆，成为历史资料，于是有了家谱研究。宗法社会的文本反映就是家谱，没有了宗法社会，还要编纂家谱吗？这是一个十分有意思的话题。我们要从历史与文化角度理解修家谱的意义所在，传统家谱是为了建构宗法社会，今天是为了历史文化建构，没有宗谱，家没有文化，没有档案，就没有历史。

有人曾提出历史研究在相当时期内不引用家谱文献，这与传统历史研究的国家本位有关。传统历史研究的主体是国家历史，是政府本位的历史，有相对丰富的档案，自然对家谱的需求度不高。也因为国家本位，传统历史学对民间家谱多少有一种轻视的心态，只偶尔引用到家谱材料时才会关注一下。公众史学的建设，将改变家谱这种边缘化的地位。当代家谱的编纂、研究是公众史学的一个分支。

有人会说，许多家谱没有价值，不值得编纂，这是站在宏观立场上作出的价值判断。价值判断，言人人殊，无法统一。从家谱自我价值来看，每部家谱都有价值。凡文本均是有价值的，这是必须秉持的基本判断。对这些家族来说，家谱是他们的历史之本。当然，从不同的视野来判断，家谱的价值和编纂水平会有高低。

公众史学的出现将为家谱的生产提供学科与专业的支撑。就当代家谱编纂来说，它属公众史学。建设公众视野下的家谱学，是为了促进当代家谱的生产。今日之所以要强调家谱，有多个原因，是公众史学要求，它要求人人入史，人人参与，人人分享，落实当代历史文本化；是联谊的需要，一个家族人员流动速度过快、个人化过快的社会，需要家族的力量来凝聚。家族的联谊是建立在血缘基础上的，更为容易。也就是说，中国可以血缘平等原则来解决政治公平诉求。它是一种民间家族文化建设活动，修谱是一种家族文化建设活动。

宗谱的优势是可以通过血缘宗族单位原则解决人人入史问题。只是，目前的家谱过于简单。传统家谱编纂，行传部分比较简单，有几大因素的限制，一是规模过大，人口过多，采访成本过高。二是印刷成本过高，在刻字时代，是按字数计算成本的。在印刷成本不太大的情况下，现在的家谱续修也仍比较简单，有两大因素，一是因袭，二是人口过多，采访成本过高。那如何解决这个问题？续修公众家谱，使之内涵更为丰富。百年家谱更适合核心家族，更适合现代人来操作，更适合现代公众历史要求。强化历史性，这是核心诉求。家谱重在历史，才不会涉及政治问题，才有立足之地。

公众史学是公众本位的历史，是由下而上看历史。由年谱、家谱，发展出公众史学。或者说，两条线索，一是通俗化，二是民间化。今日时代变化过快，更应加强个人历史、家族历史编修。从公众史学来看，家谱的最大优势是人人入史，凡修谱家族，大人物与小人物均可上谱。家谱遵循的是血缘原则，血缘有一种天然的群体性，所以人人可以上谱。它通过血缘原则，实现了人人入史的平权理想。也就是说，对家族史来说，人人入谱，不是国家赋予的政治权利，而是一种自然权利。

公众史学提倡人人参与。最早的史学活动，只有史官参与，后有史家主持编纂。目前的职业史家数量有限，全国估计才一万多人。今日中国各地的家谱编纂活动，人员不下几十万，这是颇为壮观的现象。家谱编纂参与人的大众化。

公众家谱的出现，让更多的人参与到家谱编纂队伍，成为修谱人员。尤其是体现家谱编纂的灵活性、人人参与性、人人受益性。修谱，是当代公众家族史建构。不管如何，这种人人参与现象，值得肯定。

有人说既然家谱编纂可以实现大众化，那为什么现在家谱编纂普及度还不够高？这可能与家谱编纂本身的复杂性有关。编书是一种高门槛的文化活动，不是常人想做就能做的事。编书本身是一种超常活动，编纂者个个是超人或非常之人。超人做事，常人肯定不理解，只有史家才会意识到也想到做的事。只有记录下来，才能成为永恒。家谱编纂出来，本身就是一种成功，且是非常之行为。史官之伟大，正在于保存人类的过往历史。如果不是史官的记录，人类的过往就随风飘走了，永远地消失了。

家谱编纂要不要普及小家？肯定要，因为时代不同了，大家族风光不再了。这个时代必须由各小家族来做，操作也便利。只是小家数量浩瀚，普及宣传难度更大。要普及小家，路会相当漫长，但只要努力，总能走到这一步，如此也就真正实现了家家留史的目标。

家谱编纂单位的多元化。古代中国一直推崇宗谱编纂，这种大家谱编纂制约了公众家谱编纂，导致今天留下的家谱多为大而全的族谱。提倡公众家谱，正可弥补此不足，所以意义非常大。这种公众家谱更便于操作，可大可小，灵活操作。否则，编纂单位过大了，不易操作，反而制约人们的编纂积极性。家谱，大到全国性的通谱，中到地区性宗谱，小到五代的公众家谱。今日，既要大家谱，又要公众家谱。一方面是历史的传承，可以涵盖更大规模的家族人口记录，另一方面又要创新，允许小家族编纂更为详细的家谱。中国的城市化导致迁移频繁，家族不再聚居。城市人多是移民后裔，更应加强五代公众家谱的编纂。家庭谱、公众家谱、百年家谱、亲情谱的出现，就是要促成城市人、未有谱之家庭修谱。《刨根问底集——林家三姐妹的后人》，是林则徐的三个女儿——林尘谭、林普晴、林金銮联合编撰的家谱，当时分别许配给刘、沈、郑三氏。甚至还有一种"志谱"，以一个村庄的几个家族为对象，既像方志，又像家谱。这种家谱可称为"某村百姓联谱"。笔者已经尝试在宁波市海曙区古林镇藕池村编纂《藕池村百姓联谱》。此前，已经有宁波市鄞州区下应街道史家码村人史金祥编制的《史家码村谱》。

家谱编纂载体的多元化。除了传统的纸谱，会有网谱，还有视频家谱的出现。视频家谱,尚在发生之中。① 文本应多样化,不是单一化。纸本、电子本均要,不能偏废。未来,无疑是一大发展方向。

总之,作为观念的产物,家谱的修撰总是离不开每一个特定时代要求,会随着时代的发展而发展。西周以后,宗法社会是中国社会的基本特征,一直未变。早期的家谱,是当下的帝族、贵族的宗法政治档案,是有限的权力家族的世系管理档案。后期的家谱,成为士大夫宗族载体,是建立在祖先崇拜基础上的宗族志,由此逐步普及化,成百上千的家族均有了宗谱。从国家与社会分野来观察,家谱编纂的发展轨迹,这是一个由国家而社会的过程。也就是说,家谱最早实现了由国家而民间的转型,是最平民化的历史载体。因为是建立在血缘基础上,所以天生有平等性,彼此可以共享一个姓氏。中国较早地实现了姓氏符号的共享,实现了宗族内的平等化。宋以后族谱编纂,更强化了这种血缘平等性,从而成为同姓小群体社会。进入中华人民共和国时期,家谱就是人民历史的记录,是全体各姓都可拥有的家族历史记录载体。

第二节 新修家谱的价值与意义

编修家谱是中国的传统文化活动,但由于"文化大革命"以及现代化建设冲垮了家族意识,中国的城市化导致迁移频繁,家族不再聚居。乡村文化人进入城市定居,有文化与无文化人的分离,更加剧了家谱编纂的困难。另,过往编纂的家谱多秉持档案观念,传播范围有限,所以多数人大脑记忆中没有接受过家谱知识教育,缺乏相关的家谱知识,家谱观念意识薄弱,根本无法理解修谱的意义。当然,从更广泛角度来说,历史上的家谱编纂教育本来就不发达,历史上家谱编纂仍是精英化的。家族中也就是部分人参与,其他人被动参与而已。不过,当时生活于宗法氛围中,宗族力量强,自然能做成事。20世纪以来,家谱编纂教育滞后,必然导致家谱编纂落后,这是一个关乎家谱事业发展的大问题。中断了几十年以后,今日家谱观念教育的任务更重。

幸好今日条件在变,乡村文化人也逐渐多起来,居城的新乡贤也在逐步反馈乡梓。通过家谱教育,促使他们行动起来。对一个修谱人员来说,面对普通

---

① 金必多:《视频家谱有钱途》,《财会月刊》2014年第36期。

客户，如何回答他们的修谱疑惑才能让对方听懂并接受修谱，这确实是一个问题。写论文时可以广征博引，洋洋洒洒，似乎讲清楚了。其实论文观众少，对方是否改变观念，更是不知道。现场的回答则必须精准，否则无效，对方不理解。如何用几句话讲清楚修谱理由，不是件容易的事。而且这种回答也不是随便举几个例子来说明而已，要用系统的理论思维来阐述。要放在个人与群体、过往与未来、生活世界与文本世界、生物人与文化人诸多对比中，才能让人理解修家谱的意义。站在当下生活、站在个人立场来思考，经常是找不到感觉的。从当下、个人、生物人、生活世界角度来说，修谱没有什么用。但如果放大时空，从历史长河、家族群体、未来世界、文本观念、文化人角度来说，家谱就会有用。家族群体、未来世界、文本观念，这些均是当下个体不太看得见的。家谱编纂不能放在国家历史来看，而要放在公众史学范围来理解。我家终于有谱了，有家族历史记录了，这才靠谱，这应成为家族发展中的文化刚需。

  为什么要修谱？对有谱的家族来说，这是习惯。习惯，是不假思索、不需要理由的行为方式。面对不熟悉家谱的人群，才需要不断来说明理由。从经济或文化层面来看，从历史知识生产与消费二分来说，会有不同的结果。从经济层面来说，修谱是历史知识生产，修谱是付出活动的。这种付出，既有经济层面的，更有智力、体力层面的。从历史知识消费、文化层面来说，修谱是得到、传承。有了家谱，广大的历史知识消费者得以方便地使用了。历史文本的价值，分为自身的固有价值与他人的应用价值。自身的价值，表现为修谱人自我实现与自我应用价值，及家谱的物质形态价值。家谱是一本书，是一套书，可能是一箱或几箱书。体积虽不算大，但肯定是物质形态的。对修谱者来说，家谱是自己的作品，有成就感。从祖先崇拜来说，它是家族祖先的神圣之物，很多家族将其放在宗祠里供奉，某些有小房间的家庭会有小神龛，供奉着祖先与宗谱。家谱的意义，指修谱这项活动对后世的影响度。有了家谱，家族就有历史文化了。中华人民共和国成立七十多年，对许多家族来说，都是第一轮修谱。中华人民共和国的修谱活动不同于过往，完全是宗族文本建构行为，是一种当代历史记录。那些只有单一生活世界观念、只有单一的经济观念的普通大众，是无法理解历史文化生产的价值与意义的。下面拟通过搜集各类修谱人的报道资料，来看下修过谱的人是如何理解修谱价值与意义的。也许，他们的现身说法、经验之谈，更有说服力。

第二章 家谱编纂的基本问题

一 生活世界的修谱意义

1. 有助于建构家族集体观念

分,是西方文化的特点;合,是中国文化的特点。个体活动的社会意义是在群体关联中产生的,独立的个体是找不到群体意义的。将个体联结到群体,个体的意义就体现出来了。对年轻人来说,是达成家族共识的基础。没有历史关系,家族群体认同就会消失,必须用中国独有的家国集体观念培养个体的集体观念。人是群体动物,个体需要更大的群体单位来建构。有人说,温州一带到处是基督教堂,许多人宁可进教堂,而不愿进祠堂。因为教堂是可以升天的,让人获利;而祠堂是要付出的,似乎对自己没有好处。其实,只有自己的父母、爷爷奶奶才是最关心自己的人。这正说明我们传统家国教育的不足,放弃家国集体观念的培育,家族群体不建构、不加强,不进祠堂,肯定会被别的群体建构代替,人自然会被另一种意识形态所吸引,比如进教堂了,进佛堂了。人至少要阅读一部家谱,因为读过家谱以后,就会知道结婚生子、传宗接代、多子多孙,是一个家族发展的最高利益。

修谱可以强化人的家族群体意识。通过家谱文本建构,可以实现敬宗睦族的目标。很多事都是可以反着来理解的,家谱编纂要求敬宗睦族,现实的背景正好是不敬宗、不和睦。一个家族可以通过多种方式形成凝聚力,修谱是形成凝聚力的最好途径。对某人来说,祖先是一些特殊的人群,是曾经为这个家族的发展作出过贡献的人。修谱可以强化年轻人家族意识。孩子生来都是个体动物。只有年轻人长大了,关注自己的父母、爷爷奶奶等直接与间接祖先时,他才具备家族意识,才有群体意识,成为一个社会人,才会被成人称为"懂人事"。现实的人是当下生活世界的个体动物,看不见未来文本世界的群体活动。家谱是一种血缘群体建构,可以对整个家族做一个立体的透视。家谱的编纂会让人有所超越,编家谱需要一点超越感,一点空间距离感。家谱编纂可以扩大人的空间视野,从整个家族来思考问题,而不再是从一个人的视野来观察。

生活世界的信息是分散的,记忆在各人大脑中,只有文本世界才能实现集体化、整体化建构的效果,它是掌握全局认知的凭证。有了族谱,就可一册在手,全盘掌握。"打开族谱,首先对我本人来说可以更加清晰地认识各个支脉的

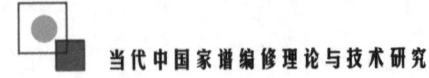

错综关系，对于整个村庄的关系结构有了更加立体的理解。"①

没有家谱，前后几代家人无法同框，自然无法形成家族集体概念。家谱编纂可以实现纵通与横通，让前后左右的族人得以关联，成为一棵大树上的人。从个人主义走出来，接受家族主义观念，做家谱可以培养年轻人的家族视野与观念。"修谱是一项承前启后的工作，既明确了家族的起源，同时也排定了后代的辈分。"② 也就是说，排定辈分，就是一种以人为本位的大时空家族观念。编制家谱可以理顺辈分，重整家族内部的上下代秩序。个人情怀、家国情怀、天下情怀，不同的层面，会有不同的旨趣、不同的结果。个人为什么要有家国群体观？个人为什么要有组织观？这是为了提升个人的境界。没有家国这样的群体视野，个人的视野肯定是十分低的。没有大家族整体观，只有自己的小家庭利益，人的境界肯定是低的。

家谱是中国特有的载体，它是建立在家族主义、祖先崇拜基础上。今日仍要继承家族主义，这不是坏事。没有家族观念的人，只有个体动物观念，肯定是一个分裂的家族，不会互助，关系也不会好。"孝不是一种外在的伦理规范或道德要求，它能够使个体超越有限的生命视域，在上一代与下一代之间的勾连中获得连续的时间感，从而极大拓宽自身的生命体验。"由大脑记忆而文化记忆，宗谱使族人的认识从"一个姓""一本书"提升到"一家人"的高度，形成大家族主义。家庭主义是中国社会区别于世界上其他任何类型社会的根本所在。这是中国式的宗教，回答了当下年轻人为什么恋爱、结婚、生子的问题。家族是中国人战略核心。家谱可将一个家族的文化记忆以文字形式记录下来。

中华文明为什么前后几千年不断？首先是因为家族不断，其次才是文化不断，最后是国家没有断裂。种群的传承与家谱的传承是不同的传承，前者是人的传承，后面是文本的传承，这是关键因素所在。前者是直接的，后者是间接的。为什么说直接？无后，就没有后代了。没有文本，不影响传承，但会影响历史的传承，不知祖宗的历史，缺乏了家族文化的自豪与自信感。譬如温州项氏家族，祖父项骧厉害，到其子尚可，至其孙就一般化了，就缺乏了家族的自

---

① 李祖佩：《李氏族谱》，西风窗 2014 年 12 月 30 日。
② 图和声：《民间兴起重修家谱热专家：经济发展带来文化现象》，《青岛晚报》2005 年 5 月 17 日。

信。有了族谱，可以将前后几十代祖先系谱串联起来。否则，前不知祖，后不知孙。家谱是家族历史的文献凭证，没有文献记录，家族过往不再存在。人有一个现实的生活世界，又有一个文本世界。前者让人存在百年，后者可以让人存在千年。

家谱文化是人民文化，人人生活于家族之中，人人是家族人员。家族是中国的一大特色，国家是由无数家族组成的。家族是国民的基本类型组织。经过几千年的发展，不同姓氏的人，迁移到全国各地，分散到全国各地。以家族为单位编纂历史，这是家族文化建设，这是现代社会文化建设之本。中国只有两种体系，一是家，一是国。前者是血缘的，后者是行政性的。家，没有统一的法律，只有不同家的规矩，这就是家规家训。

2. 清缘备查

家谱的编纂重在内部不同支派的源流梳理。没有家谱，此类关系会乱。这是国家管理与宗族管理不同所在。国家重在组织，宗族重在支派。认祖归宗，支系希望找到更前的总系，把不同支派联系起来。如果不修谱，某姓氏文化可能失传。当初祖先修谱的意义是希望兄弟姐妹可以守望相助。这说明，家谱有大家族建构意义。没有这样的家谱，大家族就散了，成为不同支的小家庭，彼此之间独立发展，不再互助。互助责任体制，是中国文化之本。古代中国，凡成形之家族都会编纂族谱，其目的就如文天祥所说："家之有谱犹国之有史也，史以录事实，谱以序昭穆。"[①] 其实，除了可以"序昭穆"，族谱也可"录事实"。序昭穆，完全是祖宗崇拜概念，今日的家谱要强化历史记录意识，才更适应时代之需。"族谱的编修过程，事实上也是一次家族秩序的整理过程。"[②] 这是明清以来的传统。拿到家谱，某些老人会流泪，称不修家谱，祖宗都忘了；不修家谱，辈分不详，大小也不知道了；不修家谱，是不是自己人都忘了。

3. 修谱可以团结族人

族人间分立是生活世界的常态，因为人人处在不同小家庭之中，平时过着自己的小家庭生活，人与人之间肯定有心理距离。因现实小矛盾，族人间的心理距离会更大。说及修谱，不少人说与亲族没有太多联系，这种状况历代均如

[①] 文天祥之言，不见《文山集》。转引自秋歌《桂兴荣益公广安支系张氏族谱序》，散文网 2021 年 8 月 17 日。

[②] 萧放：《明清家族共同体组织民俗论纲》，《湖北民族学院学报》（哲学社会科学版）2005 年第 6 期。

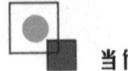

此。修谱是一种聚散为整的活动。修谱是一项活动，会有很多人参与进来。在这个过程中，让家族有一个共同的抓手。否则，彼此之间没有共同的语言。这种家族活动，可以加强联络。它虽然可能解决不了生活世界的矛盾，但至少可实现文本世界的团结。修谱是想从文本世界来聚合族人。

修谱是可以培养族人的群体意识的活动。由同族而带来的整体意识，这是宗谱编纂中的一大动力。修谱可以收族，这个"收"字就是将分散的族人联合起来，成为一个家族群体。不修谱，人就是个体动物，家就是大房子。宗谱编纂，是家族集体主义培养之途。这是一个家族认同问题。修谱可以睦族，团结族人。"'团结就是力量'，这本族谱就像是一股绳，把全村群众团结起来，心往一处想，劲往一处使，凝聚力量建设咱们美丽乡村。"[1] 虽然修谱不一定完全实现这样的崇高目标，但至少在文本世界实现了。通过这次新编家谱，他们系统地梳理了家族历经三十八代的状况，更加清楚地了解了家族发展、繁衍的历史以及目前的分布状况。在修谱的过程中，家族的成员间联络了感情，特别是一些已经散居在其他地方的成员，通过一册家谱又重新联结起来。[2] 盛世修谱，功在当代，利在千秋。"续修家谱重温族史促进了和谐。此次修谱不光完成了一部文字上的族史延续，还进行了一次不可多得的族史教育。"[3] "族谱就是一条血脉、是一座桥梁、是一条纽带，将同根同族的人们维系一起，代代相传，永远铭记，永不分离。"[4] 修谱，让人的精神和灵魂有了归属感。续修家谱是一次强化家族内部凝聚力的活动。要续修族谱，为族人唤回共同的回忆。生活世界是分散的，需要文本来集合。

一个家族可以通过多种方式形成凝聚力，修谱建谱是最能形成凝聚力的途径。修谱的过程是一个家族凝聚力和活力激发的过程。修谱会促进寻亲活动，让不同区域的同姓得以联系。不修谱，总支与分支间的关系不清，分支会成为断线的风筝。随着城市化和全球化的发展，人们的漂泊感越来越强烈，族谱会给人一种精神家园的归属感。"小小一本家谱的重修，可以激活的正效应是无穷的，并且随着年复一年的推移，收效会更大，这正是家谱的巨大现实意义所

---

[1] 微观峰峰：《留乡愁传家风 77岁老人历时五年修族谱》，澎湃政务2021年4月6日。
[2] 张旭、李杰、袁园：《六位老人历时三载修族谱，传颂精神树家风》，《萧山日报》2017年2月16日。
[3] 鲍广忠：《续修宗谱有感》，中华鲍氏网2021年9月27日。
[4] 王铮：《奔波数百里地 整理续编马氏族谱》，《济南时报》2017年4月13日。

在，持续激活家族和乡村的内生活力，成为家族振兴和乡村振兴最不可或缺的永动机。"① 所谓认同，是个人与他人、群体或模仿人物在感情上、心理上趋同的过程。修谱重在家族文化认同。周超颖说："血缘关系在族谱中已非常稀薄，修谱更多的是为寻找文化认同。通过唤醒族人的文化记忆，由此产生文化共鸣。"② 这本族谱就像是一股绳，把全村群众团结起来，心往一处想，劲往一处使，凝聚力量建设咱们美丽乡村。林锋说："修订家谱，是一种文化，一种研究历史的活动。我从哪里来？我的根在哪里？了解我们的先人在社会发展进程中，为社会作出了什么贡献，是我们后人的一种责任，也是对后代的一种激励。"③

修谱提供了一个加强宗族内部沟通的公共平台与抓手。没有公共活动，肯定是自顾自活动。宗族公共活动，可以让族人团结起来。红白喜事之类活动，正是家族公共活动。特别是改革开放四十多年来，经济社会快速发展，宗族内部联系少了，沟通少了，互助少了。其实，中国原来的宗族管理是有这种互助功能的，只是现在弱化了。修谱乃强化宗族团结之途。正因如此，才更加坚定了我们修订族谱的决心和信心。"我们就是要名正言顺地、大张旗鼓地修订族谱。通过修订编印族谱，首先要凝聚族人之心，要让族人都明白，本是同根生，有理由团结一致，互助互帮，取长补短，把我们吃苦耐劳、谨慎处事、忠孝宽仁、耿直率真、重视读书的家风传承下去；修身齐家，以德立业，成为国家建设的有用之才。"④ 孙发全在续谱过程中欣喜地发现："族众通过续谱，感情越续越亲了，对祖宗更尊重了，对家族更崇敬了，促进了家族和谐，提高了公德自觉性，强化了社会责任感和奉献精神。"⑤ 修家谱可以让年青一代，通过家谱了解家族的情况，增加家族的认同感。家谱的编撰过程，就是对同宗共祖的血脉的追寻过程，也是对传统文化的认同。很多祖先有着优秀的品质，他们的故事背后反映出的精神是值得传承的。修家谱可以让年青一代，通过家谱了解家族的情况，增强家族的认同感。

家谱的编纂是建立家族群体认同的关键。研究谱系图是十分有意思的事，

---

① 古村之友：《弘扬中华好家风，助推家族振兴、善治回归》，爱乡宝 2019 年 10 月 14 日。
② 杨颜英：《周超颖：当修谱遇上"大数据"》，今日泉州网 2018 年 1 月 25 日。
③ 朱文、陈曦灏：《老人三年完成家谱修订》，《海宁日报》2012 年 2 月 24 日。
④ 李温：《咸阳陈良李氏族谱后记篇》，家谱网 2021 年 2 月 16 日。
⑤ 韩其芳：《痴迷于谱牒研究的古稀老人孙发全》，孙老家的博客 2013 年 3 月 31 日。

因为一个人结婚生子以后，可以繁衍出无数的子孙来，积累成几百年的家族史，这就是家族史"代代相传"的核心意义所在。熟悉这种谱系，让人会有更大的关注视野，可以容纳下周边的乡亲，那些曾是同一个祖宗繁衍出来的人。在族人不断迁移，在国内迁移，甚至在国际迁移时，在这种分散居住的情况下，更要强化群体建构，让迁移到外的后裔能找到家族的归属性。有了家谱，前后家人可以联系上，迁移人与聚居地间可以建立联系。人生在世时间不长，至多百年。要将短暂的生命延续下去，必须做延续工作，一是子孙的繁殖，二是文化的延续。编家族史，让家人的事迹与记忆不断传承下来，至少在家族中不断传承，这是一种积极的人生观。从消极的人生观来说，死了就死了，要后人记住干吗。我们要提倡积极的家族人生观。

4. 守护人间亲情

追寻历史记忆可以守护人间温情。"人生之路，漫漫悠长，蹉跎多变。唯亲情是一颗硕大而晶莹的恒星，悬于茫茫宇宙，绽放光芒。故人类从亘古荒原走来，走向文明开化的现代社会，聚天地之精华，收日月之灵气，依然不忘祖先之德性，并将其发扬光大。宗族文化如此厚重丰润，如此绚丽多姿，重修家谱的益处怎见浅显呢？"① 面对死人的文本世界，我们只能强调理性、客观原则。但在现世间，人与人之间最可贵的是人之情感。没有情感，人与人无法愉快地共处。

5. 家谱是一场穿越时空的家族聚会

古今串联可以打通下辈与上辈间的信息沟通。饮水思源，不忘初心，不忘祖先，不忘孝悌，是家谱编纂的根本原因所在。从血缘与情感来说，后裔是前代派生的，二代或三代间会有直接的交往，会留下情感、记忆，不会轻易被抹掉。祖宗是家族之根所在地，是最基本的身份证。情感与记忆是由直接交往形成的。中国人的感情不超过三代，对于大部分中国人来说印象最深的是爷爷，对于曾祖很少人会有印象，对于高祖连名讳都不知道了，高祖的坟茔早就消失不见，种上庄稼了。也就是在墓地祭祀三代，是大多数家庭的传统。②

族谱是中国祖宗崇拜之物，如同圣经。赵朝君认为："编纂家谱是一段认祖归宗的路程。"③ 这是精神上的皈依之路。修谱是与祖宗对话，有了家谱，前人

---

① 王承栋：《东湾高氏宗族家谱读后记》，大漠孤剑的博客 2011 年 7 月 15 日。
② 山旭等：《探寻国人家谱寻宗路：20 多年前家谱是一种禁忌》，《瞭望东方周刊》2015 年 5 月 12 日。
③ 杨建波：《民间修谱悄然兴起，十年增三倍》，《十堰晚报》2017 年 4 月 5 日。

与后人就有了直接的系谱关系，否则说不清道不明。"族谱其实就是将活着的和死去的人无缝隙地连接在一起，在活人与逝者的单向对话中，来完成生死之间鸿沟的搭接。"① 修家谱修的是血脉桥梁，家谱蕴含着一种家族的归属感，"有宗才有谱，有谱才有宗"。前面的"宗"，是生活世界的上下代代祖先。有了谱，宗族才有完整的传承。国无史不立，家无谱不明，认祖归宗，给后人一个交代，这已成了一种风气。这是好事。编纂家谱既是记录历史的一种好的传统，也是一种寻根，它能够挖掘前辈的文化财富，并作为一笔精神遗产留给后人，创造一个和谐家族，有助于和谐社会的创建。修纂族谱意义重大，既是寻根留本，也是承前启后。吴毓全说："对于先人来说，他们艰苦创业，为本族、为社会作出了巨大贡献，修谱立传，把他们的精神一代代传下来，是我们这一代人的历史使命。""对于后人来说，我们也应该为他们留下点什么？而最好的就是知识、思想财富和祖宗的美德。将这些融汇于族谱中，上对得起祖宗，下对得起后人。"② "参天之树，必有其根；怀山之水，必有其源。"对于中国人而言，一部承载着家族荣耀历史的家谱，是生活在这个时代的人们与祖辈们最近距离的接触，也是唯一能够把自己的历史传承下去的书籍。不修家谱，你儿子孙子还记得你，但曾孙、玄孙就早把你忘记了。

总之，修谱是一件功德无量之事，上不负先祖，下造福后人。功德之事，必有福报。"我们给后人留下的，不是一本谱书，而是一种文化和精神。"③ 后人会因我们当下的修谱而自豪。通过家谱文本，可以加强宗族管理与联系。

二　间接文本世界价值

1. 家族历史文本

生活世界的信息进入文本化表达才有传承意义。大脑记忆有个人性、私人性，文本记忆有社会性、公共性。人类既是以个体为最小单位存在的，同时也是以群体或集体为单位存在的。各人的信息掌握在各人大脑中，他人不易见不易知。要求以个人为单位写出来，这就是个人史。进一步发展，要以组织为单位，将各人的大脑记忆输出来，汇总起来，成为一本书，这就是组织本位的文

---

① 田云强：《缘何修谱一：寻根知祖》，田氏网 2019 年 10 月 4 日。
② 吕玉廉、梁美云：《古稀老人编著开平楼冈桂芳里吴氏族谱》，《江门日报》2015 年 10 月 30 日。
③ 宛福成：《姓氏文化与实务·修谱步骤》，北京九亲文化股份有限公司印，2020 年。

本。家族是人类最直接的血缘组织单位,以家族为单位,将古往今来的家族人员信息汇总成册,这就是家谱。一旦汇总,方便大家查阅,起到工具书作用,可弥补各人大脑记忆不足问题。

为什么要整体化、文本化?可以弥补大脑记忆不足与分散化问题。之所以要可观的文本,它要解决一个"你知你见"与"他知他见"间的信息不对称问题。人与人各有一个大脑,彼此看不见,你知你见与他知他见是一对矛盾。从历史学来说,有一个前辈的你知你见与后辈的他知他见矛盾问题。前一代的往事图像,只有前代人大脑记忆有认知有记录,后人他人看不见。要想让后人知道,必须写出来,拍下来,成为可观的文本化数据,才能成为后人可信的依据。历史学所谓可信,就是要回答后人的可知可见问题。此间可信要求,一是可观的文本形态,二是内容的精确化。要实现这样的要求,必须及时记录、及时拍摄。事后回溯,则要录音录像。

要不要将大脑记忆转化为文本记忆,站在个人立场或站在社会立场,会有不同的看法。对普通人来说,说与不说,写与不写,没有什么区别;从社会角度来说,只有文本化表达,才有价值与意义。福建何春飞说:"人们的生活经验及感受再宝贵和独特,如果不进入叙事和表达,就意味着经验的丧失,则无意义。如大多数人们的生活经验因无表达能力而流失,只能处于无语无意义状态。"① 由此可见,文本世界是着眼公共文化建设的。

普通人多不为意,"盖以为其族易知,不必作尔。孰知世数之后,近者远,少者蕃,后人欲作之,则已无及矣。"② 这实际上反映出同时空与异时空、生活世界与文本世界的不同。就生活世界的同时空而言,族人都熟悉,不必记录。但从异时空而言,必须载入宗谱文本,因为前后代的大脑记忆会断裂。

修家谱本身就是一种家族历史文化整理活动。文本编纂的意义在于将散落的信息建构成一个整体,方便人来阅读。一旦编纂宗谱,就可以将散乱的记忆与文献整理成一个系统的文本。一个家族平淡或辉煌的历史必须通过文本来展示,只有文本才可以超时空流传。没有历史记载的家族,是一个文本中不存在的家族。有了家族历史的文献积累,才有资格称为文化家族。家谱

---

① 林先昌:《记忆传家——生活需要仪式感》,东南网2017年12月27日。
② (明)吴宽:《家藏集》卷四三《越溪卢氏族谱序》,见吴宣德、宗韵辑《明人谱牒序跋辑略》上,上海古籍出版社2013年版,第539页。

第二章　家谱编纂的基本问题

可以建立一个系统的家族史知识体系，可以积累，可以教育。没有家谱编纂，不会想到将相关的信息与照片收集起来，这就是文化的意义所在。没有文化记载，历史实在不会存在。实际的事情发生以后就消失了，只有历史记忆存在。大脑记忆不转化文字与图像记忆，也很快消失，只是记忆消失的时间长短不同而已。只有转化成文本，才会长久保留。完全生活于一个实际世界中，会缺乏文本的超越感。有了图书，就有了另外一个记忆世界、文本世界。乡村人往往只有实际世界，人人成为半工半农之人，白天上班，有空下地劳动。没有文本世界，这就是有文化与无文化不同之处。家谱是一个家族的文本世界。有了这个文本世界，家族的实际世界才会流传下来。对图片的好坏，要有一个历史的态度。人是发展的，图片仅是人的表现而已，不是人本身。文本中只想放好照片，是人的现实情感与利益决定的，只想展示自己的好的一面。编家谱是一个家族文化积累的开始。精神性记忆性历史的前提是实际历史，有了实际过往才有记忆历史。中国人往往只有大脑记忆的历史，但没外化的书面记忆历史。只有文本才可以传世，所以一个家族的历史必须书写下来。历史书写是一种理解、建构活动，将家族历史当作一个研究对象，是重新回顾、建构家族历史。这样的系统梳理，须借助家谱或家族史这样的载体来做。历史文本是建构起来的，若不建构，他人看不见，只存在于不同人的大脑记忆之中而已。

家族往事的托底。传统的族谱编纂提供了一种建构方式，是家族历史文化的大整理活动。文本的最大功能是整合，可以将分散的信息整合在一起。它可以是人，可以是书，可以是物。生活世界的信息是分散的，主要存储于不同人的大脑记忆中，也可能存留于某些文献档案中，甚至某些实物上的标识。如果没有一种整体的文本建构动力，它们会在生活世界以种种自然方式存在。一旦提出修谱，它就能发挥文本的整合功能，会要求大家将生活世界中各种分散的记忆与信息汇集起来，成为一个有逻辑的文本框架体系。文本的整体性会大于分散性。文本世界是通行无阻的，会将古今的生活世界信息粘连起来，成为一个整体。

家事处于不断变动中，修谱属家族历史文化抢救活动。李明性认为："老一辈传下来的，不只是一部缀满名字的家谱，更是一种在艰难岁月里坚韧生存的本领，一种顽强的信念，一种在危难时不惊不躁、平和的心态，一种在尔虞我

· 119 ·

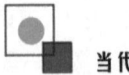

诈中保持操守的良知。在一个个鲜活而亲切的故事里，隐藏着人生的真滋味。个体生命总会死去，而一个家族却会繁衍下去。"① 族谱按宗族建构有其合理性，它是建立在血缘基础上的。家族中某些老板出面，这是格局大的表现。某些家族之人，自己不出力，还喜欢以小人之心度他人之腹，这种行为是不值得肯定的。他们不知道，这样下去，一日复一日，一年复一年，小的新生，老的死去，能说得清楚近几代人的关系的知情老人去世了，信息链就会断裂，宗族关系就永远都接不起来了，族人想清楚地知道自己的来龙去脉，就不可能了。② 周超颖说："修谱更像是一场对家族文化的抢救。随着氏族老一辈人相继去世，好多资料也将随之带走，再不抓紧时间抢救资料，就来不及了。"③

2. 实现文本意义上的家族传承

对多数家族来说，实体资产早有了，现在缺的是文化遗产、精神遗产。这是人类托底的文化活动，是人种传承与实体资产传承之本。三世当修谱，这是有道理的。人类大脑记忆不出三代，过了三代，前后信息容易断档。"昔之不纪，今无以据。今之不纪，后将奚传？吾恐后之不知今，亦如今之不知古也。此谱之所以不可无也。"④ 有了家谱，诸多信息得以记录下来，记忆得以串联，就可实现文本化、历史化、永久化。

你是第几代？如果问此话，可能没几个人能回答。有了家谱，家族关系前后传承关系一清二楚，可以明确地说第几代。修谱是家族史的文本建设活动，文本是条渡船，可将过往时空中的人事载到后一个时空中。历史是靠文本承载的，没有文本，过往的信息就会消失。没有家谱，就没有家族史。作为中国五千年文明史中最具有平民特色的历史文献，家谱就像一部百科全书式的家族历史。一本家谱翻开，就是一个家族的生命史。"不修家谱，祖先还有后代都将淹没在历史中。"⑤ 这指的是没有进入文本世界，自然就没有机会进入历史的文本世界了。修谱是家族文化的梳理。名字不上谱，表示没有历史记录。生活世界会有，儿孙记忆中会有，但更后的子孙记忆中没有。没有家谱，意味着没有死

---

① 王长军：《一部精神史——读李明性先生〈家谱〉有感》，煤炭资讯网2020年5月14日。
② 文清要：《一位古稀老人30年义务修谱的心得体会》，中华文氏家谱馆2021年8月9日。
③ 杨颜英《周超颖：当修谱遇上"大数据"》，今日泉州网2018年1月25日。
④ （明）王鏊：《震泽集》卷一四《东莱滕氏族谱序》，见吴宣德、宗韵辑《明人谱牒序跋辑略》上，上海古籍出版社2013年版，第601页。
⑤ 李铁华：《家谱：穿越时空的家族聚会》，《家庭导报》2010年3月23日。

去的祖先名。从祭祀角度来说，只有一个名字即可，不必写生卒年及事迹。祭祀簿与家族史，关注重点会有不同。

可解决大脑记不住祖先历史问题。从生活中观察可知，因直接交往而形成的大脑记忆多不出三代，这是一条铁的自然规律。因为家族上下代成员可以交叉生活的时间多不出三代，而且在时空上只能是部分交叉。如果三十年为一代的话，则父亲只会了解爷爷的中晚年历史，孙辈只能直接接触爷爷的晚年，谁也无法完整地接触上代或下代的一生历程。同时，人的一生表现是多领域的、多面向的，上下代之间也不可能领域全面向式的接触。由此可知，上下代家族成员的直接接触有较大的局限，时间上不可能全过程，空间上不可能全方位。直接接触既不可能全，间接接触更不可能全。三代交叉的百年之内，可以通过直接的接触形成直接的大脑记忆。三代之后，必须通过文献的间接记忆来了解家族祖先的言行，这也正是古人强调"三代不修谱为不孝"的原因所在。文本可以解决未来生活的不断延伸与历史记忆的不断递减间的矛盾。要解决大脑记忆的缺陷，唯一办法是转化成文本，前后代大脑记忆必须通过文本来串联。留下文本记忆，是为了不会被人彻底遗忘。在活人尚有记忆的时刻，记录下相关的过往记忆，是为了让人永垂不朽。有了家谱，也就留下人生活动的证据。否则，在人世间活了几十年，最后没有东西可以证明你来过人世。随着未来生活的无限延伸，人类大脑的历史记忆会出现无限递减现象，祖辈们的事迹会不断地被遗忘。在这种情况下，如果祖辈们的思想、事迹不转化成文字，记录下来，祖先们的历史记忆就会全部丧失，会彻底消失于地球，祖先业绩不为人所知，家族历史若明若暗，家族从此成为一个没有文化之根的家族。相反，如果将家族历史写进一本书中，就有了一个文化之根，残缺的家族传承就有了一个完整的传承，能知道祖先的来源，知道"我是谁，我从哪里来"。修家谱的"修"，本身就是一种文化整理活动。一旦编纂宗谱，就可以将散乱的记忆与文献整理成一个系统的文本，可将生活世界转化成文本世界。大脑记忆不出三代，文本正可弥补此不足。前后代大脑记忆，必须通过文本来串联。家谱中收藏的名字，曾是一个个鲜活的生命。修家谱，就是让那些普通人们说出了自己本来不会说出来、可能带到黄土里的东西。家谱知识要普及，否则三代内没有人记挂家谱，便不太会有人来续修。

家谱是生命之链的文本化接续。有老人反复叮嘱："家谱比命值钱，要代代相传。"① 能看到家谱价值的老人，思想境界就是不一样。为什么要说家谱比命值钱？因为人的生命只有百年期，家谱则有千年传承期。"家谱的本质仍是生命之链的文本化接续，只有家谱能够让最平凡的生命得以在文献记载的历史中，留下曾经生存的印记。"② 叔叔李群英说："由李旭编撰的这本《三岔河李氏宗谱》，既完成了先祖们的夙愿，又弥补了现代人的遗憾，它标着我们李氏家族从此进入了有史可查、有书可考的历史阶段。同时，它是维系我们家族血缘关系的重要纽带，希望这本家谱可以激励后人继往开来，将李氏家族发扬光大。"③ 家族从此进入了有史可查、有书可考的历史阶段。如不修谱，世系排列就成问题，只知上下相关二代。文本记录可以克服大脑记忆不足问题。对后代来说，爷爷再也不是一个概念，而是一个活生生的人。这种具体化，就是家谱文本用处所在。

公众史学也是可以在现实生活中派上用场的实用技术。《左传》的贡献之一，留下了人生至上的"三不朽"理论。留下历史记录，这是"生人之首务"，这是刘知几的提升。通过文本，回归生活世界。没有家谱的记录，家族发展的一切成果不再，前人的成果，后人看不见。有了家谱，家族的一切就可以代代传承。日常所见是生活世界的家族，家谱是文本世界中家族，它是生活世界家族的替代品。两个世界的隔越，这是导致文本记录不发达的关键所在。中国家谱实质上是一个家族历史和现状的真实记录。人生一世无论如何成功，没有给后人留下任何文化遗产是最大的遗憾。精确地说，没有文化来记录、来托底，家人的成功是短暂的存在。用纸墨浩浩长卷留住家族历史，族谱将属于个体的一生浓缩成短短的几字。然而那一脉而贯的文字中，人们总能找到关于自己一族的前世今生。人类有丰富的想象世界，有丰富的思想，所以会有丰富的表达力和丰硕的记忆留存。有文本，就有永久的存在意义。譬如家世，没有家谱，只有两三代名字与记忆；如果有家谱，可使家族保持几十代名讳与记忆，从而成为有文化的世家。

可以将生活的过往转化成文本的历史。修谱之人得有一定的文本文化理念，没有一定的文化是无法理解修谱意义的。生活于物质世界的凡人无法理解精神领域的东西。读书人生活于精神世界，所以可以理解修谱之意。生活于物质

---

① 鞠永平、戴成立、张凌发：《扬中73岁老人骑单车两年寻找家谱》，《扬子晚报》2015年5月21日。
② 风清云淡：《重修家谱感言》，大浪淘沙的博客2012年3月8日。
③ 刘鹏：《传承孝道文化，完成族人心愿：90后大学生用三年时间编撰族谱》，华商连线2021年2月1日。

世界之人看重现实世界，轻视精神世界。稍有文化的长辈有几十年的时空对比记忆，见过无数家人的消失，容易理解修谱之意义。当代修谱的目标是留下文本，建构家族历史。有了家族史，就是建构起一座家族精神家园。有了家谱，一个家族的历史就保留下来了。重视文本，重视记忆的外化，重视记忆的传承。如能编纂出一部像样的家谱，那是一件相当自豪的事。由于受传统思维影响，今天的家谱仍有太简之感。笔者主张写详细的家谱，如果人员不是太多，可以写详细一点。古代的宗谱，上的族人过多，印刷困难，于是，只能简谱，今天完全可以是详谱。能写成自传与他传的，不要写简传。用文字记载自己的历史，自己家族的历史，只有文字才可以传承，可以解决说不清楚的问题。

家谱文本也可让家族实现历史的永生。家谱文本可以留下家族永恒的历史。家谱的编纂，要从当下生活的超越角度来思考。有人说："一个人一生中会死三次，第一次是脑死亡，意味着身体死了；第二次是葬礼，意味着在社会中死了；第三次是遗忘，这世上再也没有人想起你了，那就是完完全全地死透了。"①也就是说，人有三次死亡，一是肉体，二是社会，三是记忆断裂。从记忆来说，实际上就是两次，一是大脑记忆的停止，二是社会记忆的消失。一旦被后来的活人彻底遗忘，这就是人的彻底消失。在爱的记忆消失之前，有必要记住他们。基督教提倡人死后会升入天堂，这解决了一个人死后的出路问题，死亡不是结束，而是另一种永生。中国是一个世俗民族，我们要建立历史文本永生信仰。做家谱可以留下人生活动的证据。否则，在人世间活了几十年，最后没有东西可以证明来过人世，这是文本视野下的家谱编纂理由。留下证据，是为了不会被人彻底遗忘。人总是会死的，相关后人也会死的。要解决大脑记忆的缺陷，唯一办法是转化成文本。有了文本，就可以永生。所以，在活人尚有记忆的时刻，记录下相关的过往记忆，这是最为理想的，那样可让人永垂不朽。

3. 文本让生活世界的信息更为精确

生活世界主要是一个声音的世界，彼此是通过说话来表达思想与信息的。而汉语是一个同音字极多的语言体系，经常会出现同音而字不同现象。更不要

---

① 网上相关文章，一直说是张爱玲说的。查询半天，也找不到出处。询问张爱玲研究专家任汝文教授，说张爱玲没有说过此话。美国作家大卫·伊格曼《生命的清单》说过类似的话。

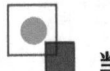

说全国各地存在严重的方言差异，很多方言难以用汉字来表达。所以，名称信息的表达往往是模糊的、不精确的。相比而言，文字具有单一性，可以更精确地表达名称与意思，尤其是可以弥补语言的小时空局限性，也可弥补生活中常用代称的缺陷。在中国人的日常生活世界，称家族长辈时多用代称，同辈多用诨名，不记名字。久而久之，后代会不知祖先的名字，同辈会叫不出大名现象。家谱的编纂，可以完整地记录家族祖先的名字。作为文本记录，家谱编纂可以弥补祖先代称的缺陷，可以让家人的名字符号更为精确，避免同音问题。从更大的方面来说，生活世界的信息是分散的，只有文本才能汇集信息，使之成为结构完整的文本，从而方便后人阅读。

4. 文本可扩充家人的时空视野

没有历史框架，人的视野是只有自己接触的生活时空框架，其范围十分小。编纂家谱要面对一个家族的过去时、现在时、将来时三种时态，"要对过去的出处寻根寻祖，眼前的生存状况、将来的发展前景做出诠释和指引，这不只是一个家族，而是小至家庭及个人，大到国家和民族需要思考的问题"①。如果用文本世界的历史思维看人，会一眼看到头尾。如此也会将当下生活世界的人事放在特定的大时空框架中思考。进入大空间传播时代，希望各地同族人员加强联系，打通彼此的血缘联系关系，这就是通谱编纂的由来。这种现象，有人支持，有人反对。要做成这种事，相当不容易。因为涉及的空间太大，涉及的村落太多，联系不便，且没有文献资料，完全凭口传。不过，如果家谱做成了，倒也是有贡献的。这样的梳理，对每个家族来说，都是历史上的首创，值得肯定。

家谱的编纂必须有一定的外部视角，要有一定的时空隔越感。所谓历史意识，就是有时空隔越意识。刚来到人世的人不太会有历史意识，要退出人世间的人历史意识会相当强，因为他们经历了漫长的岁月。人会不断回顾自己，总结自己。写自传与家谱，就是及时记载历史。回顾与展望是人类的特性，在世的时候会过一段时间回顾与展望，就会清楚一些，理性一些。随着年龄的增长，老人会不断想，我是如何一步步变老的，能给人世间留下什么。自传与家谱要不断续写，可以每十年续写一次，补充相关记忆，今天的电脑写作可以让人类方便地做这种事。

---

① 田云强：《缘何修谱一：寻根知祖》，田氏网2019年10月4日。

5. 家族祖先留根之举

用纸墨留住家族历史。家家都有一本账，姓姓都有一部书，叫作家谱。一个家族为什么要有世系表？这是家族之根的寻求。如不修谱，世系排列就成问题，只知上下相关二代。每个家族应有自己文本形态的世系表，知道第几代。老人一代接一代，历史也要一代代接着编，如此记忆才不会断裂。否则老人一走，带走记忆，前后就断裂了。一代代人的记忆堆积起来，叠加出情感的厚度和历史的浓度，遥远而真实。家谱是大时空家人的串联，否则只有生活世界观念，就是两代人相识而已。让当下人有机会扩大时空范围，认识更多的亲人。现在科技发达，很多信息都是网络可以查询的，但是唯有你的祖宗是谁，没人告诉你，只有靠家谱。① 因为保存有家谱宗谱，很多村庄变成了有历史、有故事的村庄，很多宗族变成了有历史、有故事的宗族。② 家族之根意识的唤醒，相当重要。在我们有了子孙、有了房子的时候，再补上家族历史文化建构。如此，子孙、物质、文化三大遗产都有了，这才是人生的圆满。

当代生活世界的信息是分散的，需要不同的整体单位来建构，从而成为一个整体的信息。宗谱提供了一种被民间族人认可的建构方式，当然得继承。今日的族谱编纂就是一种文化建构，是一种家庭历史的建构。"有些宗亲不知过去的家族史，通过这次收集信息讲解，使他们弄清了自己是从哪里迁来，根源何处，十分感激。"③ 族谱现在成了村民的传家宝。家谱是一个家族的"百科全书"，内容包罗万象，并串起了家族的前世今生，是后代子孙寻根问祖的重要资料。家谱是记载同宗同祖的血亲世系人物的历史档案，一部完整的家谱就是一个家族历史的生动写照。一个人从哪里来到哪里去，是一部简短的历史，很容易让人记住，那么"一群人从哪里来，又走向了哪里，要弄清这个问题就不那么容易了"④。说起编宗谱的意义，阮先羽说："每个人都有父母、祖先，但不是每个人都知道自己的根源于何处，而宗谱就是根，可以用来寻根问祖，这是生命个体对于自身从何而来又往何去的一种追问，同时编写宗谱也有利于子孙后辈传承祖上优良遗风和文明习俗，让他们了解人伦亲情及做人准则。"⑤ 每一个

---

① 柳栋馨：《知我者，谓我心忧：一位栖霞年轻人修族谱的故事》，胶东故事会 2018 年 11 月 19 日。
② 云林客：《一枚保护宗谱的红印章》，云林客 2019 年 6 月 27 日。
③ 梁明兴：《合江蔡沟梁氏修谱记》，美篇 2020 年 2 月 4 日。
④ 王长青：《家谱故事：王长青修谱感言》，中国家谱网 2020 年 12 月 30 日。
⑤ 任晓燕：《下岗工人自费编写 40 万字宗谱》，《上虞日报》2014 年 5 月 5 日。

人都会在人生某个时候追寻自己的前世今生，族谱是一个人走向新的世界的一把必备钥匙，一把通向未来幸福之门的钥匙。"有了这把钥匙，人就会觉悟，就会明白自己的灵魂该归何处。一旦觉悟，自然也就会淡然面对生活，让自己的心坦然地走向灵魂最后的居所。"① 心灵之所的安宁，才是人类最高的精神追求。

三　留下家族历史记录

1. 家谱是平民历史的最公平记录载体

编纂家谱，为民立传，让平民入史，让百姓出彩，这是不少家谱公司（谱社）或家谱文章的宣传语。家谱是最平民化的史籍，修谱是修平民史，是写人民史，族谱将属于个体的一生浓缩成短短的几行字。按照血缘原则，家谱让每个族人有一块属于自己的豆腐干式的历史记录，给每个人一个历史位置，它是最公平的载体。现在新修的家谱，普遍是基本谱，只有谱系与行传，其他相关部分少。这是因为家族文化层次低，也可能观念受到限制。

每个家族应有自己文本形态的世系表。家谱能起到帮助一个家族慎终追远而又不偏离主线的作用。当血脉的传承遭遇时空、事件的阻隔而断裂时，是家谱承载了"继往事，知来者"的重任。今日家谱编纂应重在当代。胡适提倡以始迁祖为起点，编家族断代史。这可以保证家谱编纂的血缘性，这是血缘家谱。前面的家族往事可以弄清，最为理想；如果一时联不上，可以暂时放一下。

家族史是人民史的最小建构单位。家谱是一部平民史。族谱是最公平之史，是真正的公众史，本族全体人员，上至大官，下至小民，都有资格上谱。一部家谱，联结了时代长河中渺小的个体，也串起了历史上的一件件大事。"不管你多么普通，你多么平凡，你是沧海一粟，你是崇山峻岭中的一点红，你未曾有过轰轰烈烈的丰功伟绩，未曾干过惊天动地的事业，族谱将你收录其中，不会落下你，一定要记录你的存在，你的名字，让子孙后代铭记。"② 作为一介草民，"只有通过家谱青史留名"③。编纂家谱，是抢救普通人的历史记忆。试想世上有什么载体会来关注百姓及其家族往事？只有家谱可以做到。我们经常会听

---

① 秋歌：《桂兴荣益公广安支系张氏族谱序》，散文网2021年8月17日。
② 娄义华：《现代族谱散发迷人的芳香》，中国新报2021年10月3日。
③ 桑生贤：《河南·林州桑耳庄桑氏族谱后记》，家谱网2021年10月22日。

到"历史是人民写的""历史是人民创造的",但我们很少听到"写人民的历史"。① 如果有写人民的历史载体,那就是家谱。家谱的修撰,在某种意义上说,更真实生动地记录了一个民族的发展史。所以,对家谱的修撰再怎么重视也不过分。② 今日修谱是为了记录家族历史,家谱是体现家族文化含金量的一本书。

修谱是家族文化建设工程,是人民留史,人民的正史就是家谱。对一个普通家族来说,能有文字记录,相当了不起。它解决了系谱记录问题。家谱是人民志,是家族正史,宗谱是宗族正史,谱存而宗可考。家谱的本质是生命之链的接续。"只有家谱,能够让最平凡的生命得以在文献记载的历史中,留下曾经生存的印记。"③ 家谱"是农民的精神谱系,是农民世界观、生命意识的积淀物"④。四川省社会科学院研究员陈世松说:"家族谱牒是中国乡村最为普遍的一种文献。在乡村搜集整理出的家族谱牒,一定程度上通过叙事方式还原出了历史上丰富多彩的社会图景。"⑤ 有老谱存在,各族就会续修。各个家族会遵循自我的修谱时间节奏,不受外界的影响。

梳理家族史,不仅是为了记录一个家族"在二十世纪沧桑历史中的命运变迁,更是深情叩问个人生命存在的意义,实为一部生命苍凉而厚重的大书"⑥。族谱是一部特殊的历史,记载宗族繁衍生息、分支迁徙,不断扩展的艰苦而光荣的历程,是一部宗族发展史,生生不息的生命史,"也是一个一代一代紧扣血肉之躯的生命链条与宗族的血缘纽带"⑦。田广林教授说:"每一种谱牒无不以绍圣继志、褒奖先贤、抑恶扬善为基本著述内容,这种文化内涵对于整个族系成员在心理素质的陶冶、价值取向的提升等方面的正面作用,要远胜于一般性的空泛理论说教,这对于亲睦族人,建设和谐社会应该有着巨大的凝聚力和直接的激励机制。"⑧

继承家谱编纂传统,就是肯定百姓历史,就是记录百姓的历史。这是记录全体人民的历史,它是个人自信建立的基础。一个不敢说自己的故事、不敢自

---

① 萧致治:《为人民写历史 写人民的历史》,《人民日报》2015年8月3日。
② 陈宏:《陈氏宗谱撰修后记》,强健厚德的博客2009年12月13日。
③ 风清云淡:《重修家谱感言》,风清云淡的博客2006年12月9日。
④ 王长军:《一部精神史——读李明性先生〈家谱〉有感》,煤炭资讯网2020年5月14日。
⑤ 曾江、赵徐州:《关注家谱研究新动态》,《中国社会科学报》2018年3月26日。
⑥ 王长军:《一部精神史——读李明性先生〈家谱〉有感》,煤炭资讯网2020年5月14日。
⑦ 编辑部:《岳氏精忠堂族谱后记:时十个月,业已设编》,中国家谱网2021年2月5日。
⑧ 祁胜勇:《家谱唤醒孝思亲情》,《燕赵都市报》2014年7月13日。

信地讲故事的人，怎么可能成为一个现代公民？一个不重视人民历史记录的国家，怎么可以说为人民服务？家谱让人在家族史上有一个历史位置，让人有一个合法的宗族认可。放眼世界各国，有一种可以让每个普通人留下记录的载体吗？只有中国的宗谱编纂实现了这样的目标，这就是宗谱伟大之处。

2. 家族史是国史的局部史、微观史

有一首家喻户晓的歌叫《国家》："都说国很大，其实一个家。……家是最小国，国是千万家。"这典型地诠释了国人对家国互套关系的认知。家族的历史折射的是民族的历史、国家的历史。宗谱是宗族正史，亦是整个中华民族光荣历史不可缺少的部分。

族谱"是人类对自己世代所走道路的过程记载与回顾，能为我们展示人类发展历史中不同家族所留下的一道道辙印，让我们今天能够追根溯源，看到自己这个家族生息繁衍、发展前行的基本情况。"[①] 有了传世家书，"这个越来越庞大的家族便有了一个完整有序、真实可依的记载自己源流发展的家族系统谱牒。实现了'上以明祖宗之世系，下以别子姓之尊卑'的目的，同时也为后人研究这个家族的发展历史留下了真实可鉴的珍贵史料。"[②] 家谱也更能体现家族个性符号。"今天，随着城市化和全球化的发展，人类的漂泊感越来越强烈，精神的个体化传承越来越难，家谱的修订也许是反抗同质化的一条出路。它可以在历史的宏大叙述中保持其鲜明的个体性和独特性，为文化的再生提供鲜活的个体经验。"[③]

家谱是以血缘群体为单位的记录方式，血缘单位是天生的、最为原始的记录单位。国史收录的是全国精英，地方志收录的是地方精英，只有家谱不分贵贱，收录全体族人的历史，是真正的群众记录，与人人相关联。精英与凡人均出自某家族，这是恒定不变的规律。这是大户人家、有文化人家才会想做的事。普通人家不太会想到编纂家谱，视野过狭，感觉意义不大。中国是一个伟大的民族，在没有国家户口调查的年代里，创造出了家谱这种载体，可以记录各地各姓普通人的历史。它是以家族为单位编纂的民众历史。"随着通信工具的日益现代化，印刷业的快速发展，以后需要增补时，只有打开光盘，输入文字，随

---

① 秋歌：《桂兴荣益公广安支系张氏族谱序》，散文网 2021 年 8 月 17 日。
② 秋歌：《桂兴荣益公广安支系张氏族谱序》，散文网 2021 年 8 月 17 日。
③ 徐兆寿：《从民间修家谱热谈开去》，《光明日报》2017 年 5 月 4 日。

时随地可以增补，制作一部二部都可以。好像一座大楼，建筑已经完成，以后内部的装修作点调整还是方便的。"①

有了更大的家族群体意识才会逐步培养起更大的国家意识。《徐家官庄徐氏族谱·编后记》："编纂者始终以为族人服务为宗旨，遵循建构和谐，尊重历史，尊重现实，形式新颖，便于查阅为原则，凡吾族后裔，不分区域，不分男女，出继入嗣，领养抱养，招婿入赘，凡徐姓者均可入谱"②。家国体制是中国社会的核心集体体制。基督教超越家族，超越国家，试图将一切的人类个体纳入自己的天神信仰体系，让人人直接对上帝负责。而中国传统的基本价值观是人、家、国、天下体系，人人要对自己负责，要对家族负责，对国家负责，对天下负责。修身—齐家—治国—平天下，这构成了层阶性、基本的世俗社会责任体系。这种完整的责任体系，让人更关注今生的世务。20世纪以来，引进了西方文化的个人体制，而拒绝了上帝责任，其结果是变成极端的个人体制，只考虑自己一时的喜恶与感受，怕这怕那，这是相当不可取的。"宗谱不仅是一族繁衍之记录，也是中华民族史料的组成部分。一个中国人不管他在什么地方或漂泊多远，编入宗谱，列入门墙，祭祀先祖，托庇列祖列宗之福荫，总是他最大的心愿。正因为如此，一种生生不息的寻根意识促使中华民族具有强大的凝聚力和认同感，所以修谱也是一件爱国、爱家之善举。"③

3. 家谱是后人认祖归宗的凭证

家谱编纂可以弥补现行户籍管理的不足。户籍管理重在个体管理，不管死人，只管活人，且不管彼此的血缘关系。家谱编纂可以将不同家庭的人员管理串联起来，成为一个以姓氏为中心的血缘系统。古代中国没有户口管理，但有宗族人口管理，宗族是最基本的人口管理单位。现代中国建立了以人为本的户口管理政策，实施地域化个人管理。如此，宗族管理功能弱化，仅成为文化意义上的身份建构，不再是政治意义上的户籍建构。这是两类不同性质的户口管理系统。明白这种区分，就没有必要非得朝宗族文化建构方向努力了。宗谱建

---

① 邵九华：《兰风邵氏宗谱后记》，见邵成杰主编《兰风邵氏宗谱》，2007年。
② 徐家官庄徐氏族谱续修委员会：《徐家官庄徐氏族谱·编后记》，徐家官庄徐氏族谱续修委员会，2012年，第404页。
③ 四明章溪朱氏宗谱编修委员会：《四明章溪朱氏宗谱·编后话》，2003年。

构必须回归现代家族史,才有出路。从这个意义上说,要用家族史而不是家谱。只是,家谱是特定宗族管理档案,家族史则是现代小家族历史。对移民来说,族谱是未来认祖归宗的文献依据。家谱就是家族之根的代名词,是一种证明自己家族归属的身份证明,是一个人文化意义上的身份证。

家谱乃另一种意义上的"身份证"。现在的身份证是国民身份证,家谱是宗族身份证。国家身份证是个体证明,是通行海内的。汉唐时期的修谱,实现了由家族向宗族转型,今日则是进入了由宗族向家族的阶段。即使毛泽东时代不破"四旧",也会被20世纪80年代以后的现代化、城市化所破,这是时间问题。个体化家族方便了国家的社区管理。

当今社会急速发展,族人外出学习和务工的概率大增,会选择在外地定居。如此,后人将很难聚集。一位在外地成家立业的族人说:"我们不能带走家乡一砖一瓦,能带走的只有这部家谱,异乡相见,掏出族谱便能同宗相认,会倍感亲切。人老了翻翻族谱,会有回家的感觉。"[①] 也就是说,流动的加剧,让这些离开乡村的人更有一种修谱紧迫感。当下的记录是为了未来的相聚有一个文本依据。村中拥有群体生活的族人是不会珍惜的,只有失去聚族而居的族人才有这种紧迫感。据说,李氏修谱工作用时半年时间,进展相当顺利,上自七八十岁老人,下到年轻小伙,一呼百应,可见人们对修谱的热情。[②] 张积成觉得:"编写家谱留给子孙后代,比任何钱财,都更显珍贵。"[③] 江都张氏从他这一代开始分散到各处,"若干年后,他们的后代寻根问祖,就可以把我手写的这本家谱拿出来看,老家在江苏江都。"[④] 过于流动的家族,有时更需要文本上的凝固,这就是家谱建构的意义所在。

四 促进家族文化建设

1. 家族文化建设的起点

修谱是一个家族历史文化建设的起点,不是终点。万事开头难,有了良好的开端,就会有不断的续修活动,如此也就确立了家族的修谱传统。家族小团

---

① 李祖佩:《李氏族谱》,见《李氏族谱:二支·友德》,2014年。
② 李祖佩:《李氏族谱》,见《李氏族谱:二支·友德》,2014年。
③ 张云、仲冬兰:《八旬老人续修家谱》,《扬州晚报》2018年6月15日。
④ 张云、仲冬兰:《八旬老人续修家谱》,《扬州晚报》2018年6月15日。

体建设是国人最为关心的事,家族历史文化建设当从家谱编纂开始。家谱填补了某氏家族没有真正意义上文字记载的空白,这种由无到有的突破,对家族来说,才是最大的意义所在。

族谱的目标受众就是全体家族人员,生产者与消费者是统一的。"族谱的经济属性不易为人们所看透,族谱原本就不是商品,它不是为卖而被生产出来的,换言之,它不是为它的收藏价值和研究价值而被生产出来的,它是因为生产者们自身的需求之满足的被生产出来。"[①] 每次修新谱,是家谱版本的升级,是续补,如此新谱中会包括老谱内容。家谱需要在继承的基础上不断地推陈出新,以保证与时俱进的生命力和感召力。

家谱是家族志。在乡村振兴国策下,要旗帜鲜明地支持各村编纂村谱村志。早在2006年,就有人提出为家谱正名的建议,认定它是家族志与村庄志。[②] 这个观点是值得肯定的。今日则进一步提出,要编纂村谱。之所以仍称为谱,是因为要保持传统体裁的继承性。家谱就是一种文本建构,是一种信息汇合载体。它是中性的,如何用,如何写,指导思想是什么,这些取决于时代思想。姓氏是中国的一大特色,在任何时期都存在。处于不同时期,它会有不同的特色。在宗法社会,宗谱的编纂自然会受到宗法思想的影响,家谱是家族史、村庄志。不过,到了中华人民共和国时期,它就是家族志而已。20世纪90年代有关家谱的争论,是政治性争论。实践证明,它是没有生命力的。如果着眼一族之谱,会有让人想入非非的宗法思想联想。不过,放眼各姓之谱,它就是家族志而已。

有家谱和没家谱的差距真的很大,前者成为文化之家,后者则是文本世界消失的家族。一个家族面临文化的积累问题,没有文本积累,这个家族会面临历史文化的虚无化问题。人的积累、财富的积累、文化的积累,三大积累缺一不可。目前,多数家族只有前两大积累,往往没有文化的积累。"中国不是一个移民国家,我们中国是一个世系国家,同祖同宗同源把我们凝聚到了一起。从国家层面说,我们都是炎黄子孙,所以,海峡两岸的炎黄子孙都要到黄帝陵去祭祖,这样,来增强中华民族的凝聚力向心力。我们每一个家庭家族就是中华民族的细胞,我们搞家庭建设、家族文化建设也就是在搞中华民族的细胞建

---

① 袁荣程:《盛世修谱理论与数字化房修谱发展优势》,江西省谱牒研究会网2017年10月9日。
② 步进:《二轮修志应较大面积启动家族志与村庄志编修》,《广东史志·视窗》2006年第2期。

设。"① 过分恋旧是没必要的,但保留一份昔日的怀想、一份乡愁,依然是一件值得做的事。"经常打开家谱、打开相册,一遍遍细看记录了五次建房历史的珍贵照片,心里涌起的是感慨和自豪。"② 这就是回顾的意义所在。

修谱是家族文化建设工程。很多人一直以为家史是一个极其神秘和严肃的存在,只有那些香火绵延几百年的名门望族才会编纂家史,因为他们有辉煌和自豪的过去。这种理解没有错,传统社会确实如此。从家谱的初修与续修的规律来看,家谱的编纂多与这个家族的兴起成正比,多是某位名人成名以后开始编纂的,譬如宁波镜川杨氏。或者是某些人经济上爆发了,于是开始寻根。有些读书人会讥笑这样的行为。其实这不是坏事,一个家族的经济或政治如果不发达,家族过于平凡,是不会考虑家族历史文化建设,不会想到编纂家谱的。过了温饱阶段,进入小康阶段,才会逐步考虑精神需求。随着大众化来临,现在普通人也可拥有家史了。大家只会想到活人住的房子,实际上还有一座更重要的房子,它是可承载家族往事的历史文化大厦。如同人有阳间与阴间一样,房子也分实物房子与文化大厦。修家谱就好比建一座家族文化大厦,有了这座家族文化大厦,就有了一个共同的家族精神家园,祖先与后代可以同处一个精神家园。编纂家谱是有历史文化的表现,一个家族的辉煌过往必须通过文本来展示。有了家谱,就可以传承家族文化。家谱的意义是—古今族人的链接,让人有一个根。一个家族没有文本,就没有文化可言。家谱是父系时代的家族档案、家族历史,能见证一个家族的过往,家族记忆是精神财富。

2. 精神财富更久远

精神财富是留给子孙后代的精神食粮,家谱是家族的文化遗产,是子子孙孙寻亲问祖的传家宝。在生活世界,上代与下代、前人与后人间的记忆是断裂的,只有文本才能串联前后代。文化建设工作的价值与意义,不能用经济回报理念来思考,要用文化投入与回报理念来思考。经济回报是当下及时的回报,文化回报可以是当下的文化消费回报,是更长久的回报。文化记录可以回答后人的疑问,后人想知道前人,必须通过文本、通过家谱来查询。

---

① 说不清楚:《续修家谱重建祠堂意义重大》,博客中国2018年12月15日。
② 孙侃:《庞云泰:我为家族迁徙编家谱》,《文化交流》2017年第12期。

就一家族而言，修谱编志、建造祠堂、整理祖茔，无疑体现的是一个家族的精神追求。族谱，在今天这个时代，无疑已经成为承担如此众多宗族重任的有效载体了，其意义也就在这一卷卷一页页、一字字中得以体现。也就是说，今日不可能大量再建祠堂，唯一剩下修谱可大规模推广，它不占物理空间，成本最低，效果最好。高德爽说："家谱能起到帮助一个家族慎终追远而又不偏离主线的作用。尤其家谱中的家训、家规，有很多都与当今的荣辱观相符，而一个家族中优秀人才的辈出，更是起到强大的感召、教化后代的功能。一份族谱串联一族过往今生，记录一族荣辱兴衰。古往今来的人们多有修编族谱的习惯，不为别的，只为后世子孙能维持家族凝聚力，传递优秀家风，促进家道昌盛。"[1]

固化家风家训。家庭是社会的基本细胞，是人生的第一所学校。不论时代发生多大变化，不论生活格局发生多大变化，家族的规模可大可小，我们都要重视家庭建设，注重家庭、注重家教、注重家风。有焦氏老人说："续修家谱，是为了追念前人，是后人认祖归宗的凭证，更重要的是启迪和鞭策后人，使焦氏后代恪守家风，堂堂正正做人，公公道道办事，尊老爱幼，团结互助，做一个有益于人民的人。"[2] 张积成评价张氏家谱说："这本新家谱记载着张家的家风家训，希望通过这本家谱，让后代知家史，知家风家训。"[3] 历史的意义是在长时段积累以后才能体验到的。"最忆人间骨肉亲，常念族中弟兄情。若问你我宗祖谁？纵览全谱自分明。"[4] 肉体只有百年生活期，精神有千年生存期。"族谱能让我们传承先辈血脉，族谱能让我们不忘祖上荣光，族谱能让我们重温先人遗训，族谱更能激励我们励志同心，继往开来。"[5] 把家谱当成家族历史教科书，教育后人。

家谱是祖先留给未来子孙的礼物。家谱是面向未来子孙的，他们当会理解一些。电视剧《带着爸爸去留学》中董美玲因不治之疾而自拍的临终遗言视频，放在电脑中播放时，确实非常感人。人的天性对拥有的东西会不在乎，而对失

---

[1] 鞍山文明办：《鞍山高氏宗谱：继往事 知来者》，《鞍山日报》2016年9月23日。
[2] 邹影：《焦氏族谱的故事：记录近300年家族史 八旬老人盼望能重修族谱》，《大庆晚报》2017年6月2日。
[3] 张云、仲冬兰：《八旬老人续修家谱》，《扬州晚报》2018年6月15日。
[4] 许涛：《执著：海宁老人历时三年修家谱，理出了小镇变迁史》，《海宁日报》2016年11月25日。
[5] 秋歌：《桂兴荣益公广安支系张氏族谱序》，散文网2021年8月17日。

去的东西会在乎。所以，家谱编纂要充分利用这种功能，录制遗言录像。如果留下前辈对儿孙的讲话，子孙听了会十分感动，从而实现祖孙的古今链接。俗话说："乱世藏黄金，盛世修家谱。"如今，物质生活水平大幅提高了，接下来应该提升非物质的精神生活，家族文化建设应提上议事日程。只有建设好家，才能建设好国。修家谱是一项家族文化工程建设活动，是家族文化积累的开始。普通人面对修家谱，第一反应往往是"吃饱了饭，闲着没有事干"。此话没有错，它是需要吃饱了饭的人才会想到做的事。一个人解决温饱以后，只想着物质享受，是境界较低之人；如果能进一步做一些文化事业，那就是一个境界较高的人。受过中等以上教育的文化人，应有所觉醒，主动地承担起家族文化建设之任。你记住你的祖辈，子孙也会记住你。修了家谱，从此就开了一个好头，进入家族文化传承时代，以后可以不断续修，让家族文化不断传承下去。没有家谱，家族历史若明若暗，祖先业绩不为人所知。五十年之后、百年之后、几百年之后，全靠这些"破书"让人知道一些过往。其他的辉煌存在统统消失于世。

家风家训建设、教育功能，可以系统地总结家族的好家风，引导子孙，从而实现家族的长久存在与发展。有了家族史就建构起一座家族精神家园，以家风家训的正能量方式激励后人，让前后代精神相通。一个人站在列祖列宗前，翻阅着记录着祖辈生命承继过程的家谱，会升起一种生命的神圣感与历史感，从而让人学会尊重生命、敬畏生命、珍重亲情，提高自己的家族责任感。家谱的编纂是家族文化积累的开始。一个文化家族，必定有其家谱、家族史。没有历史记载的家庭，是一个文本中不存在的家族。从家族角度来看，人人是家族发展中一环，前人为你打下基础，你也要为后人打下基础。你希望子孙好吗？如何才能好？梳理出家族发展史，将家族发展中的成功经验，以家风家训的正能量方式传承下来，就是一种好办法。有家谱就是有文化，有文化就不用担心家族衰落。一位本家族人说："这本家谱太有价值了，氏族寻祖，家族追根，代系顺延，迁来徙往，过去我们一无所知，见了这本家谱，一目了然，不管多少钱，我要八本，留传后代子弟，街上拿钱买不到，档案馆找不到，怎能不要家谱。"①

---

① 狄克勤：《狄氏家谱·后语》，2018年。

3. 修谱为普通家族人员提供了一个著书立说的机会

修家谱的意义是可以从多层面来观察思考的，譬如对修谱人的意义，前人就关注少。公众历史书写提倡人人参与，这为普通人成为文化生产者提供了机会。家谱编纂让族人有事可做，可以成为家族历史文化的建设者。只要参与家谱编纂，甚至撰写个人史、回忆录之类的小文章，就有机会让普通人成为文化生产者。修谱，正是改变平凡人形象的途径。譬如笔者让父亲参与修谱，就树立了他的文化生产者形象。否则，一个乡镇企业会计，最终仍没有文化文本留下来。如今，家谱热正在老人们中间升温。这些老人有的愿意花一两年甚至十余年时间，有的花费数万元甚至十几万元，去修家谱、写家史。有人称："我脑海里始终存在的理念是，修谱乃积德行善之事，是不能用金钱来衡量的，为家族做事，唯有奉献。"① 与家人进行历史对话，与家人对话家族史。修谱是付出，付出是会有回报的。付出的是人的精力、财力，回报的是会给人一种成就感，更会得到文本世界永久的荣誉、名声。

笔者最近十多年推广公众家谱，让大学生们参与家谱编纂。重视学生家属意见的反馈，思考家谱实践活动中会遇到哪些困惑、问题以及对修谱学生的影响。这是将历史专业知识与技能应用于当代家族史研究，是一种历史学的当下社会应用案例。据学生们说，本来长辈聊家族往事，晚辈没有兴趣参与。现在晚辈会有兴趣参与聊天，甚至进一步地追问，这就是修谱给学生带来的观念变化。修谱活动让人主动想参与家人聊天，共同研究家族历史。这种系统的研究，前人没有做过。我们提供了一个家谱文本框架，可以让分散的信息得以按部就班地成系统地变成家谱作品，这就是专业人做专业的事。

修家谱是一项艰巨复杂的文字建构工作。修谱做的是手艺技术活，要一点点搭起来，成为一座文化大厦。首次编纂家谱，"数据极缺，更无修谱经验，只好摸索操作，困难重重"。② 当笔者在公众史学课堂上推广公众家谱时，有的大学生会说，修五代家谱太难了。笔者说：美国有的小学教师让小学生就做这种事了，不信可以查阅相关报道。学生会反问："小学生也会做吗？"当然是靠大人帮忙的。现在也是如此，让大人们帮忙，是团队行为，不是一个人做。多数

---

① 冯自照：《修家谱不仅仅是怀念过去，更重要的是开创未来、凝聚族人、唤起族众敬祖爱族之心》，中国家谱网2021年3月4日。

② 聂钟秀：《河南郑州聂氏族谱后记》，家谱网2021年3月9日。

学生习惯于个人奋斗，没有团队合作意识与习惯。不过，一旦完成家谱编纂，他们就成为家族史官。笔者的想法，一个家族至少要培养出一个历史记录者，这是家族文化保底行为。

修谱也是实现历史文本权的关键。文本的有用与没用，关键是用什么标准与眼光来评判。如用生活世界的实用眼光，显然是看不到价值与意义的；但如果从文本世界来观察，就可以看到其意义与价值。家谱编纂可让生活世界转化成文本世界，再活五百年，实现永垂不朽的境界。生活世界与文本世界二分，这是历史学得以成立的关键所在。如果只有一个生活世界，就是普通人而已。正是因为有了文本世界，人才成为高级动物。历史学的创造，表现为文本的创造，不是生活本身的创造。从生活世界与文本世界二分角度来说，人人应关注人在文本世界的位置，这是一种历史文本权。普通人缺乏历史意识，看不到文本，想不到历史文本权。生活世界的一元性存在，蒙蔽了他们的眼睛，以为生活世界的存在就是一切的存在。他们看不见大脑记忆中的存在，看不到文本中的永久存在。熟悉文本的学人是文本生产者，能看到文本的功效，所以会提倡普通人也来关注，鼓励他们将往事转化成历史文本，进入文本世界。人总是会死的，相关知情人也会死的，有了文本就可以永生，文本世界存在是永久的存在。要确立"自然人生"与"文化人生"二分的概念，既要追求自然人生的百年之期，更要追求文化人生的千年之期。退休后的老人除了养身追求，更应建立历史文本。养身可以适当延长人的寿命，但终不会超越百年，而留下文本，可以让人再活五百年，甚至上千年。

4. 宗谱编纂有利于人民精神上的共同富有建设

要理解修族谱的意义，须换一种思维方式，用文化建设与文化投资理念来观察思考。为什么造实体房子购实体房子大家能接受而造文化房子无法让人接受？这显然与生活世界与文本世界二分有关。文本的生产观念没有进入生活，不易为普通人所接受。实体房子是生活世界的东西，易为大家接受，所以能推进。必须确立家谱编修文化投资价值观，才能顺利地推进家族文化建设工程。

家谱是文化活动，不是经济活动，所以家谱的重要性与必要性，不能从物质层面来思考，要从精神层面来思考。普通人与文化人的最大不同，普通人成天优先关注生活的消费层面。第一需求衣食住行、教育、医疗旅游等的直接消费，费用在他们的日常支出范围内，但文化支出是第二需求，多不在他们的日常支出范围内。要让他们习惯文化支出，要有一个训练过程。普通人不识文本的价值与意义，他们只有生活世界的价值观，只知道可不可以多吃一些，多分一些，多拿一些，而看不到留存文本的价值与意义。要知道，物质的得到是暂时的，精神与文本的得到才是永久的。人的大部分时间是从事精神活动，而不是物质活动。生活世界的实践与对生活轨迹的记录，要区分开来。文化是生活实践结果的记录，不是生活世界本身。家庭生活的不断改变，人的衣食住行及个人的升官发财，都得靠当事人来奋斗。许多人会将生活实践活动与对生活实践的记录混淆起来，记录者不管实践活动。有家谱和没家谱，似乎对人没什么直接影响，照样生活，也不会影响晋升加薪。"他们哪里知道，无论你多么成功，无论你多么显赫，没有家谱的记载与传承，若干年后的子孙，还有谁知道你是一位光宗耀祖的先辈？你们现在含辛茹苦养育子孙，几代之后，也就没有人知道你们的功绩，甚至子孙连你们的名字也记不得。"① 我们这代人正是告别"乡土中国"、迈入"城市中国"的一代。修谱是当下国人的急务，因为家谱编纂的断档时间太长了。即使有谱之家，中间断了近百年。更大的意义是，许多新兴之家，也想创修家谱，记录自己家族的发展轨迹。

家谱这种历史文化生产单位目前仍在使用，证明它仍有活力。"乱世寻活路，盛世修族谱。"② 修谱，正是宗族强大、有文化的表现。没有人关注，没有人编修，才是家族弱势。弱势，有两种理解，一是生活世界的弱势，二是文本世界的弱势。从史家来说，家族在文本世界的"失踪"，才是更为麻烦的事。历史上，家谱的初修都是家族崛起之机。即使后来衰落了，但仍有余泽在，后人会想着恢复祖宗雄风。康熙朝大学士李光地阅读族谱，发出"宗谱之兴废，家之兴衰之占也"的感叹。今日中国进入小康阶段，进入共同富裕建设阶段，自然要编纂各家族的历史，记录各家族发展的盛况。修谱，正是家族兴盛的表现，是宗族凝聚力、组织能力、经济实力的集中体现。"小小一本家谱的重修，可以激活的正效应是无穷的。并且随着年复一年的推移，收效会更大，这正是家谱的巨大现实意义所在，持续激活家族和乡村的内生活力，成为家族振兴和乡村

---

① 文清要：《一位古稀老人30年义务修谱的心得体会》，中华文氏家谱馆2021年8月9日。
② 聂钟秀：《河南郑州聂氏族谱后记》，家谱网2021年3月9日。

振兴最不可或缺的永动机。"①

五 增进姓际华裔联系

1. 增进族姓间的联系

亲戚关系是由女儿的族际交流引发出来的社会关系。女儿的族际交流不可少，这是由人类的异姓婚姻模式决定的。中国人较早地发现了同姓通婚的弊端，确立了同姓不婚原则。对民间来说，姓氏符号的功能，就是方便同姓的团结、方便不同姓间的通婚，从而确立稳固的横向社会关系。如着眼女性的不同族别，会发现各姓之间有着密切的家庭联系。在杭嘉湖地区，杂姓村是常态，于是同村间就可通婚。浙东动辄主姓村，只能远距离通婚。据说，乐清的朱姓，十里均姓朱，女儿只能嫁到十里以外的村庄。乡村男女不同婚姻的组合，完全是在不同长辈间的撮合中确立的，在熟人圈撮合，彼此有信任度，语言与文化习俗更近。"经过各姓谱系的交叉，我们也可以发现，居然某某人是我们自己的同族或姻亲，见面就会更多一份亲切感。"② 这就是家谱的族际联谊功能。

2. 强化海外华人联结

华人移民海外有着悠久的历史，足迹遍布世界各个角落，形成了人数庞大的海外华人华侨群体。有了家谱就有了宗籍，这可以弥补现行中国户口管理制度的不足。千年宗亲认同不会变，家是移民的根基所在。只有根亲在，移民走到天涯海角，都会关心家庭的，进而关心祖国的，所以移民并不可怕，可怕的是断了他们的根。在全球化时代，家谱是联结华侨的最好桥梁，能加深海内外宗亲子弟联系，促进海外游子认祖归宗。我们要用国际大视野来看待家谱编修的价值与意义。

3. 有助于社会的重组

美国学人许倬云说："今天的世界，各种群体正在解散之中，在茫茫人海中，个人都不免有失落和寂寞之感。如果有这些重新接合个人的数据，也许也是社会重组的基础。"③ 近年，复旦的孙向晨教授出版《论家：个体与亲亲》（华东师范大学出版社，2019）。核心观点是，中国的家族主义与西方的个人主

---

① 古村之友：《弘扬中华好家风，助推家族振兴、善治回归》，爱乡宝 2019 年 10 月 14 日。
② 许倬云：《中国家谱文化序》，见朱炳国主编《中国家谱文化》，凤凰出版社 2012 年版，第 3 页。
③ 许倬云：《中国家谱文化序》，见朱炳国主编《中国家谱文化》，凤凰出版社 2012 年版，第 3 页。

义各有缺陷，必须两者结合，成为双重主体，互相制衡，才是理想的境界。

小结

家谱，理论上它应该是各家族的刚需，但目前还是软需。为什么成不了刚需？现在的人还没有达到那种文化境界，无法赏识家文化，所以就达不到刚需层面。据成毓升观察，修谱不管是现在还是以前，有几大特点，第一个特点是年龄相对大一点的人才关注这个事情。第二个是人有钱了才会关注这个事。第三个是他出去以后认为他的祖上已经具备了一定优秀的资格了，他就愿意做。如果不具备这些的话，每天忙着上班，他会愿意花几个月时间来做这个东西，他会愿意拿出几十万来做这个东西？所以说经济是第一要务。我们要进入小康社会以后，才有可能实现这样的目标。盛世修谱，肯定是与经济有直接的关系。

宛福成有两个判断："这事儿，在中国，在民间，永远不会消失；这事儿，不大可能成为轰轰烈烈的群众文化运动。"[①] 也就是说，要放在理性的有需求但影响面不会太大的层面来思考问题。从文化生产来说，确实是少数人的事，难以成为人人的事。文本生产是精英发明的活动，是文化人擅长的活动。普通人只有生活观念，消费观念，没有文本观念。修谱前与人谈家谱，别人肯定接受不了，因为他们大脑观念中无此物，自然体验不到价值与意义。一旦家谱修成，送到普通家人手中，他们多数是能理解并能接受的。

总之，为什么要修谱，站在当下的生活、站在个人的立场来思考，经常是找不到感觉的；但如果放大时空，从历史长河中，从家族群体来理解，或许可以得到一些理解。家谱编纂，不能放在国家历史来看，而要放在公众史学范围来理解。今日修谱，一是为了历史记录，实现历史的永生，二是为了家族文化建设，三是为了加强同族人员的情谊。

第三节　公众口述史让人人可参与修谱

作为公众史的家谱续修，要重视口述史。当代中国家谱编纂何以需要口述史？口述史与家谱编纂扯上关系，核心因素是当代历史记录学的引入。公众有

---

① 宛福成：《谱务走向》，廖姓家族 2019 年 7 月 17 日。

史，历史观念的革新，才是根本所在；口述成史，这是技术层面。新家谱编写的文体形式需要根据时代变化积极拓新，仅用一两种体裁是难以记述清楚家族演变发展历史的。编纂家族志的结果，导致家谱没有阅读性，只有档案性，甚至成为祖宗崇拜之物。将家族志转型为家族史，这是一个方向。突破家谱原有框架的束缚，让古老的族谱焕发现代气息。修谱既要尊重祖制，同时也要体现时代特征。要引入口述史，要增加当代家族史篇幅，要扩大人物入传的范围。人人参与，人人才能入史，也才能保证信息征集的准确。尤其音频家谱与视频家谱，修谱者可以通过这种方式，使家谱图文并茂、全面、翔实地记述家族历史，使得家族文化得到更好的传承，从而保证新家谱是生动性、延续性、可读性的统一。

一　口述史多层次理解

传统口述史有上千年历史，现代口述历史发展也有60多年。何谓口述史，至今没有一个让各方面满意的定义，因为不同的视野会有不同的理解，这也正常。在笔者看来，"口述历史"四个字前面，应加上一些前缀，才能很好地理解，否则各人谈的口述史完全风马牛不相及。谈口述史的形态，要从采访人的终极成果形态目标来衡量。如果是文献编纂，就会被当作史料征集的工具；如果是纪录片，采访过程的音像记录就是直接目标。人是观念动物，人最大的敌人是自己，精确地说，是自己的视野与观念。人的认知是最关键因素，一旦认知出问题，决策与行为就会出错。人要突破自我视野与观念的限制，相当不容易。

要理解口述史，拟由简单而复杂程序加以阐述。

1. 生活世界的理解

人类来到人世间，有一个思想与情感表达问题。表达的方式，一是口述，一是笔书。现实世界的主要交流方式是语言。口述，就是用嘴说话。语言是人类的基本交流工具，人人是口述者。人人会说，这是人类的基本交流手段，也是基本的问询研究手段。说话分几种类型，一种是单向的说，如上课、演讲、做报告，一种是双向的问答即口述调查。

口述史就是用嘴说出来的历史，这是生活世界的口述史。据笔者观察，生活中近于口述史的交流方式主要有三种：一是叙旧，二是谈心，三是汇报。闲聊是空余时刻亲朋聚在一起时的一种情感思想分享式交流方式，多谈现状与未来，也会偶尔回顾历史。怀旧是人类的情感方式之一，中老年人尤其会有经常性的历史回顾。叙旧是一种谈论跟彼此有关往事的交流模式。谈心是为了解决某些问题而进行的双方或多方谈心活动，可分为工作谈心与私人谈心。汇报是一种事后的始末过程及结果的通报机制。总体上来说，生活中的片段口述是小范围内分享，承载方式是彼此的口耳。从技术上说，主要是面对面的直接交流，也有远程跨空间的电话、微信、QQ等交流。不过，此类口述史，因为没有录音录像，无法再现，只能在小时空范围内传播。历史的世界是一个文本的世界。

2. 文本世界的理解

世上的多数人只会用口语来表达，平时基本不用文字来表达。他们完全生活在口语世界中，"口语世界"是一个中性词，任何时代任何国家都存在这个问题。与口语世界对应的是文本世界。所谓文本，指用符号体系建构起来的框架，是可以回放的、还原的符号系统，主要有文字、绘画、照相、录音、录像五大类。学术界所讲的口述史是文本世界的，即直接将口述变成文本，这种转化方式往往要借助外力才能实现。历史研究是在文本世界中进行的，不可能回归到原来的生活世界。在没有录音的时代，自然无法留下声音历史。即使今日录音技术普及化的时代，人们也不太会想到录音录像。因为中间缺乏公共文化意识、历史意识，少有人会想到有必要保留声音历史。现代口述史是历史记录视野下的口述史。

文本的建构，以前多靠写作，20世纪以后可通过口述来完成。声音表达，永远是活着的人类的主流方式。文字表达是门槛最高的表达方式，最为抽象。要借助录音录像工具进行口述，如此才能成为固定的录音录像文本，进一步加工成文字文本。由此可知，如果没有生活世界与文本世界的区别，是无法理解口述史的。普通人之所以忽视文本，是因为他们不是文本的生产者，仅是口述的生产者而已。因为不熟悉文字文本，平时不用文字文本，所以忽视文字文本的意义。

文本，可以粗分为文字文本、录音文本、录像文本三大类型。所以，口述史也可分文献视野下的口述史、录音视野下的口述史与录像视野下的口述史三大类型。

（1）文献视野下的口述史

常见的方式是将之当作征集史料的工具，为了某事向某人征询。这种方式近于调查，只要用文字记录即可，口述信息来源都可能不写。很多人会说，司马迁时代就有口述史了。一定要算口述史的话，这是文献时代的社会调查。个人无法发出自己的原声，只能靠别人用文字来表达某人说。

　　有人会说，我会写回忆录，不必用口述史。这显然没有理解口述史，仅将口述史当信息采集工具了。会写的人是否不要口述史了？仍然要，因为功能不同、形态不同。文献与录音录像是两种不同形态的媒介体，一是语言，一是文字。因此读者消费的方式也不同，一是观看，一是阅读。

　　（2）录音视野下的口述史

　　我们所谓的口述史是现代口述史，是录音时代的产物。1877年，爱迪生发明留声机，早期用钢丝录音。1935年，德国人耶玛发明了磁带，德国通用电气公司制成磁带录音机，从此进入发展期。采访之法始于新闻采访。记者采访新闻，要借助录音。他们当工具用，用过即删除，多数不保存。1948年，有美国记者到哥伦比亚大学任职，成立口述史机构。因为有了录音工具，人类可以保存原声了。不过，受传统纸本思维影响，仍是将之作为搜集信息的工具来用的。口述史最终成果的呈现形态，直接决定了口述史的关注形态。早期是平面媒体，所以仍重文字，轻视声音。早期的录音带成本高，所以仍是录了再擦，难以长久保存。要不要保存口述人的录音，背后体现的是不同观念。不保存录音，就是将录音当工具看；要保存录音，则是将当事人的录音本身当资料来看。

　　1963年，荷兰飞利浦公司发明了盒式磁带，从此盒式磁带录音机很快在家庭中得到普及。因为成本降低，也可能是观念的转型，韦慕庭教授主政的60年代，哥伦比亚大学开始有意识地保存口述史录音带。21世纪进入数码时代，实现低成本、巨量保存，更为方便。

　　现代口述史经历了由新闻采访到"旧闻"采访的转型，由事件研究到人物研究的转型。两种方式的区别是什么？要看两者关注的重点是什么，如果以事为目标，就是工具意义上的口述史；如果以人为中心，精确地说就以口述人历史记忆为中心。前者只要搜集到相关信息即可，对当事人并不关注。早期美国的口述史主要分为两类，一是集体性项目，二是个人史项目。口述史是一种以人为本位的研究方式，是一种借助音像工具，通过对话直接研究人类过往历史的方式。

　　口述史录音可以保持原声，是当事人用其原声在说话，保存口述人讲史过程是目标。其内容当然要转录成文,有两个因素:一是声音的局限性,方言或口齿不清者,必须加上字幕,别人才能看懂。二是讲话内容可以转录成文,编辑成书,传播更广。华人唐德刚教授参与哥伦比亚大学口述史活动后,重在转录成稿。重视转录成稿,正是华人学者的特点。华人更重视文字,忽视录音,录音仅是搜集史料的手段而已。唐德刚是历史学教授,所以更重在研究,最终成果是历史研究,所以也参考了相当多的文献资料。由此可知,最终成果的模式决定口述史的性质。

(3) 录像视野下的口述史

中国大陆纪录片始于20世纪90年代。关注普通人成为20世纪最后十年中国纪录片的一个大趋向。视频大规模用于口述史,始于崔永元团队的摄像口述史。崔永元受日本视频口述史影响,直接用视频做口述史。他们的最终成品仍是视频,他们制作了《我的抗战》等纪录片。他们很少整理成文字稿,出了一本《述林》。其他口述史机构也有以视频为主,既不制作视频,也不太出文字稿,仅作数据库建用。只有完全以视频为最终成果,才能普及音像口述史。

声音反映内在思想,图像记录外在形象。记录历史,视频最合适,最为接近。崔永元的做法之所以会一步到位,是因为他们是媒体工作者出身,熟悉此行业,专业摄像,司空见惯,不需要论证。不过,对文献工作者来说是新颖的,将摄像技术迁移至普通人口述历史才刚开始,需要一个普及过程。

口述史不是新的,纪录片也不是新的,两者结合也不是新的,但将口述纪录片理念传导给文献口述史学工作者却是有创新意义的。因为两者间的脱节,往往导致文献史学工作者忽视视频,缺乏视频意识与习惯。现在提倡两者结合,尤其是强调文献口述史者更新观念,接受视频口述史理念,对他们来说,是一种观念解放。

口述史的核心是关注口述人的故事、过往经历。最后的成品,是音像或文字文本,是公共文化产品。直接录像的效果更好,除保持原声外,还可以保存形象与肢体语言,更为直观,更近于生活世界的面貌。录制比文字好处多,更贴近生活世界。文字、照相、录音,只能部分实现记录功能,而录像可以全方位实现记录功能,可以记录下肢体语言。所讲内容整理成文,可作两个功能,一是配字幕用,二是独立成书用。也就是说,即使会写,也无法代替视频功能。

采访人与口述人均缺乏音像录制意识,会不喜欢录像。我们有证据意识,有历史意识，有音像意识，会坚持录像录制。一旦录制完成，他们的声音就永远定格了，成为音像文本了，这就是意义不同之处。事实上，口述采访的本身就有记录意义，相当于即时记录。其次是保持原声，通过原声讲述过往历史。口述史是当事人用原声讲述出来的历史。如此，当事人完全参与进来了。后人看这样的音像文本，显然更为省力，更为直观。肢体语言的出现，更便于后人研究细节。譬如有人担心说谎，其实看一下眼神就可以判断，是自信自然地说与闪烁其词地说，就是直观区分所在，不必紧张。

3. 历史研究与历史记录视野的不同

谁来做口述史，为什么做口述史，这些主体与目标的不同，导致口述史不同。由史料征集到研究当事人，这才是根本性转折。前者是传统史学，后者是公众史学。

口述史是以人为本位的直接历史研究模式，这有别于组织本位的传统历史研究模式。如果停留于国家组织史研究，这是一个有着丰富档案的领域，口述史就是补充而已。所以，他们将口述史当作征集史料的工具，重在弥补现有史料的不足。有人说，唐德刚的成名作《李宗仁回忆录》中，李宗仁本人口述占15%，其他的85%是从报纸、图书馆到处搜求资料补充、考证而成，这本书至今是现代口述史的代表著述。严格说来，这不是口述史作品，就是普通的历史研究，这本书根本不能称为《李宗仁回忆录》，应称《李宗仁研究》。

从公众史学视野来看，口述史是以人为本位的直接历史研究模式，口述史是当代人通过语言讲述历史的活动。公众史是一个全新的领域，是一个以人为本的观察视野。人脑是综合记忆载体，所有的人类历史活动都可以通过人来表达出来。从个人角度来说，留下的文献资料相当少，必须借助口述史来研究。用自己的语言来讲述，可以更好地表达自己的思想。人总有自己的擅长的表达方式，有人长于说，有人擅长写。普通人说话，用自己习惯的方式说话，这是最为有利的，可以表达出自己的经验。在长期的生活中，人人形成了自己的故事，自己的思想，自己的表达方式。用自己的话语体系表达自己的历史，这是最好的选择。人人都有自己的话语体系，这才是一个核心理念。如果承认这个理念，则人人都是自己的历史学家，也是可以成立的。当事人亲自讲述，我们直接录制视频，这就是目标。转成文字，配上字幕，就可成纪录片。文字独立成稿，就是文字口述史，可以阅读。语言性、音频性、视频性、文字性，这是口述史的四大载体形态特点。从参与人来说,是双主体。从研究方式来说,是问答式。内容是口述人的,整理人是采访人或史家。最后的成品,是双主体合谋的结果。

4. 口述史的可信问题

口述史可信吗,这是一个初学者必定会涉及的经典老问题。如何回答这个问题,会常谈常新。结合最新研究,拟从学理上给予说明。

一则这是由口述史被转录成文献引起的。口述史的可信与否有二层意思,首先是讲述行为之真,其次是讲述内容之真。这是当事人说的话,自然可信。至于所述内容是否真实,要看讲什么。历史研究须考订,这是基本常识,所以不必对口述史作品提出特殊的可信度问题。要有限度地怀疑口述史,而不是无限度地怀疑口述史。不是什么都是可信的,也不是什么都不可信的;有可信之处,也有容易失真之处。要结合人的知识结构来问,尽量让他们说他们亲历的故事。

二则这也是由大脑记忆的动态性引起的。口述历史是一种长时段回溯,或大尺度回忆。特别是老人,是几十年以后的再记忆。霍布斯鲍姆说:"口述历史是个人的记忆,个人是一个不可靠的保存记忆的媒体。记忆与其说是录音带,不如说是一个筛选机制,而且这种筛选在其限定的范围是经常改变的。"① 这种不可靠的说法,正是将大脑记忆当作了凝固的录音工具。大脑记忆是活的记忆,当事人会不断建构;文本记忆也是活的记忆,不同时代不同史家会重新建构。老人的回忆是建立在自我的不断认知基础上的,认知在进步,自然认知的表达也会变化。

三则是大家习惯了国家历史,容易将国家历史的质疑移植到公众历史领域。要知道,一个普通人讲自己的真实故事都来不及,哪需要编造历史?之所以编造历史,那是因为采访人的提问出了问题,超出了口述人的知识底线。为了防止口述史成果引起不必要的争议,采访时就要有所为,有所不为。"三亲"史料,相对说来比较可靠。"三亲"史料指历史当事人、见证人和知情人"亲历、亲见、亲闻"的第一手资料。亲历最可靠,亲见其二,亲闻其三。

直接的、双向的沟通,更容易理解对方。采访人理解不对,口述人马上会

---

① 〔英〕霍布斯鲍姆:《论历史》,黄煜文译,台北:麦田出版社2002年版。

纠正，有一种纠错机制。双向的直接的对谈，实际上也受特定的问答环境制约。如果成心应付乱说，那也不必接受采访了。如此，留下的口述历史会更准确。

对口述史最终成果的加工，取决于加工者的学科背景与研究水平。如果是历史学教授，肯定会做得更学术化；而其他学科背景的人，则会更多地依赖口述人的讲述，口述人讲什么，采访人记什么，不会作过多的考证与研究。

5. 口述史的意义

通过音像记忆，前人可以永远活在人间。没有采访人，当事人的自我认知与表达，只能是小范围内传播。一旦采访人介入，就有可能成为公共的信息，在大时空中传播。也就是说，采访人是公共文化的记录者与传播者，它是让私人记忆转化为公共文化的关键所在。

口述史的意义，有下面几点：

首先是可以拉着大家共同研究历史，不再是少数精英。为什么要做口述史？当代信息在当代人大脑记忆中，当代人多只会说不会写。所以必须通过口述史方式主动出击，才能征集到当代的往事信息。只有人人参与，才能让人人入史，最后实现人人分享目标。如果没有采访，普通人可能一生没有机会被采访，无法将其个人史转化成文本记忆。对普通人来说，有一次采访机会，这是相当不容易的。重要人物要写成系统的专书，可能要多次采访。口述史的优势是个人在场，是公众本位的。口述史是活人在讲述历史，所以会凸显个体性。有当事人在场，历史就不会虚无。

其次，当事人得以开口说话，保留人类的原声叙事。口语世界与文本世界的分离，让多数口语世界的人没有机会进入文本世界。生活世界通行的是语言，文本世界通行的是文字。习惯于生活世界的人，总以为自己说过了，就是有了。其实，它仅是短暂存在，他们就是失踪的人群。只有转化成文本，才能成为永久的存在。有了口述史，原来在文字世界沉默人群的历史话语权得以浮现于世，这才是最大的意义所在。要知道，世上80%的人群生活在口语世界。如果没有口述史的发明，他们的日常讲述就没有机会保存下来，就无法进入文本世界。

因为人人参与，因为口述，历史写作的风格也会变。传统的历史写作，多是一人操作，多是标准化书面写作。口述，人人参与，来自同人的说话，不同人的话语风格是不同的。我们得保留这种个性风格，而不是消灭这种个性。现行的有点知识的人，往往难以接受口述史体，是因为受传统的图书观念。口述史文本为什么可以多样化？因为以前是少数人参与，现在是多数人参与。以人为本位，符合生活世界的常态，也符合生活世界活以人为本位的视野与观察。大家要习惯这种全新的公众历史写作模式。

二 口述史与家谱编纂

家谱建构的重心要放在当代家族历史上。前代家族资料属存量，当代家谱编纂属增量。当代家谱编纂的发展，要放在公众史学框架下加以建构。

口述史与家谱的关系表现为以下四个方面：

一是谱系信息要通过口述方式来调查。

家谱是以家为单位的当代历史记录。当代人员的活动，普遍的方式是口说，留下的文献相当少。于是，要搜集家谱的材料，就要通过口述的方式进行，这是文本家谱的常见形态。今日修谱，要开门修谱。开门是对的，因为人人是历史的活动主体，过往记忆在人人的大脑中。如果不公开征集，这些信息没有机会进入家谱。"上考祖先可以在历史文献中下苦功钻研，下考后裔就必须通过宗族的共同努力细致统计了。发布倡议书，召开宗室大会，选举直系代表和地区负责人，制定调查名目，反复反馈核实信息，实地调查探访，是修谱的通常步骤。"

借助采访，编纂家谱，这是宋元以后的传统。翻阅传统宗谱编纂，会有"采访"名单。"40 个村子，120 个统计数字，16 次删改，24 次核实，一处存疑——这只是众多统计表中最简单的一页。每个支系提供信息报上来，有可能不完整，所以一般至少往返三个来回，比较符合要求了，支系自己也确定了，签字认可。"[1] "修此族谱前期，主要由村中一位长者口述，他记录，每天一个半小时，如此持续了四个多月。经反复校对修正后，他又多方走访、查证。"[2] 也就是说，找一个熟悉的长者，如同一本活字典，相当要紧。有了这些基本的信息，再进一步扩大考订范围。浙江淳安龙山方氏，"尚有 61 余名六十岁以上的老人健在，通过他们的回忆、口述、拼凑，龙山支派的某些事件，子孙繁衍，后裔迁徙及各方面的知名人士等，虽不详尽，但框架仍然基本清晰。"[3] 上虞薛氏上次谱修编于清末，距今已有 100 多年，要补上这 100 多年的空白，必须靠老

---

[1] 山旭等：《探寻国人家谱寻宗路：20 多年前家谱是一种禁忌》，《瞭望东方周刊》2015 年 5 月 12 日。
[2] 匡湘鄂：《惠州退休老教师写族谱村史盼后辈接班续写》，《惠州日报》2019 年 4 月 16 日。
[3] 方茂才：《龙山方氏宗谱前言》，见《龙山方氏宗谱》，2006 年。

人的回忆。很多熟悉往事的老人身体状况已每况愈下,"要趁他们还健在,赶紧整理出来呀"①。"这支平均年龄超过60岁的联络员队伍中,年纪最大的傅似镛先生已是93岁高龄。恰恰是这些高龄老人对上几代祖辈名字的记忆,成为家谱修订过程中的重要线索。"②譬如圣德堂《贾氏族谱》主编贾贞,文化程度不高,初中未毕业,但坚持要做族谱。他白天采访,听老人叙述,事后凭记忆,用手机整理,最后发到电脑上编排。③

二是小传的写作要通过口述进行。

家谱中"世传",属于人物小传、简介。宗族的调查内容细化到每一个人,统计多达14个项目,包括姓名、关系、职业、婚嫁、子女、工作情况、生卒年等,甚至安葬地。这些信息,固然是比较全面了。不过,从更高的要求来看,仍是比较简单的,属于人物最基本的信息,或可称为保底的家族信息。其实,完全可以写得更为详细一些。当然,前人之所以如此,也有不得已的苦衷。家族人员数量大,信息征集困难,印制成本也过高。如此,谱丁信息征集表格的要素可以更为详细些。笔者提倡后辈只要认为有值得记载的人和事,不管是否在世,就要为前辈写点简历或小传之类。每一代人都坚持写,这样后代对先人就会有所了解,不至于像今天的我们对先人的具体情况一点也不清楚。因此,要在族谱上留下足够的版面作为书写简历传记和张贴家庭成员音像材料之用。或许有人觉得都是草根,更无轰轰烈烈的业绩,不值一提。其实,若干代后,你就是祖先,在后辈眼里,你就是伟人,你平凡言行举止的记载,就是他们梦寐以求的宝贵资料。"你填写的就是你的家谱,写的是长辈的事迹,是传给你的儿孙的宝贵遗产。如果再版时,编者认为其中有启迪教育族人的好篇什,有推广意义,就可收录在新谱里,流传下去。这样不但有益于你的家庭,也有益于家族,你何乐而不为呢?"④目前的家谱信息征集表内容比较简单,但数量较大。从民间直接征集,时间成本不少。其中的传记部分,更为困难。建议成立类似的修谱常设机构,负责小传的写作。

三是大传的写作更应通过口述。

---

① 陆军:《农民薛志坤一人完成〈松鳞薛氏宗谱〉修编》,《上虞日报·文化周刊》2017年4月27日。
② 李宝花:《浦东六灶傅氏后人五年重修家谱墓地蹲点三天寻访》,《新闻晨报》2013年2月22日。
③ 贾贞:《贾氏族谱·后记》,圣德堂2021年,第238页。
④ 文清要:《一位古稀老人30年义务修谱的心得体会》,中华文氏家谱馆2021年8月9日。

第二章 家谱编纂的基本问题

传统的族谱或者史书当中有人物事迹的记载,很多限于达官贵人,普通民众很难进入史家的笔端。普通民众也少有这种意识去记录、保存自身的历史,即便有这个意识,也缺少专业的能力。现代的趋势,传记可以更为丰富,特别是房谱、支谱、公众家谱的传记可以详细。生不立传,只适合国家历史与政治大人物。对当代公众历史来说,不存在这样的限制。透过口述史,可以把一个个人物的经历、故事记录下来,那族谱应该不会那么单调,后代子孙也能了解到先辈们具体的事迹,从而形成更为直观、深刻的认识。[1] 前人写传多为他传,多找名人来写。今日自然可以仍走此路,不过提倡更为积极的口述史之路。通过口述,留下自述,更为理想。家谱的编纂如坚持口述史原则,有可能编纂出丰富的家谱。目前的小传与大传均不够详细。家谱编纂是平民历史编纂的突破。家谱为什么不能详细一些?精英化档案理念导致对平民记录的忽视。家谱中只有一小部分精英,多是平民。既然忽视平民,自然家谱中不可能有详细的传记资料。从公开的角度来说,也无法让其有详细的记录。文本的出现突破了口述在人际大脑记忆间的内循环模式,即口耳相传。此人通过"口"说出,别人则通过"耳"进入大脑,这就是口耳相传。口述史,是将口述变成"史",或通过口述形成"史"的过程。即将口述录音下来,然后转成文字,形成录音与文字两个版本,如此就可以保存下来了。否则只有口述,就是平时的聊天,不会被记录下来,最终会消失于空气之中。在这个过程中,录音相当重要。所以,口述史教学中,要尝试着让学生养成录音的习惯、转录的习惯,从而形成文本观念,具备历史意识与历史记录、书写能力。家谱编纂时可尝试着口述史,用手机或电脑录音。这个习惯的形成相当重要,人类大脑有记忆功能,人类有嘴巴,有将记忆说出来的习惯。不过多数停留在听过、留下大脑记忆。结果,形成了大脑与嘴巴间小时空闭环的过程。一旦人过世,记忆与声音最终也不会被保存下来。录音机的出现打破了这种小时空循环模式,可以变成声音文本与文字版本,从而口述得以保存下来,这就是口述史的突破所在。有了口述,不会书写的人也可以将自己的话记录下来,这当然是一大进步。保存声音相当要紧,特别是老人,一旦离世,只有声音可以听听或录像看看而已。从珍惜过往的角度来说,保存历史是相当重要的事。要找会做事的人参与口述史项目,这是一条

---

[1] 林沛跃:《族谱一本正经,但编修可以有多种方式》,古村之友2017年8月16日。

原则。家族熟人间的口述采访，可以换种更为轻松自由的方式，让他们说说往事，这是人人喜欢、容易接受的。所以，我们的口号是"说说你的人生往事吧"。以此切入，人们一定容易接受小历史书写。由小而大，由随意到正规，这可能是推广小历史书写的关键所在。

四是家风家训故事的征集也要通过口述进行。

一部好家谱应该有很多好故事，好故事能引出好家风，好家风能教育很多后辈子孙，这才是新修家谱人物片段编纂要努力的方向。家风家训，要有小故事，仅有几句归纳性的话，如同心灵鸡汤，对后人来说，效果不显著。家风家训如何提炼？有的人喜欢摘录几句话，显然不够的。要通过部分家族人员的讨论来共同确定，要通过平时有意识的积累，要通过家族故事的提炼。

此外，某些少数民族保留了口述家谱传统，如《房氏年命书》由房先清收于《八排瑶古籍汇编》，内容类似族谱，但体例和意义与士大夫模式的族谱完全不同。它们虽然也是文字的记录，但一般是在祭祀时由主祭人念诵，基本上还是保留了口述的传统。这是当今中国不多见的一种家谱形式。

第四节　家谱编纂的客观与和谐问题

当代家谱编修面临一系列的法律风险问题。要避免此类问题，编修中坚持客观、和谐原则，可能会更有利一些。

一　修谱遵循客观、和谐原则

为什么要遵循和谐原则？家谱续修的重点是当代公众史。当代史是利益、情感、价值观夹杂的时段。在一定的小群体内，会有不少生活世界形成的观念。这种观念，在生活世界小时空中出现，没有太大影响。一旦进入文本世界，进入大时空传播阶段，就会出现放大效应。所以当代社会的记录，为什么喜欢用志来表达，就是表明要求用客观、理性、和谐的语言来表达，消除各种偏见。一人之见，一众之见，都有偏见。进入文本，在接受大家的评判，尤其是要让当事人能接受。如果接受不了，就会带来麻烦。家族人员初次编书修家谱，没有经验，尤其是涉及当代的书，难度很大，他们没有充分意识到，征集与校对工作做得不细致，容易出漏洞。而且，传统家谱编修以后，少量印刷，内部存放起来，不进入公共传播领域，自然不会出什么大的舆论问题。现在的家谱，往往公开印刷，公开传播。如此，就有可能出现纠纷。如果私下解决不了，就会对簿公堂。

如何破解此难题，既要传播又不至于对簿公堂？核心应是家谱公开发行后出现问题，补救措施要到位。对簿公堂是少量的，却是影响很大的。易起法律纠纷的主要有三个方面：一是技术层面的世系、世录错误。浙江象山邵鹏认为："这些是技术问题，还有很多牵及意识形态和禁忌问题，更多可能是人际关系问题，什么事都可能发生。二是人际关系层面的。家谱中的人际关系问题，是指某些人想从家谱编修中捞好处，结果没有成功，被排挤出局，成为反对派。于是，他们对家谱的编修就盯得很紧，随时准备找家谱的差错，故意兴风作浪。修谱差错有，不是主要原因，主要原因在于家族有人一开始看到百万元筹款，以为可以赚上一笔，动手之后傻眼，感觉无法赚钱，于是放弃。这类人找碴的能力还是很强的，都是读条文抠字眼出身的。其实都不是那么高尚的话题，但明面上必须拿高尚说事。"奉化康海明说："修谱不单纯是文字功力，太多的人情世故在里边，发挥好中国人中庸之道，这就看主事领导的能力了。一般主事领导能力强的，自己摆平，如此一众手下没人会挑事。"鄞州区李华章修谱时，也遇到类似事件。他要人出一万元，有人提出用钱必须如何如何交代清楚，以防止人私拿。他打电话给某人，称不要太烦。如果不放心，可以把钱拿回去。如此，别人不敢多说话了。由此可知，为修谱创造一个好的环境，是十分重要的。处处不顺，必然出问题。三是牵及意识形态和禁忌问题，如两岸谱的许多称谓用词就是一个大问题。

当代中国家谱编修应遵循实事求是原则。要实事求是，原则与灵活相结合，这是一条原则。所谓实事求是，就是经历了家国体制到国家社会体制的转型，当下中国的乡村已经行政区管理了，户口管理影响越来越大，将人分为不同区域的人，而原来的宗籍反而被淡化了。在这种情况下，一定要削足适履、刻舟求剑，有点不伦不类。所谓原则与灵活相结合，指修谱人的规矩与服务对象的要求间的灵活处理。对一个外行来说，必须有一定的框架加以限定，使之边际明显；但对一个修谱行家来说，可以灵活处理，只要不违背家谱精神。修谱，本质上是一项服务工作，当然要满足修谱家族的愿望。譬如有人要将五个女儿上谱，甚至外甥上谱，就可以有所考虑。譬如有人不愿意写明是侧室，也可以用续娶。譬如人家是养子，从小收养，儿子不知晓，修谱时没有必要写清楚。

家族传承，重在姓氏传承，兼及血缘传承。

要继承的是修谱传统，保存家谱的核心精神，至于如何修，要与时俱进，不能完全拘泥于古。家谱的核心精神就是记录祖先的人名、生卒、事迹及家风家训故事。反思和感恩是家族文化建设的要义所在，也是至高境界。① 所谓反思，应理解为经验总结。要梳理下，族人是如何一步步走过来的，有哪些值得肯定的经历与经验，可以为后人所传诵。公众史不同于政府史，不涉及军国大事。从和谐史学，从家族历史教育角度来说，我们要增加家族正能量的宣传，近于古人的"名臣言行录"。这是宋元以后产生的体裁，重在言行的搜集，这就是中国的模范提炼传统。这可能是人世间的特征，世俗社会需要树立一个学习典范。"言行录"体裁值得继承，一个社会要传递正能量。现在可以扩大人物范围，成为"祖宗言行录"。采访重点也放在正能量言行故事的搜集，有一行之见、有一善之行，均在采访之中，如此采访的范围要扩大。把家谱变成家史，变成家风培养载体，就得在"祖宗言行录"下功夫。"祖宗言行录"可以让家谱的篇幅增厚，这样的风格也可以摆脱传记的难写问题。

如何才能实现这样目标？除了编写者坚持理性、客观、和谐原则，文稿要接受当事人的检验，让当事人核对，寻找可以接受的表达方式。从家谱来说，世系图要让相关家庭及当事人核对。世传部分的表述，要让当事人接受。其他专门性传记，更应如此。

二 家谱编纂可能的法律风险

家谱印刷发行以后，发现差错如何解决。金华修谱人詹宣武认为，修谱后出现的问题都属细节问题，如捐款人名字，如配图问题，如序言问题。他曾遇到有一个儿子交款，发票上写了儿子姓名，最后列捐款人名单时，感觉应写老爸名字，于是写了老爸名字。这样，就出现两个捐款人名字。最后核对捐款数量不统一时，才发现了这个小差错。另一个事例是他用了两幅航拍图，放在不同的地方，大家都没有发现什么。最后有一个老会计发现，这两幅航拍图实际上是同一个村，仅是角度与高低不同，一是从西边拍的，另一是从南边拍的。航拍图比较小，外人不易识别。那个老会计熟悉村貌，才发现差错问题。这是

---

① 宛福成：《姓氏文化与实务·族务三境界》，北京九亲文化公司2020年版。

一个认知盲点与亮点问题。这些都是后面临时加上的材料，没有经过反复的校对，所以会出小问题。

撕谱问题。有谱师建议，要放在饭后领谱，他无法发火，自然也不会发生此类猛烈动作。如在饭前，他翻到自己部分，发现弄错了，就会勃然大怒。另一位修谱热心人也遇到此类问题，她没有参与领谱，拿回家，翻阅自己部分时，发现年龄弄错，母亲年龄比女儿小。她说如在当时，肯定会撕谱。这说明，校对仍是一个大问题。当代人大脑记忆中的事实与文本叙述中的事实会有参照，差异立现，这是容易出纠纷原因所在。出现小差错，多是校对不精所致。

家谱刊刻以后何以多事？有两大因素，一是公开传播。古人修谱以后多存档，不传播，自然不会产生副作用。家谱一旦大量生产，大范围公开传播，就会出现此类问题。二是现代工商社会不同于农耕社会，个人意识强化，有了较多的隐私观念；法律意识也强化了，会动辄诉诸法律。若当事人不同意传记中的说法而诉诸法庭，那么家谱编纂者可能将承担相应的法律责任。2006年，河南出现首例族谱引发的官司以后，全国类似的案例已有多起。归纳这些案例的类型，主要有以下几类：

1. 族谱质量引发的纠纷

2003年3月，河南省禹州市顺店镇柳河村的退休干部孙民（化名）主编《孙氏族谱》。此书由孙氏族系考、孙氏嫡系相承表、族系孙氏家族人物、家庭伦理、民风民俗、附编等内容组成。但因为族谱校对不精，出现错误上百处。最后，被村人告发，打了四年的官司。[①] 回顾这个案例的前后，有三大教训，一是没有处理好编辑中的不同意见。举告人孙风朝等本是此书的编委，按照分工，积极参与。但在编写过程中，孙风朝发现有人凭个人好恶对族人任意褒贬，还有意向族人摊派费用，产生意见分歧。孙风朝等在劝说无效后，便退出了编写组。这就留下了"祸根"，多了一个"族谱质量监督者"。二则《孙氏族谱》经验不足，做事粗心，校对不精，导致族谱硬伤较多。印刷前，孙风朝对族谱进行了核对，提出17条修改意见，但其实错误尚多。2003年底，400本《孙氏族谱》印了出来。孙民等人除将大量的《孙氏族谱》发给族人外，还将少量的发至许昌、襄县、深圳等地。事后，孙风朝等人核对族谱，发现了267处错误，其

---

① 李佳：《粗心"主编"引发首例族谱官司》，《检察风云》2010年第12期。

至出现了严重伤害族人感情的荒唐错误,招致族人的激烈反对。2004年3月,孙氏族人153人签名,要求将400本族谱收回。《严重声明》中说:"在原族谱没有收回之前,我们本人及家属不让任何人以任何理由写进新的族谱。"三则后续处理不当,态度傲慢。孙民以各种理由推辞,没有执行收回族谱要求。2005年3月2日,"柳河孙氏族务委员会"作出《会议纪要》:"《孙氏族谱》在第一版印刷中有些仓促,在校对中不慎,书内出现差错,应该向孙氏族人赔礼道歉。族委们认为有错必纠,要采取有效措施进行补救。"主张要重印精美的《孙氏族谱》;原印发的第一版由得书族人自行处理,不要再流传后世;编入人物卷的族人必须资助。此事再次引发争议。孙风朝等族人认为,"原印发的第一版由得书族人自行处理",他们不处理怎么办?另外,重印精装本向族人摊派增加了大家的负担。在多次协商未果的情况下,2006年4月3日,孙风朝等12人将孙民起诉到禹州市人民法院,要求法院判令被告无条件收回400本《孙氏族谱》;向受害人赔礼道歉,赔偿精神损失。四则法院处理也不当。禹州市人民法院受理此案后,组织双方交换了证据,却迟迟没有开庭。2006年9月15日,经过法官多次做工作,原告同意撤诉。双方达成了以下协议:2006年农历八月底前,孙民要将族谱收回,以消除影响。结果,孙民只收了206本,没有全部收回。后来,他又印刷了第二版的《孙氏族谱》,但新族谱中仍有几十处错误。如此,孙风朝等仍不满意。2008年9月13日,孙风朝以孙民拖延再三,没有履行协议为由,再次向禹州市人民法院提起诉讼。2009年6月19日,禹州市人民法院一审判决,孙民在判决书生效五日内,向原告进行书面或口头道歉;驳回原告的其他诉讼请求。孙风朝于同年7月8日向许昌市中级人民法院提起上诉,要求判令孙民无条件收回老族谱,公开道歉,并赔偿精神损失1万元。许昌市中院于2009年10月13日开庭审理了此案。2009年11月23日,许昌市中院裁定撤销禹州市法院的一审判决,发回重审。

2. 因祖先世代不同引发的纠纷

刘海、刘江、刘涛三兄弟和刘亮均(均系化名)是邓州市刘氏普明后裔,均已年过六旬。2003年4月,邓州刘氏普明后裔开展修谱续宗活动,四人都积极参与,刘海三兄弟还将祖父刘大军(1948年亡故)保存的家谱提供给筹委会参考。在修谱过程中,几人发现刘大军保存的家谱与夏集乡坡刘营村保存的始祖碑记载的内容有冲突,有两个辈数错位。刘海三兄弟与刘亮意见不一致,加之其他原因,家谱续修工作暂停。之后,刘亮与他人另行成立筹委会修家谱,刘亮为撰稿人和编辑,在编辑的《普明家族志》中,称刘大军自编家谱,造成普明后裔乱宗乱代等。刘海三兄弟认为刘亮捏造事实,侮辱诽谤其祖父,在交涉未果后,三兄弟诉至法院,要求刘亮停止侵害、赔礼道歉、消除影响、赔偿损失、销毁相关资料。邓州市法院受理该案后,考虑到案件的特殊性,多次召集双方及刘氏族人调解,均未果。法院认为,编撰家谱是家族文化传承的一种载体,应以团结、和谐为指导思想,在求大同的基础上存小异,对有争议的问题应留待后人继续探究,不应采取攻击、贬损的方式草率下结论。刘大军保存的家谱未恶意篡改坡刘营村保存的始祖碑,并且对研究刘氏家族历史具有一定的价值。被告所修家谱中有关刘大军自编家谱的内容,实属不当。最后,法院判决刘亮在判决生效后停止传发和销售其编撰的含有对刘大军贬损内容的《普明家族志》,再出版时删除对刘大军的贬损内容,并向三原告书面赔礼道歉。①那么像此类问题,已经死亡的人有名誉权吗?据律师的回答,逝者的名誉权也是受到法律保护的,《民法通则》第 101 条规定公民享有名誉权,应包括保护死者名誉权。2001 年 3 月 10 日最高人民法院在《关于确定民事侵权精神损害赔偿责任若干问题的解释》中又将以往仅就死者名誉权的延伸保护扩大到死者的其他人格要素,包括姓名、肖像、荣誉、隐私以及死者的遗体、遗骨等方面。

为了"二世祖先"是否存在而打官司。1992 年,《李氏族谱》编写理事会主任李某让李乙写一个序言。李乙根据一些历史资料及当地宗亲某公等手抄的家谱,在《族谱》序言中写"福旺公生天佑公"。原告李甲等人也根据当地宗亲某某公手抄的家谱认为一世祖福旺公没有天佑公这一个儿子,双方一直为此争议不休。2000 年,理事会在李某辞去主任一职后,补选李甲担任理事会主任。经过两年多的时间,另外修订了《家谱》,并在《家谱》的前言中对李乙、李某有一些过激的语言。李乙不服,遂作《搜形》《搜形补》进行反击。李甲等五原告由此认为,被告李乙编写并已散发在李氏家族中的《搜形》《搜形补》两刊物,使用了诸如"心黑手辣之徒""狼心狗肺""黑家谱"等多处恶毒的语言,使他们的声誉受到极其严重的损害,此行为已构成名誉侵权,遂诉请法院维护他们的合法权益。被告李乙接到原告的诉状后,也大动肝火,提出反诉称,李

---

① 王海锋等:《续写家谱评论不当引发名誉权纠纷》,《河南法制报》2012 年 3 月 12 日。

甲等原告在《家谱》中使用极具攻击性的语言诬陷、诬蔑、侮辱自己，使自己在家族宗亲之间抬不起头，并以此认为李甲等人的行为实属恶人先告状，故意挑起宗亲之间不团结，造祸后代，也构成对自己名誉的侵权，反诉请法院主持公道。广西南宁市宾阳县人民法院受理此案后，发现案情重大，此案涉及面广，如果处理不好，有可能会引起几个村之间的械斗。为了维护宗族团结和社会和谐，该院针对他们都是同一个宗族的特点，多次组织他们进行庭前调解。最终，双方当事人以撤诉了结此案。① 这起案例的成功解决，法院的担当精神起了重要作用。此类案例，其实属学术争论，尚未到法律层面。只是，后续一系列的连环话语，引发彼此的不悦，最后走上法庭。

3. 用语不当引发纠纷

朱遇青主编的《义阳朱氏宗谱》，于2000年10月印行，80册发往各地。因第136页廷溪名下注"叛祖背宗，去投阜山系宗祠，搞乱本源"，朱廷溪诉朱遇青侵犯名誉权的民事纠纷。2003年，经青田法院调解，法院指令被告回收发行谱本，并删除这句话。2005年，义阳朱氏修谱委员会发《告示》，宣布原来未删除错句的谱本作废，并对本宗谱进行重修。新谱称为《青田外路义阳郡朱氏宗谱》。"序"后有一"告示"，内容为"原由朱遇青负责主编的《青田县外路〈义阳朱氏宗谱〉》，于2000年10月出版……因该谱第136页中廷溪名下注有'叛祖背宗，去投阜山系宗祠，搞乱本源'的字样，而引发朱廷溪诉朱遇青侵害名誉权的民事纠纷……为此，本修谱理事会宣布朱遇青发行的宗谱凡未删除所指的错句谱本应予作废，并对本宗谱进行重修"②。

又有家谱将某妻子当"侧室"者，实际上是"续妻"。于是告上法庭，要求在家谱中更正。

4. 因大量抄袭引发的纠纷

陆道龙、陆遂等均是南宋名臣陆秀夫的后人。1984年10月，陆道龙及其父陆明向射阳县档案馆捐赠了老谱《陆氏宗谱》9册。1991年9月，陆道龙在老谱基础上编纂了《中华陆氏历代年谱〈陆氏宗谱〉》12册，并于2013年1月取得了著作权登记证书。陆遂等11人自2006年底开始编纂《中华陆氏通鉴》5

---

① 郑之新、覃军明：《一个家族修两份族谱引出互告名誉侵权纠纷》，中国法院网2006年7月14日。
② 朱廷溪等：《青田外路义阳郡朱氏宗谱》，2005年，第9页。

册,并于 2009 年印刷。原告陆道龙以被告陆逵等编纂的《中华陆氏通鉴》第 3、4、5 册中剽窃了《中华陆氏历代年谱〈陆氏宗谱〉》第 1、2 册中《宋丞相长子繇叙世谱原》《奉天承运》等内容;《盐城陆秀夫世家谱》剽窃了《中华陆氏历代年谱〈陆氏宗谱〉》第 7、8 册中 "忠烈堂" 字样为由,诉请法院判决被告陆逵等停止侵权、赔偿损失 76 万元。江苏省盐城市中级人民法院经审理认为,《中华陆氏历代年谱〈陆氏宗谱〉》第 1、2 册中《宋丞相长子繇叙世谱原》《奉天承运》《陆公秀夫遗照》《奖谕文天祥诏》等内容,只是对他人作品复制所形成的相同的文字,没有自己的独立构思和创作风格,并不构成著作权法意义上的作品。老谱使用的堂号也为 "忠烈堂","忠烈堂" 堂号并不是原告独创。因此,判决驳回原告陆道龙的诉讼请求。一审宣判后,双方当事人均未上诉,判决已发生法律效力。① 此案的判决,有值得商榷之处。不管是否有著作权,后人大量盗用前人的作品内容,肯定是不道德的行为。

5. 因擅自列名引发的纠纷

2012 年 5 月,阜南县某大姓家族开始族谱编写工作,并召开了家谱编纂委员会(筹)会议。永才是这一大姓家族中的长辈,被邀请参加了会议。会议上,永才和其他三人被宣布为顾问。经过筹备,2014 年 9 月,该家族正式成立家谱编纂委员会,按筹委会的名单确定了委员会的正式名单,即永才等人为顾问,而永才没有参加这次会议。直到 2015 年 5 月,家谱编纂初稿完成,后经审核等程序,2015 年 8 月,该书印刷工作完成。该书共印刷 500 本,委员会向赞助 500 元以上的个人每人发放了 1 本,共发放了 100 余本,其余由委员会的人员保管。不久,永才也拿到了一本家谱,看到家谱上有自己的名字后,有些气愤,认为委员会并未经过他本人同意,就在顾问一栏中写上了自己的名字。永才要求家谱编纂委员会将自己名字从家谱中删除并赔礼道歉。事发后,家谱编纂委员会认为将永才聘请为顾问,是为了尊重长辈,而且在编纂过程中,永才也没有表示反对,因此不同意删除名字。阜南县法院审理后认为,姓名权是公民依法享有的决定、使用、变更自己的姓名并要求他人尊重自己姓名的一种人格权利。委员会在家谱编写过程中未经永才同意,在家谱一书中将永才列为顾问,属盗用原告姓名,侵犯了原告的姓名权。判决被告向原告永才赔礼道歉,并将已印

---

① 徐春霞、贾娟:《关于家谱独创性的司法审查》,《人民法院报》2014 年 12 月 4 日。

刷的500本家谱一书顾问一栏原告的名字删除。一审宣判后，双方当事人均未上诉。① 此案的关键是家谱编纂委员会不尊重老人，擅自列名，不与当事人打招呼，不尊重老人的顾问权利。

6. 因名字未上谱而引发的纠纷

原籍宜州市安马乡索敢村的韦厚荣早年外出工作，现退休在南宁定居生活。韦厚荣与同乡的韦文编是小学同学，双方关系一直较好。1999年，河池市韦氏族谱编纂委员会决定编纂《韦氏族谱——韩改韦世系续编》（以下简称《续编》）一书，并通知有关的韦氏族人收集、整理、编纂和提供各分支族谱资料。韦文编接到通知书，即与韦立锋等人投入工作，韦文编为绘编人。在编写宜州市安马乡索敢村韦氏族谱过程中，韦文编还与韦厚荣为编写族谱事宜进行书信交流，韦文编还将其绘编的索敢村尧眉支脉资料（内有韦厚荣之名）复制寄给韦厚荣。韦厚荣对"韩改韦"的提法有异议，尔后，双方相互退回各自所收集的资料。2001年6月，韦文编写信给韦厚荣征求韦厚荣是否同意将其家庭成员姓名列入《续编》内。同年7月19日，韦厚荣复函称，其不同意"韩改韦"说法，对是否同意将其家庭成员姓名列入《续编》内未作表态。韦文编经过慎重考虑后，将韦厚荣之名从索敢村尧眉支脉图删除，仅列入韦厚荣兄弟等人之名。韦氏族谱编纂委员会于2002年5月1日出版了《续编》一书，该书属自愿出钱出力筹资形式出版，收取工本费25元。2003年，韦厚荣回到索敢村，在翻阅《续编》一书时，发现书中没有自己的名字，为此双方发生纠纷。韦厚荣认为该书第111至第129页各支脉图的绘编作者不是韦文编，而是自己，2003年7月，韦厚荣以韦文编侵犯其著作权为由提起知识产权诉讼，经河池市中级人民法院审理认为，韦厚荣诉讼请求没有充分的事实和法律依据，一审法院判决驳回韦厚荣的诉讼请求，韦厚荣不服，上诉到区高院，区高院维持原判。2004年12月15日，韦厚荣又以韦文编故意未将其名字列入《续编》，其行为构成侵犯名誉权为由诉至宜州市人民法院，请求韦文编赔偿其精神损失费3000元。该书为内部交流读物，在我国现行的法律法规中，还没有强制性的规定姓氏族谱的编纂一定要把所有同姓族人的名字编入其中。该书没有原告的名字，但并不影响原告就是其父韦修身之子，以及其有三

---

① 刘越越等：《阜南：一本家谱引发姓名权纠纷》，《颍州晚报》2016年2月18日。

兄弟这一众所周知的客观事实。同时，被告在书中亦没有使用诽谤、侮辱、贬低原告人格和名誉的言辞。庭审中，原告未能举出其名誉受到损害的证据。法院判决驳回原告诉讼请求。韦厚荣不服判决，以《续编》一书为非法出版物，韦文编的行为构成名誉侵权为由上诉至河池市中级人民法院。中院经审理认为，韦厚荣不同意"韩改韦"的说法，又没有出钱出力，也没有提供因此造成对其名誉权损害的证据。据此，韦文编主观上没有损害的故意，客观上没有损害的事实，其行为没有构成对韦厚荣名誉权的侵害。为此，河池市中院作出驳回上诉，维持原判的终审判决。① 此案的表象是不上谱，但实际上也属修谱过程中，没有解决争议问题。纠纷的背后，属于情感的发泄。

7. 因擅自将名字上谱而引发的纠纷

在常州，一个地主儿子与一个退休书记争夺家谱编修权。有一个退休村书记，主修了一部宗谱。结果，另一个人不认同，他父亲曾是修谱人，理应由他来担当主修人。他不肯让自己的名字出现在宗谱上。问题是，他儿子没法上了。最后，宗谱主编擅自作主，将他的名字列上了。结果，引发了官司。从表面上，这是一个法案纠纷问题。其实，背后却是一个家谱修谱权的嬗变问题。这背后是权力中心的嬗变，由宗族权而村行政权的嬗变。显然，那个地主儿子没有认清形势，过于执着于传统而产生的幻觉。社会存在决定社会意识，而不是反过来。某些人的观念仍停留于50年代前，这是过时的。地主是中华民国时期的村中权威。中华人民共和国时期，书记与村长成为新的权威。名称不同，本质上是相通的。修谱主体的多元化是一个学术话题。

8. 因署名权而引发的纠纷

1994年，何某智续编何氏族谱。2007年，何某荣等与他签订"增续族谱协议"，收到报酬3200元。2009年12月，《某某堂何氏族谱》印发，第二页注明"资料：何某智"。何某智认为《某某堂何氏族谱》篡改、删除了序言，且在新印制的族谱中删除了原告名字，特提起诉讼，请求法院维护其合法权益，判令被告停止侵犯著作权并赔偿相应损失。泸州中级法院经审理，认为没有著作权，驳回了诉讼请求。何某智不服，上告高院。四川省高级人民法院审理后，驳回

---

① 陈忠强：《编纂族谱闹矛盾 竟连惹四场官司》，《法治快报》2005年7月28日。转自桂龙新闻网。

上诉，维持原判。① 此案的关键是，彼此对宗谱的署名权没有约定。

9. 因家谱专有权而引发的纠纷

一位58岁陆姓老汉因为家谱专有权问题，将自己的11位宗亲告上法庭。陆老汉的父亲在世时就开始整理宗族家谱，在老汉的父亲去世后，陆老汉继承先父使命继续整理编辑，随后公开发表。本族其他11位宗亲未经陆老汉许可同意，以营利为目的私自复制印刷，公开出售。陆老汉为维护自身权益，与11位被告对簿公堂。法院认为，可以申请，也可能会下发版权登记证书。但是即便拥有证书，也并不受法律保护，不享受专有权。最后驳回了陆老汉的诉讼请求，案情至此了结。② 作为图书，宗谱也许没有学术专著那样高的分量，但应有编修权。

10. 因老谱保管而引发的纠纷

这是因修新谱要参考老谱引发的。在歙县武阳乡东湖田村，有《王氏族谱》共14册，修于光绪十六年（1890），记载了淳安环水王姓衍庆堂一支的发展历程，其中一支王氏家族从歙县昌溪迁到上高山。族谱为版式印刷，封面编"艮字号"，即本版印刷中的第12部，为村民王孝福所藏。20世纪90年代，王孝福将该族谱交给儿子王有田保管。近几年，屡有收购古玩的人光顾王有田家。2009年初，该村王姓村民以防止族谱损毁、流失为由，要求王有田交出族谱让大家查阅，但被他拒绝。同年2月，143名原告向歙县法院提起诉讼，请求法院判令被告交出族谱，改由王姓村民推选出的代表保管。因原、被告都不能读懂族谱记载的内容，因此对自己的主张均未提交值得对方信服的证据。基于案件的特殊性，歙县法院多次召集双方当事人主持调解，均因双方坚持己见，未能达成一致。该院审理认为，族谱具有知识产权和物权的双层法律属性。在没有充分证据证明族谱是王姓人共有的前提下，应依法保护族谱持有者的合法权益。该院以证据不足为由，依法作出了"驳回原告诉讼请求"的一审判决。宣判后，原告不服，提起上诉。黄山市中级人民法院法官从做好"社会矛盾化解"工作入手，一边认真审阅一审卷宗，一边与双方当事人耐心交流，终于找到了调处该案的突破口。双方达成了族谱保管协议：讼争族谱由王有田妥善保管，族谱

---

① 泸州中院新闻中心：《一本家谱引发的纠纷》，泸州中院2018年10月10日。
② 冰冰凉：《家族宗谱是否能申请著作权保护》，信超知识产权2019年3月24日。

只能存放在王有田居住的歙县武阳乡东湖田村上高山组家中,并不得损坏及出售、赠与他人;王有田应在每年正月将族谱给王氏族人翻阅、查验;今年需修谱,修谱时间为半年,王有田应提供族谱,修完后仍交王有田保管,以后修谱事宜双方另行商定;保管人王有田若今后不愿保管或有其他重大事由不能继续保管,则由王氏族人集体商议,另选保管人。①

兄妹为争夺全套《杜氏宗谱》的保管权对簿公堂。常州原告杜菊凤等称,其祖父杜三宝有一套1911年七修本宗谱。祖父去世后,《杜氏宗谱》由原告的父亲杜叙昌继承保管。长期以来,《杜氏宗谱》一直安放在常州祖屋的房梁之上。2004年春,定居在上海的兄长杜焕荣因伤在家休息,向原告提出借阅宗谱以供其解闷并研究。2007年3月,杜焕荣去世,留下遗嘱称宗谱由其长子杜华继承保管。2008年3月中旬,因杜氏家族众多成员均欲重修宗谱,填补近一个世纪的空缺,原告致电被告杜焕荣之妻朱翠英,请其将宗谱交回老家,以便重修,但被告以宗谱交自己儿子继承为由不予理睬。原告认为,被告占据属家族共有的《杜氏宗谱》,侵害了家族其他成员的利益,理应承担法律责任。但被告朱翠英并不认可原告的说法,辩称宗谱是被告公公临死前传给长子的,她丈夫一直保存在身边。丈夫病故前,又把该宗谱传给了夫妻俩所生的长子,现该宗谱确在被告长子处。② 2009年,上海闸北法院审结,对要求被告朱翠英、第三人杜华共同返还全套《杜氏宗谱》的诉讼请求,不予支持。③ 此案的判决,值得商榷。这是一个家族内部遗产争夺案。此谱属杜家所有物是可以肯定的,理论上人人有份。一个不争的事实是,此谱长期存放于常州老宅之中,直到2004年春才转移到上海杜焕荣处。被告认为,《杜氏宗谱》系传于杜焕荣的,且事实上一直由杜焕荣保管,并非保存于常州杜氏老宅之中。这种观点是狡辩。从农村传统的宗谱保存方式来说,"常州老家横林镇东马庄旧屋的梁上有一个纸包",这种说法更靠谱。2008年,杜氏要续修宗谱,杜焕荣家属理应拿出来。实在不肯供出原件,至少将族谱复印一套给常州老家。如此,暂时可解决宗谱所有权与使用权间的冲突。

以上十大类型案例说明,编纂家谱必须认真核对。尤其是公开印刷的族

---

① 叶国强:《安徽首例族谱纠纷案平和落幕》,《人民法院报》2010年6月9日。
② 江跃中:《杜甫后人为争夺宗谱上法庭》,《新民晚报》2008年10月8日。
③ 陆慧、沈惠光:《杜甫后人争家谱翻脸上法庭 一审判决家谱留上海》,《新民晚报》2009年3月4日。

谱，更应仔细核对，否则存在被人起诉的法律风险。修谱中的问题，多是公众修谱中出现的问题。至于职业修谱，这些问题会少一些。就当下的家谱编修来看，普遍出在世系图排列的个别不慎案例中。当代事难写，人在乎的是正式传播的文本威吓力。要做好这种事，必须请当事人过目，这种工作要做得非常仔细。这是图书生产中普遍会出现的技术性问题，不是什么恶意侵犯名誉问题。之所以会出现此类问题，是因为核对工作没有做好。"在名家眼里，我胆大妄为，搞出来的族谱不伦不类，甚至错误多多。但我的族人感觉很好，说既十分完整，又清楚明白，也很实用。"① 这说明，宗谱的质量要求，不同的人会有不同的想法。有的人无所谓，写错了就错了；但有的人会较真，某些意见、怨气比较重的有点文化的族人，更会上纲上线。前面的这些族谱官司，多是这样产生的。要管控当代史编修面临的法律风险，技术原则有二：涉及真名真事，首先必须经当事人审核并签字。其次，要用化名或字母符号来处理。

从家谱生产角度，可以谈家谱印刷发行以后发现差错如何弥补问题。目前来看，主要有几种方式：一是手工改正。手动修改在以前老谱上比较常见，也不算犯忌讳。二是刻图章，直接覆盖错误之处。三是出一个校勘记，直接贴在家谱内。四是补遗，最后会空上几页，可以补遗。五是重刊某册，甚至全部重刊。总之，家谱是非公开之物，印刷量不大，又多客观数据，少主观判断，所以相对容易纠正。

---

① 文清要：《一位古稀老人30年义务修谱的心得体会》，中华文氏家谱馆2021年8月9日。

第三章

当代中国公众家谱观念研究

历来修谱都是少数人发起的。倡修者之所以发起修谱的倡议，是因为他们对修谱的意义有一个先知先觉的认识。但是，修谱中诸如个人资料的申报、各种关系的处理、诸多矛盾的解决、资金的筹集等都需要家族中全体成员参与，而要全体宗亲万众一心地与倡修者保持思想认识和修谱行动上的一致，实际是不可能的。认识有先后，行动有快慢，这是修谱中首先遇到的少数先知先觉者和多数未知未觉者之间的矛盾。观念问题是人的核心问题，人是观念动物，有什么样的观念就会有什么样的行为。人与人之间的区别主要在于观念的高低以及由此带来的认知差异。简单地说，就是大脑看得见与看不见的差异。如果看得见，就会相信；如果看不见，就不会相信。高维观念可以看到低维观念的不足，但低维观念往往无法理解高维观念。当高维观念的人劝说低维观念人做某事时，看不到价值与意义的低维观念人群是无法接受的。人与人之间视野的差异，既有生活世界实际接触空间大小的不同，更有文本世界接触空间的大小不同。总体上说，只有生活世界的人，视野普遍狭窄，近视眼是常态。拥有文本世界的人，才有更为宽广的视野，比较有远见。既然如此，让家谱深入民间，让人人可见，正是推广家谱编纂的关键所在。

必须将普通人的不同层次障碍梳理清楚，才能有的放矢地做思想工作。在没有正确的家谱观念教育前的原生态家谱观念，是有意思的话题，是值得关注与研究的事。所谓原生态家谱观念，是指未经正式教育前的家谱观念。这些原生态观念，是在各种环境中自然形成的，多数未经过正规家谱教育的训练。在懂行的人看来，这是些低级的、错误的家谱观念，但在普通百姓眼里却是一直以来所秉持的正确观念。人是观念动物，公众是一个多层次的人群，他们的家谱观念也是分层的，有稍高的也有较低的。这些或高或低的观念都是真实存在的，不是虚拟的。对普通人来说，这些观念问题都是"真理"，不是假问题。如果不破除他们思考上的观念障碍，他们无法接受家谱编纂活动。普通人的家谱观念多是浅层次的观念，没有经过深度的思考。他们完全着眼于自己的眼睛所见事物，见多了，听多了，关注多了，就会接受；反之，未见过未听过，从不关注，肯定认为没有用。这也是普及家谱知识过程中，必须解决的实际家谱观念问题。家谱修不起来，无法普及，都是因为人的观念出了问题，所以这是决定修谱的关键问题，不是一个小问题。当代修谱是一项群众性文化建设活动，它需要人人参与、书写人人。如果群众的家谱观念跟不上，内生动力就不强，配合度就会低。所以，要研究公众的家谱观念，进而有意识地教育之。

有位著名的山西谱师曾提出："我们不改变别人的家谱观念，只顺从别人的家谱观念。"这是针对家谱编纂有兴趣者而言的，他们是根据别人的需求才做家谱编纂的。如果要推广家谱编纂，必须普及大众的家谱观念，更新公众的家谱观念。人的认知有一个由浅而中而深的发展过程。如何改变？这是相当复杂的活动，树立样板，扩大宣传，加强教育，当是一途。面向社会大众，必须提供一套通俗的大众听得懂的话语体系，这正是笔者努力的方向所在。如果仅是学者听得懂，这是不够的。公众史学理论建设，最大的任务就是建立一套大众听得懂的史学理论话语体系。研究公众的家谱观念是学术选题吗？当然是。我们得研究普通人与专业人区别在哪，常见家谱观念有哪些不同。只有找出了常见的问题，提出了应对破解之法，才能改变人的家谱观念。也就是说，公众家谱观念研究的目标是提供一套理论，可以驳斥相关怀疑论者。之所以要研究，是因为由于修谱之人理论水平有限，举旗不当，有时反而成为别人不信的理由。譬如说修谱可以让你与某个同姓名人编进同一本书，对某些人有用，但对多数人没用。可见，必须研究诸多问题及相关的解释说辞。

目前家谱学界与编纂行业及外界民众，对家谱有哪些正确的看法，有哪些错误的看法，这是值得梳理的。检索相关网站，会发现一些家谱公司编辑撰写的稿子，如族书网编辑写的《深挖四种反对修谱心态》列举四种反对修谱心态加以驳斥，国际家谱网编辑写的《当代人为什么不肯修家谱》列举十大理由加以驳斥。这些文章与本文宗旨最为接近。普通人思维的最大特点是，往往停留于直观的、浅层次的思维上，少深思，所以经不起学人的追问。学者的特点是会追问，所以会有深度思考。普通人群数量十分多，家谱观念差异也十分大。不过，仔细梳理下常见的非专业的家谱观念也就是几十种。本书拟分事前、事中、事后三大流程，结合搜集到的相关普通人的家谱观念资料，对此展开深度的分析。也希望给那些从事家谱观念教育的人提供学理的依据，让他们可以帮助纠正相关人的低层次家谱观念。

第一节　修谱事前诸多观念问题

古代有宗法体制，彼此同住一村，族有族长，房有房长，有完整的组织体制。所以，修不修谱，只要族长与房长开会商定即可。经费上，有族产如谱田等支持。现在，宗法体制崩溃，没有族长与房长，没有一个核心管理机构，没有族产保证，再来修谱，就十分困难了。领导机构没有了，信息征集机制没有了，家谱编纂与刊刻出版的经费没有保证了。临时搭一个班子，缺乏权威性，没有各房征集机制，信息征集困难，刊刻经费筹集也困难。更重要的是，族人流动性增加，分散到全国、全世界各地。在现代商业价值观影响下，住在城市中的族人受现代观念影响冲击，不仅与出生地族人联系少，而且也不易接受原籍地族人的修谱观念。组织体系与财政支撑，这是决定修谱的关键因素。修谱，不是人人会想到做到的事，而是只有精英才会想到做的事，是文化老人想到做的事。现在一下子扩大范围，直面家家户户修谱，要那么多普通人接受家谱编纂，困难自然比较大。中间多数人不配合，这是十分正常的现象。

在生活世界，会逆向追问祖父以上祖宗名字，这样的理念没有几个人会具备。家谱编纂的民主化教育并没有跟上，多数人对家谱没有觉醒，是因为不了解，认知上存在偏差。家谱的普及度不高，从小到大，没有见过家谱，没有听说过家谱，更不要说有系统的家谱编修知识了。如此，自然不可能支持家谱编纂。只有某些家谱编纂有传统，家谱教育比较成功的乡村，家谱编纂才是一件相对容易的事。由此可知，家谱知识教育必须进入中小学校教材，整个社会的舆论也要肯定家谱编纂。因为中华人民共和国前几十年一直打压宗法，导致家谱也在否定之列。其实，宗法与家谱是两个不同的概念。两者有联系，宗谱是宗法的产物，但也可脱钩，家谱就是一本书，今日家谱已成为纯家族历史的一

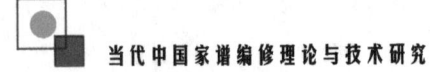

种文本。

修谱前,人们普遍的家谱观念,有如下诸种:

一 对家谱种种错误认知

1. 修谱是封建迷信

"过去,我认为家谱是一种封建宗族制象征,有反感。"[①] 一些人认为修谱是搞封建迷信,都什么时代了,还修宗谱干什么。极端思想让人印象深刻,有人说,当年破"四旧"怎么不彻底,现在又"沉渣泛起""死灰复燃"。"年纪轻轻,为何要搞封建迷信?"这是部分经过60年代"破四旧"洗礼的老人思维。国家为了某个目标,会不断地宣传某些理念。结果,国家宣传理念不断前进了,那些接受落后宣传观念不更新的老人,就一直秉持此类落后观念。重新进行启蒙教育,正是当代要做的事。这反映出的现状是,家谱没有进入人们的观念,大脑中只有"四旧"观念,对此有何用,想不出什么,容易往分钱方向联想。这是受过往几十年打压宗族思想影响的结果。这种观念,现在早已过时。现在修谱,就是以家族为单位建构历史。为什么要以家族为单位?因为中国汉族有一个特殊的传统,有一个共同的姓氏。姓氏是家族的族徽,有了姓氏,就使家族历史的建构可以自成体系。这是一种古老的方式,现代仍可用,因为我们仍在沿用姓氏。

2. 修谱是大户人家的活动

把修家谱一事看得很神圣,感觉高不可攀。一提起修家谱,族人们大多认为只有名门望族才能修家谱,或者名声显赫之人才配得上进家谱。有学生问奶奶,我们家有没有家谱,奶奶很激动地说:"那是大户人家的事情,和我们贫农有什么关系,我们贫农家哪有什么历史?只知道怎么把庄稼种得好一点。""我们家族没有出过任何名人",所以没有编写家谱的必要。又比如有人去征集谱丁资料,对方说:"我们不是什么大户人家,不用修什么家谱,你们走吧!"这是典型的受精英化家谱观影响。确实,以前修谱是大户人家的活动,与贫农无关,这正反映了传统的历史观念与现代提倡的公众历史观的差异。而且,今日现代家谱重在写百姓的生活史,写平民的历史,不是什么大人物的历史。现在家谱

---

① 王德威:《方前王氏宗谱序》,2013年。

在逐步扩大范围，越来越大众化了，这是他们没有想到的。其实，修谱发起人是大户人家，但家族上下参差不齐，也有小户。"今天家族的平庸不代表家族的永世平庸，从当下起完成家族精神与智慧的一点一点沉淀，数代以后一定能造就一个不甘平庸的家族……如果没有，这是此生所不可推卸的责任。"[1] 这个回答尚不太满意，仍局限于精英史学。其实，家谱是家族生命史，人人有份，须用公众史学新眼光重新看待。

3. 修谱是闲人的瞎折腾

"闲得无聊没事找事干"。"宗谱都不能当饭吃。""家谱能当饭吃？"少部分人对修订族谱持抵触情绪，较为排斥，认为入谱没有多大含义。这是普通人面临修谱时最容易脱口而出的话。闲得无聊没事找事干，有时确实如此，它是闲时才会想到的文化活动。对方直接发问，"现在没有眼前利益吧？将来也没有吧？我就姓这个姓怎么了，我们没有家谱也能活啊。"一位学生修谱，族中老人问，修谱能让我多喝一瓶酒多抽一支烟吗？这是将修谱与现实生活联系上了。遇到此类话，可以追问，你没有吃饱？你要吃多少才饱？你24小时都在吃饭？要知道，一日只吃三餐，每餐就是一碗饭，每次吃饭约半个小时。剩余的时间，你会做什么？你要什么？家谱是文化大餐，是可以满足精神需求的，是可以看的，是记录一家过往的，20年至30年才做一次，你感觉是多余的？以能否当饭吃来衡量一切，这是最穷时代的思维，是人类求生存意义上的想法。现在，进入小康社会，是求发展问题。修不修家谱，不影响人的现实生活，但会影响人百年后的存在。家谱解决的是身后存在问题，而不是解决现实生活问题的。家谱是家族发展层面的文化话题。没有家谱，没有家庭文化建设，一个家族不会大、不会长。

4. 修谱是劳民伤财的活动

修谱是一项复杂工程，要费财费力，修谱不是瞎折腾吗？修谱之事，确实会"劳民伤财"，但肯定是有用的行为。当下可用，更着眼于未来，是承前启后的事。人为什么要结婚生子？不是为了香火延续吗？家谱也如此，它是家族文化的传承。没有家谱，你的记忆就是不出三代，往上知道你曾祖、高祖名字吗？修谱，不是生活世界的俗事，而是文本世界的文化事务。它是一个家族超越生活世界而进入

---

[1] 远氏文化研究：《重修家谱的意义》，远氏文化研究的博客2016年5月2日。

文本世界的大事，它是家族文化建设工程。富裕起来的国人做什么？就是要用文化丰富人的大脑，从百年眼光思考家族的百年传承问题。家谱，可以说是家族百年发展的全程记录，是一个文化大袋，是建构文化小屋的行为。这笔钱是家族文化建设之钱，是有百利而无一害的活动。所以，着眼当下，是费了一笔钱，但着眼于未来，这笔文化投资很值得，这样的短期折腾是值得做的。

5. 人生过了就过了不想留名

"过去的就让它过去，记住它干吗？"这也是普通人容易产生的想法。人人有百年之期，这是自然规律，无法违背，但人的经历与经验值得记录下来，它是有益于后人的发展的。人来到世间，是一个在黑暗中摸索着前进的过程。前人摸索出来的经验，可以为后人所用，提升后人摸索的效率。更重要的是，家谱所写是自己的亲人，是比较熟悉的人，当然值得记载，这才是爱家的表现。如果自己家族的历史连自己人都不来重视，谁来重视？连自己都不珍惜，谁来珍惜？爱家的表现就是修家谱，这是最好的爱。"生不想出名，死不想留名。"这是十分消极的人生态度。古人云：雁过留声，人过留名。名，就是人之本。如果人生一世，连个名都没有留下，若干年之后，自己的子孙连祖先是谁都不知道，那不是枉活一世、白活一生吗？换言之，后代子孙也就失去了根本。雁过留声，人过留名，才是更为积极的人生态度。

6. 修谱不能解决现实问题

"找到祖源又如何？修了家谱能怎么样？认了同宗又有啥用？日子过不好，哪个又能帮你？""我几辈人没有族谱，还不是活得好好的。""不入谱也姓鲍。""难道我不入谱，就剥夺我的姓氏权利？谁也没有这个权利。"① "我就姓这个姓怎么了，我们没有家谱也能活啊！"② 这些是生活世界常见的思维方式，是一种似是而非的观念。此间关键是没有生活世界与文本世界二分观念，将生活世界与文本世界对立起来了。上谱与否，不影响人在生活世界中的活动，但会影响人在文本世界的位置。不入谱，表示没有进入家谱文本系统，在未来的历史世界中，你就是不存在的人。可能有人会说，要家谱有什么用，没有家谱不也是照样生活，只要我儿子记得我，孙子记得我就行了，其他的根本没有意义。这

---

① 娄义华：《现代族谱散发迷人的芳香》，《中国新报》2021年10月3日。
② 山旭等：《探寻国人家谱寻宗路：20多年前家谱是一种禁忌》，《瞭望东方周刊》2015年5月12日。

仍是只有生活世界的直接联系观念,大脑记忆只有三代。三代以后,不再有来人记住了。家谱,可以让更后的后代知道你的名字。个人过得好与坏,与族谱没有关系。前者是生活世界的事,后者是文本世界的事。生活世界的事,要靠自己的来解决。修谱与解决农村人的现实生活问题,是两个不同层次的问题。前者解决的是文本世界的文化问题,后者解决的是生活世界的经济问题。彼此都要发展,只是途径不同。

物质至上主义。"修家谱能干啥?不能吃,不能喝,还不是弄的闲干事?"一个人的所有活动都是围绕吃喝进行的?不可思议。某日,一个人很不情愿地过来登记说:"这谱修好了,日本人走后,可以按照这个簿子查汉奸。"又说:"我不要修家谱,一点用都没有,我修谱是给儿子修。"谱师倪毓佩说,你赚钱也是为了给儿子用。他说:"我自己用了一点点钱,钱也给儿子。"倪毓佩感叹地说:"相当部分的中年人、老年人,特别是日子过得不太好的人,把修谱看得可有可无,只是碍于有儿有女,不修家谱,子女会无处寻根,才很不情愿地修谱。"①

7. 要求修谱之前先修祠堂

说及修谱,他们说要先造祠堂再修谱。有二层可能,一是有意作对,二是相信看得见的祠堂,不相信家谱。修谱的小钱都不肯出,还愿意出造祠堂大钱了?修谱比较务实,要求一一来做,先修谱,后建祠堂。"出修谱的钱,其实都是花在自己家族身上,这点钱都不出,还指望他为帮助其他族人。""你要依靠品质好的族人帮忙,这样才能够把家谱修起来。""修谱是一个家族集体的大事,是一件系统性很强的工作。假如组织者热情有余,考虑不足,从一开始就会困难重重,甚至修不下去,故做好前期策划工作,确定计划非常重要,只有这样,才可以顺利,不花冤枉钱,不做无用功,才能修一部好家谱。"②

8. 将文化建设与养身对立起来

老人想要修谱,孩子多反对,"一大把年纪的人了,闲账不要管了,自己身体管牢,好好在家安享晚年"③。这是较为普遍的态度。老人参与修谱值不值?是管闲账吗?让老人成天等死吗?人与动物有何区别?从生活世界世俗眼光来

---

① 倪毓佩提供信息。
② 倪毓佩:《修谱见闻》,公众史学 2020 年 8 月 4 日。
③ 陶晓宇:《91 岁老人叶丛青不畏艰辛走访考证家谱资料编家谱励后人》,《柯桥日报》2015 年 9 月 20 日。

· 169 ·

看，安享晚年就是养好身体。安静地过好自己的日子。这其实是他们缺乏文本世界观念，看不见文化活动的价值的表现。这位老父亲不同于子女，看到了家谱久远的文化价值，他是家族中年龄最大的老人，他不来记录，大家族百年往事就会湮没在历史长河之中。修家谱才是尽家族文化传承之责任。退休不是停止活动，退休老人的优势是人生经历丰富、经验充足，他们更适合从事家族文化建设。修谱可以让老人有自己的作品，可以传承上百年，老人的名字也可以再传百年，你说值不值得？当然值，可让他们有所追求，有所成就，这样的文化养老活动有时反而会延长老人的寿命。

唯有眼前的利益才是有用，忽视了信仰和精神需求。清代人就已注意到这种现象："余且问修谱无用论者，人生在世，何为有用？无论居官为民，骨骸终归草野。无论资财丰薄，临终不携一文。人之卒逝，如灯之灭，一生忙碌，皆归无用，岂独修谱一事无用哉？……何如君以修谱遗子，子复修谱遗孙，千百年后，则子子孙孙，瞻谱怀祖，永铭君恩。君之坟茔，亦可因谱之详载，而祭祀不绝。君若有德，谱亦载德，则君之事迹，亦可流传后世。试问遗金于子与遗谱于子，孰轻孰重？有用无用，当毋庸辩也。"[①]"修过家谱的人都知道，修一部家谱要看很多冷脸、要碰很多钉子，所谓锦上添花的多，雪中送炭的少。"热衷于此的人不惜花费巨大的精力、财力，去修谱，而不屑一顾的人认为根本没有修家谱的必要。这正好是两种境界。顺向思维，面对从未见过的修谱活动，都说没有必要修谱，浪费钱财。但如果逆向思考，看看修成谱的家族，个个兴高采烈，轰轰烈烈。没有说修谱越修越穷的，反而是越修越旺。那些闷声不响、不修家谱的家族，不见得发达。修谱可以睦族。很多人会说，生活世界中，因为什么矛盾，彼此不理睬。其实一旦修谱，就会逼着彼此联系，最后因此冰释前嫌，这样就发挥了修谱活动的睦族作用。

二 将修谱视为谋利之事

1. 怕出钱出力

自改革开放后，以经济建设为中心的导向，基本上大部分人的观念都是以钱为导向。修谱不仅不能赚钱，还要花费大笔资金和时间，与当下的观念大相

---

① 追朴轩主人：《修谱论》，合阳乡土王氏族谱的博客 2014 年 7 月 13 日。

径庭。"修家谱有钱分就要修,要我们出钱不要修。"在修谱上要出资金,大家都不愿意修了。有的人希望通过修谱分钱,他们老想着得到钱,可能是太穷了,这是典型的穷人思维。事实上,修谱是要付出的。当然,它也可能有回报,但得到的不是钱财,而是精神财富。修谱不存在功利,修谱的意义在于给后人留下一笔精神财富,让后人知道家族渊源和创业历程,从而激励后来者发愤图强。

2. 以小人之心度发起人之腹

倡修者多是修谱热心人的集合体,他们的利益取向是实现个人的夙愿和价值,为宗族纂修出一部高质量的宗谱;而宗族中少数人惯于用世俗的眼光看待这些倡修者,往往对他们的行动持怀疑态度。以"无事生非论"与"好事扬名论"攻击倡导修谱之人。一则认为修谱发起人大多是暴发户,有了钱但政治上无地位,借修谱出资掌控宗族,记载自己所谓业绩。"此等理论,蛊惑人心,消弭热情,亟需澄清是非,以正视听。"① 总体上说,反对修家谱的人都是宗族文化淡薄之人,无知无畏,尚领略不到家文化建设对大到国家、小到家庭的重要性。为了尽自己最大的限度误导大家,就从污蔑修谱发起人开始了。这是一种典型以偏概全、心理不健康者的想象。这种观点是非常可笑的,其实修谱很少是由暴发户发起。修谱发起,一般有以下几种情况:按照族谱规定三十年一修或者六十年一修,到时间自然启动;家谱保管者计算着时间应该修谱了,或者周围的姓氏都开始修谱了,自己家族又长时间未修,遂发起修谱。退休的老教师、老干部发起修家谱。家族企业家发起修家谱。修谱发起人确实有暴发户,但发起修谱的动机,显然不是他们想象的那种卑劣目的。如果要记载个人业绩、保存个人光荣历史,根本不需要修谱,只写一本个人传记就可以了。家谱,是一项家族公共文化建设活动。它需要有人支撑,有人参与,有人出钱。没有人,没有钱,根本办不成。企业家、退休官员、教师、乡村干部是家族中强势人物,只有他们出面张罗,才能推动修谱事业,才能保证修谱的成功。家族中的弱势人物是难以承担修谱重任的,只有家族中有钱有势的人才愿意修家谱。文化是第二需求,所以家族中有钱有势的人首先想到修谱,这是正常的现象。

3. 修谱是为了赚钱,"修谱谋利"

在家谱编纂中,一直有一种借机敛财的观念。"农村现在很多人热衷修谱,

---

① 追朴轩主人:《修谱论》,合阳乡土王氏族谱的博客2014年7月1日。

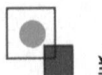

退休官员和退休教师对修谱最为热心,忙前忙后,当然有可能趁机赚点钱。"①村民们怨声载道,说是让那些闲人没事做的赚工资罢了。这是十分错误的小人之论,折射出自己的小人心态。修谱写史自古以来都是很神圣、很光荣、孝祖宗的大事,而且续修家谱,自古以来都要靠一定的经济力量支撑。认为"修谱谋利"是典型的只有经济眼光没有文化眼光,即便有经济眼光也没有成本观念。修谱是文化活动,肯定着眼于文化功能,它是家族史传承之物。修谱是费力费脑,要有成本,如同造房,这是十分自然的现象。现代社会是一个按劳分配的社会,有人出力,取得合理报酬,这是十分正常的。在家谱编纂中,只有谱师能挣点小钱。他是职业化修谱,当然要收钱,不可能免费服务。即使本家人员来做,也是要有成本的。付出时间,获得相应的报酬,这符合劳动报酬原则。修谱活动不值钱,这才是背离劳动报酬原则的古怪理念。某些人经济不宽裕,合理付点酬,十分正常。至于某些族人境界高,不要报酬,可以用家族志工来理解。总之,按劳付酬费是正常的行为,义务参与是高尚行为,要多加表彰。

4. 修谱是为谋私权

"人年老想借修谱保存家族资料,突出自己老的本钱,想有一言之席。但又无经济能力,便附庸暴发户,仰人鼻息发言。"这种言论是极其荒唐可笑的,是以小人之心度君子之腹。把家族家谱保管者想象得如此不堪,这些人根本不知道,家族家谱保管者自己或者是他们的父辈是怎么斗智斗勇将家谱保存下来的?尤其是历史动荡的时期,最近的一次就是"文化大革命"时期,那些保存家谱的先辈,很多是冒着生命的危险,你能说那些举动是毫无意义吗?这些保管人保存下家谱,不仅仅是胆识的问题,更是对祖宗的虔诚,他们知道家谱不仅仅是一本书,它连接的是祖宗。家谱没了,祖宗也就找不到了。所以,这些家谱的保存者是值得我们尊敬的。

5. 官场失意者想借修谱保存光荣历史

"因为有过官场经历便觉得有说三道四资本,其实也看暴发户脸色说话,更多参与修谱人是觉得被暴发户看重与平时无交集的宗族官场人来往,但真正具有政治地位社会地位的人是不屑参与修谱活动。"② 这种观点也很可笑,以自己

---

① 张祥前:《民间为什么热衷修谱?》,博客中国 2016 年 3 月 9 日。
② 《那些反对修家谱的喷子们是该闭嘴了!深挖四种反对修谱心态》,族簿 2020 年 6 月 8 日。

的一厢情愿去揣度天下修谱之家族，更没有实地调研。修谱发起人确实由好多退休的老教师、老干部发起的，一般分两种情况，第一种是没有家谱或者是家谱部分遗失，已经残缺；第二种就是老谱完整可以很顺利地进行续修。但是，退休老教师、老干部一般作为修谱发起人的，以第一种情况居多，与其说是修家谱，不如说是对家族文化的一次抢救和总结，他们忧心的是家族，想让家族后人有一个根。那些人根本不知道退休教师、老干部付出了多少心血，承受了多少白眼、贴钱、贴时间、贴精力，甚至穷其一生都是手稿，也没能把家谱修出来，临终还把这些资料留给自己的儿子或者族人，这些退休教师、老干部不但不可耻，而且非常可敬，这些家族悖逆子哪能知道这些。没有看到他们的付出，就随便的污蔑，泼脏水。如果都是这种思想，那历史还有学习的意义吗？①

6. 所有人都要同意才可修谱

这是受西方民主论影响，似是而非。人心不齐，自古而然。如广东兴宁胡氏家族在清康熙年间修谱时，就遇到了这种情况，在与族人议论续修家谱时，想要将老谱先行刻印，谁知在讨论中却遭到了部分族人的反对。"孰知人心异古，事不由衷，欲成者十之三，不欲者十之七。"不赞成的人竟然达到了百分之七十，可见人心不齐的严重程度。如何解决人心不齐问题？人心不齐，要加分析。一般情况下，三分支持，二分反对，五分随大流。"主张修谱者自不待言，惜人数太寡。大部人等，皆持无所谓态度。反对者中，无后、异嗣、招赘情形者居半，恐受不公正待遇而已。此情甚可理解，修谱时且平等待之，其意自消。"② 分别对待，缩小范围，不要将小部分的反对意见扩大化，当成大部分人的意见，就可解决问题。主事者要担当精神，这是做事的关键所在。

无锡过氏在清乾隆年间修谱的先贤曾经说："每每修谱，总有一二狼心狗肺之徒，始则讥之，再则挠之，继则谤之。谱成后，犹吹毛求疵挑剔之。"（少数是非之人自始至终为反对而反对。）这种怪现象，现在依然存在。从修家谱或祠堂一开始，他们就讥讽带头的人："某某想钱想疯了，想修谱赚一笔钱了。某某经济拮据了，想个花头好贪污了。"殊不知，一般带头的人多是有头有脸的，社会的声望肯定比那些人高得多。开始造祠堂或者修谱了，那些人又出来说："人

---

① 赵英雄：《为什么要反对修家谱？深挖这类人的四种谬论》，赵氏宗亲 2021 年 7 月 11 日。
② 追朴轩主人：《修谱论》，合阳乡土王氏族谱的博客 2014 年 7 月 13 日。

家都交钱,我也交钱;女孩子不准修进家谱。"有的地方免收困难户费用,他又跳出来:"他们好免,我们也不肯交。"等祠堂或者家谱修得差不多了,他们又四处诽谤:"什么价格高了,某人拿钱了;值场的人大吃大喝了;某某拿饱了。"家谱或者祠堂完成了,他们又进行挑剔:"什么某某捐款少了;祠堂没有人家的漂亮,家谱没有人家的大气。"① "来说是非者,便是是非人",这也是规律。做事之人多干事,说话少。只有那些不干事之人,成天拨弄是非。

三 现代社会不必修谱了

1. 兄弟之间不融洽不要修家谱,父子反目不要修

"我两兄弟都不和,更不要说家族中的人了。"老家的房产、田地曾经被没收,或老家不能再造房子,不要修。国家的政策不是针对个人的,因为政策的原因,对老家有怨言、不肯修谱的人一般文化还比较高,他们还带着仇恨情绪。他们认为亲兄弟还反目,修什么宗谱。兄弟反目,是生活世界的常事。要解决这种问题,古人的办法正是敬宗睦族,让他们回归更高的血缘团体层面,知道血缘与情感团体更为重要。家和睦,人似仙。父子反目,是因为彼此陷在利益、情感琐事上了。养不教,父之过,宗谱都不要了,素质可想而知。有人修谱,没有矛盾弄出矛盾;有人则使矛盾消解,使之没有矛盾。

2. 没有儿子不要修谱

有的人只有女儿,没有儿子,怕面子上不好看。现在修谱规则早已变化,女儿外孙也可上谱。有人会进一步追问:"女儿外孙上谱,会不会将家谱弄成百姓谱?"不会的。任何一个家庭的组成,都是由父母双亲结合而成的。以前只管父系,不管母系,这是由父系宗法社会决定的。今日既然超越了宗法,重在历史记录,自然也可兼顾母系,这更合事实。女儿后裔,也可上谱。

3. 小家庭不需要修谱

有位网友称:"现在家庭独生子女居多,所以这一代的人缺乏上辈人的宗亲观念,因此这些人组成的家庭都是有别于之前的小家庭,通俗来讲:自顾自。因此对于这些人而言,我认为修家谱没有意义,我也是这样的。从家谱的功用来说,存史比较重要,但是现在留存家庭历史的渠道很多,没有必要通过修家

---

① 倪毓佩提供记录。

谱。"此间的问题,着眼家庭形态,以为小家庭不必修谱,只有大家庭才要修谱。其实家谱是历史,上谱是上家族史,这与家庭形态大小没有必然联系。家族存史的渠道确实多了,但家谱目前仍是主要的载体,家谱是一种最为全面记录历史的载体。

4. 信基督不要修谱

修谱是中国最普遍的祖宗崇拜信仰的产物,信了基督教就不能信祖宗,这是典型的西方一神教观念。中国是三教合一,各种宗教是为我兼容的。中国的基督教是有中国特色的,人都是祖宗后裔,所以同时信祖宗,在中国并不冲突。更何况今日修谱,宗法观念已经弱化,就是以家族为单位的历史记录。将人修进家族史,是实事求是的表现。

5. 离开故乡不必修谱了

"离开老家,感觉得与老家没有瓜葛了,不要修。"许多人会说:"我已经外迁了,与你们联系不多了,何必再来写我们这支?"这些人没有故乡情,认为离开老家,户口也不在老家了,从此与家乡、家族一刀两断。因为许多人远走他乡,再也不是生活在祖先生活的地方,而出门在外的他们,家谱是顾不上的,因为这对他们来说可能根本没有必要。其实,这正是家谱的功能。它是逆向思维的,家谱要做的联谊,正是现实生活中缺乏的。它想通过文本世界的建构,重新维系一统的大家族情谊。在生活中一时达不到,但在文本世界是可以达到的。随着时代的变迁,许多传统观念也发生了改变,大家对家谱这个东西也没有那么重视。空间不同,生产生活方式不同,观念确实会不同。简单地说,传统中国是一种互助责任关系,而现代社会是一种独立责任关系。独立责任在中国也有,但市场比较小。在西方社会,它的市场更大,这是基督教宣传的结果。基督教要求人人以个体形态信仰上帝,必然要求人人放弃原来的家国集体信仰。独立责任更适合强者,强者不依人而能独立生存发展。互助责任体制,比较适合弱者,弱者经常要他人帮助才得以生存。不过,两种体系各有利弊。以个体为中心思考问题,问题也许不大;但放大空间时,就会出现问题。比较起来,中国的大空间互助责任体制,能让更多人受益。再说今日修谱,与互助无关,就是以家族为单位的历史记录而已。所以,与是否独立无关。

6. "没有老谱,传承关系不清晰,无法修谱。"

有人认为家族前后传承关系不清晰,自然没有必要修谱。从全国来说,几乎每个姓氏都有家谱。不过，具体落实到某地某支，中间的断档太多了。宋元明清以来，家谱编纂虽发达，但并不均衡。大体上说，南方发达，北方落后。不过即使南方，分布也不均衡。所以，就某地某支来说，找不到家谱，这是普遍现象，能找到家谱是运气好。在这种情况下，等靠要显然不行。而是要从现在做起，从我做起，让某地某姓有家谱，这才是明智的做法。当下创修，后人就有修谱传统了。

7. 修谱易起是非

"家谱已经是过去的事情了，现在社会中已经没有必要完全流行了，修和不修没有过分的意义，并且修的话也浪费时间和大量金钱，并且也再次提到，从他自己本人这里和他的自己孩子就已经完全不按照家谱规矩来取名字了，所以不赞成。"① 几位长辈虽然没有直接反对，但也委婉地表达反对的意见："一是别人家都没有修家谱，我们为什么要修家谱，别人是不是以为我们要显摆什么；二是族里人口多，各家情况不同，不要因为修家谱惹起不必要的麻烦和不快；三是家族在村里也是普通一户人家，没有做过什么大事情，不值得入家谱；四是我们家族在沟北村的历史比较短，好多事情家族都记得，以后修家谱也不迟。总之，现在修家谱的时机还不成熟。"② 担心修谱影响和谐共处；普通人家没东西可写。显然，不懂修谱的民众历史保存意义。"好多事情家族都记得，以后修家谱也不迟。"这意思是说，要等大家都遗忘了再来修。此间仍是没有文本世界观念所致。要知道，生活世界口传的存在是暂时的小时空的存在。考虑到乡村做事的群体联动性，人多安于现状，不敢挑头，越发证明，政府的倡导与宣传是十分必要的，这可以提升家族文化建设的自觉性。

8. "现在有身份证，派出所有户籍，家谱没有用了。"

周振鹤教授说："现代的社会管理直到每一个个人，都有极为详细的资料可查。他的各种社会关系也是从档案里就唾手可得，无须假家谱才得明白。我个人的看法，是不以现代社会修家谱族谱的行动为然的。"③ 站在政府管理立场，自然不必修谱；不过站在民间文化建设立场，要修谱。这里提出的一个家谱与派出所户籍管理有何不同的问题。功能不同。家谱是宗族群体管理，可以明关系户口系

---

① 林绪勇：《今日感慨：自己的"家谱"故事》，林绪勇的博客2012年9月15日。
② 成继跃主编：《陕西省韩城市西庄镇沟北村德俊堂家谱（影像志）·前言》，2020年。
③ 刘立志：《谱牒：一家之史，亦国之史》，《北京日报》2013年4月15日。

统是单个人的行政管理，无法明社会关系。身份证是人通行国内的证件，它是个体性的。派出所户籍管理是按人来管理的。人死后，户籍就销掉了或移除了。有的户籍管理规范，有的缺乏档案意识，则直接删除了。而且，它是电脑数据库状态的。这个系统是内部系统，不公开使用。户口系统登记存在大量错误，无法及时更正。更大的问题是，现在移民海外或在海外工作，"炎黄子孙已分布在世界上的160多个国家和地区，海外华人总数也已超过5500万"[①]。这些不在中国的户籍系统中的华人，如何登记管理？家谱是以家族为单位建构的家族史，它不管生死，过往祖先与活着的子孙同处一个文本。它不受国籍的束缚，人人可上谱，可弥补户籍管理之不足。它有多个形态，除了电脑形态，更多是文献形态的。文献，可以传承上百年上千年。更重要的是，派出所是政府管理的人事档案，个人查询并不便。家谱，则是收藏在家族或图书馆的。它的主动权在家族手中，可以灵活处理。家谱在手，更掌握主动权。所以，不同姓氏的人仍要编纂自己的宗谱。假如国家能建立一个公开的可供检索的历史性的家族系统，则是一大贡献。

9. 修谱是老人做的事，不是年轻人做的事

当代很多年轻人认为修家谱是一项没有意义的事情，这种事情应该是一些父辈或者年长者才该去想的事情，自己不但不会，要是要做简直太浪费时。崔志豪就跟随崔礼成修族谱，当时族里有人曾怀疑道："这么年轻，懂不懂这些东西啊？"他认为一个年轻小伙子不应该做这种事情。父亲也劝诫："那都是五六十岁的老头做的，（等你到那年纪）那时再做。"[②] 由此可见，年轻人参与修谱，都得不到族人的理解与支持。自己修谱，多数是族中老人在修。年轻人参与，一时大家颇不习惯。修过公众家谱的学生告诉我，"修家谱是老人的事，年轻人来做有点怪样"。这样的想法，显然不是个案。传统来说，修谱的主力军确实是族中老人，不过也并非没有年轻人参与。河南任清剑先生，年轻时随着本家叔叔修谱，从而爱上家谱编纂。刘传贤，是28岁时从爷爷的手中"接过棒"开始修家谱的。[③] 可见，年轻人参与修谱，不是孤例。只是，可以肯定的是，不是修谱的主力军。从修谱队伍培养来说，必须有年轻人参与，老中青结合最为理想。

---

① 王大良：《我国目前修家谱现象的几点思考》，《中华之根——海峡两岸谱牒研讨会文集》，中国文史出版社2005年版，第168—172页。
② 佚名：《25岁青年的修谱事》，《南方都市报》2014年6月30日。
③ 林巧芬等：《82岁老人修家谱54年》，《金陵晚报》2013年8月26日。

更重要的是，年轻人懂电脑技术，擅长网络，可以弥补老人修谱技术上的不足。传统的修谱多是文字修谱，所以以老人居多。现在，修谱电脑化，自然应有年轻人参与，这样可提升修谱效率。同时，也要培养修谱梯队。几十年以后，他们会成为新一代修谱老人。总之，修谱是一项十分艰巨的家族文化建设工程。它是要靠无数人的付出才能做出来的。修好了，家族文化积累就开始了。

10. 小孩不能过问大人往事

"问大人的事情是要被斥责的。"这是非常值得反思的观念，说明生活中禁忌不少。大人何以会这么想？大人怕孩子了解父母的隐私，或者是威权观念在作怪。有人喜欢将记忆前后断裂，知道当下即可，不必知道过往。写家史，就是让后人补课，让他们参与记录前辈的生活，进而了解前辈。加强上下代之间沟通交流，正是当下现代家庭要努力的方向。

说到底，不明白修谱过程中自己的责任和义务是什么。提供信息是责任，付费支持是义务。其他无关议论，均是多余的。

第二节　修谱事中诸多观念问题

一　自己修或请谱师修

自己修谱或请谱师修谱？两种模式，各有利弊。凝聚力强的家族，当然可以自修。"自己做省一点。"想省一点的想法，做出来的家谱，有时是不成样的。修谱要不要省？关键是修谱费用是一笔什么费用？要省，就是将之当作可有可无的、平时不太用的非必需品了。从生活世界来说，家谱使用率确实较低。不过，它是几十年、上百年、上千年要用的文化品。修谱时省钱了，当下是便宜了，长远来说是一大损失。所以，必须确立家谱是家族必需品，是仅次于结婚生子的第三大需求。结婚生子，让家族得以前后传承。修谱，则是家族发展的关键。它是一个家族在生活世界全部活动的结晶。没有家谱的记录，家族在生活世界的奋斗最后会归零或留下十分有限的结晶。反之，不如请谱师修。修谱是一项专业活动，它好比是建一个家族文化小屋，要花费相当多的力气。

到底是修公众家谱或大家谱？以家族为单位建构家族史，仍是可行的。为什么要以家谱为单位建构家族史？这自然是宗法观念的产物。今日虽然没有了此类宗法观念，但仍可沿用。当然，家族可大可小，可以灵活多样化。换言之，公众家谱或大家谱均可修，各有得失。修大家谱，涉及空间面及对象广泛，获益面大，社会影响度也大。如果成功，可以加强宗族联系。公众家谱，更适合城市家庭，或在大家谱时修不起来时，它可以先动起来。它可以修得更为详细，加上更多的图像资料之类。不足之处，获益面、社会影响度较小。总的说来，两者不是对立的，而是互补的。

二 是合修或分修问题

按照老谱续修家谱，又会遇到不同支分属不同村的问题。当代中国乡村管理的分辖传统，对中华人民共和国家谱的续修造成了十分大的困惑。过强的行政村体制，让同一宗族的人分属不同的村级行政单位，久而久之，彼此联系逐渐疏远。现在，要想根据宗族原则，重新将之合起来，难度不小。由于行政村划分的不同，历史上某个族被分成不同支派、分属不同的行政村。譬如鄞县镜川杨氏，历史上分为东杨与西杨，中华人民共和国成立后分为两个行政村。现在要求续修宗谱时，许多人不愿意合修，希望分修。家谱越修越小，也是一个趋势。慈溪眉山马氏七甲，分西房与东房两支，因为分属两个不同村，最后东房不愿与西房合在一起，于是只得分开。这正是当代乡村行政管理的结果。显然，村的集体概念强于宗族群体概念。当然，编修完成后彼此可交流几套家谱。要想团结不同分支，共同编纂成一部大家谱，的确不是易事。

如何解决此类问题？与人谈及此事，有一位陈姓谱师说，如果由他来处理，会采取"恐吓"的办法，告诉他们祖宗是不能分的。这可能属想当然。因为，不断在地化、不断分化，正是宗族发展的特点。所以，分修是必然会遇到的正常问题，我们仍得坚持可为与不可为原则。如果能合就合，无法合就分头编纂，也是可行的。续修，总是好事；不续修，才是坏事。至于续修全与不全，则是宗谱的时空宽度问题。

不过，温州等地的大宗族管理相当好，基本不存在这样的事。修谱，向来是按门派原则进行的，不会按行政村原则的。因为宗族管理好，有经费，可以做事。诸暨等地也做得比较好。这么说来，修谱各支分与合的关键是背后是否有宗族的自我管理。如此说来要区分不同情况，宗族意识强区、宗族意识中区和宗族意识弱区各有不同的处理原则。

三 谱丁征集诸种观念

若要钱，则不愿意修进谱，这种情况在农村不少。很多人没有看见过家谱，不知道家谱为何物，所以不肯入谱。不少人不愿意入谱，一是族人联系不便。近代以来，族人迁移频繁，导致联系不便。二是宗族观念淡薄。城市人修谱较难。城乡差异，导致二极化。人情味淡，人际关系少。"旧时族人'烟火连接，比屋而居，虽家与家分炊，但同一血缘合成了巨大的向心力。'而在代表现代文明的城市当中，家族的圈子正在一步步缩小，直系亲族除了父母和孩子再加上祖父母外祖父母，尤其生活在城市的居民，一家一户为单位，没有跟族人比邻而居的情感联结和体验，很难有对宗族传承的看重。而且，在城市当中，家庭就是一个经济单位，而宗族不再有实实在在的帮助，宗族中的亲戚已经没有实质上的意义。城市人因此就不会有修家谱的动力。"[1] 现代社会在一定程度上排斥血缘关系。在代表现代文明的城市当中，家谱的意义就小了许多。城市当中，家庭就是一个经济单位，而宗族不再有实实在在的帮助，宗族中的亲戚已经没有实质上的意义。城市人因此就不会有修家谱的动力。另外，过去修家谱还有炫耀家世祖先的意味。"但是现在连直系亲属父亲、祖父的关系都不那么强调，更不用说其他的亲人关系了。"[2] 要想引导城市人修谱观念的培育，这是一个相当大的难题。在城市，传统的宗法观念弱，无法说服他们，必须用历史记录的思维来予以说服。

如何解决这些问题？入谱是否要遵循自愿原则？从民主原则来说，要遵循自愿原则。不过，从历史记录来说，必须做思想工作。如联系修谱将电话打进城里人，对方立马会说我弄不懂，不想修。此时，多数人会放弃。也有谱师如倪毓佩坚持不放，会进一步追问，哪句话听不懂，如此别人就很难反驳。如果连话都听不懂，不是显得自己太笨了吗？这是别人不会接受的。他进一步说："你不懂，我可以告诉你。听了以后，做不做，由你决定。"讲话技巧也十分重要。假如过于客气，用征询口吻说话，"我们在修谱，你要不要修谱"，这种征询话一出，别人马上说"考虑下"或"不要了"。但如果说我们在修谱，需要问你一些情况，我问你答，别人就会被你牵着鼻子，顺着你的思路回答，提供相

---

[1] 游子看看：《为什么农村比城市更热衷于修谱？》，赵氏宗亲 2021 年 2 月 8 日。
[2] 黄月平：《怎样看待民间修谱热》，《北京日报》2011 年 11 月 28 日。

关家庭信息了。

拉名人并不一定普遍有效。"修族谱,绝大多数会找一个几百年前乃至几千年前的名人,比如皇帝、宰相,再差也要找个省部级干部,重点吹一吹,大概意思是:我们这个姓氏,出身贵族。"其实,此法也不见得灵。一位朱先生曾接到老家同姓老人的电话,请他捐资1000元,就能将他的名字写进族谱,与某位历史名人同册。"我立即就拒绝了,如果我捐钱就可以进谱,不捐钱就不能进谱,充分说明这谱不可信。我不是有钱没处花的那些大款,他们或许需要安上名人后代的头衔历史,我不需要。"[1] 这是典型的城市中年人想法。也许,"与某位历史名人同"这样的理由用得不当。这也反映出城乡的不同,乡村某些人以傍名人为荣,而城市中没有这种依赖想法,个别利益至上者会说:"就是先祖做了皇帝,当了宰相,与我也没任何关系。我既沾不了光,也得不了利,纯粹是浪费感情。"这里提出一个问题,如何看待家谱编纂中喜欢找名人问题,这正是传统两千多年精英史学教育的结果。从全国某姓氏来说,当然可以找到一个名人。不过,这是全国范围内的文化鼻祖。具体就某地某支来说,不一定出过名人。其实,从公众史学角度来说,家谱是民众史、平民史,并不必牵连名人。

如何鼓动不愿意修谱之人修谱?有位陈姓谱师建议说:"你们祖宗都在哭。"这种装神弄鬼把戏,适合落后的农村地区人,对城市人来说是不灵的。"这些人一门心思地在为不修家谱找借口,以前把不修家谱的人叫作畜生。"不过,它可以解决一部分问题。不管白猫黑猫,会捉老鼠就是好猫。只要能解决问题,就是一个好办法。

各姓氏成立谱局时,总存在极个别人不配合、说话难听的现象。修谱人员难免产生情绪,于是便在编辑族谱时采取一刀切的方法,将不愿修谱之人名字删掉。这种办法表面上遵循了当事人的意见,但会留下后遗症。因为人的观念都是特定时空、特定知识背景下的产物,事前、事中、事后,他们的态度会有所变化。真的修好谱了,大家都拿到家谱了,他有时也会后悔。即使他不后悔,子孙也会后悔。所以不能静态化,要用动态的眼光来思考。如何解决部分不愿意交钱人的上谱问题?要分几种类型,一种有意愿上谱但一时没有想明白、不愿意出钱者,另一种是压根不想上谱。前类人可以上谱,这是观念问题,让他

---

[1] 欧阳春艳、王珍珍:《民间修谱热复兴,年轻人大多不重视不参与》,《长江日报》2013年8月1日。

们尽早理解。后一种人可以不上,道理很简单,他不想上谱,强行将他上谱,他事后会告你。另一种隐性两全处理办法,电脑版本仍保存完整的信息,公开印刷时可以删除,如此保存与传播互不影响。

资料搜集也要讲技巧。某县医院退休干部徐以花:"收集家谱的时候,一部分人认识,同意支持,我想把家谱写好。但是有一部分人拿着家谱像宝贝似的,这也是自然现象,过去管家谱的都是这样,开始有一部分人不认识,不舍得向外拿,等到我拿出一部分草稿来和他们核对了,他们看到了现实,知道我是干真事的,所以他们放心了。"① 以部分草稿引导他人参与修谱活动,甚至拿出老谱,这种以已成家谱实物诱导人参与修谱的办法是值得提倡的。

四 捐款遇到诸多观念

城市人多不肯出钱修谱。某个出身农村现居城市的人说:"我做梦都想把家谱修好,但老婆骂我神经搭牢,儿子骂我十三点,我捐一万,家里会吵翻天。"这也是实情,城市人精明,从未见过家谱,感觉捐钱修谱,就是大脑有问题。城市家庭中多数是女人当家,也会有小气问题,不肯出钱修谱。"有人打电话给我,说要修谱,每一个人要交100元。我家四口人加已经出嫁的我的两个妹妹,总共要交600元。我说你们修谱我不反对,但是我也不想出力。至于交钱,交6块钱我都不愿意。对方说我为什么要这样,我说花钱要得有用,修谱对我来说有什么用处?屁用处都没有。"② 修谱对当事人来说有什么当下实际用处?这确实是一个值得深思的话题。有一位高校老师说,他接到父亲的电话,说村里正在修族谱,每人要缴50元钱的入谱费,否则便不能入谱。另外,吃"国家粮"和当老板的宗族成员,还得"自愿"多交500元到1000元不等的"赞助费"。笔者一家共计十三口人,仅入谱费就要缴650元。而笔者因在高校工作,在村民的眼里是吃"国家粮"的,笔者的二哥在外地开餐馆,被归纳为"老板"一类,两人合计至少还得"自愿"交纳1000元的"赞助费"。除此之外,每家每户还要交200元的开谱大会和祭祖大典的份子钱。所以修一次族谱,笔者一家至少要缴1850元。如此一笔费用,对于靠种地为生的父亲来说,无疑是一笔不菲的开

---

① 网络部:《莒县古稀老人历经七年修出传世家谱》,莒世闻名2018年3月22日。
② 张祥前:《民间为什么热衷修谱?》,博客中国2016年3月9日。

支，所以不得不跟我商量。据父亲介绍，这已经是村里第三次修谱了。前两次分别在2005年和2008年。每修一次族谱，一户人家多则要缴数千元，少则也要缴几百元。族谱修成后，按照祖上的"老规矩"，还要举行开谱大会和祭祖大典，每家每户还要凑钱摆酒席，搭台戏，做道场，扫祖坟，"热闹"几天几夜，不但增加了村民的负担，造成了巨大的浪费，还助长了不正之风。① 这是比较典型的反对观念。简单地说，这笔修谱钱花得值不值？花钱有两种方式，一是消费，二是投资。消费是满足近期欲望，投资是满足远期欲望。花钱是种消费行为，也可以说是一种投资行为。站在当下的立场来说，修谱似乎是浪费；但从长远来说，它就是投资，物有所值，它是家族文化建设，可以提升家族形象，价值不菲。从横向来看，修谱越修越旺的，没有听说越修越穷的，这是一种家族文化建设。修谱是几十年一遇的大事，并不是年年修谱的。修谱之钱是文化投资，它会形成家族文化建设文本。这个家谱文本会用上几百年。投资一笔小钱，可留存、使用上百年，这笔钱花得值。着眼当下，增加负担，造成浪费，这是一种似是而非的看法。

也有的人会说，"别人不出钱，我也不出"。并说起某杭州人或上海人，他们多有钱。他们不出，我也不出。某谱师树立了一个榜样，一个扫地的人都爽气地拿出500元。如此，别人不议论了。必须树立好的榜样，宁可通过其他途径，再返回清洁工钱。有的人自己不出钱，也会鼓动他人不出，这是为自己寻找同声相应之人。对付此类现实办法，就是让他们管好自己的事，不要代表他人或一群人发言。"又有一个人，当时他们家造祠堂，他答应捐款三万元。可是祠堂建了三年，他的捐款一点没有拿出来，在除夕，工人还在要钱，管事的打他电话，问他借三万，他才借了三万给祠堂里。前年，他嫁女儿，光现金就陪嫁三百万；去年，她女儿要买房子，他一下子给女儿买了二千万的别墅。"② 这就是一个观念问题。房子是增值的投资，自然肯花钱。至于建祠堂，感觉就是浪费钱财。当时在集体场合要面子，答应给钱，事后显然是反悔了。这也不奇怪。对付此类人，最好的办法是让他当场写下捐款书。或事后及时联系，鼓动他及时捐款；否则夜长梦多，肯定不成。

---

① 佚名：《修族谱不能太"离谱"》，人民政协网2012年10月29日。
② 倪毓佩：《修谱见闻》（4），公众史学2020年8月11日。

富阳倪毓佩说：2022年6月上旬，在杭州遇到一个浙大退休的八十多岁老师，他问我做什么的？我说修家谱。他说他第一次知道还有人修谱。我说富阳修谱与造祠堂都比较盛行，祠堂花费更是需要数百万元、上千万元。他说这种钱都是贪官、企业家出的。我说，错，贪官一般捐款也只是五千元、一万元，杭州城里人则一半以上不会出钱，而上海人百分之九十不会出钱。行善积德，往往都是真心诚意的人在做。格局不高的人，即使家里有钱，也不会出一丝一毫。西邮陆氏修谱，在杭州城里的全军覆没，退休也好，大学里的也罢，没有一户修。还有几个搞国学的，村里通知他们修谱，都断然拒绝。一个人还说，现在我们农村里又没有什么财产了，修什么家谱。

众捐不灵。捐资难筹集，一些家族修谱，筹资的时候变成了哭穷会。"所以说有钱的，往往家谱祠堂一直修不起来，即使勉强修起来的，也是节省得不能再节省。为什么一直修不好家谱、祠堂呢？一、没有人组织或组织者没有足够能力；二、没有人带头出资。钱现在大家都有，但就是没有人肯带头拿出来，特别是组织者没有带好头，打响第一炮；三、没有人走访、调查、登记、收捐款，说起来很简单的事情，做起来就难了；四、凡是嘴上说修家谱、造祠堂很容易的，没有一家修得好家谱的。事不经过不知难。修谱造祠堂的事情，别去试人心，它会让你失望，做好自己该做的，想做或不想做的都安然对待，心里知道谁是真正的有尊祖敬宗的心就可以了。""在开始修家谱的时候，大家多给自己的家族出钱出力，那就胜过事后说闲话。"[①] "各户人家花在修家谱上的开支呢？有多少？家谱是年年修的吗？一个人一生又遇到过几次修家谱呢？其实当你面对一部老家谱，文化的厚重感扑面而来！即便是新修家谱，再过去几十年、几百年，以后就是一份沉甸甸的传家宝。"[②]

修谱时族人要不要出人丁费？如何让人出人丁费？付费享受服务，这是现代西方社会规则。不过，中国社会多数人习惯享受免费的午餐。古代中国有宗产，所以可从宗产中出。其实，古代的宗产有时也不够用，仍要收费。现在处于宗族体制崩溃时代，没有族产，于是如何解决修谱费用，就成为一个大问题。有企业家支持，赞助大笔费用，这是最理想的。不过，有时老板也不肯出钱。

---

① 倪毓佩：《修谱见闻》(4)，公众史学2020年8月11日。
② 倪毓佩：《修谱见闻》(2)，公众史学2020年8月4日。

在这种情况下，只能走人丁费之路。从实际情况来看，这种模式最不理想。在修谱氛围浓的地方，收费不成问题，但在没有修谱传统的地方，再让大家出人丁费来修谱，无疑是难上加难，修谱更是困难。

也遇到过部分不愿配合的，他们认为个人信息是隐私，不能随便透露。大多数人在乱用个人隐私这个概念，多数内容其实不是个人隐私，是可以写的。真正的个人隐私是少量的，可以不记录。对于一些太私密的事，也没有必要记录得太详细。家谱著录的是最基本的信息，这些基本信息不是隐私。不写入家谱，后人找不到你的信息，保护了当下所谓的现实利益，却忽略了自己长远的历史利益。

五　其他方面诸多问题

1. 人物上传对象

小传要控制，无重大突出事迹者不能上小传。此类观念可能过时了。如果篇幅允许，建议增加小传的数量，这是最能体现历史价值的地方。古人印谱的成本高，所以要控制小传数量。现在实际上面临另一个问题，想为他们写一个详细的简历，但没有人来做。

2. 新谱多印或少印

以前的家谱一般不多印，限于一房（村）一套，而现在出资者可以加印。① 从档案角度来说，家谱可以少印。不过，从普及角度来说，家谱要多印。家家一本，可以普及家谱。而且，也可防止家谱的遗失。至于某些人担心隐私泄露，当代家谱多为世系与生卒年之类等基本信息，不是什么隐私。

3. 以出资多少决定发言权的大小

族谱是民众史与精英史的结合。首先是人人有份，有一块"豆腐干"。其次才是精英有详传。自古以来，详传以精英为主，主要是士大夫，他们会写作，能提供文章，自然有机会多上。最后是商人，可以出资，让人来书写，也容易上传。他们也确实是家族中的精英，所以多写一些，十分正常。愿意出钱就上传，不是不公正，恰是公正。因为，人人都可以出钱。更大的因素，要有人来写传，要有事迹可记。之所以标价，不是不公正，而是为了解决修谱经费问题。

---

① 傅喻光：《透视民间修谱》，安徽傅氏总会网 2016 年 6 月 12 日。

同时，保证平衡。因为在一部群体宗谱中，有一个谁上谁不上的平衡问题。按钱标价，就是平衡方式之一。

4. 推卸应尽的责任

"钱应该叫办厂的老板、当官的出。"自己不出力，尽想让人来尽力。他们讲那么冠冕堂皇的话，就是为自己不想出钱找借口，这些人都是自私绝顶的。个别族亲家族观念淡薄，开会不积极，活动不参与，态度消极。①没有家谱也能生活，这正是没有区分生活世界与文本世界所带来的混淆观念。家谱与生活是两个世界的东西。家谱对生活过往的记录，是留给后人的家族文化遗产。象山周开水说："有谱的人还有总会跳出来几个内行人，指手画脚认为谱应该怎么修，最后让他们去干活——采访，跑得连影子都没了，好像每个家族都有这样的，能坚持到最后的，才是真心为家族出力的。"由此说明，想法多实践少，纸上谈兵，这是人之常情。

5. 忽视修谱正常的酬劳

"修谱过程中不准吃饭。"那些人认为修谱是纯公益，连饭也要自己解决，不能吃公款的。试想修谱过程中最正常不过的吃饭都要指责的人，哪有品位可言。"不准开销修谱工资。"现在请一个小工帮忙，也得百元一天。征集家谱资料费时费力，难道正常的劳务费也不可发？修谱是公益活动，但参与干活的人是要付出成本的。正常的劳务付出，完全合理合法。

6. 通过复古显示有文化

有人可能认为搞一点复古东西让别人看不懂，就显得我族有文化。正好相反，这恰恰是没有文化的表现。文化人不需要装有文化，没文化的人才爱装有文化，生怕被别人瞧不起。②

7. 家谱编纂校对的成本问题

三校三审，确实时间成本相当高。如果随便弄一下，成本将大大下降。其间，有部分族人因为对族谱重要性的认识不够，觉得这样麻烦，随便写写就可以了。这也是缺乏文本观念的人的普遍想法。相反，有点文化的人，则十分谨慎，稍有不当，就有意见。

---

① 姚邦茂，《续修〈南充姚氏族谱〉浅析》，世界姚氏文化 2016 年 11 月 26 日。
② 饶有武，《续修家谱之我见》，饶氏社区 2009 年 3 月 18 日。

第三章　当代中国公众家谱观念研究

第三节　修谱事后诸多观念问题

一　圆谱诸多观念

到 2005 年，仍有人在说"几十户、上百户甚至跨地区跨省的家谱修续工作，还要大摆筵席、唱戏三天，对于贫困地区的村民来说，这笔开支也着实不小"①。为什么要圆谱？笔者起初也不理解，感觉这是浪费钱财。现在想来，这样的理解显然片面的。必须做！这是对修谱活动的肯定，也是一场群众性家谱观念的推广、宣传、教育活动。普通人喜欢此类大型活动，这是看得见的活动，也是加强情感交流的活动。通过这种大型家族文化活动，让群众见了家谱，知道了修谱的光荣性。如同放炮仗一样，这是庆祝。群众觉醒，正是推动家谱发展的思想与人员基础。如温州等地修谱氛围浓，大家认知度高，钱很容易筹集，修谱很容易成功。这就进入良性循环阶段。

圆谱活动既是一项联谊活动，也是一种教育活动，相当于请客上门，这种情感联络也是必要的。用一种外行的政治眼光与城市人的经济眼光看待圆谱活动，这是错位的。搞大活动会有一些副作用，这是可预期的。现在，多会请派出所民警帮忙维持秩序。要听下当事人的想法，用乡村集体文化活动的眼光来看待家谱续修活动，而不是经济意义上的观察。

事实上，基于传统按丁收费与自愿捐赠的原则，各姓家谱续修筹措的经费并非不足，只是开支范围上缺乏理性，绝大部分经费并未真正用到家谱编印上来，而是用于会议、差旅、往来接待、发谱宴饮等所谓公务开支。比如台州某姓大族，丁口号称 10 万，谱丁费人均 50 元，家谱编印开支预算 90 万，其余用作他途，光筹办第一届宗亲大会就耗费 60 万元；又有一聚居显族，丁口 1.5 万，谱丁费人均 50 元，不惜用"断头谱"，甚至只修世系的方法来压缩修谱经费，其预算为 15 万元，但是极注重形式，打算募集 100 万元来发谱，拟开宴数百桌，祠堂做戏数日。如此本末倒置，真让人哭笑不得。② 为什么修谱费用少而圆谱费用多？这正是观念不同产生的。

---

① 孙立波、吴彰义：《民间修谱热生出别样滋味　不能变修谱为"摆谱"》，《今日早报》2005 年 4 月 11 日。
② 郑鸣谦：《新时代家谱续修的现状及对策散议》，万卷谱局 2020 年 11 月 15 日。

二 其他诸多观念

1. 修谱职业前景暗淡

村民修谱钱少，圆谱钱多。有一个村，家谱编好后，打字找最便宜的，唱戏找最好的，结果家谱成为唱戏的由头。谱师考订祖宗，花费了力量，收入低。在台湾，主人给高价，结果在大陆农村，有些族人还不喜欢，吃力不讨好。所以，族人没有要求，他们一般不做考订。如此，从生意角度、客户角度来说，要求相当低。这正是阻碍家谱编纂革新的力量所在。专家多持改革建议，但下层民众多持保守意见，两者间有矛盾。"一部新修的家谱，用纸竟是一堆复印纸。"[1] 这是专家的观念。其实，用复印纸不是不可以，就是感觉质量低劣了一些。

2. 老谱要不要保存

不少村民认为，"新谱修了之后，老谱可以不要了"[2]。其实，老谱要保存，不同的版本有不同的价值。内容不可能完全相同，即使内容完全相同，家谱实物本身就是有文物价值。

3. 家谱要不要编号

增加家谱的仪式感，每谱编号，且确定领谱人。这是必需的，如此才能体现其尊重性。家谱分发为什么要编号？这是档案管理的特点，防止出售，加强家谱管理。

4. 要不要谱箱

谱箱要不要？可不可省？从收藏与传承来看，必须谱箱。道理很简单，家谱多数是宣纸印刷的。一方面，家庭收藏条件不好，南方经常会出现潮湿发霉现象。有了谱箱，多少可以解决这些实际的保护问题。另一方面，也方便代际传承，有一种庄严感。家谱收藏的都是祖先名讳，是祖先的故事所在。所以，有些地方有供奉谱箱的习惯。对后代来说，也有一种庄重感，会产生一种珍惜感，促使后人认真对待传家宝。

---

[1] 许健楠等：《金华民间悄然兴起的修谱热》，金华新闻网 2010 年 8 月 27 日；义门裘氏 2016 年 5 月 20 日。

[2] 许健楠等：《金华民间悄然兴起的修谱热》，金华新闻网 2010 年 8 月 27 日；义门裘氏 2016 年 5 月 20 日。

第四节　公众家谱观念更新

从生活常理来说，人不想做的事，一百个理由中随便找一个；想做的话，只要一个理由就可以做出来。近视眼、红眼病、无端怀疑、血口喷人，这些是以个人为本位的普通人常态。反对修家谱的人理由千奇百怪，有些人为了那些不可告人的目的或者是因为自己的无知就发布一些不负责任的言论、观点，诋毁那些辛苦发掘保护家族文化的族人。某些修谱人说："咱们如此认真，却换来他们的不解，到底是为了啥呢？"他们所图的可能是一时的口舌之快，但对于家族文化传承来说却是非常不利的，也是非常可耻的行为。这就是超前的文化活动与世俗百姓落后观念间的差异。这些落后的家谱观念，不仅普通民众如此，官员也如此。更新观念，要费十分大的劲。要向大众人普及家族历史记录观念，难度十分大。

一　家族观念教育

人类是一群按实用价值观行事的高级动物，它会涉及人的价值观、活动及技术问题。人又多信眼见为实，没有见过实物，大脑中没有类似概念，自然也不会看重。人类的价值观，要分接受与未接受两大部分。已经接受的观念及活动，譬如衣食住行，可以不假思索地接受，搓麻将打牌等文化活动，很多人也可以不假思索地接受。假如冒出一个新生事物，这东西是什么，有什么用，这是人人首先要问的问题。

传统家谱编纂也有其不足，修好以后多存档，没有进行广泛的传播与宣传。真正翻阅过自家家谱的人很少，这种传递着祖先温情与回忆的家族史也渐渐远离我们的生活。家谱在中国社会差不多消失了70多年，几代人不知家谱为何物。对大部分平民来说，家谱就是这样的陌生事物，一生中未听说过，也未看见过，更不知道有何用，于是他们会问家谱是什么，有什么用。不要与普通人讲空洞的大道理，要讲一些实用小功能。譬如可以问，你能知道上面几代祖先的名字及生卒年吗？这么一问，他就为难了。此时就可告诉他，家谱是家族祖先信息记录本，有了这个本子，要用的时候，一查便知。家谱让祖先与子孙共处一书中。家中长辈过世，民间习惯要做佛事，要写祖宗名字，家谱就可直接派上用处。有些人取名字时，也会翻阅家谱的辈分。人来世上一趟，可以给子孙留下什么传家宝？你想过吗？家谱是留给子孙的文化遗产，是你们家的传家宝，是给子孙用的。简单地说，家谱是全部家族人员信息本，家谱是家族史，家谱是家族祭祀簿，家谱是传家宝。这些简单的小道理与实用价值，也许能改变普通人对家谱价值的认知。

　　面向普通人推广记录生活的难处，这是笔者一直在思考的话题。仅有观念宣传肯定不行，须同时提供实物样本，让他们对家谱有一个直观的印象。目前三种途径可用：一则提供简易五代家谱挂图。如果面对老人，可以提供五代直系图书签。以我为中心，上溯二代，下延二代，就是五代。要做成左右两行的书签，左边写五代名称，右边可以填写相关人名，从而成为一家的五代图。甚至每户一幅，挂在墙壁上。如果是年轻人，可能是三代、四代图，由下而上。二则给每户一套空白家谱填写本。要提供某房的家谱样本，然后做思想工作，让人知道追寻我是谁、我从哪儿来、我将到哪儿去的意义，这是灵魂的延续。三则提供一套带谱箱的族谱，给人翻阅，形成一箱族谱就是各户最好的传家宝的观念。如此，家谱与具体的日用需求相连接，建立起联系，他们就容易理解并接受了，最后成为习惯。

　　要不要家族集体意识？今日是值得反思的。出于建立稳定国家管理的需要，以前国家往往要打压宗族主义。其实，家国意识是相通的，都是集体意识。一个没有家族集体意识的，其国家集体意识也不会浓。要不要修谱？用个人视野、物质视野来看，是无法理解的。反对修谱之人普遍是个人主义者，没有家族集体概念，更缺乏感恩祖先之心。有人提出，这类人更应该修谱，从认识自己的祖先开始，理解家族延续的不易、认识生命的不易，教育好自己。2016年央视便提出，清明节是中国的感恩节，是感恩自己祖先的节日。祭祖时按礼制来，不按捐款多少排名。也不卖族谱，族人喜欢就直接去祠堂免费领取。这显然是宗族意识强的人，这样的宗族集体意识比较强，修谱比较方便，族人也普遍发达。

　　二　修谱实践先行

　　对创修家谱来说，一定要遵循由无而有、由差而好的两个阶段。第一步解决家谱编修的"有"，第二步才是解决家谱编修的"好"。不要老想着好，一步到位，迟迟不敢动手，最后导致一直没有家谱。对家谱的误解多是事前的。因为不了解不熟悉，所以难以接受。每个家族总有少数不配合的自私性人物，要想改变他们的观念是难的，只要大多数人支持不反对即可做事。根据做事二八分原理，只要有20%族人支持即可做。这个世上总是少数反对者的声音最响，支持与无所谓的中间派往往沉默，不会发出支持的声音。人对未知事物的认知境界分为先知先觉、后知后觉和不知不觉三个层次。这应验了商鞅的看法，"成大事者不谋于众"。因为众人只可事后见，不能事前商。事中的问题，属专业的编纂问题。事后，多数人接受，但怕较真，就家谱文本中的出入较真，有时会上纲上线。2010年，笔者初次提出编纂家谱时，家父也不理解。不过笔者坚持做，让他提供信息，他照做了。笔者据此整理成《钱氏家谱》，而且将家父列为第一作者。当笔者将印好的家谱邮寄给父亲，让他分发给诸亲友时，他是高兴的，很有成就感。父亲的姐妹、堂弟、侄子、外甥们见是家父修的家谱，自然更是敬重。后来，同村某位老友路过，父亲拿出家谱给他看，他十分喜欢，借回家阅读，依样修了唐氏家谱。后来，又帮其他几个姓氏修了谱。这说明，修谱种子人才、家谱样板的榜样力量是很大的。李仁贵总共印制了100套家谱，"家族里的亲戚都拿它当宝贝"[1]。由此可知，家谱是会受小群体家人的欢迎的，因为这是百姓自己的历史书，自然更有亲切感、珍惜感。"看到徐以花修谱的决心这么大，家人们由一开始的不理解劝阻到最后大力支持，让徐以花腾出精力，全身心地投入到家谱的修纂中。"[2] 这说明人的观念是一时的，只要想做事之人坚持，他人是可以逐步改变观念的。

三 文化老人入手

老年人与年轻人的家谱观念不同。有人说："年轻的时候真的不觉得，到老了才能体会出家谱对一个家庭的意义。"[3] 也有人说："我30多岁那年，家里修过一次家谱，当时跟我要钱，我觉得那跟我没啥关系，可不愿意给了。可到了60多岁，再提起修家谱的事情，我第一个站出来说：我掏钱。"[4] 这是66岁的李仁贵对家谱态度转变过程的现身说法。此间，与个人是否有关联，是决定人肯

---

[1] 叶晓彦：《清介堂（胡氏）源流：八旬老人修著45万字家谱》，《北京晚报》2016年6月27日。
[2] 网络部：《莒县古稀老人历经七年修出传世家谱》，莒世闻名2018年3月22日。
[3] 叶晓彦：《清介堂（胡氏）源流：八旬老人修著45万字家谱》，《北京晚报》2016年6月27日。
[4] 叶晓彦：《清介堂（胡氏）源流：八旬老人修著45万字家谱》，《北京晚报》2016年6月27日。

不肯出钱的关键。有人说:"像我们这个年纪,往上还能说出几代,还有大致的线索可寻,如果是让小辈们做就更难了。"① 由此说明,人人的家谱观念要经历一个嬗变过程。修谱,是老人必须承担的家族文化建设责任。

一生中没有参与修谱是一大遗憾。当问及修一次家谱,不但要花费很多的精力,还要花费不少钱时,老人语气坚定地说:"别看我86岁了,身体没问题,况且还有儿孙和族众的支持呢。我保证不向村民摊派,不收大家一分钱。我已经和几个老头商量好了,我们先拿出积攒下的养老钱,再以我们的威望影响发动有爱心的家族经商的精英捐助,钱若不够,我来兜底。"② 老先生发自肺腑的一番话,感动了现场所有人。这提醒我们,第一轮修谱时,大家观念没有跟上时,可以不收钱。等时机成熟了再收也不迟,要教育大家。

对修谱非常热心的是三类人:第一类人是成就者,在社会上有地位,有一定的文化水平,他们辛勤地工作,艰苦创业有了成就,总想给后人留点记忆,于是他们想到了修谱,通过修谱来延续家族历史,传承家训、家规,希望子孙后代将来能发扬光大前人的事业,这是续修族谱的主流。第二类是懂家谱功能者。他们知道谱中有每代人的生辰八字、卒年月日的记载,办红白喜事翻开族谱可以查到所需信息,父母去世做佛事放焰口都要用到。族谱在手,信息随时可知。第三类是把族谱当作祖宗崇拜的载体。它是列祖列宗生平事迹、墓葬、婚配、生育的载体,对谱奉若神明,认为修族谱非参加不可,否则谱中无自己一户的记载,不是等于断了后代吗?为求吉利,他们不光是将自家信息和盘托出,还要为子或孙挂喜丁,自愿交喜丁钱,希望自己已婚的儿子或已婚的孙子、孙女生个男丁。更有甚者,子、孙尚未婚配,也心甘情愿地交上喜丁钱,图个吉祥仁瑞。三类人的共识是认为谱就是家族的根,必须代代相传,根不能中断。③ 修谱之人多属有家族群体意识、视野比较宽的人。由一家而一村,由一村而多村,由一县而多县,不断扩大的宗族视野,是引导他们关注宗谱编纂的内在原因所在。这背后体现的是家国集体与群体视野与责任。

把自己家谱修好,把自己知道的历史记录下来,由己及人,及一村,及一支族人,这很重要,也是厚今薄古的体现,也是真正意义上的重视传统文化、

---

① 许涛:《执着:海宁老人历时三年修家谱,理出了小镇变迁史!》,《海宁日报》2016年11月25日。
② 轩玉民:《许昌八旬轩辕氏老人的修谱梦》,华夏轩辕氏2016年8月28日。
③ 栾宝源:《族谱续修状况之探讨》,天泰网2019上午4月22日。

重视自己一支的亲情体现。乌丹星认为，对于老人来说，修家谱是一种寻根溯源的天性，让自己重新了解家族历史的同时找到人生的归属感。老人们退休之后的生活，往往缺乏的是精神上的支撑，而修家谱这种行为恰恰可以满足老人们对归属感的精神需求。从家族的角度来说，从事修谱工作，老人也有一种被需要的精神满足感。另外，家谱的编纂过程，就是对同宗共祖的血脉的追寻过程，也是对传统文化的认同。很多祖先有着优秀的品质，他们的故事中反映出的精神是值得传承的。修家谱可以让年青一代补课，通过家谱了解家族的情况，增加家族的认同感。①

某些地方有一种习俗，称"压修族谱，乐捐祠堂"，意思是对修谱一事是强制性的，而建祠堂就凭个人意愿。这样的意识，肯定是局部地域部分人的想法。如果大范围实现，肯定是有难度的。祭祖时按礼制来，不按捐款多少排名。也不卖族谱，族人喜欢就直接去祠堂免费领取。这样的家族较为团结，族人也确实普遍发达。

几千年来中国人一直没有解决基本的生存问题。"吃过饭了？"这是中国人最基本的问候语。直到近四十年，才摆脱了贫穷问题。在这种情况下，中国人看重钱，是可以理解的。不过，过了家族生存期，要进一步思考家族发展问题。修谱，从事家族文化建设，这是必须做的功课。吃饱了饭不能时刻撑的，必须找点文化事情来干，也要做点"虚名堂"、满足人的面子的事，这是更高的文化需求。家谱是人民的历史，修家谱是记录人民的历史。本质上，它是一项文化生产活动，与其他文化生产活动没有本质的区别。以人民为中心，必须记录人民的历史。

---

① 叶晓彦：《清介堂（胡氏）源流：八旬老人修著45万字家谱》，《北京晚报》2016年6月27日。

第四章

当代家谱编纂分时研究

现行家谱总目多是按姓氏排列，这方便客户检索，但不利于历史学观察分析。从历史学来说，更关注家谱编纂的时空分布状况，所以笔者提出了分时分区研究问题。什么是家谱编修分时研究？为什么要做家谱编修分时研究？如何做家谱编修分时研究？家谱编修的分时研究，就是当代中国家谱编修史的分时段研究。这个时段可大可小，大的时段划分，可分为前30年与后40年。前30年新谱编纂史，可证明宗族编纂一直在进行之中。后40年新谱编纂史，可证明家谱编纂的繁荣。其中的时段划分，可以按五年时期来划分。分时研究可让大家有一个时段数量概念，知道某个时段全国有多少家谱。更小的时段划分，就是逐年观察。做当代家谱编修分时考察，是为了梳理当代中国家谱编纂的脉络，重在家谱宗旨、背景、过程、特征的分析。家谱编纂历程研究，可以看出各个时段各地各书的具体编纂情况。家谱编年考察重在家谱史建构之路梳理，关注要素为时间、人物、背景、传播、保存。家谱编年可以说是家谱成就的时间定位系统，树立了当代新谱发展的时间标杆。只有进入知识谱系，人与事的评判才是合适的。个人、个案家谱的创新贡献，只有放在当代中国家谱史谱系上加以评判，才是准确的。同时前后有一个比较参考的环境，让家谱作品的判断与定位更容易。这也是一种家谱人物及家谱文本对象的筛选，有了家谱编修的分时考察，家谱研究的目标就更清楚了。现代的家谱研究多按姓氏本位展开，按时间来梳理当代中国家谱编纂研究仍有待加强。

第四章　当代家谱编纂分时研究

关于中华人民共和国家谱编纂史的专门思考，目前有少量学人涉及了。[①]《中国家谱总目》共收录52401部，钱杭据此目录，将1949—2004年的新家谱单独统计，结果为9883种。[②] 也就是说，除去1949—1979年的1150种，1980—2004年的新家谱有8733种。由于《中国家谱总目》成于2005年，且未实现自动化统计，故他的统计是手工完成的，相当不易。目前，上海图书馆正在组织各地编纂《1949年以后中国家谱总目》，虽有了独立的著录平台，正在进行著录工作，尚无法使用此平台数据来进行新编家谱的统计分析。所以，至今没有完整的1980—2020年家谱编纂时空分布状况成果。幸得山西社科院家谱中心副主任刘宁先生的帮助，获得他们收藏的家谱总目。此目录收录43945种，上起明清，下迄2021年6月6日。大体说来，老谱与新谱的数量各一半左右。此表是用Excel做成的，倒是方便电脑的统计分析。家谱中心家谱目录肯定不全，如1949—2004年，钱杭统计为9883种，刘宁统计为5872种，相差4011种。不过，刘宁的表下迄2021年，时间段更长。在《1949年以后中国家谱总目》平台数据可使用之前，它仍是相对完整的目录，据此大体可获得1949—2020年家谱编纂发展轨迹的轮廓性数据。更大的优势在于，山西家谱中心的家谱目录，多数可以在犹太学会的家网上阅读，这为研究提供了方便。

有人曾对中华人民共和国民间修谱行为的演进做过提纲挈领的梳理，将其分为四个阶段：第一阶段是中华人民共和国成立后到80年代初，民间修谱传统被非理性斩断；第二阶段是80年代到90年代，一些地方零星出现家族修谱行为，但处在半地下状态，或者掩藏在地方志的名目之下；第三阶段是90年代初，浙江、广东、福建等一些经济发达并与海外交往密切的地区，由于新的经济力量和外来资金的介入，使原有的家族传统被激活；第四阶段是90年代中后期，政府有关部门对新修家谱采取不鼓励、不干预、不发生械斗为前提的"鸵鸟"政策，各地修谱行为开始高调行进，近两年渐趋发展态势。[③] 这样的粗线条定性

---

① 励双杰：《涓涓不壅，终为江河——共和国前三十年家谱纂修概述》，《中国家谱论丛》，上海古籍出版社2000年；钱杭：《关注"新谱"，中国谱学史研究的深化之路》，《光明日报》2014年5月27日。单桢《城镇化转型中的宗谱编修——以宁波地区为例》，硕士学位论文，上海师范大学，2016年；蒋国河《当代农村宗族谱研究——赣南闽西为中心》，硕士学位论文，福建师范大学，2004年；周钰《当代宗族修谱现象研究》，硕士学位论文，厦门大学，2008年；张安东《传统的嬗变：当代民间修谱与宗族意识的变迁》，《理论建设》2014年第4期；郑琳、刘如《当代重修家谱盛行的原因探究》，《科技资讯》2012年第19期。

② 钱杭：《谱籍统计与分析：浙江新谱的区域分布》，《浙江社会科学》2014年第9期。

③ 曹红蓓：《重修家谱》，《中国新闻周刊》2005年1月27日。

划分，大体有理。现在因为有了这个数据表就开始量化了。当然，目前的量化统计尚是不全面的，有相当多的家谱没有统计进来。

钱杭以1979年为界，将中华人民共和国的家谱编纂分为两个时段。同时，又用10年小时段加以细部考察。他关注到前30年的家谱编修研究，尚未及1980年以后时段。笔者拟进一步以五年为时段加以考察。这套方法，早在几年前指导研究生从事当代中国村史志历程考察时就用上了。为什么是五年一段划分？这有样本数量的考虑。全国太大，样本多，须缩小时空段来观察。十年一段，数量仍太多。五年一段，比较适中。它是全面范围内的量化分析，有一定的观察意义。当然，解释时肯定仍要参照社会史与学术史。1977年与1989年是两个重要年份，《中国家谱总目》下迄的2005年也是重要年份，这些年份均有一定的符号考察意义。这是梁洪生教授与笔者聊天时给出的建议。

第一节 不绝如缕的前30年家谱编纂

中华人民共和国家谱历程有其特殊处，经历了打压与重新解放的过程。谱学界曾认为1950年至改革开放之前的1979年这三十年是中国家谱的空白期，无论是民间的修纂活动，还是史学界对家谱的研究和开发利用，似乎都在这三十年中停顿了下来。"中华人民共和国成立后的1957年至1985年前，这一期间续修族谱基本上无人问津。"[①] 民间藏谱研谱家励双杰提出了不同的看法，他通过自己搜集到的家谱，系统地梳理了前30年的修谱状况。[②] 这提醒我们，对前30年的家谱编纂情况，须逐一细加考察，不能笼而统之。至少可以1966年为界，分"文化大革命"前17年与"文化大革命"后13年。对家谱的直接打压，自然是"破四旧"风。不过仔细考察，此前的乡村氛围就不利于家谱编纂了。1950年，中华人民共和国建立新的乡镇体制（"小乡制"），摧毁原有的乡村宗法体制，乡绅阶层被彻底打掉，没有了族长，自然也没有了修谱主持人。1958年后，人民公社将乡村农场化，村民组合进了生产队，小队长成为他们的直接领导。生产组织与生活单位

---

① 栾宝源：《族谱续修状况之探讨》，天泰网2019年4月22日。
② 励双杰：《涓涓不壅，终为江河——共和国前三十年家谱纂修概述》，《中国家谱论丛》，上海古籍出版社2000年版。

相结合，社员每天都要出工，没有太多空闲时间从事其他文化活动，自然无法修谱。那年代日子也比较穷，没有太多现金，多数靠实物分配，修谱费用也筹措不起来，自然无法找印刷厂印家谱，大部分要靠手写。60—70年代，钢板刻蜡纸在各单位流行，油印技术方便了，可油印技术使得大批量印刷成为可能，这有利于家谱的修撰。不过，随后遇1964年出现的"破四旧"（旧思想、旧文化、旧风俗、旧习惯）风，家谱属旧文化，大量家谱被搜集出来烧毁。将家谱定为"封、资、修"之物，彻底污名化，这让大家谈家谱色变，更不会触及家谱编纂。总之，前30年乡村管理体制大变，村民集体化，文化生产基础摧毁，外部政治高压，极大地阻碍了家谱编纂活动。这是就整体内外环境而言的。事实上天高皇帝远，民间也没有完全停止家谱编纂，总有个别地方个别家族坚持修谱。因为，家谱编纂有自身的内在规律，它遵循30年一续修规则。虽然每年的编纂数量十分少，但从全国来说，仍可称为不绝如缕。

一　线状发展轨迹

笔者首先将家谱按出版时间排列，以表格形式作初步分析。据此可知，1949—1979年的家谱数量才215种。这个时段的家谱数量，钱杭表格凡1150种，可见山西家谱中心的目录不全，才四分之一。下面按五年一个时间段，观察下前三十年的发展状况。

表4-1　　　　　　　　　　　1949—1954年家谱

序号	谱籍	谱名	堂号	作者	年份	版本	卷帙	册数	备注
1	山东博山	焦氏族谱		焦其儒等	1949	复印本	六卷	1	
2	山东崂山	刘氏族谱		著者不详	1949	石印本		2	书衣题《港东村刘氏长支（二支）影谱》
3	安徽安庆	王氏宗谱	笃本堂	王抚五	1949	木活字	三十四卷	33	
4	山东庆云	李氏族谱		李学善	1950	胶印本	五册	5	
5	山东莘县	观城史氏族谱	报本堂	史培贞	1950	石印本	上下卷	2	
6	江苏苏州	吴氏大统宗谱	至德堂	吴邦固等	1950—1951	铅印本	七卷首二卷	40	

续表

序号	谱籍	谱名	堂号	作者	年份	版本	卷帙	册数	备注
7	山东曹县	王氏宗谱		王文会	1950	石印本		4	
8	江西信丰	义门陈氏宗谱		陈记斗	1950	木活字	六卷终一卷	5	缺卷4、6
9	山东青州	陈氏族谱		陈庆路	1950	油印本	不分卷	9	
10	江西玉山县	怀玉程氏宗谱	桂忠堂	程庆荣	1950	复印本	六卷	6	书衣题《程氏宗谱》
11	浙江兰溪	河南方氏宗谱		著者不详	1950	手抄本	不分卷	1	
12	四川华阳	冯氏族谱		冯大吉	1950	手抄本	不分卷	1	
13	湖南邵阳	邵阳梅塘贺氏四修族谱	儒宗堂	贺孝谐	1950	木活字	三十卷首一卷	18	缺卷24，书签：邵阳梅塘贺氏四修族谱
14	湖南邵阳	邵阳梅塘贺氏四修族谱	儒宗堂	贺孝谐	1950	木活字	四卷	5	书衣题《邵阳梅塘贺氏大房房谱》
15	四川泸县	黄氏支谱		黄先楷	1950	石印本	不分卷	1	
16	安徽黄山	东武解氏家乘		解徽淇等	1950	铅印本	四卷	4	
17	浙江江山市	开阳林氏宗谱	拾德堂	林笏炎	1950	木活字	十八卷首一卷末一卷	6	
18	江西弋阳	水西刘氏宗谱		刘崇信	1950	木活字	三卷	3	
19	浙江松阳	刘氏宗谱		刘世荣	1950	木活字	不分卷	2	
20	江西上饶	饶氏九修族谱		饶松如	1950	木活字	八卷	7	缺卷2
21	湖南益阳	盛氏七修族谱	广陵堂	盛雨生等	1950	铅印本		14	
22	湖北黄冈	太原天水谱		王钧泽	1950	木活字	十三卷首三卷	15	书衣题《太原族谱》缺卷7
23	湖北黄冈	太原天水谱		王均泽	1950	木活字	十三卷首三卷	2	补前缺卷7
24	湖北麻城	王氏族谱			1950	木活字本	二十一卷首四卷合族同修	25	
25	山东曹南	王氏宗谱		王海澄	1950	石印本		1	
26	山东东平	王氏家谱	追远堂	王清玉	1950	手抄本	四卷	4	书衣题《追远堂王氏家谱》
27	山东临淄	王氏支谱		王镜昇	1950	胶印本	不分卷	1	王家桥

续表

序号	谱籍	谱名	堂号	作者	年份	版本	卷帙	册数	备注
28	江苏无锡	吴氏统谱	至德堂	吴荫渠	1950	铅印本	七卷首二卷	40	
29	湖北黄冈	萧氏族谱		萧浚明	1950	木活字	十七卷首二卷	19	
30	江西上饶	谢氏重修族谱	宝树堂	谢昌铭	1950	木活字	不分卷	2	
31	安徽屏山	杨氏宗谱		杨聚灿	1950	手抄本	不分卷	1	仁户土馨派
32	安徽含山	碑亭张氏宗谱	文器堂	张孝肃	1950	木活字版	十二卷	9	
33	江西广丰	张氏重修宗谱	百忍堂	著者不详	1950	木活字		2	存卷1，书签《胜甫公重修族谱》
34	浙江缙云	清河张氏宗谱		张友松	1950	木活字本	十一卷	12	
35	中国广东	广东省大埔县流传张氏族谱		张献	1950	刊本		1	
36	江西兴国	颍川堂钟氏联修族谱	颍川堂	钟民山	1950	石印本		20	
37	浙江永嘉	杨屿四分上房周房谱		金伯龙序	1950	手写本		1	
38	浙江永嘉	象川周氏档溪房谱		周贯序	1950	手写本		1	
39	浙江永嘉	档溪廿七宅周氏房谱		周得壮序	1950	手写本		1	
40	浙江乐清	何氏宗谱		金寿田	1950	木活字版		1	注：九万公房谱
41	浙江永嘉	未山坛头卓氏宗谱		陈邵荣	1950	手抄本		1	
42	浙江乐清	谢氏宗谱		谢公仰	1950重修	木活字版		2	
43	山东郓城县	房氏族谱·慎终追远		房守钦	1951	铅印本	卷数不详	1	存卷1
44	山西沁县	四老门长门族谱			1951	抄本			
45	江西于都	雩邑双溪李氏重修族谱		李化桂	1951	木活字	不分卷	3	
46	山东东平县	陈氏家乘		陈桂轩	1951	石印本		6	书衣题《东平陈氏家乘》
47	湖北黄冈	董氏宗谱	三策堂	董明主等	1951	木活字本	十一卷首一卷	12	
48	山东单县	樊氏族谱		樊星南	1951	油印本	四卷	6	
49	福建光泽	杭川黄氏宗谱		黄爵智	1951	木活字		3	存卷1—3

续表

序号	谱籍	谱名	堂号	作者	年份	版本	卷帙	册数	备注
50	江苏常州	瓯山金氏常州缸行街支谱		金璋修	1951	铅印本	不分卷	1	
51	江苏泰兴	刘氏族谱		刘荣榜	1951	木活字	四卷	4	
52	湖南常德	汤氏族谱	中山堂	汤志鹏	1951	手抄本	不分卷	2	
53	山东鄄城县	田氏宗谱		田殿选监修	1951	石印本	四卷	4	
54	山东钜野	麟州魏氏族谱	大名堂	魏兴兰	1951	铅印本	八卷首一卷	9	
55	江西湖口	吴氏宗谱		吴登友	1951	铅印本	三卷首一卷	4	
56	湖南邵阳	杨氏四修族谱	四知堂	杨正谊	1951	木活字本	十四卷首三卷	16	
57	山东东阿	谷城于氏宗派表	登文堂	合族	1951	石印本	二卷	2	
58	山西沁县	张氏族谱		张玉轸	1951	抄本		2	
59	山东临淄金山镇	王氏家谱		王化爱	1952	影印本	不分卷	1	王璟序。版心：北崖村王氏家谱
60	山东东平	陈氏族谱		陈允恭	1952	石印本	十一卷	12	书衣题《东原陈氏世系谱》
61	湖南邵阳	朱氏五修族谱	紫阳堂	朱芳义等	1952	木活字本	十六卷首一卷末一卷	18	
62	广东香港	陈氏源流族簿		陈华勋	1953	写本		1	
63	山东即墨龙湾头	姜氏族谱		姜毓才等	1953	手抄本		1	
64	山东鄄城	马氏家谱		马春爱首事	1953	油印本	不分卷	7	
65	山东即墨	门氏谱书		门泽法等	1953	石印本	不分卷	1	
66	广东香港	谢氏族谱		谢鹤龄	1953	铅字		1	
67	江苏泰州	严氏家乘	楚宝堂	严贵卿	1953	木活字	十四卷首一卷	14	缺卷4、7、11
68	山东青岛	张氏族谱		张中奎序	1953	石印复印本		1	书签题《辛戈庄张氏族谱》
69	浙江乐清	乐清翁垟陈氏宗谱		陈家昭	1953	手抄本	不分卷	1	
70	山西清徐	啜氏宗谱		啜昌福	1954	手写本		1	
71	山东即墨	黄氏族谱		黄显田	1954	木活字本		1	

续表

序号	谱籍	谱名	堂号	作者	年份	版本	卷帙	册数	备注
72	福建晋江	晋江丰山兰氏族谱		（清）兰世煌等修	1954	抄本		1	
73	山东栖霞	时氏谱书		时德福	1954	复印本		1	
74	福建霞浦	崇儒沙坑王氏宗谱		佚名修	1954	木活字本			
75	山西太原	胥氏宗谱		胥要祉等	1954	胶印本		1	小店区辛村
76	浙江遂安	汝溪余氏续修世谱图		著者不详	1954	手抄本	不分卷	1	

以上1949—1954年六年间，共75种。其中，1949年4种，1950年38种，1951年16种，1952年3种，1953年8种，1954年7种。

又有《常德梁氏族谱》，1950年，刻印本。《恒台张家埠张氏世谱》，1950年，石印本。《肥城辛氏族谱》，1951年，刻印本。《董氏宗谱》，1951年，刻印本。《东原陈氏家乘》，1951年，石印本。《湖南新邵银禄朱五修族谱》，1952年，刻印本。①

1950年修谱数量最多，为什么？难道国共内战，新旧朝代的更替，对乡村修谱活动影响不大？只能说，家族修谱遵循着自我的规律，不太受外界影响。1950年，周禹农主修的《苞佳园周氏六修族谱·凡例》云："盖时局之变迁，族心之不一，虽经迭次创议兴修，未克就绪。兹以各房丁稿早经汇齐，不忍弛废，爰就全族世系及图表即付刻劂，以便稽考而垂久远。"② 可见，新旧朝代更替，族谱不能废。

从空间上说，山东24种，浙江12种，江西9种，湖北5种，湖南5种，江苏5种，山西4种，安徽4种，福建3种，四川2种，香港2种，广东1种。山东最多，浙江其次，江西居三。这三个地方，均属华东地区。也就是说，华东地区是修谱最盛之地。值得注意的是，此间有三部油印本家谱出现，均在山东。

张天恩之父张承江，1950年土改时曲河张家湾祠堂要改成学校，眼看张氏

---

① 钱杭：《文革新谱研究》，见钱杭主编《中国历史地理评论》第二辑，复旦大学出版社2018年版，第12页。
② 转引自励双杰《涓涓不壅，终为江河——共和国前三十年家谱纂修概述》，《中国家谱论丛》，上海古籍出版社2000年版。

族谱就要失传，承江公趁聚会之时拿回张氏族谱重要的三本。[①]

20世纪50年代的一个大年三十，联庄二老份族亲经二十多里路来太贤家庙祭祖，抬来十多坛酒，晚上的宴席上，他们故意把太贤族亲灌醉，神不知鬼不觉地从神案上卷起族谱揣在怀里，连夜摸黑翻沟越梁逃回联庄，那时叫侯家庄，从此以后，联庄族亲就再没有回太贤村祭祖。反正咱们村是肯定没有了。[②] 这说明，50年代时尚有祭祖之习。

表4-2　　　　　　　　1955—1959年家谱

序号	谱籍	谱名	堂号	作者	年份	版本	卷帙	册数	备注
1	山东省淄博市	淄博市西河庄李氏世谱		李宗照	1955	复印本	上下卷	1	
2	湖北阳新	成氏宗谱		著者不详	1955	木活字		9	存卷1—9
3	福建漳州	径口黄氏族谱		黄德和	1955	写本		1	
4	山西沁县	霍氏宗谱		霍照林	1955	抄本		2	
5	江西兴国万安赣县	罗氏联修族谱		罗家祥	1955	铅印本	不分卷	28	
6	山东沂水	田氏族谱		田培基	1955	复印本		2	
7	山东青岛崂山区	王氏支谱		王星宇序	1955	石印复印本		1	
8	浙江瑞安	大南平阳坑蛟池五一氏宗谱		王朴如	1955	木活字本		1	
9	浙江瑞安	大南平阳坑东峇村王氏宗谱		王树银	1955	木活字本		1	
10	山东即墨	葛氏家谱书		著者不详	1956	手抄本		1	留村松山
11	山东青岛	吕氏族谱	固本堂	吕维珉	1956	石印复印本		1	崂山郑疃
12	山东汶上	马氏族谱		马锡龄序	1956	石印本		6	存卷1—4，书衣题《汶邑马氏族谱》
13	福建霞浦	柏洋郑家山王氏宗谱		周秉仁	1956	抄本		1	
14	中国台湾	林氏族谱		林才添	1957	复印本		1	实有三册
15	山东即墨	孙氏族谱		孙中璞	1957	石印本	不分卷	1	南杨头
16	福建福鼎	白琳秀洋五里牌王氏宗谱		梁寿畴等	1957	木活字本		1	

---

① 张天亮：《重修张氏家谱缘由及目的：明宗支，正本源》，中国家谱网2021年2月7日。
② 孙兆丰：《修族谱手记》，中国作家网2020年2月11日。

续表

序号	谱籍	谱名	堂号	作者	年份	版本	卷帙	册数	备注
17	山东即墨	吴氏族谱		吴泽辉等	1957	木活字		2	丰城王哥庄
18	山东即墨	顾氏族谱		顾德品	1958	油印本	二卷（上下）	2	鳌山卫
19	山东即墨	族谱志（黄氏）		黄祥金	1958	手写本		1	上古屯
20	山东即墨	李氏族谱		李化蒸等	1958	石印本	不分卷	1	雄崖所
21	山东即墨	毛氏族谱		毛思教等	1958	木活字		8	
22	山东青岛即墨	即墨毛氏族谱		毛承姬	1958	铅印本		3	
23	福建闽侯	开闽忠懿王族谱		（明）王琨修	1958	据王氏家藏册页传抄		1	
24	山东青岛崂山区	王氏族谱		王京初序	1958	石印复印本		2	
25	山东即墨	颜氏族谱		颜德品	1958	铅印	二卷	2	
26	山东青岛崂山区	杨氏族谱		杨培钰等	1958	石印复印本		1	
27	山东青岛崂山区	杨家村杨氏族谱	敬修堂	杨圣民序	1958	铅印复印本		1	
28	云南镇雄县	张氏宗族谱	清河郡百忍堂	张魁仑等	1958	手抄复印本	不分卷	2	第一册是中华民国十二年抄本
29	浙江乐清	柳市寮后包氏家谱		郑雍如	1958	手抄本	不分卷	1	
30	浙江乐清	水坑赵氏宗谱		赵景清	1958增修	手抄本		1	
31	浙江乐清	蒋氏房谱		著者不详	1958重修	手抄本		1	
32	浙江乐清	长山武氏宗谱		赵景清	1958重修	手抄本		2	
33	浙江平阳	凤卧、蒲山王氏宗谱		王光绍等修	1959	木活字本		1	
34	山西沁县	乡楼沟张氏家谱		张恒昭等	1959	手抄本		1	
35	陕西大荔	赵氏家谱		著者不详	1959	手抄本	不分卷	1	

以上 1955—1959 年 34 种。从时间上说，1955 年 9 种，1956 年 4 种，1957 年 4 种，1958 年 15 种，1959 年 3 种。1958 年最多，说明当时"大跃进"运动，也对修谱有些影响。从空间上说，山东 11 种，浙江 7 种，福建 4 种，说明华东地区仍是修谱强区。1 部油印本家谱，在山东。

张恒昭等《乡楼沟张氏家谱序》(1959) 称：

> 自（中华）民国三十四年（公元一九四五年）重续家谱以来，迄今已历一十四年之久，其间因倭寇入侵及中华内乱，家乡遭受骚扰频繁，族人亦多东逃西散，背井离乡。我族家谱亦因之或藏于洞或掩于土，故遭遗失所甚多。现存者仅寥寥数卷，然亦多残缺不全，族中人等均目不忍睹，更兼为敌枪弹所中九剑，所伤者甚多。而时局动乱，民生憔悴，无暇为之添入家谱之内。倘不当急，新叙增补，久而久之，更无法查考，实为后继者之憾事。
>
> 其时适值国家建设事业正处高潮，各地水库的修建，詹东铁路的复筑，更有农忙在急，人力大为不足。在此百忙之中，经族中年长者倡议新续，亦值族中大中学生寒假返里，此乃大好机会。对此，我族人亦各尽其力，废寝忘食，家谱六卷，不旬日均已告竣。
>
> 此番新续，经六门负责人向族中长者询问，再四费神，溯时日而思，均将历年已亡未入家谱者一一添入，使我家谱完整无缺。我族六门各奉一卷，平日谨慎珍藏，节日焚香礼拜。
>
> 我族旧有家谱三幅，但因历史源远流长，族中子弟与日俱增，原来谱内不能容纳，致使后人添写困难，亦不醒目。此次新续家谱，六门共议新写族谱，并将始祖张后仍然照添，而二世至十三世祖共书一位以代之，不再照各名一一添写，十四世祖之后仍照原谱添入。
>
> 此次新续家谱，新写族谱，共费人民币壹佰五十元。（祖坟侧）有杨树一棵，抵洋叁拾伍元，余则由族中六门人等自愿措足，是为序。
>
> 撰序人：十七世：恒昭、怀仁；十八世：富才。
>
> 即公元一九五九年岁次己亥元月中旬薰沐谨序。[①]

由此可见，家谱的续修与否，与有无修谱传统有关。族人关注，可于1958年"大跃进"最忙的时候，也会借过年稍空时间续修。一村一姓的家谱，规模并不大，容易操作。

[①] 张怀仁等：《沁县良楼沟村张氏族谱历代续修序言》，中国家谱网2014年11月18日。

表 4-3　　　　　　　　　　　　1960—1964 年家谱

序号	谱籍	谱名	堂号	作者	年份	版本	卷帙	册数	备注
1	山东即墨	聂氏族谱	裕后堂	聂守涟	1960	手抄本		1	孙唐庄
2	四川南充	邓氏分谱		著者不详	1960前后	写本复印本		1	
3	浙江兰溪	董氏族谱		董心菉	1961	木活字版		1	起止年代：1763—1961
4	山东汶上	姬氏家志		姬长栋	1961	石印本	二卷	2	
5	福建漳州	远德堂李家谱	远德堂	李苍松	1961	写本		1	
6	福建福州	林文忠公手写资助亲族清单		（清）林则徐修	1961	抄本		1	郑丽生据原稿传抄
7	广东香港	刘氏家谱		刘荣和	1961	写本		1	
8	浙江乐清	乐西汤余氏族谱		王叔刚	1961		不分卷		
9	福建石狮	石井本郑氏宗族谱		郑之龙	1961	油印本		1	
10	山东寿光	刘氏族谱		刘爱章	1962	石印本	不分卷	2	
11	山东定陶	段氏族谱		段庚兰	1962	胶印本	不分卷		
12	山东即墨	冯氏族谱		冯镇岐	1962	手抄本		1	鳌山卫冯家河北里。此谱1962修，2012手抄写
13	江苏丰县	古丰高氏族谱	三瑞堂	高大邦	1962	铅印本	四卷	4	
14	河南太康	太康郭氏族谱		郭良琴；郭傅生	1962	油印本	三卷	1	
15	山东峰县	郭氏族谱	太原堂	郭廷宇	1962	木活字	二卷	2	
16	山东即墨	郭氏族谱		郭克泽等	1962	手抄本	上下集	3	蓝村郭家庄
17	山东汶上县	贾氏族谱		贾维勤等	1962	油印本	六卷	4	存卷 1、4、5、6
18	江苏沛县	姜氏宗谱		姜履坡	1962	油印本	不分卷	2	
19	江苏丰县	李氏族谱		李善祥等	1962	写本		6	
20	山东日照	海曲厉氏家乘		厉守来	1962	影印本		10	存卷 1、21、31—34、41—43
21	山东青岛崂山区	梁氏族谱		梁日智	1962	手写复印本		1	
22	江苏仪征	仪征刘氏五世记			1962	油印本		1	
23	山东汶上	刘氏家谱	敦睦堂	刘隆恩序	1962	石印本	十二卷	15	
24	山东日照	卢氏族谱		卢慎德序	1962	木活字	不分卷	1	
25	山东青岛崂山区	曲氏族谱		曲永珍存	1962	手写复印本		1	

续表

序号	谱籍	谱名	堂号	作者	年份	版本	卷帙	册数	备注
26	浙江乐清	石氏族谱		王叔刚	1962	手抄本	三卷	3	
27	山东即墨	孙氏族谱	永惠堂	孙文玉序	1962	石印本	不分卷	1	北王村
28	江苏秦川	田氏族谱		田锡玺；田毓瑾	1962	木活字		13	中华民国二十二年修；1962年接修。存卷1、2、4、6、8、10—14
29	福建霞浦	洋红岑王氏家谱		李春光	1962	抄本		1	
30	山东滕州	王氏族谱		王家菩	1962	石印	十二卷首一卷	12	书签《盖村王氏族谱》
31	浙江乐清	乐清花浃吴氏宗谱		方王道	1962	手抄本	不分卷	1	
32	江苏沛县	燕氏族谱	招贤堂	燕教强；燕克己	1962	油印本	不分卷	15	
33	山东滕州	古藤杨氏族谱		杨四升	1962	木活字	十二卷	12	
34	浙江瑞安	杨氏宗谱		杨传李	1962	木活字		1	
35	山东滕州	张氏族谱		刘惠心	1962	手写复印本		1	
36	山东滕州	张氏族谱		刘惠心	1962	手写复印本		1	
37	山东淄川	张氏族谱		张方理	1962	胶印本	不分卷	1	
38	浙江兰溪	张氏宗谱		张昌其等	1962	铅印	不分卷	1	
39	浙江乐清	潭头李氏房谱		李玉顺等	1962	手抄本	不分卷	1	此谱为房谱
40	浙江乐清	蒲岐黄氏宗谱		黄章顺等	1962重修			2	
41	山西沁县	唐村温氏家谱		温保姜等	1963	抄本		1	
42	江苏建湖	陈门家谱		陈光汉序	1963	手抄本	不分卷	1	
43	山东即墨	陈氏族谱	荣本堂	陈保书	1963	手抄本		1	雄崖所马山后
44	北京丰尔庄	戈氏族谱		戈衍棣	1963	油印本	九卷	6	
45	河北盐山	郭氏家谱		郭华栋	1963	影印本	四卷首一卷	5	
46	河南封丘县	郭氏流源		郭自省	1963	手写本		1	存；乙本
47	山东即墨	黄氏族谱		黄中敏等	1963	手写复印本		1	
48	山东青岛	黄氏族谱（雄崖所族）		黄福臻	1963	铅印复印本			雄崖所
49	山西沁县	霍氏宗谱		霍文炳	1963	抄本		1	
50	山东即墨	匡氏族谱		匡永寿叙	1963	手抄本		1	七级西南
51	山东即墨	李氏族谱		李云庆序	1963	手抄本		1	泉庄

续表

序号	谱籍	谱名	堂号	作者	年份	版本	卷帙	册数	备注
52	山东青岛崂山区	梁氏族谱		梁保禄修	1963	手写复印本		1	
53	山东即墨	即墨林氏族谱		林祯松	1963	手抄本		1	林家疃
54	山东即墨	刘氏族谱		刘正开等	1963	油印本	二卷(上下)	2	留村镇水场村
55	山东莱阳	邢格庄刘氏谱书		刘文运	1963	复印本		1	
56	山东青岛	毛氏族谱		著者不详	1963	手写复印本		1	移凤李家庄
57	山东即墨	苗氏族谱		苗禄烈序	1963	手抄本	不分卷	1	鳌山卫马连沟山东头
58	山东即墨	即墨王村曲氏族谱		曲祥典等	1963	手写复印本		1	上古庄屯
59	山东微山	宋氏族谱		著者不详	1963	石印本		1	题名页：微山周围宋氏宗谱
60	山东东阿	苏氏族谱		苏树训	1963	影印本	不分卷		
61	江苏丰县	古丰孙氏族谱		著者不详	1963	油印本		1	
62	山东青岛即墨大信	徐氏族谱		徐积业等	1963	铅印本		1	红岛观涛
63	中国广东	许氏宗谱		许教正	1963	刊本		1	
64	河南信阳市	张氏宗谱	清河郡世珂堂	张世德	1963	手抄复印本	五卷	5	
65	浙江乐清	黄膑大房象山郑氏房谱		方王道	1963	手抄本	不分卷	2	
66	山东即墨	胶东宗氏家乘		著者不详	1963	手抄本复印本		1	蓝村东乔西头支
67	浙江乐清	陈氏宗谱		陈大丰	1963	木活字版		4	
68	浙江乐清	太原郡温氏宗谱		温兴日	1963	木活字版		3	
69	广东丰顺	林氏元丰家谱		林文质等	1964	胶印本	不分卷	1	汤坑
70	山东即墨	王氏谱书		著者不详	1964	手抄本	不分卷		龙泉前村
71	山东即墨	吴氏谱书		吴承敏	1964	手抄本		1	北阁里
72	山东淄博	张氏世谱		著者不详	1964	复印本			
73	山东即墨	赵氏族谱		赵光汉序	1964	手抄本	不分卷	1	下疃南庄
74	浙江乐清	塔头张氏宗谱		著者不详	1964	手抄本	不分卷	1	

以上 1960—1964 年，凡 73 种。从时间上说，1960 年 2 种，1961 年 6 种，1962 年 20 种，1963 年 26 种，1964 年 6 种。也就是说，1962—1963 年最多。从

空间上说，山东39种，浙江12种，江苏8种，仍是华东地区居多。8部油印本家谱，说明60年代油印技术已开始流行。

《中国家谱总目》所及新谱目录①见表4-4：

表4-4　　　　　　　　　《中国家谱总目》所及新谱

顺序	谱籍	谱名	年份	版本	卷帙	堂名
1	苍南	蒲门杜氏房谱	1960	抄本	1册	
2	苍南	沿浦范阳郡邹氏家乘	1960	抄本	1册	
3	江山	余庆堂刘氏草谱	1960	抄本	1册	
4	宁波	范氏支谱	1960	抄本	1册	
5	鄞州	鄞县秦氏宗谱稿	1960	油印	1册	
6	瑞安	小沙堤黄氏宗谱	1961	木活字	1册	
7	肥城	肥城刘氏族谱	1961	刻印		
8	苍南	苍南腾垟欧阳氏宗谱	1962	木活字	1册	
9	龙游	兰陵郡缪氏宗谱	1962	木活字	1册	
10	济南	济南赵氏族谱	1962	铅印本		
11	东平	东平府汶阳贾氏族谱	1962	刻印		
12	光州	阚氏族谱	1962	木活字		
13	滕县	古滕张氏族谱	1962			
14	苍南	桥墩五凤王氏宗谱	1962	木活字	1册	
15	苍南	观美马加垟清河郡张氏宗谱	1962	木活字	1册	平邑三桂堂
16	苍南	河东廉水郡薛氏宗谱		木活字	2册	
17	定海	金塘大象包氏宗谱	1962	稿本	1册	务本堂
18	乐清	潭头李氏宗谱小二房谱	1962	木活字	1册	
19	平阳	宋氏族谱	1962	木活字	1册	
20	平阳	緱山侯氏增修宗谱	1962	木活字	1册	
21	平阳	安定郡梁氏重修宗谱	1962	木活字	1册	
22	瑞安	陶山江夏郡黄氏宗谱	1962	木活字	2册	
23	永嘉	下塘柯氏宗谱	1962	抄本	1册	
24	苍南	颍川郡陈氏宗谱	1963	木活字	1册	聚星堂
25	苍南	颍川郡陈氏宗谱	1963	木活字	1册	瑞安间礼堂

① 钱杭：《20世纪60年代浙江新谱的历史地位——由卷册规模论》，《上海师范大学学报》（哲学社会科学版）2015年第2期。

续表

顺序	谱籍	谱名	年份	版本	卷帙	堂名
26	苍南	马站南坪陶氏宗谱	1963	木活字	1册	
27	建德	过塘叶氏宗谱	1963	木活字	2册	最乐堂
28	建德	南阳叶氏宗谱	1963	木活字	1册	最乐堂
29	乐清	杏庄胡氏宗谱	1963	油印	5册	
30	平阳	黄氏宗谱	1963	木活字	1册	
31	瑞安	清河郡蟠江张氏宗谱	1963	木活字	1册	
32	瑞安	宏农郡杨氏五修宗谱	1963	木活字	1册	
33	泰顺	河东郡柳氏族谱	1963	抄本	1册	
34	鄞州	四明朱氏支谱内外续编	1963	稿本	1册	慎德堂
35	苍南	陶氏宗谱	1963	木活字	1册	
36	潍坊	玄氏宗谱	1963			
37	苍南	小玉沙黄氏族谱	1964	木活字	4册	
38	缙云	颍川陈氏宗谱	1964	木活字	1册	
39	瑞安	瑞安姚氏家乘	1964	铅印	1册	瑞安两思堂
40	泰顺	东岭王氏宗谱	1964	抄本		

资料来源：钱杭《20世纪60年代浙江新谱的历史地位——由卷册规模论》，《上海师范大学学报》（哲学社会科学版）2015年第2期。

以上三种统计数据，计1961年7种，1962年16种，1963年13种，1964年4种，共计40种。

另有山西家谱中心76种，《中国家谱总目》等40种，共116种。这个时期，家谱编纂确实是一个小高峰。故徐扬杰将60年代初农村出现的续家谱活动，称为中华人民共和国"第一个宗法思想和家族观念比较活跃的时期"[①]。

60年代出于对封建族权的批判，有人写了《封建家谱谈》，这是至今所见新中国成立到十一届三中全会之间唯一的一篇关于家谱的论文，家谱研究基本处于空白状态。

"大跃进""文化大革命"期间也没有中断木活字印宗谱的民间行为，现在还可以看到那时署名瑞安东源某某某梓辑的宗谱，当然都是偷着干的。谱师

---

① 徐扬杰：《中国家族制度史》，人民出版社1992年版，第472页。

收入视其技艺高低,从艺过程的口碑,当然还有灵活的价格策略,少则一般工资水平,多则小店主似的,高不到哪里去。从业人员都是农民,在农闲时才进行修谱。①

对不同家族来说,族谱的续修,有自身的内在时间规律性。我们选择一些案例加以说明。

从1958年大办公共食堂开始,族人中的有识之士就提议编纂家谱,但因条件不成熟,未能实施。板山坪余坪村西沟十二代族人卢立本在1944年曾收集整理过南召地域的家谱资料,"文化大革命"伊始,因担心作为"四旧"被焚,卢立本之子卢汉祥将其赠送给余坪村卢家庄十二代族人卢立兴,并请其主持修谱事宜。② 之所以会在1958年提出续修动议,显然与1944年续修有关,中间相隔15年。

1963年,六安《翁氏补修草谱序略》说:"现因本谱修三十余载,生齿又觉繁多,移迁涣散,生卒无从稽考。兹为承先启后情节尤重,吾等不忍静默旁观,且愿与先进先明者约议草修补行办法,遂于本二月初八日议行通知各房人丁,深得族间长幼同意,每丁二元,聊作草修纸墨之费,议决所行很速,将各房人丁开列清楚,除老谱注明不计外,谨将当前所有人丁及卒葬时山墓向,详细按照世系排列,用钢板大写正楷。"③ 由此可见,家谱编纂有内在规律,它以30年为大修期。属于民间历史文化生产,不需征得政府的同意,只要有人倡议,族人同意,就可动手编纂。在那个印刷落后的年代,他们选择钢板刻印。即使最困难时代,仍收修谱费,每丁二元。发起人总会找族中"先进先明者"商量,而不是找"后进后明者"商量。这也是成事规律。

1963年山东即墨《陈氏族谱》在1933年老谱基础上续写,续写部分是手写本。《陈氏族谱》体现了中华人民共和国的形势变化。序略述了1945年7月解放即墨县至1958年一系列的政治活动,最后说"我们在上述一系列的政治革命运动中,参加了中国人民解放军二十名,参政的八名(其中烈士四名)。以上这些参军参政的人是承先启后、木本水源,应继承我们先祖之志,立下很多的军

---

① 吴小淮澎湃问吧2017年2月22日。
② 卢跃祥:《创修南阳卢氏族谱(初稿)手记》,卢延祥的博客2018年7月29日。
③ 翁大模主修:《翁氏宗谱》,1963年,油印本。

功，受尽了艰苦，留下了英勇袭职。"① 由此可见，这个山东家族是跟上时代潮流，当兵较多，烈士也较多者。

也仅有重刊者，如1961年山东汶上《姬氏家志》，为1935年刻本的再版，纸张是当时的粗麻纸，反映出当时经济困难，用纸之紧张。

郭氏第八次续修在1917年至1962年，又有四十余年，要重修。郭良鹏《郭氏续修族谱叙》："兹以时值日寇扰中原，又有黄泛为灾，族人流离失所，迁移靡定，是以未能按时续修，颁发族人。自我人民政府中华人民共和国成立以来，人民才得以宁居乐业。经过多次政治改革，社员生活日益提高。"这说明，中华人民共和国成立，社会稳定，反而促进了修谱活动。"若重新翻印，耗资太重。因经济窘迫，即本节约原则，将旧谱世系图之五六续辑之，并新增世系图七，分上中下三卷，印订一册，与旧谱三册、家乘四册，联为八本，合成一部，颁发族人，分别保管。此前次与修谱所不同者，特为叙明，以释后疑。"② 由此可知，在三年困难时期，仍有家族修谱。由于处于国家经济困难阶段，只能因陋就简，新增谱系图一册。

河北盐山《郭氏族谱》初修于咸丰十一年，二续于光绪三十四年，三修于中华民国十六年，至1963年决定四续。其间已相隔36年，"老迈逝世者固多，后代新生者更众，已成丁，尚未登谱"③。未登宗籍，就是族人的一大遗憾。"适值今岁半丰，世局较好，普通民众对慎终追远之情，如梦方醒。四次续谱，乃族人之愿望，长先幼后，是人伦传统。"④ "惟此次因连歉收，为缩短时间，节约经费，凡事力求简略，未敢扩张。"⑤ 由此可知，百姓生活稍安，就考虑续修家谱。但因为大灾之后，只能坚持节约精神。

《贾氏族谱》上次续修是宣统三年，至1962年，有四十余年未修了。"终以工料昂贵，族多寒素，无力全部付刊。事迫无奈，始石印五十套，油印一百套。惟感油印质量技术固均不佳，要系勤等，战胜困难，亲手刻印，希各原恕，共体时艰。复经月余之工，方始告竣。"⑥ 即使如此，仍石印了五十套，

---

① 陈保书：《陈氏族谱序》，《陈氏族谱》1963年。
② 郭良鹏：《郭氏续修族谱叙》，《太康郭族谱》，1962年。
③ 郭华栋：《四续家谱序》，《郭氏族谱》，1963年。
④ 郭心坦：《四次续修家谱序言》，《郭氏族谱》，1963年。
⑤ 郭华栋：《四次接续家谱纪事》，《郭氏族谱》，1963年。
⑥ 贾罗勤：《中都贾氏五修族谱序》，《贾氏族谱》，1962年。

油印一百套，实属不易。值得注意的是，此谱分为石印与油印两个版本。石印要靠作坊加工，油印是靠自己的力气，无支出成本。这正是贫困年代自力更生的表现。

《蓝村郭家庄郭氏族谱》，前修于1918年，至1968年，又有四十余载矣。"族人出奔口外者有之，迁移异域者有之，辈行舛错，亲疏不分者有又有之。如再不重修，先人归咎于后人，后人其咎为谁归欤？"① 可见，不修谱，前后辈分会乱，亲疏不分，外迁人员无法及时登录。在没有国家户籍的时代，族谱承载的是宗籍管理功能。

《海曲厉氏家乘序》，上次修于1937年，至1962年，又26年矣。"但因纸笔困难，工费甚巨，仅抄八部，以分各村存搁。"② 这是典型的手抄家谱。没有钱，只能走手抄之路。

黄氏未修谱，"余等每逢春节致祭，元宵献灯，念及祖谱失考，惟觉汗颜伤感。倘不及时订修，名讳昭穆，支派世系，则愈久愈混矣"。于是决定创修。"余等深惧先泽之湮没，乃于今岁春节，农事闲暇，召集族中晚辈，兴举编纂，或著手抄录，或调查访问，数日而谱牒告成，装订成册，以作承先启后之基础。后世子孙，嗣而续之，庶弥久弥新，愈进愈明，世代虽远，先志犹存，是余等之所厚望焉，是为序。"③ 由此可知，即使生产队时代，族人仍会利用春节农闲时段，编纂家谱。这应是创修，更不容易。但只要坚持，就会办成功。从当事家族来说，修谱是神圣之事，那有什么居心不良之图？某些不知内情的人，总会有过多的联想。

1963年，山东即墨李云庆创修《李氏族谱》，《李氏族谱创修序》称，得到了难友曹登防的帮助，克服了心理上的患难情绪，"全被解除"，终于完成了创修工作。值得注意的是，此谱开始尝试横排，这正是中华人民共和国的特色所在。

《即墨王氏族谱》，始于1965仲冬，成于1966仲春。由王德荣《即墨抬头王氏族谱序》可知，此谱属创修，自然难度更大。族老称："事无其难，只有专

---

① 郭克泽等：《郭氏族谱重修》，《蓝村郭家庄郭氏族谱》，1962年。
② 厉坉昉：《海曲厉氏家乘序》，《海曲厉氏家乘》，1962年。
③ 黄中敏等：《订修谱书序》，《雄崖所黄氏族谱》，1963年。

心勤慎而已。"① 于是，王德荣答应下来。其时正是"文化大革命"来临前，此谱得顺利完成。

山东即墨区《聂氏族谱》，始修于咸丰年间，二修于光绪年间，三修于中华民国十五年（1926）。聂守涟等《重修族谱序》："自丙寅以至今日，已三十余矣，食指日繁，户口增多。及今不急重修，恐后来调查愈难。"② 不及时修谱，信息调查十分困难，这正是续修的直接动因。

以上几部家谱的续修，共同的特点，都有老谱编纂传统。因为此家族有修谱传统，所以不受外界政治的影响，得以继续按自己的节奏修谱。

表 4-5　　　　　　　　　　　1965—1969 年家谱

顺序	谱籍	谱名	作者	年份	版本	卷数	册数
1	山西沁县	唐村温氏家谱	温保善等	1965	抄本		1
2	韩国金海	金海金氏璿源大同世谱	金贞培	1965	铅活字本		15
3	韩国庆州	庆州李氏春田公派家承谱	李圭宪	1965	石印本	二卷	2
4	黄岩	黄岩教善巷李氏家谱		1965	抄本	二卷	2
5	平阳	高阳郡许氏纂修宗谱		1865	木活字		1
6	象山	象山姜氏近代概述		1966	铅印本		
7	韩国	竹山安氏世系便览	安圭浞	1966	铅印本	二卷	2
8	山东青岛	即墨王氏族谱	王德荣	1966	铅印复印本		1
9	绍兴	浙江徐氏绍兴房世系		1967	稿本		
10	朝鲜达城	达城裴氏族谱	裴尹基	1967	铅印本		18
11	山东东平	东原高氏族谱	高学雨等	1967	木活字	十卷	10
12	韩国	晋阳姜氏草堂公派世谱	姜行中	1967	石印本		1
13	韩国庆州	庆州李氏评理公派二刊世谱	李钟翰等	1967	铅印本		6
14	朝鲜光州	晋阳郑氏两世合集（全）	郑痒基	1967	石印本		1
15	福建漳州	内辀刘氏别世簿	刘照辉	1968	写本		1
16	湖南武陵	皮氏家谱	皮名杨	1968	手抄本	不分卷	1
17	苍南	章氏各族连环谱		1968	抄本		1

---

① 王德荣：《即墨抬头王氏族谱序》，《即墨王氏族谱》，1966 年。
② 聂守涟等：《重修族谱序》，《聂氏族谱》，1960 年。

续表

顺序	谱籍	谱名	作者	年份	版本	卷数	册数
18	平阳	济阳郡丁氏宗谱		1968	木活字		1
19	平阳	陈氏重修宗谱		1968	木活字		1
20	中国福建	草屯梁氏族谱	梁深渊	1969	写本		1
21	苍南	西河郡林氏宗谱		1969	木活字		1
22	苍南	新屋颍川郡陈氏宗谱		1969	木活字		2
23	平阳	渤海郡季氏宗谱		1969	抄本	1	

以上1965—1969年23种，这是最低谷期，与"文化大革命"的时间段吻合，说明破"四旧"之影响。

1966年，是破"四旧"最凶之年，大量家谱被抄出来烧毁。有人估计，从20世纪50年代到70年代，全国大约有两万种家谱被人为毁掉。[①] "不仅禁毁谱牒资料，人们连想一下追寻同宗同族人的想法，都会自觉感到这个想法很可怕。"[②] 通过摧毁旧物，建立新文化，这是一神教产物。幸好，今日恢复了儒家的融合精神，可以兼容百家。用政治斗争方式对待文化更新，这是问题关键所在。

不过，也有一些人借各种理由不肯交出来，想方设法保护下来。"世世代代，祖宗们已经死了，他们只给我们留下这些个名字，这有什么妨碍别人的吗？我觉得这不能丢，就起心要把它偷出来。"[③]

自1950年至"文化大革命"结束，是全国各地家谱资料遭到灾难性毁灭的26年。著名的例子有：1955年秋，上海图书馆馆长顾廷龙老先生得到情报，6个人在上海造纸厂化浆池边奋战11天，抢救族谱5800种47000余册，总重2000斤。1973年，曲阜文管委在向上级汇报材料中，透露他们已知造反者卖掉谱牒资料32232本，10778斤。而在乡间采访中，记者还得知群众对当时禁毁谱牒的另一种认识：不斩断人们的乡情亲情，各种残酷斗争就开展不起来。因为几乎所有的地富等人员都和其他人一样是属于一个家族里的亲人，他们不是造反派

---

① 杨天、汤历：《20世纪50—70年代全国约有两万种家谱被人为毁掉》，《瞭望东方周刊》2009年8月24日。
② 李旭东：《修谱续谱之风盛行，民间修家谱热调查》，《山西晚报》2013年1月23日。
③ 李旭东：《修谱续谱之风盛行，民间修家谱热调查》，《山西晚报》2013年1月23日。

的亲大爷，就是某个打手的堂伯堂叔。因此，没收焚毁家谱，泯灭传统亲族观念，成为上面的重要指令。①

在20世纪六七十年代"文化大革命"中，秦氏族谱供奉秦珺爷堂屋，上面政策倡导破除迷信，解放思想。据秦有学回忆：在此危难之际，伯父胆大妄为，勇于担当大任，将族谱请起，遮于衣服腋下回家，保存于厨房土坑不显眼角落，用破衣旧被覆盖。其间，武装基干民兵手持红缨枪，臂戴红袖章，到他家索要交出族谱，他一口咬定，未见到。第二次有人透风告发，村委领导、生产队长、红卫兵在睡房搜查，伯母挤眼暗示有花妹，跑到厨房，慌乱下急中生智，藏灶火角落旁，扣上破背篓，幸运逃过了劫难。公社、大队革委会人员多次谈话查询逼供要交出，但伯父伯母自始至终，立场坚定，坚持原话，未交出。② 由此可知，家谱的保护是十分艰难的事。

宁海一市镇官塘周村《官塘周氏宗谱》，1938年刊刻。这本家谱修成后一直由周作梁的先祖收藏保管着，其间经过不少劫难。特别是在"文化大革命"期间，当地几乎所有的古旧家谱都被搜出来毁之一炬，当时年轻的周作梁认为这是祖先留下来的东西，不是什么"毒草"，不能就这样轻易交上去被焚毁。因此他将这本族谱用油纸包好收藏在家中最隐蔽的地方，终于熬过了最困难和危险的年代，完整地将这本族谱保留至今。③

1966年，张氏家谱与挂谱，以"四旧"为名，被缴置于生产大队楼内。1983年初，局势稍定，取出，复由族人奉存。④ 1966年，崔氏桃源诸谱悉被当时的赤溪公社搜走。崔明瑞基于为其祖造坟之需，千方百计说服时任公社党委秘书，将自己反锁于档案室内，废寝忘食在堆积如山的故纸堆中查找了两天，方寻得本支诸谱，并连同将本村吴、魏族谱一并悄悄取回。⑤ 宁波也如此，这些家谱后来进入天一阁。

徐雁曾对20世纪五六十年代家谱文献毁损作了钩沉，依据江苏、浙江、安徽、湖南等省地方史志的不完全记载，叙述家谱文献在土改运动，尤其是在

---

① 李旭东：《修谱续谱之风盛行，民间修家谱热调查》，《山西晚报》2013年1月23日。
② 秦有学：《族谱历险保护记》，美篇2019年8月28日。
③ 胡晓新：《这本家谱冒险珍藏了60多年》，《宁波晚报》2006年3月14日。
④ 张怀仁等：《山西沁县良楼沟张氏家谱撰修纪实》，见《山西省长治市沁县良楼沟交口张氏家谱》，2011年。
⑤ 崔树凑：《〈宁川崔氏宗谱〉编撰后记》，族谱网2020年12月2日。

"破四旧"的"文化大革命"初期被损毁的事实,展现家谱文献先后进入图书馆典藏、古旧书市场和拍卖市场买卖的情景。①

此类案例,不胜枚举。

表4-6　　　　　　　　　　1970—1974年家谱

序号	谱籍	谱名	堂号	作者	年份	版本	卷帙	册数	备注
1	广东梅县	广东梅县瑶上乡丘氏族谱		丘尚尧	1970	刊本		1	
2	湖南怀化	谏藻堂余氏族谱	谏藻堂	余振锦	1971	木活字		2	存卷2、4
3	山东淄川	魏氏族谱		魏兆武监修	1972	胶印本	四卷	1	
4	江西泰和	江西泰和阙城罗氏草谱			1972	刻印			
5	广东	赵氏尊祖录		赵恒悫	1973	刊本		1	
6	浙江兰溪	颍川郡陈氏宗谱		陈隆庆等	1974	手抄本	不分卷	1	
7	浙江兰溪	陇西郡董氏宗谱			1974	木活字版		1	起止年代1763—1974
8	浙江乐清	颍川郡陈氏宗谱(共和)		陈绍黄	1974—1980			1	

以上1970—1974年7种。其中,1970—1973年,一年只有1种,可见当时家谱编纂之少。1974年,数量稍多。这说明,当时的破四旧政治高压,确实限制了民间家谱的编纂。

表4-7　　　　　　　　　　1975—1979年家谱

序号	谱籍	谱名	堂号	作者	年份	版本	卷帙	册数	备注
1	浙江平阳	腾蛟岱山王宗谱		王鹤鸣	1975	木活字本		3	
2	浙江平阳	塘北乡郑家内村王氏宗谱		王贵希等	1975	木活字本		5	
3	浙江平阳	北港五十丈王氏宗谱		王廓要等	1975	木活字本	四卷	3	缺卷二

---

① 徐雁:《"百代孝慈高仰止,千年支派永流长"——20世纪五六十年代家谱文献毁损钩沉》,《图书馆论坛》2014年第12期。

第四章 当代家谱编纂分时研究

续表

序号	谱籍	谱名	堂号	作者	年份	版本	卷帙	册数	备注
4	四川高县	文氏族谱		文正英	1975	写本		1	
5	浙江乐清	卢江郡何氏宗谱		何传珍等	1975	木活字版		1	注：九万公派谱
6	江西万安	羊氏族谱		著者不详	1976	手写本	8卷	3	
7	广东	缪氏文智文仁公派下家谱		缪禹渠	1976	刊本		2	存：缪氏文智文仁公家谱增编
8	浙江青田	苏氏宗谱		著者不详	1976	木活字		1	存：次房方露公派下
9	福建霞浦	水门可满王氏宗谱		王宝华等修	1976	木活字本		1	
10	福建霞浦	崇儒溪东王氏宗谱		王联芳等修	1976	木活字本		1	
11	浙江瑞安	大南平阳坑蛟池王氏宗谱		陈家吉修	1976	木活字本		2	缺2、4卷
12	贵州贵阳	贵州贵阳张氏族谱		张乐魁序	1976	手抄复印本	不分卷	1	
13	浙江乐清	陈氏宗谱		陈广玺等	1976	木活字版		4	
14	浙江乐清	梅氏宗谱		梅月共	1976重修	木活字版		2	
15	山东青岛崂山区	李氏族谱		李元相	1977	手抄本	不分卷	1	
16	福建福鼎	店下前王氏宗谱		王光传等	1977	木活字本		1	
17	福建福鼎	太原王氏宗谱		李紫祥等	1978	木活字本		1	
18	福建福鼎	秦屿蒙湾王氏宗谱		王忠桃等	1978	抄本		1	
19	福建福鼎	菅岑秀程王氏宗谱		李紫祥等	1978	木活字本		1	
20	山东即墨	王氏族谱		王克智序	1978	打印本	不分卷	1	古镇义和庄
21	山东崂山	刘氏支谱		著者不详	1979	手写本		1	
22	福建	沈氏宗谱		沈英名	1979	铅印本		1	
23	山东即墨	田氏族谱		著者不详	1979	手抄本		1	灵山镇梁家疃
24	福建福鼎	秦屿秋溪详详细细王氏家谱		王烈音等	1979	木活字本		1	
25	福建福鼎	福鼎店下乡玉岐王氏宗谱		庄友彬等	1979	木活字本		2	
26	福建福鼎	店下马宅王氏宗谱		李明珍等	1979	木活字本		1	
27	福建福鼎	白琳秀洋彭家洋太原郡王氏宗谱		陈诜桂等	1979	木活字本		3	

续表

序号	谱籍	谱名	堂号	作者	年份	版本	卷帙	册数	备注
28	山东鄄城县	邢氏族谱	河间郡	邢金朋承续；邢成才监修	1979	油印本		4	书签题《鄄濮郓范清邢氏族谱》存；卷1，2，4，5
29	山东东平	张氏族谱		张心化等	1979	手抄本	不分卷	1	1954年修；1979年接修
30	台湾金门	树德堂家谱（张氏）		张当阳等编	1979	铅印本		1	
31	湖北武昌	章氏会谱		著者不详	1979	影印本	三十卷	24	书衣：章氏会谱德庆初编；全套共24册
32	浙江乐清	万泽赵氏宗谱		赵洪滂	1979增修	手抄本		1	

以上1975—1979年32种。从时间上说，1975年4种，1976年9种，1977年2种，1978年4种，1979年12种。1979年最多，可见1978年以后，逐步进入解放思想阶段。从空间上说，福建11种，浙江9种，山东7种。瑞安平阳坑《东岙潘氏宗谱》不分卷，潘王锦等纂修，一册，1976年木活字本。

又有1976年瑞安龙湖《周氏宗谱》残卷一册。

因为当时的印刷厂多不印族谱，导致手写家谱不少。

共同的特点都是基于老谱续修。如果是创修，不太可能。因为此家族有修谱传统，所以能不受外界影响。

这个时间段，钱杭称之为"过渡期"。[①] 钱杭通过搜集剔除，共得81种。从空间来看，福建才是新时期修谱起源地，可能受台湾的影响。其次是山东、浙江。

前30年，中国家谱编纂数量有限，统计是按五年时段来做的。据此可知，1949—1979年，才291种。这个时段的家谱数量，钱杭表1150种，可见家谱中心目录不全，才四分之一。从时间来说，1949—1954年84种，1955—1959年63种，1960—1964年83种，1965—1969年13种，1970—1974年9种，1975—1979年33种。由此可知，1965—1974年段最低，这段时间，正是"破四旧"最凶时期。1949—1979年，290种，其中朝鲜32种、韩国20种、日本1种，浙江

---

① 钱杭：《过渡期家谱研究》，见钱杭主编《中国历史地理评论》（第二辑），复旦大学出版社2018年版，第42—55页。

42种，福建、江苏各23种，山东10种，广东、湖南各8种，山西7种，湖北6种，四川4种，河南、安徽各3种，台湾2种，陕西、云南、河北、北京、贵州各1种。从版本上说，木活字62种，石印51种，铅活字45种，胶印8种，油印13种，复印8种，刊本5种，影印5种，打印1种。又抄本52种，手写本24种，其他4种不详。

中华人民共和国家谱历程有其特殊处，经历了打压与重新兴起的过程。中华人民共和国成立以后，摧毁了原来的宗法体制，乡绅阶层被彻底打掉，没有修谱人。人民公社将村民组织化，小队长成为他们的直接领导。生产组织与生活组织相结合。生产队实际上是一个农场，每天都要上班，根本没有时间从事其他文化活动。那年代的日子也比较穷，大家没有现金，多数靠实物分配。那个年代几乎没什么印刷业，大部分靠手写。要复制，要用复印纸，用圆珠笔来写，可垫二三张复写纸，不超过五份。后来发明钢板刻蜡纸，复制比较方便了，可以大批量印刷。1964—1966年，又将家谱定为"四旧"之物，烧毁了大量家谱。不过，家谱有复本，难以完全烧尽。基础摧毁，外部高压，让家谱编纂困难重重。

二 家谱编纂思想

1951《河东薛氏联修崇本族谱》有《〈社会主义与修谱史略〉代序》："或谓社会主义不久要临到，族谱会消灭啦，曰唯唯然，然社会主义势必降临，但社会主义有领导的动机和创造制度的事业，惟族谱一物则与历史同，仅纪载过去事迹而已。"[1] 中华人民共和国也要修谱，族谱仅是历史记录，这种观点比较新颖。

宋以后，"千余年还，家自为说，不特草率简陋，不能昭示于人，抑且任意诬托，但求炫当世，纂修之本意尽失。宗法之统系虽明，传或不传，盖亦无足轻重矣"[2]。这正是大历史观的产物。大历史观下，家谱本身就有民间历史价值，是国家历史一个局部。高惠亭《东原高氏族谱序》："余读书半生，稍有家族观

---

[1] 转引自励双杰《涓涓不壅，终为江河——共和国前三十年家谱纂修概述》，《中国家谱论丛》，上海古籍出版社2000年版。

[2] 许云樵：《序》，《许氏族谱》卷首，1963年。

念。"① 由此可知，家族观念是通过文本教育而形成的。

山东即墨黄显田《黄氏二世三支谱叙》称："是疏者愈亲，远者愈近，而知木有本，水有源也。"② 这是家谱编纂的功能。"族之有谱，所以明公族支派之清渺者也。为防代远族盛而有流于异乡者，不知宗族之源，随后乱宗纲，久而失传，无可稽考矣。所以继修者，防其湮没，后世而子孙，要发扬祖宗之德。"③ "经此次之重修，务期吾辈子孙能继承先人艰苦创业之传统，发扬祖辈勤俭持家之遗风，同心同德，团结无间，为创建共产主义大业，描绘四化宏图，竭尽各人所能，使我国日臻美好，吾族后裔安居乐业。苟能如此，则上可告慰祖先于在天之灵，下可造福子孙于千秋万代，是乃此次重修宗谱之深意也。"④

说及修谱功效，当时有人说："其一，能使始祖创业史的佳音，传得更远更远。能使始祖的遗言，载给万世之后的子孙，能使我族脉络致以明晰无紊，能使我族姓荣万古长青，能使万世后的孙孙，深忆先祖的创业功勋，能使先祖的创业功勋和永久生效的遗嘱万古长存。其二能把我族迁居他乡异地的人载于谱中，不使他们追本无源，不使他们失迷家乡，能使他们在千里之外知其祖训，能使他们万世后孙孙知其来方。"⑤ 值得注意的是，此间完全是用白话文写作的。

山东东平《张氏族谱》，近修于中华民国二十四年（1935）。序称："自民国二十四年接修以后，至今相隔二十载矣。其中荒世乱，异处别居，无以计修谱期。"又二十二续，"公元一九五四年（即民国四十三年）花朝续修"。这种公元加注"中华民国"的年代标举法，说明时人仍不忘"中华民国"年号。到了1979年，又过二十多年，于是三修。序称："余张氏自五四年续谱以来，迄今二十多年矣。"又如平阳象冈王氏，中华民国三十一年（1941）重修，至1979年，又三十余载，于是重修。1954年，东平张氏续修。1979年，又续修。此前，中华民国二十四年修，保持了二十年一修的传统。可见，族谱的编纂有自身内在

---

① 高惠亭：《东原高氏族谱序》，《东原高氏族谱》，1948年。
② 黄显田：《黄氏二世三支谱叙》，《黄氏族谱》，1954年。
③ 匡永寿：《续修谱叙》，《匡氏族谱》，1963年。
④ 王高铃：《重修宗谱序》，《象冈太原郡王氏宗谱》，1979年。
⑤ 刘元纲：《增修序》，《刘氏族谱》卷首，1963年。

规律,遵循族为本位的二十年一续修规律。大时代会对修谱有影响,但不是根本影响。

总体上说,这个时期的族谱编纂,种类比较简单,主要是谱系图与行状,属于基本保底谱。

李春和的看法是,除了国家禁绝和确实是战乱期间聚不起人,什么时候修谱的都有。大家感到人心涣散,一片茫然,农村人失去精神支柱时,借修谱联宗收族,抱团取暖,得到一点归属感和安全感,才是更普遍的情况。①

第二节 逐步繁荣的后40年家谱编纂

近四十年的家谱编纂,有冯尔康《当代家族谱编纂与文化取向》② 等。

1995年,梁洪生发表《近观江西民间修谱活动》和《大陆民间兴起修谱活动——本文作者考察江西三十余县修谱活动的报告》,两文是对江西修新谱的考察,文章认为1984年至1994年是江西修谱的高峰期,新谱的形式杂糅古今,在当时修谱还面临官方的怀疑情况下,应该积极探索修谱中的积极因素。梁洪生在《谁在修谱》中追问族谱编纂的发起者、执笔者,指出现在修谱的中坚力量有三种老人:一是辈分高,热心公益事业,较有威望者;二是退休教师或其他一些曾经从事脑力劳动的文化人;三是部分退下来的乡村干部。而台港澳同胞、海外华侨则成为修谱推波助澜的力量。他们是中国农村传统文化的承担者和传播者。③

马必文认为,传统的祖先崇拜是这次修谱出现的最深层的历史——心理根源;血亲至上的日常意识与群体和谐价值观念是促成这次修谱的社会动因;维护长幼有序的人伦关系是这次修谱出现的德性动因;乡里社会人们自发的要求表现自身价值的冲动欲和获取自尊的需要是这次修谱的心理驱动力。中国当前乡里社会修谱现象既在一定程度上渗透和滞留着封建宗法观念,产生消极影响,

---

① 李旭东:《修谱续谱之风盛行,民间修家谱热调查》,《山西晚报》2013年1月23日。
② 冯尔康:《当代家族谱编纂论略》,《中国社会历史评论》第一卷,天津古籍出版社1999年版。
③ 梁洪生:《大陆民间兴起修谱活动——本文作者考察江西三十余县修谱活动的报告》,《传记文学》1995年第6期;梁洪生:《近观江西民间修谱活动》,《东方》1995年第2期;梁洪生:《谁在修谱》,《东方》1995年第3期。

又具有一定的史料文化价值和社会实际作用。①

冯尔康《当代家族谱编纂论略》是一篇详尽的当代家谱编纂研究的论文。对20世纪90年代的编纂族谱的体例和书例进行探讨，指出新谱的新的社会文化取向。② 2001年，王鹤鸣成《编纂新家谱的几点认识》，主张用新观点新方法新材料来修谱。

周伟民指出，新编谱牒应该是鲜活的、民间的生命史，作为新谱牒纂修的指导思想，应该倡导一种恰如其分的民间立场和严肃认真的个体写作实践。新修的谱牒，必须有专题文字，表述家族随着社会的发展而作出的贡献，体现家族在新时期里的全貌与兴衰。让新编的谱牒形成一种百花齐放的生动活泼的局面。③

王鸣鹤《中国家谱通论》，专列《中国家谱的新修》一章，下面分列六个专题，台湾地区编纂家谱、大陆地区编纂家谱、海内外宗亲会编纂新谱、新谱对旧谱的继承与创新、特大型会通谱、统宗谱、传承中华历史文化，促进海内外文化交流。区分老谱与新谱，此为一。其二，放在海内外华人修谱圈来思考问题，这是其优点所在。将台湾地区列为首位，是因为新谱编纂，台湾数量第一，约有八千种以上。其三，文章少谈理论，多谈事实，列举了多个个案，如《中华杨氏通谱》《孔子世家谱》《中华吴氏大统宗谱》《郑氏族系大典》《中华邹氏族谱》《庄氏族谱》《世界叶氏总谱》《中华丘氏宗谱》。其四列举了国家领导人有关家谱的谈话，突出了1984年、2001年两次修谱文件的影响，体现出作者的领导身份。近五十年新谱发展的宏观信息已经在了。稍显不足的是，大陆地区编纂家谱部分，主题有偏，主要讲了当代老谱研究，而不及新谱编纂。这是两个不同的主题，作者显然没有区分。又作者屡次使用"近五十年来"，也未加说明。如果从1950年算起，显然是近六十年了。疑稿子成于2000年前后，出版时未加修订。

刘文海认为，修优质族谱走创新之路——新修族谱应该重点把握几个问题。作者将修续族谱的作用概括为6句话24个字：寻根留本，清缘备查，增知育人，

---

① 马必文：《当前中国乡里社会修谱现象的缘起及其影响》，《云梦学刊》1995年第4期。
② 参见《中国社会历史评论》，天津古籍出版社1999年版。收入文集时改名《当代家谱编修与文化取向》。
③ 周伟民：《海南旧谱牒的功能和新谱牒纂修中的民间立场》，《海南大学学报》2001年第4期。

血肉联情，承前启后，彰显文明。关于修续族谱的创新，作者提出六点建议：①世系详谱互补，实现完美结合；②采用横式排版，迎合阅读习惯；③突破五世改页，便于世系衔接；④广录先进人物，彰显教育作用；⑤融入现代科技，凸显时代特色；⑥摒弃女不入谱，奉行男女平等。关于续修族谱，笔者提出四点建议：政府加强导向，修续规范族谱；修续量力而行，不要好高骛远；依据出生地域，修续新型支谱；讲究忠孝仁义，重视天人合一。[①] 建议各级政府将民间族谱编纂纳入文化管理，由民政部门进行登记，对于族规祖训，凡不违背宪法与法律的内容，经民政部门登记一概予以批准，对于各族的字辈编排与续写，可以通过政府备案予以认定。这样加强政府导向的建议，显然缺乏可行性与可操作性。

彭开富认为，当代中国民间家谱的编纂，大概有以下四个发展趋势：第一，修谱方法由"小宗之法"修谱向"大宗之法"修谱的方向发展。第二，修谱体例由过去老家谱格式向多元的新类型家谱方向发展，有的地方将大量家谱的内容写到《村志》中去，以家族史的形式出现在其中。第三，修谱范围由一房一支家族的支谱、宗谱向一县或全国若干支家族合谱、通谱、世谱的方向发展。第四，修谱的载体由书面家谱向电子家谱和书面家谱共存的方向发展，家谱库变成了数据库。[②] 这样的归纳，大体是准确的。

民间家谱编纂是如何一步步地被突破的，这是值得考察的。新的经济力量和外来资金的介入，使原有的家族传统被激活。在一些地区，吸引海外华人寻根甚至被作为招商引资的捷径。90年代中后期，农村中的行政管理关系进一步变化，对新修家谱，政府采取不鼓励，不干预，以不发生械斗为前提的"鸵鸟"政策。各地的修谱，在20世纪90年代中后期开始高调进行，近两年渐趋发展态势。[③]

王鹤鸣说：近50年来的这股修谱热潮，最初是在台湾地区出现的。台湾地区绝大多数人是从大陆迁移过去的，但是他们的根在大陆，与大陆之间有着血浓于水的亲缘关系，一直以来无法割舍深厚的宗亲情感和恋土怀乡的情怀。因

---

① 刘文海：《修优质族谱 走创新之路——新修族谱应该重点把握的几个问题》，《黑龙江史志》2016年第10期。
② 彭开富：《当前我国家谱的研究现状与家谱的续修趋势》，彭开富的博客2015年5月6日。
③ 佚名：《修谱要与时代同步》，中国台湾网2008年7月21日。

为客观因素，台湾与大陆分隔，当地居民逐渐掀起修家谱的热潮，以厘清祖上脉络，排遣思乡之情。据统计，台湾家谱约有一万种，其中80%是近五十年编纂的。而大陆出现编纂新家谱的热潮，是在1978年十一届三中全会以后。随着党的解放思想、实事求是的思想路线的确立，一度受到压抑的谱牒研究在大陆重获关注。民间热衷于修谱之余，还自发组织一些文化活动。现在，大陆修家谱比较多的是福建、浙江、江苏、安徽、湖南、广东等省。福建省侨民很多，在台湾和海外的华人寻根情节浓郁，所以修家谱之风兴盛。1987年以前，台湾人不能回大陆，修家谱时也只能记录家族中生活在台湾的人口的信息。进入21世纪，两岸民间修谱活动更趋活跃，逐渐出现海峡两岸、海内外宗亲合作编纂新家谱的现象。①

此外，有相关家谱文章。②

一　分时发展轨迹

在20世纪80年代的一些农村，开始时兴祭祖、续谱、修坟，特别是续修家谱这样的家族逐渐多了起来。"早在20世纪80年代初，中国大陆的一些地区就开始出现零星的新修家谱。当时的新修家谱处于地下状态，很多掩藏在地方志的名目之下。80年代的新谱，以江西为代表，主要发源自地理上比较封闭，且明清以来宗族文化发达的地区。"③ 这段描述，并不恰当。

1980—1984年全国修谱235种，1980年36种，1981年81种，1982年70种，1983年种，1984年23种。浙江以温州163种为最，其他兰溪2种，临海1种。在温州各郊县中，又以乐清县102种、永嘉县49种居首，其他泰顺3种，瑞安2种，平阳1种。可以说，全国看浙江，浙江看温州，温州看乐清。之所以选择1980—1983年为一个时段加以分析，是因为浙江温州特别突出。由此便可理解为什么浙江省百姓家谱文化研究会是由温州乐清人、永嘉人牵头

---

① 任思蕴、王鹤鸣：《谈谈家谱和寻根》，《文汇报》2019年4月5日。
② 王鹤鸣：《编修新家谱的几点认识》，《解冻家谱文化》，上海古籍出版社2002年版；王炇《关于我国目前修家谱现象的几点思考》，《中华之根——海峡两岸谱牒研讨会文集》，2005年；王大良《关于我国目前修家谱现象的几点思考》，《中华之根——海峡两岸谱牒研讨会文集》，2005年；钱杭《文革新谱研究》、《过渡期新谱研究》，见钱杭主编《中国历史地理评论》第二辑，复旦大学出版社2018年版；钱杭《中国现代谱牒性质转变的节点——以前十条附件中的河南报告为中心》，《清华大学学报》（哲学社会科学版）2015年第6期。
③ 曹红蓓：《重修家谱》，《中国新闻周刊》2005年1月27日。

成立的了。上次修《温州通史》，华东师范大学团队从温州各地搜集到大量家谱资料。温州个体经济起步时间较早，完成了较多的资本积累，个私经营群体也更为重视凝聚亲缘的力量。从版本来看，木活字71种，铅活字27种，胶印11种，油印10种，复印3种，石印2种，打印1种。又抄本51种，手写本24种。福建福鼎保持了木活字印刷。温州及相近的福鼎，是保持木活字印刷比较完整的区域。

浙江温州："记得从我上小学时同族先辈就有续修家谱的呼声。改革开放以后，农村发生了翻天覆地的变化，家家户户走上了富裕之路，续修家谱之声日益高涨。"①

从县图书馆拷贝来瑶山何村《何氏宗谱》翻拍版，看到谱头写有一段文字，盖有一枚红印章，心中油然而生一股敬意，情不自禁为此点赞。"为了今后进一步考证瑶山的来历，此谱作永久性保存，任何单位和个人不许任意毁灭。瑶山公社管委会，1981.9.3。"在落款上骑盖有"淳安县瑶山人民公社管理委员会"红色公章。② 1981年，正是我国改革开放初期，是我国拨乱反正的过渡阶段。保护宗谱，在那个年代仍是需要一种勇气和魄力的。瑶山何村村民能够通过公社盖红印章来保护宗谱，实际上是一种大智慧。瑶山人民公社领导能够以考证瑶山来历为理由，并签字盖章，为永久保存何氏宗谱保驾护航，也是一种大智大勇，是对传统文化的敬畏。③

此后的1985—1989年，1985年28种，1986年37种，1987年91种，1988年126种，1989年267种，共550种，确实放量了。由此可知，1984年以后各地逐步均衡起来。

看下相关报道的描述：

1985年以后，在海外归侨寻根热的推动下，国内修谱在闽、粤、浙逐渐开始。1990年后，江、赣、皖、湘、川也开始行动，十年后全国各省、市、自治区，特别是东中部地区已掀起寻根问祖、探源流、联宗亲续修谱牒的热潮。这是中国历史上的第五个黄金期。各种谱牒文化研究的书籍、姓氏探源等著作纷纷问世。有的姓氏还出版了介绍自己的刊物和书籍，各市县也纷纷建立了关于

---

① 王积建：《编修温州〈王氏新版家谱〉工作记实》，中国家谱网2021年8月21日。
② 余利归：《一枚保护宗谱的红印章》，云林客2019年6月27日。
③ 余利归：《一枚保护宗谱的红印章》，云林客2019年6月27日。

谱牒文化研究的研究会、研究中心、宗族文化研究会等。这些机构的成立及其有关介绍谱牒文化姓氏书籍的出版，极大地推动了我国的精神文明建设和法制建设，有力地促进社会的和谐与进步。①

浙江金华的东阳："改革开放以后，传统文化复苏，修续家谱之风开始流行。20世纪80年代，我市民间重现修谱热潮萌芽。1986—1987年，《东阳孔山乔氏宗谱》开始重修，这是中华人民共和国成立后东阳境内最早修谱的姓氏。当时不敢公开进行，修谱者克服了种种困难才编纂而成。之后东阳紫溪邵氏也编纂了宗谱。从这之后，修谱热潮慢慢蔓延开来。"②

1985年，白巷李氏宗族又迎来了有史以来第五次修谱活动。作为这次修谱工作的主持者，阳城一中退休教师李尔勤在新修谱序中写下了这么一段话："我白巷李氏族谱，自1906年族人衡手续修以来，已八十年未再续。在此八十年中，几经战乱灾荒，人事变迁很大。加以原谱只有一本，纸既糟朽不堪，且后被鼠咬破没十个半张——二十个半面。1982年夏，余于善行处见而惜之，窃思如不急续，则再过数年、十数年，原谱毁没之后，虽欲再续，则更无所依据，无法着手矣。因嘱其妥存以待续。1985年春，余自一中归，商之族人，并取得村党支书的同意，遂着手进行续谱工作。这次续谱目的，不是为了维护封建法统和族权统制，也不是炫耀族大祖荣，而是抢救我李氏族谱于危绝，承先启后，使现在和今后，凡我李氏子孙，追本溯源有所依据。人人皆知其祖父、曾祖、高祖以至远祖为谁。同时在世的人，知道谁是长辈，谁是晚辈，于日常接触中，自觉地注意文明礼貌就行了。"③

1989年，大哥从台湾回来想看族谱却没有，重庆的王崇溥便下决心要把家族族谱写出来。④

进入90年代，速度更快。1990年259种，1991年270种，1992年285种，1993年377种，1994年442种，达到顶峰。1990—1994年，共有1633种。1995年480种，1996年376种，1997年286种，1998年303种，1999年309种，

---

① 栾宝源：《族谱续修状况之探讨》，天泰网2019年4月22日。
② 叶挺：《家谱，草根历史的见证》，《东阳日报》2010年10月13日。
③ 张俊峰：《北方宗族的世系创修与合族历程——基于山西阳城白巷李氏的考察》，《南京社会科学》2017年第4期。
④ 周小平：《王姓朋友，你祖上何处？这套〈中华王氏大成总谱〉告诉你答案》，《重庆晚报·慢新闻》2020年5月26日。

1995—1999年有1755种。10年间，达到了3388种，确实达到高峰。

冯尔康教授曾对90年代的修谱现象，通过举例的方式，做过描述。

1996年，在湖南，"去过省内一些地方，听到农民普遍谈论一个话题：修族谱。有的地方已修好，有的地方正在筹备、酝酿，有的地方则正在进行。这种族谱不分县界、省界，能联系上的都进行统修，本族在外工作的党政干部、职工、教师等都一个不漏地入谱。有的还跨国越洋，台湾、港澳同胞及海外华侨也被拉入族谱。这种修谱风已刮了两三年，现在是越刮越大，其声势之大，范围之广，影响之深，是历史上未曾有过的。"①

在湖南，有的地方还专门成立了官办形式的修谱办公室，配备了专职修谱人员，筹措了专用经费。修谱的规模也日趋浩大，由跨村、跨乡，发展到跨县乃至跨省联合进行的修谱活动。据《湖南日报》报道，1990年清明期间，临武县邝姓家族就向湖南、广东、广西、江西四省94个县市邝氏家族发起修谱集会活动。另据《湖南文化报》载，临湘县农村姓氏续谱之风盛行不衰，全县已有李、刘、张、王、湛等10多个姓氏建立了续谱组织。五里乡许盯村张姓家族横联湘鄂10多个县市同姓一万余人，建立了张姓续谱局，全县担任续谱组织的头人达110余人，其中党员、村干部和离退休教师88人，占80%。这些组织一成立就自立了家规，如张姓续谱局自订规章制度近百条。②

据调查，湖南祈东县蒋家桥镇、小坪乡的雷姓、曾姓群众筹资数千元，联络广西、江西和本省零陵、邵阳等地同姓族人数万人修谱。该县太和堂、双桥等地的王姓、周姓群众也已先后修谱。③江西省宁都县东韶乡有位农民有7个儿子，连自己有8个男丁，今年4月修谱摊到280多元钱，他只好把一头猪卖了。有不少农民还把银行贷来买化肥的钱也凑上去了。④

1996年，陈平福对江西省宜黄县的16个乡镇农村修谱活动进行了调查。结果表明："在宜黄县87个大姓氏中已有廖、余、黄等20多个姓氏撰修了族谱，还有许、徐等20多个姓氏正在修谱。修谱普遍规定，凡本族人员不论是干部、职工，还是农民、个体户，不论是否在当地工作，甚至台、港、澳同胞和海外

---

① 刘岳林：《修族谱之风要狠刹一下》，《湖南档案》1996年第6期。
② 吕定禄：《对当前农村兴起修谱续谱热的思考》，《湖南档案》1991年第5期。
③ 刘安平：《农村修姓氏族谱热的兴起令人忧虑》，《乡镇论坛》1991年第1期。
④ 晓涵：《修造家谱——农村社会的恶瘤》，《老区建设》1991年第3期。

侨胞等均列为上谱对象。每族修谱人数少则五千，多则万人。出谱所需时间短则半年，长达一年以上。修谱所耗资金少则三万元，多近十万元。"①

在江苏常州，20世纪90年代，海外游子回乡问祖，拉开修谱热。20世纪90年代中后期，随着人们思想的不断解放，同时，常州许多海外游子回乡寻根问祖，拉开修谱热潮。这些人中，尤以台胞羊宗达为代表。据介绍，羊宗达于1949年去台，后为武进同乡会筹建人之一。有一次，他偶然发现《毘陵羊氏宗谱》美国藏本影印资料，欣喜异常，并出资购回美国哥伦比亚大学图书馆所藏、台北联合报国学文化基金会文献馆影印的辛亥版《羊氏宗谱》复印本三部。1992年春，羊宗达携宗谱回到家乡常州，开始续修《羊氏宗谱》。羊氏族人在这部"老谱"的基础上，于20世纪90年代中期修成了常州中华人民共和国时期第一部新家谱。自此，改革开放后常州市第一波家谱修撰热也开始逐渐兴起。之后，常州市洛阳的秦氏、焦溪的查氏等姓氏的家谱也开始以新家谱的方式进行修撰。②

20世纪90年代，续修家谱之风开始普及和盛行。这其中除了家族意识在起作用外，许多台湾同胞和华裔、华侨到大陆寻根追祖，往往通过家谱来寻找其血缘关系，他们把家谱视作命根，加上中国家谱的研究出现了许多成果，也起到了推波助澜的作用。同时，由于中国经济的高速发展，人们生活水平的日益提高，续修的家谱也就成了这些家族自然而然的事了。③ 台湾老兵回大陆探亲活动，可能有加速影响，1988年126种，1989年267种。"今者国运昌隆，政教修明，修辑家谱，形势所趋。是以显扬祖德，继述宗功，以资后哲。"④

1990年，江苏连云港东海县桃林马氏第二次编纂，"时值国家兴旺，社会稳定，政通人和。马氏宗族人口繁盛，但世系、支脉、班辈用字等家族事务，皆因历时久远，后辈茫然无所知，同门族人见面不相识，尊卑莫能辨，故以上敬祖宗，下收族人，尽人口多而不乱之宗旨，随多数族人之恳切，由十一世德卓公倡义举，德华公慷慨解囊，鼎力资助，族内二十七人组成修谱组，在中华民国十年老谱基础上再修我马氏族谱。今称之为二谱"⑤。当时，是在"传统文化

---

① 陈平福：《农村修谱风扫描》，《中国民政》1996年第9期。
② 吕洪涛：《40年间，我市新修家谱650余部》，《常州晚报》2018年11月11日。
③ 彭开富、彭铸、彭忠东：《前续修族谱应注意的一些问题》，彭忠东的博客2019年11月1日。
④ 《汪氏家谱》，1989年。
⑤ 东海县文明办：《走进桃林马氏扶风堂（上）》，东海县微平台2017年6月3日。

倍遭摧残的背景下完成的，在没有资料，没有现代化的办公条件，没有现代化的交通交流方式，能够做到完整翔实，实为不易"①。

90年代兴起的家谱编纂的批评，正是当时内陆某些地区兴起家谱编纂的结果。

进入21世纪，中国发展速度更快。2000年288种，2001年237种，2002年276种，2003年286种，2004年319种。2000—2004年有1413种。2005年344种，2006年447种，2007年398种，2008年545种，2009年539种，2005—2009年有2279种。

2010年532种，2011年532种，2012年790种，2013年754种，2014年837种，2010—2014年3451种。2015年760种，2016年809种，2017年760种，2018年782种，2019年630种，2015—2019年共3739种。可以说稳步上升。家谱编纂的兴盛过程，与中国的崛起速度是同步的。

2020年，因为疫情影响，跌至334种，相当于90年代末的生产量。当然，这是不完全的统计。

常州市谱牒文化研究会会长朱炳国表示，常武地区修谱潮经过10多年的发酵，相对于2006年至2012年的大热，目前已趋于平缓。更多的家族在修好家谱后，将目光转向家族文化、地方文化的研究和传承，以重修、复建宗祠为依托，为延续传统、传承文化添砖加瓦。②

二 编纂方式变化

内容有所革新。现在的一些民间族谱，去掉了《家庙图》《牌位图》《圣谕广训》等不合时宜的内容，写进了一些带有时代气息的语言，如"把爱国、爱族、爱家联系起来"，"坚持四项基本原则，促进两个文明建设"等。有的族谱突破了嫁女不入谱的传统观念，准予自愿入谱的本姓女性、螟蛉子及男嫁女娶随母姓的子女入谱。有的族谱设"衣冠图"以记载本族中副科级以上党政干部和具有大专以上学历的知识分子，立"功德谱"以记载本族对社会有较大贡献的人。

---

① Maliyana：《桃林马氏三修族谱后记》，Maliyana的博客2013年7月25日。
② 谢书韵：《清明期间我区近20部新修家谱颁发》，《武进日报》2015年4月8日。

组织形式有所变化，现在修谱组织者多为自发的热心人，不愿入谱者可不入谱。修谱经费无固定来源，一般由入谱者分担和一些大户资助。

社会联系进一步扩展，由于现代交通、通信的发展，修谱跨越了传统的祠堂、地域界限，扩展到县外、省外甚至海外，影响甚大。①

除了文辞上由文言变为白话，还有一些变化，首先是删除了牵强附会等的传说与迷信，增加了科学性，特别在始祖渊源的追溯上，都是比较谨慎的。其次是彻底扬弃了封建宗法制度所定的繁文缛节，突出了尊老爱幼和以孝悌为中心的人伦序列关系。再次是从根本上去掉了旨在宣扬门第观念的封建社会的政治内容，诸如诰封、族表和明显的"谀墓"碑铭等。复次是开创了女儿入谱的先例，突破了家谱及男不及女的传统，使女儿同男子一样可以作为上辈的子嗣而入谱，虽然只录及一辈不再下续，但它毕竟体现了男女平等的原则。最后，是不再强调血缘承继关系，不论是养子或入赘，只要自愿承认为本族人员子嗣者，均可入谱。这就使家谱这一以血缘关系建立的谱籍，突破了沿袭千年的老规矩。当然，这些变化是非常有限的，没有突破同一姓氏的局限性，但毕竟是一种进步。不过，家谱总是一家之谱，不可能是张、王、李、赵共一谱，那就不成为家谱，也将丧失其作为家谱的特征与作用了。②

修谱观念的逐步开放。1992年，湖南某县一个乡政府如临大敌，将一姓氏参与修谱的人员全部抓了关押起来，名义上是办学习班，实际上非法拘禁。并没收了全部修谱的款子，又对修谱人员予以经济处罚，搞得当地人"谈谱色变"。20世纪90年代初，曾有一位老人找上海图书馆的胡德，拐弯抹角讨教："家里有人是在1949年后被判刑的，还有被划为右派的，能写进家谱吗？如果写进去，有关部门会不会来家里抓人？"③由此可见，百姓顾虑之多。

家谱开始复兴时，家谱的修订也很艰难，比过去好的是有了长途汽车和自行车，许多家谱也从单纯的手抄变成了油印或者打印。今天，交通便捷、通信发达，为家谱的修订提供了更有利的条件，使得家谱接续的范围更广、

---

① 胡秀彬等：《略论民间修谱之风》，《民族论坛》1991年第4期。
② 时代：《论"家谱"的思想内涵与社会文化效应》，《洛阳师专学报》1996年第1期。
③ 殷梦昊：《家谱新修记》，《解放日报》2020年4月5日。

更长远,甚至有的家谱修订利用网络电话联系,不出家门,就可以完成,然后正规印刷出来,非常精美。①

三 不同修谱声音

30多年前,1984年,国家档案局、教育部、文化部联合下发了关于"协助编好《中国家谱综合目录》的通知"。当时这一文件的出台推动了一股家谱续修的热潮。其实,这是一个推动老谱目录编纂的文件。因为当时没有直接指导的修谱的文件,结果这个文件就被修谱之人借用,经常放在家谱前面,用于抵挡外界的干涉。如此,形成了两种不同的家谱评价思想。

有的肯定,如1983年,山西隰县县志编纂委员会委托李宗渊编纂《李氏族谱》,1989年完成。在此基础上,作者介绍了修谱经验。② 这是一篇在杂志上介绍修谱经验的文章。前个时期,有的报刊对农村出现的续修家谱热大加赞扬,并把它作为文化繁荣的景象之一来加以宣传。有人说:"中国农民对编纂、修订和保存族谱的持续热衷,说明了这一现象所具有的深刻性和其现实的生命力。这一现象的深层次基础,也许正是中国农民对本身历史感和归属感的追求。"有的报纸还报道了全国一些地方收集、整理、出版家谱资料,拍摄族谱电视系列片,以及引起企业界青睐,甚至成立"宗源有限公司"等信息。报道者认为:"盛世年代,国家编史、地方修志、民间续谱似已成规律。实际上,不仅在农村,续修家谱以及与其相关的民间族史研究在全国大小城市亦出现了方兴未艾的景象。"③

另一方面,新谱编纂一直伴随着批评声音。这种声音,早在20世纪80年代末就出现了。中宣部宣传局农村处回答"怎样对待续家谱"时给出的态度:"当前农村的地方兴起的续家谱风,有的名曰'爱家乡''写村史',其实这不过是旧社会遗留下来的一种封建宗法活动,危害极大。"表现为两个方面:一是"续家谱影响了以农村安定团结的社会秩序和新型人际关系",二是"续家谱会助长农村中的不正之风"。④ 这是目前所见较早一篇代表政府意见的批评文章。进入

---

① 祁胜勇:《含藏在民间的文化宝藏》,《燕赵都市报》2014年7月14日。
② 李宗渊:《浅谈家族谱的编写——山西隰县李氏族谱编后》,《沧桑》1994年第3期。
③ 白玉民:《怎样看待当前农村的续修家谱热?》,《探索与争鸣》1996年第7期。
④ 中宣部宣传局农村处:《要坚决抵制续家谱》,《中央农村工作通讯》1987年第12期,见《民俗研究》1988年第1期。

20世纪90年代，此类文章更多，多以群众来信出现。[①] 直到2005年，仍有人持批评态度。[②] 出现这样的批评，十分正常。中华人民共和国成立以来，一度将家谱当作"四旧"之一来批，"文化大革命"中，各地甚至放火烧家谱。改革开放以后，竟然死灰复燃，自然会受到批评。仔细观察可知，20世纪90年代以来对家谱编纂风的批评，多是政论性批评，不是学术性批评，多是凭自己的政治想象来说话的，他们所持的理由大体相似。湖南双牌县吕定禄认为"不能忽视修谱续谱热的危害"，表现为三：一在一定程度扰乱了社会秩序，强化了封建宗族意识；二是阻碍了计划生育工作的开展，助长了重男轻女的陈腐观念；三是妨碍了农村生产的发展，加重了群众的经济负担。[③] 编者按称："让他们拿钱拿物，请几个三家村秀才，把自己的名字列入续修或重修的族谱之中，我们认为这毫无必要而且劳民伤财。不论何种形式、何种内容的族谱，其基本依据是族，是血缘关系，这与今天新型的社会主义人际关系毫无共同之处，有觉悟的农民是应该抵制此风的。"[④] 有趣的是，从1987年至2005年18年间的批评声音中，大家秉持的理由是差不多的。何以如此？显然没有做出全面的调查分析，完全是凭外在的、主观的想象给修谱人加上的政治污名。宗谱是宗法体制的结果，不是说编纂宗谱可以恢复宗法体制，这是一种本末倒置。重男轻女，应是宗法体制的结果。因为只有儿子是留在本宗内的，女儿要出嫁他族的。修谱影响计划生育政策，更是不成立的。修谱，是家族文化建设，并不完全是浪费。家谱书中的族规，虽没有执行力，但大都是正能量的。

由于1992年以后国家进入了以经济建设为中心的时代，且乡村基层政府牢牢掌控在国家手中，所以各级政府并没有在意这些污名化的反对修谱意见，未采取任何干涉措施，眼睁眼闭，任其自然发展。现在看来，当时对家谱这种文

---

① 蒋均时：《农村续修族谱热刍议》，《邵阳师专学报》1994年第6期；陶然《参与修谱害处多》，《老年人》1996年第8期；陈平福《农村修谱风扫描》，《中国民政》1996年第9期；邱勇《人大代表不能参与修族谱》，《楚天主人》1996年第12期；白玉民《怎样看待当前农村的续修家谱热？》，《探索与争鸣》1996年第7期；郭阳《干部党员不要参与续修谱活动》，《中国监察》1996年第4期；王笑天等《乡村社会重修族谱现象的思考——兼论宗族意识与农村现代化的关系》，《社会科学研究》1996年第6期；钟组研《坚决刹住农村续修宗谱风》，《党建与人才》1997年第2期；《农村基层党组织要坚决刹住续修宗谱风》，《共产党员》（河北）1997年第5期；李德山《刹一刹农村修谱风》，《致富之友》1998年第7期。

② 周羽：《农村修家谱风当刹》，《中国老区建设》2002年第3期；蒋毅《基层村委组织不应组织参与宗族"修谱"》，红网2005年2月15日。

③ 吕定禄：《不能忽视修谱续谱热的危害》，《群言》1991年第9期。

④ 胡秀彬等：《略论民间修谱之风》，《民族论坛》1991年第4期。

化现象热起来的担心显得多余，特别是因为当时看了部分的家谱确实有封建色彩过浓的问题。现在看来，主要是"文化大革命"后重新修谱，家谱编制者都没有什么经验，多是依照旧谱之模式，有的直接就是拿旧谱来续接，因此有较浓的封建色彩也就不足为怪了。此后家谱编制者的认识提高，社会上较好的家谱样本逐渐为更多的人所接受和模仿，更重要的是人们对家谱编制在社会文化发展中的功能有了新的认识，人们都在"与时俱进"，可以说，封建色彩的东西逐渐被清洗出去。就拿男女平等问题来说，除了极个别的家谱（如《唐氏联宗通谱》中的一些支系谱）中不录存女性外，绝大多数家谱这个问题解决得很好，而且这种解决方式不是一种应付与随大流式的，都是出自新时代的一种认识。①

即使2018年全国两会中仍有个别委员提出建议："有关部门在职责范围内加强监管，着力进行疏导，避免家谱热成为先进文化建设的绊脚石。相关部门、领导干部要洁身自律，不得主动组织、参与历史负面人物的宣传或者旅游资源开发，领导干部不得以官方身份参加任何民间组织的宗亲活动。"把修家谱说成"先进文化建设的绊脚石"，显然是外行之语。

另一方面，正面支持修谱的声音也在不断成长之中。1996年，洛阳师专的时代称，近年兴起的"家谱"热，有其客观必然性，不可一概视为"封建沉滓"的泛起，对于其中可以增强民族凝聚力，促进人际亲情和社会稳定的积极方面，应及时予以引导，使其有利于精神文明建设。② 1999年，甘肃有人建议"不妨适当编纂家谱"。针对"编纂家谱，是不是培植封建宗族势力"，作者的回答是否定的，"因为这是性质截然不同的两码事，前者纯粹是一种文化建设，而后者则必须严加取缔"③。同时提醒："当前编纂家谱的工作必须起码要注意三点：一是不要增加人们各种负担、是农民的经济负担；二不要干扰计划生育政策的执行，男女一律平等；三不要干预政治，特别是农村基层政权建设。"④ 既肯定修谱的正面功能，又提醒注意其负面影响，是这些人的共同想法。

其中一些人提出了建设性意见。1991年，吕定禄虽然指出了三大危害，但他本人并没有完全否定，称："我们既不能一概地认为兴修族谱热对社会有一定

---

① 唐明伯：《重提家谱热》，建湖文史网2011年10月17日。
② 时代：《论"家谱"的思想内涵与社会文化效应》，《洛阳师专学报》1996年第1期。
③ 陈述德：《不妨适当编修家谱》，《社会》1999年第3期。
④ 陈述德：《不妨适当编修家谱》，《社会》1999年第3期。

的危害就笼统地加以否定,也不必认为它是一种民族传统文化的延绵就大加推崇,应辩证地加以思考。这种文化现象,是近年来商品经济的发展对文化不断地高强度冲击的具体表现。对于那些在修谱续谱活动中采取的有悖于法制法规的行为,必须严加制止外,一般地说来,我们的党政部门尤其是当地的文化主管部门或史志机构,可以采取大禹治水的办法,让其汲取传统谱纂的精华,引导他们剔除那些不健康的封建糟粕,移风易俗。我们可在体例、结构、内容以及出版、印刷、发行等方面严格把关,使其在弘扬民族传统文化方面发扬光大。"① 这个意见的核心思想是,要加强管理,让其发挥正能量作用。1995年,广西黎其强的观点也有一定代表性。首先应肯定修族谱有其积极作用,其次提出编纂族谱可能出现的负面影响。②

1995年,梁洪生教授在广泛乡村修谱活动调查基础上,刊出两篇学术分析性论文《近观江西民间修谱活动》和《大陆民间兴起修谱活动——本文作者考察江西三十余县修谱活动的报告》,两文是对江西修新谱的考察,认为1984年至1994年是江西修谱的高峰期,新谱的形式杂糅古今,在当时修谱还面临官方的怀疑情况下,应该积极探索修谱中的积极因素。③ 梁洪生在《谁在修谱》中追问族谱编纂的发起者、执笔者,指出现在修谱的中坚力量有三种老人:一是辈分高,热心公益事业,较有威望者;二是退休教师或其他一些曾经从事脑力劳动的文化人;三是部分退下来的乡村干部。而台港澳同胞、海外华侨则成为修谱推波助澜的力量。他们是中国农村传统文化的承担者和传播者。④ 这是最早关注新谱编纂研究的论文。钱杭用人类学眼光关注了江西民间修谱活动⑤,这是较早用人类学眼光肯定新谱编纂活动的文章。因为是专书中一章,学界于此文关注不足。

1998年,笔者明确提出:"我是提倡修家谱的,因为家谱有存史与联谊等功能。修家谱的实质是写家族史。家族在任何时代,都是社会最自然、最基本的细胞单位。没有家族史,也就失去了对家族、对祖先的记忆。国史、地方志、

---

① 吕定禄:《对当前农村兴起修谱续谱热的思考》,《湖南档案》1991年第5期。
② 黎其强:《编修族谱刍议》,《广西地方志》1995年第1期。
③ 梁洪生:《大陆民间兴起修谱活动——本文作者考察江西三十余县修谱活动的报告》,《传记文学》1995年第6期;梁洪生:《近观江西民间修谱活动》,《东方》1995年第2期。
④ 梁洪生:《谁在修谱》,《东方》1995年第3期。
⑤ 谢维扬、钱杭:《传统与转型:江西泰和县农村宗族形态——一项社会人类学的研究》,上海社会科学院出版社1995年版。

家谱，向来是我国三大类型的史籍。同时，家谱可以团结外地族人、海外华人。总之，这个传统不能丢。其实，修家谱向来是一种民间文化活动，不存在政府要不要提倡修的问题。一定要说还有什么外界因素的话，那就是社会舆论是否支持、引导。"①

当中最主要的，同时也是最根本的是对族谱的平反和正名不到位。族谱（村谱）实际上是村志，它是县志、镇志之类官书的资料来源的主要渠道和重要组成部分之一。② 从资料角度来说，这个观点是可以成立的。笔者也有类似的想法，尤其是中华人民共和国的家谱编纂。如果将族谱定位为家族志与村庄志，这样的理念会让地方志部门更为大胆地支持家谱编纂工作。

有学人提出了家谱改革的新思路。用主张修村志取代续宗谱势在必行，比起单纯地续修宗谱，更符合我国国情和时代特色。首先，单纯地续修宗谱，很难避免宗族主义抬头、不安定因素滋生，影响各民族、姓氏聚居群落的祥和团结气氛。其次，旧时的都、保和现时行政村，是千百年历史长河中形成的农村基层单位。再次，几乎全是以行政村、乡镇或更大范围内共同建立起来的，决非一姓一宗所能包含，当然也不便于一家一宗之谱操所记载。复次，修村志比修家（宗）谱，还更能体现地方区域特点。最后以东阳市虎鹿镇蔡宅村创修村志为例，加以说明。该村志第一辑为姓氏源流，第二辑为村史纪略，第三辑为人物传录，第四辑为艺文著录、功德、荣誉、志尾等。③ 也有人主张用家庭大事录代替家谱编修④。

四 老谱纷纷外流

20 世纪 80 年代初，老家谱的外流，逐步带动了家谱编纂行业的复兴。为什么 20 世纪 80 年代初会出现民间老家谱外流现象？这是笔者看了太原成建祥先生因做纸浆生意而关注到家谱故事后提出的问题。这证明，80 年代初以后，开始有老家谱外流了。我的初步判断，一是"文化大革命"期间，家谱是禁止的东西，没有人敢动。二是改革开放以后，氛围活了。在现代化过程中，当废品处理了。问及常州家谱馆馆长朱炳国，他说你问对人了。他是当事人，1980 年末

---

① 钱茂伟：《我对家谱新修的设想》，《社会科学报》1998 年 12 月 17 日。
② 余金养：《谈对族谱的正名》，《广东史志》2007 年第 1 期。
③ 蔡锦涛：《修村志乎？续宗谱乎？——值得方志学界研究的课题》，《中国地方志》1994 年第 3 期。
④ 沈友志：《让家庭大事录取代编修家政族谱》，《湖南档案》1994 年第 2 期。

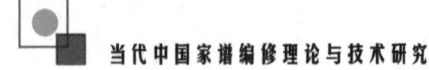

就开始关注了，从常州邮政大楼下某人摊中收购到了一部《丁氏家谱》。从此，开始关注旧家谱收购之事。后来，他开始跑收购站挑选。当时收购站有一个网络体系，村里会有收购点，公社乡镇会有收购站，县市上会更大的收购站。他专门跑县市收购大站。家谱比较特殊，没有几人看得懂，与自己家族无关，所以没有太多人感兴趣。他跑多了，与收购站人熟悉，一旦有家谱收购进来，收购站人会通知他来挑选。20世纪80年代，家谱价格十分便宜，就是几角钱一册。至1995年前后，残本几元一册，足本二十多元一册。说及流出原因，"文化大革命"期间，因为扫"四旧"原因，它是一潭死水。实际上，家谱多经历了村中老人冒死保护家谱的故事，是从"破四旧"斗争中抢救下来的。1978年进入改革开放以后，市场逐步放开，家谱死水活了。在这个过程中，一旦有老人故世，会全部当废品处理。中国人的习惯，老人故世后，全部生活用品当废品处理。经常是找一个收购废品的人上门服务，给一个总价，全部处理，看也不看下。如果老人临终有遗言，后人会重视，否则不会受到重视。进入20世纪90年代，城乡有钱了，开始大拆大建。在这个过程中，老房子中的物品也会被全部处理掉。于是乎旧家谱与其他旧物件一样，全部被送进废品回收站。也出现过另一种主动出售情况，农村老人与子女分居，没有生活来源，家中稍值钱的东西都会拿出来销售，家谱也是其中一物。富阳倪毓佩也说："换钱，很多好东西，瓷器、钱币、家具，换钱的东西不少的。"其实，家谱也值不了多少钱，但对老人来说也算个钱。在这个过程中，朱炳国有意识地收藏旧家谱。当时出于古物意识，他的收藏要求比较高，品相好的家谱会留下来了，残缺不全的就直接处理掉了。当时尚没有想到后面会修谱。有用的家谱，朱炳国会亲自做一些简单的古籍修复工作。他自己的《朱氏家谱》，是从农村中同族人那儿拿来的。他们把家谱当祭祀簿用，也感觉不到什么重要性，说你要就拿走吧。这样，《朱氏家谱》就到了朱炳国手中。2000年初，他感觉家谱老放家中也不是一个办法，于是较早成立常州谱牒学会，有了一个同行圈，可以经常交流家谱之事，也偶尔指导别人修谱。

进入20世纪90年代，这是一个不寻常的时期，中国经济空前发展，人民生活达到小康，通信、交通、住房涉及每一个人的衣、食、行、住，得到前所未有的改善。① 1993年前后，宁波慈溪的励双杰也加入家谱收藏队伍。"炳国兄只

---

① 陕西府谷辑和都二甲任氏修谱委员会：《我的修谱历史回顾》，寻源网2020年1月1日。

收藏常州地区的家谱，而我只要是自己没藏的，任何地方的家谱都想收藏。所以炳国兄有常州地区之外家谱的信息，也是会及时提供给我。甚至是常州地区的家谱，他自己已有复本，都会考虑到我的需求。如草堂皮藏的恽代英家族《恽氏宗谱》、中国近代教育第一家胡雨人家族《胡氏宗谱》等，都是他友情承让。"①

第三节　近40年家谱编纂繁荣原因

说及20世纪70年代末家谱编纂复兴之因，不少人归因于海外因素。重起修谱风潮是台湾开放老兵赴大陆探亲政策之后。"台湾人回来后，很重视家谱，也从资金上给予大力支持，这就使修谱有了必要性和可能性。"②"改革开放政策的实施，港澳同胞、台湾同胞、海外侨胞相继回到故土寻根寻源，他们在走亲访友当中，或寻宗、或觅祖，翻箱倒柜搜集家谱族谱。有的是为了光宗耀祖，有的是为了谕示后世。这样，在无形之中传播了谱牒文化。"③ 这种描述可能过于偏重外因，并不一定准确。事实上，应从家谱编纂复兴的内因入手。

因为家谱修撰的盛行，出现了一批探索其原因的学者。江西师范大学历史系教授梁洪生认为民间修谱的基本条件是：族中要有读书识字的文化人充当编纂之职；有热心人主持筹措；有一定的资产经费；有相对安定的环境。总之，在适当的政治和文化环境中，佐以经济支持，修谱就自然发生了。④ 从文化与经济入手思考，是有道理的。张升《对新修族谱的一点思考》代表了高校学人的最新思考。他将家谱复兴原因归纳为五点：其一，修志热的带动。其二，思想文化上的开禁。其三，生活变化后农村人在精神上的一种寄托。其四，修谱行为典型地反映了当代某些农村的家族观。其五，家族、仪式在乡村生活中占有极为重要的地位。它有自己生存的土壤，会随着环境的改变而改变。不一定我们禁它，它就会消亡；我们支持它，它就会兴盛。因而我们现在讨论是否应修

---

① 励双杰：《"江南谱牒与传统文化研讨会"随记》，常州家谱2017年8月15日。
② 程耀华：《怎样修谱123——贵州遵义程氏耀华浅说40年寻根修谱体会》，族谱录2013年1月27日。
③ 吕定禄：《对当前农村兴起修谱续谱热的思考》，《湖南档案》1991年第5期。
④ 曹红蓓：《重修家谱》，《中国新闻周刊》2005年1月27日。

新谱似乎有些多余。① 此外，李现丽《目前农村重修家谱原因的探究》②、杨佳《当代中国"家谱文化热"初探》(2012)、郑琳《当代重修家谱盛行的原因探究》(2012)、张安东《传统的嬗变：当代民间修谱与宗族意识的变迁》(《理论建设》2014年第6期)是从历史与现实两大方面来思考的。

一 促进修谱的内因

1. 改革开放让修谱强区得以苏醒

家谱编纂有特殊性，它以家族为单位，自成续补时间规则。全国大环境会对修谱活动产生影响，但不是根本性影响。不修谱的人，大环境再好，也不会修谱；会修谱的人，大环境不好，也会坚持修谱。因为，对某些偏远小山村来说，大环境的影响力有限。大环境，对城市人的影响较大，对乡村影响稍小。东南沿海民间人受政府影响力稍弱，保持了相对的独立性。从内在因素来看，温州人继承了20年一续修的传统，受"文化大革命"影响稍小。家谱编纂是民间的事，它有自身的内在规律，20年一续修，时间点到了，就会开始修谱。1980年刊刻的浙江瑞安《陈氏宗谱》，扉页标"瑞安平阳坑东岙王铨耕、白洪柱梓辑"，东岙就是著名的木活字之乡东源村。据相关文献，东源王氏由福建迁移而来。可见，木活字盛于福建。林其锬称："改革开放之后，随着海外寻根祭祖活动的增多，全国编纂地方志的影响，农村特别是东南沿海的农村，重修家谱活动也有恢复的趋势。"③ 这个判断大体是准确的。

2. 乡村集体管理的松动

有人指出："生产队解体，家族重新回归个体化，没有了集体依赖，只能往宗族上靠。改革开放以来，农村普遍实行了统分结合的家庭联产承包责任制，人民公社解体，二十多年的集体生活方式被宽松的自主生活方式所代替。"④ "以人民公社和生产队为代表的集体生产模式解体后，农村宗族意识得以复苏。近十多年，由于农村地区村集体躯壳化、主业凋敝、人员流散，而村民其他收入尚可，加之20世纪40年代出生的一批农村文化人集中退休，各地续谱、修谱、

---

① 张升：《对新修族谱的一点思考》，《华夏文化》2004年第2期。
② 李现丽：《目前农村重修家谱原因的探究》，《黑龙江史志》2010年第19期。
③ 林其锬：《家谱研究与对外开放》，《中华谱牒研究》，上海古籍出版社1999年版。
④ 白玉民：《怎样看待当前农村的续修家谱热?》，《探索与争鸣》1996年第7期。

收族之举蔚然成风。"① "中国社会由南而北开始出现了农村城镇化、城市工业化、交流信息化和族人分散化的深刻演变,中国新谱也就很快展现出新的追求、新的体例和新的风貌。"② 李应方表示:"原来把大伙拢在一起的组织,这几十年都名存实亡了,人们都从心里需要一个能凝聚起大家的东西,就是找一条总根,找一个皈依感。"③

湖南李氏四修族谱是改革开放进行已初有成效且湘中农村从人民公社那种僵化体制下慢慢恢复生气的 1986 年。"考察这百年湘中农村的变化,基本上可以概括为:宗族共同体观念日益稀薄,农村各项资源被外部的权力操纵的强度加剧,农村精英日益凋零,农耕文明的自信心受到毁灭性摧残。在这种百年巨变中,本族祖辈中那些有文化责任感的精英,尚能在社会动荡的空隙中修撰族谱。对这些先辈,我在心中暗表崇敬之情。我记得 20 世纪 80 年代初,人民公社体制解体,土地承包给各家各户,那时候农村最流行的风潮是复古:集资修族谱。农村老人的丧礼采取传统的方式,请道士和尚作法,祭奠仪式按照古礼。年末各大姓舞龙灯,清明集体祭祖成风,不时引发宗族冲突。现在想来,这是政治权力主导的农村秩序出现问题后,农村人自然地到传统中寻找修补的资源。人民公社体制是公权力强加给广大农民的,这种不基于真实意愿的集体组合注定没有生命力,更不会造福于人,只能是广大农民的桎梏。公社散了,地分了,重新找回宗族的传统是自然而然的事情。……重修族谱在这个时候的盛行,是重续宗族传统的标志性行为。族谱,实际上是一份家族共同体的章程或者契约性质的文本,宗族成员凭借族谱彼此获得身份认同。同时,宗族成员也有相应的权利和义务,享受总宗族的庇护,并有保护宗族坟山、尊重族规,维护本族声誉的义务。然而,这种赓续与重建只是三千多年农耕文明的回光返照。"④

3. 思想文化上的开禁

以往被认为封建迷信的族谱,现在可以随便流通阅读。族谱遭遇破坏,是短时段极端时期的事。虽然影响面广,但不可能始终影响。1979 年改革开放以

---

① 李旭东:《修谱续谱之风盛行,民间修家谱热调查》,《山西晚报》2013 年 1 月 23 日。
② 钱杭:《过渡期新谱研究》,见钱杭主编《中国历史地理评论》第二辑,复旦大学出版社 2018 年版,第 55 页。
③ 李旭东:《修谱续谱之风盛行,民间修家谱热调查》,《山西晚报》2013 年 1 月 23 日。
④ 李勇(十年砍柴):《族谱与乡村》,《书摘》2015 年 4 月 1 日。

后，它也重新进入人们的视野。

4. 重新树立家族观、礼仪规范的最佳途径

在家族概念淡化的今天，与家族相连的很多观念、行为规范也在转变，如孝敬、和睦、祭祀、亲情（主要指族人间）、乡情等。现在农村社会是松散的家庭混合体，很难组织集体活动，家族正适时地取代集体（村、乡）所承担的角色。生活变化后农村人在精神上需要寻求一种寄托。生活的安定、富裕，总会有精神文化上的诉求，在有修谱传统的地方，续修族谱很容易成为人们的共识。而在家族中，除了修谱，没有别的什么行为能把全族人（包括海内外）都召集在一起。而且，修谱本身也许并非最重要的，围绕修谱而进行的各项活动仪式，能给予全族人最大的乐趣。①

5. 互相模仿的推波助澜

有人指出："在农村，修谱被认为是显示本族人丁兴旺、势力浩大的表现，于是，许多农民便以'出谱'为荣，而且总想赶在别姓之前出谱，以显示本族的能力强，如落在他族之后出谱，便在形式、规模上设法超过他们，这种相互攀比心理，使得修谱之风愈演愈烈，绵延不断。"② 出谱即续修族谱。"势力浩大"是不符逻辑的形容。事实上，续修是因为随着时间的下延，"室弟日增，子孙繁衍，人丁兴旺"。家族中有人去世，有人出生，生命罔替，生老病死是人生的自然规律。经历了人员自然的增减，就得重新加以记录。这是符合当代公众史不断延续，也要不断增写规律的。

二 促进修谱的外因

1. 经济崛起促进修谱

乡村企业的崛起，煤矿、房地产诸多行业的崛起是修谱兴起的因素之一。20 世纪 80—90 年代，大多是老板主持修谱。山西老板来自全国各地。于是，尚知堂家谱坊跟着老板来源地，在全国各地跑。

2. 乡村领导无暇顾及或暗中支持

1979 年以后，党和国家的工作中心转移到经济建设上。"有些地方只注重抓

---

① 张升：《对新修族谱的一点思考》，《华夏文化》2004 年第 2 期。
② 陈平福：《农村修谱风扫描》，《中国民政》1996 年第 9 期。

物质文明建设，而弱化了精神文明建设，致使农民的物质生活丰富了，精神生活却空虚了。一些农民认为现在生活富裕了，是祖坟埋得好和祖宗保佑的结果，修好族谱才能更好地得到祖宗保佑。"① "部分领导认识模糊。一些农村的党政领导认为，修谱活动属于民间习俗，不同于违法犯罪活动，因而熟视无睹。有一些基层干部、共产党员也参与修谱活动，甚至充当组织者。"②

3. 地方志编纂对家谱编纂的带动作用

20世纪80年代以来中国家谱编纂进入新的历史活跃期。1981年，在政府倡导和推动下，各省、市、县普遍开展地方志编纂工作，即我们现在通常所说的第一轮修志工作。在新志编纂的影响下，人们对家谱是"封建宗法制度的象征"的认识逐渐改变，家谱的新修活动也逐步升温。正像有学者所言的那样："八十年代前期，随着修撰新志的升温，谱牒作为可供利用的史料之一，恶名逐渐脱去；虽然仍是配角，但地位不断提升。"1985年4月，国家颁布《新编地方志工作暂行规定》，"一九八五年前后，各级部门开展专业志和地方志的编纂工作，并部署基层创修村史。不少乡村在编村史的基础上，相继着手进行族谱的编纂。"③ 我们从《（原阳县西李寨）李氏族谱（1985）》的《第五次修族谱序》可以看出这一时期修志对修谱的影响："古人言：国之所重者在乎史，家之所赖者在乎谱，国有史则古今明，家有谱而昭穆序。遵古人之训，近几年国家为了继往开来，当作令省地市县及乡镇厂矿层层撰史修志，看来已是势在必行。以此而论，上行下效家谱为尽报本追远之心而续修谱牒，想必也是理所当然。"④ 近几年来，随着我国修志工作的开展，在一些农村兴起一股修续族谱、家谱的风气。⑤

4. 不少海外华人开始回国寻根促进了家谱编纂

自20世纪80年代以来，世界各地特别是东南亚一带和港台地区的华人纷纷组团到中国大陆寻根，他们最初是在我国东南沿海地区的故乡寻根，以后又逐渐深入内地一些省份进一步寻找本姓氏的起源地和发祥地。海外华人回国寻根，通常是以世代承袭下来的姓氏为徽记，以祖传的家谱、图片等资料为依据而进

---

① 陈平福：《农村修谱风扫描》，《中国民政》1996年第9期。
② 陈平福：《农村修谱风扫描》，《中国民政》1996年第9期。
③ 潮汕市江东独树庄氏族谱编委会编：《江东独树庄氏族谱》，庄氏族谱编委会，1998年。
④ 转引自王仁磊：《当代中原家谱的新修及其时代特征》，《河南科学院学报》2018年第5期。
⑤ 吕定禄：《对当前农村兴起修谱续谱热的思考》，《湖南档案》1991年第5期。

行。"1978年中国改革开放以后，海外华人出于对祖国的热爱以及对故土的眷恋，通过各种途径与故乡的亲友和当地政府联系，当时主要是通过信件和派人回来寻找祖居地。"① "从20世纪80年代到今，海外华人来祖国大陆寻根的人可以说是络绎不绝，其中很多人寻找到祖地后不但经常回来看看，而且年年都来参加当地的祭祖活动。此后，我国内陆很多地方开始形成了一种由当地政府组织的大规模寻根联谊活动。"② 海外人员除了鼓励修谱、提供老谱，也提供了经费上的支持。譬如有一族，台湾中层将领多，他们回乡后，知道族人在修谱中存在经费不足的困难，就纷纷捐款，一次捐了五六万美元。在那个时代，这笔经费十分可观了。

5. 老谱目录编纂红头文件的推动作用

由于各种原因，国家至今未发布过指导新谱编纂的文件，这正是让全国各地民间修谱人十分尴尬的地方。不过，1984年11月，国家档案局、教育部和文化部联合发出《关于编好〈中国家谱综合目录〉的通知》，开始承认家谱是我国宝贵文化遗产中亟待发掘的一部分，里面蕴藏着人口学、社会学、民族学、经济史、人物传记、宗族制度以及地方史的资料，有重要学术价值。2001年2月，文化部又发布《文化部办公厅关于协助编好〈中国家谱总目〉的通知》。不过，这两个文件完全是配合《中国家谱综合目录》《中国家谱总目》而发布的，重点是整理老谱目录，所以发文对象，前者是"各省、自治区、直辖市文化厅（局）、文管会、档案局，北京图书馆，各高等院校"，后者是"各省、自治区、直辖市文化厅（局），国家图书馆、上海图书馆"，所以并没有发布到全国各地县、乡镇一级。这虽不是支持修谱的文件，却是肯定家谱价值的文件。民间百姓是很会活学活用的，相当多的家谱前面会放上这两个红头文件，拉大旗作虎皮，给自己壮胆，堵住别人的悠悠之口。梁洪生教授与笔者聊天时称："特别是1984年文件，那是处于修谱会被人抓的时代。家谱上放上这个红头文件，是给谁看的？是给官员与派出所人员看的。当时修谱，乡镇领导与派出所会来抓人的。对内部，只要说我们是同一个祖宗的，就可以号召族人来修了。"此外，个别乡村政府也有将之做档案保护的。譬如浙江淳安县瑶山何村《何氏宗谱》封

---

① 刘翔南：《谈姓氏寻根的回顾与展望》，九亲文化2017年1月6日。
② 刘翔南：《谈姓氏寻根的回顾与展望》，九亲文化2017年1月6日。

面有：“为了今后进一步考证瑶山的来历，此谱作永久性保存，任何单位和个人不许任意毁灭。瑶山公社管委会，1981.9.3。”在落款上骑盖有"淳安县瑶山人民公社管理委员会"红色公章。这让后人看到此，心中油然而生一股敬意，情不自禁为此点赞。

6. 图书馆家谱的整理与开放

1996 年，上海图书馆将馆藏家谱向公众开放，也是一个促进家谱编纂的外部因素。1987 年，上海图书馆启动家谱整理工作。时隔 30 年再次打开封存家谱的仓库大门，胡德说：“近 800 平方米的一楼，几万册家谱堆得乱七八糟。”经过虫蛀鼠咬水泡，这些曾被视若珍宝的家谱大都面目全非。胡德和同事们召集 20 多个实习生，花半年时间才把所有家谱归类编号，还拉到粮食仓库用杀虫剂全封闭消毒，闷了足足半个月，接着是漫长的古籍修复工作，直到今日还未结束。1996 年，随着上图家谱阅览室开放，许多海外华人专程前来找家谱，成套成套复印走。由于原本的宗族制度发达，江浙闽粤等地（对开展类似工作）也十分积极。[1]

第四节 新谱编修活动的特征、成绩、不足及对策

如何评估近四十年新修家谱？这是一个十分大的概念。从 90 年代以来，陆续就有人尝试着评估当代中国新修谱现象，有批评，也有肯定。

一 特征与成绩

武进吴之光说：家谱编修存在"四无"：无人才，无经费，无旧谱，无靠山。由此衍生出有"四难"：找谱难，业务难，改革难，管理难。[2]

近些年来，伴随着盛世修志工作的开展和寻祖追踪热的兴起，民间开始盛行着一股修族谱、家谱的风气，呈现出规模大、涉及广、频率高、数量多、内容新、影响深的特点。

在 20 世纪 80 年代，大多是仿老谱体例进行续修，看上去仍然是古色古香，

---

[1] 殷梦昊：《寻根问祖热潮来袭，上图每年收到 300 多份新修家谱，都写了啥？》，上观新闻 2020 年 4 月 5 日。

[2] 吴之光：《编修家谱的现状与希望》，常州家谱 2017 年 8 月 12 日。

印刷多是民间小作坊包揽。90年代逐渐向方志看齐,采取铅字排版,多是16开精装本。进入21世纪,普遍应用了电脑打字、激光照排的新技术,特别是近两年网络建谱及修谱软件发展很快,许多姓氏都在修全国性统谱。①

郑琳将当代家谱文化的时代特征归纳为七条:迎合时代发展的需要;书写方式更加多样;家谱体裁更加新颖;表现手法更加先进;家谱内容更加丰富;圆谱庆典更加隆重;收藏观念更加时尚。②

首先要充分肯定修谱成绩。修好家谱,成为文本,就有内在价值。至于后人的使用价值,取决于后人不同的使用目标。

徐建华的《当代家谱编纂特色分析》从时间上略作描述,20世纪50年代数量少,60年代初数量大。也尝试着将当代新谱的特色归纳为:修谱观念发生了变化、离退休老干部的参加、长时间运作的稳定的修谱机构、经费筹措多元化、借重外脑尊重专业、通谱与大宗谱增多、更加重视世系、新体裁的出现、增加了新的类目、收录范围进一步扩大、标准化家谱的尝试、专业修谱队伍的形成。且以《孔氏世家谱》《世界叶氏总谱》《中华邱氏大宗谱》为延续传统型、面向未来型、制度创新型的代表,加以典型分析。③ 这是目前所见第一篇从宏观上勾勒中华人民共和国家谱编纂状况的论文。

曹冬生从内容与形态两方面思考新家谱之新。内容之新,编纂思想创新,内容更为翔实,女性入谱,谱籍涵盖广泛,体例更趋合理,语言贴近时代,像赞与附图更具特色,树立良好社会风尚,族规家训内容更新。外观形态之新,装帧形制不断创新,纸张变化多样,出版印刷技术多元化。④

家谱的价值评估,可分为个案与群体两种观察法,可分为初层次与高层次两种观察法。所谓个案法,是指对某个家族的功能而言的。而群体观察,则是公共观察,所谓群体比较思考。通过横向的比较,不同家谱水平高下立显。没有比较,就没有鉴别。所谓初层次思考,是解决有无问题。对某个家族来说,续修或创修了家谱,就是有了。由无而有,就是一种创新,这是一种纵向的比较。有比没有好,这是要秉持的基本态度。所谓高层次思考,是指群体比较中

---

① 昌庆旭:《民间修谱之我见》,公众史学 2017 年 6 月 8 日。
② 郑琳、刘京:《当代重修家谱盛行的原因探究》,《科技资讯》2012 年第 19 期。
③ 徐建华:《当代家谱编修特色分析》,《家谱与中国文化:浙江家谱学术研讨会论文集》,浙江人民出版社 2005 年版。
④ 曹冬生:《论新家谱之新》,《图书馆学刊》2015 年第 3 期。

高下、好坏的判断。这多是外来之人，特别是学人喜欢做的横向比较工作。通过比较，可以呈现各谱的优劣。这样的评判，多少有些站着说话不腰痛的感觉，不过却是提升社会面水平意识的关键。没有这样的横向比较，水平高下看不出来，也看不到差距所在。

必须改变重古籍轻今籍的时空恶习。新修家谱都是今籍，大家普遍轻重，感觉没有用。这样的价值判断，只是当代某些人的看法。要知道，图书的使用价值是由使用者来判断的。图书的应用价值，是一个差异非常大的概念。不同时代不同人的应用范围不同，青菜萝卜各有所爱，它是一个多元化的概念。对有用的人来说，它就是宝贝；对没用的人来说，它就是废纸一堆。"它可能一直无用，也可能有朝一日千金难求。"① 所以，一个人站着说话不腰痛，用个人眼光作出评判，只能代表一人之见，不能代表全社会的观点，更不可能代表后代读者。家谱，作为民间文化，它的服务功能主要在民间层面。它原不以生产高质量精品为目标，大家得以较低标准来看待民间修谱活动。

必须改变重精英轻视大众的高下意识。宋元以来，士大夫是修谱的主体。不过，进入20世纪城市社会以后，士大夫多进入城市了，留在乡村的读书人层次普遍不高。民间文化向来是低谷，精英文化人士，普遍轻视民间文化。今日提倡公众史学，就是要发展民间文化，让民间人士参与文化建设行列。现在全国民间从事修谱的编辑人员最保守的估计不下于十万人。身居庙堂的专家学者，他们的研究对象是老谱，对民间修谱热乐见其成，同时对新修谱的质量也表示不屑。"专业水准与业余水准不啻于天壤之别，有专业水准的人并没有加入民间修谱的行列，而从事修谱的人多是业余水准，此乃当下的现状。这种现状亟待改变，业余队伍中也不乏高手，但是他们的研究成果没有地方发表，交流找不到平台。要在不同的姓氏中开展广泛的交流，需要搭建平台。希望谱牒会多开展学术交流，为民间修谱提供理论与技术指导，使民间谱牒真正能登大雅之堂。"②

二 不足与建议

吕有凯查阅了20世纪80年代以来各地各族各姓编的很多新家谱，发现历代

---

① 吴定安：《漫论族谱的收藏和研究》，《中国文物科学研究》2006年第4期。
② 昌庆旭：《民间修谱之我见》，公众史学2017年6月8日。

老谱和现代新编家谱或多或少都存在质量问题，如文稿质量粗糙、收集资料简略、缺漏事项太多、重男轻女、编排方案因循守旧、结构设计无创新、功能不完善，不易读、不易懂，只有少数人能看懂，难以普及。更不具备多功能使用价值，很多家谱没有实质上的作用和意义，达不到我们和后人所要求的标准。① 经过横向的粗线条的评估，有人称现今修谱面临八大实际问题：名称不规范；体例随意性大；选材不当，东拼西凑；溯祖追宗，好高骛远；体裁单调，形式呆滞；文学欠佳，言辞鄙俗；思想性不强，启迪作用不大；转抄现象严重。② 一位号称历史专家称："新续的家谱，收藏价值有限，一是过去的资料不一定真实准确，二是收集的新资料也并不完全，三是编纂质量难以保证。"③ 湖北省炎黄文化研究会谱牒分会秘书长昌庆旭称："新修的家谱中，高质量的确实不多。且不说族人资料收集难度很大，挂谱名门望族、把不确定的历史写进家谱，甚至干脆自设历史，这也是很多新修家谱者常犯的毛病。外地还不断爆出后人重修家谱，要为秦桧、潘金莲正名之类，更是笑谈了。"究其原因没能找到高手。要修谱，须捐钱找大款，组织找大德，纂修找大儒。家谱通病种种，追认有名古人为始祖；热衷于姓氏源流考证却不得法；热衷于统一世系，新增字派；体例不伦不类，非欧非苏；选材不当，拖泥带水；编纂者突出个人，把一家之谱修成了一人之谱，或是把一族之谱修成了一家之谱；无审校。④ 这些是对新谱的主要批评意见。

如何提升？2009年，武进吴之光提出四点要求：与时俱进，当务之急；完善体例，质量第一。新谱同类归并，合理分卷。可分卷首、正编两类；认真校对，减少差错；改革创新，不断前进。⑤ 同年，武汉昌庆旭也提出四条意见：一是建立衡量标准，如详考证、辨真伪、理世系、慎取舍、订规范；二是建立审稿制度，通常是三审三校，建立集体审稿机制；三是讲事实，摆道理，和为贵；四是以信传信，以疑存疑。最后还提出要善于学习与交流。⑥

笔者搜集阅读了几百万字的家谱编纂资料，翻阅了几百种新修家谱，感受

---

① 吕有凯：《家谱理论与编修技术》，中国文史出版社2014年版，第52—53页。
② 池氏：《当代修谱面临的八大问题及解决办法》，池氏网2017年7月5日。
③ 欧阳春艳、王珍珍：《民间修谱热复兴，年轻人大多不重视不参与》，《长江日报》2013年8月1日。
④ 欧阳春艳、王珍珍：《民间修谱热复兴，年轻人大多不重视不参与》，《长江日报》2013年8月1日。
⑤ 吴之光：《编修家谱的现状与希望》，常州家谱2017年8月12日。
⑥ 昌庆旭：《民间修谱之我见》，公众史学2017年6月8日。

到的是满满的正能量，而不是前面那些似是而非的、微不足道的缺点。从一个历史文化建设者来说，关键是修谱。只有那些爱挑毛病的、没有好好阅读过家谱的人，才会这样信口胡诌。凡家谱文本均有收藏价值，家谱文本的价值高低，取决于时间及其使用。时间越久，当生活世界的实体信息消失时，家谱文本的历史价值就体现出来了。至于资料搜集是否齐全、内容是否准确，这是一个相对的概念。要生产出高质量的族谱，须有专家、行家参与。目前是一个少有专家参与的公众历史建构领域，家谱的质量出现参差不齐现象，这是十分正常的，不必奇怪。

第五章

当代家谱编纂分区研究

为什么要做当代中国家谱编纂的分区研究？这是为了说明家谱编修区域的不平衡性，是为了让失衡成为平衡。中国空间太大，地区差异太大，所以必须进行分区研究。从全国来说，家谱编纂的空间与家族分布是不平衡的。它有内在的自我续修规律，有修谱传统的地区与家族会不断地续修，十分自觉。反之，没有此传统的区域及家族不太会想到修谱。要想推动家谱编纂薄弱区家族修谱，难度十分大。其次，研究者多来源于不同地方，掌握的新谱资料有限，难以穷尽全国各地新修家谱，也要求进行分区细化研究。本章重在现有分区成果研究模式的梳理，希望给有意从事当代中国家谱分区研究的人有所借鉴。

第一节 家谱编纂区域的失衡及研究方式

家谱是民间百姓修给自己用的，绝大部分藏在家中，多数没有公开。不过，近几十年，随着观念的改变，相当大比例的家谱进入了城市中的公共图书馆、档案馆、家谱馆等机构。目前，《1949年以后中国家谱总目》正在编纂之中。一旦此目录出来，相信可以获得更为全面的数据。不过，即使这样，仍可能是不全面的。某些家谱仍藏民间，难以进入收藏目录。在这种情况下，学人只能根据得到的有限家谱数据来说话。由此而来的统计结果，精度肯定不足甚至反转，不过大体上可捕捉到粗线索的现象。家谱编修区域考察法可以有两种，一种是全国范围内不同时段的不同区域考察法，另一种是完全以某地（省、市、区、镇、村）为单位，通过前30年与后40年的两大时段加以大时空的考察。

第五章 当代家谱编纂分区研究

一 家谱编纂区域的不平衡

据山西家谱中心家谱目录统计：

1980—1984年235种，浙江165种，山东19种，福建9种，河南9种，江苏6种，湖北6种，海南4种，广东3种，山西3种，江西、重庆各1种。由此可见，浙江一家独大，是修谱最发达之区。

1985—1989年550种，湖北323种，江西76种，山东45种，湖南36种，江苏29种，浙江24种，安徽17种，山东16种，河南14种，福建10种，四川9种，江苏8种，山西5种，重庆5种，广东4种，贵州4种，河北4种，广西3种，海南3种，辽宁2种，上海1种。湖北、江西、山东居前三名，浙江反而下降了。据一位江西新建县（今江西南昌新建区）的谱匠说，新建县各地修谱兴起于1987年。[①] 这种说法，有一定道理。

1990—1994年1633种，湖北611种，湖南223种，浙江100种，山东100种，江苏65种，安徽58种，福建45种，江西31种，河南27种，广东24种，四川24种，广西20种，重庆11种，云南7种，广东1种。湖北、湖南、浙江居前三名。两湖的兴起，表明内地成为修谱中心。

1985—1994年，湖北成为全国修谱最多地区，这是值得注意的现象。何以如此？由于湖北家谱目录编制与研究的落后，这一现象一直没有被揭示，所以也没有相关分析。

1995—1999年1755种，江西319种，湖北295种，浙江278种，湖南203种，山东175种，江苏102种，广东76种，四川61种，安徽46种，河南46种，福建55种，重庆29种，广西23种，山西23种。江西、湖北、浙江居前三名。江西崛起，成为龙首，是值得注意的事。

2000—2004年1413种，浙江360种，山东241种，湖南119种，江苏115种，湖北95种，福建54种，四川49种，安徽46种，广东46种，江西43种，重庆43种，山西39种，广西28种，河南37种，河北18种。浙江、山东、湖南居前三名。浙江再次崛起，成为老大。山东崛起，是值得注意的现象。

---

① 冯尔康：《当代家族修谱与文化取向》，见《中国宗族制度与谱牒编纂》，天津古籍出版社2011年版，第335页。

2005—2009年2279种，山东431种，浙江347种，江苏321种，湖北189种，湖南110种，安徽99种，四川99种，江西92种，河南83种，山西84种，福建80种，重庆65种，广东62种，河北35种，广西31种，云南16种，陕西11种。山东、浙江、江苏居前三名。江苏崛起，成为老三。

2010—2014年3451种，江苏679种，山东600种，湖北371种，河南245种，浙江206种，山西146种，安徽143种，河北130种，四川129种，湖南122种，重庆111种，福建107种，江西95种，广东73种，广西56种，贵州49种，陕西29种，辽宁27种，云南23种，天津8种，宁夏4种，上海3种，青海3种。江苏、山东、湖北居前三名。

2015—2019年3739种，山东584种，江苏561种，湖南332种，安徽280种，河南253种，浙江234种，湖北225种，河北214种，山西205种，广西180种，四川170种，江西150种，重庆121种，陕西80种，福建77种，贵州62种，广东44种，云南25种，甘肃21种，内蒙古14种，天津13种，宁夏9种，辽宁8种，青海5种，北京3种，上海2种。山东、江苏、湖南居前三名。河南、河北、山西、广西、陕西、贵州的崛起是值得注意的。

近二十年，山东、江苏、浙江成为最强项修谱之地。这说明，经济实力、文化氛围，起了较大作用。山东，两个时段居首，两个时段居老二。浙江、江苏，各有一个时段成为龙首。

上海、天津、北京这种一线城市，是修谱最弱之区，几与西北相近，是值得关注的事。

当代中国家谱编纂的空间并不均衡，就全国来说，南方强，北方弱。就省来说，某些省强，某些省弱。据《中国家谱总目》著录，在中国大陆1949—2004年所出9883种新谱中，谱籍为浙江者1930种，占新谱总数的19.5%，亦居中国大陆各省之首。以下四位依次是：广东1369种，江西1342种，福建1127种，湖南828种。其中，中华人民共和国成立后30年间（1949—1979）问世者，浙江255种，广东202种，湖南182种，福建148种，山东69种。1980—2004年，浙江1675种，江西1296种，广东1167种，福建978种，河南655种。[①] 这些南方地区之所以修谱多，是因为历史上即属修谱强区。

---

① 钱杭：《谱籍统计与分析：浙江新谱的区域分布》，《浙江社会科学》2014年第9期。

家谱编修的南强北弱，拉长时段来考察，是由宋以后就决定的现象。宋代宗谱的复兴，是从南方兴起的。欧阳修是江西人，苏洵是四川人，这正是两个北方移民定居的大省。由内地两省的学人首先修民谱，而不是东南沿海诸省，这是值得注意的现象。元明以来，均是南方强盛。各地修谱风气的差异性，早在明代就体现出来了。"今南人多有之，而吾北人忽焉。"[1] 结果，江南人称江北人无谱为"苟简"，江北人称江南有谱为"弥文"。程敏政说法，这是由"势"决定的。[2] "唐宋以前，北方世族专尚谱牒。后有兵燹，遂致散逸。而南方代兴，谱家有之。"[3] "近世大夫有能修举者，多出于江南。盖无兵燹之患，故家子孙犹能世守其业，而谱系固可举也。"[4] 也就是说，安史之乱后，北方黄河流域元气大伤，文化的种子移到长江流域，从而谱学也兴起于南方。"浙东诸山郡多大姓故家，柱础碑碣，往往有唐宋间物。其人重本难徙，贵族望，谨姻连，家庙鲜饬，系牒明备。其长老率能抗举宗法，以训定其子孙，有先王遗风。"[5] 这是老北方人南移，新北方人文化过弱的表现。精确地说，汉唐时期，家谱编修北方强于南方。后来，则是南方强于北方。修谱强的主体，仍是北方汉人，只是南移而已。清末钟琦说："陇、蜀、滇、黔诸省，于谱牒茫然不解，殊属疏漏鄙俗，两江、两浙、两湖诸省崇仁厚，联涣散，各村族皆有谱牒。"[6] 在《中国家谱总目》著录的全部52401种谱牒中，谱籍标明为浙江各县市者13556种，占存谱总数的25.9%，高居中国大陆各省之首。以下四位依次是：湖南7948种，江苏4562种，江西3651种，广东2823种。[7] 两江、两浙、两湖诸省是修谱强区，而边缘的陇、蜀、滇、黔诸省则是修谱弱区。

　　家谱编纂所谓强弱，仔细琢磨，实际上是原居民与新移民的差异。再进一

---

[1] （明）王云凤：《博趣斋稿》卷一六《马氏谱序》，见吴宣德、宗韵辑《明人谱牒序跋辑略》上，上海古籍出版社2013年版，第658页。

[2] （明）程敏政：《篁墩文集》卷三八《书克山汪氏族谱后》，见吴宣德、宗韵辑《明人谱牒序跋辑略》上，上海古籍出版社2013年版，第575页。

[3] （明）彭韶：《彭惠安集》卷二《三原王氏族谱序》，见吴宣德、宗韵辑《明人谱牒序跋辑略》上，上海古籍出版社2013年版，第513页。

[4] （明）李贤：《古穰集》卷七《鲁氏族谱序》，见吴宣德、宗韵辑《明人谱牒序跋辑略》上，上海古籍出版社2013年版，第464页。

[5] （明）陶望龄：《陶文简公集》卷三《管氏续修家谱序》，见吴宣德、宗韵《明人谱牒序跋辑略》下，上海古籍出版社，第1291页。

[6] （清）钟琦：《皇朝琐屑录》卷三八《风俗》，光绪二十三年（1897）刊本。国家图书馆出版社影印，2011年。

[7] 钱杭：《谱籍统计与分析：浙江新谱的区域分布》，《浙江社会科学》2014年第9期。

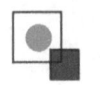

步说，是老移民与新移民的差异。百年左右，可称新移民。百年以上，可称老移民。老移民，可称次生的原住民。传统中国，经历了三次大规模的人口迁移，北方汉人不断南迁，成为南方汉人的主体。南迁的汉人，多数是文化精英，于是南迁以后，会保留家族的凝聚力，于是普修族谱。欧阳、三苏，正是南迁的汉人精英。相反，留在北方的汉人，多是迁不动或比较底层的民众。再加上少数民族南迁，互相杂处。频繁的战乱，不断迁移的结果，北方没有修谱传统。

陈建华认为，现存的中国族谱，大多为宋代以后所修的一宗一族的私修族谱，具有明显的地域特点。由于经济发展的差异，并受到各地不同的谱牒文化影响，大陆各地区所纂修的族谱数量是极不平衡的。据统计，浙江3521种、江苏2151种、湖南1549种、安徽1236种、广东690种、湖北543种、四川（重庆）532种、江西527种、福建447种、山东369种、河南181种、河北125种、上海119种、山西90种、辽宁84种、广西65种、香港52种、云南44种、陕西24种、天津23种、甘肃22种、北京13种、吉林9种、海南7种、黑龙江3种、澳门3种、宁夏1种、内蒙古1种。各地区纂修的族谱数量极不平衡，留存于今的中国族谱，江、浙、皖、湘等地的数量远远超过了其他地区。① 据此，实际上可将中国家谱编纂区，分为强区、中区、弱区三大块。浙江、江苏、湖南、安徽四地的族谱种数之和达到了总数的57.45%，可称为强区。广东、湖北、四川（重庆）、江西、福建、山东、河南、河北、上海、山西可称为中区。而辽宁、广西、香港、云南、陕西、天津、甘肃、北京、吉林、海南、黑龙江、澳门、宁夏、内蒙古自治区等地区族谱种数之和仅为总数的2.38%，可称为弱区。

就省内来说，某些地区强，某些地区弱。譬如浙江，钱塘江以东区强，钱塘江以西区弱。

就一地市来说，各县修谱风气的强弱也不同。譬如杭州南片的富阳、建德、萧山、临安强，而北区余杭弱。就省内来说，也不均衡。譬如浙江杭州的余杭、嘉兴、湖州、舟山来说，家谱编纂滞后。何以如此？前者余杭、嘉兴、湖州、应与同治初年的太平军战乱有关，后者与海禁搬迁与开禁的复迁有关。战后，无人区被新来的移民所填满。这些新移民来自各地，与原家乡断钩，没有携带家谱。这些零星迁移户，文化程度普遍低，没有修家谱传统，久而久之，新迁

---

① 陈建华：《中国族谱地区存量与成因》，《安徽史学》2009年第1期。

地弄不清来源,这增强了新迁地移民家谱编纂的难度。

移民家谱编纂问题解决了,也可解决城市人修谱问题,城市人几乎都是移民后裔。

二 当代家谱分区研究方式

当代中国家谱编纂的分区研究,1995年就出现分区研究。从成果数量来说,不算太多,约有20篇文章。本书拟根据不同的区域单位,对其研究单位体系及类型做一梳理。

(一)家谱分省研究

近年的家谱分省研究涉及了浙江家谱[1]、河南家谱[2]、江西家谱[3]、福建家谱[4]、陕西家谱[5]、台湾家谱[6]。

据不完全统计,从中华人民共和国成立以来到改革开放前,温州一地修谱计720余种,占到已经著录温州家谱总量的75%。据21世纪初期出版的《浙江家谱总目提要》统计,中华民国时期浙江修谱4498种,而中华人民共和国成立以后修谱总量为1598种。[7]

1. 浙江家谱

钱杭研究浙江新谱的方法是统计法,以1979年为界,分为两大时段,分别梳列各地各县的数据,最后排列出多寡顺序。主要结论是:1949—1979年,温州(148种)、宁波(25种)、丽水(24种)、金华(18种)、绍兴(13种)、杭州(8种)、衢州(6种)、舟山(6种)、嘉兴(3种)、台州(3种)、湖州(1种)。其中温州市属的苍南(59种)、平阳(34种)、瑞安(25种)三县市,分列全省74县的前三位。1980—2004年,由高至低分别是温州(731种)、丽水(323种)、

---

[1] 钱杭:《谱籍统计与分析:浙江新谱的区域分布》,《浙江社会科学》2014年第9期;钱杭《20世纪60年代浙江新谱的历史地位——由卷册规模论》,《上海师范大学学报》(哲学社会科学版)2015年第2期。
[2] 钱杭:《20世纪60年代初河南中部农村的宗族与族谱——细读前十条附件中的偃师报告》,《社会科学》2016年第4期;王仁磊《当代中原家谱的新修及其时代特征》,《河南科技学院学报》(社会科学版)2018年第5期;高文豪《河南新修家谱初探》,硕士学位论文,郑州大学,2020年。
[3] 梁洪生:《大陆民间兴起修谱活动——本文作者考察江西三十余县修谱活动的报告》,《传记文学》1995年第6期;梁洪生《近观江西民间修谱活动》,《东方》1995年第2期。
[4] 陈名实等:《福建谱牒文化调查研究》,《泉州师范学院学报》2009年第1期。
[5] 朱丽莉:《陕西当代新修族谱的编修及其史料价值》,《青海民族研究》2013年第3期。
[6] 许明镇:《论台湾地区编谱、藏谱的现况与未来》,《福建省社会主义学院学报》2010年第3期。
[7] 寿勤泽:《这里有世代守护的价值观》,《浙江日报》2016年7月26日。

金华（264种）、台州（181种）、杭州（46种）、宁波（35种）、绍兴（29种）、湖州（19种）、嘉兴（19种）、衢州（16种）、舟山（9种），温州继续高居全省第一。温州市属的苍南县以171种、平阳县以139种蝉联省内各县市排名前二；同属温州的乐清县则以123种取代温州瑞安市，上升为第三。①

袁逸《关于浙江新谱现象的思考》值得关注。此文关注了浙江新谱的时间、空间特点。80年代，零星、较少，过程缓慢，声势渐状。90年代中后期达高潮，一直到21世纪。在空间上，主要是经济、交通欠发达的内陆的相对闭塞的宗族观念较强的地区，修谱较多。其发展态势，初为个别、低调，现在则普遍、习惯，不顾忌，少克制。家谱的编纂，出现职业化、专业化现象。其因有五：家族、宗亲观念；对家谱的宗教式膜拜；家谱是民众史；家族的荣光；旧谱的留存。80、90年代的家谱，多为村谱史合一的"志"。学界的旧谱研究，对新谱编纂没有直接指导之用，但有声势与氛围影响，可以壮胆与借势。②

2. 福建、台湾家谱

陈名实认为当代福建族谱的编纂已经形成风气，各个家族相互影响、相互攀比，使族谱的体例越来越完备，装帧越来越精美，除了数量增多外，总的看来有四个特点：观念变革，谱例创新，趋向通联，闽台族谱对接。③此文写作的不足是，没有统计数据，属于现象归纳式的写作。

许明镇认为，光复后台湾地区编谱的高潮，大约从1960年开始，1970年、1980年、1990年持续增温，一直到2000年才骤降。近百年间，修了一万种以上大大小小的家族谱，这是世界上难得宝贵的珍藏。④

3. 广东、海南家谱

肖玲认为，广东、海南，20世纪50—60年代纂修的家谱有24种，70年代纂修的家谱仅3种，80年代纂修的家谱有145种，90年代纂修的家谱有796种，2000年后纂修的家谱有282种。⑤这个统计数据，与笔者前面的统计差异较大，说明山西家谱中心搜集到的广东、海南家谱比较少。从这个数据来看，广东的

---

① 钱杭：《谱籍统计与分析：浙江新谱的区域分布》，《浙江社会科学》2014年第9期。
② 袁逸：《关于浙江新谱现象的思考》，《家谱与中国文化——浙江家谱研讨会论文集》，浙江人民出版社2005年版。
③ 陈名实等：《福建谱牒文化调查研究》，《泉州师范学院学报》2009年第1期。
④ 许明镇：《论台湾地区编谱、藏谱的现况与未来》，《福建省社会主义学院学报》2010年第3期。
⑤ 肖玲：《广东海南两省家谱文献的收藏、整理及其特点》，《图书馆论坛》2006年第3期。

家谱编纂成绩是相当不错的。

4. 河南家谱

据高文豪《河南新修家谱初探》，1981—2005年95种，2006—2019年608种，共706种。笔者的统计，1980—2004年110种，2005—2019年498种。少了近百种，说明山西家谱中心的河南家谱搜集也不全。

王仁磊认为，当代新修的中原家谱与以往的旧谱相比，从指导思想到体例与规模，都有着鲜明的时代特征：指导思想，古今结合；体例多样，表现灵活；颁谱仪式，隆重热烈；科技影响，规模宏大。①

5. 陕西家谱

朱丽莉通过陕西图书馆开架的40余种新修家谱，研究了陕西的新谱，新谱特征归纳为五大方面：①地域特征明显，先祖大多迁徙来陕。②有正规的修谱组织。③延续传统谱例，并增加新类目，如照片与图略、居住地望及人文风情、大事记、各种统计表。④内容体现时代特征，男女平等，女性记入谱中；族规家训内容所强调的价值取向与国家相一致；族内名人的评价方式改变；稍显功利性。⑤具有公开性，将族谱赠予图书馆，使族谱更容易保存。②

（二）地级市家谱编纂研究

如温州家谱、金华家谱、常州家谱、潮汕家谱③、洛阳家谱④、徽州家谱⑤。

自中华人民共和国成立以来，修谱活动作为一种民间文化，在温州一直没有停止过，统计发现五十余年来共纂修家谱720种，占已著录温州家谱总数的75%，主要集中在沿海的平阳、苍南、瑞安、乐清四县（市）。即使在20世纪50年代初至70年代末政治运动不断的年代，温州市还修谱90种。这里要特别指出的是共和国时期纂修的家谱中"纂人匿名"现象比较严重，以平阳县为例，清代时有5例，中华民国时有7例，而共和国时期竟有37例之多。进入20世纪80年代，纂修家谱的数量从70年代的59种翻了一番，多达到144种。90年代又翻了一番，升至

---

① 王仁磊：《当代中原家谱的新修及其时代特征》，《河南科学院学报》（社会科学版）2018年第5期。
② 朱丽莉：《陕西当代新修族谱的编修及其史料价值》，《青海民族研究》2013年第3期。
③ 黄挺：《潮汕近十年新编族谱》，《饶宗颐潮学研究第二辑第二届潮学国际研讨会论文专辑》，汕头大学出版社1997年；蔡智群《近三十年潮汕新编族谱编修研究》，硕士学位论文，江西师范大学，2017年；潮州市志办《新时期潮州家谱编修情况调查》，西安市地方志办公室网2017年3月10日。
④ 谢琳惠：《河洛地区家谱特点初探》，《图书馆理论与实践》2008年第1期。
⑤ 束亚弟、鲍步云、李晓春：《新时代徽州家谱治家之道与当代价值研究》，《池州学院学报》2018年第5期。

388种。进入21世纪的头两年就纂修了59种，加上还有39种没有说明具体纂修时间的家谱，由此足见温州市纂修家谱的势头越来越猛。①

表5-1　　　　　　　　　中华人民共和国时期温州家谱统计

县	50年代	60年代	70年代	80年代	90年代	2000—2002年	不详
市区		1	1	5	48	2	5
永嘉			1	5	1		3
乐清		1	1	14	48	23	2
瑞安	4	2	10	26	41	2	6
平阳	2	4	10	42	152	15	15
苍南	6	10	26	28	93	8	
文成			3	4	16	3	2
泰顺	1		1	11	19	2	2
洞头	1		1	2	4	4	2
合计	14	17	59	144	388	59	39

资料来源：丁红《温州家谱文化的历史与现状》附表2。

在21世纪调查浙江家谱时，发现在浙南温州、丽水一带的纂修家谱活动中，在温州瑞安市平阳坑镇东源村还在使用古老的木活字印刷技术，在温州瓯海区雅泽镇水碓坑村还存在古代造纸工艺。浙江温州的瑞安、平阳、苍南一带，至今仍存在着木活字印刷技术，当代家谱编纂活动让传统木活字印刷工艺重新得到发展。从20世纪50年代至2001年，温州地区印有木活字本家谱488种，占其存世家谱总数的43%，品种与规模在全国范围内绝无仅有。现代温州家谱在辑谱、印刷以及纸质载体材料的制作上，与古代描述如出一辙。目前仅瑞安市平阳坑镇东源村就有谱师七十余人。1949年至1979年改革开放之前，纂修的浙江家谱有123种存世，其中木活字本不足100种；1979年迄今纂修并存世的浙江家谱有1475种，其中木活字本有430余种。②

陈可畏《目前农村续修宗谱问题研究——以浙江中部农村为例》。作者认为，金华地区的家谱编纂，出现了几方面的不同，一是修谱人员组成与经费来

---

① 丁红：《温州家谱文化的历史与现状》，《图书馆杂志》2005年第8期。
② 丁红：《木活字印刷文化在浙江家谱中的传承与发展》，《图书馆杂志》2008年第2期。

源不同，二是指导思想不同，三是修谱体例也不同。总的说来，吸收了村志的要素。又分析了兴起的原因，强调了经济的发展、修志的影响、海外华人影响。四是，作者指出，只要避免负面影响，修谱是值得肯定的。① 文章关注了浙江金华的宗谱编纂研究，开了一个好的头。

从时间段来说，潮州市谢慧如图书馆收藏86部（1990年前13部，20世纪90年代25部，21世纪48部），韩山师范学院图书馆收藏92部（1990年前12部，20世纪90年代25部，21世纪55部），揭阳市榕城区图书馆41部（1990年前3部，20世纪90年代19部，21世纪19部），共计219部（1990年前28部，20世纪90年代69部，21世纪122部）。又据潮汕历史文化中心馆藏家谱，汕头49部，潮州33部，揭阳30部，共112部。包含三市者15部、梅州4部，其他25部。②

常州家谱编纂始于20世纪90年代，海外游子回乡问祖，拉开修谱热。据朱炳国和苏慎介绍，这些人中尤以台胞羊宗达为代表。据介绍，羊宗达1949年去台，后为武进同乡会筹建人之一。有一次，他偶然发现《毗陵羊氏宗谱》美国藏本影印资料，欣喜异常，并出资购回美国哥伦比亚大学图书馆所藏、台北联合报国学文化基金会文献馆影印的辛亥版《羊氏宗谱》复印本三部。1992年春，羊宗达携宗谱回到家乡常州，开始续修《羊氏宗谱》。羊氏族人在这部老谱的基础上，于20世纪90年代中期修成了常州第一部新家谱。自此，改革开放后我市第一波家谱修撰热也开始逐渐兴起。之后，常州市洛阳的秦氏、焦溪的查氏等姓氏的家谱也开始以新家谱的方式进行修撰。20世纪90年代中期，一直到十年前，全市修谱数量尽管提升很快，每年只有一二十部。但近十年来，家谱热集中武进，且热度不减。进入2010年以来，常州又兴起了新一波家谱修撰热。从当今新一波的家谱修撰热来看，范围主要在武进区，每年平均数量为五六十部。改革开放后，常州市新修家谱达到了650多部。③

湖北十堰市赵朝君称，参与过多次民间修谱的编撰工作。据他统计，目前十堰修家谱的有60多家，如王家、黎家、徐家、曾家、杨家、朱家、赵家、曹

---

① 陈可畏：《目前农村续修宗谱问题研究——以浙江中部农村为例》，《中华谱牒研究》，上海科学技术文献出版社2000年版。
② 蔡智群：《近三十年潮汕新修族谱研究》，硕士学位论文，江西师范大学，2017年。
③ 吕洪涛：《40年间，我市新修家谱650余部》，《常州晚报》2018年11月11日。

家等，主要是从20世纪80年代后期开始。随着经济发展，近十年间，民间修家谱的数量增加了近三倍，不少家族还建了宗祠。①

辽宁鞍山地区续修和新修家谱始于80年代中期，90年代中后期修谱之风开始盛行。从80年代中开始寻根问祖走访调查，进而编纂家谱，收藏研究家谱。在本人收藏的76部家谱中，80年代续修和新修的家谱66部，占总数的86%。这66部续修和新修的家谱中，20世纪末之前编纂的仅占34%。大部分家谱是近三四年编纂的。从2003年起，鞍山逐步出现了寻根问祖编纂家谱热。其表现是：①由地下暗中了解家族繁衍历史到转向地上公开发调查提纲，广泛征集家族族人资料；②由寻根问祖慎终追远，发展到主动去市图书馆、档案馆和新华书店查找姓氏文化、家谱资料的人越来越多；③由独自一人在家自修，到联络族人成立编委会公开编纂。鞍山地区近几年已出版或正在编纂的家谱有二百多部；④鞍山新闻媒体近年来报道家谱信息、家谱故事、续修新编家谱等文章百余篇。使更多群众对家谱这个传统文化和编纂家谱的目的有了进一步了解，关心和参与编写家谱的人越来越多。②

（三）县级家谱编纂研究

如浙江的东阳家谱、慈溪家谱与江西的修水家谱。

在多重因素的交互作用下，自20世纪80年代后期开始，东阳的宗谱纂修开始启动，进入90年代，可谓如火如荼。三十年来，东阳的绝大部分宗族都重修、续修了宗谱，涵盖了东阳90%以上的人口。作者取2006年底排序的东阳前100位姓氏作为统计对象，改革开放后三十年新修的东阳各姓宗谱，有250多种，每种少则一册，多则60余册，总数约4000册，数量超过了新时期任一门类的有着历史沉淀的乡邦文献，可谓洋洋大观。新谱值得肯定的有两点：第一，保存了地方文献；第二，完成了世系延续。③

至2018年9月，慈溪已编印48种。尤以2008—2018年这十年间，就编印出46种。篇幅最巨者为新编《师桥沈氏宗谱》，有53卷50册之多。特色有四：注重传统，线装居多；宗谱合修，支谱单修；体例创新，精彩纷呈；主编得力，

---

① 杨建波：《民间修谱悄然兴起，十年增三倍》，《十堰晚报》2017年4月5日。
② 陈年久：《修谱要与时代同步》，中根网2008年7月21日。
③ 吴立梅：《对东阳修谱现状的思考》，《东阳史志》2015年第4期。

专家指导；载体创新，传播迅捷。①

龚良才对江西修水县谱牒的研究值得关注。全文分五大部分。一、原始家谱惨遭毁弃。修水属"重灾区"，从那时起至改革开放前夕，家谱惨遭三次毁弃。二、修水续修"家谱热"有四个特点：涉及面广；修谱时间相对集中；家谱数量多；新谱版本繁多。据不完全统计，近20年来，修水各姓续修家谱217种（其中20世纪80年代18种，90年代183种，21世纪2000—2004年16种，7000余部，195300余卷），预计续修家谱总数超过中华人民共和国成立前原始家谱存藏总量。三、修水"修谱热"缘起主要有以下原因：改革开放冲破了禁区；"寻根热"促进了"修谱热"；尊祖敬宗意识增强；边界邻县"修谱热"的影响；良好的宽松环境和人们生活水平的提高，为"家谱热"奠定了良好基础。四、新家谱的时代特征：修谱指导思想具有时代感；家谱类型，除传统类型外，还出现一些新类型；家谱结构增添新的内容；纂修人的身份发生了变化；修谱经费渠道不同；印刷质量有所提高。五、几个值得商榷的问题：允不允许修家谱；新修家谱"继承与创新"如何处理；如何提高新谱质量；家谱保管问题；家谱资料的利用。② 这篇家谱文章的分析模式，值得他人学习。以县为单位，加以细致观察，这是有效的，值得推广。

（四）镇级家谱编纂研究

古固寨镇隶属于新乡市新乡县，距新乡市政府驻地12千米，属城市近郊镇。1986—2011年修家谱32部。

表5-2　　　　　　新乡县古固寨镇1986—2011年家谱编纂情况

顺序	村别	名称	年份
1	三王庄	吕氏族谱	1986
2	南张庄	马氏宗谱	1988
3	古南街	牛氏宗谱	1989
4	小屯	曹氏家谱	1990
5	古中街	李氏家谱备忘	1991
6	古北街	张氏家谱	1992

① 童银舫：《继承与创新：慈溪新修家谱现状调查与分析》，宁波史志网2018年12月7日。
② 龚良才：《野火烧不尽　春风吹又生——修水家谱现状调查》，汪氏宗亲网2010年10月18日。

续表

顺序	村别	名称	年份
7	古南街	马氏家谱	1994
8	古北街	马氏家谱	1994
9	古北街	李氏族谱	1995
10	小屯	申氏族谱	1995
11	三王庄	孔氏支谱	1996
12	古中街	刘氏宗谱	1996
13	苏庄	苏氏族谱	1997
14	三王庄	闫氏族谱	1997
15	王连屯	李氏族谱	1999
16	三王庄	贾氏族谱	2000
17	古北街	卢氏族谱	2001
18	冷庄	冷氏族谱	2001
19	三王庄	汪氏族谱	2003
20	三王庄	梁氏家谱	2003
21	三王庄	王氏家谱	2003
22	南张庄	樊氏族谱	2004
23	三王庄	张氏家谱	2004
24	三王庄	郭氏族谱	2005
25	古南街	魏氏家谱	2005
26	古北街	李氏家谱	2006
27	古南街	郭氏家谱	2006
28	冷庄	田氏家谱	2006
29	南张庄	张氏家谱	2010
30	古南街	惠氏族谱	2011
31	古中街	惠氏族谱	2011

资料来源：王仁磊：《当代中原家谱的新修及其时代特征》，《河南科技学院学报》（社会科学版）2018年第5期。

由此可见，在20世纪80年代中期以后，中原家谱的新修进入了一个新的历史活跃期，而且是中华人民共和国成立初期的30年所无法比拟的。[①]

[①] 王仁磊：《当代中原家谱的新修及其时代特征》，《河南科技学院学报》（社会科学版）2018年第5期。

（五）村级家谱研究

据富阳谱师倪毓佩了解，杭州富阳灵桥镇新华行政村，现有人口二千余人，原有倪家、丁家、李家、余家、张家共五个祠堂，现在三开间二进的李家祠堂已经修葺一新，五开间三进的倪家祠堂已经重建；丁家祠堂已另建于菖蒲村上丁家。旧谱烧毁无存的是张氏宗谱与丁氏宗谱。现在村里有新旧《富春倪氏宗谱》50册、新旧《富春东楼氏宗谱》48册、新旧《富春李氏宗谱》12册、新修《富春丁氏宗谱》9册、新修《唐氏宗谱》23册、新修《富春巴氏宗谱》6册、中华民国版《富春余氏宗谱》、新修《富春汪氏宗谱》3册、新修《张氏宗谱》（天台迁居落户）一部等九家家谱。谱没有修过，想修还没有修的是余家庙前自然村的余氏家谱、张家磡自然村的张氏家谱。零星一二户，如方姓修进了《富春方氏宗谱》、赵姓修进了《富春赵氏宗谱》、蒋姓修进了《富春新关蒋氏宗谱》、陈姓修进了下陈《富春陈氏宗谱》等。新华村百分之九十的人家都有谱可循。富阳万市镇槎源村共1400余人，有一个姚家祠堂，村里还有《东安槎源吴氏延陵宗谱》《东安姚氏宗谱》《东安马氏宗谱》《东安李氏宗谱》《鹿峰蔡氏宗谱》（东阳的蔡氏家谱）《罗氏宗谱》等，有了家谱，村落历史、家族历史得以延续，文化氛围就比较好。

象山河东村，由纽氏与余氏两姓组成。彼此间有通婚，关系相处好。此村家谱的编纂，与余增法有关。他从1995年起，有意识地搜集家族往事，积累了几万字的资料。他在搜集资料过程中，同时关注了纽氏资料。2002年，成《象山河东余氏宗谱》。完稿以后，又想到为外公家族纽氏修谱。2001年，余增法策划余氏修谱。2003年，纽氏当年成《象山河东纽氏宗谱》。这就是同村互相影响现象。它以村为单位，规模不大，容易操作。有趣的是，余增法又邀请朋友徐庄初负责主编。两部宗谱，均是徐庄初主编的。这是始修或创修。八年后的2010年，余氏重修《象山河东余氏宗谱》，加"印刷"一页，标明印刷150册，共计费用28000元。

第二节 用村谱强化乡村家谱编纂弱区

今日面临两大问题，一是续修，二是创修。前面所论，多为续修。其实，创修面临的难题更大。万事开头难，没有创修，难成习惯。这些没有修谱区域，可称为修谱薄弱区。强者恒强，弱者恒弱，这是历史上基本的修谱规律。家谱编纂薄弱区，既有城市，也有农村。这些城乡没有修谱传统，从来没有修过家谱。在乡村薄弱区与城市区，既然没有修谱传统，就可考虑建立全新的新修传统，即以公众家谱及村谱为主的新修家谱。要破解家谱编修失衡难题，必须通过党政的制度化措施，通过推广村谱与公众家谱，才有可能。这种设想有操作性否？完全有操作性，因为有全国性户口系统，有各地的村民户口。只要稍加改进，就可编纂出百姓联谱出来。

一　以村为单位修百姓联谱

如何推动家谱编纂薄弱区兴修家谱？如何点燃家谱编纂薄弱区的家谱编纂活动？以村为单位推广村谱编修，这是最有成效的办法。既然薄弱区没有修谱传统，直接上全新的百姓联谱。百姓联谱可合可分，合起来是村谱，分开来就是一姓家谱。拟与各村文化建设结合。可以做一个百姓联谱平台，提升便捷度。也可使用家谱智慧树之类软件，加以推广。宋以后家谱编纂的动力源在宗法制度，没有宗法制度，不可能有家谱编纂传统。中华人民共和国体制不同，行政村代替过往一姓的宗族自治。在村政时代，如何将家谱编纂的动力源转移为村"二委会"，这是关键问题。如果能确立村村修谱的传统，就可以重新建立修谱传统。

那么，如何说服村委建立修村谱传统？要有理论与技术。理论，就是地方志与公众历史。地方志要求从县志下延乡村二级志书，新型村志，须以村民活动为主体。另一个以人民为中心的立国宗旨，由此产生公众历史。以人民为中心修史，这是最基本的出路所在。技术，就是村谱模式的提出，改革传统的一姓宗谱，转型为各姓联动修谱。村两委组织村谱活动，有规模效应，可以让村中各姓同步修谱。

寻找种子村修谱。改革必须从试点开始，以点带面。倪毓佩说："以点带面，有需求的地方，给他们做，加强宣传，让喜欢的人来学习、推动。要做出符合大家期待的家谱，试点去做看看，不断完善。一个家谱的启动，那些只谈不做任何具体事情的人，说的话冠冕堂皇，都是要求别人，不是表态自己愿意承担什么具体工作，或愿意分担资金筹集。说实在的，很多人社会阅历丰富，提出意见都很在行，但是否可行，自己是否愿意实际行动来补正不足，这很重要，否则都是空谈而已。一个村谱也好，一个族谱也罢，或者就是一个几十人的支系修断代的家世，一要有人回忆历史，二要有人记录分析，三要有人调查走访外部的家族历史信息，最后做成大家欣赏的家谱。其中资金保障非常重要，没有资金支持，基本都会半途而废。其实一个家谱修好，周边的人都是非常羡慕的，但大部分人就是普普通通的人，他们没有多大的号召力，想修族谱，也心有余而力不足。"可由浙江省百姓家谱文化研究会与省地方志办公室合作，在全省寻找百镇百村，做村谱试点单位。筛选对象要求，没有修谱传统的、以杂姓为主的行政村，党的组织力量稍强的村。一旦确定试点村，下一步是建立领导小组，由村书记与村主任为领导小组正副组长。步骤可如下：

1. 可以出台试点文件，让他们有法可依，省家谱研究会可以发放种子村牌子，甚至事后可以召开现场推广会议。2. 家谱编纂普及培训。以镇为单位，加以普及宣传。赠送家谱填写式产品，免费指导修谱。3. 在修谱财政支持上，以村经费为主，间及企业家赞助。4. 与相关项目譬如文化礼堂、美丽乡村建设结合。5. 要加强媒体宣传与名人牵头效应。各村要寻找热心人。修谱之事总是热心人的产物。修谱是上层的高级文化活动，一个底层人士是不会想到来做的。名人的牵头会很大程度上影响一个地方的社会价值观的形成，由他们配合形成风气，更适宜引领传统文化的发展。6. 家谱编纂活动化。家谱编纂是一项活动，不是简单地编一本书，而是持续地让民众参与姓氏文化活动。

二　以家为单位修公众家谱

村谱的基础是公众家谱。为什么提倡公众家谱？因为当下中国处于国家社会体制中，宗族体制完全崩溃了，家庭核心化了。同时，宗族家谱编纂断了40年左右。历史上那些大家族创修家谱时，也往往是小家族。后来经过了几百年，才成为大家族。由于未修谱家族的文化基础差，显然不适宜直接修大宗谱，先编纂公众家谱，比较理想，好操作。也可以体现新意，不是完全照搬过往家谱。公众史学是现代家谱的娘家，家谱编修是公众史学分支之一。21世纪中国处于公众大发展时期，所以有必要从公众史角度来提倡修家谱。也就是说，进入21世纪，中国应开始一个全新的家谱编纂时期，这应是一场全新的家谱编纂活动。传统的家谱与全新的家谱，两大类型的家谱可以同时并存。

1. 公众家谱及其价值

现代新谱的推广手段是产品化，一是填充式家谱，二是网上家谱。笔者的公众家谱介于两者之间，有操作模板，可在电脑上写作。笔者提倡的公众家谱，与支谱、房谱有类似之处，但性质不同，有独立法人，是独立的编纂模式，与大家谱对应，都是独立的编纂单位。大家谱与公众家谱的区别，是建构单位大小的不同，一是宗族，一是小家庭或一房一支。

公众家谱编纂模式是一大创造。古代中国的家谱主要是大家谱，下面会有一些支谱、房谱、生辰谱，但往往缺乏独立性。单位越小，越容易操作。古代的宗谱，是同姓之人的档案大全。今天小家之谱，是直系亲属网络体系。时代不同，与时俱进，家谱编纂模式要创新，这应是不必怀疑的要求。从覆盖面说，大家谱好；从详尽程度来说，公众家谱好。大小家谱结合，体制更为灵活。

为什么要新修家谱？因为时代不同，希望开创一种全新的家谱编纂风。今日中国家族的发展，核心化现象越来越严重，迁移越来越频繁。这与乡村中国时代的宗谱聚居模式，有了较大的变化。随着现代化的发展，家族内部各家庭间的血缘关系越来越淡化。如此编纂大家谱越来越困难，只要其中一支不同意，一村不同意，就难以编纂成书。成本过高，动辄几十万元、上百万元。尤其是当下中国，乡村中缺乏有威望、有实力、有文化的能人，如此要想编纂一部大家谱，越来越困难。而公众家谱编纂理念的提出，呼应了今日中国家庭原子化现状。由于规模小，只要将一个太公下面的几个家庭编纂成书即可，一个人就可以办到。而且，用电脑写作，成本低廉。更重要的是，由于规模小，内容可以更为丰富一些。

公众家谱是更适合现代社会的家谱模式。古代中国是一个农耕社会、宗法社会，由此带来中国特色的家谱编纂。20世纪80年代以后，虽然有复兴趋势，然而却显得越来越不合时宜。虽然有宗谱，但已经完全成为精神建构，现实生活中的宗族共同体已经越来越淡化，家庭核心化现象越来越强。未来中国，这种趋势不会减弱，只会加强。在这种情况下，要想编纂传统的宗谱越来越困难。家谱编纂要适应现代工商社会的发展，这是我们值得思考的一个理论问题。主张编纂公众家谱，编纂以五代为主体的核心家族的家谱。这样做，有更强的可操作性。如今电脑发达，文化人增多，人人可动手编纂自己的公众家谱，从而保存家谱文化记忆。这样的修谱局面，将是中国家谱发展史上的一个突破。有了众多的公众家谱，编纂大家谱也将更为方便。未来中国，大家谱仍会存在，但公众家谱编纂无疑将成为主流。

2. 公众家谱操作的难度

家谱产品的销售，不同于其他商品，它是文化创意概念，出售的是文化生产模板技术。尽管现在的家谱产品表格化，似乎门槛已经十分低了，但对老人来说，编纂起来仍是困难的。或者说，中国人仍习惯于第三者生产，而不是自己生产。这是一个文化层次不同的，甚至很低的群体。要他们接受公众历史，会遇到种种观念障碍。由此可知，要史学深入民间，可以说风险相当大。进入了一个麻烦区，会挑战底层，这是一场启蒙教育活动。当家谱深入盲区，进入生疏群体时，群众会提出各类不解的观念问题。公众是一群普遍缺乏公众史观念的人。要对这大批的公众进行观念更新，进行公众史的启蒙教育，任务十分艰巨。也就是说，史学向来是少数人的事，多数人对此是生疏的。这就是文化下乡、历史载体下乡困难所在。理论上，史学与人人相关，但传统史学，只与上层国家有关，与下层百姓无关。因为无关，历史教育少，所以"史盲"多。因为生活中没有此类家谱，普遍表现为"史盲"，对公众史不熟悉，不知道公众史是做什么的。公众历史知识，与卫生知识、法律知识一样，是人类的基本知识，应有更多人来懂。必须成为文化商品，进入生活领域，才能为更多人所接受。

家谱填充产品提供的是一种历史文本生产机制，不是现成的消费品。每年修上百部，速度不快，但效率明显。修公众家谱，是一个成长性较慢的行业。它的市场前景好，但动员有点难度，编纂也有点费力。家谱编纂是家族行为，有商业性，可以赚点小钱。如此，要做好售后服务，要产品与编纂同步卖。家谱产品的销售，首先要培训普及，其次指导生产，最后是提供家谱产品，供其最终呈现。产品是最后的出路环节而已。这正是百姓通谱网加盟商失败的原因所在。这是文化生意，不是普通的直接拿来可用的实用产品。要做讲座，然后付出，推销产品。应重在家谱宣传与培训，最后环节是提供产品选择，供人使用。

大家谱数量少，往往是一次性的；公众家谱数量多，往往是多次性的。公众家谱编纂的机制灵活，尤其适合今日的行政村。因为一个行政村中会有多个姓氏。以前是同宗自然村多，今日是异姓行政村多。大家各修自己的公众家谱，就不会受传统大宗谱同姓原则的限制。这项村谱编纂工作，需要政府加以积极引导。考虑到多数人不会修，也可用项目制，请职业修谱人承担公众家谱的编纂工作。这批职业修谱人，可以由公共财政来养，也可以兼职。一旦立项，统一编纂，然后补助经费。先拨一半经费，修成验收通过，全部下拨。当然，也可让各个家庭自己来做。修公众家谱传递的是家族正能量、是好事，地方政府应大胆地倡导。这种历史文化生产工作是以前没有的，完全是创新行为。如果真的做起来，那是十分可观的民间文化建设工程。在共同富裕试点下，浙江省政府可以投入经费，进一步推动乡村文化建设活动，让大家共同起来参与文化共同富有建设。可以用引导法推动，即成功几部，就广泛传播几部，用行动引导其他家庭来参与建设。由点到面，这应是一个可操作的引导模式。

3. 人人要参与公众家谱编纂

修谱主体是老人，也可以是全家人。传统的大家谱，仍有组织本位特点，是一个宗族共同体建构，只有少数人可参与编纂。而公众家谱则是人人可动手做的，更体现出多元性特征。修公众家谱不是某一个人的责任，而是家族成员人人的责任。可以让更多的家庭人员参与，这与人人参与理念是吻合的。要培养一支业余谱师队伍，可先从学生开始。由大学生出面组织家谱编纂，可以发动全家人来参与。因为，核心家庭中，子女成为核心中的核心，他们的要求就是全家优先的要求。而且，修谱是事关全家的事，全家人当然要参与进来。如此说来，这种修谱行为比仅有老人参与修谱要好。为什么要鼓励年轻人来做家谱？这是年轻人最好的回报家族付出的项目。说到底，家谱编纂是面向未来的。在大家族中，年轻人是掌握家族史知识最少的人。正是因为他们知道少，所以才更要问。如此，年轻人家族信息知道少的弱势可以转化为优势。因为，家谱编纂就是面向年轻人的，给后辈看的。做的过程，也是他们学的过程。年轻人是组织者，要发动家族成员，让父母、爷爷、叔伯们帮忙，大家参与家谱编纂。这是一个集体项目，要训练的是年轻人的组织协调能力。对于大学生，大胆地去做吧，会得到多数家人支持的。因为这是后辈关爱长辈，他们会十分激动的。对长辈来说，晚辈能关注长辈，他们是非常高兴的，他们最怕晚辈没有良心，不关心长辈。长辈对后辈，已经付出了该付出的关怀。现在轮到晚辈关心长辈了，这是一种文化孝心的体现。长辈与晚辈间的付出是不对称的，长辈对晚辈付出的是爱心，晚辈对长辈也应有一份爱心，不完全是身体健康祝福而已。将长辈的过往经历、人生经验留下来，这是对长辈最好的回报，这是可以让他们言行永垂不朽的大事。多数大学生是家族中最有文化之人，容易接受新生事物。又有大学教授指导，提供了模板与套路，所以是能完成的。珍惜这样的书写机会，认真做好一件事，为家族作出应有的文化贡献。如此，不枉家族多年来的关心与培育。

4. 年轻人修谱的意义

修公众家谱可以拉近上下代之间的心理距离。有一个学生说："经过这次修家谱，让我最大的收获不是说我重新认识了这个家族，也不是加深了与其他亲戚的联系，我最大的收获是和我奶奶的交流多了，以前我奶奶总是和我唠叨一些以前的事，总是跟我巴拉巴拉以前她的经历，但是我也不知道为什么，越长大越不喜欢听她唠叨，即使是上个寒假，我天天都在家，她每天都要和我讲她的小时候，她的亲戚，以及以前那个时代的种种，但是我每次都是无情将她打断，说我要去做什么什么了。其实她很清楚，我其实是对她的话题不感兴趣，但是她又想和我交流，找不到她能讲的，同时我也是感兴趣的话题。每次打断她之后我都觉得自己有些对不起她。但是经过这次修家谱，很多我爸爸姑姑小时候经历，以及爷爷奶奶的生活经历，都是她告诉我的，一开始我只是抱着做作业的心态听她讲，但是后来我却发现，其实这样的交流很好，很久没有这么跟奶奶讲过这么长时间的话了。"这说明，家谱编纂也可以让年轻人与老年人有一个共同话题，让平常的聊天有历史意义。每个人只会讲自己大脑中有的记忆，问题是每个人大脑中有的记忆是不同的。老人的圈子小，只能讲往事，讲自己的亲友往事。而年轻人会不断接受新知识，视野更为开阔，话题会更多。于是，老年人与年轻人间的话题鸿沟会越来越深。家族史话题的提出，正好让年轻人与老年人有一个共同的话题。所以，修谱是好事，可让家人共同参与家族文化的建构。

让大学生做家谱可以培养他们的家族归属感。年轻人往往只有个体性，没有家族整体性。或者说，生活世界的家族人员分散于各地，难以建构起一个整体性的群体概念。通过家谱文本的编纂，可以将前后左右的家族人员建构在一起，成为一个家族群体。如此，他们的家族群体意识就逐步建立起来了。也就是说，文本上、观念上的整体感最为重要。如果没有这种家族整体感，就难以培养起这种家族群体概念。让家谱进入年轻人视野中，进入他们的大脑记忆中。

"家谱这个只闻其名的事物真的来到我的生活中。"走进大学生的生活，这才是最有意义的事。也就是说，如果不学习不操练，家谱是远离当下人间，远离当下个人的。以前的大家谱，也有普及不够的问题。修好以后，藏诸少数几户人家中，轻易不拿出来，相当于档案化管理。现在的家谱编纂，提倡人人参与，家家收藏，如此就可以普及家谱理念与知识。让一个大脑记忆中没有家谱概念的人编纂家谱，这是不可能发生的事。让家谱进入其视野，让其能看到，这是最为关键的事。让学生书写家族史，就是低成本的。或者说，是他们作为家族中的大学生付出了自己的劳动，也算是他们给家族多年付出的一个回报。一个长时间读书的年轻人，无以回报家人的付出，以文回报，为家族存史，这是值得做的大事。

年轻人修谱的好处是可以知道家族人员的大名。因为在中国人日常生活中，小辈称长辈多称谓代词，同辈间多用小名，导致很多年轻人不知家人的大名。有的年轻人说："因为修谱，父亲出面，终于首次知道家族人员的大名。"这告诉我们，一定要重视家谱的编纂，否则后人连家中人员的名字也叫不来，更别说故事与家风、精神传承了。村民生活中，还有一堆诨名，平时根本不用大名。如果你用大名去找人，他们都一时反应不过来。他们会告诉你，我们叫他什么名字。这种不同称谓，要在家谱人物简介中说明。

5. 家谱编纂要成为民间习尚

修家谱是家族历史文化建设的抓手所在。对一个家族来说，编纂公众家谱是一项庞大的文化工程。不过，这项工作是值得做的。以前的大家谱是血缘证明，如现代人事档案。今日的公众家谱编纂，吸收了历史学的要素，引进了家族史理念，可以使家谱与家族史结合起来，从而内容更为丰富，更有价值。今天的家谱就是家族史，只是借用了传统的术语而已。古代中国是大家族即宗族体制，所以流行宗谱。今日中国是小家族体制，所以提倡公众家谱。今日编纂家谱，就是以家族为单位、建构当代家族历史而已。一个家族的过往事迹没有家谱来整合，它的信息是零散的，是残缺不全的。家谱可以容纳几十人，甚至上百人的个体历史，是一种基本血缘组织群体史。对普通人说，公众家谱编纂十分有意义。因为，这是建立家族历史文化的机会。有了家谱，就有了家族历史，否则家族事迹早已消失。修谱，可以建构一个文字的精神的网络体系。家是社会的细胞，而家谱是家的系统历史表述。编好家谱留住根，文化传承惠后人，这是当下修谱人的共识。

过去的家谱属存量保存，但当代家族史编纂属增量生产。有了家族史，也可以改造传统的家谱。在传统观念中，家谱是档案，或者说是档案与历史相兼的作品。今日主要是历史档案。家族史优于家谱，家谱是传统的载体，家族史是现代专史分类。家谱是宗族的，适合大家族，家族史更适合小家族。家族史更现代，可以是文学化写作，也可以是历史化写作。公众家谱也可以往家族史方向努力，譬如大传可以再丰富些。小传，可以先起草一个初稿，然后让当事人来补充。他们会在乎自己的形象，会来配合参与的。改良版公众家谱，更像历史类作品。公众家谱的结构是综合性志书体裁，可能呆板些。家族史与公众家谱，可以互为补助。前者适应历史，后者适合文学。

第三节　城市人家谱编纂

现代中国增加了城乡差异，这是不同于传统社会之处。现代，既是时间概念，也是空间概念，这意味着居住中心的变化，由乡村中心向城市中心的转移。城市人祖先多是从乡村迁移而来的，理论上可以纳入乡村族谱。问题是，城乡有别，城市人心理上有优势，不愿意认同乡下宗族。迁移时间长了，经过几代以后，城市人后裔普遍不愿意认同乡村宗族。修谱，本来就是农村文化、乡村中国的产物，与现代城市人格格不入。它完全是两类不同的文化。城市人更重小家庭、个体、地缘、业缘关系，乡村人重视血缘。传统农村文化强调互助责任，城市文化更强调独立责任。生活在城市的居民，一家一户为单位，没有跟族人比邻而居的情感联结和体验，很难有对宗族传承的看重。钱杭说："城市的分散居住，是对宗族最致命的瓦解。"[1] 城市中国人不喜欢修进乡下族谱中，城市人修谱弱于农村。在这种情况下，城市人如何修谱，这是值得思考的。考虑到城市人心理上瞧不起乡下族人的情况，要考虑城市本位，重新设立独立的城市谱问题。一个家族五代以后独立成支，这是普遍现象。既然如此，城市独立修谱是可以接受的。考虑到城市人多是乡村的分支，规模不大，可用公众家谱、家族史来编修。站在城市中心立场思考城市家谱编纂问题，目前不算多，河南

---

[1] 曹红蓓：《重修家谱》，《中国新闻周刊》2005年1月27日。

任清剑《城市人修家谱》开其首。① 本节拟在宁波家谱研究团队专题讨论②的基础上，梳理成文，以供大家参考。

一 依附乡村的家谱编修

以20世纪初为界，中国大体可以划分为两个大的时代。20世纪以前，中国处在以农村为中心的时代。20世纪以来，是个过渡时期，逐步由乡村时代而城市时代。进入21世纪，中国的城市化进程加快，目前达到了60%以上，过了50%分界线，可以说进入了以城市为中心的时代。

农村与城市，完全是两种居住方式，两个中心，一个是传统的中心，另一个是现代的中心。乡村是分散的小空间，城市是集中的大空间。乡村是以家族为中心的小空间，城市是多个姓氏杂居的地方。城市的特点是异姓杂居，姓氏数量多，每个姓氏的户数也少。

家谱是稳定的农耕社会产物。在农耕社会时期，传统中国主要是一个农村为主的社会。乡村是血缘社会，为了宗族自我管理，有必要编纂家谱。修谱，自然是以农村族人为主。城市完全是一个地域社会，在地域社会完全没有必要修家谱。至20世纪末，原来某些城市的某些老城区，某些家族保留着聚居的特点，但是经过近40年城市化的改造以后，这些人都已经被打散，住进新小区里面。原来某些单位同事还住在一起，后来因为自由购房政策，也彻底分开了。如此，城市人彻底分子化了。

家族发展中永远存在一个外迁散户问题。由于多种因素，总会有散户离开祖居地，迁移到其他地方。外迁族人，不可能带着宗谱离开祖居地。第一代也许与祖居地有点联系，几代以后，与祖居地肯定失联。交通落后时代编纂宗谱，有些近的外迁族人会登记在册，有的远的族人就会联系不上，于是不得不写上"失考"字样。

中华民国以来，随着城市化的加快，外迁族人更为频繁，出现另一种全新的现象，逐步定居城市中。城市人的宗族意识是很弱的，所以宗谱编纂困难会越来越大。城市里的大部分人都接受过"宗族文化是封建余孽"的教育。在观

---

① 任清剑：《城市人修家谱》，见钱茂伟主编《公众史学评论》，石油工业出版社2018年版，第200—203页。
② 钱茂伟：《在城市化背景下如何修谱？》，公众史学2023年11月24日。

念上，城市人有时候反而比农村人的束缚更大。目前，其他宗教都已经自由了，取得合法的传教资格，而中国传统本土的祖宗崇拜反而没有合法的位置，没有明文规定可以建祠堂、修家谱。城市与农村的居住方式、生活方式、工作方式、受教育程度，确实不同于农村。其结果，城市人对宗族文化相对比较淡薄，对修谱认祖归宗没有太多的执念。这些远离祖居地、散居于各城市的族人，如何上谱，就成了一个大问题。邵鹏说："城乡二元客观存在。各位身处大城市，其家族意识与当今农村的家族意识存在差异。修谱的条件农村强于城市。至今为止，农村修传统意义的谱还是相对容易的。"

面临家谱编纂，城市人会面临两种情况：积极参与或勉强参与。城市人肯参与修谱，当然是按照传统的套路修入大家谱。李华章说："修谱既要传承又要创新，城市居民寻根，只能往祖籍村寻。"孙兆均说："城市居民根在农村，各户可自己到农村寻根溯源，那里有他们的祠堂、祖宗神位、同族姐妹。"邵鹏说："营造出城市向农村寻根的氛围与需求，谱的生命力还可以延续更久。"对于大多数的移民城市或者城市新移民家庭来说，他们普遍都是从农村迁移过来的，时间都不长，也就是两三代。这些移民家庭如何修谱？当然可以挂靠到农村，但是很多城市家庭不愿意挂靠到农村。任清剑说："近20年内，城市人如果不予修谱，农村氏族族谱已经注明迁出的、那些进城落户的小家族将出现断代。"

当下中国修谱仍以乡村为祖居地，也有道理。近四十年中，城市中居住地点变迁太快了。笔者1987年到宁波工作，从而迁居宁波34年。1992年初结婚以来，小家搬迁了五次。笔者知道不同的定居点，但孩子的记忆十分淡，有时都忘了原来的定居地，无法知道哪个是祖居地。相反，笔者杭州城郊的老家，虽然自20世纪70年代以来翻新了三次，但地点不变，一直在原来的位置。它是列祖列宗居住地，这种不变的定居地，正是农耕社会的特点。这种不变的祖居概念，就是我们乡愁记忆所在，也是家谱得以确立的根本所在。

这种情况的出现也与城中退休移民的参与有关。城市士大夫仍是修谱主体。说城市人不肯修谱，自然是就基本市民而言的。至于士大夫阶层，仍是修谱主体。我们可以看到在明清时期，城市的士大夫是积极参与家谱编纂的。今日留存的清代、中华民国时期的家谱，多数仍是在居城士大夫推动下编纂的。今日家谱编纂，也是在很多居城退休的士大夫参与甚至主持下完成的。这说明，主导修谱群体，仍在城市中，而不是农村中。道理也可理解，20世纪以来，乡村精英都进城了。一批批的乡村精英，不断地进城定居。至少第一代进城之人，与原来的乡村仍有较多的血缘联系，他们仍认同原来的乡村祖居地。这批人离开了祖居地，与祖居地保持了若即若离的关系。他们有文化，视野宽，相对说来，也可能超脱一些，可以远离同村族人间的是非恩怨。现实生活中，古今一样，族人间总会有小矛盾。距离产生美，希望编纂家谱，团结宗族，记录家族的历史。

这种套路的劣势是，修谱无法体现当代中国以城市为中心的全新态势。

二 城市本位的家谱编修

随着迁移活动的出现，族人不断在地化，这是一个必然趋势。如此以城市居住地为中心修谱，也是一个必然趋势。提出城市人修谱话题，是想建立以城市为中心的修谱体系与规则。以城市为中心修家谱，是为了弥补原有家谱的不足或者盲点，适合现代城市人的需求。城市修家谱肯定和原来的乡村修家谱不一样，同祖，血缘，历史，三大要素不会变。杜建海说："有三个根本的东西存在，第一个是对共同先辈的认同，第二个是有血缘、亲情，第三个是大家对家族过去的历史文化的关注。正因为这么三个共同的东西，所以现代社会也会存在修谱的这种情况。"①

当然城市的情况比较复杂，要分特大城市和大中小城市，不同城市的要求是不一样的。家谱繁荣区的城市和家谱编纂薄弱区的城市也不一样。有悠久历史传统的城市和移民城市也完全不一样。某些历史悠久的城市有些姓氏历史比较长，它有自己的家谱编纂传统。在大中小城市里面，可能跟农村更接近一些。倪毓佩说："主要还是传承习惯。诸暨、温州、富阳一些地方，有人重视，城区的家谱、祠堂、奖学金，也做得很好。特别是需要有不断的活动，比如祭祖、奖学金发放。宗族文化活动荒废后，特别是久不恢复，没有人张罗，才是真正的困难所在。"在上海、北京、深圳这样的特大移民城市，情况就更复杂，修谱也就更困难了。

20世纪现代中国成为一个工商社会，以城市为中心繁衍人口，相应的家谱

---

① 钱茂伟：《在城市化背景下如何修谱?》，公众史学 2023 年 11 月 24 日。

编纂方式也要做很大的调整。从参与修谱群体来说，农村与城市一样，都有不太积极者。所不同的是，农村居住相对集中，而城市更为分散。城市中存在的问题，是谱丁资料能征集。虽然城市农村中都会遇到此类现象，比较起来，城市概率更高一些。这与隐私观的盛行有一定关系，农村中人受西方隐私观影响面小，更容易提供谱丁信息。城市人想修谱，可以统领乡村人共同修谱，但乡村人修谱，有时难以引导城市人修谱。从长三角地区来看，最大的难题是上海人多不肯参与修谱。倪毓佩说："上海人最大的特点就是不搭嘎（没有关系），所以我们修到上海，家谱资料基本收集不起来，也百分之九十的人不肯修谱，无论学历高低，财富多寡。"朱炳国也有类似的说法。甚至小城市人也不太愿意。周开水说："连我那个小县城里的家族都搞不好。城市修谱，采访是致命的一环，宗谱可以说是无以为继，做得起来，续修部分也是稀稀拉拉的，跟旧谱翻新差不了多少。"

城市人不肯参与修谱，此间原因复杂。第一代城市移民是从农村来的，他习惯于农村的生活，与农村之间有一种千丝万缕的情感联系。第二代后的城市移民后裔，从小生长于城市，高高在上，有一种等级观，不愿意跟原来农村人为伍。也就是说，修谱时，祖居地仍想着他们，但外迁族人后裔与祖居地没有血缘情感联系，自然不可能参与乡下人的修谱活动，感觉没意思。让他们出钱，一切免谈。上海人精明得很。与他讲理，一两句话后，电话直接挂了。

城市族人不肯参与农村族人的修谱活动怎么办？像上海这样的城市人，不喜欢修家谱也是一个趋势。站在农村立场，怪上海这样的大城市不参与家谱编纂是没用的。我们必须站在上海人的立场上来思考问题。现在以农村为中心的家谱编写活动深入农村和城市的时候，这些困难就是我们要思考要解决的问题。在这种情况下，如何站在城市立场思考城市家谱编纂问题，如何编纂全新的可以适合城市的宗谱，这是值得思考的。

面临"农村人修家谱，城市人不肯参与"问题，必须改用以城市为中心的家谱编纂。公众家谱、房谱、支谱、家庭谱，概念不同，含义接近，指一支一房一家的家谱。可以采用百年五代公众家谱的方式，是一家之事，可以随时启动。周开水说："城市修谱小型化、个性的趋势在所难免。"康海明说："太平盛世越久，新修公众家谱的可能性就越大。没有老家谱支撑的新修家谱，我觉得都应该列为公众家谱。公众家谱大有可为，无论是经济产出的问题。公众家谱联谱是一个很好的主意，解决了产出问题，有动力参与。这个作为一个补充可以，家谱肯定是以血缘与家族为核心的。最近在修的一个家谱，就不以姓氏房派祖先为源，以居地为准。坚持修家谱，是为了记录家族的历史。"①

城市人修谱是否仍要用家谱名？邵鹏说："至于城市只有三五代，是不是一定要谱之名称，我以为值得研究。源太近，系太短，说'谱'不一定合适，立名'家史''家传'，更为合适。太小太短就缺少谱味，缺乏修编的动力。"邵鹏这个观点可接受，城市用家族史可能更好一点。为什么坚持城市人也要修谱？这是为了历史记录。理论上，城市人更有文化，贡献更大，更值得记录下来。杜建海说："以后宗谱会越来越小，房谱越来越多，房谱支谱会越来越多，还有以家庭为单位的家庭谱作为补充。我最近在编一个纪念集，就以一个爷爷为纪念的核心，他们的子女因为都去世了，也在纪念范围，写是他们孙子写的，那里面也有世系世传，它虽然不是严格意义上的家谱，但比家谱的功能更加扩大了，有家族史的内容。有的个人比较丰富，有更多的故事。"②

任清剑先生有一个观点："现在是城市人家谱编纂的最佳时期，即处于第二三代之间。错过了这个机会，后面难以续修。近四十年的改革开放，是中国历史上发展速度最快的时期，也是城市化最快时期，大批乡村人进城定居。不在这个时机修谱，后面的城市后裔会接续不上。城市移民家庭修谱时段，最好在第一代移民在世时，第一代移民容易接受家谱，第二代、第三代，难度会加大。一旦修了公众家谱，未来自然有人添加续修，不用担心。从有关情况来看，万事开头难，最怕这个家没有修过谱。"

城市人编纂公众家谱是20世纪以来的一个传统，可以列举一大堆的房谱、支谱，但是风气并不是太旺盛。杜建海说："我们要系统的探讨城市化背景下，以城市人口急剧增加趋势下，现代房谱作为一个系统工程，从哪些角度要进行适当的调整，哪些该坚持，哪些该调整。"在这方面，成都的阎晋修先生，早在1993年就作出了探索。他设计的填写式家谱适应现代小家族修谱。这种家谱属手工填写式家谱。2008年以后，笔者也尝试了"小家谱"，在大学推广了十多年，现成为浙江省百姓家谱文化研究会的推广产品，称为"公众家谱"。"公众

---

① 钱茂伟：《在城市化背景下如何修谱？》，公众史学2023年11月24日。
② 钱茂伟：《在城市化背景下如何修谱？》，公众史学2023年11月24日。

家谱"格式是电脑版的，可随时修订。河南家谱学会与中国家谱印刷中心出版的"标准填写式家谱"，也属此路。

河南新普牒公司的任清剑先生设计了《百年家谱》，作为城市人的家谱载体，近年在不断推广之中。据任先生讲，他重在一条龙式手写家谱的推广。前期为有意编家谱的人稍加培训，然后帮助相关家族完成家谱数据的填写，用普通纸空白填写本，形成一个家谱草稿本，约有60%的数据完成，即可委托专门抄写员，用毛笔抄写宣纸家谱。后续的家谱数据，各个家族自己可随时添加。一个稍大的家族，往往要抄上50套左右。这种手写宣纸家谱的优势有二：一是采编抄时效高，一个月左右即可完成。传统的家谱编纂，用于采访、编辑的时间很长，有的要一二年。二是宣纸复本抄写成本也不高，与印刷家谱的成本不相上下。这种模式，比较适合在城市推广。宣纸手写本家谱，更能体现传家宝的神圣性。一条龙式服务，也可为某些擅长毛笔的老人群体提供一个创收机会。历史文化产品不同于其他产品，它是专业生产，所以必须有后续的一条龙服务跟上，才能打开家谱编纂市场，为城市百姓所接受。不管怎么样，在城市中提倡编纂公众家谱、房谱、支谱，这是一个趋势。任先生探索出来的一条龙服务，是值得肯定的。既可以赚钱，又可以提供历史文化服务，实实在在地推进城市人的家谱编纂活动。

由前面的讨论可知，20世纪90年代初以来出现的手工填写式家谱，实际上就是适应现代城市居民修谱的需求而出现的。在城市中提倡修百年五代公众家谱，比较适合城市人的独立个性特点，也可以弥补传统家谱的不足。当然，这是一种相对的独立性，回溯的时候仍然会回到农村祖先。

三　同姓联合通谱的可能

不过，房谱或公众家谱的最大困惑是数量不足，影响面小。为了弥补此不足，笔者再次提出同姓联谱设想。邵鹏说："城市里面修宗谱，同姓联谱是可以考虑的一个方向，类似编纂一个《某市某氏联谱》。也就是说，以城市为中心编成一个城市某姓联谱，可由一个某市某氏宗亲会来操作。其特点是，虽同姓，但不同族。"[①] 这样的方式接近同姓通谱了。这可以解决两大问题，一是城市必

---

① 钱茂伟：《在城市化背景下如何修谱？》，公众史学2023年11月24日。

须靠向不同的农村出生地，没有自己的中心主场位置。二是解决城市内部的团结问题。不断在地化，这是姓氏发展的基本规律。陈剑平说："城市同姓修谱没有字辈排行，怎么分长幼，以年龄分还是按地区分？在宁波地区，只有史姓家族排行是统一的。"笔者的想法，这样的联谱方式肯定是不管血缘与排行的不同，完全是历史记录而已。排行，只在小时空中有效。笔者的想法，各小支可以有自己独立的世系，可以考虑按地区来排列。

联合家谱是通谱意义上的家谱。考虑到城市家庭的独立性更强，联合家谱存在的理由似更不充分。康海明说："没有血缘交集的同姓联谱，老百姓不一定认可，也有点师出无名。相对来说操作难度更大，也更考验组织者凝聚力。"孙兆均说："若按城市同姓不同族修谱，岂不成了拉郎配，也拉不弄，不买账。"杜建海说："现代修谱，不能是城市同姓的人修谱，那就失去了宗谱的本质东西。如果是同一个姓把它合起来了，那我觉得是根本不是这个家谱了，你可能要给它另外取个名字了。"李华章也说："所谓城市家谱，那只能说是同姓谱，与写村史一样，某姓某人什么时候从什么地方迁入，不可能把某氏族千百年来的迁徙史、发展史反映出来。"① 这告诉我们，城市人编纂的是断代家谱。从这些角度来说，家谱的联合仍然有难度。

邵鹏进一步提出假说："可仿同乡会例，做成《某市同姓会某氏联合谱》，这可能会事出有因有名，不会太计较血缘。要先有同姓会组织，后才可编成书。用联合，单用联字，感到血缘更紧。作为一种远祖文化的认同，提供一种人际交往的缘由。"陈剑平说："这是姓氏宗谱的延伸。"邵鹏说："现在城里人对家谱不感兴趣，但是对同城的联络娱乐照应还是存在需求的。如果真的能形成风气，会反过来促使他们向农村寻祖。同姓会，到异地，更受人欢迎。海外的同姓宗亲会，就是如此，不管血缘与排行，只讲情缘。这么说来，海外反而走在前列了。"② 如此说来，同城同姓联合谱，是可以考虑发展的，也有一定的存在基础。

这是一个全新设想，操作起来自然有难度。不过只要有人来实践，也是可以做到的。笔者在藕池村曾做过《藕池村百姓联谱》。一个村的多姓都可以联合，一个城市的同姓更可以联合。事在人为，实践最重要。它是历史记录而已，

---

① 钱茂伟：《在城市化背景下如何修谱？》，公众史学 2023 年 11 月 24 日。
② 钱茂伟：《在城市化背景下如何修谱？》，公众史学 2023 年 11 月 24 日。

不再分辈分大小。

四 城市人未来家谱编纂

城市人修谱是一个全新的话题,目前的解决方案有二,一是为祖居地所吸纳,二是编纂独立的百年家谱。前者仍是主流,后者目前仍不成风。其他也可尝试同姓通谱方式。探索出适应城市人的修谱方式,是可以继续努力的方向。

如何平拉抬城市人修谱人气?任清剑指出:"近三十年尤其近十年来,中国大陆城市化进程非常之快,目前城市人口已经超过农村人口;未来十年、二十年,城市人口将达到总人口的百分之七十至八十。"又说:"由于城市化进程加快,农村氏族族人大部分进入城市,农村祖居地修谱之热会急剧降温,城市人修谱又热不起来,20年之后族谱文化将进入低迷期。"这样的预期,会成真吗?这是值得我们思考的。杜建海说:"应会出现低迷化。"问题是如何看待低迷化?也许是,但有多种因素,最大因素可能是修过谱,周期比较近。只要进行人为的干预,也是可以改变这种现状的。邵鹏说:"家谱编纂的趋势,一种是依旧,一种是转道,一种是消亡。"这是家谱自身体裁演变的预期,也会成真吗?这样的预言,可能夸大了一些。

在无意识自然的状态下,家谱编纂肯定有发达区域与不发达区域。家谱编纂不可能遍布全国各个家族,定会有相当多的空白点。要想带动家谱编纂薄弱区,难度是非常大的,如同脱贫攻坚一样,这是最难啃的一块骨头。要想解决家谱编纂的全国普遍化问题,必须有相应的组织机制保障。通过人工的机制,也许能够解决分布不均匀问题。李华章说:"现在在修谱都是中老年人,热心人在起头,年轻人根本没有概念,都是一个氏族的自发行为,也缺乏政府引导。要营造一个把修谱作为弘扬传统历史文化建设的氛围,县区级政府相关部门重视支持不可缺失,基层乡镇街道要有年度工作内容、鼓励政策(只奖励不处罚),从大宗姓氏入手,每个镇乡、街道、村都有试点,业务上要培训。没有国家政策及组织机制保障,家谱编纂是不可能遍布全国的。"①

海外的修谱情况比较复杂。孙兆钧说:"香港人的家谱是硬封面,横排式,内页正面繁体字,背面简化字,阅读很烦琐。"周开水说:"香港的家谱是半土

---

① 钱茂伟:《在城市化背景下如何修谱?》,公众史学2023年11月24日。

半洋了,搞得花里胡哨,很是另类。"孙兆钧说:"失去了优秀传统。纸质很好,价格昂贵。如用宣纸线装,多好。"① 笔者认为,此类方式肯定适合香港。价格昂贵,可能是我们的感觉,对他们来说是不贵的。家谱的印刷纸张,提倡多元化,不能过于迷信宣纸。任何一种纸张,都有其合理性,允许不同地方有不同风格的用纸。

现代宗教的多元化也带来了修谱的困惑。孙兆钧说:"我地有一氏族要修谱,各户都完成登记,可由于佛教与耶稣观点不一,生男与生女也不统一,结果只好搁浅了。"周开水说:"我们地方的一些西方教派,已经不土不洋严重走偏了,信众结构变化很大,文化程度已经远不如以往,对中国传统文化的抵制,比西方更厉害。明清时期的西方传教士倡导的基督教本土化的那一套,已经荡然无存了。"② 这里提出的问题是,在宗教多元化背景下,如何修家谱。这是现代社会修谱复杂之处。

---

① 钱茂伟:《在城市化背景下如何修谱?》,公众史学 2023 年 11 月 24 日。
② 钱茂伟:《在城市化背景下如何修谱?》,公众史学 2023 年 11 月 24 日。

第六章

家谱编纂主体研究

现在，大半是粗通文墨的人在编修家谱，所以中华人民共和国时期的家谱编修质量普遍不高。文人皆进城了，乡村人才也少。村里的人多是只有一些初中水平的文化，高中毕业的人都不多。进城的没有续谱意识，而村里有意识的老人没经济实力，自然难提升修谱水平。乡村文化被抽干，所以更应修谱，保留最后一点历史文化。家谱编纂的趋势是走向大众，公众修谱是未来的发展方向。

当笔者把目光瞄准当代中国40年的家谱编纂行业，与相关的人、相关的事项接触的时候，心中就有了比较明确的研究对象。很多当事人也许会有一些零星的想法，媒体也有一些宣传报道，但没有人对这个行业做过系统的研究。通过与当事人的对话，可以获得更为准确的信息，加以更为系统的分析，就可以建构起当代中国家谱史的框架。要把当代修谱往事话题化，要把当代散乱的记忆信息整理成文本，并不太容易。谁是近三十年最早修家谱者？哪些人在修谱？哪些公司在修谱？私修家谱与集体修谱有何异？这些是本章尝试回答的话题。

第一节 公众修谱

说及当下的修谱人员，据山西省社科院谱牒中心的编辑张晨说，据他多年的接触，"这是一群以农村教师、医生、村书记、回乡干部等农村知识分子为主体的一个庞大群体。而以他们为主联系起来的，则是上至教授、官员，下至宗族长者、老板大款、各类修谱热衷者的一个横跨城乡大网络。"① 从参与人员来说，主要有个人私修与群体私修两大类。下面通过具体的案例，加以说明。

一 个人修谱

1. 浙江

薛志坤是浙江绍兴市上虞区曹娥街道光明村人，曾经做过畜牧师、企业办公室主任。他是留在村中唯一的高中生，是村中的老文化人，由此可知当前乡村文化之衰落。他意识到再不抢救，家族史就会断送到他手里，于是一种家族历史责任感油然而生，他决定把这项工作主动承担起来。2007年，听说浙江图书馆有《绍兴松鳞薛氏宗谱》，于是到浙江图书馆，"看到老谱，他手不释卷，想把老谱复印下来，但一算复印费要近万元，于是他只能采用笨办法：用手抄写"②。整整一部《绍兴松鳞薛氏宗谱》共16卷，那段时间，他寄宿在亲戚家里，每天埋头苦干，连续抄了23天。农忙了，老伴催他回来。忙完以后又上浙图再抄，前后一个月，终于抄完。此后自费外出调查，前后八年，终于完成家谱编纂，凡22卷，用小楷抄书。③薛志坤一人用最原始的方式修了一部家谱，精神令人感动。因为文化层次低，没有人帮助，所以用了最原始的方式来修谱，可见公众修谱难度之大。陈秋强说："他为什么会如此投入？是因为他把修谱工作看成一个心愿、一项使命、一份责任。"④由此可知，心愿、使命、责任感是关键所在。这本来就是他们家族的家谱，结果后人使用却要抄写。如果以人为中心，应当想办法方便老人拿到家谱。

在众人修谱不成情况下，绍兴的阮先羽自告奋勇，主动承担修谱重任。2012年，通过报刊、网络、书信、电话、QQ等方式，公告修谱信息，着手搜集各地宗亲世系。对此，有讥笑者、有鼓掌者、有未应者、有拒绝者，有先主动联系而后没有音讯者。当然，更多的是支持者，得以完成了宗谱的编纂。最后，他联系上几个同姓老板，资助出版，家谱也就完成了。⑤此间的关键是，阮先羽不顾他人的反对，先坚定地完成了宗谱编纂。有了宗谱文本，然后再主动找同

---

① 李旭东：《修谱续谱之风盛行，民间修家谱热调查》，《山西晚报》2013年1月23日。
② 陆军：《农民薛志坤一人完成〈松鳞薛氏宗谱〉修编》，《上虞日报·文化周刊》2017年4月27日。
③ 陈秋强：《薛氏宗谱序》，见《薛氏宗谱》，2015年。
④ 陆军：《农民薛志坤一人完成〈松鳞薛氏宗谱〉修编》，浙江新闻客户端2017年4月25日。
⑤ 阮先羽：《绍兴阮氏宗谱·后记》，见《绍兴阮氏宗谱》，2013年。

姓企业家资助，是一个成功经验。

91岁的老人叶丛青是绍兴柯桥区夏履叶家山顶村人。自2017年6月始，瞒着家人，自费1万多元，跑上海、杭州、上虞多地，不断走访、考证、编撰。到次年8月，终于编纂了一本《叶氏家谱》，厘清了绍兴叶氏的来龙去脉。[1]

奉化马仕存，1962年参加中国人民解放军，离开了浙江奉化马夹岙村。1968年退伍后，一直在南昌工作。2003年退休后落叶归根，回到了生养之地马夹岙村。马仕存在挨家挨户走访村民时发现了一些马氏宗谱的手抄卷。在手抄卷的基础上，结合村民的口述，马仕存将村民的家庭成员情况、每个人的出生年月、经历等信息详细记录下来，进行逐字逐句地校对，务必做到准确，不重不漏。余下的时间，就坐在村委会提供的办公室里专心修谱，起早贪黑，不论寒暑，一修就是两年半。凭着一份浓浓的修谱热情，终于在2016年6月完成了几十万字的资料编纂工作，整理成五卷《马夹岙马氏宗谱》。[2]

宁波的陆良华奔波于鄞州、象山、绍兴三地，遇到不顺心的人和事还得任劳任怨。耗时三年多，终于写成了32万余字的《陆氏宗谱》，这是中华人民共和国成立以来鄞州区河头村第一部《陆氏宗谱》。[3]

宁波董儒涅决定续修《十三洞桥湖泊董氏宗谱》，从此，"开始了调查、走访的既漫长又艰难，找白眼、不讨好，受冤屈，又搭钱的修谱之路"[4]。

在老史看来，修谱是一个系统工程，小到一个村落，大到十个数十个村落，还可能跨区、跨市、跨省去了解情况，修谱的人没有持之以恒的热情和决心是修不成的。老史说："我一没钱，二没势，肚子里也没装多少墨水，更没大能耐组织起一个团队，我想，如果我能把简谱修完，也算为将来修宗谱打了基础。无论如何，我都要坚持下来。"[5] 大部分宗谱是集体力量的结晶，而像他这样打算单干的需要更多的付出。

2. 上海

《宁波小港李氏族谱》修谱人是一位定居上海的儿媳妇。1991年，居上海的

---

[1] 陶晓宇：《91岁老人叶丛青不畏艰辛走访考证家谱资料编家谱励后人》，《柯桥日报》2018年10月27日。
[2] 吴余：《古稀修谱人 文化守望者——记热心的退休干部马仕存》，《奉化日报》2018年4月24日。
[3] 鲍贤昌、胡金富：《古稀修谱人 文化守望者》，《鄞州日报》2020年12月2日。
[4] 董儒涅：《十三洞桥湖泊董氏宗谱·重修序》，见《十三洞桥湖泊董氏宗谱》，2020年。
[5] 余芬：《修族谱，他很执着》，北仑新闻网2012年7月16日。

三江李氏坤房儿媳妇、时年87岁的王颖资,发现原来联系频繁的乾、坤两房子孙,如今形同路人,聚会时需要佩戴牌子,才能相认,十分不愉快。于是不顾年老体迈,决定亲自动手修谱。她找来老谱,与相关老人商量,确定了修谱原则。有人书面告诉她,"续谱是件吃力不讨好的事,或许会引起一些麻烦"。但她是个有决心有毅力很自信的人,明知前行有难度,但她毫不犹豫地去做了。①到了1992年,她完成了坤房的续谱工作。1997年,乾房也完成续谱工作。2015年,乾、坤两房续谱,合成《宁波小港李氏族谱》。

定居上海的林锋先生编纂《林氏家谱——浙江海宁新仓分支》。他在过去三年里,苦心搜集文字、图片资料,为家族、为自己、为子孙完成家谱的增补。②

3. 四川

四川左旭东修《左氏宗谱》。与宗谱普遍集体编纂不同,此书走了独编之路。左旭东是一个退休中学历史老师,独自完成一部上百万字的宗谱。此间原因,作者是居城的中学老师,不在乡村居住,无法组建乡村家谱编纂机构。从2005年始,作者前后费了十多年,完成了初稿几十万字。前期,他完全是一个人在奋斗,"其间辛劳我自知,每天工作到晚上12点,突然睡醒,想到一点线索,一个人名,一个地名,立马翻身下床,打开电脑做补充做更改,早上三四点钟又开始伏案工作,节假日逢年过节都不休息,仅编制一张世系图30米长卷,整整花了三个月,劳力又劳心,有时心力交瘁,想到自己重任在肩,不可懈怠,稍事休息,又再度动笔"③。编纂中的问题主要是分区采集无法实施。2017年始,他尝试通过微信建立片区制,最后发现完全是一个空架子。此间,明显缺乏行政组织力量。这样的信息征集,完全是建立在义务之上,建立在责任之上,不是一般人可以做到的。"在修谱过程中,我未要其他人一分钱一杯茶一壶酒一支烟一口水。……为了家族,我豁出去了,不求回报,无怨无悔。"④ 完全主编出力出钱,不让别人出,不一定是好事。本质上是独断,别人难以参与进来,别人的积极难以调动起来。问题是,对一个退休老师来说,还有更好的方式吗?似乎也没有。在再版印刷流程中,没有经费来印刷。他先是在微信群中发一个

---

① 李宜华:《宁波小港李氏族谱·前言》,见《宁波小港李氏族谱》,2015年。
② 朱文、陈曦灏:《老人三年完成家谱修订》,《海宁日报》2012年2月24日。
③ 左旭东:《左氏族谱·再版后记》,2020年,第699页。
④ 左旭东:《左氏族谱·再版后记》,2020年,第699页。

消息,结果"鸦雀无声,一片冷漠"。此外,也曾让某同姓的县人大主任从侧面试探一些企业家的态度,结果没有任何回音。可见,筹集家谱编纂印刷经费,确实困难。如果脸皮厚一些,亲自上门找企业家,效果不知如何。最后,得到同学朋友的出资帮助,他才得以印成。

2010年开始,四川的陈志荣开始编纂家谱,一干就是七年。陈志荣个性倔强,认定的事就要认真做,他每天查阅资料,仔细校对,将家谱家规一笔一画写在A4纸上。他全部都是靠手写,在每一张A4纸上,先画上格子,然后按照格子,一个字一个字地写。已经累计编纂家谱达300万字。[①]

2017年,《夏氏族谱·沛族焦郡谱》成,分两卷,共1238页,约重3公斤。里面所有内容,是四川遂宁老人夏先锡用十年时间搜集而来,然后又花六年时间编撰而成。夏先锡是安居区西眉小学教师。退休后从2001年起,全身心投入到了夏氏族谱的编纂工作中。[②]

4. 陕西

在咸阳市秦都区双照街道办白良村,有一个名叫王崇信的六旬老人,凭一己之力花费三年时间编撰家谱,向后人传承传统家风。[③] 陕西巨家老家谱"文化大革命"中被毁掉,幸运的是前几年巨志信找到了一通记载巨氏先祖九代世系的清代老碑,巨家这段被毁掉而断失的谱系就找回来了。[④]

修谱会让老人着迷,成为一项事业。河南洛阳的崔应安自费购买了上千元的书籍,潜心研究,并整理撰写家谱。老伴在一旁心疼地说:"自打开始研究家族史,有时他一天只吃一顿饭,有时半夜还起来查资料,简直是犯了'魔怔'。"自专注族谱研究以来,崔应安三次前往山西寻访先辈足迹,对洛阳市上百个崔姓居住地进行走访,先后汇总整理了30余万字的笔记。复经崔聚成两年多的帮忙,不久前,精装成册的《崔氏族谱》面世了。[⑤]

为了传承孝道文化,帮助族人完成寻根问祖的心愿,90后大学生李旭回到老家陕西省商洛市商州区三岔河镇,用了三年时间,整理修撰了《三岔河李氏宗谱》。李旭的五爷李万斌说:"我在1994年准备撰写一本新的族谱,但是由于

[①] 杨晓江:《八旬老人修家谱,传承好家风家规》,四川文明网2017年3月9日。
[②] 王瑞:《寻根问祖,遂宁老人夏先锡坚持16年编纂"夏氏"族谱并出书》,遂宁新闻网2018年4月6日。
[③] 智斌、杜梅:《六旬老人编修家谱,薪火相传家风故事》,咸阳视听网2020年5月30日。
[④] 巨侃:《情系桑梓,往返秦桂,八旬老人修出巨氏老四房家谱》,巨侃博客2015年4月15日。
[⑤] 王学领、王子君、刘蕊:《老人写家谱 痴心有宏愿》,洛阳网2010年5月20日。

经济文化比较落后，看到老族谱里面的内容比较复杂，自己能力有限，编撰了一半就搁置了起来。后来在李旭的鼓励下，我又开始了新族谱的编撰工作。由于李旭年轻，文化程度比我高得多，我就将这件事交给了他。他接手后，东奔西走了解相关资料，寻找长辈问根寻底。终于将我们李氏家族（三岔河这一支）的族谱编撰成功，为我们李家族人发展文化奠定了良好的基础。"①

5. 江苏

在江苏宿豫区陆集镇官庄居委会十组，有一位87岁老人高为富，25年来坚持义务为高姓修订族谱，深受乡邻爱戴。②赵邦育老人表示，江苏镇江新区赵家庄赵氏族人相对分散，大多数家庭并不富裕，且又要忙于生计，于是最终决定独自一人完成赵氏分谱续修之事。③

在江苏溧水区晶桥镇芮家村，有一位82岁的老人刘传贤，已经修家谱54年了，溧水、高淳一带要修家谱的家族基本上都找他。他是28岁时从爷爷的手中接过棒，开始修家谱的，他说"今年整整54年了"。修家谱其实是他家的祖传手艺，刘老说："我曾祖父是清朝的一名秀才，修家谱是出了名的好，后来，曾祖父把手艺传给了在私塾教书的爷爷，因为我父亲是从政的，因此爷爷就把手艺隔代传给了我。"修家谱是一件复杂的工程，用的语言都是文言文，没有断字断句，家谱也全是用毛笔写出来的，没有一定的功力很难做到。在刘老的家中，记者见到了一沓沓的宣纸，其中，有一张纸上清晰地写着修家谱的过程，刘老指着纸上的字说："修一次家谱，要花费很多的精力，首先，我要住到村子里去，挨家挨户登记人口，然后，回来绘图将人口的辈分进行分解，接下来是拟谱，最后用毛笔字正式写家谱。"比如修家谱的有100户人家，就至少要历时8个月才能完成这项庞大的工程。他最多的时候只能同时修两个家族的家谱，多了就会乱。④

窦义生是江苏武进水利部门的退休干部。他看到淹城窦氏族人数量不是太多，而大多家庭并不富裕又忙于生计，就决定独自一人完成家谱续修之事。自

---

① 刘鹏：《传承孝道文化，完成族人心愿：90后大学生用三年时间编撰族谱》，《陕西法制报》2021年2月1日。
② 孙军贤：《宿豫耄耋老人25年坚持修家谱，深受乡邻爱戴》，中国江苏网2018年3月21日。
③ 赵竹生、赵军文、沈湘伟：《八旬老人历时五年成功编修赵氏近900年家谱，一本家谱传承数百年历史文化》，金山网2019年12月31日。
④ 林巧芬等：《82岁老人修家谱54年》，《金陵晚报》2013年8月26日。

2004年春，窦义生便开始构思续谱的计划。经过调查，从一位八旬老太家购得第三次续修的《窦氏宗谱》。自此，他便全身心地投入了续修工作之中。他对续谱定下了一个原则，就是要坚持求真务实，正本清源，改革创新。为此，他在收集资料时，不但厘清族系延续网络，而且着力挖掘先人高风亮节、历史事件资料。他白天奔波收资料，晚上就在旧阁楼上抄写、誊录。2005年10月，由窦义生续修的《窦氏宗谱》初稿完成了。续谱共365页28万字，其中原谱108页8万字，新增257页20多万字全由老人一手誊写。之后，窦老又自费将谱稿按族人户数复印，分发给族人。淹城窦氏218户族人都高高兴兴地领到了第四次续修的《窦氏宗谱》。①

6. 宁夏

78岁的马靖廷是宁夏一名老党员，他从1980年起，便开始搜寻编纂家谱的资料。1991年，经过10余年搜集、积累，马靖廷觉得撰写家谱的条件基本成熟，便开始不分昼夜、一字一句、一章一节地归类、整理、完善、撰写《马氏家谱》，前后历时27年。《马氏家谱》共14册1000多页，60余万字，800多幅照片，讲述了马靖廷祖辈悬壶济世、勤劳致富、扶危济困等家风故事。②

7. 甘肃

甘肃省皋兰县卫生局退休干部魏列祥年迈体弱，有比较严重的听力障碍，历时10余年，自费穿梭于甘肃省有魏姓人的山川大地、城市乡村，搜集、整理、考证、核实。他节衣缩食，不惜投入自己有限的工资收入，就这样十多年如一日，倾自己晚年的所有精力编写出了《金城魏氏家谱》。③

8. 辽宁

家住辽宁大连市的秦毅老人多年来一直撰写着自己的家谱，想为子孙后代了解祖先留下依据。为求素材，他奔波各地，终于在八年后编写成册。老人说，家里的老一辈人常感叹，年青一代对于宗室的概念越来越模糊，写谱书的想法就越来越强烈。秦毅说："我们这辈年纪都大了，再晚些年，恐怕都要到了入土的年纪，到时候对于上几辈人的事情就更加模糊，所以大家开会决定写家谱。"在当地家族里平辈们有文化的人不多，而自己是个退休教师，所以写谱书的事

---

① 窦氏一家亲：《八旬老人独续窦氏族谱》，窦氏一家亲的博客2008年3月2日。
② 苏峰：《78岁老人马靖廷：历时27年修家谱传好家风》，《宁夏日报》2018年5月30日。
③ 老魏：《魏列祥老人与他的〈金城魏氏家谱〉》，《兰州日报》2013年1月16日。

情就落在了他的头上。老人称:"2007年把同宗的情况都基本落实,年末谱书就写了出来,2008年1月份开始给族里的人分发下去。"编写谱书,得到了族人的帮助,排版印刷的费用都是他们赞助的。而老人自己为了写好家谱,奔波各地,拍摄照片,光是收集的资料就有十斤重。①

9. 山东

在山东莱阳,2003年前后,当时60多岁的战世典,在他的长辈的鼓励下,开始动手修谱,一坚持就是十多年的时间。功夫不负有心人,坚持十多年之后,2015年3月,新编撰的《莱阳前发坊村战氏族谱》付梓。他计划趁热打铁,在前发坊村战氏族谱修撰的基础上,再进一步,多积累关于全莱阳(莱西)乃至胶东、山东地区的战氏族谱资料,未来能给大家展示更系统、更详细的战氏文化。②

《山东章东柏氏族谱》共4卷,内容翔实,装帧精美。柏建增说:"此次续修族谱工作从2011年初正式启动,用了将近六年的时间,于去年11月修订完成。"修订族谱的过程是复杂漫长而且非常繁重的一项工程,早些年,柏建增看到村里长辈经过千辛万苦保存下来的一卷《章东柏氏谱》,经过认真研读,深感宗谱传承的责任重大,为了将宗族世系和家族文化能够世代传承,柏建增征得村里几位族中长辈的同意和支持后,开始四处联络,但其中遇到了资金困难、史料难以收集等困难,但柏建增等人并没有退缩,而是克服困难,最终圆满完成《山东·章东柏氏族谱》的编纂工作。③

来自烟台福山孙家疃村的初由奎先生,1995—2015年经历漫长的20年,完成了《初氏家谱(孙家疃)》的编撰续修之事。④

10. 广东

广州的姚佛胜谈起原始族谱的来历,如数家珍:"那三卷族谱,是解放初期在村内的地主家里发现的。当年发现它时,我只有16岁。不知为何,我觉得与这几本族谱很有缘,担心它被弄坏,决定好好保管它。"20世纪70年代,其中

---

① 师源文:《老人撰写家谱多年,如今盼寻唐山祖居地》,《燕赵都市报》2016年8月24日。
② 隋翔宇:《拜访莱阳战氏族谱修撰者,前发坊村81岁的战世典先生》,胶东故事会2019年11月23日。
③ 吴晓静:《66岁老人向县图书馆捐赠柏氏族谱》,《今日邹平》2021年3月9日。
④ 初由奎:《留住村庄记忆,这位福山人坚持二十年,续修本村初姓族谱》,胶东故事会2020年1月12日。

一卷族谱被第五房子孙拿去烧毁，造成该房共400多名子孙的族谱全部丧失。直到40多岁，家里经济有所改善，他又踏上了续修族谱之路。到了60多岁以后，姚佛胜每年都会重新整理记录一次族谱，"因为每年都有很多小孩出生，若不及时更新族谱就会乱套"①。

11. 河南

家谱编纂是一项接力赛。河南驻马店刘新德说，一开始，是家中的一位长辈在忙续族谱的事，后来老人年纪大了，他就从老人手中接过接力棒。直到1983年刘氏第九代传人刘继承根据前辈口述后细心收集、整理，绘制成《刘氏家谱历代传承系统图》保存至今，也为刘新德续修家谱打下了基础。续家谱看似简单，其实是一项系统工程，要把一个家族的发展演变过程叙述清楚，并不是一件容易的事情，需要多人配合和努力，提前策划，做好资料的收集、调查、核实和整理，再进行提炼和归纳。②

12. 河北

出嫁女儿修谱。嫁往石家庄市平山县温塘镇的多风书说："总编当即召集我们成立续谱领导小组，多明堂为主任，多风书为副主任兼主编，多顺堂为成员。""我虽然是结婚出阁走的老闺女，50多岁，是两个孩子的母亲，村干部，县人大代表，但是我作为韩台村《多氏家谱》的主编，倾注了半年的心血，为了第七续家谱、全国联谱的成功，我放下家中忙碌的事，不知几十次骑车四五公里，从娘家村和婆家村来回穿梭奔波，搜集在上海、石家庄、韩台村家人的资料。夜晚的灯光下数不清多少次聚精会神地写作、修改，写好后发往阜城总编QQ号，经总编审核后，多次修改确认，韩台信息登记统计完成。"③

13. 重庆

2012年9月，文传浦及爱人赵松柏见到了保存近百年的万州雍睦堂《文氏族谱》五修本第三卷，陡生敬意，萌生续修《文氏族谱》的念头。他们采取了有效的征集资料措施：一是根据老族谱的记载，到族人曾经居住地逐一寻访；

---

① 江彬、张志科：《八旬老翁16岁时偶遇残缺族谱，奔波40载只为续修》，《羊城晚报》2012年8月29日。
② 高琳琳：《续修家谱凝聚族人力量》，《驻马店晚报》2016年11月14日。
③ 多风书：《中华多氏修谱记——朴素的修谱人》，安徽润方家谱2021年10月17日。

二是到族人家里现场听取叙述，电脑直接录记并校对；三是到族人所居住村委会查询族人户籍资料；四是到族人家里查询所记录和保存的家庭成员生辰资料；五是在族人家里查询保存的"经单簿"；六是请族人来传浦家中录记、补充和校对；七是利用电话收集、补充、校对资料；八是利用互联网（QQ、邮箱）宣传续谱重要意义和收集校对资料；九是请本族知名人士组织收集所在房的资料，以确保收集和所录记的资料全面准确。在2012年10月至2014年11月的八百多个日日夜夜里，文传浦夫妇起早摸黑、不辞辛劳，做了很多工作：一是对收集到的《文氏族谱》三、四、五修本进行整理、研究，录入电脑；二是收集族人信息，每天早上四五点起床，晴天乘坐第一趟公交车，转车去农村收集族人信息，雨天去城区及城郊收集族人信息，晚上整理当天的资料，往往整理到11点才能休息；三是一边收集整理信息，一边归类整理，不断编辑、充实内容、再次编辑；四是赵松柏按照老族谱垂系图模式要求，不厌其烦地在网上查找垂系图软件，没有一个可以被利用，他在网上反复学习、试制，不知耗用了他多少个日日夜夜，终于制作出了一目了然的文氏族谱垂系图软件；五是赵松柏为了制作文氏族人分布图，他从网上截图数百张，反复裁剪、拼图，最后形成万州文氏雍睦堂（文家坪）族人分布图、万州文氏雍睦堂部分族人分布图，族人仿佛看见了自己在卫星图上的位置；六是他们对老族谱古汉字的确认、文言文断句，多次请教南京大学贺云翱教授、万州中学张孝哲老师和政协陶梅岑先生帮助；七是他们反复查阅《新华字典》《康熙字典》等，数次会议征求续修委成员意见，数易其稿，力求编纂出高质量的《文氏族谱》六修本。历经千辛万苦，六修族谱终成，图片24页，文字712页，13章137节60.3万字，第7、8、9、10章是本谱主体（垂系图及直叙），收录了自1611年以来有文字记载的13339名族人基本信息，在五修族谱3832人的基础上，增录了9507人。传浦夫妇续修族谱两年多，头发全白了，面部皱纹多而深了，眼睛视力大幅度下降了，腰酸背痛加剧了，真的是呕心沥血，同时不要分文报酬，认真做功德无量大事。2015年1月10日，雍睦堂《文氏族谱》续修委员会表彰奖励文传浦夫妇2万元，她们再次高风亮节，当即如数捐给万州文氏宗亲联谊会，以助联谊会广泛联系和团结族人，希望传承族史、服务社会的优良品质代代相传。[①]

---

① 文家成：《文传浦夫妇呕心沥血续修族谱事迹》，中华文氏宗亲网2017年9月26日。

以上列举了各地公众修谱案例，多是在某些修谱人的坚持下完成的。

二 集体修谱

《戊戌四续章丘相公庄龙溪王氏族谱》，主要续修人员克服年龄大，身体弱，眼神花，记忆力差的困难。集中精力，集中时间，夜以继日查资料，审资料，写稿、编稿、修稿。尤其是在电脑操作技术不熟练的情况下，虚心学习，不耻下问，边学边干，干中提高。各位资料员也恪尽职守，兢兢业业，不辞辛苦，深入调查，逢族人便宣传，遇熟人即询问，千方百计搜集整理世系名录，保证了资料质量。①

寻谱是一件困难之事，尤其是对不懂家谱总目的人来说。即使有了总目，也不见得能找到家谱。因为有些家谱，只有民间才有收藏。譬如余姚熊迪，从余姚图书馆、上虞图书馆、天一阁找了半天，没有找到家谱。最后，经人提醒，在慈溪周巷一户人家中找到《姚江熊氏宗谱》，共18卷，24册。先借了二册，再借了五册。第三次上门时，老人家刚故世。幸得家人支持，取得全部家谱。最后，又得老板熊续强支持，建立宗祠，以熊汝霖纪念馆名义建立。②

从2015年开始，李仁贵"组织了五位族人，从宗族的发源地甘肃陇西开始寻访，寻找祖坟墓碑、采访族人的后代子孙，一点点将家谱填充完整。""要弄清谁是谁的儿子，谁和谁是嫡亲，要反复梳理，不能出错。""有一代族人的信息怎么都找不到，老谱里没有记载，哪哪儿都找不到。最后，竟然在一本红白喜事账簿里找到了。"③乡村社区是一个普遍缺乏文献记录的社会，这种账簿正是乡村人留下名字的机会。

靖江滨江新区兴阳社区的75岁老人施欣尧耗时六年，和族人一起，顺利编纂完《靖江施氏宗谱》，把有故事的宗谱传给族人、后代子孙，传承家风。④

笔者指导学生编修公众家谱时，有一个学生初想走单干之路修公众家谱，结果行不通，于是改走老师推荐的团队之路，建立微信，结果一小时就征集到了相关信息，这就是微信团队之功。要改变观念，不是为了完成作业，而是为

---

① 王庆康等：《戊戌四续章丘相公庄龙溪王氏族谱·后记》，龙溪堂，2018年。
② 熊迪：《姚江熊氏宗谱序二》，孝友堂，2019年。
③ 叶晓彦：《八旬老人修著45万字家谱》，《北京晚报》2016年6月27日。
④ 周宁、陈艳：《69岁老人历时六年修家谱》，《靖江日报》2021年4月10日。

了完成本家族修谱使命。作业,仅是外在动力而已。这种观念的更新,正是成绩所在。

集体修谱也表现为家家参与修谱。2004年,广东江门吴茂松终于编成了《开平楼冈吴氏族谱》和《桂芳里八代图》。内容包括楼冈吴氏十九世至楼冈桂芳里吴氏二十四世,共五代人,六十五页手抄资料,虽然内容还不够完善,但为纂修族谱定下了框架。吴毓全接手《开平楼冈吴氏族谱》的修纂工作以后,第一时间电话联系国内外桂芳里的族人,争取他们支持、参与并提供电子邮箱地址,建立起网络联系系统。在广州,吴毓全和吴文尧、吴懋丝、朱广及吴广勇几位族人建立了一个讨论组,不定期聚会商讨《开平楼冈吴氏族谱》修纂过程中遇到的问题。各人分工明确,朱广负责将《开平楼冈吴氏族谱》的资料输入电脑,吴毓全用电子邮件发给国内外的族人。《开平楼冈吴氏族谱》上网以后得到了热烈的响应。各家都在网上修改、补充自家的信息,发回给吴毓全;然后吴毓全再进行修改,推出新版《开平楼冈吴氏族谱》,再发给他们征求意见。为了尽可能完善《开平楼冈吴氏族谱》,一共推出了二十多个版本。过程虽然烦琐,但效果却是显著的。每推出一个新版本,《开平楼冈吴氏族谱》的内容就更加充实、更加完美。最终原本只有六十五页的手抄版《开平楼冈吴氏族谱》变成现在二百多页的电子版《开平楼冈吴氏族谱》。[①] 家家参与修谱,这是正确的修谱方式。因为,家家的信息在家家人大脑记忆中。如果不参与,信息都是旁人提供的信息,不是当事家族人提供的信息,难免有轻重,内容不全。旁支写得简单,并不是作者有意,而是旁支不参与、不提供信息的结果。

家里老一辈人很早就提及,说等以后条件好了,别忘了把家谱续上。这次续写家谱的消息传出后,很多八九十岁的老人都高兴极了,有的还主动将所在的家族支脉谱系整理送来。大家各自发挥所长,退休教师担负起编写工作,做过会计的负责财务,有人还主动提供办公场所。[②]

山东青岛流亭胡氏族谱的第二次续修历时两年六个月,65个正式参与续修的工作人员跑遍省内六个市区,走访130多个村庄,行程八万多公里完成。参与续谱工作的刘世洁告诉记者,此次续谱工作耗资在130万元以上,胡氏族人的捐

[①] 吕玉廉、梁美云:《古稀老人编著开平楼冈桂芳里吴氏族谱》,《江门日报》2015年10月30日。
[②] 张丛博:《中原兴起"修谱热"中断83年,洛阳一家族春节重续家谱》,《大河报》2018年2月23日。

款达 67 万元。①

江苏丹阳陵口镇乐善村善庄（原称前庄）的 13 位古稀老人，组成善庄张氏宗谱续修委员会，利用自己的闲暇时间，耗时两年，日前终于完成了云阳嘉贤张氏前庄分派宗谱的续修。整套张氏宗谱分三卷，共四本，印刷完毕后，分发到村里各家各户。②

十八年整理出《庞氏族谱》。广东佛山庞日泉出生于东鄱东便村一个世家，用他的话说"一家子都在搞族谱"，其父在 1927 年已开始修编庞氏族谱，从小耳濡目染的庞日泉也喜欢上了这件看似枯燥其实有趣的工作，他的两个兄长也投身于族谱工作。而同为东鄱村人的庞浩基也痴迷于古籍，一次他与庞日泉闲聊，发现双方都有为家族修谱的念头，于是两人一拍即合。1992 年，两人为家族修了一本新的族谱。从此，越来越多的人找到他们要求帮忙修谱。从 1995 年至今，两人为其他姓氏家族手写了 9 卷族谱长卷，长度超过 70 米。三年前，庞日泉和庞广浩等族人还整理出东便村田心房《庞氏族谱》2 卷和佛山《庞氏族谱》16 卷。③

2010 年 4 月，山东青岛傅崇功在族人中率先发起续谱的想法，很快便得到了大家的支持。不久，由 14 人组成的续谱委员会成立，这些人年纪最大的 80 岁，最小的也有 46 岁。新族谱历时整一年，不仅完成了 62 年的续修，还实现了傅氏族人的大团圆。④

家谱修谱队伍要老中青结合。"放眼望去，多少姓氏在修族谱时，看到的都是那些年老古稀的，人生已经步入夕阳时分的老人们在奔波劳累，这似乎形成了一个现象。……修谱不应该让老年人来承办，他们辛劳一生，身体状况不如年轻人，各个年龄段的族人应该参与其中，这是家族的大事，不能旁观。那些冷嘲热讽，作壁上观的人，应该遭到唾弃。家族的事情你都不愿意参与，等于你自己把自己孤立起来，脱离大众，选择做不合群者。深究个中原因，不外乎两个：一是不愿意出费用，二是怕出力。在家族的事情中，你选择躲避、逃避，

---

① 王法艳：《岛城人热修"现代"族谱，青岛流亭胡氏族谱首发》，《半岛都市报》2008 年 12 月 1 日。
② 张敏：《13 位古稀老人"组团"修宗谱》，《丹阳日报》2021 年 3 月 12 日。
③ 潘慕英、吴兰：《佛山老伯手写 70 米族谱长卷》，《广州日报》2013 年 3 月 13 日。
④ 王涛：《七旬老人跑十余村，城阳傅家埠社区村民傅崇功牵头，14 人续修族谱》，青岛新闻 2011 年 4 月 6 日。

你如何去教育你的子孙后代？你如何传承族人的优良传统美德？"① 也就是说，不是简单地完成一部家谱的续修，而应是有梯队培养意识，让年轻人、中年人参与进来，培养他们的家谱意识。同时告诉大家，修谱是尽家族文化建设之责。

当今社会，只有退休以后的老年人才开始修续家谱，年轻人既不参与，也不关注。致使很好的传统教育在年轻人当中得不到很好的继承和发扬。现代社会已经是网络时代，由于老年人对电脑、手机很多功能都操作不了，修谱还沉浸在古老的笔墨之间，耗时、费事、花钱不讨好。现在的手机家谱和网络家谱技术已经很成熟，只要年轻人参与，老年人关顾，这样配合可以省时、省事、省钱。②

年轻人于修谱普遍抱无所谓态度。宛福成教授提出："年轻人，要善待家族事务。除了跟随之外，还有一项极为重要的事情，那就是：劝说自家老人，主动参与家族事务。天下父母都爱子，儿子说话最管用。"③ 这个观点值得肯定。"你爸爸的爷爷，就是你的曾祖父，解放前已经参加了共产党员，就像电影里一样，那时候在浙南地区一带打游击，中华人民共和国时期他才来到杭州工作。"临睡前，在杭州一家银行供职的孙先生照例要跟八岁的儿子聊聊天。"那曾祖父的爸爸又叫什么，他是干什么的？"儿子问。"他当年是通过科举出的头，后来当了清朝的小官。"孙先生耐心地解释着。"那曾祖父的爸爸呢？"儿子又问。这一次，孙先生哑然。"还别说，这样的问题我真的答不上来。"孙先生感慨地说，"要想让后代知道老祖宗们都是干啥的，没本家谱就是不行。"④ 也就是说，家族史是父母与儿子聊天的最好话题之一。儿子的追问，会倒逼家长了解家族史，关注家谱编纂。

主动拉年轻人参与。修家谱不仅是族内长者的工作，很多年轻人为此也尽心尽力。从小热爱国学研究的大学生卢维滨，对卢氏的迁徙颇有研究。去年暑期和实习期八个月时间里，卢维滨一直在《齐鲁卢氏汇谱》编撰办公室工作，并到河北枣强县、山西洪洞大槐树寻访。⑤ 这说明，要主动拉大学生参与进来。这也提醒我，在学校中推动家谱编纂业，是有一定道理的，可以推动家人来续

---

① 娄义华：《现代族谱散发迷人的芳香》，中国新报 2021 年 10 月 3 日。
② 北京寻源网络技术有限公司：《修谱是当代年轻人的使命》，寻源网 2020 年 1 月 2 日。
③ 宛福成：《姓氏文化与实务·年轻人要"善待"家族实务》。
④ 洪光豫：《做套家谱要花数十万元　杭州修订家谱热悄然兴起》，《浙江工人日报》2011 年 3 月 24 日。
⑤ 曾庆建：《230 万字家谱，历时七年修完》，《潍坊晚报》2013 年 5 月 10 日。

修五代家谱。

有人担忧全民关注赚钱，没有人从事文化工作。其实，不可能全社会的人都来从事文化工作，25—60岁年龄段中年人的核心任务是赚钱养家，有一部分人从事文化工作即可。哪些人会从事文化工作？在校读书年轻人与退休老年人。之所以这么说，是因为读书人与老年人都是没有赚钱任务的人，他们的任务就是彼此合作，从事自己家族及身边历史文化建设工作。如此分工编纂家谱，思路更为清晰了。

修谱软件必须由年轻人来承担。老人只管提供信息，偶尔主持。老年人为什么要重在文化建设？他们有时间，有记忆，有经验，有历史感，有责任心。中老年人的家族文化责任如何激发出来？这是一个值得思考的问题，得让他们知道有这种文本、知道家谱，他才会想到通过家谱表达家族史。

年轻人为什么要参与修谱？有知识，有文化，有义务，懂技术，可以带动家人来修谱。参与修谱的10名大学生纷纷表示，通过修谱，他们对宗族脉络、家族文化有了进一步的了解。[①] 由此说明，大学生参与修谱，这是一个有效的方向。

成立理事会之类组织也是促进集体修谱的好办法。从商业角度来说，激发买主的消费欲望与需求，这是最大的任务。如果没有消费欲望，意识不到对他有利，他是不会出钱出力的。成立编委，署上捐款人大名，让子孙们知道，我祖上某人，是某本家谱的理事长、理事之类，他们会感觉无上的光荣。要有成绩，才可上理事。同理，上企业找老总，要调动他们的欲望与需求。不过，这种事说说容易，操作起来难度不小。要找社会交际能力强的人来做，脸皮过薄的士大夫群体往往不适合。

第二节　职业修谱

刘传贤说："这件事不是什么人都能做的，修家谱说起来是一门手艺，但其实严肃去看，它更是一项艰巨复杂的文字工作。"[②] 确实，修谱是一项复杂的专业工作，须由专业人员来承担。如同造房子，难道人人会造房子吗？既然不是

[①] 杨颜英：《周超颖：当修谱遇上"大数据"》，今日泉州网2018年1月25日。
[②] 邰邰：《他修了半个世纪的宗谱》，豆瓣2016年11月29日。

人人可以建造的，则交给专业的人即职业修谱人就是不可少的。全国各地的职业谱师，可以考虑立一个群传，这是前人没有做过的事。现在，有相关报道资料，可以这么做。为了叙述的方便，我们将之分为乡村修谱人与公司职业修谱人两类。

一 独立修谱人

安徽肥东县石塘镇家谱师张德文是如今较少的还能够利用传统工艺整理并制作家谱的修谱人。他从20世纪80年代跟随父亲学习制谱至今，文言文是跟随父亲学习的，父亲喜欢在校对的时候大声读稿，从小一直听着学着，也就学会了断句和解释。从最初跟随父亲帮工，到今天办起自己的工作室。张德文在妻子的支持下，现在一年能够修订四至五个姓氏的家谱，有十多万元的收入。①

作为目前山东唯一一家专业的、制作成规模的家谱编纂人，刘玉平的高祖是家谱坊的雕版工，掌握了制作家谱的全套工艺。他们家族世代传承，是远近闻名的谱师，这门手艺传到他已经是第五代。1989年，他开办沂南县华文打字社，开启了传统家谱制作技艺的传承。2003年，刘玉平成立沂南县氏族文化研究交流中心，职业从事传统家谱研究、收藏和制作。2007年，又重建了崇文堂家谱坊作为家谱展馆。②几十年来，崇文堂家谱坊刘玉平为省内外100多个家族制作了近300部10万余册传统家谱。2016年，刘玉平所传承的传统家谱制作技艺入选山东省第四批省级非物质文化遗产代表性项目名录。③刘玉平将自己的徒弟刘斯珍列为后备传承人。刘玉平说："传统家谱体例独特，制作起来费工费时。培养新人周期很长，而且光靠这门手艺也不一定能养家糊口，传承还是个问题。"④

在重庆宣汉县城有一位年逾八旬的老人，宣汉县姓氏文化研究会副会长、原宣汉县档案馆业务股长奉正明先生，一生醉心于姓氏家谱文化的研究，足迹踏遍大半个中国，行程10万余公里，编纂家谱书籍260余部，3000余万字，帮助无数姓氏家族寻到祖根，为弘扬家谱传统文化作出了突出贡献，成为远近闻

---

① 朱青、汤阳：《家谱师：三千年中国家族生息记录者》，新华网2013年4月18日。
② 孙先凯：《祖训融血脉家风一谱传》，《大众日报》2017年4月1日。
③ 宋晓雨：《重拾"家史"背后的温情与敬意，沂南花甲老人为百余家族编修宗谱》，《联合日报》2019年6月18日。
④ 孙先凯：《祖训融血脉家风一谱传》，《大众日报》2017年4月1日。

名、老有所为的家谱专家。他不辞辛劳地编撰完成了《巴蜀百家姓家族文化——宣汉达州卷》，出版印刷400多册，赠送市县（宣汉）档案馆。①

青岛市谱牒文化研究会常务副会长、山东平度人王洪业潜心研究家谱15年，义务编写整理了八部家谱姓氏续谱。王洪业做过文化站长、史志办公室主任。"全国不少研究家谱的都是为了挣钱，唯独我们修家谱不是为了挣钱，开车300公里来回返了三次找我们续修家谱。费神费力，还倒贴不少钱，这么大年纪了究竟图个啥？"王洪业说："整理家谱让每个人都有了家族归属感，就是想有生之年，给乡邻们多留点美好的东西。"②

溧水晶桥镇芮家村石山下自然村刘传贤，至今已为31户人家修过家谱。他自12岁就随祖父学修宗谱了，说起来，修宗谱是他家世代相传的手艺，从曾祖辈开始就与这个特殊的行当有关。他的曾祖父是清朝的一名秀才，他把修宗谱的手艺传给了刘老的爷爷，爷爷又隔代传给了他。因为爷爷就是私塾教师，刘老从小就跟着他读书写字，通读四书五经，也打下了扎实的基础。村里人都说刘老师是他那个年代的高级知识分子，干过会计，做过老师，在银行工作过，还走过不少地方，见多识广。刘老师第一次独立修宗谱，是在祖父去世后。1956年，安徽当涂某村来石山下请他，其时他不过二十多岁。想到凡事总要有第一次，他就鼓起勇气走出了家门，正式开始了这特别的手艺之路。经历了"大跃进"之后，1959年，刘老师到高淳修第二家宗谱。来来去去八个月，每天出门，路上两个半钟头30华里路，吃过晚饭回家。近来南京江宁的几个大村都请他去修，甚至有上海的学者也通过网络找到他，来石山下专程拜访。刘老师说，会修宗谱的人越来越少了，江宁一个近500人的大村，花了四年都没有整理出头绪，他用两个礼拜就整理出来了。他能做别人做不来的事。③

需要指出的是，2005年以后出现的家谱公司，多为线上线下同步的企业。据介绍，家谱公司修家谱最大的困难是行业利润薄，既有业务项目少的因素，也有编纂成本高的因素。一是质量成本，二是人员成本。人员成本高，工作时间短，工作效率低。

---

① 邱一彪、谯继：《宣汉八旬老人，一生醉心于研究家谱文化》，《达州晚报》2017年11月2日。
② 于伟伟：《平度花甲老人潜心研究家谱15年 编写八部姓氏续谱》，齐鲁网2016年1月28日。
③ 林巧芬、张福敏、官绪明：《82岁老人修家谱54年》，《金陵晚报》2013年8月21日；邱邱：《他修了半个世纪的宗谱》，豆瓣2016年11月29日。

福建石狮蚶江镇莲西村老年协会会长林文希18年来在编纂族谱、撰写姓氏志、镇志等方面投注大量心血，成果甚丰。林文希为《石狮姓氏志》副主编。"2002年初，家乡莲埭宗祠重建，当时在收集整理资料时发现很多历史资料很有价值，本着自己对家乡的厚爱加上对村里的历史脉络比较熟悉，便开始编写《莲江东林谱志》为后人示范。"谈到缘何编写族谱，林文希表示，水有源、树有根，如果不再以文字方式将这些宝贵的东西记载下来将来可能会失传。18年来，林文希笔耕不辍，克服诸多困难，身体力行地给石狮东埔邱氏、石壁林氏、洋井洪氏、锦江纪氏、后宅林氏以及晋江青阳林氏、海美谢氏等编写族谱，为族人留下文字财富，让这些家族的后辈更好地了解历史。据悉，林文希写族谱的产量高，每年至少四部以上。2002年以来，林文希编写的族谱、宗谱不下70部。林文希说，为收集完整、准确的家谱资料要花大量时间和心思，查阅典籍资料、族人世系登记、采集信息，拍图片，听当地族系老者讲家族的故事，以科学严谨的作史态度和苦干精神，才能编写完成一部族谱。有时候为了查找一个支系就要花费一个月的时间，但林文希从来没有想过放弃，他每天伏案查阅，理顺辈分，逐一抄写，而后再经反复考证校对、审阅编排，终于得以付梓。①

在福建湄洲，有个热心传播当地传统文化的老人名叫林金发，2018年时虽已82岁高龄，仍精神矍铄、身体健朗。20多年来，他先后发现属莆田金紫林中科第人文、衍派居籍地、名人秀士墓志铭等族史资料，主编《林氏梨岭英田族谱》《晋安林莆田长城金紫族谱》《莆田林氏谱牒》《金紫家乘记要》等书籍。于是，他向宗亲提议修族谱，很快得到大家的热烈响应。修谱工作必须认真谨慎，反复核实。此后，林金发全身心投入续修族谱工作中，他不顾年事已高，旅途劳顿，同有识之士、尊祖睦族，走访省内外，串村入户，寻访记录，搜集大量有关资料，仔细考证，汇总成系。②

说起无锡马山的家谱，不可避免地要提到退休教师张时希。退休十多年间，他或加入编委，或亲自执笔，参与了马山十几部家谱的修撰。走进张老师的家，第一眼就被堆成小山似的家谱所吸引——每修好一部家谱，宗族都会送他一套。十几年下来，他家俨然成了马山的家谱收藏馆。"家谱一般分为三个部分，一是

---

① 兰良增、李荣鑫：《古稀老人笃志编族谱传扬好家风》，《石狮日报》2020年11月8日。
② 谢庆胜：《莆田秀屿埭头镇英田村八旬老人林金发 续修族谱传承好家风好家训》，《湄洲日报》2018年7月25日。

姓氏起源；二是世系表，里面包括家训家规；三是家传，是对族中有名望人的评价文章。"张时希介绍说，马山地区上一次大规模修家谱是在20世纪30年代末，距离现在已经有七八十年，加上战乱动荡，留存下来的老家谱很少了，这都给重新修撰家谱带来了难度。张时希参与修撰的第一部家谱，是嶂青张姓家谱，也是他的本家家谱。作为族中比较有声望的人，他被邀请参与修撰。2005年，嶂青张氏宗族成立了宗谱续修小组，成员九人，分工协作，分类记考。张时希清楚地记得，历时八个月，他们一遍又一遍校对老谱，从各类村志、镇志中搜集资料，一户一户走访记录每个家庭的情况，修改了有七八稿，终于在当年冬至那天，将修好的家谱送到了每一户族人手中。目前，马山的家谱修撰一般需要两三年的时间，大姓的话要五六年。①

56岁的兰州人张天东从小喜欢书法和摄影艺术，这些爱好在工厂不景气的时候，成了他养家糊口的技艺。近几年他又步入家谱编纂行业，不仅完成自己家族的编纂，还帮助十几个家族完成了家谱编纂。②

修家谱的人不仅要懂历史、认识繁体字，而且要懂一些古典文学。许炳庚是江苏宜兴的一位退休教师，正具备这些修谱人的条件。刚开始尝试修谱，源于许炳庚对家族文化的一腔热诚。许炳庚说："我们许氏支系茂盛，但家谱断修了76年，年轻一辈已经不知道什么是家谱了。2011年前后，我想编写许氏家谱，就是想让大家有一种认同感、归属感，加深亲情。"编纂家谱有固定的规则，许炳庚边搜集族人资料，边学习编纂方法，用了一年多时间，经过四次修改，才在原有家谱的基础上完成了许氏家谱的续编。此后八年间，他先后为周铁、芳桥一带的七个家族共修了七部家谱。③ 由此可获得灵感，可考虑培养乡村职业修谱人，负责当地的修谱。这是介于公益与商业之间的一种修谱活动。

在河北石家庄鹿泉市上庄镇大车行村，有一位八旬老人名叫李振河，做过教师。2002年开始，前后十年，开始为全村各姓氏宗族义务编写、整理家谱。至2012年，为全村40个姓氏编印出300多本家谱，其中绝大部分还是配着人物图像的影像家谱。大车行村有5000多口人，李姓是大姓，仅李家就分着16支。此外，还有范、郄、卢、苏、梁、裴、王等姓氏，大大小小共有40个姓氏。李

---

① 王晶：《无锡马山家谱修撰蔚然成风 十四年间十九部家谱问世》，《江南晚报》2017年1月26日。
② 王志俭：《兰州市民编纂家谱 普通人也可"青史留名"》，央广网2015年1月23日。
③ 何洁蕾：《耄耋老人潜心八年修成七部家谱》，新时代文明故事计划2019年6月18日。

振河原本仅打算把李家本姓的家谱史整理出来,后来乡邻们这个催那个问,现在"只要是本村的,只要是我知道的姓,全都编写出来,独门小户也不落一个"①。由此可知,他仅是为全村各姓编家谱,但没有汇编成册,成为村谱一类的图书。不过,实际是完成了百姓联谱。

浙江湖州潘鼎贵编纂族谱,在七里亭村是家喻户晓的事。70多岁的他原是村里的老会计,2013年,闲暇之余他看到了一本来自诸暨女婿家的族谱,顿时产生了浓厚的兴趣。于是,潘鼎贵开始了为村民修编族谱的工作。三年多时间里,潘鼎贵几易其稿,多次核对,最终将族谱印刷成册,村里的386户村民收到了各自姓氏的族谱共计13本。一本族谱合集。② 这是村中老会计,为村中13姓各自编纂了公众家谱,同时汇编成册,称为《姓氏族谱汇集》,类似村谱。老会计主修村谱,最为合适。他熟悉村里情况,人际关系好,调查也方便。如做成电子版,后面的年轻会计也可续写。

江苏无锡马淼根自2001年退休以来,近20年中先后修撰无锡各地《马氏家谱》计43种(套)82册,同时还帮助当地何氏、朱氏、陶氏、邹氏、吴氏、查氏、司马氏等姓氏编纂家谱10种(套)14册,被誉为"无锡修谱热心人"③。此类乡村修谱人,值得鼓励与肯定。

象山修谱奇才张则火先生,自言农民出身,在学堂里才读过八年半书,坐了不到一千天。从军六载,因为发表过几则"豆腐干",竟被破格抽调到师部写作组。教书时自学,函授专科毕业,教初中语文,在三尺讲台上度过三十五个春秋。曾长期从教于象山晓塘、定塘等地的中小学校,当过多年校长。退休后,因为没有事情做,医生诊断,有可能成为老年痴呆症。他说不行,我得动脑做点事。2007年9月,正值象山县二轮修志,他应邀为县志提供晓塘乡资料,开始接触宗谱,先读遍乡内40多家宗谱。2008年国庆节,一个仅五户的小家族邀他陪同他们去临海寻祖,回来要他帮他们编一本宗谱。抄了他们在临海的39代,加上在象山的5代,模仿临海谱,用世系图传相结合的苏式编法,编了一本谱。2009年,黄埠村潘氏邀请张则火编写《黄埠潘氏宗谱》,为了查清潘氏来龙去

---

① 尹书月:《鹿泉八旬老人十年义务编修"影像家谱"》,《燕赵都市报》2012年4月12日。
② 孟琳:《湖州七旬老人义务为村民修了13本族谱,凝聚乡村和谐风》,浙江新闻客户端2018年1月16日。
③ 潘凡:《无锡修谱热心人廿年修谱53种(套)96册》,《江南晚报》2021年9月2日。

脉,随象山县志副主编张利民、邵鹏在天一阁看了《浙江宗谱总目提要》后,古籍宗谱的查阅不便,使张则火萌发了要为普通老百姓写一本能看懂的《象山百家姓》。于是开始了十多年的漫漫寻谱路。象山的各主姓都来自何处?各姓氏家族之间都有何种联系?多年来,老张注重搜集陈氏资料,一有信息就不辞辛苦前去探访,到处打听各村的宗谱,逐一调查考证,足迹遍及全县村村岙岙,这一寻谱就是十多年,张则火受尽千辛万苦。但功夫不负有心人,张则火一共翻阅了全县 500 多家姓氏的宗谱,基本上厘清了象山这 500 来个家族的来龙去脉,收藏了 515 册宗谱,撰写了 200 多万字的《象山百家姓》三册,不但介绍了象山各主要大姓的渊源,还宣传各自宗谱记载的真善美。① 《象山百家姓》出版后,县志办专家给予高度评价,称赞他以愚公移山精神,进行了一次全域性、地毯式的家谱大搜寻。十年磨一剑,草根成大器。② 同时为黄埠、潘埠、盐厂、十里朱、汤岙、西庄等地的 22 个家族约 5800 户人家续修宗谱。象山的特点是支派多,宗谱多,但家族小,谱量小。最大的家族是唐翰朱氏,整个家族三千多户,入谱才二千八百户左右,宗谱才 5000 来页。我修了五年,编写了一本《象山唐翰朱氏》。迁自宁海(现三门)吴岙的吴氏很多,在象山很多都独自立谱,有 6—7 本家谱,很多不上百户,也是一家宗谱。很多从天台迁象山的家族几百年了,至今还是入的天台本姓族谱。这样的有周、奚、裴、庞、张、谢、戴等许多姓氏。2021 年 9 月,刊刻《象山周氏志稿》,60 多万字。该书分宗派、文化、人物、研究四大编、70 余章节,搜集自南北朝到中华民国长达 1500 年历史中,先后迁居象山的 210 家周氏先祖发展轨迹,及文脉传承、名流贤达、诗文传记等。③ 有人常劝导:"嘎大年纪勒,何苦嘎劳碌?"张则火总是笑笑说:"现在崇尚乡愁,谱、志就是根。只要对人家有助益,就是平生最大心愿。"④

常州市名人研究会副主席孙瑞和,如今主修的家谱已达 45 部,数量蔚为大观。孙瑞和老师是个大忙人,身体状况较差,但孙瑞和老师不计名利、不图报酬,无论是寻找老谱、校对新谱、庆典颁谱、议程安排,都兢兢业业,认认真真,踏踏实实,有条不紊,使自己修的每一部家谱无论文字、排版、印刷、装

---

① 陈和李:《七旬老人把家乡姓氏写成书》,《今日象山》2021 年 11 月 30 日。
② 陈斌国:《史海钩沉慰平生》,《今日象山》2018 年 8 月 7 日。
③ 张伟海:《退休教师编著〈象山周氏志稿〉》,《今日象山》2021 年 9 月 18 日。
④ 陈斌国:《史海钩沉慰平生》,《今日象山》2018 年 8 月 7 日。

帧设计都代表着常武地区修谱的最高水平。最难能可贵的是，每成功一部宗谱，不忘给当地图书馆、档案馆捐赠一套。①

江苏丹阳冷金华喜爱传统文化，近几年在挖掘整理练湖文化方面辛勤耕耘，做了一些工作。冷金华退休前任练湖农场党委副书记，现为开发区练湖离退休老干部党支部宣传委员。他参与并促成了八十万字的清嘉庆版《丹阳练湖志校注》出版工作，与他人合作完成了《印象练湖》《练湖二十四景》《前东岗村史简略》《后东岗村志》等二十余部书籍，先后参与编纂了朱、冷、韦、王、史、殷、储、钟八姓十二部宗谱，均担任特约编撰。②

浙江富阳的张宝昌是乡邦历史文化研究者。在新登，想要了解地方文化史，人们总会第一时间想到他。他是修谱大咖，有着30多年修谱经验，已修了60多部族谱。他接触到家谱是一次偶然。他原是新登中学教师，当时同事陈老师的家族正在修谱，他希望张宝昌帮忙勘误，正是这一看，让他与家谱结下了不解之缘。自此，他便一头扎进了修谱这个行当。③

浙江富阳的倪毓佩，老家在富阳灵桥镇新华村，他的祖上就是修谱的。1984年，家族里的长辈提出要修谱，这也是倪毓佩参与修的第一套家谱，那时他才19岁。对家谱的兴趣像是与生俱来的，他也喜欢收集家谱，他看过、收集过的富阳范围内的家谱少说也有400多套了。从1984年开始修谱，他主持修的家谱有100多套。不仅修富阳的，周边甚至内蒙古、贵州等地也有人慕名而来，找他修谱。在倪毓佩修过的家谱中，温州一家族的家谱数量最多，一整套家谱叠起来，达到2米多高，内含100多本家谱。④

二 公司化修谱

家谱界的人都知道1988年山西社会科学院最早成立了中国谱牒研究会。其实，山西尚有一家最早的家谱编纂公司太原尚知堂家谱坊不为人所熟知。这两条线索串联一起，才能让我们对山西太原曾经在中国家谱行业的领先位置有更为全面的认知。

---

① 张修民：《孙瑞和：常武修谱，硕果累累》，龙城博客2018年8月1日。
② 魏裕隆、张建平：《把根留住——七旬翁赴江西寻谱记》，丹阳新闻网2021年10月31日。
③ 骆晓飞等：《富阳修谱师》，《富阳日报》2020年7月24日。
④ 骆晓飞等：《富阳修谱师》，《富阳日报》2020年7月24日。

1. 山西太原尚知堂家谱坊

当代中国职业修谱公司，当始于山西太原尚知堂家谱坊。据报道，尚知堂从20世纪80年代起开始经营修家谱的业务。按照需要，客户提供家族基本资料信息后，尚知堂会派出十多人的团队去当地考证核实。工作团队最后会根据客户提供的数据资料、实地调查情况、老谱中存在的证据等30多项内容去考证家谱的真实情况。在当代中国家谱编纂史，还有这么一个奇特的公司，值得进一步挖掘。始祖姓氏园，尚知堂家谱专家，从1980年开始专业家谱研究，1982年进行谱系数据库的整理、完善，30多年的撰谱、印谱经历，让我们真正懂得了中华人文的内涵和底蕴。家谱记载祖先的丰功伟绩和传统美德，告诫后人家族的兴衰；家规、家训，世代相传，人人铭记。尚知堂以抢救、继承、弘扬中华民族文化为己任，培养社会急需的家谱纂修人才，提升家文化、塑造财富观，美化新生活、扩大再就业，为谋职谋业者创造一个既高雅文明，又收入丰厚的就业捷径，并为培养我国新一代民族文化传承而不懈奋斗，为国际文化交流和我国的社会主义精神文明建设贡献力量。尚知堂撰写过张、王、李、刘、赵等五百多个姓氏一万多部家谱，有家谱续修、翻印、编纂，也有家史查询、家规家训完善、家礼家风重塑等家族文化复兴之事。

笔者联系上成毓升先生，做了一次深度的电话采访。尚知堂家谱坊创始人是成建祥（1931—2016），早年北京师范大学毕业。改革开放以后，下海经商，做纸浆生意。做纸浆，要收废品，这过程中就不断收集到了许多老家谱，于是关注，留下家谱。"人们听说你手里有收来的谱，就跑来借去看有没有与自己家相关的，可很多时候看不懂。我父亲是北师大毕业的，人们就来求助于他，他也乐意帮忙修谱。渐渐地口碑相传，知道的人越来越多。"[①] 20世纪80年代中期，中国人的物质生活还很贫乏，前来求助修谱的人无以为报，于是背来米、面，甚至烧酒。厂办了三四年，生意一般，改而从事家谱编纂。1980年起，从事此业。尚知堂从20世纪80年代起开始经营修家谱的业务。按照需要，客户提供家族基本资料信息后，尚知堂会派出十多人的团队去当地考证核实。工作团队最后会根据客户提供的数据资料、实地调查情况、老谱中存在的证据等30多

---

① 王斯璇、于晓伟等：《中国家谱的沉浮》，《安徽日报·农村版》2015年5月8日；又见《瞭望东方周刊》2015年6月1日。

项内容去考证家谱的真实情况。成毓升的父亲因此觉得这门手艺做下去，家里的生计一定不成问题。

80年代末90年代的时候，家谱基本上与东南亚华人华侨有关。费用是他们出，但做谱主要靠内地人来配合。家谱编纂的双方，无非两批人，一是家谱客户，二是修谱人。据山西成毓升先生观察，从家谱客户角度来说，经历了四批，一是华侨，二是新兴企业主，三是文化人，四是普通人。我们在20世纪90年代做的时候，基本上与东南亚华人华侨有关，费用是他们提供，但是做谱是主要靠内地人来配合。再后来的时候是暴发户、煤老板，像广东、福建、浙江这一带开工厂。再下来的时候那就成了文化人，什么老师、教授，还有一些其他的人。从2005年以后开始，这就进入了平民化了。所谓的宗亲会等，他们组织起来，大家凑点钱来做，那就形成了以乡镇为基础，以县级为基础，再到村级为基础的这种小组织。这是一种从家谱委托人角度提出的历程划分，是一种全新的划分法。

1993—2000年，这是高峰期。为什么说是1993—2000年呢？随着改革开放，国内的GDP增长是比较快的，那个时候出现了三个产业的发展，第一个是能源产业的发展，产生一大批煤老板。第二个产业就是汽车工业的发展，第三个是房地产建筑工业的发展。我们就做这三类暴发老板人群。多的时候公司有500多员工，产值都四五千万元。现在，修谱成了他们的副业，主业投资生物医药与中医院了。

成毓升说及当年成功之道，一是舍得，不断地送谱，至少送出了上万部家谱。二是游击战术。他们不是固定在太原，而是会根据业务需要，到全国各地设点。一般都是应客户要求来做的，某客户会说，到我们那边来吧，会有家谱业务。于是，他们就去了。他们一般会在城市中租一个独门院子，作为办公点。到过全国多地，哪儿有业务，就到那儿扎寨，少则三年，多则七八年。最远是新疆，内地湖南、湖北、上海等地都做过。三是邮政广告，以150公里为限，广泛投寄。四是迎合客户需求。我们叫迎合，不叫营销。所谓迎合，就是别人需要什么，我们给什么，我们不改变他们的需求。现在的商业战术是影响，就是别人不需要，你要说服他、教育他。我们从来不这么做，我们就是迎合。五是免费提供家谱成品。人家都让你修好了，应该给人家个成品，不应该给人家半成品。不管人家给你5万元、10万元，都应该给人家最后拿回去。成建祥先生是个十分低调的人，不喜欢宣传。他的理念，人家想知道，自然就知道了，不要自己说，让人家说。

南北修谱的差异。广东、福建、江浙兴起修谱，与华侨回乡有关的。当时人的普遍观念，能够把谱修好，就能引进资本，让人家回来愿意投资，华侨认宗亲情。只是这么一个简单的目的，更多地想引进资本，是招商引资的由头。北方家族会想，我是名门望族，要把我传下去，哪怕我穷的再穷，也要把旗杆竖起来。它是以传承为主的。东部地区有点保守，自家老谱修的时候，让你看一下，你还没修完，他早早就拿走，怕丢了。他们甚至毁谱，90年代再修，就把80年代修的谱毁了。有的人是为了留名，把原来修谱的人全抹去了。西部起步晚，老观念，修下一部家谱了，就把它供起来了。每年3月拿出来晒一晒，过年的时候拜一拜，平时的时候是不让看，当宝贝一样供着，不让人随便翻，中国家谱背后有一种宗教信仰。家谱有三大功能，第一个，家谱就是一本字典，是家族的一本字典，要查什么，拿出来找就行了。第二个，家谱是自家的一本历史书，把故事讲清楚记录下来。第三个，家谱是一个艺术品，是作为一种珍藏用的。

他们较早采用了全包的项目制模式，多少钱一套家谱。由于给的额度高，他们也就不算后续的印刷费。当时，他们是一条龙服务的，会将家谱成品交给客户。一般几套或十多套家谱，数量不大。不过，每套家谱的篇幅不小，所以成本也不低。这种模式更适合早期的暴发户。今日修谱，编纂与印刷分开了，这样的话，修谱经费额度没有以前高，但两者加起来的成本也不低。这样的分摊模式，适合普及。对一个普及谱来说，过高的费用会让他们一时接受不了。由于全包制，所以当时修谱的费用高，他们修谱公司的产值也高。现在已经不行了，公司产值几百万元，就了不得了。

后来，成毓升提出"幸福定制"，为客户量身打造家族故事。"我们修谱虽然是生意，但是没有定价。"尚知堂是按公司化操作的，但一直没有正式注册公司，据说有一张证明纸。[①] 在20世纪80—90年代，估计也难以成立家谱类公司。

2. 北京史志谱数码科技有限公司

彭堂华、裴新生的志谱公司，是从修本姓谱入手，逐步扩大业务的。

彭堂华走上家谱之路，与养伤经过有关。2001年前后，有一次脚摔伤，

---

① 以上主要内容，系2021年4月笔者采访成毓升而来。

只能在家看点书,他拿来了《彭氏族谱》翻阅。此前当生产队长时,知道有此谱,但没有关注。这次阅读以后,大为惊奇,尤其为族叔祖所服。另一方面想,这部1942年修的族谱,有点不合时宜,必须加以续修与改造。2003年4月前后,有一批朋友到他山庄游玩。因为"非典"事件走不了,成天聊天,提出成立公司,从事修谱事业。因为江西注册困难,于是委托在北京从事注册中介的小何代理成立北京史志谱数码科技有限公司。当时因没有办法归类,北京的工商局一度为难。经过几个月折腾,8月,北京史志谱数码科技有限公司正式办下来,这是全国首家用技术专业修谱的公司,这是当时网上可以搜索到的第一家修谱公司。不过,他们实际在江西鹰潭活动。2004年8月,又成立江西鹰潭谱志传数码科技有限公司。彭堂华的主要干将是裴新生,裴新生跟着彭堂华一路走来,从业务员、部门经理、副总经理,到总经理。裴新生的说服力相当强,贵溪县政府领导怕修谱公司出事,派人来调查。他出面接待,一一说理,他们初不懂。听了以后,感觉有理,汇报上级以后,也就熄火了。

2005年底,中国家谱网的江源想通过出售老谱赚钱。詹宣武感觉直接出售老谱没有生意,除非此家族要修谱。詹宣武通过网络查询相关信息,找到了北京史志谱数码科技有限公司的裴新生,裴新生第二日就来到金华,洽谈合作事宜。当时江西修谱业余少,浙江比较发达,尤其是金华。彭堂华要借重本土的人脉及汽车交通方便优势。经过反复商谈,最后谈共同成立修谱部。当时双方是联营模式,有一个公章,写双方公司名。经济是独立核算的,彼此分成。江源让副总理方水平负责修谱部。2006年初,他们正式来到金华。裴新生到了义乌,替楼氏修谱。后来又到永康修谱。彭堂华是中国家谱网总顾问,在中国家谱网上班一年余。彭堂华全盘托出,教该公司如何接业务、如何修谱,接了二十几单生意。志谱编纂的门槛低,稍一教就会。半年以后,双方合作破裂。

裴新生想象力丰富、说话水平高、组织力强,他修谱时探索出不少值得肯定的经验。一则驻村办公,由村提供办公场所,又租附近农家房,就是志谱编纂中值得提倡的模式,成本最低,最可操作,适合公司化运作。二则坚持群策群力修谱志模式。这是一种典型的双赢模式,可以调动众人的积极性,可以筹集到大量群众资金,可以满足人的虚荣心。也让子孙后代高兴,我爷爷或爸爸在某部志谱编纂中有贡献,担任什么职务,出过多少资,在同学、朋友中有自豪感。也就是说，让修谱有当下与未来两大功能。这么说来，必须建立理事会模式，分别让人担任名誉理事长、理事长、副理事长、常务理事、理事，如此可以列出一长串名单。同时，提供照片与简介，让人永远留下芳名。这么说来，原来的专家与村委合作模式是有缺陷的。三则循序渐进。他先修《贵溪裴氏宗谱》，接着修《宜兴裴氏宗谱》，最后是《中华裴氏宗谱》。四则借全国之力。《中华裴氏通谱》编纂时，借助社会人脉，可以让主编与全国各地的同姓名流交流，这是作为普通人无法办到的事。可以将全国各地同姓名流汇集起来，这种力量是不可低估的。虽然投入了 15 年，但回报率是相当高的，这是生活世界的永久回报。其他各种荣誉性东西更多，这种投入是值得的。有了此书，终身获益，可以让人再活五百年，这正是文本世界的永生意义。

3. 家谱公司的网络化

2005 年，江源成立金华寻根文化艺术开发有限公司。2006 年，又成立北京寻根网络科技有限公司。2008 年，金华寻根文化艺术开发有限公司最先倒下，那年是北京奥运年。

2005 年，尚知堂正式成立，但家谱编纂开始萎缩了。2006 年，开始有网络化，花了 300 多万元买的服务器，接进了移动的转网，那时是 100 兆。整体来说，一直投钱，结果连续投了三四年，最后坚持不住了。2010 年以后，慢慢放弃了。2011—2012 年，注册了始祖姓氏园。最大的原因是，家谱编纂行业有一定的局限性，它是非常个性化的艺术品，不能产业化，不能复制。修谱软件放在网上，根本没人来用，没人来修谱。最后，家谱公司自然面临生存困难。

4. 更多的家谱编纂公司

国内的家谱公司，也是 2008 年以后繁荣起来的。金华寻根文化艺术开发有限公司副总经理方水平开设了金华市根源家谱信息服务工作室，办公室主任饶玉华创办了天下谱局金华文化股份有限公司，宣传部的詹宣武也创办了家谱编纂工作室宗和谱局。他们接续了江源未完成的家谱编纂事业。

饶玉华是杭州建德人，毕业以后在永康一家公司担任总经理。因为对饶氏宗谱有兴趣，找到江源公司，谈得十分投机，最后加入江源的公司，担任寻根网总经理。江源公司倒闭以后，他自立门户，建立天下谱局金华文化股份有限公司。公司设在婺城区一幢名为浙中信息产业园区大楼的五楼，占了整一层，有上千平方米。结合东阳木雕技术，他们开发了祠堂匾联业务。借助计算机，开发了祖宗像设计业务。他们公司修谱业务多，每年承担60—80个家谱项目，已经修了几百种的家谱。饶玉华对家谱情有独钟，由于工作的需要，他们不断在探索，不断改进家谱技术。他同时兼中华饶氏经济文化发展研究会会长，正在主编《饶氏通谱》。

无双谱局，缙云麻宝友设立。无双谱局，缙云县谱牒编纂有限公司成立于2010年，前身是成立于2006年1月16日的缙云县吴越谱牒学会。目前公司拥有两个分部，分别是缙云图书馆三楼谱牒编纂服务部和兰溪图书馆四楼谱牒编纂服务部。它是在服务浙江家谱总目编纂过程中产生的。拥有一批宗谱修复及编纂人员，并建立强大木活字字库。公司能提供筹划启动、资金预算、资料收集、总体编排、文字规化、点校、注释、写作、排版、制版到印刷、装订、出成品、祭祀典礼服务，力求关注细节，重视过程，精益求精。

詹宣武是浙江武义县人，是辛亥革命武昌首义革命军詹蒙英烈同宗后人。2004年，詹宣武考上了金华职业技术学院旅游学院。因为与江源是同乡，他读书期间就参与江源的公司，接触到家谱。如今的詹宣武成为一名专业的修谱人，在金华市丹溪路办有一家从事修家谱、整理民间文献的专业公司——浙江金华世系文化发展有限公司（宗和谱局）。至今，已经主持编撰了260多部家谱（村志）。其间，也应邀参与了一些地方历史文化丛书或村文化礼堂等乡邦文献整理和编写，脚步遍及浙江、福建、安徽、江西等地。[1] 他目前也是浙江省百家家谱文化会副秘书长、修谱指导委员会副主任，热心家谱事业。

陈江彬是浙江义乌佛堂镇倍磊村人。"从2003年开始收藏宗谱，到2010年，我共收藏了216部宗谱，计2128册，涉及姓氏逾百个。"从2003年至今，陈江彬已主编了《倍磊陈氏宗谱》《苗店苗氏宗谱》《湖演朱氏宗谱》《上方陈氏宗谱》《潘村潘氏宗谱》《干溪成氏宗谱》《大桥杨氏宗谱》《乔溪朱氏宗谱》《安头徐氏宗谱》《许宅许氏宗谱》和《画江张氏宗谱》等30多部宗谱，还协助义乌周边地区多个村落编写了10多套宗谱。[2]

彭宝辉的家谱编纂制作中心在浙江常山天马农贸城的三楼。他是江西修谱

---

[1] 王东方：《詹宣武：痴迷于研究家谱的"85"后小伙》，《浙江日报》2019年11月5日。
[2] 王志坚：《15年编纂了30多部宗谱，"订单"已排到2030年——"宗谱王"陈江彬：修谱研谱是件快乐的事》，《浙江日报》2019年3月18日。

家彭堂华的侄子，2001年以来，一直追随叔叔在金华一带修谱。最后，独立办公司，由江山转移到常山，同时扩大到周围好几个县市区。他除了修谱，也同时修村志。他的经验，修谱要找到关键的人，然后聘请当地有文化、有精力、有事业心的老同志担任主创人员。① 他同时兼浙江省百家家谱文化会修谱指导委员会委员。

福建永邦文化有限公司的记忆传家项目。八年编导的历程，让何春飞拥有丰富和宝贵的感受。《记忆传家》是何春飞和团队历时半年原创的短视频模式，目前已完成多条样片制作和前期准备工作。《记忆传家》是介入人们当下生活的作品，是提炼人们在认识层面上对现实生活的价值和意义。《记忆传家》就是力图解决人们这些问题，留住美好的影像。"根据不同的需求，我们会对照片进行筛选，根据专业上的优势对客户进行访问，将人物的成长感悟、精神诉求等存入画面中，融汇成个人珍贵的专属影像。"何春飞说道。记忆、精神传家可谓独树一帜，渐渐地这个项目已被更多人的认可，汇聚起更多温暖的文化情愫。《记忆传家》，为你留住的不只是时光，更有心中的那份缺憾。②

以上所列，仅是所知部分修谱公司。

第三节 多元修谱方式的并存

一 修谱离不开家族的参与

修谱是一项复杂的文化生产活动，家族人员参与是基础。

目前所有家族都属于抢救性的修订，也是一项迫在眉睫的工作。有人提出，编纂我村郭氏族谱尤为迫切，其因有三："一是用以考证我郭氏家族发展的史料匮乏，现不作为，将来难度更大；二是经'文化大革命''破四旧'时期，一些家庭保存的云谱、牌位也已毁去，有世系沿袭的情况，现只能经老人回忆大概，记录点滴；三是随着长辈都已年老逝去，一些祖宗传承的口传历史故事将遗失无存。"③ 多数家族近五十年，甚至超百年没有续家谱，那个年代

---

① 南丰后人：《被称为"民间史官"的他，把传承家谱文化的使命，扛在了肩上！》，腾讯网2021年2月3日。
② 林先昌：《记忆传家——生活需要仪式感》，东南网2017年12月27日。
③ 郭建府、郭春兴：《家风一脉传千秋 有感于〈郭氏族谱〉的编修》，《文化产业》2020年第16期。

不是不想续，也不是没人想过此事，但条件不允许，也没有精力考虑此事。现如今人们生活水平提高了，恰逢盛世年代，所以续谱工作才纳入家族的议事日程。"续谱需要记录很多东西，需要知情的年长者回忆，如果时间再往后推，谁又能记住几十年前的事情呢？所以必须乘很多老人还在世时修谱，很有必要，可以少走很多弯路。"① 现在修谱有一个好的基本条件，有的老家、老院、老宅、老村庄还在。改革开放后，有的人虽然离开了家乡，但兄弟姊妹较多，相互都有联系，尤其是老家有些大情小事，人情往来都会相互保持联系。这给修谱工作带来很多方便。"看似枝叶扩散，但老家这根线还在，这个根还在，这个情还在，这个乡愁还在，老祖坟还在，多多少少都有些牵挂。如果我们设想，第一代计划生育的人已经四十好几，如果他们的孩子不是出生在父辈出生地，只是过年过节偶尔回老家看看，有的甚至很少回老家，根本没有老家概念。这一代人谁会操心若干年后家族续谱？即使是有人操心，难度也比现在要大得多。"② 修家谱，理论上应该是各家族的刚需，但目前还是软需。为什么成不了刚需？现在的人还没有达到那种文化境界，会赏析家文化，所以就达不到刚需。据成毓升观察，修谱不管是现在还是以前，有几大特点，第一个特点就是年龄相对大一点的人才关注这个事儿。第二个是这个人有钱了才关注这个事。第三个是他出去以后认为他的祖上已经具备了一定优秀的资格了，他就愿意做。如果不具备这些的话，每天忙着上班，会愿意花几个月时间来做这个东西吗？会愿意拿出几十万来做这个东西吗？所以说经济是第一要务。我们要进入小康社会以后，才有可能实现这样的目标。盛世修谱，肯定是与经济有直接的关系。

修谱本身就是一项有意义但也比较复杂的集体性文化建设活动。要组织起来，可不容易。"为什么用重大工程来形容家谱续谱，这不是故弄玄虚，更不是危言耸听，而是我的亲身经历及目前面临的现状。开始我也是雄心勃勃，能为本家族做点力所能及的事情，感到无上光荣，随着工作的推进，问题接连不断地出现，有些你都不可想象。一是认识不统一，不少人对是否续家谱抱无谓的态度。二是不支持不配合。三是不愿出力不愿出费用。四是人员分散登记

---

① 师利国：《家族续谱的思考：断线的风筝会越来越多》，京都闻道阁2021年12月6日。
② 师利国：《家族续谱的思考：断线的风筝会越来越多》，京都闻道阁2021年12月6日。

难。说到底是对续家谱的重要意义认识不到位。"[1] 续家谱工程量太大，没有吃苦耐劳、勇于担当、乐于奉献精神的人很难完成。实践证明，的确如此。有一个家族给我们一年倡议续谱，不到两年就停止不干了。有的只召开了一次动员会，就没有下文。有的干到中途，因捐款闹矛盾。有一位朋友讲，他们家族近九十年没续家谱，也想组织起来，可是大家你推我、我推你，目前还没有一位站出来组织。[2] 对每个家族来说，续谱就是一项重大工程。这两个月以来，一直都在精心地准备着。"对于编著家谱，我很期待，也很犹豫，它确实是一件极其艰难的事情。不，应该说是一项庞大的工程，大的比修一座楼房还让人操心。尽管我早有心理准备，但其艰难程度还是远远超越我自己的想象。"[3] 我们想尽量收录完整，担心被遗漏者见怪。有些老人说，他一直有一个心愿就是在有生之年，尽可能找到家谱上记载的所有族人。这样的想法其实是不太现实的。经过近百年的断档，迁移的频繁，要找到老谱上记录的族人，这是十分困难的，有时根本是达不到。谈到在接续族谱遇到的困难，姚佛胜眉头深锁地说道："最大的困难就是，我知道有族人居住在外地，但是却苦于没有渠道联系上他们，因为其中一部分族人在本村已经没有亲戚了。"[4] 当提及编撰成书的感受时，李旭说："写一本书就像是孕育一个小宝宝一样，编辑过程中的辛苦无法用语言去描述，也许只有亲身经历过的人才能感受到吧。现在终于编撰成功了，我感觉如释重负，作为一个90后，可以着手进行一个家族族谱的编撰，我感到很自豪。"[5] 正因为专业与困难，所以修家谱总会找族中有文化之人来承担编纂的。如果找不到文化人，说明这个家族确实太普通了。

二 不同修谱模式各有利弊

从前面可知，家谱编修实际存在家族修谱与职业修谱两大类型，或者说两者要相结合。有人以为，修祠堂容易修谱难。修祠堂是建筑公司之事，只要有

---

[1] 师利国：《家族续谱的思考：断线的风筝会越来越多》，京都闻道阁2021年12月6日。
[2] 师利国：《家族续谱的思考：断线的风筝会越来越多》，京都闻道阁2021年12月6日。
[3] 张志刚：《整理，挖掘，梳理阳屲村历史，汇编张氏家谱已迫在眉睫——简述我编著〈游陇右张氏联谱〉的一些由衷》，甘谷传统文化2018年6月18日。
[4] 江彬、张志科：《八旬老翁16岁偶遇残缺族谱，奔波四十载只为续修》，《羊城晚报》2012年8月29日。
[5] 刘鹏：《传承孝道文化，完成族人心愿：90后大学生用三年时间编撰族谱》，华商连线2021年2月1日。

钱，请一个工程队进来，就可建造出来。修谱是与人打交道的活，做的是人头生意，所以会比较难弄。因为人是有思想的大活人，每个人的大脑记忆构成一个独立的精神世界，价值观差异非常大。百分之九十九的人没有见过家谱，大脑中没有家谱概念，自然不知道家谱有何用处。修谱之路，从来没有人走过，心中也没底。人是习惯动物，要一个中老年人走新路，观念阻力之大，可想而知。其实，修谱也是专业技术活。通俗地说，它就是建设文化大厦的建筑技术。专业的事交给专业的人来做，就会十分便当。如同修祠堂一样，只要将钱交给专业的修谱公司来做，就可轻松地修起来。而且，修谱效率会更高。宁波康海明说："修家谱纯粹考虑经济效益的话，请专人做或者承包最为轻松，省时省力省钱。当然，家族人员也不能做甩手掌柜，主事的不可能置身事外。适当地参与，也是一个与族人交流互动的过程，对联络感情、团结家族、圆满地完成修谱是个促进作用。家族里面族人帮忙修谱，都是象征性地付点工资，大部分开的都很低。说实在的，大部分效率也是相当的低。"职业与业余，各有利弊，两者会一直并存。

  另一方面，家族修谱与职业修谱之人，彼此的观念也会不同。家谱生产方式会有高调与低调两类，效果不同。修谱强调低调者，经费节约，涉及人少，可以修出谱来，但社会普及影响度小，家谱教育不足。高调修谱者，往往委托人修谱，投入经费多，参与人多，比较热闹，家谱教育普及程度高，有时效果更好。不少宗谱续修之所以保守，是因为有不少老的规矩在。其实，有些规矩也是可以破的。可能是普通人过于保守，过于神秘化，才不敢改革。

第七章

族谱编修方式及流程中诸问题

一姓族谱仍是当代中国主流的修谱方式。从体裁来说,他们多数是依样画葫芦,单纯模仿,没有太多创新,从中难以找到太多的创新亮点。多数是基本谱(谱系图与世传),只有部分族谱修得比较复杂。这一轮修谱的情况较为复杂,一是经历了新旧时代的剧烈变化,由宗法时代而后宗法时代。二是间隔时间太久,有的中断了上百年。三是未修谱的家族也不少,更多的家族面临创谱问题。四是城市化、现代化加剧了族人的流动率,想通过文本聚起来更为困难。当然,要进一步关注当下的传统型家谱,毕竟也在变化之中。家谱传播由内部而公开,由小空间而大空间,家谱功能由宗法而历史,这是我们思考古今家谱不同的关键所在。家谱现代化最要紧的是体现家谱的精神,要从精神上把握家谱的要义。宗谱性质经历了政治档案、宗族档案与历史记录三大阶段的嬗变,当代中国家谱的创新是建立在家谱历史化基础上的。一旦家谱的性质转型为历史记录,则它的体裁可以更为灵活多样化。

第一节 族谱仍是当下新谱的主流形态

要改变家谱研究方式,仍得阅读家谱理论文本,通过与理论文本对话的方式,加深家谱理论与技术研究水平。目前的历史研究主流方式仍是文本再生产,通过阅读已有的文本,生产出更好的文本。所谓实证,就是得提供不同新谱案例加以研究。笔者看新家谱,关注家谱编纂相关问题,重点关注目录、前言后记、序跋,及相关的章节的局部体例创新问题。现行的家谱的研究多是家谱文本的研究，而对家谱实践研究较少，实用经验的提炼较少。

现行家谱编纂类图书多为介绍型，不完全是建立在新家谱研究基础上的归纳与提升。修谱更多的是一项实践活动，是一种文本建构活动或生产活动。简单地说，修谱是造家族文化大厦。家谱的考订与询问，开启了家族过往封存的历史，激活了家族过往的记忆。面向家谱编修实践，会遇到不同的问题，如果不加归纳与提醒，别人是不易知道问题所在的。新家谱数量相当多，不可能全部涉猎，受疫情的影响，笔者主要接触的是浙江图书馆、宁波天一阁、绍兴图书馆收藏的新家谱。新修家谱的类型分类，这是值得思考的。必须了解全部家谱类型，才能谈得上创新，否则就是继承而已。从家谱类型来说，首先考虑的是继承，其次才是创新。分为续修，续修又分为通修、续修（断头谱）、单支修。创修，指首次修。家谱的形式各种各样，有的前面是老谱，后面是新谱。学者想到的是创新，普通人想到的是继承，这是两个不同层面的要求。

一　宗谱续修

一个家族是否有修谱传统，这是一个关键因素。新编家谱多是续修，也就是有老谱。有了老谱，就会逼着后人续修。譬如忙氏前面修了五次，于是现在有了六修。反之，没有修谱传统的家族，不太会想到修谱。万事开头难，要想启动家谱创修，困难十分大。

家族史是动态变化的，故族谱需随时增订。不得不佩服，相当多姓氏有自己的家谱编纂传统。续修是一种家谱版本升级的事。新一轮修谱做了两件事，一是寻找老谱，影印或再版老谱，二是续修新谱。因为新版家谱由老谱与新谱两部分组成，所以规模不小，有的家谱的规模相当大。现行的家谱编纂，或许达到了中华民国的水平。有老谱的家族多数得以续修，同时也增加不少新修家谱。

当代新修家谱的难度。从大家谱编纂来说，如果找不到老谱，无法入手编纂。只有公众家谱，才可以不管是否有老谱，直接编纂就可以了。如果找不到老谱，确实无法动手修谱。因为没有老谱框架，所以新谱范围肯定不会大。

瞿坤掌在扬中市史志办赵纪福主任的提示下寻找旧谱。经过两年多的奔波，瞿坤掌好不容易找到一套中华民国十一年（1922）版旧谱。他花了很大力气移动杂物，从后墙搬出一个用多层油布与纸包扎的箱子。打开包扎，露出一个长方形红色木箱，搬出 10 本完整的族谱，和自己手中两本谱一模一样。瞿老硬是晚上住旅馆，白天去他家抄，每天换一本，一个字一个字抄下来的。最后修成《"三思堂"瞿氏宗谱》。①

孙建斌自己也在写家族的族谱，他自己主编、校对了一本《永春玉塘孙氏族谱》（三修本）。这本书是他多年搜集、研究的结果，出书的费用也都靠他的退休金。②

已经 75 岁的孟祥凯是景县刘集乡周西彦庄村人，大学毕业后在邢台城建系统工作，2002 年退休。有次回老家探亲，孟氏长辈将清朝光绪年间和中华民国时期合并编印的《景州孟氏榆林支谱》送给了他。孟祥凯对此非常感兴趣，认为族谱是一种传统文化，应该得以传承，于是有了续修族谱的决定。2010 年开始，孟祥凯用了六年时间，深入景县及周边 28 个村庄走访调查，掌握大量信息，通过反复核实、总结分析、修误补漏，将 3100 人登记入谱，并制作成册，定名为《亚圣孟子后裔景州榆林世家分支图谱》，分封面、目录、概述、谱式等 24 章（页），内容翔实，层次清晰，孟氏名人、人物记载一目了然，风格严谨质朴。③

从 1947 年到 2019 年，两次宗谱续修之间相隔了 72 年。如此长的时间跨度，为萧山方氏宗谱的续修工作增加了难度。就在方氏宗亲们为难的时候，一套老宗谱成了续修工作顺利推进的曙光。第七次重修的《萧山方氏宗谱》有 6 卷，几乎完好地保存着。在第八次《萧山方氏宗谱》的续修中，共有村民代表、方氏宗亲会等 30 余人参与了进来，完成了对萧山方氏第 53 世至第 74 世族人的记录、整理。④

寿县鲍家湾第五次续修新谱工作，自 2009 年 12 月到 2011 年底，历时两年时间，终于告一段落了。经过宗亲们出钱出力出智出谋的共同努力，牵涉二市四县几十个村庄、单位约一万八千人的新谱已定稿成形。新谱计三十六卷三千六百多页，比第四次修谱的十二卷增加了三倍，对于寿县鲍家湾宗亲们来说，

---

① 鞠永平、戴成立、张凌发：《扬中 73 岁老人骑单车两年寻找家谱》，《扬子晚报》2015 年 5 月 21 日。
② 彭思思：《永春七旬老伯痴心族谱三十载，曾成功帮台胞寻根》，闽南网 2013 年 10 月 9 日。
③ 亶炜：《景县七旬老人历时 6 年奔波 28 个村庄续修族谱》，长城网 2016 年 5 月 30 日。
④ 方亮、王俞楠：《一生守护一生永思——〈萧山方氏宗谱〉第八次续修圆谱》，《杭州日报》2019 年 11 月 24 日。

此次修谱绝对是一项极具影响的工程。①

诸如此类的续修案例，不胜枚举。

二　创修宗谱

《马鞍山陈氏家谱》是新修的。"我马鞍山陈氏从来无谱牒，为祖根在何地而迷惘，多数人不知宗谱为何物，这样长此下去，唯恐辈分不分，人伦混乱。"② 2002 年，因为国家征地，动迁祖坟。有意修谱，去天台城关寻根。因接不上辈分红线，失望而归。天台陈氏研究会十分关注，2004 年，常务副会长兼秘书长陈立明亲自来村指导，也未果。2008 年，再次决定修谱，邀请到黄岩历史学会宗谱专家任金玉的帮助，终得启动。成立了立谱理事会，七八个理事分成两个采访组，进村入户，搜集第一手资料。又通过发函、电话方式，联系居住在上海等地的弟兄。如此，有力出力，有钱出钱，最终完成了修谱工作，这是族人自助修谱最容易出现的典型案例。他们的要务是寻亲，寻亲不成，修谱工作就无法开展了。中间，最要紧的是征集谱丁资料工作。最后，由专业的修谱专家指导，才得完成修谱工作。

徐木兴主编的《萧山衙前项氏宗谱》，完全是创谱，没有老谱可依。此谱分欧苏直排本与新式横排本两个版本，前者印了 160 套，供收藏。后者印了 2500 册，每户一本。这种两种版本组合拳模式，既解决了收藏，又兼顾了传播，值得学习。

新修之谱多是公众家谱。《象山海墩下贺家族谱》分渊源、传略、世系、人物和诗歌五大部分。前后经历十余年。1997 年，完成《贺氏恭房谱》。"当时，上不支持，下不拥护，又无经费，自居城邑，下无助手，难成其事，无法纂谱。"2007 年，"社会上对纂谱有所兴起"，于是再修，组织各房自采自编，汇总成册。2008 年，复印成册。2010 年，遇贺西圣，共同编纂。③

2006 年春，天台的许亦江老人在亲人们的鼓舞下，开始编写家谱。由于年代久远，社会变革等原因，致使有关三姓的历史资料无法寻找。可老许却迎难而上，凭着敢为天下先的创新理念和孜孜不倦、持之以恒的精神，编撰了许、裘、杨三姓合谱的《泳沂公家谱》，开创了一种新型的修谱体例，实是谱学姓苑

---

① 鲍广忠：《续修宗谱有感》，中华鲍氏网 2021 年 9 月 27 日。
② 陈仙福：《马鞍山陈氏家谱序言》，见《马鞍山陈氏家谱》，2008 年。
③ 《象山海墩下贺家族谱·编后记》，2010 年。

中的一朵奇葩。《水南许五房下泳沂公家谱》以水南许氏第五房十五世孙泳沂公为本房支开派之祖，汇总了泳沂公子、女、孙辈、外孙及玄孙六代、三姓的全部后裔，撰成了许、裘、杨三姓合谱，实在是顺乎历史潮流，具有明显时代特色的一大创举。①

汉族修谱也影响到少数民族修谱。回族是没有写家谱的传统的，并且从小到大也没见着哪个回民家庭中有家谱。冯兴桂父亲年近七十，已是到了古稀之年，东奔西走忙碌异常，四处求证搜集资料忙于写家谱。他就整理近三年来所搜集的资料，打印好后，给他走访过的冯姓人家给了一份，家中保存了一份，又给兰州的冯国荣邮了一份。② 此间虽未完成全稿，但提供了详细的底稿。

支元山主编的《支氏族谱》，让笔者体验了现代家谱的风格。北方没有家谱编纂传统，也许因为这个原因，让北方的家谱编纂少了传统的束缚，有可能在全新的起点上前进。山西朔州下木角支元山主编的《支氏族谱》，让我眼睛一亮。它选择了通志体，打开家谱，首先是版权与编委会名单、序、前言、凡例，完全是现代图书风格。这与南方完全仿古家谱不同。显然，这种现代图书风格，更值得推崇。传统家谱是在未受西方文化影响前的中国文化风格，版权页的署名方式，过于简单，不合今日需求。全书用篇章节三级标题，也值得肯定。附录支氏名人、支氏文史、下木角支氏外甥三章，也有值得肯定之处。此前的习惯，喜欢将某姓名人拉到家谱内。将外甥单独列入，这是一大创举。修谱纪事，专列第八篇，也值得肯定。记录了修谱过程，讲述了期间的小故事与感人精神，这是肯定的。对偏重作品生产过程研究的专家来说，尤其重要。学历部分，加上学历证书照片，更觉靠谱。《支氏族谱》的用纸也值得推荐，它选择了光面轻型纸，彩印清晰。在排版上也比较讲究，每编后有一页引言。全书篇幅适中，重量适中。这种现代风格的家谱，是值得大家学习的。

据倪毓佩说，富阳当地修的族谱，很多是创修，这说明创修的比例也不低。

三　新谱重修

电脑排版及现代印刷技术的飞速发展，导致当今图书出版日益便捷低廉。

---

① 金泉东：《农家老翁修家谱》，天台新闻网2008年4月28日。
② 冯兴桂：《父亲写家谱》，中国作家网2019年4月5日。

从物质条件看，这无疑为新谱重修的出现扫清了障碍。所谓"新谱重修"，是指刚刚创修或续修好的宗谱，在短时间内（大约20年以内）因种种原因又重新编纂、重新印刷并取代原先的创修或续修谱的过程。超过30年而对老谱进行续修（含错误更正）、宗族内部某一家族或分支根据人口增长情况适时更新并印刷分支谱，或因刚修好的宗谱在纸张、印刷质量、印刷数量等方面不尽如人意而重新装帧印刷等，都不能算作新谱重修。新谱重修除必须具备一定的物质条件（人力、财力、技术）之外，还须有重修的重大理由，其中包括原谱中有重大错误或遗漏、新发现宗族重大史实必须补入等。现代社会信息的畅通以及史料查阅的便捷等，为这些理由的产生和走向充分奠定了坚实基础。

苏北乐安堂孙氏新谱重修。"乐安堂"孙氏分布于苏北洪泽湖西部和北部的泗洪县、泗阳县、淮阴区一带。1988年春天，曾连续担任某村二十多年党支部书记、时年65岁的孙仁，在卸任村支书后，便想联合邻村孙姓族人做族长，提出修谱。然而，由于中华人民共和国后多年的政治打压等大小原因，当时村民们对修谱普遍地心有余悸，导致众多宗族成员对二位持怀疑和不合作态度。最终，修谱主要负责人被另一位宗族成员孙达取代。在续修登记过程中，发现各地孙姓辈分排行取字十分混乱，有的产生比较大的争议。其中，L县孙姓误将淮阴区乐安堂孙姓一支记入该谱名下。被纠正后，L县孙姓提出搞合谱，以便将淮阴区这支孙氏纳入谱中。乐安堂孙姓修谱人员不同意，修谱人员又派出一干人赴L县查阅其谱，发现该谱年表所排世系不当，与本族中华民国谱相比，其始祖来到本地年代和年龄与乐安孙氏始迁祖误差较大，必须大改。淮阴区孙姓一支中头面人物孙多等人提出非议，但修谱主要负责人孙乾等据理力争，坚持大改后的结果，并获得族人广泛支持。孙多等人并未善罢甘休，在1991年宗谱付印之机又改了回去。孙多等人的做法，在族内知情人中间引起轩然大波，耿耿于怀、怒气难消。2007年孙多已不在人世，修正宗谱中辈分等错误，或者说恢复宗谱本来面目的时机已到来。不仅如此，为了使续修家谱真正实现"追宗溯远，辨清源流"，族人根据中华民国十九年谱中"溯我孙氏自明初由湖广荆州监利县迁来"之语，决心弄清事实，派人远赴江西、湖北调查。终于在湖北监利县朱河镇民主村孙墩祠堂《孙氏宗谱》中查出始迁祖五兄弟名字，也因此纠正了中华民国谱误记的兄弟五人的长幼顺序，澄清了乐安孙氏系L县孙氏分支说法，否决了L县孙姓提出的联合修谱主张，决定独立成谱。他们根据湖北谱记载,又弄清孙氏故里在山东 M 县,突破了中华民国谱仅湖北迁来兄弟五人以下支系。经辨别、比较、梳理、上溯,从此乐安孙氏 2500 余年的完整家系毕现。这一重大宗族史实的发现,也就成了苏北孙氏宗族重修新谱的又一大重要理由。在新谱重修过程中,乐安堂孙氏族人又赴山东寻根问祖,得到了 M 县族人的热情接待。其时山东 M 县、B 县、G 县等正在为谁是孙武故里而争得不可开交。江苏孙姓一班人到来,从民间家谱上进一步肯定了 M 县为孙子故里的真实性。2007 年由 M 县相关部门组织,苏北孙氏等孙姓族人统一牵头,计划搞全国性《孙氏通谱》,公开印刷发行。这一举动,更加坚定了苏北孙氏重修新谱的决心。有了续修谱(包括正确的草稿)的基础,新谱重修的具体运作自然十分简单。果然,在很短时间内,重修新谱即已于 2007 年完成。2008 年 M 县政府又举行专门仪式,接受苏北乐安孙氏 2500 多年血缘关系衍变图表,呈列于展览馆内。①这是由联谱引发的重修活动。

杭州良户社区里目前保存最完好的郑氏族谱修于 1942 年,最近一次修谱是 2006 年。1948 年以后,由于历史原因以及宗亲长辈的相继离世,家谱的修建没能继续。后来,由于拆村建居,为了保存家史发展的珍贵资料,2006 年 8 月 8 日,由居民郑顺昌牵头,成立族谱修订筹备小组。社区支持、居民捐款、资料收集、联络族亲……几经周折修完家谱。转眼到了 2011 年,就在郑顺昌兴奋地背着五本家谱赶到义乌浦江认祖归宗时,江南第一家郑氏义门的族长告诉他,族谱是错误的,由于一字之差,造成了曾祖父比曾孙晚出生 92 年。在江南第一家郑氏研究会总顾问郑余欢的帮助下,发现家谱错误在源头。于是,就有了第 14 次重修家谱的想法。良户社区从 2013 年 2 月到 2014 年 3 月底,历时 13 个月的筹划、准备和实施,族谱重修终于完成。②

四 支谱增多

支谱编纂起源早。中华民国时期,此类支谱不少,如江西东安的《江田董氏重修房谱》(1922、1938)、《抚东流坑董彦公房谱》《抚东流溪董氏秘阁校书文晃公房谱》。又如宁波乌氏,早在中华民国四年(1915)成《宁波乌氏盛房支谱》,

---

① 孙修远:《泛政治化背景下的家族秩序续建——以苏北乐安堂孙氏两次修谱为例》,《安徽农业大学学报》2009 年第 2 期。
② 佚名:《一字之差,好不容易做完的家谱又要重修》,《今日早报》2014 年 4 月 14 日。

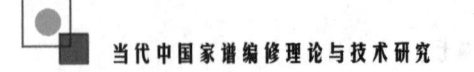

由乌显元等续成。又如江五民修《镇海柏墅方氏恭房支谱》(1933)，22卷。

近十多年，也编纂出了不少支谱，譬如：

乌统旬编《宁波乌氏盛乾数亨房支谱》(2016)。宁波乌氏，早在中华民国四年（1915）成《宁波乌氏盛房支谱》，由乌显元等续成。此书藏宁波天一阁，因家谱数字化而得下载《宁波乌氏盛房支谱》，从而开始了支谱续修工作。《宁波乌氏盛乾数亨房支谱》，题目比较难懂，实际上是更小范围的支谱。盛房是10世，乾是11世，数是12世，亨是13世，谱名由此上溯而来。简称《宁波乌氏亨房支谱》。亨房下分松、竹、梅三房，为14世，所以全谱前三部分，分别是乌亨松房、乌亨竹房、乌亨梅房的世系图，下及各自的15世、16世。下面小传，共250余人。第四部分家族史话，近于人物大传，收录12篇传。附录包括族人作品、《宁波乌氏盛房支谱》影印件。① 由于不懂规矩，后记二篇，放在史话部分，不太理想，应放在最后面。这个案例，有两点值得关注，一是中华民国时期就有支谱了，二是当代的支谱范围更小。由大而小，是20世纪以来家谱编纂特点所在。之所以如此，与编纂者个人力量有限有关。编者乌统旬是85岁的老人，一人主持项目，完成此稿，自然不易。如果能组团队，当可更佳。另一个因素是，人的家族整体建构视野不同。越到当代，生活在城市中的乌氏后人，更难编纂大家谱。因为发现了支谱，所以有了后续的支谱。由此可见，前人的修谱基础，是后人前进的关键所在。

《大榭塘头胡氏房谱》，2011年，前后费时两年。大榭塘头胡氏源出于镇海柴桥芦江胡氏五马桥守六派后裔，下分六房。大榭岛开发，"昔日村庄成为工业区，族人搬迁至花园式小区，家族概念随之淡薄，先祖之名讳无以为考，血缘亲情渐行渐远"。因道光与光绪《五马桥房谱》的发现，"世系得以明了，续修房谱之愿意望复燃"。这是大榭岛第一部铅印的宗谱。不久，又有《大榭北岳胡家墩胡氏房谱》，2013年刊刻，前后费时五年。总的特点是由大而小，最后梳理各房世系。2015年，又成《芦江胡氏小榭五进潭房谱》一修。

《郑氏新家谱》，全书约2万字，2000年8月至10月，前后三个多月，完成书稿。这就是公众家谱的优势。

有一些新编的用章体编纂的家谱，有值得肯定之处。如周煦友、杨光安

---

① 乌统旬：《宁波乌氏盛乾数亨房支谱》，2016年。

第七章　族谱编修方式及流程中诸问题

《张义坞杨氏支谱》（2006），全书分九章：历史谱序跋选、杨姓渊源考、暨阳南屏杨氏行第字母、各派源流、人物传、杨氏家规、杨氏家风和习俗、谱系本纪、文献辑录。自成体系，灵活多样。

《我的一家人：秉良公支下五代百年家谱》在编写的过程中，遵照以图文资料为主、声像资料为辅的编撰原则，将图文编辑成册，声像存入家族数据库中。图文声像结合，真实地记载家庭百年来发展的历史和家庭每个成员学习、生活、工作及成长的整个过程。书中既珍藏了姓氏起源、郡望堂号、祠堂故居、谱系字辈以及墓志家训等史实类的资料，也有家庭成员相册、逸闻趣事、荣誉记载、文字著述等充满温情实感的内容。如果国史、方志中没有你，那么家谱中一定有你的一席之地，并有你成长、生活等方面的记述。这也是编撰此书意义之所在。另外在原有的基础上，本书还对五代家谱内容进行了延伸和扩充。通过查阅大量史料厘清了家庭发展的历史和脉络，通过一幅幅照片，展示了家乡的环境和家人在不同时期的风采。此书图文并茂，内容丰富，具有一定的史料价值，是弥足珍贵的家庭文化遗产，值得家人珍藏，并冀后世子孙在传承中不断发扬光大。[①]

《何氏日旭家谱》是一部现代房谱。这支有七兄妹，二儿五女，称为七房。每房一章，每章由成长实录与分户人口登记表两大块组成。据何健《后记》，大哥何锐退休后著《人生实录》。其弟何健，也以文化养老，从事读书写作。到了80岁，感觉时间不多了，遂发动家族修谱，自己担任主编。2010年开始，七房分别撰写。通过五年，完成修谱工作，其间三次生病。2015年，最终成稿。全书费15万，8万用于编辑，7万用于出版。主编承担一半，五姐妹承担另一半。此间值得注意的是，人往往忙于他事，至最后岁月，才会关注自己及家族。《何氏日旭家谱》，作为公众家谱编纂，有点想象力，但感觉章法不当。

《吕钦佳家谱集》，84岁的吕有员亲自手写。"吕钦佳是我的父亲，这本家谱记录了我的祖上四代和晚辈四代。"2002年，吕有员将这本《家谱》重新抄了一遍。与此同时，他还抄写了十几本，这十几本家谱已经分发给晚辈们，每户一本。虽是手写的家谱，但结构很完整，有前言，有目录还有结束语。[②] 从2000年初，父亲高之良开始着手准备写家谱。对家族的记忆，只能追溯到爷爷

---

① 家谱国际：《余氏小家史〈我的一家人〉一本家书让血脉相连，世代相传》，家谱国际2018年5月21日。
② 陈凯璐：《下宅口村的这位百岁老人兴趣很广泛》，《浙江日报》2017年11月24日。

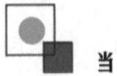

那辈，再往上去，基本是一片空白。写了三年多，到2005年底，父亲完成了《高建德家族谱》的编写。① 值得注意的是，此处直接以爷爷名字命名家谱。

《青岛流亭胡氏族谱》。在形式上，过去家谱有悬挂轴式族谱、册式族谱和家乘三种，此次《青岛流亭胡氏族谱》将三者融为一体，不但方便查阅，族谱中的"家乘"一卷还将家族大事、名人传略和事迹等都收录其中，详细记录了650多年来政治、经济和文化的变革以及人口衰兴的发展历程。②

周氏的《慈溪周氏半浦竹房支谱及家族回忆录》12章，前5章为家谱，中间6章为家史，最后1章为外家往事。笔者一直认为现行新修之谱过于简略，缺乏人物小传。家谱既然定位为家史，就要在人物传上下功夫。大家谱人物过多，出于平衡考虑，无法多写，但支谱、房谱、公众家谱是可以考虑的。此谱前为家谱，后为家史，兼及外家，为其所长。只是，最后一章，如作附录处理，更为理想。作者是一普通老人，并不擅长写作。自从获得《中华姓氏通史周姓卷》，知宁波天一阁有《慈溪周氏半浦支谱》，就开始了寻根问祖、缅怀先祖、饮水思源、承前启后之路。作者寻根精神可嘉，前后历经八年，经反复查阅、补充、润色，终成此谱。

杜建海协助编纂的《鄞南荷花桥王氏经才公支谱》分系图、世传、家传、文献、世居、余庆录六大部分。卷首涉及源流、迁徙、行第、家训四部分。

包毅夫的《包氏小家谱》，它按代来写家族人员故事。这是一种创新。他本人是全国劳动模范，退休以后能想到编纂公众家谱，确实不容易。他的文化程度并不高，但能编纂出这样的公众家谱，值得肯定。这部家史尚有进一步提升之处，不过方向是对的。

此外，有《镇海柏墅方氏仁二房之寿房支谱》（2016）、顾毓琇先生等编纂《锡山顾氏支谱》、孙卿《郑氏浒山南门支谱》（2020）、山东《北海于氏长支行二之二支支谱》（2020）、《咸祥球东朱氏书道房谱》《镇海大通宣庆府董氏吉公派声公支谱》等。《胡氏宗谱敕五堂》，正文多照片，是值得肯定的。

以上这些案例，应是多数老人值得学习的。笔者经常说，家史不传，是家中老人家族文化管理失责的结果。老人不传家史，后裔无法知晓，反而被后人

---

① 任刚、陈相明：《八旬老人撰写家谱传承家风》，《颍州晚报》2020年6月22日。
② 王法艳：《岛城人热修"现代"族谱，青岛流亭胡氏族谱首发》，《半岛都市报》2008年12月1日。

所怪。一旦前人修了谱，也会引导后裔续谱。

第二节 当代修谱流程及主要问题

修谱是建造一座家族文化大厦，是一项复杂的文化生产活动，是一场需要脑力和体力兼具的持久战。历时长则一两年、三四年，短也要几个月，工程繁杂视乎村子的人口户数和史料难度而定。要做大事，涉及两大层面，一是决策，二是执行。决策层面，就是发兴之难。能否发兴，又涉及对此事价值与意义的认知，组织能力、编纂人才、经费的支撑等。修谱有六难，一是发兴之难，二是人才聚集之难，三是找到原有谱牒之难，四是搜集之难，五是编修之难，六是费用征集之难。虽然也有人说不难，"只要手中有老谱，静下心来看看样本、学学体例，就知道并不难。"[①] 家谱编修之所以艰难，是因为要面临一个公众参与问题。家谱编修不完全是专业人员主持，会要求更多外行的家族人员参与。家谱编修，对专业人员来说，难度不大；但对一个不熟悉的外行群体来说，是十分麻烦的事。要外行的家族人员参与修谱，自然会遇到一系列的观念的冲突，操作技术上的生疏。没有眼光，没有决心，没有热情，没有财力，没有付出，是不可能完成的工作。而要完成这样专业而复杂的工作，须讲究流程管理。

什么是家谱编修流程？流程是管理学术语。所谓流程，即为实现特定目标而采取的一系列前后相继的行动组合，也即多个活动组成的工作程序。各流程环节下面，又有更小的工作步骤。它讲究目标及跟踪管理。编修族谱是一项浩繁的文化建设系统工程，所以适合流程来管理。为什么要讲流程？目的是引导人更好地操作，提升工作效率。就家谱编修来说，讲究家谱编修流程管理，目的是提升家谱编修的效率。会确定编纂目标，交代操作要求与步骤，限定完成时间，按时提交检查。只有这样标准化操作，才能按时按质出家谱编修的成果。

关于家谱编修的流程与规则，已经出了不少的图书，也有了不少的经验总结文章。家谱编修流程，前人是如何划分的？前人没有明确的家谱编修流程管理思想，但有了类似的想法。譬如姚建康将家谱编修过程分为建立机构、拟定

---

① 佚名：《民间兴起修家谱热》，丹阳翼网2011年9月14日。

篇目、搜集资料、分工撰写、搞好总纂、筹措经费六大环节。① 林家俊分为组织、经费、编辑、制作四大环节。② 魏怀习分为组建家谱编修委员会、筹措修谱经费、编辑家谱、排版印刷、颁谱仪式、纪念画册六个方面。③ 王大良分为"编修家谱前的准备、具体编修家谱、印刷家谱、颁发家谱、收藏家谱等五个环节，也叫家谱编修五步法"④。编修家谱前的准备，又分为建立机构、发出倡议、筹措经费、制定方案、搜集资料。实际编修中，又将印刷家谱、颁发家谱、收藏家谱三项归纳为"编修后的工作"。更有人划分为多个小环节，称"从开始的策划创意，规划方案，听取众人意见，排查摸底，查缺补漏，登记注册，到对有关内容的考察、取证、整理，到最后的汇总，编印地点的确定，校对打印、设计、定稿等，将近一年的时间，工作任务之重，难度之大，可想而知"⑤。这段话描述出修谱的全过程。

本节拟对前人的经验作一个梳理与提炼，在基础上提出一些新的看法。拟按照事前、事中、事后三阶段分法，将家谱编修流程分为家谱编修前、家谱编修中、家谱编修后三大环节。前人编修过程，重在介绍各个环节是什么，本节重点是研究家谱编修流程各环节中容易出现的普遍问题。要将各环节中容易出现的问题找出来，找到解决之道，才能推进家谱编修活动。在这方面，各位参与家谱编修的主事者的经验总结，无疑是最值得关注的。他们是一线人员，直接面对各家族人员不同观念的质疑，直接会遇上家谱编修中的具体问题，他们是如何一一化解，进而推动家谱编修活动向前推进的，他们的应对措施等，是最为有效的经验。经验是人类做事智慧的结晶，是微观意义的具体的成功之道，这些创意和经验值得后来者学习和借鉴。

一 家谱编修前诸问题

第一，决策是修谱的起点。

对有老谱的家族来说，这是一个组织续修问题；对没有家谱的创修来说，

---

① 姚建康：《家谱编修指南》，云南人民出版社2006年版，第103—106页。
② 林家俊：《家谱编修实务序言》，江淮述林博家2009年4月起连载。
③ 魏怀习主编：《家谱编修实用大全》，中州古籍出版社2015年版，第22页。
④ 王大良：《家谱文化知识与编修技巧》，气象出版社2017年版，第212页。
⑤ 编辑部：《岳氏精忠堂族谱后记：时十个月，业已设编》，中国家谱网2021年2月5日。

这是难度更大的决策。对大脑记忆中没有家谱概念的家族来说，要创始做一些事，这是相当难的事。观念问题是第一大难题。如何才能实现修谱决策？富阳倪毓佩的经验是："找几个志同道合的、有威望的族人开一个座谈会，商量一下，就可定下来。因为有谱师在掌握修谱技术，修谱委员会只需配合就可以。多数人会说，跑跑腿、叫叫人的工作，他们会做。如果修谱委员会中有绊脚石，要想办法踢出去。这些人成事不足，败事有余，绝对不允许他们留在修谱委员会中。"也就是说，不要搞大民主讨论，少数人决策即可。这是通过实践总结出来的成功经验。

第二，续修宗谱是合修或分修？

现实的家庭形态与行政划分影响家谱的编纂单位。目前分修是一个趋势，完全照血缘修谱越来越困难了。譬如宁波镜川杨氏，原来一家合修，现在东杨与西杨成为两个行政村，结果各修各的杨氏宗谱，不再合修。甚至某些人要求修公众家谱，只修本支。缙云陈渭清主张不能分修，必须合修。他的理由是，现在没有了财产利益，更容易合。笔者说见过分修的案例，他说是因为族中没有强人可以管住此事。如果是他主修，保证不让他们分修。

第三，要有一个好的领导班子与编修班子。

领导班子就是家谱撰修理事会。理事会负责家谱撰修过程中人、财、物的统筹运作，负责谱涉事项的权威评判，负责修谱活动的安排组织。任何团体及组织，只要有一个好的领导者，他的事业就兴旺，工作就前进；没有一个好的领导，则与之相反。好班子的标准有三条：第一条是"理事长有声望、口碑好，有比较强的号召力"①。修谱"更需要有一位更出色的领导人出来领头"，因为续、编写族谱工作是民间组织行为，在用人选上没组织考核和任命。"他只有以宗亲情凝聚人心，只有履行职责和义务，他只有无私地奉献，而且是奉献、奉献、再奉献。"② 富阳倪毓佩说："一个能真正推动修谱的人，需要具备三个基本条件：眼界、意志、威望。这三句话概括更为到位。眼界，是指可以看到全局。意志，是执行的坚韧性。威望，指能让众人信服。"宁波李华章说："作为召集人，氏族几十年甚至百年续修一次宗谱，这是一个氏族赋予你的历史担当，你

---

① 申俊才：《参修〈申氏族谱〉的五点体会》，爱种花的大叔 2020 年 5 月 30 日。
② 乔存远：《谈我从事宗亲工作的体会与期盼》，族谱网 2019 年 1 月 3 日。

有什么理由不奉献？下次还会轮到你吗？在社会上兢兢业业干了几十年，现在为族人再干点实事又何妨？要什么名利？名早就有了，利还争什么。"第二条，要大力弘扬"千斤重担万人挑"的精神。其领导成员和工作人员，基本上都是兼职，很少有专职人员。往往其结果是，会好开，会上事也好议；会一散，各人都去忙各人自己的事，决议无人落实，具体工作无人去干，导致少数一两个人忙个死，到头来出力不讨好。① 第三条，要切实加强团结工作。"团结就是力量，团结就能胜利"，这是任何事业取得成功的力量源泉。但是实际做起来，不是那么容易，更不是一两个人的事，需要我们大家都去做，人人都来维护团结，事情才好办。人人要有包容心，"一人难合百人意"。首先要有理解之心，要严于律己，宽以待人，先要严格检查自己，多从自己身上找找原因，只要不是重大原则问题，就不要过于计较，求全责备。其次，主张采用多种方式进行交心谈心。要多对话，不要对抗，更不要指责和谩骂，因为指责和谩骂解决不了任何问题，反而丑化了自己。最后要进一步抓好大走访工作，多同有代表性的宗亲交心、谈心，增进了解，加强理解，达到新的团结。②

要有一个好的编修团队，要注意四点：一则一定要找热心的人来办事。一个好的主修人，要努力做到：一是有情怀、肯奉献。二是有文化、肯钻研。"主修人除了应具有一定的文化基础，还要坚持修中学、学中修。""倘能系统地阅读一些修谱理论书籍，谦虚地向修过谱的人多请教，就能少走弯路。"③ 二则要有一个志同道合的团队，"有几个甘愿为家族事业无私奉献，百折不挠的中坚力量。通过他们把家族成员动员起来，形成合力，一呼百应。但族众人多口杂，良莠不齐，难免遇到阻力，不如意事常八九，有心理准备就是了。万不可放弃，放下就很难再拿起来。切记不可单枪匹马，意气用事，那样将会一事无成。只有融入家族之中，取得宗亲的信任和支持，才能达到目的"④。三则要有担当精神。"宗族活动多半是无偿的，只有不计报酬、不怕吃亏，不怕吃苦、不怕闲话、甘愿无私奉献的人才能干好。当事人不但要出力，还要出钱，事事还得带头。"⑤ 四则修谱队伍要注意老中青人员结合。修谱，往往是老年男人的事业，

---

① 乔存远：《谈我从事宗亲工作的体会与期盼》，族谱网2019年1月3日。
② 乔存远：《谈我从事宗亲工作的体会与期盼》，族谱网2019年1月3日。
③ 申俊才：《参修〈申氏族谱〉的五点体会》，爱种花的大叔2020年5月30日。
④ 守灶人：《关于续修家谱的几点想法》，知乎2020年4月16日。
⑤ 文清誉：《一位古稀老人30年义务修谱的心得体会》，中华文氏家谱馆2021年8月9日。

第七章　族谱编修方式及流程中诸问题

中青人多是滞后的。所以，前期工作要老一辈族人牵头，但后期工作需要有相应的写作能力且懂电脑及网络技术的中青年来支撑或完成繁重的工作任务，二者缺一不可。从目前来看，老年人参加多，某些退休的高级领导干部、职工、农民的老年人对续、编写族谱有极大的工作热情，他们还有时间和一定的经济能力，但他们技术水平难以胜续、编写工作了，特别是到了六七十岁以上的连手机短信都不会收发。而中青年人族中有人懂得这些技术，但他们缺乏工作热情和时间、精力等。这样我们老一辈人尽量动员他们参与，作为中、青年人也主动积极参与。① 而且，选择年轻人参与修谱，可为三五十年后续修家谱培养后备种子人才。② 有的主编"常恐自己之殁后，后人不继吾志，致使家族湮没无闻，故定每三十年一修，即每逢30、60、90年岁修谱，修谱人选上了三道保险：（1）在本届修谱完成，立即将下届推举人选名字记在专设栏内。（2）届时有自荐者为佳，其必首选。（3）若无自荐者，由举荐者为之，举荐者若有原因不能任，则由长房长子负责"③。修谱人才确实是关键。

家族修谱要找到好的主事人不太容易。"于是希望在族人当中寻找一位合适的人来承个头，我当好下手鼎力协助。我细细地考量了族人，年龄大的力不从心；年龄小的，没有经验，更无兴趣；走出家乡的，忙于工作或事业；长年打工奔波在外的，也无暇顾及此事。想来思去，确实没有合适的人选来承担这一重任。现实将我推向了续编家谱的前台，于是我义无反顾地自己先干了起来。"④ 这应是普遍的现状。我们希望家族中有兴趣有能力的人，主动承担起家族建设重任。

两支队伍各有不同的功能，要互相搭配好。编写族谱人事组织结构中，既有帅才也将才。这里所说帅才，就是一些族人中有领导才能的德高望重的长者，或领导级别高的领导，或经济能力和知名度高的企业家等。将才是能领导组织发动群众参与族谱编、续写，收集资料，室内编辑等具体的或技术工作能人。帅才如同现代企业中的董事长，将才是经理。有帅坐台压阵、感召众人，由将才出工作点子、规划及方案，选用各级各种有关人才并组织他们开展工作，协调处理好工作之间的关系及矛盾。最关键是帅、将要配合得好。⑤ 最好主修者有

---

① 郭孟益：《关于编写或续编族谱的尝试与设想》，中华郭氏网2013年9月8日。
② 申俊才：《参修〈申氏族谱〉的五点体会》，爱种花的大叔2020年5月30日。
③ 风雨无阻：《个人对家谱的十条建议》，风雨无阻—866的博客2018年10月1日。
④ 马保信：《绥德抚院马氏家谱前言》，知乎2021年3月10日。
⑤ 郭孟益：《关于编写或续编族谱的尝试与设想》，中华郭氏网2013年9月8日。

· 325 ·

权威，协修有热心人，编修是专业人员。

从劳务回报来说，本姓参加与外姓参与，回报原则会不同。总的原则，本姓参与不付酬，而外姓参与要付酬。李华章说："族内人主编、采访义务与适当补贴相结合，我们的做法是三个采访人员每月1200元，只发了半年时间，采编结束由主编义务编辑。"由外人编家谱，老早就出现了。由于文化因素，技术因素，请职业谱师来修谱，也是一大趋势。

第四，确定提纲与凡例。

家谱资料与家谱编修大纲密切相关。家谱资料搜集范围与类型，取决于家谱编纂要求。所以，确定家谱编修提纲与类型是大事。一旦确定了提纲与类型，编纂团队心中有数了，就知道要搜集什么材料了。为了让团队人员了解，必须先进行内部学习，将大纲内容内化为自己记忆一部分。如此心中有数，才能有意识寻找相关信息。家谱提纲如何做？这其实涉及家谱体例与类型改革问题。没有新思维，只能照旧。如果有新思维，就会在类目上创新。必须懂古文，否则前面老谱信息都读不懂，自然无法书写好新家谱。

第五，要有一个好的宣传动员。

修谱是一项家族群体文化活动，它要求人人参与。因为各家各户的过往信息，在各人的大脑记忆中。然而群众对修谱意义的认识水平不一，多数人没有见过家谱，对家谱的价值没有概念。又家谱所及信息，会牵涉到家族内每家每户每一个人，有的还一定程度上涉及家私、隐私、平时秘而不宣的私密事项。如此，发动工作难度大。李华章说："修谱动员大会很重要，要把族长请来做主席，召集人讲话，到会人员签到画押，省得以后个别人说这是他们要修，我们不知道。少数服从多数，最后族长宣布修谱启动。发起人一定要有奉献精神，包括家人兄弟姐妹都要大力支持积极捐款，捐款公布上墙，资金专人保管，专款专用，公开用途。召集人捐款最多，但不过人手一元钱，圆谱结束公布费用详细，我们是这样做的。"康海明说："发扬传统美德、尊老爱幼、尊祖睦族、清正廉洁、无私奉献，水到渠成。有能力的都是谦谦君子。"邵鹏说："无论有无实力能力，这个族长说修谱了，点个头，或者到族长那里讨句话，还是相当要紧，否则一旦以后有事，就会有人挑这个说事，谁也解释不清。宗亲的文化魅力也在此。"

为确保修谱工作健康有序推进，事前进行宣传动员十分必要。"好的宣传动员：一要有修谱公告。把修谱的目的、意义、作用、要求、注意事项等解释清楚，并可印发到家庭、张贴到墙上。二要有会议动员。可以集中开大会，也可以分组开小会，将修谱公告中的一些内容面对面跟大家讲明白，还可以集中释疑解惑，省得到一家讲一家、到一户说一户，免了许多口舌。三要有尚方宝剑。对于撰修家谱，对于家谱中收录的家风家训，历代的中共党和国家领导人都有精辟论述和肯定，可认真宣传，统一大家的思想认识，避免个别少数人的不正确言论干扰修谱工作。四要有老谱示范。修谱前，整个家族中除我外，没有一个人知道家谱是个什么样子。若在进行修谱动员时，借一套家谱（哪怕是其他姓的）展示给大家看看，让大家对修谱的目标物有直观了解，肯定会促进修谱工作。这一点我们当时疏忽了。"① 要让家谱深入他们的生活，进入他们的记忆之中。给每个家族发一个空白家谱本，这是最为理想的办法。这既可推动大家谱编修，又可推动公众家谱编修，可以普及家谱知识。可考虑拍一部不同修谱家族如何修谱的纪录片，推广家谱编修知识。家谱编修动员会，要用影像的手段，不要光讲靠嘴。普通人眼睛中或大脑记忆中，没有家谱的影子，如何让他们体会到家谱编修的重要性。

第六，要有经费的保障。

家族修谱，没有任何资金来源，更没有财政拨款。所有一切活动的经费，全靠各位宗亲自己掏腰包。李华章说："修谱主导人、理事会成员首先要有奉献精神，有钱出钱，有力出力，义务修谱，带头捐款。根据续谱入谱人员的多少和印谱数量及祭祖、圆谱活动等，初步框定一个总费用额度，进行族内捐款。最后看实际捐款情况，再定具体活动内容，量力而行。"如果有资金，可以直接请专业团队来做。家族主持的话，可以培养出自己的人才。富阳倪毓佩说："一个家族修谱的费用包括：聚会、登记，采访、编辑、排版、制版、用手工宣纸制作。假如配备谱箱的话，还要增加谱箱费用。如要圆谱的话，还要增加圆谱费用。有钱可以热闹一点，钱少就要量入为出。"李华章说："各地经济、人口、就业等情况千差万别，不可能只有一个标准，一般模式按人头分摊、人头分推+捐款、大额捐款+族人自愿捐款（定好起捐点）、族人企业家统揽筹几种。"

对于采访人员采取半义务的方式给予微薄的补贴，外出采访车旅费实报实

---

① 申俊才：《参修〈申氏族谱〉的五点体会》，爱种花的大叔 2020 年 5 月 30 日。

销。李华章说:"修谱是一个族内的事,不是公事,要解决我要修还是要我修?谁主导?谁来修?怎么修?费用筹集怎么来怎么用?每家每户要做些什么,要由族内有威望的长者或召集人在修谱启动前向全体族人(每户代表)讲清楚,使得每家每户都了解修谱的目的意义与过程,人人参与形成合力,这样才能顺利开展修谱工作,包括采集信息、资金筹集等,不至于半途而废,失信于人,毁了氏族信誉。"

要建立修谱理事会。从商业角度来说,要激发买主的消费欲望与需求。同理,上企业找老总募集经费,要调动他们的欲望与需求。如果没有消费欲望,认为对他无利,他是不会出钱出力的。要在某些重要的场所留下他的名字,否则后人不知。成立编委,署上大名,让子孙知道,我祖上某人是某本家谱的理事长、理事之类,他们会感觉无上的光荣。要有成绩,才可上理事。

二 家谱编修中诸问题

修谱中工作,有人摸索出"六步清谱工作法",即"摸索探讨,组织宗亲,双轨清谱,逐户校对,考证史实,撰修宗谱"。它们"既是清谱流程,又是清谱方法,既是清谱顺序,又经常交叉"①。此次谱成,浩繁工程,非一人所能为,其中凝聚巨量不辞辛苦、任劳任怨、耗资耗力、追根求源、查枝问叶。② 要经过大量考证才形成的。"家谱的主体是家族年鉴,先查族谱、找资料理顺祖先渊源,再查书信找日记、访亲友听回忆,最后编写家族年度大事记,重要人物小传、传奇故事则单立篇章,家教语录附在后。在此基础上,还要写前言后记、插入家族老照片、编排目录次序,将以上这些材料统一编好,就是一部家谱。"③

第一,要有一个好的指导思想。

要男女平等,女子也要上谱。修谱有着悠久的历史传统,但也要与时俱进。计划生育以来,绝大多数家庭只生一个孩子,或男或女。如果按过去的传统,只允许男丁入谱,就势必影响到半数家庭对修谱的兴趣,同时得不到这些家庭对修谱的支持。④

---

① 王清福:《浅谈十七年清谱取得历史性的重大收获及体会》,中国家谱网 2018 年 8 月 7 日。
② 张定国:《光山十里张岗籍〈张氏族谱〉后记篇》,中国家谱网 2021 年 10 月 8 日。
③ 佚名:《民间兴起修家谱热》,丹阳翼网 2011 年 9 月 14 日。
④ 申俊才:《参修〈申氏族谱〉的五点体会》,爱种花的大叔 2020 年 5 月 30 日。

要实事求是。要求史料的真实性,力求不带任何政治色彩。同时,要灵活处理。对于过去出现过的一夫多妻,对于离婚再婚,对于判刑入狱等,都尽可能如实登记入谱,个别不同意入谱的也不必勉强,但绝不粉饰、美化。①

先易后难,循序渐进。在续谱过程中,采取先续谱后连宗。先续谱有两个好处,一方面积累大量资料,另一方面可以吸引更多的宗亲关注家族事业,为连宗做好充分的准备。再者,续谱的涉及面小,耗时较短,仅本家族就可以完成,而连宗牵涉面大,耗时较长,难度太大,不能因为连宗未果就让修谱搁浅。在修谱过程中往往为没有详细完整的资料而感叹,埋怨自己的祖先没有给我们留下一些可供参考的资料。如果你现在不抓紧修谱,后人再有孝心,再有能力,也是枉然。所以,决不能因为自己的失误而给后人留下遗憾和困惑!②

搁置争议,先办好眼前事。③ 无论是续谱还是编写初谱,工作要先易后难。先今后古,由近及远逆向层层深入。忌从古往今的顺向时间开展工作。因为当我们从写现代人开始是比较容易开展工作。④ 找老谱,这是难度最大的事。一日,笔者在天一阁见《新昌俞氏家谱》编纂人员,问他们编纂了几年,他们说前后八年。何以要如此长时间?一是找老谱费了二年,核对又费了几年。这正是两大难处所在。笔者的想法,先做可以做的,先将断代谱修起来。上接老谱,这是第二步要做的工作。修新谱第一,接老谱第二。这是务实的修谱步骤。如果顺序颠倒,肯定修不成,或拖的时间较长。

家谱是一部不断续修的家史。大都推崇通史,不喜欢断代。断代,表示代断了。家谱编纂,胡适提倡编以始迁祖为起点,编家族断代史。这个观点是对的,这可以保证编纂的血缘性,这是血缘家谱。串联很长,这是文化家谱。

用"文化认祖"和"血缘认祖"分列并存方式修谱。不再简单沿袭各姓氏传统的统宗统系的修谱方法,不再为追求世系源远而杜撰冒认先祖,不再为虚荣而依附名门望族,不再上接而谬接外系,从下往上追溯,重开基祖,重最早的坟墓碑记等实物,重最早的祠堂神主牌,重各世系最早的老谱,重各世系

---

① 申俊才:《参修〈申氏族谱〉的五点体会》,爱种花的大叔 2020 年 5 月 30 日。
② 守灶人:《关于续修家谱的几点想法》,知乎 2020 年 4 月 16 日。
③ 郭孟益:《关于编写或续编族谱的尝试与设想》,中华郭氏网 2013 年 9 月 8 日。
④ 郭孟益:《关于编写或续编族谱的尝试与设想》,中华郭氏网 2013 年 9 月 8 日。

最早的谱序,以各世系第一个写谱人所溯之始祖为始祖。实事求是,回归和还原最早的历史记载,符合我们这个时代的大潮流。①

要增强族人的参与度。续修族谱是一项浩大工程,非举全族之力而不可完成。家谱是百年大计、千年大计,持谱人、阅谱人都特别关注自家、自己这一块记述的正确性。如此,要让各家及时参与进来,以增强各家各户的满意度。

创造家谱特色。就单个来说,家谱都是不错之作;不过当各种家谱放在一起做群体性的横向比较时,特色就是最为重要的。符合基本要求的家谱,就是及格而已。只有那些创新之作才有资格称为优秀。评优是在群体中比较优劣,确定高下。

第二,断档百年的老谱如何与当下衔接?

新旧谱系如何衔接?这种接口的处理,是相当难的一件事,也是外行不易看出的,可以说是无感的。留下接口,标示某支迁移何处,标明查询不到,留待未来接续。在版式上,如能用就继用。如果无法用,要重新排版。基本规则,老人好办法,新人新办法。前面是古文,后是现代汉语,也不是不可以。也有将老谱与新谱完全分成两个部分,这样做也可以看出时代的嬗变。古代汉语与现代汉语,无标点与有标点,无照片与有照片,这是新旧家谱编纂中遇到的最大的不同。

宗谱怎么修?首先要做的,就是将"甲午谱"上的先人与现在的盛姓族人接上关系,然后厘清每个族人分别属于盛氏哪一房、第几世?可是,老谱距今已过去一百多年,历经几代人,为一个个盛家人找到谱系,谈何容易。盛泰育翻遍了老谱,就是找不到自己先祖父的名字。无奈之下,大伙儿一起帮着想办法。根据这些信息,盛泰育和先祖的名字接上了头。接着,也用这个方法,他们开始逐一为各房"接头"。渐渐地,方法越来越多,通过核算年龄、回忆生肖、比对辈分、对照排行、查看支派、凭借娶氏、推敲字音、界定居住地、比较血缘远近、按照取名规则、借助特殊事件等十多种方法,进行分析、推理、判断。幸好在好几处盛氏族人的居住地,总能得到一位非常熟悉自己住地、各家传承关系的老者的帮助,才让"接头"工作取得了很大进展。找到"接头"后,他们印制了880份调查表,一家家走访、调查,花了两年多时间,才将信息

---

① 陈军:《从我国家谱的历代发展史中谈修家谱》,陈军的博客2021年5月31日。

第七章　族谱编修方式及流程中诸问题

收集上来。[1]

宗谱接口问题。首次修谱出现百年以上谱系，肯定有问题，属乱接口。分支与总系间存在接口问题，初次修谱面临这个问题。一定要与总谱某支接上关系，这是古代家谱编纂的最大难处，也最容易出事之处。接不上口，无法上溯，这是普遍的现象。因为前面缺乏文献的记录，没有家谱的编纂。后面某支创谱，必须出现接不上现象，这是十分普遍的现象。是不是一定要接上？未必。譬如笔者所在的杭州临平区钱氏，肯定是杭州钱氏一支，但上面与某一支接的问题就是解决不了。至于某人一定要说你是钱镠几代，那更是一种误区。钱镠仅是钱氏一员，不是最早的钱氏成员。钱镠，至多可成为钱氏家族形象代表，但肯定不是最早的祖先。

以老谱为据续修宗谱，会遇到迁移支系联系不上问题。有时会遇到一片好心，但对方并不领情之事。尤其是迁移到城里的族人后裔，情感更是淡薄，甚至以城里人居高临下心理地看乡下族人。遇到此类情况，不必强求。个别年轻人会以族人实际走动拒绝扩大修谱范围。修家谱与实际走动是两码事，它的面会更宽，不走动族人也要写上。这是年轻人要更新的观念。

第三，谱丁资料征集。

修谱重在续修，续修部分信息在各户各家大脑记忆中，必须通过多种方式，将各人记忆中的信息征集起来，才能编纂出理想的家谱。如何征集？方法各异：

各村选出代表，再按地域划分为片。各片指定了负责人，领导本片家族活动事务。[2] 联络员有人缘。联络员也是理事会的成员，配合主修人开展入户调查登记，除了知书、达礼、有公益心，还必须有人缘，家家户户跑得进去，人人个个能说得上话。[3] 有熟人、肯入户。主修人最好是在家族聚居地生活或工作过的人，因为熟悉人脉关系，撰写世系年表时就能做到胸有成竹。对于一些疑点、缺失，要反复登门入户求证，确保真实可靠。[4] 余姚徐泉华的组织模式最可行，每房派两个代表，一定要找正直热心的人，不能找赚钱的人。一周定一个时间，上交材料，了解进度，然后布置下周任务。如此循环，两个月，可完成90%左

---

[1]　仲一晴：《客从何处来？——靖江盛氏修编家谱纪实》，《靖江日报》2015年1月24日。
[2]　郭占敖：《三十年孜孜不倦撰修河南〈高桥郭氏家谱〉》，中华郭氏网2014年5月22日。
[3]　申俊才：《参修〈申氏族谱〉的五点体会》，爱种花的大叔2020年5月30日。
[4]　申俊才：《参修〈申氏族谱〉的五点体会》，爱种花的大叔2020年5月30日。

右。剩下的人，再催一下，补一些。全部弄好，交厂里排版。也就是说，谱丁资料的征集，仍走传统的手工表格，让人上门填写，逐步完成。

谱丁征集是家谱编纂中最费力的环节。在谱丁征集上，一品谱局用微信群法，一支一房，建立一个群。最终完成稿也有依据，后面出错，可以弄清责任。笔者的设想，可以借助金山在线文档编辑法，放在每人手机中，让每人负责填写。如此，可提升信息的准确度，也可一步到位，不需要后续人工操作，复印粘贴。除了原来谱丁常见信息，要将简历信息也细分成几个点，让人填写，实现小传化。最终目标，行传信息达到300—500字。这样，五十年、一百年以后，史料价值会很高。不足之处，篇幅会增加，成本会上升。不过，从长远角度来思考，这笔钱是值得花的。

富阳倪毓佩的经验是，直接上门，驻村办公，让各户来村里登记。他直接按表格询问相关信息。考虑到现在的身份证的不准确，他会问对方生肖。生肖是不变的，可以据此判断实际年龄，进而发现身份证年龄记录之错。又会让他给老婆与儿媳打电话，据此可知妻子、儿媳及孩子们的生肖及出生时辰。一旦纠正，家谱遵循实事求是原则，登记实际年龄。这种看似很笨的办法，其实十分靠谱。他们的登记效率很高，一天可达二百多人。一般几天时间，就可完成登记时间。谱丁信息征集，是修谱中难度最大的地方，这关克服，修谱就十分方便了。有的人不愿意上谱，他们就做思想工作，先找丈夫，丈夫不同意找妻子，妻子不同意找儿子。如果儿子也不同意，则彻底放弃。

嵊州钱国森老师修家谱，自己开着车，带着电脑，直接到各家中，当场询问，直接写出，当场核对。这种直接上门搜集信息方式的效率是比较高的。安庆一品谱局成立信息采集部，二人一组，配备一部车，有意识地跑各地，征集家谱信息。用现代化手段，主动出击，效率相当高。征集到以后，要求对方签上名，同时留下电话，方便联系。如对方信息有误，他们会着急，会主动找谱局纠正，如此化被动为主动。这些信息采集方法均不错，值得推广。

寻找每个分支的领头人物，且有能力把倡议书或收集资料的具体分发到他们分支的每个小支有能力书写资料的人，并按一定的时间收回。各分支、小支的负责人写上自己名字，对与错及质量好与差都是他们的。编辑时也将留下他们的名字。编辑者要保留他们送上来的原稿。以查证用之。对于确实没能力收集文字资料的小支，分支负责人要亲自或指定有这方面能力的人帮

第七章　族谱编修方式及流程中诸问题

他们完成任务。分支负责人将收集上来的第一手纸质资料集中送给编辑者。也可用邮政快件寄来。编辑人员将送来的资料进行整理并输入电脑，最好是各分支在一位懂电脑操作的人员或族人处。编辑人员将整理好的该分支电子版资料从电脑网上传给分支负责人，由他将它打印出来返遣给各小支负责人修改校正好后，再由分支负责人以电子版的形式返送给总编辑部。这样反复几次族谱的初稿就出来了。①

可以通过派出所寻找相关村族人信息。2007年5月25日，有人建议："那就去派出所看看啊！"他们觉得这主意不错，于是来到西来镇派出所，说明来意，并提供了相关的证件后，派出所民警从电脑里扫出了一份名单交给了他们。二人一看，大喜过望，西来镇所有盛姓村民的资料全在上面，他们终于可以免去一村村、一埭埭地打听之苦了，如法炮制，他们花了二十多天，跑遍了市内所有派出所，拿到了全市共计3200多盛姓人的总名单。②这说明，只要有证件，证明是合法行为，乡村派出所是可以开方便之门的。这为信息的征集，提供了全新的案例。

采用互联网进行收集和修改家谱资料。以往传统的做法就是走家串户，面对面的采访交流，用纸笔进行记写家谱材料。而这次修谱，我们第一步建微信群，把重修家谱的意图和初步设想以及部分新增的内容发到微信群，征求大家的意见。第二步，就是把牵涉各家各户的个人材料初稿发到微信上，要求个人认真阅读、检查、修改、补充，然后用微信发回给主编或编委会主任。主编或编委会主任根据稿件的具体情况，分别采用视频、语音、电话等多种形式进行采集材料和进行反复的修改。③《丹竹江陈氏族谱》此法值得学习。

谱丁征集是鼓励人人参与家谱编修。不能简单化，也不能让人产生交钱上谱的感觉。应从购书款或支持族谱编修出力角度来思考，要为族谱编修出力出钱活动，进行广泛宣传动员。宣传理念不当，容易让人产生歧义。只有生儿子才要交钱，修谱是为了生儿子的人。这些是十分狭窄的观念，必须加以破除。

当代家谱编纂，其内容是动态性的，随时在变动之中，所以一定要有一个

---

① 郭孟益：《关于编写或续编族谱的尝试与设想》，中华郭氏网2013年9月8日。
② 仲一晴：《客从何处来？——靖江盛氏修编家谱纪实》，《靖江日报》2015年1月24日。
③ 陈振桂：《原创：重修家谱的规则》，《丹竹江陈氏族谱》，2020年。

截止日期。

要注意年月及生日的农历与阳历不同。许多老道的修谱人会从生肖查询入手。象山邵鹏说:"我在做采访表时尽量要求写上属相,这对后期确认生年相当有用。很多上年纪的讲不清年份,差上三五年是常事,但对自己属相绝不忘记,只要校对一下属相,就会八九不离十。"诸暨郦林春的做法,每个人写两个生日,农历阳历都问清楚写清楚,这样才不会错。

谱丁资料的征集,是修谱中难度最大的事。据倪毓佩说,有时会遇到钉子户,会影响进度。一个报社里的人带头拒绝进谱,带坏了杭州一支。富春朱氏修谱,梅家坞有一半人拒绝进谱。

第四,人性化的家族谱系。

我国是社会主义国家,所有公民是平等的,在被编入族谱方面更应如此。为了充分体现族谱的人性化,要始终坚持"以人为本,男女平等,人人入谱"①原则。

女儿入谱。家谱体例,女儿要不要挂线?要不要坚持同姓原则?从传统血型宗法原则来说,这是不允许的。但从家族史来说,是可以接受的。这里涉及一个大家族与小家族观念的不同要求问题。传统的大家族,强调血型宗法原则,不接受别姓。现在,普遍是小家族化了。只是同姓,不管是亲生子或养子,均默认为儿子。也就是说,不存在儿子正养观念了。某个老板生了五个女儿,坚持要挂线。这种要求未尝不可,可以灵活一些。因为时代不同了,宗族体制破坏了,家谱的性质也变了,家谱观念自然也得更新。至于独生子女,更应如此。"所生女儿视同儿子,外孙子视同孙子,均修入董氏宗谱。"②"逐步之后接受女儿也是家族传人的观念,未出嫁女与男性一样挂线、记录、上谱。招婿入赘的家庭,其子女承嗣余姓的,可以女挂线。其配偶姓名、职业、生卒、配葬、居住等相应的情况,列于女后。随母生的外孙、外孙女也可以入谱(凭身份证或户口本为准)。余姓男子亡故,其配留居余家,招婿入赘,其再婚生子女承嗣余姓的,可允起入谱。"③宽容一些,更合现代原则。大家知道是怎么回事,不必过虑。甚至可以说,这样的做法更实事求是。说白了,人类家庭总是在两姓家

---

① 佚名:《精心编写族谱,弘扬姓氏文化——浅谈编写族谱的粗浅感悟》,家谱文化 2017 年 11 月 19 日。
② 董苗生:《续修董氏宗谱序》,见《大董董氏宗谱》卷一,2017 年。
③ 余茂大主编:《鄞东冰厂跟余氏宗谱·重修凡例》,宁波图腾公司 2021 年版。

族中演绎故事的。

家谱编纂涉及有儿子家庭的女儿要不要列入？户口册上有记录，则列入；没有记录，暂不列入，可在第二阶段各户核对时再补入。从历史记录角度来说，女儿要列入，女儿子女也可挂线，别人清楚，不会搞错。传统的家庭关系与家谱，现在已经过时。今日已经是"结婚"，双方是对等的。从婚姻来说，永远是由两个姓氏组成的。以前只是强调了男性色彩而已，今日家谱也成为家族史了，所以要列上妻子。以前的模式是媳妇上门，成为男方家族成员一部分，所以家谱如此编纂。现代城市中，婆媳分开住，于是乎大家庭观念也淡化，有时妻族比男方强。特别是法律上，男女平等。在这种情况下，再坚持传统模式，就有刻舟求剑之嫌。

许多人经常会说，允许女儿上族谱，会变成百家姓。这是一种似是而非的观点。家族总是由两姓组成的，它是"主姓下的百家姓"。"一姓"下的"百姓"，这是现实，只是传统的家谱编修方式，将"百姓"抹杀而已。外孙、外孙女的人物小传，可以做一些灵活处理，放在姑姑夫妇附传中，不必独立出来。有学生称，他姑姑自动拿走传记，不愿意入娘家家谱，这个现象值得注意。这说明某些女不入谱反对者，实际是代人说话。因为，出嫁的姑姑实际上成为夫家的人，不再是娘家的人，身份完全变了。诸暨钱国森提出了一个有趣的现象，站在某姓长辈角度，希望收入女婿与外甥。但过了一定时间段，外甥家族其实也不乐意上外公家谱。这说明，任何人的想法都有特定的立场限制。收录女婿及后裔，有一个信息调查困难问题。当然，如果各户自己负责调查，则容易得多。这样会出现两头上谱现象。这样的编纂，对未来的通婚家庭研究倒有参考价值，所以是值得提倡的。

世系图的制作，会有较多的例外。李科才关注了修谱中特殊案例的10种处理方式：不愿入谱的，先劝说，劝说无效者注明不愿入谱；世系失考、后代失去联系的，能补则补，不能补则如实记录；同姓结婚的，直书即可；离异的、改适同族的，遵循当事家庭的意见；一夫多娶，有私生子的，可以入谱，间记其母简况；招赘的、领养的，注明即可；外赘的、出继的，与出嫁女同样处理；出祧的、兼祧的，不必提倡；犯罪人员，要记录生卒葬等；无中文名字者，按字辈或外文谐音取中文名字处理。最后提出，新时代修谱应该本着抑恶扬善、敬宗睦族的原则，只要有血缘或亲缘关系，并归属于这个家族姓氏，都可允许其入谱。[①]

谱系图编制诸多特例：

养女入谱。有一夫妇离婚，两个女儿判归丈夫。后再婚，女方带来一个女儿的反而亲。最后修家谱时，除了两个女儿外，再加上后妻带来的女儿。村人不同意，谱师坚持修上。大家要高高兴兴，不要人为制造矛盾，这也是一种实事求是的处理方式。

丧偶媳再婚上谱。有一双胞胎兄弟各生了儿子，结果都死了。其中一子找了一个四川妹子，初父母不同意他们结婚。后来这个儿子死后，婚姻也散了。但这个四川妹子也不愿意再回四川，一直认男方父母为父母，愿意为他们养老。她又找了一个淳安小伙结婚，在村附近住着。这家大人感动，认这个儿媳为义女，也同意做进家谱。家谱中就是几句话，但生活中实际是一个十分悲惨的故事。

领养孙子上谱。有一个老人晚年领养了一个男孩，他坚持要将之当孙子看，而不是儿子。如何上家谱？最后谱师设法，按辈分取了一个儿子名，如此可自然接上关系。孙子确实有一个父亲，但这个父亲不是这个老人的儿子。现在通过这种嫁接，就处理好了。如果不明这种底细，后人是无法识别的。

非婚生孩子上谱。非婚生孩子有一个原配夫人认不认、爷爷认不认问题。要求写下说明，避免麻烦。有人年轻时与某女孩谈恋爱，生下某孩子。后来男人出国了，且与人结婚了。修谱时，女人带着孩子来认亲，称是该男子的孩子，要求上谱。如何处理？如果爷爷认，就可上谱，否则难上谱。

丧偶嫂改嫁小叔。又有一个嫂子，在丈夫过世后嫁给小叔，又生了小孩，如何入谱？谱师的做法是，在兄下称妻子为杨氏，而在弟弟下写全名，称杨某某。如此，在形式上，让人感觉是两个女人，实际上是一个女人。

外甥上谱。外甥上谱系图，要另外加钱，可用一个复姓来处理。

非婚生孩子，女儿没有结婚，肚子被人搞大，怀孕生下孩子，外甥随母亲姓。此类简单，就是直接上谱，照儿子处理。

某弟弟当年为了当兵，虚报年龄，编家谱时，如何处理？修谱人的原则是将错就错，否则其弟媳不服，感觉被人骗了。

[①] 李科才：《浅谈修谱中特殊案例的处理方式》，中原谱牒 2020 年 7 月 4 日。

第七章 族谱编修方式及流程中诸问题

联宗处理。一个村同姓某氏，但会出现来源不同问题。如何联宗？谱师会对比，另造一支。

修谱过程中会遇到相当多的疑难问题，往往会被卡住，导致家谱编修难产。譬如大宗小宗问题，正宗偏支问题，这是通谱中容易出现的问题。谱师善于解决问题，没有解决不了的问题，没有修不成的家谱。上谱人口，能有七成，相当不错；有九成更好，不必保证百分之百。这也说明一个问题，家谱上的人口，其实不是家族全部人员，永远是大部分而已。

两个版本，自己出钱，各得其所。广东等地香火意识浓，坚持要生儿子，会私生一个儿子。如何修谱？不可能直接修上，那儿会犯重婚罪，老婆会告发。谱师的办法是，做两个版本。另一个版本，加上私生子，称为"又"，另加一笔钱。台湾人修谱，坚持要写"中华民国"年号，大陆政策不允许，怎么办？谱师的解决办法，也是出两个版本，台湾版本加上"中华民国"年号，另外付一笔钱。

夫妇双亡的无子有女家庭，通知其已出嫁的女儿回娘家，将其先祖、父母和其子女续入族谱。这样做深受无子家庭和出嫁女性欢迎。

其实，世系图编制中遇到的问题，正是不同家族遇到的复杂之处。或婚外生子，或领养，或收养，或再婚，诸如此类。这些都不是正常的家族关系可以容纳的，是例外形态。实事求是，和谐高兴，处理此类事，应是允许的。今日家谱完全是历史的记录，不再是传统的宗法管理。包括城市中人不愿意入谱，也有这种情况。

某人因母改嫁而改姓某，其后母又改嫁，某人如何入谱挂线？答：关键是入谁家的谱？如果跟生父的姓，没必要将他母亲的种种事迹记载清楚，娶某村某氏即可，谱牒本身就有书善隐恶的说法。如果孩子已经改姓，入改姓的那家家谱，毕竟姓氏已经改变。如果改回本姓，可入本姓氏谱（每个地方风俗不一，我们那里有三代不改姓报恩的习俗）。跟养父姓，上养父家家谱，可按实际情况是否注明继子。[1]

长子不赡养老人，在世时常打骂父母，残害兄妹，导致修族谱的时候，爷爷不给长子上族谱。等父母都过世了，适村里又组织修族谱，家族理事会把长

---

[1] 郑生、守灶人：《关于修谱过程细节处理的争论》，汉文化传承 2020 年 7 月 10 日。

子一家都修进族谱。次子不服，想起诉维权。律师答：可以要求对方承担法定赡养义务，但法律没有规定不尽赡养义务不能被写进族谱。

同辈兄弟排序，浙江家谱有同行排顺序传统，但手工操作时，一旦增减，会十分麻烦。一品谱局的家谱系统，对此加以改进，将年月日当一组数据，如此几分钟就可重新排列出来，这是一大进步。如遇女儿，如何排列笔者的想法，照儿子规则处理。如此，传统的儿子，要改成孩子，包括男女。

要想改革行状过简的办法，会遇到两大难题，一是没有人来写，二是家谱篇幅扩大、印刷成本上升。前者是写手的问题，后者是钱的问题。两相比较，写手的问题更难解决。如何解决？会写的人很少，如文成县有2500个中小学老师，会写的人不足百人，这说明写作确实是难事。笔者的设想，要改革谱丁资料方式，增加人物简历，这部分也得细化，划分为几大小点，让人同步填写。如此，基本信息的征集，更为详细，更为规范。有了操作标准，这个提供资料或写作的活动也可解决了。

修谱难度最大的是信息核对，如何从技术上解决这个问题。从技术上推进家谱编纂，这始终是一大努力的方向。家谱世系世录的采访与核对。詹宣武为余姚熊氏宗谱录入时要求核对，找了几户人家，结果问题马上暴露，一是不认，二是乱说。圆谱会上，某些人拿到新谱，饭前有空，随意翻到自己世系，发现弄错了，于是会勃然大怒，当场撕谱。另一位也遇到此类问题，她没有参与领谱，丈夫拿回家，她翻阅自己部分时，发现年龄弄错，母亲年龄比女儿小。她说如在当场发现此类现象，也肯定会撕谱。解决此类撕谱现象，要考虑改变家谱发放顺序，饭后领谱。那时他匆忙回家，不会直接阅谱。回到家中，即使发现小错，也不至发生此类猛烈动作。这也提醒修谱人，世系世录的校对仍是一个大问题，千万别图省力。为什么会出问题？参与谱丁征集的是一批农民，层次太低，责任心、专业素养太差。为什么问题严重？因为涉及当代活人信息，当代人有感。家谱涉及人员多，工作量大，核实难度相当大。如何解决这些问题？一方面是选对人。要找有文化的，且是村中最高文化之人，不是外地最高文化之人。要人际关系好的、口碑不错的人。不少有效经验是，仍用传统的表格填写，让他们本人填写。另一方面，坚持本家本人校对原则。编《藕池村百姓联谱》时，要求将世系图与世录交给本家本人，坚持本家本人核对原则。结果，返回的世系图，果然漏洞百出，几乎每页都有问题。由此可知，世系图的校对，确实是一件大事。多数人家，将校对稿送当事家庭，是一个有效办法。我们自己探索出来的经验是，通过微信，将世系世录页，直接送到相关家庭，让他们再找家人核对。《丹竹江陈氏族谱》："将基本定稿的家谱发到微信群和QQ群，让大家检查修改定稿。家谱的全部稿件都是通过互联网进行收集和修改，连每家每户的相片也是从微信发来的。这次家谱稿件的写作和修改全部实现了无纸化。这样既省时省力省钱，又能相互检查，加快编写速度，增强家谱内容的准确性。同时，我们还把陈氏家谱与全国各姓氏家谱中能共通、共享、共同受教益的内容发到《今日头条》，让广大的读者评论，然后再广泛吸取有关意见再进行修改，这是过去编写家谱无法做到的。同时，也是这次重修家谱的最大亮点"[①]。这是一项有效的全新办法，值得推广。

集体修谱有一个书写篇幅平衡问题。如果平衡不当，别人会有意见。写自己家的事容易，写大家族的历史就不那么简单了。其实，写自己以外的事，就逐步困难起来了。某支系的资料上的有些多，比如说文章、照片。这是内部各支平衡问题。征集资料时，大家不配合，但一旦族谱出来，会有这样那样的平衡想法。此前，没有文本概念。成书以后，有一个对比度，自然会产生这样的联想。

第五，世传称妻子为某氏。

称氏是何时出现的？从目前来看，《左传》已称某氏，如"郑武公娶于申，曰武姜"。南北朝的族谱，就出现的。如现存某氏残族谱，称为"夫人郭氏"。北魏墓志铭《彭城武宣王女妃李媛华墓志铭》，"夫人荥阳郑氏"，但女儿有名字。由此可以肯定，称妇女为某氏，应是周以来的习惯。之所以会标注某氏，可能是为了显示异性制，坚持同姓不婚。后人因而不改，于是形成习惯。至于女儿的书写，多数会写上名字，只有部分族谱不写名字。如现存北魏墓志铭《彭城武宣王女妃李媛华墓志铭》，就书写姐妹的名字。何以称某氏？崇祯《徽城杨氏宗谱》"女子通行称氏，盖内闱不出于闱也"。因为妇女的活动空间以族内为主，空间较小，族内自有一套称呼，所以平时几乎用不上姓名。用上姓名的空间，多是异姓集体中。在历史文献上，多是有地位或要加以重点表彰的女子才有名字。烈女，有姓有名。说明进入文本世界的妇女，会有特别的表达法。

古人的观念与当下人观念不同。称某氏是尊重，称名。到底如何？这要从

[①] 陈振桂：《原创：重修家谱的规则》，《丹竹江陈氏族谱》，2020年。

生活世界与文本世界两个层面加以考察。中国是一个礼乐社会，在同姓族人圈，一般不直呼其名，有一套专用代词称，除了亲属称呼外，尚有族中称呼。不称辈分的，也有称某人嫂、某人家的，甚至是某人妈、某人爸。象山周开水："宁波人习惯叫阿大、阿二、阿三。我大姑姑的名字我都不知道，一次问我表妹，还被她说了一顿。连我父亲都不知道她的名字，我父亲叫她大姐，我爷爷奶奶叫她大囡，名字是嫁到我姑父家里才起的，娘家人都不知道。古代女性一般在娘家是不起大名的，大名是发聘后夫家给起的，所以老谱里出现很多未字的女儿了，意思是还没夫家。"笔者的想法：没有大名，肯定有小名。名与字分开，这是古人的特点。象山邵鹏说："解放前很多女性根本没有名字的很多，在家年幼时称谁的囡，后来称谁的姐或妹，出嫁称谁家里的，谁的娘。还有如果外村嫁来的，就以村名相称，有名字也不叫名。其实家中叫女性最真实的是《红楼梦》中称呼，周瑞家的之类。"男子因为有社会领域活动，譬如赋税之类是家庭法人代表，所以一般有姓有名。妇女不进入公共活动场所，不是法人主体。旧社会女人不上名，不能考取功名，所以不用姓名。编纂宗谱，进入文本世界时，男子自然有名，但妻子往往成为某氏。

　　直呼其名是从西方学来的表达习惯。女子名字的出现，大体是中华民国以后的事。由于共和体制，社会逐步走向解放，不少女子有机会读书工作。象山一批中华民国档案共25万人，男女都有名的，而且有特征描述。于是乎我们可以看到，中华民国家谱中，有一些读过书的女子进入家谱时是有名字的。这些说明，读书工作这些公共活动的参与，让这些女子有机会用名字，于是家谱中出现了名字。1950年《中华人民共和国婚姻法》规定："夫妻有各用自己姓名的权利。"如此，妇女得以拥有完整的姓名权。由此，通过调查建立户口制度，有了合法的名字。笔者在做《藕池村百姓联谱》时，找到了1950年户口籍，上面媳妇都有姓有名。这说明，媳妇有姓有名。此后，新生孩子要报户口，要提供姓名。要读书要工作，于是乎在这些陌生世界通行第三人称的姓名。身份证的出现是现代法律观念的产物，人人具备自然法人资格。不得不说，以毛泽东为首的中国共产党人改变了中国几千年的习惯，让女子进入社会场所，有了姓名权、受教育权、工作权，从而真正实现了妇女的完全解放。当我们习惯了妇女姓名权习惯以后，反过来质疑过往宗谱表达习惯，以为不用姓名，是对妇女的歧视。诸暨郦林春告诉笔者："我爷爷兄弟五个，他是老三。我奶奶的名字是父亲告诉我的；二奶奶的名字是在祭祀的经包上被我看到的；四奶奶的名字是我叔叔告诉我的；五奶奶的名字是村里的老前辈告诉我的；只有大奶奶的名字没人说得出来。我们的中华民国版宗谱，只有八位夫人有名字，不过她们都是中华民国时期的大学生。就连大族长的夫人名字都没有写，还是我们现在采访才知道名字的。大族长的夫人明明叫王香球，结果只写王氏。直到2005年，台湾有个宗亲回来修谱，把现在的人还是写作王氏、赵氏、杨氏，这就太过分了。"

三　家谱编修后诸问题

更重视家谱的印刷。许连科说："过去家谱都是手写，传传就失传了，现在我为了家族文化不失传，所以我就想自己弄电脑、打印机，编辑、打印、装订全是自己完成，将来可以世世代代地传下去。"①《首印宗谱序》，宁海王氏一直修谱，前后十次，每次都是抄本。最近一次是1998年。2016年，王兆林老人"不忍家乘孤本垂危，虽退休金不多，也决心节衣缩食，独力出资，印刷八套，分别送宁波天一阁、宁海档案馆、图书馆、文物办、同乐园藏书阁，各一份"②。

家谱印制流程，包括选择纸张、确定版本、选定定体、排版制作、修改校对、印刷装订。③ 排版、印刷、装订也十分讲究，"不仅是一部史料丰富、内涵深刻、对接精准、尊古启后的传世宝典，而且给人们以大气、厚重、古朴、鲜亮、精美之感觉"④。仿古家谱印刷装帧质量，要由专业印刷企业来把关。现代家谱、公众家谱的问题较多，不在专业印刷厂印，不少是打字店，所以质量标准把关不严，不达标的设计问题较多。

一个人独断，决策与执行为同一主体，思考与行动统一，比较简单。但遇到家谱编修比较特殊的双方，一方是家族团队，另一方面是谱师，情况会比较复杂。彼此理解不同，会有不同争议，譬如印刷环节，按理交给家谱专业厂家来做了，客户只需知道一些知识，决定选择而已，但事实上经常会发生争议。浙江詹宣武认为，修谱中最大的问题是新旧体裁的冲突，是用新体或旧体，横排或竖排，是用繁体或简体，是用宣纸或普通纸，要不要用彩色照片，照片用

---

① 张溧晏：《蓟县七旬老人修著七万字"电子家谱"》，天津广播网2013年4月1日。
② 王兆林：《宁海石柱王氏宗谱·首印宗谱序》，2016年。
③ 王大良：《家谱文化知识与编修技巧》，气象出版社2017年版，第325—335页。
④ 呙中安：《中安先生在编委会总结会上的讲话》，呙氏淮海堂宗亲网2019年7月8日。

多用少，家谱是多印还是少印，某事要不要上谱等。在这些问题上，彼此的意见会不统一。也就是说，家谱印刷过程中，也会遇到一大堆问题。这些问题都是原则性的大问题。在新旧背景下，观念变了，模板方式变了，标点变了，纸张变了，自然会带来一系列的观念冲突。

繁简字体也要统一。繁体与简体均可以。当下使用简体，更为方便，这与国家文字政策有关。只要当下的国策是用简体，家谱编纂就得用简体。主流的模式，一定是简体。当然一定坚持用繁体，也不反对。繁简字是否可以混合？可以考虑，特别在影印情况下。如果重新排版了，就没有必要照老标准了，要按新标准。为什么不能繁简混合？这涉及家谱是给谁看的问题。家谱是给当下人看的，当下的国家标准是简体字，大家不识繁体字，自然要按简体字来执行。前面的老谱，是过往时代留下来，所以是繁体字，这是由时代决定的。

邵鹏说："建议把前谱重新录入，或起码复印进去，现在这很方便。古人修谱很少旧谱本加新谱本的，这考虑到纸质保存时限与可能损毁问题。如果六七十年之后续修，新旧分开，旧本过上百数十年，可能自然损毁了，形成人为断代。因此，有可修断代史、不修断代谱的说法。"徐泉华："我们前谱是定校本。"周开水说："真正只续不修的谱，还真没见过。但有见过新旧断代的谱。"徐泉华说："对前谱不研究，我是不修的。要有前谱和续谱两部分组成，再加上公开出版的书，共三部分组成。"邵鹏说："原则是保证每修一次，都应该从头到尾再来一次，保证纸质的传承与久远。具体做法各有不同。"康海明说："徐老师的做法，旧谱也是重录，印数跟续谱也是一样，衔接的地方分开，也有承先。这种做法最好地保留了原谱的风貌。"康海明说："古代跟现代习俗，社会已经翻天覆地变化，可以说两个世界，考虑到家谱的风格，也有很大的变化，把它剥离出来。"周开水说："感觉整体性差了点。特别是大家族，房头也多，大房头套小房头，十分复杂的。"康海明说："衔接地方，世代可以做平，也可以延续前谱，关键做好承先启后可以了。"[①]

有人强调手工宣纸保存时间长质量高，这是高档家谱值得考虑的事。其实，也应强调普及观念，多印一些，就可保存。常州朱炳国认为："家谱印刷都用宣纸印刷，也是不太现实的，量产不足。且各地家谱印刷量不同，有的才印几十

[①] 钱茂伟：《宁波家谱界论家谱编修诸问题》，见钱茂伟主编《公众史学评论》2022年第1期。

部。如果四五百部，必须由印刷厂印。"未来的家谱编修会常态化，不会如前面中间断了上百年。用纸是修谱一个环节，不能过于神秘化与夸大化。更大的变化是，现在的家谱编修与传播进入数字化时代了，不再是传统的文献时代了，文献版本只起到档案保存作用。

建议多用数字化方式传播。《丹竹江陈氏族谱》："家谱的全部内容，可以保存在微信、QQ、电脑、U盘、云端，也可以印刷成书，永久收藏。这样，不但可以采用多种方式阅读，而且随时随地都可以阅读，十分方便。"[1] "采用电子书形式，可下载，可增补，可更改，可更新，并且无成本，避免因成本带来的诸多烦恼。"电子式家谱的另一优点"是可长期保存，不用担心虫蛀损坏。平心而论，现实中，恐怕很多人没去读过谱，也没去关心过放在角落里那本并不精彩的著作，所以，你强制给他发一本，有些人接受，有些人还误以为你在做生意。所以吾以为有谱不必一定有书，至于有人需要，随时连接打印机，那还不容易吗？另外，修谱资料难免误漏，一经发现，随时可订正。"[2]

家谱修成印好之后还要举行一个庄严隆重的颁谱仪式。譬如申氏颁谱，在时间上，农历腊月初一，许多出外打工的人已经返家，出席率高。在地点上，我们安排在村部会议室。村部，大家熟悉；安排在会议室举行，可以将雨雪天气对仪式活动的影响降到最低限度。在出席人员上，除通知全部执谱人家庭派人参加外，还邀请了领导以及宗亲代表参加。在颁谱议程上，既有颁谱、赠谱仪式，又有《德范十则》宣示活动；既有理事长、主修人、有关领导讲话，又有申氏宗亲代表表态。仪式活动之前，印制了精致的《〈申氏族谱〉颁谱仪式暨〈德范十则〉宣示活动手册》，并附《挂谱》，参加仪式活动的人，人手一册。仪式活动之后，集体聚餐，共庆《申氏族谱》圆满修成。整个仪式活动做到了喜庆隆重、安全有序、大家满意。[3] 为什么要有一个颁谱仪式？这是家谱编修发放、祭祖，这是家族史普及教育活动。凡人喜欢活动，这是看得见的活动，也是加强情感交流的活动。除了目前的仪式活动，其实更应重视家谱内容的教育。这是要加强之处，方式可灵活多样。前面的"挂谱"，是值得提倡的家谱内容普及方式。宁波李华章说："修谱活动可大可小，应量力而行。钱不是问题的话，可以搞得隆重一点，祭祖、圆

---

[1] 陈振桂：《原创：重修家谱的规则》，《丹竹江陈氏族谱》，2020年。
[2] 风雨无阻：《个人对家谱的十条建议》，风雨无阻—866的博客2018年10月1日。
[3] 申俊才：《参修〈申氏族谱〉的五点体会》，爱种花的大叔2020年5月30日。

谱、做戏、餐聚、纪念品等。钱有困难，俭朴一点，参加祭祖、圆谱的人员少一些，程序仪式简化些。总之，因地制宜，各显神通。"

印制谱头，赠送来宾。家谱分发要编号，这是档案管理的特点，防止出售，加强家谱管理。增加家谱的仪式感，每谱编号，且确定领谱人，这是必需的，如此才能体现其尊重性。

更重视收藏与利用。当代修谱人员的图书馆意识增强。旧谱在古代多是私家珍藏、秘不示人的，如此只在家族内部流传，若有战乱、饥荒等天灾人祸，逃命都来不及，何来余力顾及家谱，于是家谱很容易就佚散不传。而当代图书馆被广泛设置在各地区，并且修谱人员对图书馆的认识加深，于是他们在谱成之后大多会捐赠给图书馆，交由国家或省市图书馆、档案馆等公共机构收藏，由专业的工作人员管理，可防止遗失，做到未雨绸缪，使家谱长久保存，即使家族保存的家谱因故遗失，后人也可寻到先辈历史。如《毗陵刘氏家谱》的主编刘寿祥："将刘氏家谱资料捐赠给中国国家、常州、上海、南京、浙江、杭州等图书馆和武进档案馆共七家单位。从长远来看，可预防若干代（如50年后……）家谱资料可能丢失或找不到的问题。"[1]《张义坞杨氏支谱》（2006）有《支谱发放名单》，共印三百册，张义坞杨氏需要者每户一册，存上海、浙江、绍兴、诸暨图书馆，绍兴文理学院各一册，赠杨氏友人若干。现在值得庆幸的是，继恒老人已为我们找到了一个妥善的保管方法，那就是捐赠给国家的图书管理单位和地方档案部门，这样既可以丰富国家的馆藏和利用，也为家谱的保管找到了一个安全之处。国家、个人共同保护，彻底解决了保谱难的后顾之忧。[2] 上海图书馆作为国内外收藏中国家谱原件数量最多、最大的家谱库，研究员顾燕称："几乎每天都能收到民众自发修订的家谱，极大地丰富了馆藏。"当代家谱走进图书馆，在各个图书馆、档案馆占据一席之地，使家谱成为大众和学术界不可忽视的存在，便利了大众寻根问祖，又为家谱的学术研究提供了大量的可利用的资料，充分发挥着其公共价值、历史文献价值和学术价值，正如梁启超在《中国近三百年学术史》中所言："我国乡乡家家有谱，实可谓史界瑰宝，将来有国立大图书馆，能尽集天下之家谱，俾学者分科研究，实不朽之盛

---

[1] 刘寿祥：《关于加强刘氏家谱管理和宗亲交流的愿景》，开心寿祥_新浪博客2013年2月13日。
[2] 鲍广忠：《续修宗谱有感》，中华鲍氏网2021年9月27日。

业也。"① 同时，此举也在一定程度上推进了民间修谱的热潮涌动。

要设置常规的家族记录者。富阳倪毓佩说："许多家族在修谱之后，往往无人管理、无人记录相关家族有关信息，几十年、上百年后出现新的断代，甚至族人分布在哪里都已经不知道。也有许多人，看到自己家清朝的老谱，哪一个是自己的老祖宗也不知道，具体哪一个村庄迁出来也不知道，所以，再为不及时修谱找借口，真是失策的事情。"以前是雕刻时代，自然要30年一修。现在是电脑时代，随时可修。一旦实现数字化，就可随时增补。

第三节 宗谱的框架体系

传统的说法是"体例"，现代称为"框架体系"。这是从建筑学借用来的概念，更适合宗谱作为宗族文化大厦建构的特点。《三槐王氏林头支系家谱》称："立志要编一本现代人看得懂、学得透、用得上的家谱。"② 这应是今日修谱追求的方向。

一 体例形成与发展

徐建华《中国的家谱》首次将明清两代的家谱格式归纳为谱序、题词、凡例、谱论、恩荣、图、节孝、像赞、考、宗规家训、祠堂祠产、派语、世系、世系录、传记、仕宦录、志、杂记、文献、修谱姓氏、五服图、余庆录、领谱字号等，共23类。

姚建康《家谱编修指南》分为谱序、凡例、谱论、恩荣录、像赞遗像、姓氏源流、家训族规、祠堂祠产坟墓、字辈谱、世系、世系录、图、志、五服图、传记、艺文、年谱、契纸文约、领谱字号、纂修人员和捐资人员名单、附记。

王鹤鸣《中国家谱通论》分为谱名、祖先像赞、目录、修谱名目、谱序、凡例、恩荣录、谱论、姓氏源流、世系、传记、家法、风俗礼仪、祠堂、坟茔、族产、艺文、字辈排行、领谱字号。

由此可知，各家谱分类差异仍不少，但大的框架不变。这样的家谱分类，

---

① 梁启超：《中国近三百年学术史》十五《清代学者整理旧学之总成绩（三）》，上海：复旦大学出版社1985年版，第480页。
② 王颐庆：《三槐王氏林头支系家谱》，2012年。

都是今人根据有限的宗谱阅读作出的归纳。事实上，明清以来的家谱编修，其内容格式的差异非常大。简单的家谱不用多说，复杂的家谱才值得提及。譬如道光《镜川杨氏宗谱》，报本堂木活字本，二十六卷，现唯天一阁收藏一部。分氏原、卜籍、地图、行次、家训、世系、仕宦、宠命、科贡、庠俊、吏掾、处士、宗公、寿考、轶传、闺范、宅第、祠墓、著述、祠典、辨疑、集证、旧谱序源、采访录存、谨守家乘、补序题跋，共26类。这是仕宦人家的家谱，分类比较复杂。此间，人物分类细，仕宦、科贡、庠俊、吏掾、处士、宗公、寿考、轶传、闺范，共八类。又祠墓、著述、祠典、采访录存中，也涉及不少族人信息。由此可知，明清时代的人物书写远比今日想象力丰富。这样的家谱编修才是优秀的，经得起历史的检验与使用。地图的增加，正是学习地方志的结果。辨疑、集证，增强了族谱信息的考辨性。

除以上复杂分类外，宁波又有一种分类名称比较特殊的"世"字系列宗谱。竺济法主编的《宁海樟树高氏宗谱》2021年版上下两册。全书凡六编，上册分别是历代旧序家训、世芳世德、世秩世福、世藻、世系五编，下卷为第六编世略。世系与世略，又分大房、中房、三房三大块。竺济法主编的《浙江宁海储氏宗谱——兼中国储氏文化史》（中国文史出版社，2008），也有类似分类，旧谱条例旧序、世芳、世德、世秩、居里村志、世系、世略、世藻、储氏文史储光羲研究、历代储氏人物传略，共十编。看来，这是竺先生的偏好了。与《浙江宁海储氏宗谱——兼中国储氏文化史》相比，《宁海樟树高氏宗谱》少了"居里村志"，其他"世芳世德""世秩世福"合并了。笔者很好奇，此类"世字"体裁宗谱是何时有的？上次在天一阁阅读象山县的《高湾忙氏族谱》也用此类术语，分为世系、世略、世德、世福、世藻五卷。当时颇为奇怪，十分少见。进一步追问竺先生，他也不知道，说宁海不少老谱都是这样的，老的高氏、储氏宗谱均如此。笔者进一步查阅《中国家谱总目》，发现清人周贞传纂修《奉川西锦王氏宗谱》即用此例，卷一世系，卷二世传，卷三世芳，卷四世茔，卷五世泽，卷六世范，卷七世纶，卷八世德，卷九世表，卷十世翰。此谱成于清嘉庆二十年（1815），这说明，至少清代中叶已有此例了。此后的光绪四年（1878）《奉化西锦王氏宗谱》，分卷首凡例、序，卷一世系，卷二世传，卷三世纶，卷四世芳，卷五世德，卷六世型，卷七世翰，卷八世迹，卷九世茔，卷十世泽。与前书相比，多了"世型""世翰"二类。虽然目前没法作出详细的考

第七章 族谱编修方式及流程中诸问题

察,大体上说,流行于宁波部分地区(奉化、宁海、象山)的部分家族。这套体系的特点,术语一律"世"字开头,比较整齐划一,比较文雅,完全是文人精英化的思维。另一方面,从公众史学角度来看,也有点脱离大众,恐怕很多人不识题意。当然,内容是能看懂的。

前面这种罗列式分类不易让外行掌握。能否进一步分类?如何分类?王大良《家谱文化知识与修谱技巧》做了初步的尝试,分为七大类,一是与修谱相关的内容(谱名、纂修捐资人名、谱序、谱论、谱例),二是与族源相关的内容(恩荣录、祖宗像、源流考),三是与世系相关的内容(世系考、世系图、世系表),四是与人类相关的内容(传记、年谱),五是与族产相关的内容(族田、祖茔、祠堂、契约),六是与文化相关的内容(艺文、杂记),七是其他(续后篇、领谱字号),共21小类。这种七分类,有时仍不易掌握。

为便于理解家谱门类的本质,有人可将明清以来的家谱分为谱头、谱体、谱尾三大部分。这种分类法,不见正式分类,是部分民间谱师归纳的,有一定的道理。未见正式的小类划分,笔者尝试着划分下。谱头分为12类(1. 谱名、版次;2. 编修人员;3. 谱序、题词;4. 凡例;5. 祖先像赞、遗像;6. 目录;7. 姓氏源流;8. 恩荣录;9. 历代修谱名录;10. 祠堂、坟茔、郡望、堂号;11. 字辈、雁行图)以目录为中心,目录前6类,目录后5类。谱身(12. 世系图表)。谱尾9类(13. 传记、名贤录;14. 家风、家训、家规;15. 风俗礼仪;16. 契约、族产;17. 艺文;18. 功德榜;19. 领谱字号;20. 辨疑;21. 附记、后记、留余)。三分法可能更易把握家谱的共性与个性。

部分人对传统宗谱十分迷恋,以为非此不能称宗谱。这种顶礼膜拜的态度,显然是不能认同的。宋元明清中华民国时期,宗谱编修的基本框架体系不变,宗谱仅是宗族的历史文化管理工具,是因为一直实行宗法管理体制。今日时代变了,政治体制变了,不再通过宗族进行间接管理,而是国家直接管理了。在这种情况下,宗谱的性质要变,体例也要变。宗谱体例如何创新?须明白宗谱的框架体系是如何形成的,才能找到改革的方向。根据家谱的起源与发展,大体可分为四大类:一是世系世传,二是家传,三是宗法,四是家史。世系世传,是家谱的核心标志所在。家传,起源于汉魏六朝时期。宗法部分,是宋元明清以来兴起的,如祖先像赞、遗像;祠堂、坟茔;郡望、堂号;字辈、雁行图;家风、家训、家规;风俗礼仪;契约、族产;艺文;功德榜;领谱字号。其他名称、序、凡例、目录、题词、后记之类，都是宋元以后作为一部独立图书必须具备的要素。

进入中华人民共和国时期，家谱日益家史化。这意味着宗族部分要调整，特别是家风、家训、家规，可以改为族人言行录。艺文志部分可以扩容，增加家族文化遗产图像资料。此外，图要进一步扩充为族人影像志，收录更多的公共活动照片。传记部分，除传统的传记、年谱、名贤录、仕宦录外，可大量增加自述、口述史。

宋迄中华民国时期尚处于纸媒时代，文献是主流模式。文献家谱如何改革？可改革类目，有了类目的创新，就会在资料征集方向上有全新的变化。譬如人物传，不再是简单传记，而是简历加上人生经验总结，是小故事征集。又如家风家训，不是几条规则，而是结合小故事进行，这样更有教育意义。它们既可独立，也可以连接，成为一个既有文献又有影像的家谱整体。

以前只有文献家谱，所以只会在文献家谱视野里思考家谱的改革。现在有了影像手段，要思考影像家谱如何做。古代的宗谱，只能加一些绘画像。到了中华民国时期，开始增加照片。中华民国十四年（1925）修的《甬上青石张氏宗谱》收录张美翊的照相。张氏随薛福成出使过西欧诸国，所以留有照片。进入20世纪后半叶，照片的使用越来越频繁。进入21世纪，进入影像时代。所以，宗谱的编修，要加上影像集，要有意识地搜集照片。年轻人反映，家谱只有一大堆名字，没有图片，没有兴趣阅读。这提示我们，要改革家谱的形态，由名字变成图片加名字，如此才好玩。对普通人来说，只有图像才是好玩的。当代人的照片要不要放，如何放？家族照片如何编辑？有哪些模式？如何处理祖宗像与子孙像的关系？要不要另成相册？这是值得思考的。原则上是照片跟人走，放世录人物简介后。至于祖宗像，可以放在前面。当代人的照片放在祖宗像前面，出现压祖宗问题。传统思维，祖先像为上，而当下人更突出自己。活人照片要不要放，不同观念会有不同的想法。传统的思维是盖棺论定，放照片的都是死人，活人是不放的。今日不必拘泥于此见，因为家谱既是给当下人看的，也是给后人看的。当下人知道哪些人活着哪些人死了，等后人看到家谱时，可能全成死人了。要知道，放照片的目的是让后人知道前人长什么样。要有照片，要有小传，增加历史信息含量，这是家谱现代化要坚持的一大原则。

要加人工画的居住图。如《阜宁陈氏家族史》中有家族成员居住分布地图，让人一目了然。

公众口述史流行以后，又得加上口述家史视频，可以用链接的方式或附录光盘。口述家史，又可有多种样态。

现在进入了数字时代，一切文本形态均可数字化处理。进入网络时代，一切数字信息可以时时处处地检索，这意味着文本世界的彻底联网化、数字化。一台终端电脑可以检索到多数信息，原来的信息是承载于图书中，图书又是分散存放于各地收藏地的。读者要阅读，需要到特定收藏地取得这些图书，才可了解图书的内容。现在在电子化处理以后，可以摆脱空间与归属地的限制，直接阅读到图书。除了固定的PDF格式，也可直接获得电子文本，可以随时剪裁、粘贴，加工编辑。除了文字文本，也可获得图像文本。这些图像，既有静态的照片，也有动态的录像，也可以是纯粹的声音。这么一来，文本世界的形态更为丰富了，更近于生活世界常态了。现在的载体技术，使文本更近生活世界常态，这是一个值得注意的现象。

象山邵鹏提出家谱改革五条原则："核心不能变、传统谱味必须有、溢出效果定高下、谱志融合为方向，数字化技术要应用。"核心指谱系，没有比这更重要，没有这个"1"，其他都是"0"。"传统谱味"指一定是谱，不是其他。"溢出效果"指依靠谱外的诸多收获，如文献、人物、地情、历史事件等。旧谱亦有，新谱还有提升空间。非本家族人看谱质量或用谱者看质量，这是改革的关键。因此，为提高家谱质量和利用价值，最好引入一些方志的原则和技巧。数字化家谱与纸质家谱的分流与合一，值得进一步研究。

二 世系图的多样化

家谱的世系"又称世传、世系表、世系图、垂丝图等，系记载一世祖至撰修该家谱时历代成员的姓名字号、生卒年月、职官科第、妻室子女、葬地坟茔等内容的图表，是中国家谱的主体部分，后人谒祖寻根的主要线索，也是区别家谱与其他方志、家传、家史等书籍的主要依据。世系居家谱中重要分量，往往占到一部家谱四分之三以上的篇幅"[①]。流传至今的传统的世系体例主要是欧氏、苏氏、宝塔式、牒记式。当代家谱体例在沿用了传统体例的同时，创

[①] 王鹤鸣：《中国家谱体例概说（三）》，《寻根》2009年第3期，第120页。

造了适合当代人编纂习惯、阅读习惯、思维习惯的新模式、新体例。

当代家谱的世系图，有的家族为了追求复古，仍然使用传统的欧苏体例或者宝塔式、牒记式体例，但是传统的体例对于现代人来讲，有了一定的局限性，于是当代的修谱者根据实际情况开发了新的谱例，如河南省家谱研究院提出了现代欧式、现代苏式、现代牒记式、现代图文对照式、索引速查家谱格式等16种体例格式，还有其他民间修谱公司提出的大典式、表格式等谱例。传统世系图按世代数、名字、生平简介从右往左写，文字竖排，这是传统的阅读方式，而现代世系图则是从左往右写，文字可横排也可竖排。有的家族还在世系图的基础之上自创了一些书写方法便于记录和查阅，如《义阳郡朱氏宗谱》在"世系图名字旁列阿拉伯数字。前二位代表世代，后数代表传略顺序号，便于查找"，"世系图一至五代列一图，五至九代另立一图，前后二图第五代同一人，转后页承前页用同一阿拉伯数字编号，相互衔接"[①]；有的家谱设"索引速查"栏目，即起一章按照字典查询模式，将人名或者支系、地名按拼音或是笔画排列；有的家谱如《象山海墩下贺家族谱》用统计表分记各房各世代现有人口男女数量。以上所提三种模式都使家谱方便检索，使读者能迅速定位要找的成员在家谱中的所在位置，迅速获得其想要的家族成员信息，这是当代家谱编修相较于传统体例的创新之处。除此之外，当代家谱世系图上的人物更为形象生动，如河南省家谱研究院提出的"现代图文对照式"体例，即是在简单地列出仅有世代数和成员名字的世系图的同时，另设照片和文字结合的章目来记述世系图所列的成员简介，有的不止记录了人物辈分、配偶、子女、住址、生卒年，还有夫妻照片、学历职称、职务、特长等，如《马鞍山陈氏家谱》录有毕业证、学位证等照片。《浦阳前葛宗谱》甚至直接将家族成员的照片排列成世系图样式，俨然是一幅"家记图""家族成员档案"，招工联谊、探亲访友等都可通过家谱向相关的族人寻求帮助，崔丙书所说"家记图是世系图的延伸和细化，是世系图最前沿最活跃的部分，是平民百姓建立档案的载体，是维系入谱人情感的精神家园"[②]。如此一来，世系图不再仅仅是冰冷的世代记录，而是一个个血脉相连的丰满的人物形象，可以让家族成员对这部家谱充满感情。还有如"天

[①] 朱廷溪等：《青田外路义阳郡朱氏宗谱》，2005年，第10页，浙江图书馆藏。
[②] 崔丙书：《"纲举目张"的新式家谱惹人爱》，家谱网2017年9月16日。

下谱局"研发的"大典式"体例，类似字典格式，以人名为单位，下列人物照片和介绍，按世代排列，最大优点是方便现代人识读，结构紧凑，节约纸张。

《梅溪周氏宗谱》的宗旨是："海纳百川，有容乃大，凡领养子、夫死妇招婿上门所生子，仍能延续周姓的，且要求入谱，此次续修也给予入谱，但为不乱血统，名下都注事实关系，也望后人明察。"① 这种实事求是精神值得肯定。谢共建主编的《瞻岐谢氏总谱》（2020），专列《因计生政策影响无男孩家庭的外孙外孙女世系图》，由外公、母亲、外孙外孙女、身份证号四个要素组成，也是不错的做法。

传统体例的家谱存在的共同问题是记录对象是大家族的所有成员，对每个小家庭、普通成员的事迹不会着墨过多，有的仅是简要的生平介绍，但是每个人必定都有发生在自己身上的故事，在这个以人为本的时代，提倡大众人人留史的时代，人们都在一定程度上追求精神满足的时代，大多数人都希望自我的历史能够被书写，留给子孙后代以为念想；且传统家谱记述的是修谱过程中可收集到的人口资料，圆谱之后难以填补缺漏人口、续记新增人口。因此，用传统的家谱体例以及在传统体例基础上略加创新的某些现代体例编修的大家谱，对于小家庭来说，仍然是号召力不够、参与感微弱，于是，出现了新的家谱体例——公众家谱。

谱系长卷。《济阳江氏一龙族谱》新增加线形世系图，将江氏一龙系从第一代繁衍到今天40多代，通过线图清晰地绘制出来。②

三代系表户主编号法。吕有凯设计的"三代系表户主编号法"，同样采取表格的形式，以夫妻为单位，对每代每家户主编号，既清晰可见与上代的关系，又可保持同辈之间的平行，"户号、户主、婚配"栏目下记简要生平和子女媳婿，与下一页所记下一代相呼应，基本上一页纸张记录一代人，在视觉上整齐划一，且相较于传统模式节约纸张，减少空白浪费。

家谱图可以多样化。譬如可树状结构，譬如同心圆。现实的小家族形态，其实是以长辈为中心，不断散开去，成为一个同心圈，这是最为紧密的家族关系图。将这种最紧密的家族网络化关系制成文本，这是值得大力推广的，

---

① 周安慈：《梅溪周氏宗谱编后记》，2013年。
② 宋昀潇、云宣、肖惠津：《八旬老人用七年写新族谱 白话文体再创作男女平等俱写入》，金羊网2019年4月14日。

可制成样本。如果真的是树，应是直立的，长辈在下面，小辈在上面。现在的树状图，实际上是相反方向的。垂直方向下来，可以体现代际由上而下的等级阶梯结构。由根而枝的发展，天女散花，这是树的结构，是祖宗托举子孙往上走。

谱系图改革，名字照片化，下面配名字。家谱小传的插图，他们也做出了好的探索，就是用黑白小照，看上去也比较舒服。

家谱世录十分简略，想为他们写一个详细的简历，但很多人一时不易接受。也不能多问，有些不能说。小辈不能问长辈，说明生活中禁忌不少。关于人物传，有不同的要求，大家谱因为涉及的人数太多，必须加以选择，所以往往都选择典型的。公众家谱涉及的人比较少，我们主张人人都写一个小传。

已故人员应该写明死亡原因（什么疾病），对统计疾病死亡率有价值。有必要注明结婚年龄，一般多不重视。血统关系一定要记清，过继领养都要记载详细，为今后遗传基因学提供真实资料。

族人谱名，涉及法定名字问题。现在有国家规定的身份证，自然得以身份证上的名字为主。以前是宗法管理，所以要坚持谱名原则。今日以历史记录为主，不必坚持此类原则。

省姓书名法也过时了，因为家谱的读者除了本族外也有他族之人。如此，用第三人称的姓名连书法更为合适。对同时代人来说，这些名字熟悉，但对后代与外行来说，就十分困难了。《艾家岗艾氏族谱》（2019）直接加上艾姓，一律称艾××，此法值得推广。

要增加速查表与转接页码。据研究，早在1934年完成的武进《毗陵庄氏族谱》就有《检字表》。[1] 可见，庄氏学习了当时新出现的检索表。近年的新家谱有速查表与上下转接页码，方便读者检索，可以很快地找到某人、找到父母与子女名字，如宁波象山的《雅林童氏宗谱》（2011）。"为方便查找，谱前设置索引（速查表），可以按照排行和字母顺序迅速查询，适合年青一代使用。谱文中注明父子转接页码，即谱主与谱主的父亲下注明所在的页码，避免旧家谱出现的找不到父亲或者子女的麻烦。虽然制作费时，其实用价值不需赘言。"[2] 老谱

---

[1] 冯尔康：《20世纪上半叶的家谱纂与谱例的改良》，见《中国宗族制度与谱牒编纂》，天津古籍出版社2011年版，第330页。

[2] 张利民：《雅林溪童氏三修宗谱序》，2011年，第16页。

多存在检索不便问题,这是今日电脑排版技术可以解决的问题。排行带来同名问题,这些均需要现代检索手段。

三 宗谱的其他格式

现代家谱是在传统家谱基础上的变种。既然是变种,谱系图、行传及其他各类,均会有所创新。

人物传种类可以更为丰富。

农村重视谱系,不重视人物。缺乏了历史意识,导致家谱的史料价值不高。家谱要扩充档案性,增加文化内涵。只收名人,这是传统的精英史学产物,现有过时了。名人,空间不同,定位标准不同,所入对象也不同。家谱,只要从家族范围来筛选即可,可以放宽一些。2019年《戊戌四续龙溪堂王氏族谱》于人物,分英烈、楷范、贤达、人物四大类;人物大类又分历史名人、知名人士、区镇干部、村队干部、在外干部、各界显才、企业明星、续谱委员八小类。入谱规则模糊,怕引起争议。很多家族选择只放公选族人,主要还是看理事会担当。即使编者有这意识,但采访的很多不配合,太费时。难度确实大。从生产者来说,这样简便。从使用者来说,希望传记多。象山县志办邵鹏说:"象山最有史料价值的是《三门卢氏宗谱》,是中华民国三门县修志人修的,可以观察带志入谱的做法。谱志合一的意识与具体操作很成功,很少有谱如是。可以研究老家谱是如何处理传记这个问题的。"从家谱生产与家谱使用来说,会有不同的要求。最后评价家谱优劣的人,往往是家谱使用者。

当代家谱编纂的最大问题是没有传记,只有谱系图,证明当代乡村社会文人力量的薄弱。传统家谱人物传记比较多,而现在新修家谱的人物传记比较少,现在会写传记的人越来越少了,实际反映的问题正是传统的"诗文扫地"现象。大家将注意力放在排位上,谁上谁不上,成为优先考虑的问题。结果摆不平,索性不放传了,这是传记减少的另一个重要原因。"知详者易,不详者想作也难,故不界定谁当作谁不当作,凡有为己长辈作者,其作为家族之一,人文信息已经难得,必全文照录。"[①] 这个建议可考虑。在传统文体概念里面,传是一种比较普遍的作品体裁,现在少有这样的想法了。如何解决这个问题,可能要建立一个广泛

---

① 风雨无阻:《个人对家谱的十条建议》,风雨无阻—866的博客2018年10月1日。

的民间文化采风员队伍,到地方去把各种各样的故事都采集起来。我们可以带着电脑到他家里去,根据相关的要素问当事人,然后马上就把它写出来。人物小传的写作要逐步格式化。以乡村为单位加以采集,主动出击最为理想,每个乡村均要设立文化采风员。留下传记,建立历史文化创意大数据库。传统的采风是民俗采风、诗歌采风,现在更倾向于是人物故事采风。一个村村民的故事采集,能把每一个村民的故事都采集起来,村的历史就留下来。这项工作做好了,公众历史数据应用就方便了。留住历史,这才是历史学的第一任务所在。

个人简历史记载学历、文化程度、职称、职务等,为对社会、对国家、对家族,有特别贡献的人立传。对官员、平民的生、死、卒、葬以及婚姻、子女等生命信息一视同仁,官员中不愿立传的坚决不立,平民中有善德、有事业、有专长的同样立传。[①] 这是就世行与家传而言的。家族是一个群体,在农耕时代,多为农民,所以传记会少。进入现代工商时代,职业多样化,所以更要增加人物资料。

《刘氏宗谱》"这部宗谱规避了生不立传观念,以本宗人物为题,用客观的笔触来诠释褒扬当代刘氏佳绩"[②]。其实,人要生前立传,信息才靠谱。等当事人走后,后人凭记忆来书写,更为碎片化与不可信。

对平民历史写作来说,传记体并不太适合,相反言行录体更为适合。言行录是记载名贤嘉言懿行的书。言行录是宋代产生的传记体裁,重在国家精英,适应当代正能量宣传活动。其格式,一般由人物小传与言行录节选两部分组成。这种体裁可以延伸到普通人,为人人所用。有了这种体裁,可以留下族中先人细节性的言与行,从而可以更好地为后人所用。路茂金主编的《路氏宗谱》(2014)将人物分为族内精英、优秀少儿、劳模先进三类。又增加先辈们做的好人好事、抗日战争时期做的好人好事、现代时期做的好人好事,这种方式值得肯定,属于正能量传播。

家族历史的溯源要适可而止。古人是为了建立家族信仰体系才这样做的,今日可以淡化。寻亲与寻根是两个不同的概念,不能引导错了。要引导大家修新谱,不是忙着续谱寻根。能寻找到且能接上老谱,当然是幸事,但多数家庭

[①] 竺济法:《储光羲后裔重视编修宗谱》,秀竹临风的博客2007年5月2日。
[②] 叶永利:《(世彩堂宁波镇海大市堰)刘氏宗谱·后记》。

是接不上的。譬如在四川，能找到进川第一代就不错了。至于想找到进川前的祖宗，更是难事。

增设大事记，如《新昌章氏宗谱》（2018）。"族谱中设《大事记》即是将该家族及所属支系在一定时间和一定范围内，所产生的有重大意义、重要影响和历史价值的事件，撰写成条目，按时序排列，简明扼要记载于家谱之中，旨在让读者对该家族的兴衰起伏和历史发展脉络有一个比较清晰的了解。"提出家谱大事记的基本内容和范围，主要有"六点要记"，即：一是有关本家族在政治上发生盛衰起伏的大事要记；二是有关本家族在经济上艰苦创业（特别不要忘记肇基祖）开拓进取之大事要记；三是有关由本家族成员领导、主持或参加文化、教育活动及科学实验活动的大事要记；四是从纵观历史和横剖社会的比较中，发现本家族产生的事，在本地区乃至全国，名列首创、名列前茅地位的或我有你无而独特的事要记；五是对社会或后世产生"善可为法，恶可为戒"具有深刻影响的大事要记；六是有关自然灾害、瘟疫、战事、重大案情等突发事件，对本家族或本地区有着重大影响之大事要记。①

世系图的照片如何处理？天下谱局的办法是，用黑白照片。不过也有人指出，现在的宣纸也可印出理想的彩色照片，那更好。该公司又探索出某氏迁移图，放在宗谱前面，这也是一种家谱细部技术的创新。

大量增加表格。编写一份本家族的人口统计表作附录，为今后人口学的研究提供详细材料。旧谱中有百岁老人的记载及耆老项目，建议搞一张长寿老人统计表。路茂金主编的《路氏宗谱》（2014）有《人口统计表》《党政军警学干部企业厂长（经理、董事长）一览表》《八十岁以上长寿人员一览表》《大中专高中学历人员一览表》共四种表。

附有修谱功德录，记载赞助人及赞助金额。功德录如何做？这是本家人应该尽的责任，不像寺庙功德捐款是额外的。可以有名录，如要加照片，可设计得漂亮些。

附有家族人员通信地址、电话、手机等，便于联系。就内部版来说，这个可以加上。

坚持白话创作。一个时代有一个时代的语言。今日中国的法定语言是白话

---

① 吴展明：《在族谱中设〈大事记〉篇值得提倡》，《寻根》2016年第4期。

文,所以用白话写作即可。有人会用文言写作,也是可以的。半文半白,有时不伦不类,不必提倡。《济阳江氏一龙族谱》作者江凯说:"新族谱不是推翻以往的格式,而是既参考旧的体例,套用旧族谱的框架体系,又大胆尝试新的形式,用新时代惯用的白话文体进行再创作。"

现代横排本家谱。《溧阳崇仁里宋氏宗谱杭州支谱》的编修和常见的家谱编修形式不太相同,并没有沿用一贯的仿古式排版和装帧,而是选择以现代图书的方式来传承中国文化。这是此谱的一个独特之处。宋一洲认为:"古人用直排本的、木刻本、活字拼接本,是因为他们限于当时的科学水平和技术手段,只能做到那一步。今天如果非要在形式上照搬前人的样子,虽然会显得古色古香,但可能会在一定程度限制家谱文化的传播。我们是现代人,处于现代社会,要面向未来,就应该使用现代语言文字和这个时代最先进的技术手段,来传承我们中华民族的优秀文化。"[①]

要重视封面题名与颜色。某氏宗谱,这样的标名法实际上已过时,让人无法判断是哪儿的家谱。缺乏辨识度,这是宗谱命名上的普遍问题。道理很简单,以前的家谱是家族内传播的作品,不对外传播,所以直书为"某氏宗谱"即可。现在公开化,往往送入相关家谱馆或图书馆,传播空间大范围化,就要加详尽的地名,须加省市县,方便他人检索。《徐氏族谱》(2012)封面设计也可以,"临朐徐家官庄"五字左上角,中间突出徐氏族谱,编委放右下方。红字,"东海世家,源远流长"放在右边,作红色来显示。这种处理是比较好的。《支氏族谱》封面设计,"朔州下木角"小字,右下角"支元山主编",突出"支氏族谱",这完全体现我提倡封面标名精神。2020年《张氏宗谱》,中间"张氏宗谱"大字,左上角题"鄞西桃源下兆坑·板仓",也不错。这与"浙江宁波城关童巨丰家族谱志"封面设计相比好多了,这个封面虽然也分二行,但字体一样大,分成两个白底条。封底图案典雅,封面底色选择灰色,也值得肯定。也有一些家谱的标题不太理想,如周世恺主编的周族支谱,主次颠倒,令人惊讶。《周朝皇族血脉源远流长,宁波慈城"老慈溪"周氏半浦竹房支谱及家族回忆录》。显然,此谱的主题名应标:《慈溪周氏半浦竹房支谱及家族回忆录》,前面"周朝皇族血脉源远流长"当删除。这部家谱非常外行的封面标题,让其大煞风

---

① 宋一洲:《用新时代的方式继承传统:一个现代都市人的修谱寻根记》,《城报》2017年12月1日。

景。华亭玉牒编纂委员编《华亭玉牒——浙江省温州市永嘉场寺前街南华亭张氏宗族史志》，这样的标题是不合适的。一是玉牒是皇家家谱专称，用于普通姓氏是不当的。二是家谱没有主标题副主标题之例。为了区别其他胡氏宗谱，决定谱名为《姚江烛溪胡氏宗谱》，这种方式是值得肯定的。《姚江上林岑氏章庆堂宗谱》，也是可以的。《胡氏宗谱敕五堂》、《江阴瞿氏世谱》（2011）、《古滕裴氏费县支谱》（2020）、《泗门谢氏二房谱》（2019）、《浙江麻氏通谱》（2019），封面题词用篆体，不适合，不易辨识。《杨峤徐氏宗谱》封面题"中华共和六十八年岁次丁酉重修"，这种纪年法是非法的，没有"中华共和"纪年法，不能想当然地自定规则。2014 年《象山昌国苏氏宗谱》，直接标"六修本"，这种直接标明，是值得提倡的。此外，仿古家谱封面颜色，主要是蓝色，偶尔有其他颜色。最近，又有一种黄牛皮纸家谱封面。

要增加"家谱提要"。2014 年《象山昌国苏氏宗谱》首页有"家谱提要"一页，此为创举，值得肯定，方便图书馆人员著录。对主编来说，要摘录这些基本信息，比较容易。如果让图书馆编目人员做这些活，要费半天时间。作者能主动想到做提要，方便别人，这种精神是值得肯定的。而且，封面直接标 35 号，说明是第 35 套，这种方式值得肯定。《慈林袁氏宗谱》加入《中华袁氏通谱》备案信息：题名、作者、版本、居地、先祖、摘要、网站等。

要设置版权页。家谱多数是内部出版，故多没有现代图书那样的版权页。其实也是可以做的，不少印刷厂考虑到了。譬如宁波图腾印谱社，他们制作的版权页，近于现代图书，值得肯定。如《八修四明汤山李氏家谱》（2018），包括了包装、印数、开本、续修时间、制作印刷等信息。因为涉及了较多的全新信息，要增加大量图片。《东阳钱氏宗谱》，前面版权页，东阳钱氏宗谱续修理事会编著，装帧设计、印刷、开本、印数四大要素。常州清砚社刊刻的宗谱，都有《图书在版数据》，包括书名、主修、装帧、开本、页数、字数、制作单位、印刷时间、印数等共九项，模仿了现代图书，略有改革，此法值得提倡。少了一个图书编号。其实，可考虑建立谱社独立的图书编号。安徽润方文化公司承制、由清砚社印刷的宗谱，也有类似的图书在版数据。山东皓彩古籍精装印刷厂，也设有类似的主编版权页，主要是主编、装帧策划、制作、版次、印数五个要素。有了版权页，也方便学人在引用宗谱资料时，可直接加上谱社名。从更高层面来思考，可考虑建立全国性新修宗谱出版登记编号制度，让每部宗谱有自己的身份证号，由上海图书馆《1949年以来中国家谱总目》系统承担登记编号功能。这样的话，可让《1949年以来中国家谱总目》系统发挥国家宗谱图书总目功能，既方便政府的公共文化管理，也方便读者的查询。这种统一的登记功能，要带有强制的执行性，须由国家版权局来授权。如果是非强制性执行，则无法统一。当然即使强制执行了，仍要上海图书馆主动与全国各地的宗谱印刷厂、谱社、家谱馆、修谱家族建立更为紧密的合作联系，逐步成为大家共同接受的习惯。

要重视修谱档案的保存。当代家谱编纂人员记录、留史意识增强。在当代众多家谱中时常可见"修谱会议记录"部分，如《马鞍山陈氏家谱》有五次会议记录，记录了开会的时间、地点和出席人员，明确列出了修谱过程和每次会议的决议，将遇到的困难和如何解决都一一记载。[①] 少数人编族众史，既要协调各方意愿，又要核实、甄选资料，如此将修谱过程记录下来，族人方知修谱之不易，也是编委会事务公开化、透明化的表现，还有利于学术研究，譬如山东大学硕士刘晓静在其论文中就一一梳理了山东长清《安氏总谱书》的二十二次会议记录，得出"安氏的家族历史套用了国家历史叙事"[②] 的结论。

可设置补遗。萧山《李氏家乘》特意在族谱外另设了一本补遗，目的是方便族谱出版后仍有李氏家族的人回归，这充分体现了此次修谱的包容性。[③]

可规定下届续修家谱时间。1999年《萧山史村曹氏宗谱朝魁房续谱》作序时，明确希望在2025年续谱。

可以统分结合。萧全清说，为了便于今后及时溯源，此次修谱除总谱外，还设计各家家谱，家谱采用动态活页本，方便及时增减，萧氏子孙自愿登记后，就可以领取一本族谱，网住这浓浓的血缘情。[④] 总谱之外再加各家家谱，近于过往的房谱，这是一大灵活设计。《临岐鲁氏统谱》主编鲁永筑说："除此之外，此次修缮家谱还有一本为鲁氏家庭量身定制的小家谱，这本家谱上谱写的是有关家庭成员的出生、事迹、死亡、墓穴等基本资料，各个家庭可以根据各自情况预定修谱。"[⑤] 在萧山李家村编写《李氏家谱》的一间办公室内，参与此次编写族谱的六人之一、现年72岁的李关水老人向记者介绍眼前一箱箱新编纂的族

---

① 陈仙福等：《马鞍山陈氏家谱》，2008年，第9—16页，浙江图书馆藏。
② 刘晓静：《当代家谱的编纂》，硕士学位论文，山东大学，2018年，第30页。
③ 张旭、李杰、袁园：《六位老人历时三载修族谱，传颂精神树家风》，《萧山日报》2017年2月16日。
④ 陈丽娟、谢杨、肖咸强：《7旬老人历时18年合谱泉港台湾萧氏族》，《海峡都市报》2013年12月6日。
⑤ 邵翠：《有1200年历史的临岐鲁氏，时隔78年再修族谱》，《钱江晚报》2014年2月28日。

谱。"这里共有96箱,分为54箱族谱(每箱内有完整一册一百零八卷族谱)和42箱房谱(根据文、淳、简、吉四房分门别类)。""这些族谱的编写,我们六人一共花了三年的时间,收集资料、完成了编写及校对等工作。"这六名编写族谱的李家后人,并非专业出身,现年最大的有84岁,最小的也有66岁了。自2013年上半年酝酿修谱,到当年9月成立修谱委员会,于外收集史料、落实家族成员登记表,在内精心修编、细心校对,至2016年底,族谱分类装订完成,共历时三年余。

少印或多印各有其不同道理。少印与多印之争的背后都有一套理念存在。据詹宣武说,萧山有一家族的家谱印了230套,其中行传印了30套,其他谱头、世系图印了200套。如此分开的理由是,行传信息要保密,须由部分家庭收藏。为了增加世系图的信息量,谱师将妻子名字也加上了。这也是一种平衡办法。

分卷模式可保留不同时期的家谱风格。有一部家谱分成上中下三卷,上卷是1913年的版本,中卷为中华民国时期,下卷是最新收集的内容。有财力的家族全面保存旧谱历史资料,不加篡改,待后人评说。查氏宗谱、塾村钱氏家谱等都是如此。《大董董氏宗谱》(2017)将1880年版老谱一、二卷定为一、二卷,又将1909年版第10卷及续修部分,定为三、四、五卷,共五卷。由此可见,续修是新老版本家谱的大汇集。

修谱后记写作要详细。要重在总结修谱工作总结,梳理遇到的问题,包括观念上的操作上的问题,又是如何解决问题的。这些修谱经验总结,对其他修谱家族有借鉴意义,也方便家谱理论研究者进一步提炼。

家谱版本的多样化保存。可电子化为本,纸本为辅。"利用当代先进信息技术,利用电脑设置程序,制作软盘。财力不足的家族可以软盘发布,待今后有条件再打印印刷。"[①]

甚至有族人修谱委员同意付印签名单记录,譬如2015年完成的《崧镇何氏宗谱(七修)》经校对核实,同意付印,下面有多人签名。

---

① 清砚谱社:《新修家谱的创意和几点建议》,清砚谱社博客2011年3月17日。

第八章

家家有谱与村村修谱

现行的家谱多是依样而修，要寻找创新亮点，要费不少精力翻阅。对普通人来说，完成家谱续修或创修就是成功；对学者来说，如何根据新时代要求，创新家谱编纂想象方式，才是任务所在。家家有谱与村村修谱，无疑是新时代家谱编修的创新所在，它的最终目标是让家谱编纂走向每一个家庭，家家有一本传家宝。

第一节 大家来做公众家谱

中国人修家谱由来已久，不过到了20世纪50年代以后，家谱编纂受到冲击。60年代破"四旧"时，家谱更是大量被销毁。80年代以后，不少农村地区重兴宗谱编纂之风，仍保留了传统宗谱的传统，老人们喜欢用竖排线装的家谱。这种族谱编纂的优点是全面，然而问题也很明显：一是广大地区的绝大部分家族本身没有修谱传统，有的虽有但丢失了，没有老谱可循；二是如今的家族出现核心化与独立化现象，乡村中又没有乡绅群体；三是修宗谱成本高，族谱规模过大，费时（可能要费几年或十多年时间）、费力（要发动多人）、费财（动辄几万元甚至几十万元）。要想修一部全族性的宗谱十分困难，这样就可能降低人们普修家谱的信心，不利于实现"家家有家谱"的目标。如何解决这些问题？如何让家家有谱？早在20世纪80年代末，就有五代公众家谱，如《雷经纬堂五代家谱》(1989)、陈崇让《陈式家族五代家谱》(1996)。1998年，笔者已注意到这个问题的思考，曾撰文表达对新谱的设想。修谱的总原则是能客观地反映

第八章　家家有谱与村村修谱

家族的繁衍生息、迁徙分化、荣衰升沉的史实，不夸张、不溢美，注重史料稽考，力求资料丰富。对有功德、有影响的人物，不分男性、女性，列传表彰，并可配备照片。不够立传标准的人物可列表展示；劣迹昭彰者，应点明其过，以警后世。人物选择标准上，要克服重官重商重学、轻视工农大众倾向；还要克服重男轻女现象，女子应与男子有同等地位，都应该上谱。2008年以后，笔者的设想是从新修公众家谱入手。所谓公众家谱，就是五代直系家庭的谱系之作。

一　新修家谱当下意义

将家族成员纳入研究对象。晚辈与长辈的相处与成长，往往是同步前进的，长辈会了解晚辈近况，但晚辈多不会想到问父母、祖父母辈早年的事情。也就是说，在共同的生活中，晚辈不会突破这种自然局限，以站在更为广阔的视野来反观。他们只是自然地了解长辈的现状，不会主动反观长辈的过往。或者说，他们自以为熟悉，没有了解长辈过往的好奇心与动力。父母知道子女的全程历史，了解最新的状况。尽管离开父母，进入学校以后的表现不太详细，但仍会尽量了解。这就是一种不对称。

父母了解子女全程，但子女没有了解父母全程的好奇心与动力？何以如此？为什么缺乏一种反观行为？不懂人事？另一种可能是受到自然时空的限制。父母知道子女，也是因为他们是父母所生之人，时间段在父母的掌控中。而子女出生以后，只能与父母同步前进，享受别人的关怀。也就是说，是否有关注他人之心，是一个因素。长辈对子女的关注，一是顺向思维，二是系其所生，有跟踪责任。晚辈不会关注长辈，一是逆向思维要突破人的自然时间段限制；二是没有关注责任。虽然他们后天可能接受过中国历史教育，但这是大历史，不会想到将长辈与某个时间段联系起来思考。也就是说，长辈没有进入他关注、研究的视野内。家族史的提出，要求晚辈突破自然时空的局限，往上延伸，将家族长辈放进特定的时空框架中，加以观察与思考，是家族史研究，是一种有意识的整体观察行为，要突破无意识的自然局限。因为缺乏自然的突破，所以人类一代代都一样，不太关注上一代的完整历史。他们至多了解一个概括，但不会知道细节。只有当长辈留下完整的历史时，后代才会有所了解。譬如，当笔者鼓励舅舅写了八十自述时，子女才知道父亲早年的经历。如此，给长辈提出了一个问题,晚辈不会了解你早年的历程。只有你自己最知道,你有责任将之写出来或讲出来。表达了,你的文化人生任务完成了。

家族历史的代代传承,应由长辈来完成。当然,晚辈也可以做,这要有专家来指导。笔者让学生做家族史,正是此类指导工作。因为这个项目,他们会关注家族历史研究,会建构出家族历史。也就是说,家族生活中,晚辈往往缺乏历史反观意识,长辈有时也缺乏这种意识,不会将自己的家族历史完整地梳理出来。当家谱编纂提出来时,人就突破了自然的时间观限制,开始进入研究视野,将家族人物置于特定时间框架中加以思考了。也就是说,当你编纂家谱时,你就进入了关注研究自己家族历史的特定阶段,你的家族人员,成为你的关注思考对象。

新修家谱于当下具有重要的意义:

其一,接续中国家谱编纂的传统。中国有着悠久的宗族历史,也有着悠久的家谱编纂历史。到了20世纪50年代,宗族制度崩溃,政府深入基层,行政组织代替自然组织,生产队队长代替了自然村的族长,宗族成为普通的邻居,同宗观念弱化,只在红白喜事时保留。现代的个人负责制度,也促进了宗族的解体。区域组织代替血缘组织,这是必然的趋势。在这个过程中,家谱编纂传统也遗失了。经过"文化大革命",中国的家谱编纂断档了三四十年。20世纪80年代以后,家谱编纂传统才逐步恢复。今天有必要接续这个传统,并且要大力普及、推广这项活动,让每一个家族都有自己的家谱。

其二,没有家谱就没有家族历史,就没有完整的家族传承。家族史不写,先人事迹没有记载。不写,自己的事迹也不会被记载,死后没有人知道。人来一趟人世间不容易,时间不长,至多百年。百年似乎相当长,但从历史长河来看其实相当短暂。要将短暂的生命延续下去,必须做繁殖工作,一是子孙的繁殖,二是精神的延续。不孝有三,无后为大,这是中国人的基本常识,也是一个优良的种族繁殖传统。然而,当代中国人也有一个不足,那就是轻视精神的延续、历史的延续,忽视了家谱这个传家宝。没有家谱,人类的家族记忆大多只能追溯三代。因为,家族上下代成员可以交叉生活的时间多不出三代,而且在时空上只能是部分交叉。如果三十年为一代的话,则父亲只会了解爷爷的中晚年历史,孙辈只能直接接触爷爷的晚年,谁也无法完整地接触上代或下代的一生历程。同时,人的一生表现是多领域的、多面向的。由此可知,上下代家族成员的直接接触有较大的局限，时间上不可能全过程，空间上不可能全方位。直接接触既不可能全，间接接触更不可能全。三代交叉的百年之内，可以通过直接的接触，有一个直接的大脑记忆。三代之后，必须通过文献的间接记忆来了解家族祖先的言行。随着未来生活的无限延伸，人类大脑的历史记忆会出现无限递减现象，祖辈们的事迹会不断地被遗忘。在这种情况下，如果祖辈们的思想、事迹不转化成文字，记录下来，祖先们的历史记忆就会全部丧失，会彻底消失于地球，祖先业绩不为人所知，家族历史若明若暗，家族从此成为一个没有文化之根的家族。相反，如果将家族历史写进一本书中，就有了一个文化之根，残缺的家族传承就有了一个完整的传承，能知道祖先的来源，知道"我是谁，我从哪里来"。中国不能成为一个永远只有三代记忆的实用民族，要知道自己从哪儿来。只有血缘传承与文献传承相结合，这样的传承才是完整的传承。

其三，家谱可以让祖宗与后代有一个共同的精神家园。有人会问，为什么要记住家族历史？记住它干什么？最为重要的一点是，留住历史记忆，温故而知新，从中获得一些收获。大脑中的历史记忆是一笔财富，留存大脑中，可以自用；如果外化，讲给人听，可以小范围内使用；如果进一步写成书面文字，可供更大空间人所用。人类的高明，在于可以将智慧用文本写下来，不断流传下去。编纂自传、家族史，让自己的事迹与记忆不断传承下来，至少在家族中不断传承，这是一种相当积极的人生观。追溯生活历程，总结人生得失，是做人的一大任务。人类的伟大，正在于能用文字记录人类的言行。祖先逝世以后，只剩下文化价值，其人生经验、人生历程，会对后人有一定启发。有了文本，人死后，其故事仍可流传于世，影响后世。有了家族史，就建构起一座家族精神家园，可以激励后人，让前后代精神相通。

其四，写家谱是家族历史文化积累的开始。一个家族平淡或辉煌的历史，必须通过文本来展示。只有文本才可以超时空流传。没有历史记载的家族，是一个文本中不存在的家族。有了家族历史的文献积累，才有资格称为文化家族。家族文化有一个积累过程，没有几代人的积累，是不可能进步的。

其五，修谱是公民修史权的普及。修史是有主人意识的人才会想到的事。到了公民社会，公民成为国家的主人。既然是国家的主人，当然有资格书写自己的历史，写自己家族的历史，这是历史书写权的获得。

其六，可以丰富大国家史。到了公民社会，要修大国家史。大国家史如何修？应从小历史书写的积累开始。传统的小国家史即政府史要成为大国家史，必须建立在家族史丰富积累基础上。古代政府史发达，是因为政府记载受重视。今天要改变这个习惯，必须从家谱编纂开始。只有有了丰富的家族史，才可能有丰富的大国家史。公民家族史越丰富，大国家史才越丰富。

二 新修公众家谱原则

其一，要区分公谱与私谱编纂的不同要求。前者强调客观，让家族成员都能接受；后者可能不公开，别人认不认可无所谓，而强调将自己的观察写出来，是一家之言。目前所见家谱，大概多属后者。后者省力，只要尽力即可。前者则须征求大家的意见，要开会讨论。另外，所写语言也应注意，要本着公开原则，让本人也读得下来。不能是背着人来写的，让人感觉有点背后说坏话的意味。尽量用相对客观的语言，少用情感化的语言来写作。

其二，要区分详谱与简谱的不同规定。大传与小传写作方式不同，小传是简略式的，大传是详尽的记录过程。履历式是小传，详尽的人生故事就是大传。公众家谱编纂，人数不多，可用大传；宗谱人数多，适用小传。古代的通谱，记载的人员过多，印刷困难，于是只能简谱，只有一个名字，有时连生卒年也不详。传记虽有，但数量不多，只限一些家族名人。过于简洁，就会导致空洞化。古代中国的家谱主要是档案，家族史功能是其次的。今天新修的家谱，由于机械模仿传统家谱，仍有太简之感，家谱的历史信息量太少。笔者主张改造传统家谱，增强其历史资料性，多写详传。今天的公众家谱有必要替每人立一小传，只有如此，才能提升其资料价值。

其三，先写小家庭的家谱，然后修同宗的宗谱。应该区分家族与宗族，古代是相同的，而在今天则是不同的。古代的家族是大家族，包括多个支派。今天的家族主要是小家族，就以自己的家族为主。今天以宗族为单位的宗谱编纂起来可能困难较多，以小家庭为核心的关系网络是可以写出来的。人人参与，家家参与，最后扩大、汇总，就会有宗谱。

其四，简化修谱程序与格式。公众历史书写比较理想的状态是，让每一家都能拥有自己家族的家谱。要实现这样的目标，要做相当多的工作，其中简化修谱程序与格式是相当重要的。古人修谱成本很高，今天要降低成本。今天的家谱只要双胶纸的平装本或铜板纸精装本即可，不一定要用宣纸。用什么纸张，是由时代条件决定的。今天用得更多的是双胶纸，价廉物美。近十多年来，四川的成都谱牒文化有限公司（新家谱网）创办人阎晋修创立了表格式修谱法，这是中国家谱编纂史上的一大创新。阎氏新家谱有多种格式，有仿古的，也有现代的。此法使修谱成为每个公民都可以做的事。特别是通过出版社出版了家谱印刷格式文本，人们只要填一下即可，且可以不断填下去，方便快捷。当然此法也有不足之处，主要是手工化操作，阎氏文本式表格化家谱比较适合不懂电脑的人使用，家谱格式是印刷体，但填写方式仍是手工的，实际仍是一个抄本，要全部变成印刷文本，必须上印刷厂印刷，这样成本仍高。如果电脑化程序操作，就可以一步到位。笔者从中获得灵感，另创一种更为方便的表格式家谱编纂模板，只要有电脑即可做。对于会用电脑的人来说，只要有一份《入谱登记表》，搜集到相关信息即可编纂成书，然后在电脑中不断增补与修订。这样可以将编纂与印刷同步完成，不需要再排版。从实践来看，表格式家谱是相当重要的。没有统一的表格，要素残缺不全，新手不知如何入手。而表格体完全是一种西式拷问体，借此可以问出相关信息，适合新手使用。

其五，要重视资料的搜集。修谱最难的是资料的搜集工作。历史书写的材料来源，一是大脑记忆，二是文字、图像材料。可从多渠道获得素材：本族族谱及一些姓氏文化著作；家人口述；家庭老相册；祖传之物、家庭老物件等，由老人口述来历；日记笔记、出版的著作；微信朋友圈、QQ空间、微博等。[①]从长辈中调查家族历史，这是关键的一部分。如果仅凭小辈的部分记忆来写，那是相当不全面的，必须多问长辈。现实生活中，只有大人关注小孩的传统，没有孩子关心家长的传统，大人对小孩了解多些，而小孩对大人的了解则少得可怜。这就提出了一个上下代信息不对称问题。目前的小历史书写，实际相对简单，因为主要从大脑记忆中搜集资料。难度更大的是搜集材料，组织成文。小历史的书写刚开始，没有资料的积累，没有书写经验的积累，开始的时候问题会较多。调查研究，搜集材料，要花费较多精力。实际的资料调查过程，会遇到一些问题。在家谱调查中，心态与理解是相当重要的。修家谱时要与家中大人商量，取得他们的支持。如果无法理解，得不到支持，可以不提及，只管有意识地询问有关情况。资料的调查是在问题意识支配下进行的，有什么问题，

---

① 守灶人：《如何编辑一本出彩的百姓家谱？》，汉文化传承2019年4月22日。

关注什么资料，就有什么收获。沉睡的历史记忆是被外在拷问唤醒的，一旦有人来提问，储存于大脑之中的历史记忆就有可能被外化，被叙述出来；相反，如果没有人来拷问，也许永远就沉睡在那儿了。口述历史是一种主动拷问历史主体、寻找有关历史记忆、进行文本建构的行为。反思人生，才会有传记；没有反思，传记是叙述的，是平凡的。

其六，创新家谱体例。提倡修家谱，但不等于说提倡修旧式家谱。笔者希望以公众家谱编纂实践活动，带动民间的家谱编纂活动。古代中国的家谱主要是大家谱，下面有一些支谱、房谱、生辰谱，但往往缺乏独立性，相当今日单位下面的部门，不是独立法人。笔者提倡的公众家谱，与支谱、房谱类似之处，但性质不同，是独立法人，公众家谱是独立的编纂模式，与大家谱对应，都是独立的编纂单位。笔者近年提出的公众家谱编纂模式有其独创性。今日中国，家族的发展，核心化现象越来越严重，迁移越来越大。这与乡村中国时代的宗谱聚居模式相比，有了较大的变化。随着现代化的发展，家族内部各家庭间的血缘关系越来越淡化。如此，编纂大家谱越来越困难。只要其中一支不同意，一村不同意，就难以编纂成书。尤其是当下中国，乡村中缺乏有威望、有实力、有文化的能人，如此，要想编纂一部大家谱，越来越困难。而公众家谱编纂理念的提出，呼应了今日中国家庭原子化现状。由于规模小，只要将一个太公下面的几个家庭编纂成书即可，一个人就可以办到。而且，用电脑写作，成本低廉。更重要的是，由于规模小，内容可以更为丰富一些。以前的大家谱，实际是血缘证明，如今日的人事档案，方便宗族管理。今日的公众家谱编纂，吸收了历史学的要素，引进了家族史理念，可以使家谱与家族史结合起来，从而内容更为丰富，更有价值。时代不同，家谱编纂模式要创新，与时俱进，这应是不必怀疑的要求。

其七，重视传记资料。古代中国的家谱太简单，只有一个名字，有时连生卒年也不详。今天有必要替每人立一小传（或简介），只有如此才能提升价值。也就是说，家谱的发展历史应是从档案而家族史的过程。越到后来，成为家族史，历史价值越高。今后的家谱就是家族史，没有别的功能。个人与家族事迹也要及时记载。只有积累材料与记载，才会丰富写作。不能等编纂时再来搜集材料，那时可能相当多材料已经被毁掉了，许多记载可能消失了。立不立传，有一个立传理由问题。从大历史来说，当然是不值得书写。中国人上不上

第八章 家家有谱与村村修谱

家谱,立不立传,取决于大历史的三立(立德、立功、立言)观念。其实,对一个家族来说,每个人员都是重要的。没有祖先,就没有后人。尽管他可能只是一个普通人,却是重要的。他的工作是平凡的,但能让一个家族生存下来,也是有贡献的。就是说,必须从家族的自我繁殖、从家族的生存与发展来考察不同人的作用。哺育长大,是长辈的贡献。歌颂凡人,是现代社会的准则。它体现的是现代准则。同时,有必要总结一下家族的做人准则与规则。立传,有一个写什么的问题。古人受三立观念影响,凡是符合三立者为之立传。那实际是一种实用利益观、价值观。今天完全不必如此,尤其是普通人员。三立观念,不适合普通人立传标准。普通人传记的写作,主张从家族史角度,整体建构某人的形象。对家庭人员来说,都是重要的。例如,它是一个自然发展链,一环扣一环。各人的作用不同,都有贡献。本人的发展,家族的发展,都有贡献。写凡人传,从性格分析入手。凡是能说明某些特点与精神的材料与事例,都是重要的。例如,如何辛勤地维护一个家族,养育子女,与人交往。工作形象,生活形象,性格特点,朴素做人思想的总结。孝敬长辈,尊敬同辈,友爱下辈。体现生活方式,写出他们的生活方式最为重要。写出凡人的生活方式、生活经历及生活体验。传记是在讲述一个人的命运,要顺着他生活的轨迹来寻找他(她)的一切。传记应是真话的文字表现,真话要源于真实的历史真切的经历。英文 life 一字,本意原为"生命",却兼有"传记"的含义。能让自己的一生用文字表达出来,也不是每个人都可以做到的。全面展示一个人的生活轨迹,写出凡人的生活方式、生活经历、人际交往网络及生活经验体验,这是凡人传记应关注的事。大传与小传写作方式不同,小传是简略式的。大传是详尽的时间过程。履历式是小传,详尽的人生故事是大传。家谱编纂,人数不多,可用大传;人数多,适合小传。

记忆因时光变得模糊,所以验证非常重要。跟官方记录核对姓名和日期,常常都是不错的主意。现在可以查阅许多出生、结婚和死亡证书。你可以试着去本地档案馆、图书馆查询。户籍档案也是查询数据或者未知亲戚的方式。中华民国时期的户籍资料,一般存放在档案馆里。另外,在地方志馆,也可以通过查阅地方志和文史资料,了解祖辈的生活环境和可能经历的大事,运气好的话,还可以找到他们的名字和事迹。除了本地资源,网络资源、图书、杂志或者报纸,也可能提供实际的帮助。需要特别指出的是,图书馆里也收藏了大量的家谱和地方志。图书馆领导曾经讲过,有五分之一的中国人其实是可以找到自己的家谱的。你也可以求助于本地或者祖籍地的宗亲会。他们也存有大量的家谱。①

此外,有几个注意事项:一、不要用图片堆砌,图片所占篇幅最好不要超过二分之一。另外图注一定要简单明了,排版要美观,最好具有很强的可读性。二、不要急功近利,不要以出书的目的去出书。三、家庭成员文笔差异大,可采用先口述,再由一人集中整理。四、不要刻意追求华丽的辞藻,可以用朴实的语言将经历之事叙述清楚即可,重在给子孙后代以启示。五、对一些特殊时期,重在个人经历,简化结果,淡化社会影响。六、百年五代小家谱,因是对家庭的历史和文化的阶段性总结,目的在于传承家文化教育子孙,全书格调应积极向上。七、保持家族小家谱的神圣性,不可随意向外人借阅,不可随意丢弃。②

三 公众家谱编纂程序

要循序渐进。建立文档与模板以后,建议第一步做谱系世表,第二步做姓氏源流,第三步做小传大传,第四步做家族纪事,第五步做家族简史,第六步做诗文选萃,第七步做修谱缘起。最后,编辑、排版、校对、输出。要正确学会使用标点符号,尤其不能乱用冒号,在标题、代位、传主后面,不能使用冒号。自然段落,每段前空二格。

编纂者要扮演主编角色,做好与家族成员的合作。个人史只要一个人即可完成,而家族史编纂则要学会借力,因为家谱涉及几十人甚至上百人。编纂者要发挥组织管理才能,动员更多家族人员参与进来。对在校大学生来说,要请父母来帮忙。要与家中大人商量,取得他们的支持。家谱编纂难度最大的是信息的调查。家族信息调查中,要注意面临着两个信息不对称问题:一是上下代间信息的不对称。在现实生活中,只有长辈关注下辈的传统,没有孩子关心家长的传统,所以大人对小孩了解多些,而小孩对长辈的了解少得可怜。二是直系与旁支间信息的不对称。对于直系家人了解多,而于旁系成员了解少。对于不熟悉的叔伯旁支来说,要动员叔伯们、堂兄弟、堂姐妹来帮忙。委托别人搜

---

① 九亲云谱:《怎样编写自己小家庭的家谱》,袁氏文化 2017 年 6 月 2 日。
② 守灶人:《如何编辑一本出彩的百姓家谱?》,汉文化传承 2019 年 4 月 22 日。

集信息，一定要有一个明确的截止上交时间点。中途要善意地提醒，了解进度。如果感觉别人不肯配合，则要立马采取换人等有效措施。否则，无效的等待将会浪费时间。总之，要学会与家中人员合作。

要充分利用档案资料。家中的户口簿，那上面有准确的出生年月资料。于过世的家族先辈，可借助社区、派出所的户口信息。要学会整理档案，将家中的文物、档案拍摄成像。要用手机或相机，替每一个人拍摄一张数码照片。

要使用《入谱登记表》来征集信息。《入谱登记表》格式，姓名×××（1931.3.5— ），包括称谓、生肖、身高、血型、学习经历、结婚时间、工作经历、性格特征、生活事迹诸方面，一人一张。凡有文化之人，可以直接发放表格，调查有关信息；凡是不识字之人，则可以据表询问。调查方式，可以写信，也可通过电话或网络。资料的调查，是在问题意识支配下进行的。有什么问题，关注什么资料，就有什么收获。

要用口述史方式搜集资料。历史书写的材料来源，一是大脑记忆，二是文字、图像材料。一般家族，档案保存较少，留下的文本资料较少，所以要通过口述史的方式，直接从大脑记忆中搜集资料。口述历史是一种主动拷问历史主体、寻找有关历史记忆、进行文本建构的活动。口述是广义聊天的一种，但多长了一个心眼，旁边要放一支录音笔或手机，要求录下音来。而且，是有一种有主题的系统历史调查，不是普通的闲聊。沉睡的历史记忆是被外在拷问唤醒的，一旦有人来提问，储存于大脑之中的历史记忆就有可能被外化、被叙述出来；相反，如果没有人来拷问，也许永远就沉睡在那儿了。

由易到难，日积月累。对大家来说，公众家谱编纂是一项全新的工作。没有资料的积累，没有书写经验的积累，开始的时候问题会较多。不过，只要遵循"由易到难、日积月累"的做事原则，是能够做出来的。先将自己大脑记忆中已知的家族信息写出来，然后进一步搜集未知的家族信息。充分利用节假日，亲自搜集相关信息。在资料调查、家谱编纂过程中，会遇到一些实际的问题，要随时提出来加以解决。否则，卡住了，难以进一步往下走。每周有空时做一点，不断累积，积少成多，最终就会完成任务。

建立公众家谱以后，要不断补充新材料。只有及时记载，才能丰富家谱编纂。否则，相当多材料可能已经被毁掉，许多记载已经消失了。

为了更方便地编纂家谱，笔者一直主张编纂公众家谱。道理很简单，一是五世为最基本的血缘单位，二是适应今天以小家庭为主的现状，三是容易编纂，成本低，省时省力省财。每部公众家谱的规模不等，多在万字左右。每人所花时间不多，至多两三个月。直接在电脑中编纂，没有印刷成本。自2008年以来，至2022年做了87辑《公众历史书写》，其中30多辑是公众家谱。虽然内容尚可进一步完善，但结构建立起来了，这是一个进步。成功之因有四，一是找家庭中有文化的人来主持，二是作为考试成绩一部分，来监督学生完成家谱编纂，三是有一个共同的指导老师，有一套新编纂家谱模式，可以方便学生操作。边培训边指导，教给编纂窍门。四是一种公益活动，成本较低。这样的公众家谱编纂，成本低廉，可操作性强，更有历史文化建设意义。

近年在大学生中推广的公众家谱编纂，近于传统的房谱，意义是十分大的。一则成本低，克服了传统宗谱编纂成本过高缺陷。二则适应了现代中国社会家庭分子化现状。在近六十年的乡村国家化、商品化思潮影响下，传统宗族色彩越来越淡，出现分子化趋势。今日中国，只能进行小范围内的家族共同体建构活动。三则方便，人人可动手做，户户可做，适应面更广。只要会电脑，有一定的文化水准，就可进行，这项活动也影响了部分大学生的家长。可以说，我们在做一项伟大的新修家谱实验活动。

独立的家族地域徽号。今日编纂家谱以什么地域名为名称，一直是一个没有认真思考过的话题。传统中国是一个乡村社会，所以乡村是文化之根所在。今日中国相当多的文化人迁移到了城市，而且是异地的，以什么来命名，就成了一大要思考的问题。而且，大的行政区划在不断调整之中。且今日城市人以城市为荣，而非以乡村为荣，这也就带来了用什么家族徽号问题。家谱上的地域名，应是家族徽号。用统一的某氏家谱，显然是不合适的，因为不可能全部包括。由此，确定合适的家谱名，就成了一个大问题。公众家谱好一些，但大家谱的命名，可能仍得以乡村为主，毕竟乡村中国才是中国文化、家族根之所在。如果各以所居城市来命名，可能无法联起来。古人用一个大的家族徽号，是为了辨识与联络。城市人以所居城市为荣，而不是乡村。所以，新修公众家谱要解决出生地与原籍地问题，家谱可以以现居地为名，在溯源时及原籍贯地。因为历史上各家族也确实是不断在地化的，没有人说以最早居地命名的。在地化是一个发展趋势，这符合发展趋势。也有招赘者，以女方为主。外公家可以放在亲戚录中加以著录。

公众家谱编纂更为自由，爱怎么修都可以，没有人来限制。大家族的宗谱是不允许外姓人进入的，但小家族的家谱是可以考虑的。今日为什么要提倡年轻人参与家谱编纂？培训 90 后的家族集体意识，平衡极端的个人主义。编公众家谱，可培养他们的家族集体意识，培养他们的文本意识，培养现代史官的意识与能力。

四　进一步发展的设想

应该总结民间家谱编纂经验，用不同的方式，推广家谱编纂活动。家谱的编纂，要靠内在动力，也要靠外在动力（社会风气）。

所谓内在动力，就是有历史意识、时空意识的人参与家谱编纂。时空的隔绝，是促进传记、家谱编纂的内在因素。当人到中年或退休以后，有了较强的历史意识，思念过往，现代社会的个体化发展，乡情的淡薄，也使老人们有了危机感，于是他们便想到了修家谱。这是公民自助修谱，属有点文化的老人们想做的事。

所谓外在动力，就是社会风气的影响。民间活动不同于政府活动，可以由上而下。它是一个由左而右的横向推广过程，邻村、邻居、朋友、亲戚的互相影响，是其推广活动的一个特点。浙江宁海早在 20 世纪的八九十年代就兴起了编纂家谱之风，村村完成了修谱任务。它是靠攀比风来完成家谱编纂的，即邻村完成宗谱编纂后带动相邻村的宗谱编纂。这应是一种好办法，可以在乡村中推广这项活动。

中间组织，家谱编纂的公司化运作，由专门的民间谱师来具体修谱，也是一种好的模式。商业化的家谱公司，可以专门的职业指导推动家谱的编纂与出版，这是一种用钱可以解决的办法，自然是一个好办法。家谱编辑出版中心是一种常规的职业机构，有了这种编辑出版一条龙服务的社会机构，就可以带动民间的家谱编纂活动。对于一个不会写作或写作水平不高的人，对于一个编纂后无处印刷出版的人来说，家谱编辑出版中心是一个救星。家谱传记书店也提供了一个交流平台，这种交流是人员的交流，也是家谱样本的交流。家谱编纂是一项数量庞大的活动，有一个观念转变，有一个技术培训，有一个社会推广问题。家谱是一种不公开发行之物，别人难以找到众多样本。家谱中心提供了一个家谱交流平台，可以弥补这种不足。

家谱编纂要不断创新。在实际的修谱活动中，也提出了一些新的问题。考虑到现在的城市人以居城市为荣，而不是乡村。所以，新修公众家谱要解决出生地与原籍地问题，家谱名称可以以现居城市为名，在溯源时讲清原贯地。确实，历史上家族是不断在地化的，没有听说家谱编纂一定要以最早的居地命名的。在独生子女政策下，不少家庭有招赘者，可以以女方为主来写。至于外公家族，可以考虑设置"亲戚录"加以著录。

甚至家谱编纂可以放在公共文化视野中来看待，政府应从公共财政中拿出经费来支持这种文化活动。大家谱数量少，可能就一部，往往是一次性的，公众家谱数量多，往往是多次性的。公众家谱编纂，机制灵活，尤其适合今日的行政村。因为，一个行政村中会有多个姓氏。以前是同宗自然村多，今日是异姓行政村多。大家各修自己的公众家谱，就不会受传统大宗谱同姓原则的限制。这项工作，需要政府加以积极引导。这完全属于文化公益事业，企业的热情度不会高，公共政府的引导与一定的强制力更有力量。考虑到多数人不会修，也可用项目制，请职业修谱人承担公众家谱的编纂工作。这批职业修谱人，可以由公共财政来资助，也可以兼职，用项目制来做。一旦立项，统一编纂，然后补助。先拨一批经费，修成验收通过，全部下拨。修公众家谱是正能量的好事，地方政府应大胆倡导。这种工作是以前没有的，完全是创新行为。如果真的做起来，那是十分可观的民间文化建设工程。笔者以为，地方政府应建立长效机制，投入经费，让大家共同起来参与乡村文化建设。可以用引导法，即成功几部，然后小范围内赠送，用行动引导其他家庭来参与建设。由点到面，这是一个不错的引导办法。政府可以成立公共档案馆，以收藏民间家谱。这是提升中国历史意识，提升中国历史文化水平之举。

家谱的出版与传播。家谱的出版当然要走印刷之路，它可以是公开出版的，也可以是内部发行的。从家谱的公益性来看，只要内部印行即可。个别家族一定要公开出版，也是可以考虑的。除此之外，也要考虑借助现代网络来传播。家谱出版之路面临较多的困难：一是保密性强，家谱多关乎当代史，记录着家族的私密信息。二是传播面窄，家谱多关系一族历史，只有小范围的人会有兴趣。三是更新较快，现代家谱编纂借助了电脑技术，得以随时更新。这些特殊性，要求我们借助新媒体加以传播。关于私密性问题，笔者建议采用分级制，建立不同密级的删节本。南方报社凯迪网建立了"百姓家史"平台，开创了网络写家谱、传播家谱的新气象,值得大家关注。"百姓家史"还开创了一个公益誊抄活动,邀请有公益心与奉献心的观众打印出老人们寄来的手稿载图,进而上传网络平台。这彰显了现代社会的精神,众人拾柴火焰高。

编公众家谱成本过低,导致谱师不愿意接修,所以最为关键的是家家自己做。家谱本是大众百姓的历史,也应由大众百姓来写。家谱编纂的大众化,是一大发展趋势。

第二节 填写式家谱的种类

1993年,四川成都的阎晋修先生提出填写式家谱。他想简化家谱编修,普及家谱编修活动,以适应中华人民共和国家庭原子化的现状,这是千年家谱编修理论与技术上的重大突破。此后十多年,受到了极大的追随,出现了十多种填写式家谱格式,成为当代中国家谱编纂史上一大新流派。后面这些家谱产品,仅是技术上的改进。填写式家谱,门槛低,容易学,别人可以据此加以不断改进。

一 《现代家庭档案》《现代家谱》

表格式家谱出现于1993年的成都。阎晋修先生在对宋代欧阳修、苏洵创制的"欧苏体例"家谱深入研究之后,研制出一系列可续填续写、长期使用、毋需重修重印,适合任何姓氏、任何人数的家族修谱、续谱的"填写式"新体例家谱,突破了千年谱例传统模式。使用这种谱例编写的家谱,不仅便捷、直观,查找谱册中的任何一个人都十分快速、简便、准确。不论是新修、续修,还是改修旧体例家谱,或者是抢修、改写、复制孤本老谱都很方便适用。它突破了我国几千年来由各个家族手工抄写或各自印刷成册的传统修谱模式。

进入2000年以后,局面略有好转。2001年,借助新兴的"家族档案"概念,将家谱编纂家庭档案化,由四川美术出版社出版了《现代家庭档案——填写式新式家谱》。与第一代家谱相比,第二代家谱继承了第一代家谱的精华部分,内容包括谱序、源流、世系、传记、影集等十余项。采用这种家谱,任何一个家族即使原来从未修过家谱或从未建立过家族、家庭档案,也可以从一开始就用上统一印刷而成、装帧考究的新式家谱。这种家谱不仅便于相关家族去寻根问祖，或者快速、简便、准确地查找任何一个家族成员，而且还可以随意建立或补充填写家谱中所缺内容，既省时、省力又省钱，克服了每个家族每隔几十年必须毁掉旧谱另印新谱的旧例。同时，家族中无论是哪一位成员，从出生或加入家族之日起就可以入谱，在长大结婚、生子直到去世时都可以随时将有关情况补充填写入谱，而没有旧时必须等到几十年后再修谱时才能入新谱的局限，把过去费时、费力修家谱的事务简化到几乎每个人都能随时随地地加以完成，让修谱过程变得非常简单。即使族谱上有遗漏或错误，一经发现，也可以及时补充和修改，充分体现了这种现代化新式家谱的时代特点。①

2004年，具有中国家谱传统式样的"仿古线装竖排本"填写式祖宗牌《家谱》，也由四川科学技术出版社出版发行，是为第三代产品；2006年6月，用全新理念、全新体例设计的，适合任何姓氏家庭使用的横排精装本《现代家谱》由四川大学出版社出版发行，是为第四代产品，②又包括了《电子家谱》。线装本家谱与旧体例、传统形式的家谱相比又有很大改革，因而更利于使用者接受和喜爱。《电子家谱》是应用阎先生研究开发的《怎样修家谱软件》，在电脑上填写修成的一种新形式家谱，既可单独使用，也可根据纸质家谱继续录入并增添更多的文字内容或相片等信息。③

该家谱包含有"谱序源流凡例、家族名册、世系表、生平传记、家族大事记、家族荣誉册、亲戚录"等。统一印刷成类似于写作文的表格，使家谱有了规范的模式，使修谱有规矩可循，修谱的过程实际上就是填表的过程，非常简单易上手，对修谱者的文化素养要求不高，无论多平凡的家庭都能够轻松修谱。提倡从当代开始修谱，简易修谱，快速修谱，其首创的"填表式"修谱法实为当代家谱编纂的一大进步。

二 杨乃琛《新家谱》

杨乃琛退休以前在青岛文化系统工作了40多年，最后一项工作是担任青岛

---

① 袁胜贵：《几百年勿需重修重印的"阎式体例"新家谱》，袁氏家谱网2006年8月6日。
② 张海鹰：《65岁在川山西籍老人阎晋修：我为徐向前邓小平修家谱》，《三晋都市报》2010年4月24日。
③ 袁胜贵：《几百年勿需重修重印的"阎式体例"新家谱》，袁氏家谱网2006年8月6日。

市民俗博物馆馆长。原来的族谱是农耕时代聚族而居的产物，基本一个村子的人集中于一个姓氏，而随着城市化的发展，一栋楼宇可能就有很多姓氏。他要解决的是当代中国以核心家庭为主的家谱编纂方式问题。他和家谱文化的不解情缘始于 2000 年春节，当时杨乃琛和家人回即墨老家，家中老人从存粮的缸底取出《即墨杨氏族谱》和《即墨杨氏家乘》两本厚卷，交给杨乃琛。杨乃琛意识到这两套本子意义非凡，将家谱和家乘拿回家研究。他考虑到，族谱记录家族世系，家乘则摘录祖辈留下的家风家训，可把二者结合起来形成"新家谱"。[①]经过一年的探索，2001 年，他设计了适应新时代的《新家谱》（家庭档案），并申请了三项专利。"新家谱"以一个家庭为基本单位，重点填写家庭成员三代生活、工作及家庭、文化的发展变化情况，并增加了健康及遗传疾病的记录，从而建立"城市档案"。他所创新设计的"新家谱"，凡 25 项内容，分别是祖辈溯源（男主人祖父母以上祖宗情况记述）、祖辈溯源（女主人祖父母以上祖宗情况记述）、男主人父亲简历、男主人母亲简历、女主人父亲简历、女主人母亲简历、男主人伯叔姑舅姨通信记要、女主人伯叔姑舅姨通信记要、男主人兄弟姐妹通信记要、女主人兄弟姐妹通信记要、家训（男主人父母教诲）、家训（女主人父母教诲）、家规（男女主人共同制定或自选座右铭）、男主人简历、女主人简历、子女简历、全家福合影（与男主人全家合影）、全家福合影（与女主人全家合影）、新婚合影、孩子照片、家庭大事记、保存资料登记簿。作者称，概括起来有五个好处：第一，继承了老家谱中的中华民族优秀传统文化的精髓，同时也打破了老家谱男尊女卑、女不上谱的陈规陋习。提倡男女平等，不仅续写男系家谱，同时也续写女系家谱。第二，新家谱也改变了老家谱主要续写庞大家族分支的做法。而以现代自然家庭为基本单位，在写明祖辈溯源的前提下，重点填写家庭成员三代人的简历和家庭政治、经济、文化每年发展变化的大事记。第三，又增加了健康和遗传疾病的记录，以备后代存查。第四，为了使优良家风代代相传，特增设了家训一栏，由家庭男女主人双方的父母，题赠有益的家训和教诲。又增设了由夫妻双方共同制定的家规，以增强家庭的责任感和约束力，有利于家庭的和谐与稳定。第五，新家谱中不仅有文字、表格的设计，还有家庭成员的照片、音像制品、电子版"新家谱"等。由此可以真实生动地

[①] 青岛文明办：《杨乃琛：编写推广新家谱 传承中华好家风》，《青岛日报》2017 年 5 月 27 日。

记录每一个家庭成员一生中政治、经济、文化等方面的发展变化情况。这与老家谱相比,大大地增加了记录每一个立谱家庭档案的文化内涵,且随时可记,易于操作。① 由此可知,他直接以家族三代人员为记录对象,更合人类家族记忆不出三代的特点,更易于推广。为此,他个人出资首次印刷了一千册新家谱,以赠送有关部门和亲朋好友。为了更好地宣传推广新家谱,2016年在澳门路社区成立了"新家谱文化推广志愿者协会",由他直接担任会长,定期举行新家谱讲座。2019年,又由市南区宣传部出面再版,进一步扩大推广之路。由此可知,成立"新家谱文化推广志愿者协会",与相关基层组织合作,也是一个成功办法。

有意思的是,阎晋修与杨乃琛都走了现代家庭档案思维,以此包装新家谱。所不同的是,在内部框架上不同而已。这也是90年代家谱档案出现产物。

三 李鸿明《家谱实用大全》

李鸿明(笔名清明)走上填写式家谱开发之路。早在20世纪90年代,李鸿明在参与编纂自家家谱时,开始思考家谱改革,设计了《家谱范本》,范本包括《总谱》《本家臻祀神主谱》《本宗现存人口谱》《女儿出嫁流向谱》《本宗姻亲谱》五个卷本。《家谱范本》于1998年完成,不过一直未公开出版。所以从时间与分类来说,可谓90年代家谱创新二家之一。直到2006年,《家谱实用大全》才由甘肃人民出版社出版发行。该书包括《家谱指南》和《家谱范本》两部分,共六册。《家谱范本》包括总谱、本宗祭祀神主谱、本宗现存人口谱、女儿出嫁流向谱、本宗姻亲谱等五个卷本,是记载家族世系和人物事迹的谱格。女儿出嫁流向谱、本宗姻亲谱,这两类的设计具有创新意义的。

四 李毅《现代家谱》

该书于2008年完成。是一种使修谱续谱实现了标准化、通用化、表格化、可续填续写、永久使用、勿需重修、重印的家谱。共由第×次修谱主持人简介、第×次修谱×套分存情况表、谱序源流凡例、家族名册、生平传记、家族大事记、

---

① 杨乃琛:《杨乃琛院长在首届青岛杨氏家风家训论坛上的讲话》,杨氏文宣暨墨河涛声2018年8月17日。

家庭荣誉册、亲戚录、家庭成员一览表等九部分组成。最后是附录：①现代家谱使用说明；②现代人的家谱应当怎样修。

五 李政民《千秋家谱》

该书于 2008 年由三晋出版社出版。作者系西安市金洋谱牒文化有限公司总经理。家谱正文分谱序、凡例、姓氏渊源始祖源流郡望堂号、始迁祖源流家庭家族近代史略、先祖像赞堂联、祖训家戒治家格言、排行字辈及释义、简明世系图谱、入谱世系人物简史牒记首代父辈简史、世系人格简史牒记、世系人物简史牒记、分支迁徙分布概览表、历代名人录、荣誉录、大事纪要、资产记事、亲戚录、至交友人录、人物自传生平侍传记、全家福合影简介、宗祠纪念堂记事、老宅记事、祖坟茔地骨灰安放记事、艺文集锦、修谱记事修谱人自传、杂记、谱册收藏持有人登记表等共 26 部分。

六 任清剑《现代族谱》

2009 年河南新谱牒（家谱）文化传播有限公司任清剑发明一种新体例《现代族谱》，"现代族谱"包括"族谱"和"百年家谱"两部分，其中"族谱"依序记录六百人以上本氏族男女及配偶的主要人生信息，"百年家谱"即公众家谱依序记录近亲五至六代、百年之间百人之内的详细人生信息和亲戚简要人生信息。以该公司编纂的《豫滑高平镇高庄高氏仁胜公后裔（支）族谱》[①]《豫滑高平镇高庄高氏廉升公后裔百年家谱》[②] 为例，二书统用手写字体而非印刷字体，诸如人物画像、祖居图、坟茔方位图、墓志铭等都是手写、手画体。《豫滑高平镇高庄高氏廉升公后裔百年家谱》是由高才生发起组织，任清剑以"现代族谱"模式编纂的，从该谱中可见"现代族谱"体例中"百年家谱"的主要内容：对高才生所在支系的家人排行、世代编号；设"人生信息记录册"以表格式记录每对夫妇的个人信息，详细到去世原因、疾病等都有记载，旁页又设"遗传基因及一生大事附录"，为个人作小传；还有"恩人录"记载对家人有过帮助的人，"警示录"记载有恶行的家人，摒弃了传统的书善隐恶的原则，"文创技艺"

[①] 任清剑：《豫滑高平镇高庄高氏仁胜公后裔（支）族谱》，中州古籍出版社 2014 年版。
[②] 任清剑：《豫滑高平镇高庄高氏廉升公后裔百年家谱》，中州古籍出版社 2014 年版。

记载家人的特长技术等，可以看出"百年家谱"对家中每个人的记录几乎事无巨细。而《豫滑高平镇高庄高氏仁胜公后裔（支）族谱》记录了高庄高氏家族八个支族的谱系，主要看其世系图和世系传，但对家族内普通的单个人的故事书写着墨很少。"微而精"的"百年家谱"与"大而全"的"族谱"二者相互配合，形成一个横向宽、纵向深、局部精的有机整体，记录的人物众多、人生信息全面、科学、详细、实用，既使每个人的故事得以记录流传，又使各支族能明了其根源，以加强宗亲之间的联系。笔者认为，任清剑"现代族谱"体例是公众家谱与大家谱的结合体，是微观生活与宏观历史的结合体，是当代家谱编纂值得学习与利用的新体例，谱中所记的遗传因素也可作为遗传学、人口学的研究资料。

任清剑的固续式家谱产业化的尝试非常好，但要进一步推广，尚要解决一些问题：一是软件化或App化。二是提供草谱，让他们方便试填。三是推广力度上，各地设立培训代理点，可称家谱书院。与相关机构合作，加强合作培训，指导他们修家谱。如何在各地举办培训班，可进一步扩充。四是要提供家谱成品，供人模仿。仅售空白家谱不够，须提供成品，可附录一个小册子成品家谱。百闻不如一见，百说不如一见。新手要靠模仿，看得见，能操作，这是一条基本原则。五是让各地家谱馆或谱牒学会成为家谱产品的推广点，建立利益共享机制。既卖产品，又提供编纂指导服务，这是未来的发展方向。它不是空白工作笔记本，可以随意书写。它是一种文化作品，需要填写相关内容。而相关内容的文字组织与表达，对不会写作的普通人来说，并不是一件容易的事。万事开头难，投入家族史的研究与整理，就是一件不太容易的事。根据笔者的意见，任先生做了改进，加强培训，提供后续服务，提供家谱样本，大大拓宽了市场。

七 公众史学中心的公众家谱

以上三种家谱产品，实际上仍是一种手工文本填写产品。笔者更喜欢电脑生产，即直接在电脑上书写编辑。

笔者设计的表格体家谱编纂体例，正文由九大块组成，字数控制在万字以上。

文档名：××（省）××（市、县、区）××（镇或街道）×氏家谱。

正文标题：××（省）××（市、县、区）××（镇或街道）×氏家谱。

括号中的省、市、县、区、镇或街道，可以省略，以免谱名过长。

其内容架构如下：

一、修谱缘起。

指本次修谱原因、经过和说明。

二、姓氏源流。

主要由两部分组成：一是本姓氏全国范围的源流、主要名人、郡望、堂号、字辈。二是本支的地理位置、人口、字辈、家训等。可上网查阅相关姓氏源流资料，用选择性粘贴法，将资料转换成文档，然后加以精心编辑。

三、宅第变迁。

用房屋照片、文字说明的方式，反映本家族住房的变迁。老房子如果没有照片，可画一张草图，旁加文字说明。

四、谱系世表。

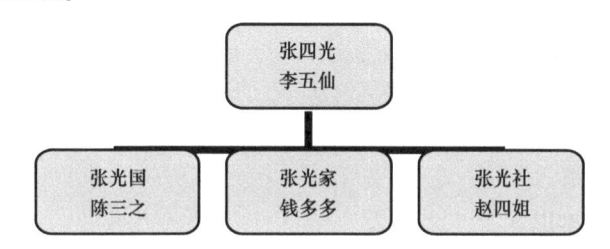

```
           张四光
           李五仙
    ┌────────┼────────┐
  张光国    张光家    张光社
  陈三之    钱多多    赵四姐
```

1. 每一代，除自己直系外，也要写出旁系，即叔伯后裔。

2. 每格只写夫与妻名字，省"夫"与"妻"字及冒号；儿子，夫前妻后；女儿，妻前夫后。

3. 使用"组织结构图"，在 word 下，"插入"—"图示"—"组织结构图"，点击，即出现上图。如不足，可增加格子。增格之法在"组织结构图"中找到"插入形状"，找到"下属"。每单击一次，可增加一格。如多余，可删除。删除之法为左单击一次，然后右单击一次，出现"删除"，单击一下即可删除空格。

4. 谱系图，一般做成三至四代一图较为合适，正好合 word 页面一页。

5. 格子中的文字，一律用小五号或六号。因为"组织结构图"在扩充的过程中，格子中字体会越来越小，所以最后结束时，要统一处理过。其法，将鼠标定在格子中，将字体改为小五号或六号。

五、家族小传。

1. 小传格式：×××（1931.3.5— ），称谓、生肖、身高、血型、家庭地址、学习经历、结婚时间、工作经历、性格特征、生活事迹等。

需要注意的是，传主名字不要用辈分如爸爸之类，应直呼其名。要有明确的时间框架，可加年龄，不可写成个人总结。语言尽量客观，少用情感性语言。文字描述尽量写得自然一些，不要过于生硬。小传格式中提及的是采访要素。

2. 各小传排列格式：按代排列，至少五代，即高祖、曾祖、祖、父、本人。

3. 每一代传记的排列，凡结过婚之人，先写丈夫，后写妻子。如果是姑姑，先写姑姑，后写姑夫，再写姑姑子女。

4. 除自己直系外，也要写出旁系，即叔伯后裔。

5. 每人的传记，不要过于简略。早期的高、曾祖，如果事迹过少，可以简略些，但后面的家族成员不能过简。原则上每人配一幅照片，最后也可加一张全家福合照。

六、家族大传。

部分家族重要人员、直接亲属的详细传记。大传数量不限，至少二篇，每篇字数过千。

七、家族大事记。

所谓家族大事，是决策性大事、喜庆的事、影响较大的事，举凡家族成员出生与过世、结婚、学习、工作、迁移、荣誉等可算大事。家族大事记，突出时间本位原则，是指整个家族人员百年内的主要活动事迹的统一编排。注意：不能是传记的人为本位，而是一个人一个人来编排。如张华 1900 年生、1926 年结婚、1980 年过世；张一 1956 年生、1980 年结婚。按公元时间顺序编排，直接用第三人称的名字，不用家族代称。每条单独排列，不能连续排列。如：

1900 年，高祖张华出生。

1956 年，张一出身。

1970 年，张二上学。

1975 年，张三与某人结婚。

1980 年，张四迁移至上海。

八、家族简史。

指自己小家族的历史，不是某姓全国性的大历史简述。可根据前面所列

"家族纪事"与大小传所及小家族发展线索，对家族历史过程作一个综合性的、粗线索的叙述。注意：只出现个别重要年份，其余年份不出现，前面大事中已经有，不再重复。尽量能客观地反映家族的迁徙、繁衍生息、荣衰升沉的史实。

九、诗文选萃。

选择一部分本家族成员创作的诗文、论文。

十、亲戚录。

可叙述外家人物事迹。

将公众家谱的具体实践理论化。笔者大力倡导"公众史学"，主张人人都是历史的参与者和记录者，主张对民史、小历史的书写，而家谱作为民间主动写史、主动存史的代表文献，自然得到其重视。笔者提倡的当代家谱编纂的重心是"公众家谱编纂"，因为他认为传统大家谱编纂存在五大问题："一是编纂成本过高；二是史料征集机制被动；三是编纂单位过大；四是谱系图缺陷大；五是人物信息量过少。"[①] 于是他主张创新家谱编纂形式与体例，以百年五世公众家谱为主，进而实现人人参与、家家有谱。2009 年开始，笔者在大学课堂上推广公众家谱的编纂，将公众家谱作为期末考核的一部分，在学生自发想编家谱和成绩压力的双重作用下，已有 500 多名学生编纂了自家的公众家谱。从笔者对公众家谱体例的切身体会来讲，记录小家庭的历史基本上不存在难度，家中只要会识字写字的人就能担此任，且五代以内的直系亲属几乎健在，即使有亲属已经去世，对他们有记忆的亲属也还健在，时代越久远能忆起的事迹越少，因此公众家谱也是对家庭成员记忆的书写与抢救。通过在学生中推广公众家谱编纂，淡化了学生与历史之间的距离感，使得学生能够明白自己作为文化水平较高的历史的参与者有责任记录下自己身上的历史。2015 年《中国公众史学通论》一书出版，此书系统地概述了其"公众史学"理念，个人史和家族史作为公众写史、公众存史的活动成为该体系的部分内容，笔者对新修公众家谱的意义、公众家谱原则体例、公众家谱编纂发展都做了论述，使得公众家谱实践抽象化、理论化。

此外，也有类似家庭五代小族谱模板设计，由九部分组成：①家族的起源，②家族迁徙分布，③二十四孝、家礼图等，④族谱中的家规家训，⑤始迁祖起

---

① 钱茂伟：《当代中国家谱理论研究进入主流学术界》，中国社会科学网，2018 年 5 月 5 日。

到本家庭的世系，⑥家族血缘相近的名人介绍，⑦家庭成员大事记，⑧家庭成员的艺文，⑨部分成员的回忆录。① 也有人在此基础上，增加"十、家族通讯录"，由十个部分组成。② 如此，更为完善。公众家谱样板，可以根据不同的需求，进行灵活设计。

八 涂金灿与《传世家谱》

2012年，《传世家谱》系列文化工具，扩展、延续了家谱的文化，是一种根据现代人撰写习惯而设计，并且能够记录自己及家人人生轨迹的工具，具有易整理、易书写、易收藏等优点。续家谱、写家谱，对一名普通人来说，已经不是一件轻而易举的事。而为自己、为后代留下片言只语，又是每一个中国人的终极梦想。传世家谱系列文化产品的面世，正是针对这种中国人特有的情结应运而生。传世家谱是在中华姓氏文化研究院的支持指导下研制开发的。内容分谱序、渊源、迁徙、昭穆字辈、第一卷血脉相连——我的家族（血缘世系图、五代血缘树形图、五代绣像图、家族的历史）、第二卷开疆辟土——曾祖辈、第三卷建基立业——祖辈、第四卷承先启后——父辈、第五卷纵横四海——我辈，第六卷薪火相传子辈、第七卷旭日东升孙辈、附录芳名录。每一代又分肖像、名录、事迹三部分。传世家谱配套修谱指南，简单易懂，方便易填，使普通人望而生畏的修谱工程变成看图写字式的家庭作业，人人能懂，人人会填，真正使家谱文化普及百姓家，使传统文化发扬更广大。传世家谱分为烫金版、典藏版、团体版，内容厚实，形式庄重，既可记录家族血脉、文化命脉，又是赠礼上品、交际法宝。③ 传世家谱，又有手机版软件，由北京时代科华科技有限公司开发。

九 河南家谱会《某氏家谱》

2015年，河南省家谱研究会（中华家谱馆）组织专家学者进行了深入研究，经过近两年的努力，终于研制了这套格式清晰、可填写式家谱，亦称为空白家

---

① 赵英雄：《如何编修一本家庭"百姓家谱"？完整的百姓家谱应该包含这九大内容！》，赵氏宗亲2018年11月13日。
② 守灶人：《如何编辑一本出彩的百姓家谱？》，汉文化传承2019年4月22日。
③ 木尧：《经世典藏 传世家谱》，北京时代弄潮文化，新浪博客2012年11月6日。

谱。填写空白家谱首先应该列出家族成员名单，按照辈分（代）一辈一辈地列出。填写世系表的时候，应该一辈一辈地来，第一代写完，再写第二代。每一代的成员，要按照年龄大小顺序填写，先从年长的开始。

十　高新《现代家谱》

2014年，高新《现代家谱》由中国文史出版社出版。中国民间文史研究会北京暹华文化研究院院长高新从事家史文化研究多年，潜心钻研，耗时五载，反复实践，终于研发出具有时代特色的新式家谱《现代家谱》（通用版）。《现代家谱》共分为：家谱知识常识；古代先贤的家史文化；现代家庭教育与文化学习；生活常识；现代家谱实用等五个部分。《现代家谱》保留了旧式传统家谱的基本功能，摒弃其封建糟粕，融入记事、纪念、收藏等现代元素，从而赋予其全新的时代内涵，使其成为集宗谱、史学、教育于一体，纪念、收藏、存史等多功能并举，知识性、研发性、实用性兼备的现代家庭史册。[1] 较之古谱，《现代家谱》具有五大特色：一、现代工艺制作。大十六开本，布面烫金、烫银，进口纯质纸全彩印，配插图，图文并茂，且以蓝色寓意永恒。二、现代元素居多。《现代家谱》继承古谱优点，摒弃封建糟粕，增加现代生活元素（如家教、生活常识、家事大记、时间印记等），以充分满足现代家庭之需。三、方便经济实用。旧谱立修，程序繁，耗时长，费用高。《现代家谱》表格化填写，条目清晰，易于操作。四、突破传统功能。《现代家谱》以血缘记载和标识世袭，做到男女平等、血缘传承。五、教化功能凸显。《现代家谱》着力打造教育功能。[2]

十一　张登荣《某氏家谱》

2015年，山西襄汾县退休干部张登荣对传统家谱文化大胆创新，设计绘制出的《某氏家谱》《人生档案》两个用品，由怡苑斋书画室刊印。张登荣编制《某氏家谱》和《人生档案》的创意始于2015年春节，当听了习近平总书记在春节团拜会上的讲话，又从1984年国家档案局、教育部、文化部联合下发的助修《中国家谱综合目录》文件得到灵感。张登荣编制的家谱范本，依据国家档

---

[1] 阎红卫：《〈现代家谱〉研发成功》，国茶策划2015年7月25日。
[2] 高新：《创研〈现代家谱〉》，暹华时代2014的博客2014年10月29日。

案局关于《中国家谱综合目录》要求内容来设计的,可以记述家族人物言行,诸如:世德录、先行录、先世事略;考订家族世系源流,诸如氏族源流、世系考;汇集家族规条、训诫、家训、家规等;记述族人的学术、科技创造以及著述、书法、绘画等;记载家族的祖茔、墓碑、墓志铭等。作了较大的改进,譬如重视图表。封面采取精装,利于保存。《人生档案》能让个人档案的保存从馆室走进家庭。《人生档案》中出生至上学前,分别由接产医师、父母和幼儿教师填写,进入学校后在老师指导下填写,成人后完全由个人填写。这样,《人生档案》就成了一本本浓缩珍贵的自传素材(或者说简易自传)。综观两个文化用品,其共同特点是:内容丰富、设计科学、开本大气、装帧精美,给人以沉稳厚重感觉,具有永久的保存价值。①

十二 时间盒子《传家录》

2018年5月30日,由成都时间盒子主创的《传家录》项目启动,"时光当典藏,墨香以致远"。传家录,源于魏裔介长子魏勷整理过《魏氏传家录》。这个由一群年轻人创业的文创项目,专注于普通人家的家谱制作和家庭回忆录撰写,让家风传承有记可循。据负责人谢家友介绍,如今,越来越多家庭开始注重家风家训传承,《传家录》以家庭文化为核心,帮助普通的家庭记录家庭故事,除撰写家谱和回忆录外,还在开发"家族在线"互联网平台,采用区块链理念,采用分散记账的方式,以家族、家庭、个人为单元,集合成员资料更新、家事创记、家族社交、生活服务等功能,"打破空间、时间隔阂,解决家谱修编的难题"②。

十三 蔡允中《家家有谱》

炎黄家文化有限公司董事长蔡允中推出的"家家有谱"软件是当代公众家谱编纂的典范,直接在互联网上编纂,注册之后点进去就可以创建自己的家谱,它分为三种格式:一种是完全空白自由书写,一种是有目录,一种是既有目录又有序、凡例等内容。又因为蔡允中认为家谱所需的基础资料均可在"中华家

---

① 曹文敏:《襄汾才人张登荣:"家谱"档案,两个文化用品填空白》,临汾新闻网2015年11月4日。
② 吴梦琳:《这个文创项目专注普通人的家谱,帮每个家庭记录回忆》,四川在线2018年5月30日。

谱"的大数据库中找到，这样就自动生成了通用部分，任何家谱都可套用，使修谱简易化。世系部分包括"总谱世系—支谱世系—我家家谱"这种由大家族到小家庭的模式，世系图后将"曾祖父、外祖父、爷爷、奶奶、爸爸、妈妈、我"五代人各列一章写个人的故事小传，略写总谱、详写自家的公众家谱，将老一辈的故事和小辈的成长经历用图片和文字一一记录，留下小家庭中每个人的历史。蔡允中的"家家有谱"理念的重点是"我家家谱"，强调每个家庭家谱的个性化，传统家谱更加重视宗亲血缘纵向关系，寥寥几笔的生平简介可读性较差，无趣味性、无个性化，因此蔡允中的"家家有谱"是对传统体例的创新与发展。2017年，蔡允中提出"家家有谱"工程，主张创新家谱体例，让家谱故事化、传记化。① 这个主张非常好，可惜后续建设不太理想，主要是没有组织力量，没有社会抓手。将四个"家"字概括为"家文化"，这个概念比较好，完全适应现代中国的需要。

十四　罗毅《家谱编修指南》

2019年，罗毅《家谱编修指南》由山西人民出版社出版。本书是山西人罗毅编著的一部关于现代人编修家谱的著作。作者于书中介绍了家谱编撰的模式和规则，诸如祖训、同族称谓、直系血亲表、家族世系表，等等。本书还印有祖训、世系表、凡例、家族文献的空表，以供读者自行编撰家谱，书写家族历史。由此可知，它是指南与空白填写式混合的家谱产品。

十五　《百年五代简明家谱》

2021年10月，北京家谱传记文化馆又设计出填写式《百年五代简明家谱》，共十七个章节，主要内容如下：

第一部分是姓氏历史文化：

1. 姓氏始祖：姓氏族群第一人，也就是大家公认的姓氏祖先；
2. 姓氏渊源：姓氏产生的时代、发源地、姓氏族群历史构成；
3. 迁徙分布：姓氏族群历史上的迁移情况、人口分布状况；
4. 郡望堂号：郡望是族群主要的发源地，堂号是支系祠堂名号；

---

① 央视：《"家家有谱"创新家谱体例　让家谱故事化传记化》，央视网2017年5月28日。

5. 姓氏名人：每个姓氏历史上不同时期有代表性的人物事迹；

6. 名胜古迹：跟姓氏历史有关的人文景观、文化遗迹等。

第二部分是家族历史文化：

1. 支系溯源：分支族群产生的历史原因、祖先生平、发展情况等；

2. 行辈字派：为了区分同族世系辈分，规定每一代起名的共性用字；

3. 族规家训：族规是共同遵守的规定，家训是家族内部的教诲等；

4. 家族礼俗：家族历史形成的伦理规范、礼仪程序、生活习俗等；

5. 家族世系表：记录家族世系的图表，也叫谱系表，是家谱的主体；

6. 中堂楹联：家族祠堂、神龛上的祖像和对联，是家族精神的象征；

7. 家族老照片：家族历史上不同时期的人物生活、工作、纪念照片；

8. 家族大事记：家族历史上有重大影响和值得纪念的大事记录；

9. 家族人物小传：家族历史上有贡献、有作为的人物事迹；

10. 家族艺文志：家族历史上立功、受奖、著作、发明等功德荣誉。

第三部分是修谱后记：

记述编纂家谱的起始原因、工作团队、编排过程、赞助单位等。[①]

家谱革新何以难？填写本家谱，如同商品房出售，卖的是房壳，由外观与结构组成，至于内容，要自己来填写，仍得费时费力来做。目前修谱App提供的是技术与流程，人人可以在上面填写。因为使用者是业余人才，不能过于复杂，只有专业人员才要复杂。笔者设计的公众家谱或百姓联谱，别人感觉都难以执行，何况其他了。公众家谱有完整的体例，大学生操作都有一定困难，更不要说其他人了。专业的人，速度快，质量高。外行，总存在费时费力不理想的状态。这个社会是分工的，专业人办专业的事。如此，仍得提倡专业主义精神。这是中华人民共和国时期在传统家谱编纂废墟上再生的一种全新家谱编纂方式。填写式家谱是编纂方式的创新，公众家谱则是格式的创新。不过，从传播来说，仍是初级形态的。填写式家谱有时段性，也有地域性，尚未达到进入千家万户的普及程度。要实现这样的目标，须有政府之手加以人为调节。

---

① 北京家谱树文化发展有限公司：《北京家谱传记文化馆隆重推出百年五代简明家谱产品家谱树》，家谱传记文化馆2021年10月12日。

它涉及一种按世序编号的填表式通用家谱编写方法——"六七法",属于家谱编修范围。

目前编修家谱的方法还是沿用一千多年前欧阳修创立的"欧式"修谱法。尽管后来有所变化的"苏式法""蝶式法"和"宝塔法"等常用的四种主要老式修谱法,以及第五种用现代计算机图形功能,照葫芦画瓢模拟老式法的所谓新修谱法,其思路和数据结构都基本相同。都以连续五世为基础的一张张小"三角平面图"为最小单元的类似图形的集合。尽管"小三角图"内部有横线和竖线表示五世之间的联系,而要完整地表示一个家族的世序关系,可能要用十几张、几十张甚至几百上千张这样的小集合图表拼接而成,并用大量的汉文字来说明小图表之间的简单而量大的关系。在世序编号不多,家族人数不多的情况下,还是可以的。但当世序数较多,族人较多时,就显得不太方便了。如用上述五种主要的编写方法中的任何一种,要表达像孔氏家谱这样有几十代、上百万人的家谱就相当庞杂了。

所有老式法最主要的缺陷是,各个族员的数据是互相孤立的,几乎没有联系。要联系,只有通过大量"汉文字说明",最多也只能在同一小图表中,相邻五世之内用横线或竖线图表示相互关系,而小集合图表之间的大量的相互联系,还是要靠大量的"汉文字说明"来表达,要在几百张小集合表之间找出相互之间的联系是相当复杂且不易记忆的。换句话说,族员之间的关系是不能用现代计算机程序语言自动联系的,是一个个孤立的"族员孤岛"或"族员小集合孤岛"。此外,目前五种主要的修谱方法所编写的家谱,绝大多数只表明本族内的男性血缘遗传关系,要查找族内的男女族员与外族姓的血缘组合关系根本不可能!因为过去和现在的所有家谱中只以本族血缘遗传关系为主,从不考虑与外族的血缘组合关系,尽管在家谱中也有"某某氏"的记载,仅是附带涉及一下而已,究竟这"某某氏"在"某某姓"中属第几世?与现有本族某成员的关系间隔几世?有没有近亲结婚的血缘组合问题?在所有过去和现在的家谱中是查不出来的。随着现代科技的发展,许多致命的遗传疾病和生理缺陷是与血缘组合相关的,因此有必要在家谱中可查血缘组合关系,防止近亲结婚,防止生理缺陷发生和遗传基因引起的疾病。第三个缺陷是,虽然现有家谱的编写中,也分地区支,但是用文字说明的,没有体现各支的内在关联性,体现不了支的发展和变化过程,更体现不了本姓氏在各地的遗传分布状况。第四个缺陷是,目前几乎所有的编修家谱都是按一定图形格式的所谓修谱软件进行的，都要所谓的修谱专家的参与。没有经过一定的培训和实践的族人是不易介入的，所以导致现在的绝大多数年轻人对修谱不关心不感兴趣，其中主要原因之一是没有时间。

为了克服上述缺陷，本发明提出第六种编谱法，并具有七种新功能，简称"六七法"。

新功能之一：数据结构条形化，不用任何所谓的"修谱软件"，只要会用Excel办公软件的填表编辑功能即可，将老式家谱的无数"五世小三角型"图形结构表，变成唯一的一个"大条形表"，即每个族员占一条横向记录，每个记录有18个字段（可增减），在保留老式家谱丰富的大量文字资料的同时，还包含比老家谱多得多的数字化的信息量。家族中有多少族员就有多少条记录。这种结构用计算机语言自动代替老家谱中大量文字说明非常方便和有效。如果计算机容量足够大，速度足够快，最终采用大型数据库软件，可把全世界过去、现在和将来所有华人的家谱信息，放入一个内部有机联系的巨型数据库中（也就几十亿条记录，现有技术小菜一碟），便于查找、统计和分析，但每家或每个家族还是保留自己的简单的表格式公众家谱随用随修改。

新功能之二：每个族人的"世序编号"法，这是"六七法"的核心技术之一。"世序编号"中含有姓氏编号、所在地址编号、世序编号、第几次分支编号和分支编号等。每个族员一个"世序编号"，这是唯一的家谱编号，所有过去、现在和将来的所有华人都没有重复，相当于现代的"身份证号"，但内容、结构完全不同。"世序编号"非常非常重要！是"六七法"的核心！

新功能之三："上世联号"自动生成法，"上世联号"占用一个字段，这是"六七法"的核心技术之二，其实就是本人父亲的"本世编号"，但不用另外编写与输入，采用"自动替换连接法"自动生成。此功能虽然简单，却是整个"六七法"内部联系的关键条件，也是双向查询的基础。

新功能之四：双向"之"字"查询法"，给定某族员姓名或其他信息，可以自动走"之"字形，向上查找父亲、祖父、曾祖等，直到始祖信息；向下查找儿女、孙子、重孙等，直到已入家谱最晚之辈。

新功能之五：内外姓血缘组合关系"查证法"，因"六七法"中包含"妻子"类和"丈夫"类的外姓，只要查证时给定任意两姓氏，就可查证在给定的

"相邻几代"范围内,是否有血缘关系,是否有近亲结婚。

新功能之六:家族传播"分布法",因每个族员的"本世编号"中含有编谱时的实际"地址",所以从中可统计、分析出"某支"的变迁过程,统计某姓氏在第几世时的分布状况。

新功能之七:新老家谱数据"兼容法"。老家谱积累了大量宝贵的文字资料,如何在新家谱中保留和调用呢?在"六七法"新家谱中,每个族员有18个字段,其中有一个独立字段专门存放本族员的"大事记",非常重要的是,每个字段都有一个无限大的"隐蔽文字仓库",即每个字段的"备注",存放与本字段名相关的大量文字、图表、图片信息资料,特别是老家谱中保存的宝贵资料。①

第三节 村级百姓联谱编纂

村谱的提出,是当代中国家谱编修理论与技术的一大突破。

为什么要提倡村谱?这是国家体制下的家谱编纂活动,以前的家谱是家国体制下的家谱编纂活动。查阅网络,有《歙县江村谱》,这是明朝人所写《歙北江村济阳江氏族谱》宗谱名的略写,实际仍是宗谱。又有《岭头村谱》,不详。中华民国二十三年(1934)《贾氏三修族谱》序言中记载了一桩五姓合修家谱的事例:"宋末,伯康公避金乱,僻居陈留。及明初洪武戊午年,商珍公乃由陈留迁于沅江,落业骑峡洲。此时(贾)杜、雷、李、黄五姓同止沅邑,因以故乡人迁同时,居同地,而又念所自来,合姓巅末,综而订之,曰《同乡谱》,各有以传于后,俾毋忘焉。"② 这是比较有趣的往事。这支由河南陈留迁居湖南沅江的五姓同乡,因为同时迁居于此,成为好友,于是共同编纂了《同乡谱》,这是比较特殊的合谱现象。《仙都乡林氏族谱》以林姓为主轴,破例兼收仙都乡谢、董两个次姓的数据。从一乡主姓的宗族凝聚力,扩大到结合同乡次姓的宗族凝聚力,进而将宗族的血缘认同,巧妙地转化为对乡的地缘认同,是广东省潮州市潮安县金石镇《仙都乡族谱》的创举。③ 它提醒我们,多姓是可以合编成谱的。

---

① 刘奇:《用表格体做家谱》,公众史学 2020 年 1 月 20 日。
② 励双杰:《中国家谱藏谈·合姓家谱》,山西古籍出版社 2008 年版,第 34 页。
③ 吴贤俊:《主姓主导兼收次姓的〈仙都乡族谱〉——一部跨宗族的潮州同乡族谱》,《韩山师范学院学报》2010 年第 2 期。

附录 现代家谱技术（纸谱）

当国家社科规划办工作人员要笔者给重大转重点项目起一个名称时，我毫不犹豫地加上了"技术"二字。但到底研究什么家谱技术，当时没有完全想清楚。家谱技术，可分为纸谱技术与网谱技术两大类。当初只关注纸谱编修技术，后来发现家谱网谱技术更多，多到不胜枚举。对一个文科学人，尤其是历史学人来说，接触这么多家谱专利技术，确实改变人的历史学观念。一般的人不关注纸谱技术，更不关注网谱技术。有趣的是，在公众史学诸多类别中，只有家谱的技术最为发达。何以如此？显然与家谱编修涉及人口多，业务量大有关，符合大数据发展的方向，这是典型的公众群体史。通过系统的检索，让笔者对公众历史技术有了信心。这正是公众史学不同于传统史学之处，它有技术层面，有产品层面。公众史学的出现，有科学，有技术，有产品，如此使垂直的史学结构更为完整。科学只有知识，至多是著作权。而技术是有专利的，它是可以生产出同类产品的，是可以赚钱的商品。不少家谱专利，没有进入实践应用层面；有些进入应用的家谱技术，后来消失了。说明家谱技术更新换代快，只有特定时段的有效性。

从现有的纸谱技术来说，1994年起，陆续有人申请家谱技术专利权。

表 8-1　　　　　　　　　　　纸谱专利

顺序	专利名	类型	专利人	年份
1	家谱记录册	发明专利	祝汉泽	1994
2	家谱的制作方法		张祯	
3	《家谱》封皮		王希才	1995
4	家谱册（中华家谱金册）		周宗奇	1998
5	册封（怎样修家谱）		阎晋修	2004
6	册封（竖排家谱）		阎晋修	2004
7	册页（竖排家谱）		阎晋修	2004
8	家谱年表（一）		李宝	2005
9	家谱年表（二）		李宝	2005
10	家谱手册			

续表

顺序	专利名	类型	专利人	年份
11	家谱插页（世袭图1）		武汉中根源	2007
12	家谱内页（世系图2）		刘运河等	2007
13	家谱（新体例）		阎晋修	2008
14	新体例家谱（祖宗牌）		阎晋修	2011
15	家谱（家族世系）		阎晋修	2011
16	一种新体例现代祖谱		任清剑	2011
17	标贴（家谱）		赵鑫、赵军	2011
18	一种族谱相册的制作方法		金殿锡、金惠民	2014
19	线装仿古家谱		张维	2014
20	家谱盒（单氏族谱）		李娜	2018
21	填表式通用家谱"六七法"		刘奇	2018
22	一种传承家史家谱的传承箱		刘巨军	2019
23	家谱相册（影像家谱）		余盛翰	2020
24	家谱存储箱（影像家谱）		余盛翰	2020

一 村谱的由来

1. 村谱编纂历史

早在20世纪80年中叶，浙江永康已经修村谱，当时是放在村志中的。此间的原因在于，金华是浙江传统家谱编纂较发达地区，村中老人熟悉修谱活动。它以村为单位，与村中原有家谱编纂有共通之处，均是村民看得见的乡村集体文化编纂活动，用冯尔康话说，"族谱是民众史"[1]。修谱有点不太合当时之法，但村志是当时全新的合法的编纂活动，于是，村民就借修志来修谱，这样就出现了志谱合一现象。谱牒入志思想是章学诚方志学理论的重要组成部分之一。章学诚主张在志书中设立《氏族表》以表氏族，专门记述一地氏族的谱系情况，以求收到维护亲族和睦，确立修谱凡例，便于资政。[2]

晚清与中华民国时期，已经出现不少"合姓家谱"。合姓，不同于复姓。所

---

[1] 冯尔康：《略述清代人"家谱犹国史"说——释放出"民间有史书"的信息》，《南开学报》2009年第4期。

[2] 孔祥龙：《章学诚谱牒入志思想浅析》，《中国地方志》2015年第1期。

谓合姓，即由两个或两个以上姓氏合并而成一个姓氏，其中以两个姓氏的合姓多见。由合姓现象所产生的家谱，姑且称之为"合姓家谱"。它的出现，突破了传统的"记载一姓"说法。①

合姓家谱。有数姓合并而修谱，山东省即墨县博物馆藏有一部由四姓合修的清宣统二年木活字印本《山东即墨白梅安梁四氏合谱》六卷，由白光剑、梅泽汉、安保元、梁义礼纂修，可以说极为罕见。励双杰藏四姓合修及三姓合修的家谱各一部。②

多数是以二姓家谱为主。如《杨胡氏宗谱》《黄周八修族谱》《大泉林彭氏四修入谱》《廖颜三修族谱》《陆叶氏宗谱》《陆程宗谱》《朱陈宗谱》《上湘巴江温杨氏续修族谱》《邵陵苏张氏续修族谱》《苏张氏三修族谱》《上湘何周氏族谱》《江陆氏宗谱》《吴贺宗谱》《楚黄范姚宗谱》《史黄氏宗谱》《江张氏宗谱》《徐汪宗谱》《帅余宗谱》《黄梅邹胡民籍宗谱》等。③ 部分是清代宗谱，多数是中华民国时期修的。

合姓修谱缘由，可归纳为三类：一则入赘承姓，如安徽桐城《陆叶氏宗谱》、湖北黄冈《韩傅宗谱》、安徽宿松《马朱氏宗谱》、湖南衡山湘潭《丰张氏五修支谱》、湖南衡山《黄周氏八修族谱》等。二则母姓为氏，如湖北麻城《陆程宗谱》、安徽宿松《吴贺宗谱》等。三则继子承姓，如湖南邵阳《邵陵苏张氏续修族谱》、湖南湘潭《伍赵氏五修族谱》、湖南邵阳《刘唐氏五修族谱》、湖北黄冈《库李宗谱》、湖南湘乡《永丰朱刘氏族谱》、湖南湘乡《上湘何周氏族谱》、湖北黄冈《吕杨陈氏宗谱》、安徽太湖《刘罗氏宗谱》、浙江嵊州《叶村刘金氏宗谱》。④ 也就是说，多是根据一些相关的血缘关系来合编的，不是地域意义上的合编。

由此说明，清代以来，由于种种血缘关系，开始有合姓家谱编修。这提醒我们，家谱可以不限一姓，今日则可以考虑按地域合谱。

在20世纪80年代中叶，村志与家谱率先在浙江金华地区开始合流。1987

---

① 励双杰：《中国家谱藏谈·合姓家谱》，山西古籍出版社2008年版，第33页。
② 励双杰：《合姓家谱与合姓由来浅论》，思绥草堂博客，2008年7月1日。
③ 励双杰：《合姓家谱书影赏析（一）》，思绥草堂2022年5月3日；《合姓家谱书影赏析（二）》，思绥草堂2022年5月7日。
④ 励双杰：《合姓家谱与合姓由来浅论》，思绥草堂博客，2008年7月1日。

年，浙江金华永康县象珠镇官川村"借编志东风，重修家乘"①，他们创造性地把家谱与村志结合在一起，编写出《官川村志》，其中家谱部分占据一半以上。除主姓《胡氏宗谱》之外，《官川其他姓氏支流世系》记载了其他姓氏村民的谱系。此后，不少村志编纂人便沿着"引谱入志"的道路前进。《胡氏黄冈村志》，由胡天禧、胡国明、胡岩峰等编写，浙江永康，1988年，有世系表。黄冈村中居民包括胡、王、吕、朱、周、蔡六姓。以胡氏为主。此村志亦含大量胡氏宗谱记录。此谱未记载御房、书房及数房之后裔。

由自然村的一姓宗谱，到行政村的多姓村民世系表，这是一大创新。宗谱是独立的体裁，在村民史中，改称"世系表"，且前加"村民"，显然更合村民史要求，更合时代潮流。它的公开出版方式也作了灵活处理，"《河头村志》在寻求正式出版时，出版社根据禁止出版族谱类书籍的有关规定，不让收入《世系表》，农民们便来了个移花接木。结果，问世的村志1500册，有两个'版本'。"②《前洪村志》分为"记事编"与"人口编"，"人口编"下有世系。编者称："我们想再编写一部志、史、谱（人口）结合的村志方面，探索一条新路。"③ 可见，虽然已经有了"引谱入志"的村志，但两者如何更好地融合，一线修志人员仍然在探索。时任浙江省地方志办公室主任的魏桥称《前洪村志》："全书设计跳出常规，分设两大编，一为记事编，二为人口编，使事和人密切相连，又突出人的活动和作用，这是一种从实际出发，颇有见地的创新。"④ "记事编"可视为村志的内容，"人口编"可视为"谱"的内容。村史既需要通过村庄建设发展来体现，也需要人的历史来体现村民的主体性。永康《何麻车村志》的顾问是吴世春，因此"引谱入志"模式上与《前洪村志》是一致的。1999年浙江金华永康《渔父里村志》也是分为"记事"与"人口"两编，有全村各姓村民的世系。《寀卢村志》分为上中下三篇，中篇是各类文献、文件的汇总，而上篇可视为村志，下篇为世系，在整体的架构上与《前洪村志》有异曲同工之处，也是"引谱入志"的村志。

---

① 《永康官川村志》1987年自印本，《宗谱》第4页，转引自秦晖：《"大共同体本位"与传统中国社会（下）》，《社会学研究》1999年第4期。
② 秦晖：《"大共同体本位"与传统中国社会（下）》，《社会学研究》1999年第4期，第120页。
③ 吴世春主编：《前洪村志》，上海图书馆藏，1996年，第810页。
④ 魏桥：《序言》，吴世春主编：《前洪村志》，1996年，第2页。

表 8-2　　　　　　　　　　　　志谱结合

顺序	地域	名称	作者	年份	备注
1	永康	官川村志		1987	
2	永康	胡氏黄冈村志	胡天禧等	1988	
3	永康	永康县杏里村志		1989	
4	永康	前黄村志		1991	四姓世系图
5	平鲁	山西省平鲁县武家沟村村史及其王氏家谱		1992	
6	永康	练涧村史族志		1993	世系表
7	繁峙	花岩村志		1994	附录梁氏宗谱
8	永康	河头村志		1994	村民世系表
9	永康	前杭村志	编委会	1995	八姓世系表
10	永康	灵岳吴氏家乘	董事会	1995	
11	永康	黄塘村志		1995	四姓世系表
12	永康	下徐店志		1995	俞、骆、徐三姓之谱
13	高安	江西省高安市藻塘村杨氏村志		1996	宗支世系表
14	永康	雅庄村志		1996	各姓宗谱
15	永康	寮前村志		1996	
16	永康	前陈村志		1996	世系表
17	义乌	前洪村志	吴世春	1996	
18	烟台	桃林村志		1996	于氏、张氏世系表
19	永康	俞溪头志		1997	世系篇
20	永康	古山志	胡福增	1997	世系篇
21	永康	唐先志		1997	人口编即施氏宗谱
22	永康	平田张氏村志		1997	世系表，徐氏
23	永康	上考村志	徐济尉	1997	世系表
24	浦江	下骆宅村志		1997	世系表
25	永康	何麻车村志	何斌	1998	何氏世系表
26	永康	岘川志		1998	人口篇即周姓宗谱
27	永康	江头村志、邵氏宗谱		1998	世系表
28	揭阳	池家渡村谱志		1998	
29	永康	山坞村志	编委会	1999	俞氏世系表
30	东阳	刘金氏村史志		1999	世系表
31	东阳	寀卢村志	卢梦凯	1999	世系表
32	永康	唐先二村志		2000	世系
33	永康	大后村志		2001	世系表

续表

顺序	地域	名称	作者	年份	备注
34	永康	大塘沿村志	徐寿钦等	2001	世系表
35	永康	青龙李氏宗谱		2001	
36	徐州	马楼村志		2001	
37	宣城	龙井春秋		2001	
38	永康	后林村志	朱观洪等	2002	世系表
39	义乌	华溪中心盛村志		2002	
40	永康	倪宅村志；壶山倪氏宗谱		2002	
41	东阳	茂陵马氏宗谱 跃田畈村志		2003	
42	绍兴	冢斜余氏宗谱（冢斜村志）		2003	
43	永康	球川俞氏宗谱		2003	世系表
44	呼和浩特	把什村史		2003	下卷部分家族史及家谱
45	莱西	朱墹村志		2003	
46	莱西	董格庄村志		2003	
47	东阳	蔡宅村志		2004	
48	永康	陈氏族志（《下陈村志》）		2004	
49	南昌	万氏村志		2004	
50	永康	后郦村志		2004	
51	东阳	下甲村志	斯彩喜等	2004	世系表
52	烟台	驼子村志	王本世等	2004	林氏族谱
53	莱西	解家泽口村志		2004	
54	莱西	咸家屯村志		2004	
55	邢台	窑坡村志		2004	
56	义乌	东河七一村志	裴新生	2005	
57	榆林	吉镇村志		2006	
58	永康	柿后村志	应宝容等	2007	
59	河曲	村志一家谱、村志二村志	金焕田	2007	
60	诸暨	黄家埠村志	杨士安	2007	第13编人口氏族，二十七姓
61	兰溪	龙门李氏宗谱		2007	
62	安吉	刘家塘村志、刘桂香家谱		2008	
63	吕梁	后刘家庄村志		2009	
64	安阳	盘山村志		2009	
65	安新	北冯村志		2010	北冯村各姓氏族谱
66	嘉定	李家宅史		2010	

续表

顺序	地域	名称	作者	年份	备注
67	郑州	沈庄村志·家谱		2010	
68	大理	大围埂村志		2010	族谱章
69	杭州	谢田村志		2010	村民世系表
70	永康	陈山寺口高楼新楼村志宗谱		2011	
71	永康	仙里村志		2011	
72	永康	郎下陈氏宗谱、楼店村志、卢氏宗谱		2011	
73	永康	峡川丁氏村志宗谱		2011	
74	长治	八义村志		2012	十多姓家谱
75	石家庄	南庄村王氏宗谱及其他姓氏宗谱		2012	
76	武义	董源坑村志·谱牒		2012	
77	利津	临河村志	王日华	2012	
78	杭州	绿景村志		2012	
79	江山	白沙村志		2012	
80	上杭	佛岭村志·郭氏祯公谱		2013	
81	长治	南岗村志暨家谱	赵文范	2013	
82	德州	陈公堤口志		2013	
83	青岛	王家村家谱、王家村村志		2013	
84	德州	郭家庵村志		2013	
85	鄞州	史家码村谱		2014	
86	奉贤	陶宅志、陶宅志人物谱家谱		2014	
87	榆林	桑园村志	马腾明	2014	
88	金东	坂田村志		2014	
89	长清	万庄村志万氏世家谱		2015	
90	西安	周宋村志		2015	
91	武义	叶棋村志暨宋氏宗谱		2015	
92	石家庄	南董姓氏族谱	龚小元	2015	
93	昌乐	昌乐县红河镇埠南头村村志		2015	
94	阳高	山西省大同市阳高县王官屯镇高墙框村诸氏世系图		2015	
95	莱西	后庄扶村志 后庄扶族谱		2015	
96	忻府	北曹张村志、刘氏宗族谱		2016	
97	长乐	珠湖村志		2016	
98	鄞州	钱家山村志		2016	
99	东阳	歌山村志		2016	

第八章　家家有谱与村村修谱

续表

顺序	地域	名称	作者	年份	备注
100	荣成	阴亮村志		2016	
101	临沂	大丁庄村谱	孙汉林	2018	述十三姓
102	武义	金桥（软朝）村志暨谱牒	倪庆宁	2018	
103	石家庄	南郭村家族谱、南郭村志		2018	
104	邯郸	韦武庄十六姓氏家谱		2020	
105	临洮	临洮县康家崖村史及康姓源谱	康发程	2020	
106	安新	梁庄村家族谱册		2020	十四姓
107	丹阳	黄固庄六姓氏宗谱		2020	
108	通许	王菜园村志：六姓族谱	张清鲜	2021	
109	崂山	山东头诸姓家谱山东头村志		2021	

2000年至2009年的十年间，"引谱入志"有了较大的发展，一些村志编者明确强调了村志要实现人人入志。浙江金华地区有2002年《华溪中心盛村志》、2004年《蔡宅村志》、2005年《东河七一村志》。《东河七一村志》体例与《前洪村志》类似，分为"记事编"与"人口编"。该村有修谱的传统，主姓为何氏，因此该村志的"人口编"分为两篇，用谱系图来表示，分别为"何氏世系"和"其他姓世系"。在编后，总编裴新生阐述了"引谱入志"模式："在人口编中，我们将村中的主姓何氏的世系源流，按照三代模式编纂，既方便村民查找家庭成员，又大大节约了村志的篇幅。同时将居住在七一村的其他姓氏的世系，也登入在村志中，使村志的内容更加全面丰富，又有利于村民的团结。"[①] 在浙江省以外，其他地区"引谱入志"的村志也有发展，并逐渐形成当地的特点。2001年有江苏省徐州市《马楼村志》，安徽宣城《龙井春秋》。安徽省宣城市绩溪县宅坦村有浓厚的宗族文化，胡姓为当地大姓。《龙井春秋》是该村的首部村志，分为上下两篇。上篇"宅坦经纬"侧重村志的内容，下篇"谱海纵横"既有对谱牒资料的整理，也加入了"现代世系"，称："凡我村人（含旅外族人和异姓村民）不分贤愚高下，无论男女均予以编入。"[②]《龙井春秋》副主编胡昭

[①] 义乌市城西街道七一村志编纂委员会编：《东河七一村志》，北京：北京史志谱数码有限公司承制，上海图书馆藏，2005年，第891页。

[②] 胡昭璧主编：《龙井春秋·凡例》，皖南海峰印刷包装有限公司2001年版，第1页。

仰提到加入"现代世系"的目的:"不仅为了保证世系的完整与连贯性,更主要的是调动人人参与村志、热爱本村的积极性,以及凝聚迁外族人认祖寻根、关怀与建设家乡的向心力。一变以往编写村志只在少数赞助者与编写出版者小圈子中活动的偏向。"① 在编写村志过程中,"引谱入志"编写方式也的确收到了人人参与的效果,胡昭阳因此感叹:"这就使我们开始尝到了'志谱结合'这一尝试的甜头。"② 2003 年有山东省莱西市《朱塝村志》《董格庄村志》,2004 年有山东省莱西市《解家泽口村志》《咸家屯村志》。山东莱西市这四本村志体例基本是分成"自然社会"与"姓氏族谱"两卷,出现这种情况应是在相近地域下互相学习的结果。《解家泽口村志》提到,在编写时反复学习《朱塝村志》的内容。2004 年有河北邢台《窑坡村志》,2006 年有陕西省榆林市《吉镇村志》,2009 年有山西省吕梁市《后刘家庄村志》、河南省安阳市《盘山村志》。《盘山村志》附录部分有各姓世系表。编者在《关于成立〈盘山村志〉编纂委员会的告全体村民书》一文中以非常朴实的语言阐述了人人入史的理念:"乡亲们,您或许没读过很多的书,但总该听说过这样的话:'人活百岁要留名,草长一秋必留子。'这个'名'和'子'对人对草都非常珍贵,都要很好地保存与传播。大到一国一个民族,小到一村一户一个人,都有各自的成长发展过程,人们将它记下来,也就是志。"③ 虽然在修志实践中已经有不少通过"引谱入志"来实现人人入志的村志,但多数编者并没有对此种做法的意义作过多的阐释,《龙井春秋》和《盘山村志》的编者则明确指出"人人入志"的意义,并有意识地借助村志实现"人人入志"理想。

2010—2020 年,"引谱入志"越来越往公众史学方向发展。2010 年有河南省郑州市《沈庄村志·家谱》、云南省大理州《大围埂村志》、浙江省杭州市《谢田村志》。《沈庄村志·家谱》中家谱部分包括宋姓三门家谱和其他姓氏家谱。《大围埂村志》专设"族谱"一章。该村马姓和杨姓是大姓,村志除收录两个大姓家谱外,还收录了其他九个姓氏的家谱。《谢田村志》书末附有村民世系表,包含全村 58 个姓氏。原本谢田村几位陈姓老人提议续修宗谱,没有想到修

---

① 胡昭仰:《志谱结合的一次尝试——代跋》,胡昭璧主编:《龙井春秋》,皖南海峰印刷包装有限公司 2001 年版,第 396 页。
② 胡昭仰:《志谱结合的一次尝试——代跋》,胡昭璧主编:《龙井春秋》,宣城:皖南海峰印刷包装有限公司 2001 年版,第 396 页。
③ 王文学、岳旺子主编:《盘山村志》,中原农民出版社 2009 年版,第 235 页。

村志。后来几经商讨酝酿,"认为编纂宗谱不能全面反映谢田村的历史与现状,应该与时俱进,编纂可以全面反映地情、传承文化的村志。"① 这表明修村志的初衷已逐步由修谱转变为传承村史。2012 年"引谱入志"村志有浙江省杭州市《绿景村志》、浙江省衢州市《白沙村志》。2013 年有山东省德州市《陈公堤口志》《郭家庵村志》,2014 年有上海市奉贤区《陶宅志》、陕西省榆林市《桑园村志》等。《桑园村志》分两卷,第一卷"村志",第二卷"家谱"。主编马腾明说:"相较而言,乡亲们更看重家谱,对'立家谱'更感兴趣。这可能源于朴素的、对个人生命过程的关注意识。"② 2015 年有陕西省西安市《周宋村志》,分为三篇,第一篇为"周家寨",第一章为"周家寨村史沿革",以下各章为各姓的家族史。第二篇为"宋家寨",第一章为"宋家寨村史沿革",以下各章为各姓的家族史。每户都配上了家庭合影。

"引谱入志"的两种类型。家族史是村史编纂的基础与起点之一,可以与村史志同步编纂。这种谱系图可以独立,也可放进村史中,实现村史村谱的合一。

第一种是村志与家谱合编。合编是直接把家谱收录到村志的某一章节之中,如放在"姓氏"下面,或以附录形式出现。比如 2004 年蔡锦涛主编的《蔡宅村志》收录各姓世系。上文所提及的《谢田村志》《盘山村志》《后刘家庄村志》等也如此。2016 年的宁波鄞州区横溪镇《钱家山村志》也属"引谱入志"体裁。2016 年的山东威海市荣成市王连街《阴亮村志》,分村志篇、宗谱篇、传记篇三大部分。如《歌山村志》③ 在第二十八章又分十五节记录各个姓氏家族的人丁户口。受限于村志篇幅,此类村志收录家谱的内容比较少,多只有世系表。

《黄家埠村志》,由诸暨市店口镇是一部"志谱合一"的地方史志。由杨士安担任特邀主编,2007 年出版。全志共分 14 编,第 13 编为《人口氏族》。包含了村中以蒋氏为主的 27 个姓氏家族的基本概况。详细记述了蒋氏家族的列传、世系(外纪、内纪 1—27 世)、行传等内容。并编制有《人物索引》,便于查找。

---

① 《谢田村志》编辑室:《谢田村志·跋二》,《谢田村志》编纂委员会编:《谢田村志》,浙江人民出版社 2010 年版,第 419 页。
② 马腾明主编:《桑园村志·序二》,上海图书馆藏,2014 年。
③ 东阳《歌山村志》编纂委员会:《歌山村志》,北京:方志出版社,2016 年。

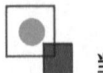

《李家宅史》，2010年。历时5年多，嘉定区华亭镇一名普通机关工作人员李黎明放弃所有休息日，终于独自编写出了族谱《李家宅史》。这本以华亭镇北新村李家生产队为主的族谱，更是实际意义上的生产队地方志，记载了千余年来《家族世系》《人物小传》等11个方面的内容。全书共有珍贵的历史影像资料50余幅，字数超过8万。①

山东东营市利津县《临河村志（1900—2010）》，2012年，同样采用了"家族史"的称呼。《临河村志（1900—2010）》主编王曰华是临河村人，是县史志办工作人员。《临河村志（1900—2010）》分为村志、家族史、附录三部分。家族史，记录了全村84个家族的原籍、迁移过程、家族人员的主要经历，绘制了家族繁衍脉络示意图，插入每个家族的全家福。《临河村志（1900—2010）》将人物入志的想象空间发挥到极致。第一，既保证了"人人入志"，也解决了公开出版问题。《临河村志》编委会每项工作都做得格外细致。一封《致临河全体村民的一封公开信》，把编纂村志的意义、具体安排告知了村民，并家族史详细要求。初稿完成后，让家族代表对家族史进行校对，让村民参与到村志编纂中，真正调动了各家各户的积极性，84个家族全部写了家族史。家族史公开出版问题会遇到不少难题，一方面是村民不愿公开自己的信息，另一方面家谱类书籍出版存在限制。《临河村志》通过人人参与，人人校对，解决了两大出版难题。笔者主编的《藕池村百姓联谱》，因为某些村民忌讳公布年月日，便没有公开出版。第二，汇编当代家族史。临河村没有修谱传统，编者通过发动村民写家族史，开创了这个村的修谱先例，这是一大创举。家族史涉及上下四代人，以四代人的人生经历串联出84个家族的百年历史，这是典型的由公众家谱汇编而成的百姓联谱。这种公众家谱模式值得效仿。虽然成本、要求会很高，各种工作需要做得很细致，但效果是非常好的，它激发了村民对编纂村志的热情，也使得编纂过程更为顺利，村志的作用能真正发挥出来，可避免活人入志容易出现的后续争议问题。万事开头难，只要核对到家，自然可以做好工作。第三，收录了每户人家的合照。这是古代修志不具备的条件，现在可以为每个人留下照片。每户都拍拍全家福，难度系数相当高，但大多数的家族都应主编的要求拍了全家福，由此可见村志编纂中的许多

---

① 殷陶毅、陈浩：《六旬老人历时五年编修族谱 实为"千年地方志"》，新民网2010年7月16日。

难题是可以解决的。

第二种是村志与家谱分编。分编是家谱与村志分册或者占据二分之一或三分之一的内容。上文所提及浙江地区内容分为"记事"和"人口"两编的村志，与山东莱西市的内容分为"自然社会"和"姓氏族谱"两卷的村志即属此类。陕西的《周宋村志》也是如此，将志书分为上下两编，上编为村志编，下编为家谱编的体例。又如浙江永康市的《俞溪头志》[①] 开篇是村志，后面实质上大多篇幅是俞姓之谱。相较之下，第二种结合模式较第一种家谱记载更加详细，更加充实了村志内容。

最早的加入"家族史"的村史是2003年的内蒙古自治区的《把什村史》。《把什村史》分为上下两卷，上卷"村史"，下卷"部分家族史及家谱"，可惜该村史收录的只是部分家族史和家谱。

《鹿固村志（一）家谱》，2007年。山西河曲县金焕田老人心里一直盘算的只是修金家家谱，并从1982年开始搜集家谱资料。该村志为大16开本，彩色塑膜封皮，全书200多页，共分为鹿固金姓、家谱两章，外加概述、后记。[②] 另有《鹿固村志（二）》，这是村志。

2011年6月，青岛明扬科技公司在王家村参与编修村志和族谱，村里安排专门一名分管领导和十名顾问，分工合作。十位老人负责十支，编成《诸姓族谱》，后正式定名《王家村家谱》。2013年，成《王家村村志》。与其他地方的家谱不同，王家村的这份家谱上面，不仅有详细的辈分沿革，还配有大家庭的全家福。"我们的家谱是全国第一份带全家福的家谱。"王武才告诉记者，这些照片中，有不少家庭是第一次拍摄全家福。"当时，我们找了专业的摄影师，然后跟村民沟通，只要家里人凑齐了，我们第一时间免费上门拍摄。"[③]

《陶宅志人物谱家谱》，2014年上海的《陶宅志》直接分为上下两卷，上卷《陶宅志》公开发行，下卷《陶宅志人物谱家谱》内部发行。"《陶宅志人物谱·家谱》共收集家谱103个，家庭照片238张，涉及家庭1801户，5126人，其中在世的有4218人，去世的有908人，不仅涵盖了全村的家家户户，还追记

[①] 袁逸：《关于新修宗谱的认识与思考》，王鹤鸣主编：《中华谱牒研究》，上海：上海科学技术文献出版社，2000年。

[②] 赵维新：《河曲鹿固村残疾老人主编村志 十几年艰辛收集整理》，《山西日报》2007年10月26日。

[③] 王君莉、孙培格、刘政扬：《王家村社区两委及10位老人修家谱、撰村志》，《半岛都市报》2016年8月8日。

了祖辈的逝世人物和远离本村的家乡人。"① "因为涉及家庭资料和个人隐私,定为机密,每本书有编号,按编号定人分发,签订《信息保密承诺和保证书》。"② 这种做法将村志中不适合公开的部分进行了很好的处理,解决了记录与传播间的矛盾,避免了村民的额外担忧。这种分编的方式更能具体展现个人的历史。姚金祥评《陶宅志》时写道:"以谱入志,谱志结合,这是《陶宅志》的又一鲜明特色,充分体现了当今时代'以人为本'的修志理念,值得各类志书研究和仿效。"③ 笔者认为,《临河村志(1900—2010)》和《陶宅志》"引谱入志"的方式是值得借鉴的,家谱部分既不能太简陋,也不必把家族的历史追溯得过于久远,记录家族在当代的生活变化即可。

《后庄扶村志》《后庄扶族谱》,后庄扶村志编纂委员会编纂,2004年完成,当时分成上下两卷。2015年,青岛莱西市史志办公室监督、指导、审查,《后庄扶村志》《后庄扶族谱》分别由方志出版社出版。正式出版时,不允许合成,必须分成二书出版。

《金桥(软朝)村志暨谱牒》,倪庆宁主编,2018年。金桥村在金华市武义县,原名软朝村,是由山上迁居平民的脱贫村。从书名即可见此书是村志和家谱的结合,上编为村志,下编名为"软桥潘氏宗谱",记述了以潘氏为主的谱序、凡例、世系表等家谱体例内容,还有村中其他占据人口少数部分的姓氏如张氏、陈氏、吴氏、廖氏等家族的世系。

《南郭村家族谱》与《南郭村志》,河北石家庄南郭村,2018年,采用的也是分册方式。2015年11月19日,由村"两委"和编委会组织召开了《家谱》编写工作动员会,由各家族长辈和具体工作人员协助填写各种表格。将各家各户关系、人员组成状况和辈分搞清捋顺后,编委人员走访家族大辈和老人共同研究,以同姓家族中辈分最高、世代最多的家为基准,而后进行纵向和横向排列,经反复校对审核,利用两年时间将全村各家各户人员情况搞清楚,统一登

---

① 丁惠义:《一部平民百姓志——评奉贤区青村镇〈陶宅志人物谱·家谱〉》,《上海地方志》2016年第1期,第89页。
② 丁惠义:《一部平民百姓志——评奉贤区青村镇〈陶宅志人物谱·家谱〉》,《上海地方志》2016年第1期,第88页。
③ 姚金祥:《〈陶宅志〉——部别出心裁的村志》,《上海地方志》2015年第3期。

记格式和内容。① 也就是说，《南郭村家族谱》由家谱与宗谱两部分组成。

《王菜园村志：六姓族谱（910—2017）》，2021 年 6 月，由 88 岁退休干部张清鲜执笔撰写的《王菜园村志》正式出版。王菜园村属开封市通许县城关镇。此村志分三卷，卷一《村志》，卷二《六姓族谱》，卷三《史料汇辑》。六姓族谱，又分族谱与家族影集二章。编纂机构称为"王菜园村村志·六姓族谱编委会"。②

《山东头诸姓家谱》与《山东头村志》同步编纂，崂山区。2021 年 2 月，由线装书局出版，先期同步出版的是《山东头辛氏族谱》。这说明它仍是独立的家谱，只是分别编纂，统称为《山东头诸姓家谱》。《山东头辛氏族谱》厘清辛万为山东头辛氏族的始祖，现有十九代子孙共有 11361 人，其名讳均入谱，一函五卷；考证出山东头辛氏族的族规、祖训、家训等九大文化研究成果。

第三种，独立的村谱。

《龙门李氏宗谱》，兰溪市永昌街道夏李村，2007 年。这本续修宗谱冲破了千年世俗，融合了本村 13 个姓氏，唱响了村民和谐共处的乐曲。有着 1400 多名村民的夏李村，居住着李、童、徐、张、章、姜、王等 13 个姓氏的村民。原先每个姓氏都建有厅堂，其中六个姓氏后裔至今还保存着祖先的宗谱。2006 年，夏李村列入了兰溪市重点整治村，在征求村庄整治方案时，许多村民认为，修道路、砌石槛、绿化美化村庄十分必要，但也要修缮村中永公堂等古建筑与续修宗谱。据该村修厅续谱理事会会长李培金介绍，经过百年沧桑留下的永公堂，原先是李姓厅堂，虽然李姓占了全村 85%，修缮永公堂却遭到童、徐、张等姓氏村民的强烈反对。村支书童茂年对记者说："修缮永公堂原本是一件好事，修旧如旧也是文保部门的要求，却遭到非议，伤了村民的和气。"针对村民的各种反响，村党支部牵头召开了 20 多次全体党员、村民代表等参加的会议，统一思想，并出台了新规定：不分姓氏，不分男女，村民一视同仁，都可写入宗谱。李渔嫡传后裔、兰溪市李渔研究会会长、市图书馆馆长李彩标，为夏李村续修宗谱提供了编排体例上的支持。他对记者说，宗谱不同于村史，要打破先例，又要保持宗谱文体。以《龙门李氏宗谱》为主线，将村中童、徐、张、章等姓

---

① 王根平、谷延朝：《回顾历史变迁传承淳朴民风——南郭村〈村志〉〈家谱〉编纂纪实》，《公民与法治》2019 年第 5 期上。

② 孙浩：《哪个村？通许八旬老人历时 10 年写成 32 万字村史》，通许县电视台 2021 年 6 月 23 日。

氏村民，分别以分谱形式串到李氏宗谱中，将血缘关系融于地缘关系之中。同时，将夏李村在中华人民共和国成立后村民兴办畜牧场、种桑养蚕、养蚌育珠、来料加工等重大事件也收集到宗谱中。此建议得到了全体村民的一致赞同。村史、族史、家史都有反映的宗谱，成了修宗谱史上的一种新尝试。而王增喜却说："以前总认为自己在村里是客姓，心里有疙瘩，如今我家也上了宗谱，成为夏李村的主人，拆房子修道路我应该带个头。"创新续修宗谱，破除了村民心中隔阂，也温暖了村民的心。① 中华人民共和国三十年的生产队体制，七十年的长期共住，实际上打乱了传统的宗族体制。就这些来说，编纂联合家谱，最为理想，体现中华人民共和国和谐相处的特点。这部谱仍标李氏是不足取的，如标《夏李村联谱》更为适合。当时，显然没有这样的理念。

2012年，河北石家庄平山南庄村王文江、王全兵、王全海、王华岐四位老同志联手编著的《南庄村王氏宗谱及其他姓氏家谱》问世。报道者将之简化为《南庄村谱》，不过原书仍作《南庄村王氏宗谱及其他姓氏宗谱》，没有直接标为"村谱"。这是一种"主姓+小姓"宗谱。

《史家码村谱》，2014年春，因旧村改造，浙江宁波鄞州区下应街道史家码村面临着全村拆迁的命运，另一方面，老人们不断凋谢，村落历史记忆不断丧失。走南闯北、见过世面的村书记史佩林，见其他地区编纂家谱风盛行，不免心动，与村其他领导商量后，决意续修史氏家谱。"忘祖是民族文明的大忌，忘祖是氏族血脉相承的大碍。旧村即将拆迁，村落即将消失，在这种情况下，我们如果对氏族历史不及时记录，我们的子孙后代将不知何以认祖归宗。"史氏是一个有悠久历史传统的古老家族，南宋的史氏"一门三宰相，四世两封王"，"五尚书，七十二进士"，被称为宁波第一家族。史家码史氏虽是其中普通一支后裔，但自清代中叶以来，曾六次修谱，现存最近版是1944年章大澍《鄞东史氏宗谱》，迄今已经70年未修家谱了，传统文化载体不能在此断绝。于是，由史金祥等三位老人组成的修谱小组，开始资料搜集活动。史家码村除了主姓史姓，还有陆、康、张、李、陈、王、俞、杨、应、董、曹、夏、林、罗、周、徐、沙、吴、丁、秦、戴、姚等24个小姓。中华人民共和国成立以来，在村两委领导下，各姓和谐相处，创时代新生活。在修谱过程中，微妙的情况逐渐出

---

① 徐宪忠：《兰溪夏李村宗谱续修成村史》，《浙江日报》2007年7月16日。

现。村主任俞米加转达了其他小姓村民的意见：2006年重修史氏祠堂时，要求村中各姓共同捐款，他们纷纷响应。现在修家谱时，却没小姓的份，这有点说不过去。主事的史金祥先生想，这种宗族间的不平衡性确实值得考虑。他又想到家谱编好后，还要村委出资印刷。如果仅是史氏宗谱，别姓村民肯定有意见。于是，他想出了编纂村谱、各姓均入谱的平衡办法，此举获得了其他小姓村民的全力支持。于是，经过一年多的努力，至2015年底，村谱修成，直接名为《史家码村谱》。如此，村谱成为一项温暖民心的文化工程。显然，独立而明确称为"村谱"的，当以《史家码村谱》为第一部。

李保喜《韦武庄十六姓氏家谱》，原名《韦武庄姓氏谱》，近于村百姓联谱。邯郸市峰峰矿区西固义乡韦武庄村李保喜是老师，从1958年参加工作到2001年退休，中途虽有辗转，但是一直从事教育事业。为了让后人弄清辈分关系，村书记决定请李保喜修谱。2015年，修谱的事开始了，到2020年，整整五年，全村700余户2100余人，李保喜挨家走访、伏案整理、逐名校对，保证人人都有、姓名都对、关系清晰。2020年6月，《韦武庄十六姓氏家谱》印刷成书，每家每户都分到一本，反响特别热烈。"'团结就是力量'，这本族谱就像是一股绳，把全村群众团结起来，心往一处想，劲往一处使，凝聚力量建设咱们美丽乡村。"[1] 这部村谱是由村书记发起的，自然涉及全村各姓。这就是典型的村委组织村谱编纂案例。

2020年，河北雄安新区安新县刘李庄镇梁庄村《梁庄村家族谱册》编成。这册由梁庄村委会保管的家谱把全村十四家姓氏汇编在一起，仿佛把一户户小家凝聚成一个大家庭。编写这册家谱的也是梁庄村志编纂人员，他们都是村里有文化有情怀的村民，投入了大把时间把本村各姓氏人员状况、各时期人物、事件资料收集在一起，汇聚成了一部梁庄村的家族史、革命史。在收集编纂家谱的过程中，他们没花过村集体一分钱。[2]

镇江丹阳《黄固庄六姓氏宗谱》是典型的村谱村志结合，2020年成。包含《义门陈氏宗谱》两卷，《五姓氏宗谱》一卷，《黄固庄村志》一卷，是同住在丹阳黄固庄的六个家族，将本村各家族的世系分别编写出来，合成一部异姓联合家谱。[3]

---

[1] 微观峰峰：《留乡愁传家风！77岁老人历时五年修族谱》，澎湃政务2021年4月6日。
[2] 周振成、刘卫宁、周西娟：《十四个姓氏一本家谱》，《河北画报》2020年第6期。
[3] 笪伟、殷琛《访旧谱，修新谱 镇江家谱文化 在传承中开新》，《今日镇江》2020年6月5日。

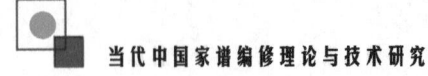

以上诸多案例证明，编写村谱是可行的方案，成本并不高。

陈百刚说："宗谱是一种过时的文化载体，如何与时俱进，自我更新，是个严肃而复杂的课题，梅溪胡氏做出了可观的探索：把乡村调查引入谱内，突破宗系框框，扩大为地域社会。""笔者多年思考新时代宗谱出路何在的问题，村志内容和宗谱结合可能是一条出路，宗谱因扩展内容而用途功能更大，村志内含宗谱而使村民更有归属亲切感，这不是相得益彰吗？"[①] 2019 年，浙江奉化《星屿王氏外宅宗谱序》："为体现王氏和别姓邻里的和睦，应其他族姓村民的请求，我们另附七卷外姓世系世略，权作友邻之桥，族人阅读时不必介意。"

古代乡村的管理是宗族，所以由宗族为单位编纂历史。中华人民共和国的乡村组织是村委，所以自然得由村委来组织编纂村民史、村史。现在的村是行政村，包括多姓，所以更要由村委来组织。从实践来看，浙江及其他各地的村已经探索出了好的路径，就是志谱合一，只是没有普及而已。现在的任务是进一步普及，这需要党政领导下决心来做。顾德成《山根顾氏宗谱后记》称："不借外力。历次续谱，延请县内外宿儒担纲，本次皆由族人执笔。""全村造谱，异姓村民，皆录来历，建册附后。"这正是由村党委组织的优势，可以将其他小姓世系附后。这件事不算难，比脱贫攻坚容易多了。乡村振兴，更要从乡村文化振兴入手。

二 村谱的编纂

对于当代中国修谱活动，笔者主张重点放在百年家谱上，将五代直系祖先名录弄清楚。百年家谱之所以重要，因为是当代人的家史，比较可信。一姓的百年家谱，能否进一步推广为村级百姓联谱？为什么要修百姓联谱？如何修？拟通过藕池村百姓联谱案例的探索，思考公众家谱的编纂模式。这是一种尝试，现将笔者的实践过程及思考写出来，供大家参考。

1. 决策过程

2019 年初，笔者在承担宁波海曙区古林镇藕池村《藕池村史》编纂任务的同时，就想编一部村谱，做一个实践尝试。不同于主姓古村落，藕池村完全是一个城郊移居村，只是移民先后时间不同而已。现在，21 世纪以来，逐步完成

[①] 陈百刚：《梅溪胡氏宗谱序一》，《梅溪胡氏宗谱》。

了旧村改造，目前已经成为现代社区了。这个村没有家谱编纂传统。笔者因为关注新家谱编纂，所以建议村领导编一部村谱。村谱，就是以村为单位的多姓联合家谱，首创于宁波市鄞州区下应街道的《史家码村谱》。笔者觉得这个理念不错，值得推广。但是村领导不想额外增加事务，于是作罢。3月初，进入文献调查阶段，发现该村有完整的档案，特别有1950年户口册，又有1953年、60年代及80年代以来的多种户口册、生卒年册，完全可以整理出村民世系，难度系数不大。4月初，笔者再次鼓起勇气，决定亲自主持一部村谱编纂。此议得到了村领导的支持。笔者要求他们派一个助手，他们派了一位退休老出纳徐森林先生承担具体的工作。会计、出纳，是村中文化人，他们习惯文字工作，做事认真仔细，这是最为理想人选。由笔者指导，让徐出纳做一些具体工作，就可以完成村谱编纂工作。

2. 初步设想

联谱名称。公众家谱编纂更为理想。百姓，一是诸姓，二是民众。表示这是老百姓的家谱，与浙江公众家谱文化研究会同名，最为理想。网上检索，有一个网站称为"公众家谱""百姓通谱"。"百姓通谱"，这是一大创新。汉唐时期，有"百家谱"，那是为官员选拔准备的各姓通谱。明代以后，有联络全国各地的"一姓通谱"。现在，结合两者，成为"百姓通谱"。之所以不再用"村谱"，是感觉太简单，容易引起误会。百姓通谱是一种组合模式，合起来是村谱，是公众家谱，分开来是各姓家谱，可每户一册。目录名称，也以某姓家谱为名。如此，各家只管收藏单行本即可，村中则收藏完整版本，当然也可考虑每户一册。这是保存村中各姓历史之法，相当于完成了几十姓的家谱编纂，规模效应更为明显。这样的活动，会促使各家关注自己家族的历史，这是一大创举。

联谱内容，一是谱系图，二是小传，三是照片册。

确定村谱编纂后，笔者就考虑村谱体例的创新设计问题。《史家码村谱》主要是各姓世系图，保证了家谱的底线，唯稍嫌简单。从更高的历史价值来说，要增加小传，也要有房屋与人物照片。新家谱拟村谱与图像册合一，不再是简单的文字谱。在世系图上，嫌传统的家谱图不显眼，决定用悬吊式谱系图，让老出纳依样画出世系图。同时，每人加上阿拉伯数字生卒年，不再用传统的中国式数字，将名字与生卒年合起来，做成一个新式的家谱图。在操作顺序上，以1950年户口册为底本，其他不同版本的户口册作补充。先据户口册数据，登

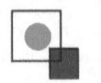

记生年。卒年资料，则据每年的生卒年登记簿补入。这是第一阶段的工作。等完成村中各姓村民世系图后，保留底稿，复印二份，一份让学生输入电脑，另一份分发各户中核对补充。重点是核对名字，补充村中生卒年没有登记人的卒年。同时，以家族为单位，收集图片，尤其是搜集大寿时的全家照。收集小传，提供一个格式，供各户填写。第三步，汇总各户人家反馈的材料，充实补充，最后由笔者编纂定稿。如此，探索出一种便捷的村谱编纂模式。

完成世系图、生卒年，这是家谱编纂的底线。在世系图制作中，遇到的主要问题有五：一是绝户，二是女儿要不要挂线，三是不在户口册出嫁的女儿要不要写上，四是名字异名，五是生卒年月不同。笔者的原则是，绝户不及后面事；女儿要挂线；1950年不在册出嫁女儿，如果各户人家愿意补，可以补上；同音名字，以身份证或各户核对用字为准；生卒年月日不同，也以身份证或各户核对为准。家谱原则跟血缘宗亲走，不跟行政户口。

小传，教育经历（××年至×××年，在××小学读书；××年至×××年，在××中学读书；××年至×××年，在××大学读书），婚姻经历（××年，与某人结婚），工作经历（××年至×××年，在××工作；××年至×××年，在××工作），详细列出不同时间段。简历式，更近历史要求，更为客观。表格式，最要紧的是可操作，让人一看就懂，一看就会。也就是说，层次要低，适合所有人参加与使用，这就是面向大众应持的标准。难度最大者是小传，应有事迹。每一个家族派一个代表来谈，人人都来谈也可。家族史采访，重点梳理家族人员间的关系，梳理上下代关系，梳理职业，甚至迁移时间。如果同时将村民口述史合一，则最为理想。

图像化家谱。如何让村谱变得更受人欢迎？家谱多是查阅的，不是阅读的。当下可以互阅，未来可以为后人所用。有了图文，也是可以阅读之物。家谱的进一步修订是加强图片的搜集。拟建立一个微信群，然后让他们提供照片，再提供相关的简介。村民彼此间会攀比，所以照片的选择要讲标准。可考虑村谱与图像册合一，以家族为单位收集图片，全家照、房屋照。可以发布一个消息，专门收集大家族的全家照，放在村谱中。如此，不再是简单的文字谱，而是图文合一的村谱。

可考虑家谱的相对独立化，用组合式较为理想。既然是组合式，就可以考虑相对独立化，在各个单元中如何增加新的元素。除了村里统一的家谱编纂，也可发动各家族力量，让其完善各支家谱，如此可以发挥出更大的功能。考虑到保密要求，村谱内容不能上网，所以不能用网上的家谱软件。

组织班子。各姓派一人，中老年结合，要有文化，会电脑，由笔者来指导。找学校懂软件设计的专家，想开发一款村民谱软件。家谱编纂，切忌完全一个人独断，可以说吃力不讨好。因为，它涉及家族多个支系，一个掌握的信息不全，不可能编纂出理想的家谱。动员大家参与，人人参与，不仅轻松，而且得人心。由此可知，适用集体主编制。当然，有一人负责定体例、负责通稿，则是需要的。也就是说，修谱中间环节一定要发动集体的力量，送到各户人家中，让他们核对、补充，同时提供理想的照片。小传的数量太大，要让各户提供。可以提供一个格式，供各户填写。有的人可能不肯参与，要看菜吃饭，不能简单化。

有了理想的模型，就考虑付诸实践，生产出样品，供人观摩。如何进一步完善村谱，这是要思考的。要亲自操作，设计出一部理想的村谱来，最好出版，可以推广。笔者的设想，村史、村民口述史、村百姓联谱分上中下三篇。当然，也可内部出版，不用书号。要有三篇序言，要有后记。要有设计，要有图片。文字校对精确，图片设计漂亮，理想效果就会达到。要设计出一种全新的村谱来，超越已有的村谱。创新是学者的强项，别人只会模仿。以村为单位，村村修谱，就会村村有史，家家有史。这样的目标完全可以，难度系数不会太高。因为修的是百年村谱，而不是几百年的家谱。户口本的共同特点是登录活人，删除死人。而村谱则要求死人与活人共同著录，成为一个完整的家庭谱系图，这是家谱存在的价值所在。所以这些，就是以人为本位的历史记录思维。

不要悄悄地做，要大张旗鼓地做，这是一次全民参与讲村史的活动。做家谱是更得民心的一件事，它可以让每户人家都受益。村史仍是讲述代表性的人物，一般人至多留下名字而已。家谱让村民得以系统梳理各个家族的祖先成员。让每个家族梳理自己的家族史，编成公众家谱。按公众家谱风格，汇编成册，编成一部全新的现代家谱。以血缘为原则，加以编纂。因为其他村不一定会修谱，所以这次修谱可以顾及多个村的相关家族。如何发挥各户力量，与修各族的公众家谱，这是值得思考的。

3. 操作路径

从户口调查入手。先到村档案室，取得最早的户口册。一般说来，是1950

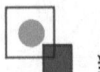

年以后。操作上，主张以1950年为底本，其他不同版本的户口册作补充。先找生年，可借助户口完成。卒年资料，要寻找卒年登记，补入不同人后面。生卒年登记册没有人的，直接询问其后人，补充相关卒年。本次世系表的制作分两批进行，一是以1950年户口册为本，由上而下地顺推。二是以2018年户口册为准的后来迁移进村户世系的制作，由下而下逆推。然后，分发各户。由现在的户口册倒推原则，这样可能防止遗漏，村谱是给当下各村民看的。如果发现他们不在，他们会有意见。反之，由上而下排列户口，会出现绝户或外迁现象。这些人不写上，没人有意见。

设计世系表格。笔者找了几份世系图，不太满意，遂决定自己做，用了手工下吊式谱系图，比较直观，较为理想，让老出纳照样画出世系图。他喜欢用铅笔，可以写出一份完整清楚的手稿，这份手稿本身就有保存价值。但手工表格不好看，开始想用图章式，行不通。受新观念影响，笔者拟将名字与生卒年合起来，做成一个新式的家谱图，决定加上生卒年，且生卒年的表达直接用现行的阿拉伯数字表达法。血缘家族与行政户口不同，家族可成一张图，而户口可能是几户人家，把本族可考的祖先名字列出来，大小顺序要调整好，按兄妹年龄大小来排列。乡村家谱编纂中，最大的问题是名字同音法，写法不一。已经消失或未成户，某些历史上曾存在，后来因为没有儿子，只有女儿，女儿外嫁了，或没有后代了，要不要保存？着眼当下，可以不收。照顾历史，则要收存，最后决定仍保存。离婚人员谱系图的设计问题。现代社会的离婚率相当高，这就产生了离婚人员谱系图如何设计问题。原来的设想分为两种类型，有子女与无子女者，前者要立，后者可以不立。可以增加方块的办法来解决。如此，有子女与无子女均可出现。这样的设计，坚持的是实事求是原则。世系图的好处是，可以让外人很快地了解这个村的发展变化。其实，就是这些姓氏的发展变化而已。原则上，按大小排列，张、包、孙、洪、姜、俞、李、徐等大姓前面。按自然村排列，更有方位感。完全按姓氏排列，则有点乱。各姓世系图初稿已经出来，下一步下发各姓氏核对。初步方案如下：按自然村排列，每村又按大小排列。张、姜、俞、包、孙、洪、李、徐等八个大姓，余均为小姓。

世系谱图、代位简表、家谱照片三合一，成为最简单可操作的村谱。从实际来看，小传不易操作，工作量太大。只得改为世录法，只列生卒年。生卒年仍得单列，世系图写不下。分别列为第一代、第二代、第三代、第四代、第五代之类，照公众家谱格式。要不要精确到具体日期？这是肯定的，因为这是涉及祭祀的问题。家谱，是在祭祀簿基础上发展而来的，有其实用功能。这也是今日回答普通公众家谱有何用的功能之一。也可查到生日，防止遗忘。可以预留空间，让人补充相关传记信息。各户人家，可以自行丰富。提倡配备照片，照片后面加文字说明。以有照引导无照片者，这种工作必须委托各自家族来做，才是可行的。各姓氏派一个代表，搜集相关家族资料。这再次说明，人人参与，人人贡献，人多力量大。

增加80年代以来迁入的村民谱系。1986年至1997年，外迁进来99人。这是一种十分重要的现象，当时没有人种田，社长到台州山区引进种田人，答应给地造房子，进户口。他们作出过贡献，所以分房也是正常的。这样的结果是，村的规模扩大了。有人担心没有迁进户口的人上了村谱，别人会找麻烦。这是多余的想法，可以订立凡例，说明原则。原则上从迁入人算起，不过多回溯上世。当然要加注原来居住何地，何时迁入。本次修村谱的原则，一是2018年在册户口为准。夫妻双方仅一方进本村者，考虑家族的完整性，也写上名字，与户口无关。子女迁进，父母没有迁进者，考虑到血缘关系串联的完整性需要，也会补上父母名字。

平时嫌家谱世录过于简单，其实家谱编纂有其操作难度所在。譬如传记，没有人来写，只能选有重点、有代表性地写，其他人就是基本信息而已。在传统的国家本位的史学中，没有人来肯定底层的历史，上层、社会不重视，即使下层、自己也不重视。普遍的想法，凡人过于平凡，不必写作，可以不必留史。小传的工作量太大，根本做不了。提倡他们自己来做，联谱主编们就不做了。可以做成一个样品，供各户参考。如何以全村上千人户口照片为基础，制作一种图像式家谱，这是值得思考的。没有文本习惯与意识的人，连一张照片都没有留下来。如果有照片，可由姓名、出生年月、照片、主要职业四部分组成。

4. 全部核对

小传与照片的搜集，难度系数相当大。村民提出，一定要核对。因为户口本与身份证上的名字不少有出入，导致许多村民背后至今仍在抱怨办事员。从我们上门调查的几十户来看，差错率相当高。这项工作，可以弥补以前工作的不足。要做就做好，做好了会被人肯定，不断受到表扬，否则会被人责备。

家谱如何核对，一直在摸索之中。要有一支队伍，广泛搜集，才可实现。

在各姓氏中找一个代理，这是负责核对之人。也就是说，有两种人，一是收发材料之人，二是每族代表，负责核对。如此机制，可以保证核对工作。在收发上，减少人手，减少时间，保证效率。同时，负责图片的搜集。一张找一个代表，代表一个家庭。另一种办法，组成一个姓氏编纂会，各姓派一个代表，负责本支复查。核对时要找老年人。而且，核对要有明确的问题意识，别人要知道补充什么。编排时，按大家庭处理，可以看出各户的发展脉络。核对时要倒过来，按小家庭核对。也就是说，一张大家族表要分别复制几份，以便发到各村民小组。小家庭间不会核对，互相关系可能并不好，不会管别人家的闲事。

主张全部下发各家核对，同时征集照片与小传资料。村里有人主张不必全核对，只要补充空格即可。他们担心发放以后，收不上来。现在看来，这两项的操作难度极大。只能完成世系图。世系图的编纂，由村中操控，好处是效率高，不受下面人的影响。他们认为，户口册数据精确，不必再核对了。村中干部熟悉村中情况，可能做事更为到位。

第一步方案是让小组长负责收发，后来发现难度不小，一则小组长没有培训过，对此项活动不了解，不是太支持。二则村民也不了解，不知家谱为何物，他们不知如何做。于是改走第二步，直接上门核对。上午转了五六户人家。中午，又到做戏的老年活动室核对了几户人家。又直接交给了村中领导几份。如此，总算推动了。通过实践，明白了几点：一是担心发下去以后收不上来是多余的，因为有电脑底稿。再说哪几份没有交上来，也是可以查清楚的。所以，这种顾虑是多余的。二是老年活动室宣讲也是不现实的，因为多是老年妇女，层次过低，没有威信，也没有必要作过多的解释。三是直接上村民家中，稍作解释，只要他们核对即可。某些老人会问，这是村里或镇里要做的工作。由此可知，中国政府有权威，可以做事。四是上家中核对是对的。直接将问题提出来，可以直接解决问题，完成核对，效率比较高。不清楚的地方，让他们打电话核对。这样，可以纠正姓名。譬如有村民说，"夫"乃"傅"，做户口本时，村中办事员不肯核对，做事马虎，导致名字错了。现在，家谱可以纠正，旁注身份证误作"夫"即可。又，名字的写法，在电话中根本说不清，必须当面写出来。女婿之类，必须当面打电话求证这些人，才有可能弄清。这证明最笨的办法也是最为可靠的办法。五是年月日如果不精确，不如空着。应写清月日，且要弄清农历或公元日期，这是生日。第三步方案，让小组长发送通知，让村民派人来村中核对。村里印了400份通知，直接交给各小组长。此方案最具操作性。因为加盖红章的通知，有一定的权威性。第四步，让两位参与者核对。小余与徐会计在核对各户人家，防止遗漏。此法不错，两人合作，有积极性，不致过于单调。由此可知，摸着石头过河是科学办法，是创新中问题意识较强的做事办法，有什么问题，寻找最具可操作性的办法来解决。这次核对模式是一创新，找到了有效的核对方式。第五步是进一步与相关家族联系。这次用电话加微信法，通过加微信，将家谱图拍照，给相关家族。于是，逐步完成了核对工作。因为是断断续续进行的，前后延续近一年时间。

一姓派一个代表负责核对。某些绝户，不再核对。几个大姓，要分姓核对。家谱核对不完全是核对，而是补充。核对姓名与生卒年，同时向上、向外、向下三个方向补充相关亲人的资料。祖上世系的补充，如父亲、爷爷、太公三代的姓名，女婿家族名字与生年，及其他未及填写人员信息。家谱核查必须找当事人核对，仅找相关家人，仍有缺陷。核对与补充，就是一种全民参与。

5. 印刷收藏

《史家码村谱》的编纂，用传统的保密法，没有经过核对过程，修好后藏起来，不公开流传。他们认为，公开流传会带来一系列的问题。确实，不公开传播，什么事都没有。不过，某些错误可能无法得到纠正。笔者尝试着公开化，当然可以小步走。有人担心泄露隐私，不想别人知道自己家族情况，担心不利于自己的形象建构。姓名与生卒年，没有什么可保密的。家族是小范围内关注的对象，别人不关心你的名字。除了别有用心者，一般别人不关注你的家族情况。个别问题，个别处理，最为方便。

做成两个版本：一是公开版，只有年月；二是内部版，有生日。坚持普通印刷，不过于复杂。简本先印，详本后印。可以考虑先出一个简本，就是谱系图，包括生卒年。单行本加封面，封面要多印。各户发本支单行本，有几户发几份。家家一册，推广以后，再看效果。村中则留一个完整版本，大开本。这样分开的原则，是为了实现普及与保密、平稳与发展两大目标。从短期利益来看，是传播单行本好；从长期利益来看，是传播全本好。道理很简单：一是复本多，存放多处档案局与家谱馆、图书馆，有利于长期保护；二是可进行家族历史教育，让后来的村人知道村里的人脉关系图。家谱教育不可少，家谱也要启蒙。家谱编纂启蒙了，后人会仿效，会坚持续修。即使一直生活在村中之人，

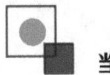

也不一定了解其他家里的人事。村谱如同村百科全书，一册在手，百事可知。三是有利于家谱推广。编村级百姓通谱，这是一种家谱编纂模式的创新，当然要推广，扩大影响。只有更多的村来模仿了，才能成为一条路，成为一种模式。

6. 得失反思

现代家谱研究，可以从村谱的编纂入手。笔者一直在寻找修谱方式，尝试用新的方式来修谱。不管如何，所经手的村谱是修出来了。在核对方面，经过曲折的探索，也找到了便捷的路径，那就是建立微信关系，可以直接与各姓建立联系，方便校对。在女儿家族登录上，也探索出了一条路。虽然麻烦，但效果不错。实践证明，这种"由上而下"、学者主导的途径，有其优势。人员精干（一人主编，一人编辑，一人核对。共主要动用三个人），效率很高，可以按照自己的理想来摸索；缺点是社会动员、启蒙教育不足，核对成本比较高。前期谱系图的制作，没有阻力，顺利编成。后期核对，与百姓见面，各种观念就体现出来了。这种修谱模式实际上是代劳模式。之所以代劳，是为了将联谱工作推动起来再说。对一个组织力不强的人来说，可以用这种方式成事。之所以坚持这么实践，有两方面考虑：一是因为阻力很大，是在没有太大支持情况下做出来的。村领导当初不是太支持，村民更是不理解；二是也想尝试新的路径，不走其他熟悉的路径。相反，对领导全力支持、组织力强的人来说，可以直接用代表搜集谱丁的方式进行。抓住各大姓氏，召开会议，设计表格，分工负责，更易成功。通过村委家谱资料来编纂村谱，也有其不足，家谱编纂差错太大。通过事后的核对，发现户口本也有不靠谱处，甚至身份证都有不靠谱处。必须直接从第一手资料征集入手，必须由当事家庭当事人来提供信息。核对时必须问本人，才能获得权威的真实信息。

家谱生产与家谱使用是两个不同的概念。家谱生产是有难度的，家谱阅读是轻松的，是容易的。使用者经常抱怨别人编得不怎么样，但轮到自己生产时却发现不容易。自己做过，才知做事之艰巨。实践可以发现一大堆问题，事前的想法与事后的操作会不完全相同。如果纯理论梳理，如同编教材，没有问题意识。问题都是在实践中产生的，在文本阅读中产生的。不读书不实践，自然没有问题。实践中的问题都是人的问题，人的问题核心是观念问题，不同观念导致不同的行为，所以，研究观念问题是理论思考的核心所在。文献问题是主要文献记载不同的问题，不同文献会产生不同的关系问题。现实问题研究，必

第八章　家家有谱与村村修谱

须通过案例来表达。

家族修谱方式的多元化是一大趋势。挣脱了宗法的束缚，组合更为自由了。宗法大家族会讲男女不同，但在小家庭的时代，可以灵活组合，血缘、地缘、情缘，均是组合的方式。修谱方式也可多元化，公益的顾问法与商业的项目法，两者均不可少。谱社或谱局是一条出路，让家族出钱即可，不必直接参与。凡是可以让他们动心修谱方法，均是值得尝试的方法。不完全是乡村，现在城市中仍要坚持修谱。某种程度上，城市人更要修谱，因为他们多是移民的后裔，根都在农村。如果不修谱，城中一支成为无源之族。家族是一个悠久的发展过程。如何寻找更多的方式，引导、推动人们修谱，这是我们要思考的问题。

女儿谱系进来后成为真正的一姓主导下的百家谱。女儿要不要挂线，一直是争论不休的话题。笔者在公众家谱推广中，曾经提倡只挂女儿一代，不及其后。女儿的子女，附录女儿小传后面。现在看来，步子可再迈大一些，女儿后代也可直接挂线。道理很简单，一对夫妇下面总有儿子、有女儿，女儿同样是父母孩子，是血亲后裔，这是十分正常的性别现象。再说，现在的家谱编纂完全是家族史，不再具备宗法管理意义。从婚姻来说，永远是由两个姓氏组合而成的。以前的婚姻模式，是媳妇上门，成为男方家族成员之一；所以家谱编纂排斥女儿一系，甚至不及媳妇名字，仅称"某氏"。在宗法时代，不允许这样做，但在后宗法时代，可以这么做。今日男女平等，婚姻是结婚，男女双方是对等的。父母遗产的划分，也出现均分现象。对某些父母来说，有些女儿的作用大于儿子。在这种情况下，再坚持传统模式，就有刻舟求剑之嫌。在名字著录上，不再坚持传统的"省姓书名"模式，要求写上完整的姓名。如此，挂线图中虽有百家姓之感，但第一代祖先一定仍是某主姓，后人不会弄错的。一级主姓谱系下的二级多姓谱系，这样的挂线模式更为实事求是。考虑到各女儿家族没有修谱，我们允许她们进来，这可以普及修谱知识，推动修谱事业。今日作谱就是以家族为单位的历史记录、家族建构。当然，收罗女儿一系后会出现重复现象。因为乡村婚姻的空间范围小，不小心同村不同姓氏间会通婚。中华人民共和国成立以后，同姓间也会出现通婚现象。如此女儿一系就会在娘家与夫家同时出现。这样的重复是不可避免的，不必在意。不过从编纂来说，收罗女儿，涉及面太广了，女儿家也是一个庞大的家族，给自己增添了不少工作量。本想简易化，愿意上就写上，不愿意上就不写上。结果，女儿家族普遍要求补充，这是大出意外的。如此，后期的补充陆陆续续费了近一年时间，很多内容就是女儿家族谱系的补充。出嫁的女儿家的世系图，尽量不要涉及，不可轻易复制。如此说来，传统以儿子为中心的编纂家谱模式有其合理性，不能简单否定。

　　设计出什么样的产品可以让人不会忘记上书谱。应设计一部书谱，可以让人放照片，写上文字，加上录音与录像的东西。从提升普及面来说，这部书的设计不能过于复杂。户户备一本生辰簿、记事簿，这是从技术上培育上谱观念的基础。将之作为文化产品做出来，送给老人们。甚至可考虑成品化与个性化的结合，直接加上某人的姓名，那他们会更为惊喜，更为珍惜。这种技术的实现其实也不难，就是加张扉页即可。扉页是定制的，其他是标准化的。每户人家公益采访，只象征性地收一点费用。

　　家谱对于了解家谱、热衷于编纂家谱的家族来说是自我归属感、认同感极高的，但是对于未接触过家谱的人来说恐怕是毫无感觉的。2020年10月，笔者指导的一位研究生的母亲其孙氏家族组织修谱，发起者是孙氏族中一名老者，文化水平仅是小学毕业。此生对其进行了简短的采访，问："为什么要组织修家谱？"他答道："最主要的是想团结孙氏族人，孙家湾拆迁过后，原来扎堆的孙氏族人都散了，以后后辈不认识前辈，后代不知道祖宗所在。"然而，他在家族群里发出通知"每人出五百，团聚时间，商讨修谱"等时，二百九十余人的群只有几个人回应。她问母亲对此事的想法，她说："到时候有空就去，没空就算了，他把名字写在谱上就是了。"她还通过微信询问了其他孙氏族人，他们基本上都认为修不修谱无所谓，交几百块就当作过年一起吃个饭。由此事可见，对于不了解家谱的人来说，是没有修谱这个概念的，对修谱是漠不关心的，仅靠一人之力企图修全村之谱也是较难进行下去的。此案例说明，用微信群的方式组织大型活动，尤其涉及收费，效果是不好的。

三　村谱的意义

1. 为什么要以地域为单位修家谱？

　　为什么要由村干部出面组织？主要是基层管理组织平台变化了。古代中国主要是同姓聚居，实行宗法式的宗族自我管理。但20世纪50年代以来，消灭了宗法制，乡村管理国家化管理。乡村行政化建置成熟，人们逐步实行行政户籍化，村成为最底层的组织的被管理者。有了法定的户籍系统，使村民人人有精确的名字及生卒年数据记录。原来的家谱编纂是与宗族管理主体的存在有关的。现在宗族主体消失，村成为管理主体，修谱活动当然要由村领导来组织管理了。由村政府组织家谱编纂，更容易得到村民的权威认可，也可以解决人、财问题。如此，让档案部门下文件，规定各村须修村谱，当会产生相当可观的历史文化遗产。当代中国大政府的力量是相当强大的，这种软性的强制力量是值得肯定的。

为什么要以村为单位编纂？

其一，是可以实现规模效应。以村为单位编纂，空间范围是小了，但参与修谱的不同姓氏数量多了。这相当于完成了几十姓的家谱编纂，规模效应更为明显。修村谱，是从文本世界角度对全村各姓做了一次大规模的整理活动。老人不断离开人间，小孩不断来到世上，人类就处于这种不断的链条式循环之中。人人生活于村中，会目睹此类现象，但鲜有人会从文本世界角度来记录这类新老更替事迹。公众家族史的出现，正是要弥补此类缺憾。家谱的编纂，可以促进村民关注自己家族的历史。通过家族的发展嬗变，观察村内力量的变化，这是一种全新的村史视野。留下文本，留下家族文化，这是家族史建构的核心意义所在。

其二，是适应当下行政村多姓共处现状。在中华人民共和国地域化行政村管理体制下，姓氏越来越杂。杂姓村不论，即使主姓村，也因为户籍落户制度，让不少外来者得以落户，成为村民。后来，又因各种原因，迁进不少他姓。21世纪初以来的并村活动，使村的规模越来越大，姓氏更多，同一村中居住着不同的姓氏。经过当年大队、生产队管理体制，宗法色彩弱化，完全成为地域管理下的邻居。邻居观念取代宗族观念，这是值得注意的现象。笔者老家只有邻居观念，邻居分为两类，一是同门，二是近邻，他们结成一个互助合作圈。如此，纯粹的同宗意义弱化，成为地域意义上的近邻。远亲不如近邻，这是中国人的观念。如此，村谱的编纂更合村人的需求。另一方面，村民宗法观念的弱化，也改变了村民的关注点。异姓和睦相处，改变了血缘聚居模式，强化了地域共居的模式。在特定村级行政管理体制下，"村民"强化了我是某村人的观念，对别村的同姓或迁移到外地的同姓村人，关注兴趣越来越淡。空间小，利益紧密，更为关注。空间过大，联系不多，兴趣不大。如此，以村为单位编纂百姓通谱，这是最为理想的选择，可操作性强，据村中不同时期的户口册，就可完成初稿的编纂工作。后续只要做一些核对与补充工作即可。如果以一姓为线索修谱，就要跑遍全国各地修谱，时间与财物成本高。村谱可以弥补现行行政户口记录的不足。一则只记活人，删除活人。二是没有前后代完整记录。三是外迁与外嫁的人不在户口登记中。时间上上联下挂，空间上外联内联，人物上死人与活人串联。这是一种文本的建构，加强团结，加强统一战线建设工作。

其三，可以强化集体意识。近四十年来，随着大队生产队体制的解体，村级集体建构在弱化，个体化越来越重。在强调和谐团结凝聚的背景下，以村为单位的联合家谱，在党的领导下，村中各姓和睦相处，现代和合文化得以体现。如此，在传统的"一姓家谱"之外，增加了"多姓家谱"。也就是说，纯粹的血缘意义上的联谱已经十分困难了，村谱的优势就体现出来了。

其四，可让全体村民留史。凡人的历史可能被平凡化或虚无化，这是另一种历史虚无主义。对全体村民来说，修村谱是一件百年不遇的机会，这是人人可以上书的机会，这是最为公平、利益延伸面最为广泛的载体。如果家谱中也写不进，则此人就是世上白来了，将成为永远的"死人"，从而出现普遍的祖先遗忘现象。当我们询问爷爷叫什么名字时，很多人要想一想，或者问一下相关亲人，才能回答。再进一步询问爷爷奶奶的生卒年时，多数人回答不上来。家谱文本是解决祖先遗忘问题的，文本记忆是人类发明的弥补人类大脑记忆缺陷的手段。有了家谱文本，人就不会忘了自己的祖先名字及往事。如果遗忘了，可以再查阅一下。编家谱是为了不忘本根，可保存村中各姓的百年家族史，其重要性不亚于旧村改造，这是第一次建设村的文化楼房。因为原来的基础比较太差，所以工作量会比较大。

其五，可破解杂姓村、家谱薄弱区的修谱问题。向来修谱多是一姓家谱，只有主姓村才有机会修谱。杂姓村因其规模过小，宗族观念淡薄，往往多不修家谱。杂姓村如何修村谱，这是值得探索的话题，百姓联谱无疑是最好的出路。对传统家谱编纂薄弱区（平原区、富裕区、移民区）的家谱编纂，显然不能走传统的一姓宗谱之法，而公众家谱则是最好的良法。

其六，百姓联谱是一种全新的家谱编纂探索。这是地域意义的家谱，首先是以地域为单位，其次是以姓氏为单位，这是传统与现代相结合的家谱编纂模式。从历史记录来说，这是建构单元的多元化问题。没有一姓宗法色彩，完全是百姓家族历史，突破女儿家族不收的传统。与今日地区化行政管理体制匹配，更容易为人所接受。它可以与村史、村志同步编纂，先成村民口述史，继而成村谱，最后编成村史，这应是三部曲，是村级文化建设的基本内容。以行政村为单位，建设历史文化，这是一大趋势。便于查检，记录历史，体现融合，这是三大目标。有了这三样东西，一个村子就是有文化的村子。百姓通谱模式，可以不断放大，以乡镇甚至以县（市、区）为单位，加以建构。这样的方式更适应现代社会以地域为单位的现状。这种模式可在全国各地推广，只要提炼出成熟的模式，甚至开发出软件，再联合地方志办公室，作为村史志一部分来做。

2. 为什么要以家族为单位修谱？

其一，修家谱主要是为了记录家族人员的历史。修村谱与修村史同步进行，或者说是村史的一部分、一个基础。村史既是官史，也是民史。要梳理出各个家庭人员的嬗变表，修谱的目标是肯定不同时期村民的历史贡献。让不同的经历与不同的经验留存下来，这就是公众史意义与价值所在。公众家谱谱系图，看到的是血缘与传承的力量。以家庭为单位的人的自我生产，是人类的一大奇迹。这种高级动物，正是通过此类活动生存下来的。公众家谱是民众史，是最接地气的群体史，它完全与人人结合，与家家结合。人人是家庭一员，是家族一分子。我们要记录普通人的历史，记录普通家族的历史，记录普通村庄的历史。这是提供公益文化服务，是家族文化建设。这是真正的接地气的历史活动，因为接到底层群众了。群众多是没有文化的人，要他们主动做文化建设，多无法接受。

其二，公众家谱适应了家族原子化现状。家庭的核心化，导致家谱编纂与核对困难度的增加。现在倒过来，先成公众家谱，后成大家谱。时间越长，家族线越长。现在仅是百年，如果有几百年，就会有几十代。从家族史角度来说，公众家谱更有市场。因为它单位小，容易操作，血缘力量强，是最为真实的家族历史记录。有人说，大家谱的规模效应好。以公众家谱为主，汇集成书，也是可以成为大家谱的。大中小家谱，可以互补存在。大谱是通谱，中谱是一姓家谱，小谱是五代谱。公众家谱可以家家一册，而大家谱往往只有数套，难以达到家家一套的程度。

其三，家谱编纂的整体性可扩充个体视野的狭隘性。散的家族更要强化群体建构。家谱的编纂可强化群体或集体感。公众家谱是小空间的个人容易想到的建构单位。大家谱是需要大空间视野的人才会想到的建构单位。要求修谱的人都是时空视野很宽的人,时空视野小的人是不会想到来做的。家谱文本的生产,是面向未来的,是面向文本世界的。时间视野短的人,没有文本世界概念的人,是不会想到文本编纂的。

其四,家谱是可以真正体现历史记录平等性的载体。虽然记录的是底码要素,但可以肯定有胜于无。一个人的历史,最低限度是进入家谱。家谱是人人有份的历史记录载体。村史、地方志、国史是集体史,是代表性人物的历史。家谱有两大特点,一是人人有份,二是出会突出代表人物的历史。人人有份的公平与重点代表的关注各得其所,这是家谱最值得肯定之处。对一个成人来说,有直系后代,最后过往能上书,是人生的两大基本任务。有后,已成为人们的常识,但修谱尚没有成为人们的共识。有后代,是生活世界的事,结婚生子是人类的自然行为。而谱书是特殊的文化产品,是读书人专用的产品。不读书的文盲不习惯,日常生活中看不见用不上,自然难以达成共识。每个人要有这样的观念,我上谱了,我上书了,我留下声音、留下影像了。留下就达标了,就有望成为一个文化人,成为历史人物。人的大脑记忆会遗忘,文本是最好的弥补遗忘的手段。修谱或建户口册,是一个替下层民众建立文本的机会。在生活世界,很多人的名字没有机会进入文本世界,只有声音没有文字。对一个没有家谱的村落来说,建立户口本,是一个第一次让人的名字由声音而文本的机会。

其五,家谱的编纂可以将零星的信息汇集一处,方便大家查询。汇集,是数据库价值与意义所在。文本建设是超越生活局限的活动。生活世界是一个活人世界,活人是一群受利益控制的动物,因为性格、利益的差异,会有各种矛盾,导致兄弟姐妹血缘关系弱化,互助精神丧失,不相往来。文本世界是一个没有利益的死人世界,只是一些符号,是一个只有血缘与亲情的理想世界。家谱是一种家族人员符号化文本。一个名字代表一个真人,这是中国文化的特点。超越一定的空间,想象会被美化。譬如受父母控制,孙子孙女可能对爷爷奶奶不亲;爷爷就不高兴,活着不联系,死了有什么用。站在老人角度,可以这么想,但站在儿子角度,则希望孙女记住爷爷的名字。我们要告诉后人,没有前人,就没有后人。文本仍在生活中,但它是自成体系的一个小世界。说它小,是因为存在于文本中;说它大,是因为天地均可装进书中,天大地大不书本大。它可以涵盖一切,这就是文本的意义所在。必须成谱,才能实现由生活经历而文本记忆转型的过程。文本化以后就方便了,否则家谱用时方恨少。没有家谱,要想找家族祖先名字、生卒年、故事时，就找不到。这是有文本与无文本层面的思考。中国人经常拿"应用"来捆绑"生产"，以后面的流程冲击否认前面的流程，这是错误的想法。

其六，可以普及家谱观念。因为在人生百年之内没有看到过或听说过家谱，所以很多人的大脑记忆中没有家谱概念。当高高在上的历史学走下神坛、走向底层时，首先面临的是观念的冲突。对他们来说，这是一种新生事物，很多观念他们一时接受不了。面对外来的新生事物，这群普通人会发现各种困惑性的提问，家谱有什么用，是否会骗他们的钱。有人想看老家的家谱，说要出十万元钱才能看。有的妹妹，因与兄长不和，不愿意做到一块。有人因为借了一万元不还，导致亲戚关系不和。有人担心生辰八字给人知道后，怕被人诅咒而生病。有人说，邻村没有修谱，你们搞什么？有人说，活时不来往，还管死了以后？有人会说，记住死人干吗？有些村民会说，活人与死人放在一起，会让人不舒服。中国的人名是一人的符号替代，有对应关系。有人会说，我与其他支没有关系的。修家谱的功能之一就是团结家族人员。生活中同一家族成员肯定有小矛盾，修谱目标之一就是睦族，就是团结到同一个祖先下，大家抓住主流，团结一致。修谱也想拉近大家的关系，让大家回归血缘，用血缘来团结人，这正是传统中国祖先崇拜的意义所在之一。这是两个世界的表达法，生活世界可能不来往，但文本世界则是一个家族。活人间可以不来往，但死人间的血缘关系不可否定。我们只能说，他们是你的祖先，没有他们，哪有你们。家谱文本是符号，上面仅是人名，活人与死人均是相似的。一定要说不同，那是你的心理感觉。家谱是一种祖先与后人同处一个精神家园的模式，难道自己的老祖宗也不认，你太不孝顺了吧？总之，落后观念一大堆。为什么现代家谱编纂要遇到那么多问题？这与城市化、现代化有关。以前是大家族制，一个家庭人丁统计，派一个代表即可。现在完全是小家庭制，有时多是妇女作主，她们从来未见过家谱，于是围绕修家谱会产生一系列的联想。有时可以说理，有时需要吓一吓，如果不签字，出了差错，不要怪村里。这样一来，他们会迟疑，会打电话联系他人来修订谱系图了。

其七，家谱有多种功能。这是从用与不用层面来思考的结果。有了文本，可以用，也可以不用，均不影响其价值。用得多与用得少，也不影响其自身价值。它不必靠应用来提升自身的价值，它应自信地面对世人的质疑。生产出家谱文本，笔者的任务就是实现了，这是史家的责任。至于用与不用，用的频率有多高，那是别人的事，是后世的事，不是生产者可以操控的。家谱功能的发挥，有一个时空与时间段问题。从时间上来说，当下有用，未来更有用。从空间上来说，首先对本家族有用，其次是对本村有用，最后对外地有用。家谱不是生活日用品，使用率不会高。它的优势是，可以长久使用，它是传家宝。你不能要求所有的物品中一样的功能，不同种类物品有不同的使用周期，要有多元化的使用观念。家谱的应用应有合理的定位，既不能过高，也不必过低。用与不用，用的频率，取决于后人的需求度。有需求，使用率高，没有需求，使用率就低。家谱是家族人员血缘关系的法定档案。站在百姓立场上来说，至少有以下几大用处：一是祭祀簿，可以查到每个家人的祭日。某位村民的母亲临终前，一直有一个遗憾，无法知道其16岁就已故世妹妹的祭日。听说在修谱，连声说好，可以弥补此类查找麻烦。二是生日簿，可以查到每人的生日。三是结婚簿，可以查到结婚日期。给拟结婚人一个上谱机会，新结婚的媳妇或女婿要上谱。四是可以知道可考的祖宗名字。这次要求往上查，譬如爷爷、奶奶的名字，多数人不知道。五是女儿家族。本次要求往外查，会涉及女婿与外孙，这也是一笔庞大的人脉资源。六是往下查，尤其是二胎。七是失联村人，如外迁村人一直与村中没有联系，这次全面的调查可以建立起清楚的关系。

3. "村谱"出现的意义

一是由一姓到多姓，改变了入谱姓氏的结构。自古迄今的宗谱，向来只写一姓，而村谱可以写多姓，村内大小各姓均可入谱。在传统宗谱体制下，以宗籍为原则，不管地域，族人迁移到哪都是族人，修谱时都得想法收进来，称为上谱。所以，古人修宗谱时要出差，要到其他地区征集迁移到外地子孙的信息。而在多姓的村谱体制下，以村中户籍为原则，不管宗籍。《史家码村谱·凡例》称："村谱编纂自中华人民共和国成立以来到2015年的人员变动状况等，由于经济社会发展，所以只局限于本村所在户籍和他们的不在本村户籍的直系亲属。"村谱完全以户籍为主，只收户籍在村中的村民及其迁移到外地子孙的信息。解放前户口迁移到外地的村民，不再收入村谱。如此，修谱人员也简单了，基本不需要到外地出差，只要搜集附近村民信息即可。

二是组织方式的改变。修谱一直是民间行为，要不要修谱，存在决策、人才、经费诸多困难。党明德说："古时候修家谱，一般是利用家族的族产或家族成员的捐助。但现在家族成员大都分布散落，即使一些村子有公共财产，但要用来修家谱，难以让全体村民同意。"筹措经费时，多用募捐或赞助之法，一些普通村民一时会不理解，甚至抱怨摊派。现在改为村谱，就可成为村两委的组织行为，这些问题就可解决了。在现行管理体制下，村两委管理村中一切公共事务，是最权威的机构。只有两委领导同意，就可决定要不要修村谱，就可摆平各姓间的利益矛盾。村两委可以出面聘请修谱人才，组建修谱小组，也可从村中公共经费中支出，保证编纂经费、印刷经费。从目前来看，史家码村及邻近的江六村修村谱，多用上班领工资制。也可用经费包干制，可能效率更高。这么一来，村谱编纂出现官修化趋势。

三是彻底解决了执政党与宗谱修撰间的关系。传统中国是"家国同构"体制，地方上的宗族管理是国家管理的基础。现代中国是"国家与社会"体制，行政管理以全体村民为己任，宗族管理以一姓为己任，这是两者矛盾之处，这正是20世纪以来族权不断受到否定与丑化的原因所在。皮之不存，毛将焉附。经过近七十年的地方建设，政府有效地控制了村级基层管理。1958年以后实行的户籍管理制度，将人的属性完全地域化了，宗籍观念彻底淡化。1980年以后，南方各地宗谱编纂风重盛。如何对待家谱编纂活动，地方政府一直束手无策。1990年前后，曾出现多篇文章，要求叫停宗谱编纂活动。不过，多数基层政府采取不支持，也不反对的态度，将之理解为民间文化活动。由于多数村级领导是本族成员，所以内心上肯定是支持家谱编纂的，但这种支持是私下的个人支持。执政党游离于宗谱编纂之外，管理参与问题不易解决。现在，将传统的大家谱加以改造，成为多姓的村谱，就避免了传统的宗法管理嫌疑，完全适应了现代社会管理体制。村谱的出现解决了基层政府在家谱编纂上的管理权与参与权问题，让村两委领导可以名正言顺地出手领导，加以推动。村谱适应了现代村级基层管理体制，与执政党的利益统一了，与全体村民的利益统一了，这是最为可喜的事。

四是宗谱性质的彻底更新。由宗谱而村谱，一字之差，性质完全不同。由于中华人民共和国以来成立的宣传，说及家谱，很多人观念中总免不了封建宗法的嫌疑。确实，宋明以来的宗谱是加强宗族管理的手段。不过，中华人民共和国成立以来，宗族管理彻底淡化，宗谱的性质完全改变。冯尔康先生反复陈说："族谱是家族史"，"作为家族史的族谱，是民众史"。前者是从现代史学的中国家族史角度给出的定义,后者实际是从民间史学角度给出的定义。村谱的出现让宗谱的面貌焕然一新。它明确告诉你,村谱不是宗族管理的手段,而是全体村民当代历史的记录载体。笔者关注的是当代家谱编纂的公众史学属性,当代家谱研究,本质上是当代公众史记录活动,属公众史学分支。人人参与,人人留史,这是公众史学的基本口号。家族是最基本的血缘组织,是永恒的社会细胞。以家族为单位,建构民众的历史,这是最为理想的公众史记录载体,是值得推广的活动。

综观中国家谱编纂的历史,总体趋势是由官而民,由宗族而后宗族,由宗籍管理而宗族历史记录。到了当代,完全成为公众史记录。村谱适应了未来的发展趋势,可以成为像方志一样的事业,过20—30年大修一次。这么一来,修村谱成为村领导的任务,显然行政力量更有动员能力。当下的单姓谱家谱均面临组织、经费、编纂三大难题,甚至面临行政切割问题。某些人的祖籍在此村,但行政户口却在别地,你想联谱,别人不一定乐意。行政化管理以后,人人认同户口而淡化了同姓,村谱的出现可永远地解决此类问题。

第九章

多形态的现代家族史

宗谱是传统的文献家族志。"家谱以表为主,表本来不太适合大众阅读。"①到了现代也要用影像手段来记录。"家族史可以完全不同的形式呈现出来,可以是诗歌,可以是影集,可以是片段的,或未完成的。"② 家族影像志、家族口述视频、家史写作,事实上已属综合体。只是为了叙述的方便,下面分别来讲述。

第一节 影像谱制作

目前,有哪些成功案例,值得后人学习?通过搜集各地的影像志资料,大体可关注以下诸多问题。

一 家族影像志价值意义

家族影像志,也叫相片书,是一种图文并茂的轻传记文体。

照片是近代以后出现的事,古代只有绘画。照相普遍地进入平常百姓家,是20世纪以来逐步实现的。文字描述,更擅长于思想,而照相更擅长于记录人与物的外观。随着岁月的变化,外观是不断地嬗变的。如果不加照相记录,是无法体现的。影像让历史纤毫毕现,有图有真相。通过影像照片来研究历史尤其是公众历史,更有价值与意义。照片的细节考订,需要调查相关人与文献,

---

① 孙磊:《刘斯奋、林岗等学者热议家族史书写:如何呈现中国近现代历史变迁?》,《羊城晚报》2022年7月13日。

② 吴和鸣:《有关家族史书写的杂感》,海之梦心理咨询2019年6月15日。

才能弄清。

近百年来，各地各家族尤其是城市家庭中积累了大量的老照片，目前多存放于各家庭中的抽屉，使用率非常低。在主人活着时，它是宝贝。但一旦老人故去，就会出现老照片册被当废品处理的现象。这样的活动，对当事家庭来说是一大损失，但对社会来说是好事，增加了一堆可研究的样品与案例。最典型的案例，莫过于福州叶景吕先生的老照片集，经老照片网创办人仝冰雪之手，照片的价值被发现，巡回展示，最后编辑成《一站一坐一生：一个中国人62年的影像志》（上海社会科学院出版社，2010）。

这些家族老照片是研究当代中国公众历史的第一手图像资料。譬如山西作家李琳之父亲是晋北阳高县人，15岁时离家参军，迁居晋南，相差千里。因历史问题，与老家联系很少。父亲故后，因为没有家谱，一直弄不清楚家族的源流。2002年前后，他决意回老家探询，从二姑家获得1935年全家福，始知祖父一家情况。十多年再访，从堂伯父后裔处获得两块神主牌，终于知道了曾祖、曾祖母的名字及生卒年。又找到1907年前后拍摄的曾祖父的全家福，终于能够找到祖宗这个根了。他说，从曾祖父全家福照片和父亲生前给我讲述的我们家一些情况可以推断出，曾祖父这一代以做生意为生，家庭比较殷实，是阳高城里不大不小的富户人家。再加上1974年李自己家的全家福照片。通过这些老的全家福照片，再现了过往的家族史。[1]

家族老照片如何保护？可有几法：一是共享模式，原件留家族，扫描件留档案馆；二是直接捐赠模式，原件送档案馆；三是建立家族影像数据库，为未来的研究提供方便。目前，这项工作尚未引起政府的重视。

二 家族影像志制作流程

影像志如何操作？

家族拍摄要有一个协调人。譬如，邵氏家族拍摄时："为了安排好这极其复杂的工作，邵母协助策划拍摄，她的重要角色是要和那些邵逸农几乎不认识的亲戚们商议拍摄的事宜。"[2] 由此可知，影像家谱制作中，要有一个权威的长辈

---

[1] 李琳之：《寻找：那几张百年老照片中的家族与往事》，搜狐2019年4月5日。
[2] 马芝安：《家庭照定格百年历史》，《中国妇女报》2002年2月1日。

来协调，这是最为关键的。

主线是时间法，兼采其他主题法，完全取决于当事人的需求。编纂成稿后，找人制作，就可以完成。此种做法，其他地方也间行之。2015年提出，2018年进入实践。老照片加工，加上文字说明，加上构思，就可完成。技术上不难，稍做加工，即可完成。除了老照片，还需要临时补拍一些照片。在生活世界，没有文本整体意识，不知道哪些素材是有用的，哪些照片是要留下的。等编辑成册时，就会发现某些场所是重要的，可惜缺少素材和照片。此法的补救办法，就是回到原来的场所，补拍些照片。

在资料的收集和应用上，注重人文情怀和取材得当。成继跃有一些成功的探索。"一是入谱的机会人人有份，人人平等，家族成员不论老幼、不论男女、不论远近，都在家谱中有一席之地。二是尊重个人意愿，只要愿意提供个人资料的，不论时间、不论大小、不论轻重、不论巨细，只要能记起来的，都可记入家谱，应收尽收。比如哪年哪月购置了什么家具，型号、价格是多少；哪年哪月挣了多少工分、多少工资，怎么使用的等等情况，提供的资料越详细越有价值。家谱既记载家族的大事，也记载个人感兴趣的小事。三是对于家族的起源、祖辈的生平进行严肃认真的调查、考证，多多请教前辈们，把家族的来龙去脉搞清楚，把家族的一些重要活动的情况说清楚。四是注重家族早期的老物件的搜寻和整理，这些老物件真实记载了家族的生活状况和生活水平，是家族经济、文化发展变化的物证。五是对于一些网上能够查找到，或者其他家谱、史志记载的有关氏族起源、地理乡俗等，就不在家谱中罗列了，尽量使家谱的资料更精练，具有唯一性。……为家族留史，为亲人立传，为国家存真，是我们编写家谱的初衷。通过编纂家谱，不忘祖德宗思，不负时代韶华，通过一代一代人的不懈努力，能够使家族更加和睦共亲，人才辈出，事业有成，兴旺发达。"[1]

"影像家谱"自然离不开人物照片。"原先是直接到各户家中把保存的长辈照片要回来，贴在本子上，后来不小心丢过一张，还把另两张弄坏了，再找人要就比较麻烦了。后来我借到照片就复印下来。"在《李明天家谱》上看到，家谱以"门股"分类，表格是李老亲手画的，一字一句清晰明确。家谱中一代代记着每个成员的姓名、出生年月日及子女情况，女性成员嫁到哪个村子都记得

---

[1] 成继跃主编：《陕西省韩城市西庄镇沟北村德俊堂家谱（影像志）·前言》，静虚村笔记2020年5月10日。

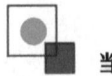

清清楚楚，还配有照片，全是李振河自己搞定的。李振河原本仅打算把李家本姓的家谱史整理出来，后来乡邻们这个催那个问，现在"只要是本村的，只要是我知道的姓，全都编写出来，独门小户也不落一个"。至今已装订成册的家谱有300多本，全村所有姓氏家谱编纂工作有望于今年内完成，"想要影像家谱的人很多"。李振河自己还整理出来一个属于自家的亲眷家谱，还差一张照片就全搜集齐了，"逢年过节利用走亲访友零散时间完成的，打算完成后每个亲戚家送一本"。费神费力，还倒贴不少钱，这么大年岁了究竟图个啥？李振河说："我就是想在临走之前，给乡邻们留点美好的东西。"[1] 老人完全是手工活。其实，可以使用更为发达的扫描技术来实现。

现在有"家谱相册"专利，外观设计，2020年9月22日公告，北京中昊诚科技有限公司余盛翰。如孔东梅的《翻开我家老影集》（中央文献出版社，2003），就是不错的方式。这样的编纂方式，人人都可以做。影像家谱会让更多被束之高阁的家谱能够有重见天日的机会，让更多的"90后"，甚至是"00后"，就会从这样精彩、易懂的视频家谱中，读懂自己家族的故事，更加珍惜亲情。

三 家族影像志制作模式

（一）家庭影像志

1. 连续家族合照

1980—2019年，江苏镇江华允庆（或误作"云青"）与女儿40年的合照，固定一个地方，受到广泛关注。有人问，妈妈呢？显然，妈妈在拍摄，早年的照片估计多是由夫人拍的。中间只是缺了一年，1998年女儿到日本留学了。后来女儿在日本结婚，定居日本。2009年，华先生的夫人过世。所不同的是，人口在增加，最后变成三代四个人，这正是家庭影像志的有趣之处。进一步检索，发现美国纽约也有一对父女合照，从1岁到15岁，他是抱着女儿，这个动作的难度更大。早在2015年35周年时，华先生就发过父女合照了。2020年40周年时，又发了一次。有人建议增加2020年、2021年合照，后来也增加了2020年的合照，这是云上合成照。因为疫情，无法回国。那么，一家三口合照如何呢？

---

[1] 尹书月：《鹿泉八旬老人十年义务编修"影像家谱"》，《燕赵都市报》2012年4月12日。

找到《岁月匆匆：一家三口连续23年拍摄合影》，1991—2013年三口之家合照，也别有风味。从直观的图形变化，儿子从低谷进变成山峰。那四人又会如何呢？又进一步搜索，找到《一个长达四十多年的家庭合影》，1975年始，美国摄影师Nicholas Nixon为自己的家人做了40多年的记录，每年他都会给自己的妻子和她的三个姐妹拍一张合照，直到现在。常常被大家视为枯燥无味的家庭合影，被他拍得优雅而又耐人寻味，成为《布朗姐妹》。这提醒我们，可以做不同的有意识的设计，形成自己独特的人文风景照。由以上四组家影像志来看，可以二人、三人、四人，可以父女、一家三口、四姐妹合照。总之，取决于想象与组合方式。开始是一个不经意的动作，后来有意识地坚持下来，就成为一件了不起的事了。同一个地方，一个姿态拍摄，这是影像素材生产中的刻意安排。最好的风景都是人文风景，有意识胜过无意识。这样的人为建构，有前后对比性，是非常有意义的事。进一步将此类图片编纂成册，则会产生另一层意义。由老照片入手，编辑当代公众历史，更为方便。有人会做，多数人不会这么做，中间缺乏的是影像文本意识，是否会连续坚持下来。

2. 家印记——影像家谱

家印记，意指留下精彩瞬间，珍藏美好回忆，以传承为目的，对一个家庭或一个家族的重要生活节点及精彩瞬间采用影像纪实的方式记录下来，以阶段性时间精裱成册或制作成影像图库。1994年，江苏南通人刘勇在启东圩角镇开了家名为"小勇"的照相馆；40年过去了，经两代人不懈奋斗，从这家小照相馆发展而来的"家·印记名流影像馆"，已成长为拥有50多家加盟店的品牌企业，还为五万多个家庭建起"影像家谱"，促进家风家训的传承。"创立全球华人影像家谱，初衷是记录和家人在一起的美好时光。"亲人的相继离去，曾给他带来无法弥补的遗憾。2012年，"影像家谱"的概念逐渐在他脑海中成形；2014年，他将照相馆升级为"家·印记名流影像馆"，同时成立全球华人影像档案馆。有意识地记录家庭精彩瞬间，照相便更具有仪式感。不变的是全家人参加这一"仪式"的庄重感，变化的是照片中的人——老人去世，新生命诞生，岁月给这个普通家庭烙上的印记，使照片具有一种源自真实的感染力。[①] 影像家谱的概念成形于2012年。这一年，刘勇的岳父病重不治。葬礼上，在安排遗体与亲人合影时，妻子红肿着双眼，

[①] 冯圆芳：《这家照相馆，为五万家庭建"影像家谱"》，《新华日报》2018年12月22日。

淡然拒绝："我只要父亲生时的照片。"那一刻，刘勇猛然醒悟，原来活着的时光才值得记录。而他，捧了近40年的相机，留下了数不清的影像，却没能留住太多与家人相伴的印记。因为遗憾，所以懂得。刘勇有了用影像书写家谱的念头。在"家·印记名流影像馆"，影像家谱分为六个篇章，缘定、执手、十月、初生、足迹与纳福。顾名思义，缘定指婚纱照，执手是婚礼纪实，十月代表孕照，初生与足迹记录孩子的成长，纳福即全家福。"爱天使"也是家·印记名流影像馆特设的岗位，负责引导客户，记录下影像背后的故事。影像的生命在于讲述，亲笔记下的文字，才能历久弥新，一翻开，便走进当时的心境。① 由普通照相馆转型为突出"家"主题的照相馆，这是一大创新。

3.《家族图谱》：用影像激活历史

《家族图谱》，北京女摄影师慕辰和她的画家丈夫邵逸农著，浙江摄影出版社2002年出版。本书是一幅现代艺术长卷，它由50户人家组成，全系作者家族成员。除影像作品外，另配有关于这些成员中每户人家的故事和历史沿革及历史资料图片。2002年1月27日至3月13日，邵逸农和慕辰的摄影作品《家族图谱》在北京四合苑画廊展出。作品展示了邵氏上下四代103人的宏大家族图卷，家庭成员被放置在虚设的70年代和90年代并置的空间里，用中国照相馆的方式完成拍摄，分为文字和图片两部分，共十卷，三十八米长、八十公分高，装裱在中国传统的画轴上。② 上身是统一的代表70年代的中山装，下身是90年代的自由装。展现在我们眼前的是三十岁以上中国人非常熟悉的家庭合影照连缀而成的画面，其中的男女老少并列而置一字排开，向左向右展延，观看时宛若披览一卷古代的书画长卷。而最左边和最右边的姓氏辈分生辰，告诉我们这是一幅全景式的家族图谱，这是我迄今见到的唯一用现代摄影机的记录手法完成的家谱。③

画家邵逸农的家族在过去的一百年里所经历的历史并非不同寻常：他的父亲和母亲分别来自浙江省的两个相距只有十公里的村庄。和他的同代人一样，邵逸农对追踪家谱——家族的源头也少有兴趣。然而，这一切在1999年发生了改变，那一年，邵逸农和慕辰的儿子出生了。为了给儿子起名字，家谱自然就成为参考书。邵逸农的母亲开始讲述他的祖父母和太祖父母的故事，他的祖父

---

① 刘吟菊：《家·印记影像家谱馆落成》，《启东日报》2018年8月24日。
② 佚名：《邵逸农和慕辰：家族图谱》，《现代艺术》2002年第2期。
③ 高岭：《中国资源，家族家量：关于邵氏〈家族图谱〉》，当代艺术2008年1月9日。

母生了九个孩子，邵母絮絮地叙说着九个孩子以及他们后代的命运，这些故事似乎包含了20世纪中国社会的各个片段。他们中有农民和城市平民，在职工人和下岗工人，有军人、艺术家、知识分子，他们中还有过去的地主、革命者和反革命，到今天加起来有100多个家庭。通过母亲的口述，邵逸农和慕辰慢慢地有了拍摄"家谱"的想法。作为观念艺术家，他们并不旨在以一张原原本本的、纪实风格的家庭照了事，而是有意识地采用传统的中国照相馆的拍摄方式。"摄影作品《家族图谱》是中国当代观念摄影的一个重要和独特的范例。"这件纪念碑式家庭影集迫使观众去追忆他或她在自己家族历史中的位置。"我们每个人都隶属于某一家庭，并最终被我们在其中所扮演的角色所定义。对邵逸农和慕辰的作品《家族图谱》的悉心研究将会不可避免地激发起观众对他自己家族历史的思考；这一点即是蕴藏在这部艺术品中的力量。"①

4.《最好的时光》：家人影集

中国的传统文化里家族观念是非常深厚的，比如每个家族都会修家谱，但是子孙后辈对于前辈的印象往往只停留于家谱中的姓名，对他们的相貌没有印象，而我们做的是把每个家庭成员的照片，按照辈分和人生中比较有意义的节点，以及每张照片背后的故事，编辑成册，让家庭中每个成员的故事及肖像载入家族史册，并将家族成长的正能量代代相传。它是独一无二的家庭记忆的相册。它记录一个家庭成长的美好瞬间，记录家庭内每个人背后的故事，是每个家庭的终身影像银行。通俗来讲，它相当于为每个家庭量身定做一本历史书，不仅可以使得家族影像永远留存，还可以作为孩子新婚、父母生日时的一份珍贵礼物赠予他们。②

5.《家国记忆：百年中国家庭老照片珍藏（1898—2014）》

毕春平主编，中共党史出版社，2015年出版。选择了39个家庭，对每个家庭用12—14幅照片，共500多张老照片，用口述历史、影像记录来编排展示中国百姓绵延百年跨度的生活变迁和照片背后发生的感人故事。是编者历经八年，从民间上千个家庭的近万张照片中打捞而来。刘丽娜称：以家庭老照片来记录和映衬国家的历史记忆，与其说"以小见大"，毋宁说"小即是大"。说它大，

---

① 马芝安：《家庭照定格百年历史》，《中国妇女报》2002年2月1日。
② 最好的时光俱乐部：《〈最好的时光〉用影像家谱记录家风故事》，山东文艺广播2018年4月28日。

是因为历史原本是点的集合，所谓国家也往往体现在每个个体之中。①

6.《家事沧桑——外公外婆家族的百年老照片（增订版）》

郑建邦著，团结出版社，2009年初版，原名《一个家庭的故事——外公外婆的老照片》。2019年增订版，改今名。作者郑建邦是民革中央副主席，他是国民党将军郑洞国孙子，郑洞国也曾为民革中央副主席，作者外公焦实斋也曾是民革中央监察委副主席，家境十分显赫。它收录了作者外公焦实斋先生、外婆金一清女士家庭自1915年至2015年整整100年的家庭生活照片，这本照片集也是近现代中国社会生活的一个缩影。根据《后记》，本书的编纂，源于其三姨2009年来北京时提供了较完整的其父母老照片，于是促使他进一步搜集相关照片，编纂成书。最初只有简单的照片文字标示，在编辑的强烈要求下，抽空补充了照片背后的解读文字。如此，形成了这本图文并茂的影像志。这种"看图说话"是理想的方式，值得后人学习。今日的城市中，多数人家有家族相册，此类资源均可开发。

7."暗房子"工作室团队

这是湖南长沙家族谱图工作室名。他们起初做了三个案例，分别是：（1）《像我这的人》，委托人是一个"80后"。最开始，她说她还没到做回忆录的年纪，但在整理的过程却让她有了很多感触。当我们把她的家人头像拼在一起，从年幼到年少，年轻到年老，她完整地看到了父母一生的变化。不只是光阴的流逝，家人之间一些过去没有被注意到的细节，也在整理的过程中被注视、被放大。（2）儿女为84岁的母亲准备的礼物，她妈妈是一位"灵魂里有香气的女人"。用了母亲的名字作书名《裕孜》。书中的照片是老人亲自挑选的，文字取自儿女在不同时段写下的文章、诗歌。（3）委托人是兄弟三人，内容以父母为主线。他们不全在长沙生活，为了做这本书，他们坐在一起回忆过往，那是在父母离开以后难得的一次聚会。他们一起商量，回忆共同的经历，反复碰一些细节。如果没有这本书，他们可能不会有这样聚会的机会，就算聚在一起，也不会聊得这么细致深入。② 这些活动本身就有意义，尤其是三兄弟聚会，共同回忆父母。有了家庭影像志，可以温故而知新，这正是整体化编纂的意义所在。给老

---

① 刘丽娜：《记忆的大小之观——读〈家国记忆〉后》，新华每日电讯2015年4月17日。
② 马金辉、叶小果：《记忆流失的速度太快了，老人的临终讲述更像是一种托付》，《杭州日报》2021年3月30日。

人做一本影像志，这是值得大力提倡的。

(二) 城市家族影像

1.《影像深圳家谱》

《影像深圳家谱》自 2014 年诞生之日起，由深圳市委宣传部指导，深圳报业集团深圳晚报影像团队执行，深圳市摄影家协会、深圳新闻摄影学会、深圳民俗摄影学会等摄影组织协办。以每年拍摄 100 个家庭为一季，用影像记录奋斗者的全家福。这是由深圳晚报集团主办的公益活动，参与拍摄完全免费。这是用新闻手法来做的现代城市家史。

立意：一座城市的人文根脉。在深圳，有的家庭是深圳本地人，有的家庭是民族大汇聚，有的家庭是天南海北的组合，有的家庭是中西合璧。他们因为共同的梦想走进深圳，这样的家谱，表面是一个个家庭的影像族谱，其实是深圳的人文根脉，《影像深圳家谱》就是在创造有温度有情怀的城市艺术史诗。"一个城市如同一个家，应该有它的历史，人们可以在家谱中找到自己、找到人性、找到苦难、找到爱。"2013 年 12 月 30 日，《影像深圳家谱》项目启动，《深圳晚报》计划用 10 年时间拍摄 1000 个家庭，每年用 100 个整版展示 100 个深圳家谱的精彩故事。一部牵动深圳民间各阶层血脉记忆的城市史记就此开启。

运营：艺术与人、与城市的高度互动。作为一个有温度有情怀的艺术项目，《影像深圳家谱》的独特之处在于，从创意、拍摄到展出，始终强调艺术与人、与城市的高度互动，凸显史诗艺术在核心城市空间里的情感体验。深圳晚报专门成立了共有 36 人的庞大"影像深圳家谱"项目组，项目组包括策划人员、平面摄影团队、视频摄影团队、文字采访团队、图片制作人员、视频后期剪辑团队、展览实施团队，并在深圳晚报开设"深圳世家""城市传奇""特区人家"三个栏目。

传播：基于互联网思维的多媒体传播。《影像深圳家谱》是基于互联网思维出发的多媒体传播项目，包括媒体刊发、微信微博推送、网络展览、平面展览、视频记录、城市公共空间展览等多维度展示。[①]

一张照片就是一个故事。深圳晚报在第三季的《影像深圳家谱》中，组织了近百人的团队进行深入扎实的采访报道，同时邀请多位知名摄影家以"致敬

---

① 刘苏：《国内摄影名家操刀〈影像深圳家谱〉》，《深圳晚报》2015 年 12 月 2 日。

根脉文化"为主题进行了一年的创作拍摄,这一张张照片记录着这些平凡家庭背后不平凡的故事。记录深圳家庭的精彩故事,为"影像深圳家谱"留下最精彩的图像,也是为了定格家庭变迁中的深圳记忆,重温这座城市走过的历史。①

2018年以后,与二更传媒公司合作,拍摄短视频。让家谱从平面到立体,《影像深圳家谱》在原来图文报道的基础上进行了新的探索,"更新迭代"增添原创视频内容。让文字叙事变成生动的故事影像,贴合时下碎片化的阅读习惯。"以人为本"是《影像深圳家谱》人文微纪录片不变的核心,要不断在深圳这个移民的城市里去寻找温度与情怀。将采用嘉宾自述的非虚构纪录片的形式呈现。将秉承"艺术性+新闻学""好看+深刻"的特点,挖掘鲜为人知的深圳家庭故事。力求寻找到更具有深圳烙印的家庭,用真实的故事引起更多深圳人的共鸣。打造《影像深圳家谱》系列人文微纪录片,用更为立体的形式还原深圳家庭根脉文化核心。②

《影像深圳家谱》每年推出一本大型画册,拍摄一部纪录片。③

2.《温州影像家谱》

2016年温州开展《温州影像家谱》活动。为更好地践行社会主义核心价值观,构建新时期温州人的"家文化",引导人们继承传统美德,形成"温情温州 家有家风"的良好风尚。3月4日上午,"2016温州影像家谱"展览活动在温州市工人文化宫举行。该活动以"致敬文明好家风"为主题,通过"照片+故事"的形式呈现温州最美家庭的"文明好家风"。本次展览由中共温州市委宣传部、市总工会、市文明办主办,温州网、温州市工人文化宫、ONEDAY纪实摄影承办。本次展览是"2016温州影像家谱"大型巡展活动的第一站,展出了50户家庭的文明影像,有记录最美家庭的温情故事,也有记录普通家庭生活的点滴、书香世家的文化故事和抗战老兵家庭的流金岁月。活动通过图文并茂的方式,向市民讲述温州人的好故事、好家风。巡展启动后,温州的一大批著名摄影家将从报名家庭中挑选出一百个典型家庭,从今年3月份至年底期间进行免费拍摄。被拍摄的家庭,将得到由温州市委宣传部免费赠送的家庭日记相册一本。④

---

① 深圳晚报:《"影像深圳家谱"演绎城市蝶变史诗》,《深圳晚报》2017年2月22日。
② 贾茹:《用视频印刻家庭印记!〈影像深圳家谱〉首季短视频项目启动》,《深圳晚报》2018年10月18日。
③ 罗明、陈玉:《〈影像深圳家谱〉第六季图片展正式开幕》,《深圳晚报》2020年12月29日。
④ 潘涌燚、王建平:《温州"影像家谱"展览启动,致敬"文明好家风"》,温州网2016年3月4日。

第九章　多形态的现代家族史

（三）影像志家谱

《我的家族——现代社会的家谱范本》，河南摄影师魏跃华耗时两年梳理魏氏家族从1882年至今136年的繁衍和变迁，通过搜集老照片和拍摄新照片的方式，为家族留下一份影像家谱。2017年春节过后，魏跃华开始查资料、搜集家里的老照片、扫描底片，同时将父母在单位的档案借出来，进行拍照留存。此后两年间，他和妻子赵金萍多次驱车前往各地走访亲戚，并组织聚餐，以此来搜集资料以及为家族成员拍摄照片。续修的家谱就从其太爷开始，整理出七代魏氏家族成员，涉及300余人，拍摄200余人。他将照片插入家谱中，以增加文字的对照性和记忆的可靠性，也让家谱变得更具观看性和立体感。家训、姓氏来源、由照片组成的世系表等内容，通过文字和影像结合呈现出普通百姓的家族变迁史，通俗易懂。传统家谱都是文字，比较枯燥，不少年轻人对家谱的认识更是少之又少。新修的家谱图文并茂，后代更感兴趣。同时，现代家谱更注重承载家族记忆。[1]

《陕西省韩城市西庄镇沟北村德俊堂家谱（影像志）》是一部影像志式家谱。作者说："我不太满足古代族谱的呆板固化模式，决定按自己的意图去编写。于是发动家族中人，能言者口述，会写者笔录；家藏老照片者，要不遗余力倾匣献出；摸清代际关系，上三辈下三辈悉数罗列，直系旁系一网打尽；制成世系图表，列分六大章节，收录68篇文稿，插用400多张图片，用纸330页，刊印250本。"[2] 这种影像化的家谱，正是现代社会值得提倡的。

乐建宁《乐氏（瀛洲）家谱》（影册），2020年，值得关注。此谱由三部分组成，谱系图、人物照片、文字材料。核心是九房的家庭关系表与照片。这是"一部非传统形式糅合了家谱与影集元素的图文集"。之所以编成这个模样，是响应不足引起的。他们开始也想传统的世系与行传之路，希望各人提供家族人物资料，结果响应不足，最后只好确定这样的风格，每房始祖写一个人物传，其他成员制成谱系图，直接标示生卒年，相当于将传统的世系图与行传合一了。然后每房加上人物小照及全家福照。这告诉我们，通过征集的方式，搜集相关家族人员简历，不是容易之事。不过，通过实践，探索出了一种适合城市现代

---

[1] 杨佩佩：《摄影师耗时两年制作影像家谱呼吁传承家谱文化》，中国新闻网2019年9月24日。
[2] 翼鹏：《自修家谱，你也可以——有感于成继跃先生修家谱》，静虚村笔记2020年5月10日。

· 435 ·

家庭编纂家谱的模式。虽然，目前的式样，编纂尚不理想，但也算是一种有益的探索。以房为单位，建构独立的谱系图，设置相应的照片，这种模式是可取的。方善机主编的《镇海柏墅方氏再修宗谱暨和兴房支谱》（2015），实际上由两部分组成，卷一是方氏家族简史，卷二是支谱。支谱以世系图、照片为主，近于影像谱。除总的世系图外，主要由七个儿子及一个女儿的"家族成员图谱"组成。2012年《浙江黄岩南门横街王氏一族王松甫家谱》，按支来写，分为家族成员表与家庭个人简历两部分，分别配上合照与个人照，值得肯定。

（四）全家大合照

中国民间流传的全家福，最能体现家族群体外貌的变化。

山西有一张氏兄弟俩，从农村来到煤矿当工人，后当至领导。他们喜欢拍全家福，最早的一张全家福始于1954年。1966年，有了第二张全家福。1978年以后，几乎年年拍全家福，"全家福"由黑白照片变成彩色照片。这是老父亲理念坚持的结果。他当过单位领导，有一定的号召力。父母简陋破旧的三个卧室挂满了十九幅放大了的全家福。这就是家族文化，所有全家福就是父亲坚守"家和万事兴"理念的一本影像家史，也是父亲传承给大家庭一代又一代的文化符号。[①] 全家福是一张小家族集体照。生活世界，人人分散，难得相聚。有机会相聚，就需要拍全家福，这可以定格家族聚会，出现同框效应。在这种大合照中，不同年龄段、不同性别、不同服饰、高低胖瘦，可以直观一见。从公众史学来说，全家福体现了中国的家族群体观，这是以长辈为中心的家族大合照。以前面张氏每张全家福中间，老父亲端坐在正中央，大家庭的30几个儿孙、重孙晚辈，上下左右或围坐或站立在他和母亲的周围，这就是父亲的自豪。这样的家族历史记录比家谱的文字描述更有直观。不同时代的全家福照片串联起来，可以看见家族集体人员数量与老小的嬗变，父母越来越老，孩子越来越大。2015年春节前夕，97岁的老父亲无疾而终，全家主心骨的离去，"使得这个大家庭瞬间没有了精神支柱，那年过年时谁也没有再提起照全家福的事"。由此可知，家族集体完全是靠大家长支撑起来的。全家福的拍摄，需有具备几个条件：家族观念、文本观念、核心家长。

1978年，北京人李波到北京新时代照相馆工作，于是较早有了自己的相机，

---

① 张存明：《父亲的"全家福"》，图说影院2016年6月19日。

一家人便开始自己拍摄全家福。开始是儿子提议拍全家福，后来是老爸坚持，成为习惯。40年的全家福，满是岁月记忆。[①]

有业余为村民拍全家福者。彭涛是绵阳市农业科学研究院派驻凉山州美姑县合姑洛乡沙洛村的帮扶干部。受大学生到大凉山支教为许多村民拍摄了第一张全家福报道的影响，2018年彝族年前夕，彭涛照例带着相机走村串户，为彝族村民拍摄全家福，连续三年，累计为村民拍摄照片3000多张，用影像记录和见证时代的变迁和村民脱贫奔康的幸福生活。[②] 帮扶干部主动为村民拍摄全家福，这是值得提倡的文化建设好事。城市人拍全家福稍多，乡村人尤其是少数民族乡村人更少。

也有收藏全家福者。薛勇是陕西收藏家，他20年中收藏了五千多张全家福，精选出《老照片：见证幸福》（2021）。薛勇说："全家福老照片能直观地反映出普通人的生存状态和生活轨迹，无意中记录了普通人的家族史，体现了中国人重视家庭、珍惜亲情的传统。"[③]

嵊州下王镇石舍村是个大古村，村里97%以上的人都姓任。2014年9月，石舍村开始正式启动任氏宗谱续修工作。经过普查，现存的任姓后代有第25代到第31代，七代人超过1000人。不过，这1000多人中，有三分之一的人，已经离开了嵊州，到了全国各地，甚至定居澳大利亚等国家。2017年1月31日（农历大年初四），嵊州市下王镇石舍村举行《石舍任氏家谱》与《石舍村志》完工仪式，任氏25代至31代，共计六代后裔1000余人，齐聚故乡石舍，回村祭祖。很可惜，当天上午的活动结束，已经是中午11点半，有一半人回家招待客人去了，原本定好去玄武岩拍全家福的人只去了500多人。"这是一个记录，也是一份很好的乡愁回忆。"[④] 缺乏拍照经验，应在活动中间大合照。不过，全族福照相，倒有创意。中国人过年都有照全家福的习惯，四世同堂已经是十分难得一见的景象。史上最壮观全家福，令人感到十分震撼。

在石家庄市正定县的塔元庄村史馆的墙上，挂着一张塔元庄村民的"全家

---

① 耿子叶：《1978—2018年，北京这家人用40张全家福见证岁月变迁》，千龙网2018年8月6日。
② 汪俐君：《用镜头记录时代变迁，绵阳帮扶干部坚持三年为彝族村民拍全家福》，直播绵阳2020年12月21日。
③ 乍永杰：《5000张全家福见证时代变迁》，《陕西日报》2021年3月5日。
④ 胡剑、张亮宗、马科丽：《嵊州石舍村拍了一张500多人全家福，七代人在一起聚了聚》，《都市快报》2017年2月6日。

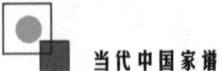

福"。塔元庄村党支部书记尹计平介绍道:"我们拍全家福,是想让大家展示自己的风采,加强全村百姓的凝聚力。2013年拍了一次,2016年拍了一次,现在,2019年又拍第三次。第一次拍的时候不到1000人,第二次拍的时候是1200人,今天大概是1600人。"① 这是一种村民全家福,近于村谱的图像记录。

过去人们多选择在春节期间拍摄全家福,这时家里人最全,拍摄全家福也成了一种过年习俗。端午节、中秋节、国庆节等节日或冬至、立秋等节气,也是人们喜欢拍摄全家福的时间点。特别是家中有喜事、添新人、久别团圆时,许多人家会合影留念。② 拍全家福十分不易,一是全部集合时间难定,二是化装费时,三是幼孩难搞定,四是长辈目光容易集中小孩。从全家福的传播来说,必须标注照片中的名字。对家族人员内部来看,大家都知道是谁,但对家族外部人员来说,必须标注文字说明。如果据全家福来讲述不同时期的家族嬗变,更有家史价值。全家福的意义,就是能在这变化莫测的世界里,人为地留住那些值得回忆的点点时光片刻。通过不同照片的讲述,尤其可以将长辈的爱传递给后代,这就是家史家风教育。但它的家族团结仪式感更强,传递的是一种家族集体观,更让老人喜欢。从各方面经验来看,会定期拍全家福的家族更齐心,内部更团结。西安地方史研究专家仵文杰评论:"每个家都有一张团圆的全家福老照片,老照片后面都有一个饱含人情味的故事。作为承载历史、铭刻记忆、连接家庭的全家福老照片,无疑是个人、家庭、社会的感情纽带,也是家风熏陶、社会教化的生动教材。"③

第二节 口述家史

今日仍以文献家谱为主,但要增加影像家谱。以前是没有办法,才用文字来表达。口述史,既通俗又高深,常人要完成由生活世界而文本世界的转型,才能理解。即使文本世界,也要完成由文献而录音、由录音而录像的转型才能理解。生活世界靠语言来交流,文本世界靠文本来交流,录音录像兼顾了生活世界的语言与文本世界的文本两性,是最好的文本。对家谱编纂者来说,口述

---

① 刘琦:《塔元庄村:1600余村民"全家福" 见证乡村振兴路》,保定文明网2019年9月19日。
② 仵永杰:《5000张全家福见证时代变迁》,《陕西日报》2021年3月5日。
③ 仵永杰:《5000张全家福见证时代变迁》,《陕西日报》2021年3月5日。

史既是我们搜集史料的基本手段,更是让普通人开口说话、留下光辉形象的最好途径。一个口述史者的标配是,一台微型 DV,一个三脚架。挣脱了宗法理念的束缚,成为普通家史以后,家谱形态与体裁的发展会更加多样化。

一 口述家史价值与意义

通过家人口头叙述呈现的影像家族史。时下,通过口述访谈和史料挖掘,以某一人物或历史事件为中心的非虚构家史写作,逐渐替代过往的家谱修撰,成为家史记录的主流形式。因其题材更小更加深入历史细节,而称为微家史。[①]

口述家史到底是怎么回事,何以有如此魅力——可以这样说,一些"时尚"的老人们希望以口述形式,将家族的传承繁衍、自己对人生的感悟及家规、家训、家风等,通过现代技术手段录制成家史留给后代,希望好的家风能传承下去给后辈未来的生活有所帮助。口述家史才是真正的传家宝。[②]

人人该拥有自己的过往纪念视频。说到家谱,许多人脑海里会浮现出这样一个画面:一本厚而旧的书,里面写满了密密麻麻的名字,记录着某个家族的历史……但金鸡亭社区的李勇颠覆了这个观念,他给传统的家谱注入了现代元素,用视频替人"写"家谱。视频容量大,保存方便,如果做得好,我相信有一天能取代传统家谱。[③] 视频家谱是多媒体家谱,是最为理想的家谱形态,它本身可以独立存在。即使有了文本家谱,仍可做视频家谱。只要讲得好,本身就成故事,成结构,不必另外建构。如此讲上几次,就可成一部口述家谱。

为什么要提倡口述家史?

这是让普通人参与家谱的最主要途径。纪录片的优势是直观,通过文字阅读来想象,容易想歪了。视频是多幅照片连续呈现的一个动态影像,并且将声音同时收录,它的表现力比照片更直接也更加简单。用文字、图片记录的方式只能记录静态的历史,当今和未来将是一个动态的视频时代。视频口述历史是亲口讲述,视频化录制,表达效果更加真实、鲜活、有感染力。特别是眼神,眼睛是心灵的窗户。这样的形态更贴近生活世界面貌,更容易得到生活世界的认可与接受。从实际的情况来看,比较适合公众家谱,而不适合大家谱。这是

[①] 王晓艳、张丁、李远江:《涵育家文化 赋能家力量》,聚焦 2022 年 6 月 2 日。
[②] 叶小果:《家史:从百姓心里流淌出的私人史》,家史计划 2022 年 1 月 19 日。
[③] 蒋全德、缪丽雯:《他用视频替人"写"家谱》,《海峡导报》2012 年 7 月 16 日。

未来家史编纂的努力方向。

　　这是知识生产意义上的最佳文化养老方式。说及文化养老，很多人的第一反应是给老人提供一些文化设施，让他们有机会玩。其实，这是文化消费意义的文化养老。我们关注的是更高级的文化生产意义上的文化养老活动，即通过口述史采访，留下过往历史。口述史的最大优势是，让当事人有机会表达自我感受。城市里有一个群体——失独、空巢、孤寡老人，需要来自社会各方面的人文关怀、心理关爱。很多老人有强烈的倾诉的意愿，老人们很想有经过专业训练的人帮助自己对跌宕起伏的人生做一个回顾。老龄化社会亟须历史系学生去对一些重大事件见证者做"三亲史料"及口述史抢救性地收集整理工作。

　　口述家史是一种独有记忆，有了家史才有传承。口述家史为每一个家庭立言立德，记录了一个家庭生活中的酸甜苦辣、精神传承等，它的价值不单单在于当下，更在于若干年后家族的幸福和和睦中。而老人们在讲述中，都希望把好的家风一代一代传承下去，为国家的发展进步和富强文明作贡献，这也是口述家史的重要价值所在。口述历史是家庭亲情再次凝聚和升华的过程，成为传承良好家风家规家训的一个重要载体。家庭的历史、老人过往生活的经历和对后代子孙的期望，都在一言一语中体现无遗。现在看来就让人感动，如果过20年、30年再看，他们的后人感触会更多。[①]

　　可弥补没有家史的缺陷。中国绝大多数家庭没有家史，以前帝王将相才有史（文字+画像），有家史的比例是几亿万分之一。人活三代就彻底消失，子孙连姓名都忘记，有家史的比例几乎是零。口述家史，为未来记录过去，讲好中国故事，传承优秀基因与智慧。现在小康家庭以上都可以有史：文字+图片+音视频。先辈创业，备尝艰辛，他们的人生宝贵经验教训，是血汗甚至是生命换来的。他们选择过是非对错，品尝过酸甜苦辣，体味过成功失败，也体验过幸福和谐。先辈们为了后世子孙不再重复失败的惨痛教训，把自己的人生经验和阅历，总结归纳成为家训和家规，长久坚持，逐渐养成家风。所以，家风是家族先辈创业经验人生阅历的总结，是智慧的结晶；家风是家庭幸福和谐的保障；家风是家族兴旺延续的正能量；家风是家庭教育肥沃的土壤。[②]

---

① 叶小果：《家史：从百姓心里流淌出的私人史》，家史计划2022年1月19日。
② 口述天下：《口述家史项目路演PPT》，天下史馆2016年9月14日。

临终遗言视频有较大的感染性。人会对有的东西不会在乎，只对失去的东西在乎。所以，要充分利用这种功能，录制遗言，增加影响力。家谱与个人史，要有这类功能。如果留下对儿孙的讲话，后人听了会十分感动。面向未来，这是一条基本原则。因为，家谱是给未来人看的。或者说，历史文本是给未来人看的。所以，很多人根据当下的自我判断来理解历史文本的意义，是经常找不到感觉的。因为活人在，似乎不需要文本这个替身来记录。但如果面向未来，直接告诉他，这是写给后人看的，给子孙后代看的，也许会理解一部分。当然，如果完成了，当下的自我也是可以看的。用视频来说，可以这么来回答，你上过视频吗？肯定说没有。修家谱，就是你给这样一次机会。前后串联，前人对后人说话，后人可以听到前人讲话。这样的超时空说话，是十分有感染力的。由于种种原因，爷爷故世时，孙辈尚幼小，无法理解爷爷。如果有了这种时空瓶功能，孙辈会记住爷爷。如此，在二代之余有了三代概念。

李远江说："在家庭教育中，父母总会教导孩子要换位思考，要有同理心，但现实往往不尽如人意。这是怎么回事呢？事实上，换位思考不仅是一种态度，还是一种能力。……父母不曾带领孩子感知他人的生命经验，却要求孩子去换位思考，岂不是缘木求鱼？因此，通过寻访家史，让孩子从历史细节中感知长辈的生命经验，有助于培养换位思考能力。"[1] 由此可见，只有口述史实践活动，才能对他人人生有切身体悟。

二　口述家史流程与模式

口述视频家史有几个要件：一是口述史，二是视频，三是家史。三者各有不同的规则制约，要取得平衡。制作口述家史时，会运用当代数字化技术，并遵守口述史学的专业，规范采集史料的方法，以家庭成员中健在的每一代人的口述为记录主体。用摄像的方法记录下旧址、旧居、文物、文献等，对口述内容加以佐证和补充，让口述家史更完整。所采集的内容既注重家庭成员个人的成长命运，更关注家庭的发展变迁、亲情关系和人生感悟。[2]

有人将口述家史视频方法归纳为五大步骤："确定拍摄内容，进行背景研究；

---

[1] 王晓艳、张丁、李远江：《涵育家文化　赋能家力量》，聚焦 2022 年 6 月 2 日。
[2] 叶小果：《家史：从百姓心里流淌出的私人史》，家史计划 2022 年 1 月 19 日。

撰写拍摄提纲，问题设定灵活；访谈时姿态谦虚，中心明确；明确影像，审美升华主题；保存相关资料，实现综合研究。"① 家史计划，分为预访、实拍、制作三大阶段。互相不了解，如果由着老人们放开讲，就成了流水账，不能称其为家史。为此，每次录制前，家史计划团队会制订详细可行的采访提纲，设置的问题有时多达上千条，主要讲哪些内容，哪些家庭历史要突出，都会事先和讲述人反复沟通确定，让老人们慢慢打开心扉，把家庭真实的历史讲述出来。录制口述家史时，场地一般都选择在讲述人的家中，环境熟悉，他们更能尽快适应镜头，也能放得开。家史计划团队包括摄像、采访人、作家、摄影师、后期剪辑影像，制作家史图册等，都有专业人员负责。录制往往不会一遍过，如果录制效果不佳，录制团队就要重新录制，直到客户满意。录制完成后，制作团队将按照口述家史要求，分门别类地为录制家庭制作家史口述实录、影像纪录片、口述实录电子书、家史画册、家谱图等，形成一套完备的口述家史资料。②

口述史家谱制作的流程与模式如下：

（1）最好有一本纸质家谱为蓝本，这种家谱脉络清晰，有益于让拍摄者整理出完整的资料。除图片外，信件、书籍等文字资料也可以成为入镜的参考。

（2）采访主题设计。查看了相关口述史问题集，发现多是社会学式的、学术问题式调查，不是公众历史类访谈。这样的访谈设计，问题过多过碎，不易记住，更不好操作。一个缺乏人生经验的新手拿此机械操作时，更容易成为审犯人模式，采访人简单地问，受访人简单地答，让受访人不舒服。笔者理解的口述史访谈，完全是按人生时间与事件顺序进行的。简单地说，采访主题是如何一步步走到今日的，可以是阶段式的回顾。中间可围绕家族背景、学习生活、工作历程、婚姻子女诸多主题展开。这样的回顾方式，完全顺着人生时间的自然嬗变，自成框架，受访人更容易把握。

（3）家谱的口述者：室内讲述，可以让家中的长辈出镜，口述自己家族的历史。由一个主角讲述故事，完全符合纪录片要求。视频家史，主要是个人讲述，可考虑个人讲述分段化，即根据家谱的体例，设计出几大方面的问题，然后让不同的人来回答。要有一个"能说会道"的主人公，口述的方式可以是坐

---

① 梁佳铭：《口述历史在家史类纪录片创作中的应用研究》，硕士学位论文，河南大学，2017年。
② 叶小果：《家史：从百姓心里流淌出的私人史》，家史计划2022年1月19日。

在镜头前侃侃而谈，也可以是同期声所创造的声音空间。创作者更倾向于请几位叙述者共同完成故事叙述，用他们的不同视角来完成片子的多视角转换。

（4）故地重游：很多家谱的发源地至今尚存，如果能够把这些旧宅、故地等资料加入，也容易引起观看者的共鸣。记忆须在熟悉的环境下才会再现，故地重游可以催生过往记忆。"她们还重回实地考察多次，每周都重新作访谈，多视角的补充使得这一部口述史的质量有了一定的保证。"[1]

（5）采访人素养相当要紧。采访人与受访人是一种互动关系，不同的受访人需要安排不同的采访人。因为，"口述史里，受访者并不是随时随地都能打开话匣子的，理由很简单，说不说，对谁说，说什么，说多少，怎么说，这都取决于受访者的意愿"[2]。

（6）采访是挖出心灵史。"普通人的生活史和心灵史不会自己浮出地表，需要我们去寻找和记录，来抵抗记忆的失与忘。"[3] 所以，"访谈中，一是需要把握捕捉线索和节点，回溯细节；二是强调受访者感受和变化，了解受访者经历各种事件后心理上的反应，对于社会环境的感受、想法的变化以及成因。可以更加细化个人成长和家庭生命周期的描写，抓住一个点去挖掘，去渲染开来"[4]。

（7）要准备一大堆素材或道具，增加画面感，否则纯讲述过于单调。普通话不标准者，要加上字幕。最后加上主题曲等元素，增强丰富视频的可看度。

如此，一份完整的视频家谱完成了。

目前最为成功的是西安的"口述家史"项目，网上可以搜集不少视频样本。2016年，西安水晶岛文化传媒公司推出"口述天下"，成为国内口述史行业的排头兵。2017年主持研发的"口述天下/我的家史馆"App上线，这款"口述历史"App，用"音、视、图、文、谱、祠"的新方法记录了每个人的天下，让人人都是"当代司马迁"，家家都有"万年家史馆"。"口述家史"项目包括以下五部分的内容：纪录片、书籍、画册、家谱图、全家福。《纪录片》是一部视频家史，它用影像的呈现方式区别于传统家谱。把先辈们的音容笑貌、家族变迁记录下来，让子孙万代都能"鲜活、零距离"地了解先辈，这是水晶岛影视口述历史团队一个伟

---

[1]　王晓艳、张丁、李远江：《涵育家文化　赋能家力量》，聚焦2022年6月2日。
[2]　王晓艳、张丁、李远江：《涵育家文化　赋能家力量》，聚焦2022年6月2日。
[3]　袁满芳：《让个人家史为你"补钙"》，《人民日报》2016年8月23日。
[4]　SHHPS：《从口述家史看社会变迁》，东四南2019年5月30日。

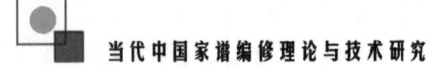

大的创新和创造，它改变了人们"记录和传承"的方式，将是未来"最好的中国故事"。《口述实录》以文字为载体，根据口述人的讲述内容，划分主题、制定编辑体例，穿插同时代与每一个家庭成员成长相关的历史背景，以最客观的史实映衬家庭成员在所处时代拼搏奋进的家史故事。《艺文录》编辑、排版家族成员自己认可、得意的作品、记录文集。《家谱卷轴》旨在彰扬受姓始祖，记录传承脉络，激励后人敬宗睦族。采集家族家规或家训家风，祭祖日期，家庭成员的生辰、姓名、祖籍、结婚日期、成就、胸像照（包括家族中逝世人员的去世时间）等，以传统卷轴的形式展现，寓意家族长久之意。《家史画册》以图片为载体，汇聚家族珍贵照片及传家宝或老物件，按照家庭人口数量变化，家庭成员成长经历，以图画形式展现家的创建、发展、成熟、繁衍、变化。《全家福》为客户录制口述家史纪念照。① 这是目前品种最全的口述家史。

这款软件的最大亮点就在于既科学化又人性化。它不但为后人搭建了记录、储存往事的平台，而且架设了追思、传播与传承的桥梁。它彻底改变了人类有史以来单靠笔记传承历史的传统方式，熔"互联网、家文化、口述历史与现代科技"于一炉，通过网络虚拟世界与现实世界相衔接、逻辑思维与形象思维相融合的方式，向人们全方位地提供从生活到工作、从个人到家庭等重要事宜的免费记录、存储和查询服务。这种"视频留史"的新产品，改变了人们记录历史的方法，真正满足了人们"流芳百世"的愿望。可以把每个家族各种碎片化的记忆全部系统性、智能化、互动式地永久收存于"我的家史馆"App中，形成珍贵的一家之史，成为永久的家史博物馆。

西安"口述天下"系列的"视频家史"，不少可在优酷网观看。公司设置了一个主持人，近于新闻播放。这样的方式，更适应公共传播。《看五十年前的全家福身陷往事》通过一张全家福照片，引出家族史，是一个不错的选择。《一份爷爷的档案》，通过爷爷档案的调查，讲述一个老兵故事。口述家史，可以一个长辈家长为核心，从而将全家情况牵出来，如《高汉三的家国往事》。他先讲述参与东方红卫星跟踪往事，中间加上大事年表，最后牵出家庭往事。这种编排方式，避免了完全按时间叙述的平淡性。《口述家史》纪录片13—14期《雷锁甲》，直接讲述口述天下董事长的家族往事。第14期，通过家风故事来阐述主

---

① 口述天下：《口述家史项目路演PPT》，天下史馆2016年9月14日。

题。从这些视频的制作来看，为了好看，加进了不少的图片与老的视频。

公开传播的纪录片与私下自用的纪录片，生产要求会不同。长春广播电视台《甲午话沧桑：李鸿章家族影像志》（吉林美术出版社，2014），是根据纪录片加工而成的。2008年开始，长春广播电视台历时六年，辗转多地，精心制作十集高清历史纪录片《李鸿章家族》。本书收纳了十集高清历史纪录片《李鸿章家族》的文字台本及22位家族后人访谈录，并汇集大量珍贵的图片资料，图文并茂，具有较高的欣赏和收藏价值。

《长沙路56号的回忆》。餐厅里的幕布上，一张张老照片在和缓的音乐声中慢慢播放，四代人的故事随着一个年轻的声音娓娓道来。这便是以整个家族变迁为主线制作而成的一部纪录片《长沙路56号的回忆》，是39岁的李立强和17岁的侄女李坤献给全家人的新春礼物。当看到这部纪录片时，全家人无不满怀感动。全家的"大家长"，已经83岁高龄的李月娟老太太更是眼含热泪，激动不已："咱家里60多年的故事，一点一点地就给讲出来了，现在想起来就像昨天发生的一样。这个东西咱们可得好好留着，这是讲咱们自己家的电影。"这一部纪录片从创意，到制作完成，历时整整一年的时间。作为这部纪录片的创意人和发起者，李立强先生回忆起这一年的制作过程，感慨良多："我们是一个大家族，全都聚在一起要有几十个小家庭、200多口人。随着时代的变迁，每个家庭都积攒了很多珍贵的照片，每张照片都是一个故事。全家人的故事加起来，就是一部内容丰富的纪录片。"用镜头将老故事留住。"从收集照片，到最后制作完成，整整用了一年的时间，很多老照片都是我用电脑修补过的。"这些老照片在最新科技的演绎下，重新焕发了光彩。观看纪录片时，你会被其中充满感情又不失诙谐的旁白吸引，而这些旁白，全部都是由李立强的侄女，还在上中学的李坤创作并录音完成的。李坤说："这算是我们年轻人送给长辈的礼物，用我们年轻人的角度，借着最新的科技，讲述最老的故事。"[1] 由此证明，家族影像史制作也可由家族人员来承担。

杨平道执导的纪录片《家谱》，讲述的是世代生活在广东西部相隔不远的小村庄的父母的两个家族，祖父辈依靠土地养活了10个子女，两家曾频繁探访，尤其是在过年时。改革开放后，当初群居在一座大祖屋下的家庭向四面八方扩

---

[1] 王渐、王月焜：《200多口人的长沙路56号：纪录片呈现家族变迁史》，每日新报2012年2月7日。

散。作者想用影像为自己的家庭制作一份更直观的家谱，使子孙们将来能看到老祖宗的音容笑貌，最后的影像长达 5 个小时。① 按照作者的说法，这是水到渠成的事，不必问为什么要做。

笔者曾在 2018 年、2019 年、2022 年做过三个口述微家史案例。每次让一个老人主讲，笔者一边听一边录制；可以只用手机录，也可用录像机来录。两个小时左右时间，就可完成上下几代家族人员的简要讲述。如果不加文字转录，这种模式操作起来十分方便。如果是普通话讲述，可以直接让机器转录，让当事人稍加校对即可，也十分方便。如果要质量高一些，也可找速记转录，稍付几百元小费就可制成一份近两万字的家族史档案，这是人人值得来做的，这种采访模式值得推广。

除了常见的回溯式纪录片，也有跟拍式家族纪录片，属即时记录。2016 年，新版家族纪录片《香火》入围了足荣村方言电影节优秀作品。这是一部跨度六年之久的跟拍家族纪录片，更是身为孙子的林志权导演对已故奶奶的纪念。考虑到家族故事的长度与宽度，涉及人物之多，可能要用连续剧来理解家族史拍摄。如《口述家史》，李忠莲听妈妈讲故事，在西瓜视频上连续播放，就是一种尝试。

三 口述家史的执行主体

谁在做口述家史？由上面案例可知，它可以是公司，也可以是家族自身人员。

可成为中学生的实践项目。家史传播在各个家庭的情况是不同的命运。有的家长喜欢说，会不断地重复叙述某些片段的个人史。某些不太喜欢说或没机会说的家庭，往往尘封往事。多数子孙完全当做家族故事消费，听过算数。只有个别有心人，才会来记录。有了口述史采访，个别人才会来进行有意识的采访，从而会唤醒过往的家史。2015 年，北京的舒大军老师让读高中的儿子舒笑阳采访爷爷舒起发，形成了一篇口述史稿《爷爷的口述家史》。2017 年，爷爷在阅读这篇口述家史以后，可能感觉难以接受，更喜欢正规的笔书，于是又写了《不忘家史，牢记苦难；不忘初心，牢记使命：我的家史》稿，由孙子录入

---

① 杨平道：《〈家谱〉关注城市外乡人 宁做乞丐不回老家》，《南方人物周刊》2009 年 9 月 30 日。

电脑。① 口述访谈的意义在于，提供了一个机会，让晚辈听前辈讲述过往。经过这种系统的讲述，会唤醒当事人的自我历史意识，肯定自己的业绩，甚至会进一步有文字来书写自我。没有孙子的采访，不会唤醒爷爷的往事记忆。因为有了孙子的整理稿，进而写出了更为系统的家史稿。这是比较有意思的，一为口述，一为笔写，正好可补，从而了解两种体裁的异同。2021年10月，上海高中生商楚苘采访外婆吴根妹后整理的口述家史《外婆和她的房子》由东方出版中心出版。口述家史为17岁的高中生提供了著书立说的机会，让一个十分普通的农村来的69岁外婆也跟着出名。"当我们说传承的时候，不光是传承物件，更重要的是传承一种共同的家庭回忆，共同的时代和社会的精神。"②

可以是公益组织的记录活动。2012年，沪上"绿梧桐"的公益组织，开展了一项名为"口述家史——记录城市变迁中的民间记忆"公益行动，在全市选出50名老人，为他们收集整理家史、家谱及家训。沪上媒体这几年已开始在做文化名人和历史人物的口述历史活动，但千千万万个市民家庭的发展变化历史，各有各的不同和文化差异。历史总是在老百姓家庭生活细枝末节的变化中，得以印证、延伸、发展、变迁。现在由社会公益性组织为普通家庭收集、整理家史，通过文字和音频视频的方式，详细而具体记录一个个市民的人生轨迹，还收集了口述者亲笔写下的家训、亲笔签名，附上口述者人生各阶段的照片、家庭合影等，这些都能准确而全面地反映出申城市民的家庭变化、人生经历和发展轨迹，如实反映市民和家庭在城市变迁、社会转型中的曲折变化，最大限度地保留城市变迁中的民间记忆。上海这是做了一件传承历史、保护文化的创新探索的实事。③

口述家史也成为高校"四史"实践教育的基本路径。④ 不少高校的思政课设置了口述家史实践项目，但多数没有公开出版，只有少数结集出版了如储冬爱主编的《我从哪里来：我的家族口述史》，2019年由华南理工大学出版社出版。它以父系或母系（或同时展开）家族为口述调查对象，寻找一段不少于三代人

---

① 起发口述、笑阳记录：《老父亲的口述家史》，读秒舒大军2021年12月6日。
② 何婕：《〈外婆和她的房子〉：家族的记忆 时代的注脚》，看看新闻2022年2月12日。
③ 王洪：《"口述家史"留住城市记忆》，《新闻晚报》2012年9月27日。
④ 王正宇、王毅：《"口述家史"在高校思想政治理论课实践教学中的应用探讨》，《重庆电力高等专科学校学报》2017年第1期。

之间的共同记忆，展开探索真相的寻根之旅。全书以小人物的视角观照过去、现在与未来，以个人家族命运的变迁折射时代前进的背影，重新构建作为大历史重要组成部分的民间历史。以不同地域、不同家族、三代人之间的共同记忆口述为文稿，启发读者对生命意识、生命教育、家族史的认知与传承，对传统文化的了解与认同。江南大学马克思主义学院汪春劼教授根据学生的口述家史稿，主编了《父辈的岁月：零零后口述家史》，山西人民出版社，2021年12月版。36位作者，分布于9个学院。它是在课堂作业基础上形成的稿子。宁波大学马克思主义学院也在思政课推动口述家史项目。

有网络征文汇集，如2016年，凯迪网络推出《百姓家史·抗战记忆》，由贵州教育出版社出版，全书收集31篇抗战家史征文，共26余万字，296页。内容既有亲历者的抗战回忆，也有讲述父辈的抗战时期经历，还有当时一些不为人知的战役追述。

可以是大学与政府的合作项目。如由瑞安市文明办和温州大学口述历史研究所联合编纂的《瑞安市家风家训口述历史（第一辑）》，2018年由中国社会科学出版社出版，这是全国首部家风家训口述历史书籍。该书紧扣"家风家训家史"这一主题，以讲故事形式全方位生动反映个体、家庭或家族的生活变迁和价值取向。受访对象有十个家庭："博士之家"蔡笑晚家庭，中医世家郑逢民之家，"阮派鼓词"创始人阮世池之家，爱国爱乡的华侨潘世锦之家、朱庆局之家，热心慈善事业的郑超豪之家，以及瑞安知名人士俞雄之家、黄良桐之家，企业家林学凑之家、吴永安之家等。①

口述家史尤其适应少数民族家庭史研究。如吴亚芝《鄂伦春族口述家族史》，民族出版社，2016年。全书70万字，可分为两个部分，一部分是45位老人讲述的家族历史，另一部分是作者加入的点评和研究。他们的讲述有的是从长辈那里听来的，有的是自己亲身经历的，一般都是从爷爷或者是父亲那一辈儿讲起，一直讲到子女的现状，时间跨度比较大，因此这些故事当中还蕴含了鄂伦春族社会变迁的过程。

以上所列举的，仅是其中部分项目。

---

① 潘虹：《〈瑞安市家风家训口述历史〉出版　系全国首部该类型历史书籍》，《温州日报》2018年9月8日。

第九章　多形态的现代家族史

第三节　家族史写作

以前的家谱多是姓氏源流、堂号、家训和世系次第、名、字、生、卒、子嗣记载。资料十分有限，看过之后不能给人留下深刻印象。这正是家谱改革的方向所在。要实现这样的理想，必须向家族史方向演进。因此要探索一种专题式的现代家族史的写作模式。什么是家族史？为什么要做家族史？家族史写作如何进行？家族史模式有哪些？

一　家族史的价值意义

每个人都有家，每个家都有家史。家史就是一个家族的历史，是记载家庭或家族历史变迁与发展现状的文章或图书。说及家史，受传统精英史观影响，以为只有名门望族才有家史。其实，在公众史学观下，家家有资格做史，大到名门望族，小到市井平民，均可书写。家史写作不同于家谱编修。家谱是以家族为对象，更多地强调谱系，家史突出的是人；家谱突出的是群体，家史关注的是故事；家谱关注的信息是家族传承的序列，家谱不重视故事。[1] 家史是基于具体的历史人物或事件展开的，它是具体的。对于逝者最好的纪念，是整理遗物，试着写出一份逝者的传记。

有了家族史也可以改造传统的家谱。因为家谱是档案，或者说是档案与历史相兼的作品。首先主要是历史，其次才是档案。家族史，要优于家谱。家谱是传统的，家族史是现代的。家谱是宗法的，适合大家族，家族史适合小家族。家族史可以是文学化的，也可以是家谱改良版的，如笔者的公众家谱。家族史更现代，是文学化写作，也可以是历史化写作。公众家谱也可以往家族史方向发展，譬如大传部分可以再丰富些。家族史部分，也可以丰富些。改良版公众家谱，更像历史类作品，而家族史则有文学色彩，或者是叙述史。公众家谱则是结构性的综合性体裁，可能呆板些，但类目更为丰富，大传是可以往家族史方向靠的。家族史与公众家谱，可以互为补助。

家史为谁而写？普通人很少被关注，很少被记录。普通人的生老病死、爱

---

[1] 李远江、益心行：《家史是我们量身定做的镜子》，大兴区家庭传统文化推广协会 2020 年 7 月 11 日。

恨情仇，在整个历史书写当中都是特别缺乏的。人是有遗忘的本性的，你会发现几百年前的东西我们会忘记，几十年前的东西我们可能还记得一点点，再近一点可能十年前的东西我们还会记的多一点，昨天的东西我们会记得更加清楚，当下正在发生的东西，每一个细节我们都能清晰地洞察。反推过去，你记得你的经历但你未必知道你父亲的经历，未必知道你爷爷的经历，到太爷爷这一辈就只知道一个名字了，到太爷爷的父辈可能连名字都不知道了。其实写家史并不只是为别人而写，更多的是为自己而写。为了让你自己能够了解自己家族，也能让你的孩子了解你的父、祖、曾祖辈。或许他们通过读你的故事能够看到很多价值，能够避免走很多弯路，能够跨越时空产生更亲近的对话。从国家大历史来说，无数微观历史的汇聚，才能构成一个更加宏大的真实，弥补大历史当中没有普通个人史的缺陷。①

　　家史有哪些价值？近十年不遗余力推广家史项目的李远江将之归纳为九条：①会讲家史故事的孩子会拥有良好的心理品质。几代人所经历的重大事件，都会成为我们解决自己人生困惑的宝贵资源。②自我认识的工具。作为普通人来说，对我们最直接的影响是来自家族的影响。我们身上的优缺点都来自我们的祖辈，我们再看他们的时候，我们就像在照镜子，就像在看自己的过去，可以让我们重新认识自己。所以，家史是我们量身定做的镜子。③家风传承，通过家史故事的挖掘而提炼出自己的家风。④代际关系改善。书写家史，特别是晚辈通过口述访谈等方式记录长辈的故事，在家族内部形成深层次的跨代沟通，将在很大程度上弥合代沟，促进代际关系的改善与家庭和谐。⑤叙事疗愈。对受访人而言，曾经的痛苦因亲人的倾听、理解和包容而获得抚慰，而故事的对象化，使其获得"旁观者"视角，有助于摆脱纠缠不清的心理困境。⑥重估自我生命价值。很多老人觉得自己一事无成，但是在孩子的要求下讲着讲着，把自己都感动了。通过家史活动，当晚辈特别是未成年的孙辈、重孙辈访谈并记录他们的故事时，他们得以重新审视和评估自己的生命价值，在讲述中重新认识自己。⑦人际交往。在社会交往中，家史往往成为我们了解彼此的媒介。⑧晚辈给家族长者的终极关怀。家史记录让老人的生命故事凝结为文字或映象，便于保存和传播。即使他们的生命终结，这些故事依然可以流传后世。家史故

---

① 李艺泓：《如何用15天写出一部好家史？》，万村写作计划2020年4月25日。

事让老人活在晚辈心中，免于"终极死亡"，其意义丝毫不亚于宗教赋予的终极关怀。⑨家史保存珍贵的底层记忆。这会成为一笔丰厚的遗产，会为未来研究我们这个时代非常有价值。①

百年家史的意义，也有人归纳为六条：一是父母一生历程的回顾。将父母一生的经历记录在家谱中，以表达我辈对父母人生的尊重和敬畏。二是子女奉献给父母的晚年礼物。将一本记录了家庭历史和文化的家谱作为晚年礼物送给自己的父母，以作为他们晚年的记忆和怀念。父母老了，他们需要的不仅仅是物质方面的满足，更重要的是精神需求。三是记录自己的家庭建立、发展、兴衰的演变历史。通过接续老谱或进行考证，追根溯源，将自己家庭建立、发展、兴衰的真实演变历史记录下来，以便能够回答"我们是谁，我们从哪里来"的问题。这是一件非常有意思的事情。四是对家族、家庭的演变、起伏进行汇总和点评。一个家族、家庭的建立、发展、兴衰、荣辱一定是与当时的社会制度、思想制度相适应的。通过对这些历史情况进行汇总和点评，我们就会懂得哪些是应该摈弃，哪些应该继承，以史为鉴。五是记录先辈、自己的人生得失、感悟和心路历程，为后世子孙留下宝贵的人生发展参考。通过记录先辈、父辈、自己的人生得失，形成一笔宝贵的人生指南财富，以作为后世子孙的人生发展参考，不至于让他们再轮回去走我们曾经走过的弯路，这样也算对我们的人生失意的某种补救或安慰。另外，子孙们对父辈们的人生感悟和心路历程的体会和了解，也可以达到穿越时空的心灵交流。这种感觉很美、很惬意，而且可以达到净化心灵的作用。六是家族的传家之宝，流传后世，形成自己独特、尊贵、悠久的家庭文化。通过对家族历史、人生观、价值观等的梳理、传承、精简、洗练、抑恶扬善、取其精华，去其糟粕，形成自己悠久、独特、尊贵的家庭传家之宝，世代延续下去，流芳百世。②

家史的编纂可让普通家庭了解家庭发展的百年轨迹。"每个家族故事都是一部历史，在家族故事中，我们可以从任何一个微观角度去观察家族的传统、家风、衰荣。"③生活世界是难以看透的，必须通过精神的反思，才能透视生活世界。人类发明了文本世界，可实现透视生活世界的目标。世俗之人之所以看不

---

① 李远江、益心行：《家史是我们量身定做的镜子》，大兴区家庭传统文化推广协会 2020 年 7 月 11 日。
② 佚名：《续修家谱的意义》，金鼎古籍 2020 年 9 月 11 日。
③ 拾小录：《家族记忆和文化是打开人生的密码?》，拾光录 2022 年 1 月 19 日。

透，是因为不知道尚有一个文本世界。萧功秦教授说："人是适应历史环境过程中的产物，本质主义者把所有具体的个人，定性为是具有阶级本性的，历史主义是把所有的人放在其所处的历史具体环境中，去理解其行动与思想选择的。作为历史学者，我更倾向于历史主义，而不是本质主义。也许，多一点历史感，多一点环境对人的塑造与约束的观念，多一点思想对人行动的支配的角度，少一点脸谱化，少一些教条与政治标签，我们看出来的历史，就会比我们头脑中灌输的历史观念要丰富得多。当历史摆脱了刻板教条而变得更有趣味时，它所提供的智慧将更加丰富。我们从中获得的教益也会更多。而所有这些教益，都会转化为我们争取更美好生活的经验资源。"[1] 此话的核心是强调历史主义，重视历史经验总结。

二 家族史编修流程及模式

家史的编修要经历一个由无到有、由差而好的过程，不要在等待中让机会流逝了。家族史的书写应该是每个家庭可以很快着手进行的工作，不用特别的准备，重要的是从现在开始。[2] 将自己能了解到的，包括从父母和亲友了解到的自己家族成员发生的所有重大事件一一记录在案，就可成为家史初稿了。

建议从家族谱系入手，调查自己的全部家族成员并绘制自己的家族树。在家族树的基础上，调查每一个家族成员的基本信息，制作年谱。根据年谱，选择某个家族成员或某几代家族成员的历史作为重点研究对象。[3] 涂金灿设计的《百年家史》的编写流程：①列顺序，搭架子：五代谱系表；家族迁徙、分布、现状；重点人物小传。②找资料，编年史：时代背景大事记；家族编年史；家庭、家族大事记。③找图片，配文字：社会历史图片；家族历史图片；重点人物、事件图片等。④整理章节，编排目录；完善内容，完成初稿。⑤专业编排，制作样书；定稿印刷，家族分享。[4] 家史如何操作？涂金灿说，如果觉得接续家谱比较困难，可以先编家史，只需要简单的家族谱系，厘清个人、家庭、家族关系，然后讲解每个小家庭历史与重要的个人小传就行。查书信找日记、访亲

---

[1] 萧功秦：《家史中的百年史》，《领导者》杂志总第53期（2013年8月）；又见氏著《家史中的百年史》，华夏出版社2014年版。
[2] 吴和鸣：《有关家族史书写的杂感》，海之梦心理咨询2019年6月15日。
[3] 科科冰冰：《家史怎么写》，科科冰冰2021年12月27日。
[4] 涂金灿：《百年家史》，家谱传记2019年8月27日。

友听回忆,都是编家史、写传记的常用办法。在此基础上,还要写前言后记、插入家族老照片、编排目录次序,将以上这些材料统编,就是一部简明家族史。[1] 涂金灿设计的《百年家史》,主要内容:①故乡风景,老家故事:名称位置、历史变迁、山水名胜、民风习俗、故事传说等;②家族谱系,沿革历史:先辈传说、家族谱系(附百年五代谱系表)、迁徙分布、房系现状;③家族人物:曾祖父母、爷爷奶奶、父亲母亲、兄弟姐妹、亲友故旧等;④家族文化:祠堂建筑、坟茔碑记、家谱家训、照片画册、图书资料等;⑤家族百年大事记,以时间(年)为经,以人物、事件为纬,编制百年大事记。

"万村家史写作计划"提出,可以用几种方式开始:①从日常的聊天开始,去和他们抓取各种碎片,各种故事的碎片,生活的碎片,过往的历史的碎片,他们的生老病死,他们的生育,他们的婚姻等,从日常的聊天开始。②从最年老的长辈开始,如爷爷奶奶和外公外婆,从他们的经历,再到父辈的经历,再到你平辈的经历,从这样的思路开始。③从童年的记忆开始,假如你已经是老人了,或者中老年了,你可以从自己印象中的父亲、母亲、爷爷、奶奶开始童年的记忆开始,一点一点再写到现在。这里面更多像一个个人史。④从某一些核心事件开始,如果觉得很琐碎,各种日常很琐碎,那就可以从核心事件,比如说出生、上学、恋爱、结婚、生孩子、买房、买车,再到抱孙子,抱孙女这样的故事可以开始。⑤从大历史到个人,让个人史和大历史相互映照,可以从中华人民共和国前甚至从中华民国到抗战,到内战再到中华人民共和国,再到大集体时代,再到"文化大革命",再到改革开放,再到八九十年前,再到今天,从这样的大历史开始,一边写自己的故事,一边和大历史的背景相勾连起来。⑥从很少很少的字数开始写起,从一开始每天可能一两百字,甚至三四百字记录一个片段,记录一件很小的事情,再到每天写一两千字,到一两万字,把这些写作串联起来,不断地丰富不断地圆满,不断的架构,最后也可以汇成你的家史。

如何持续书写和框架搭建,第一,可从20世纪四五十年代再到八九十年代,再到21世纪初,最后到现在,这是一种时间的维度。第二,是可按一个人物的辈代维度来写,第一章是写你的爷爷,第二章是写你的父辈,第三章写你的叔伯,第四章写你的哥哥姐姐,最后是写你自己。第三,是大事件维度。关于国

---

[1] 叶晓彦:《八旬老人修著45万字家谱》,《北京晚报》2016年6月27日。

家大历史及关联的个人大事件二者结合,如抗战、内战、中华人民共和国初期、人民公社、"文化大革命"、改革开放等,通过这样的维度建构,先从国家大历史作为切口,然后落到个人的命运当中。最后一个是个人成长维度。这可以以个人的成长,也可以以一群人的成长。每一种都写,最后汇聚成整个家族的不同成员的成长史,最后再形成一部家史。在这些维度当中会有很多是交叉的,但是不管怎么交叉,一定会有几条主线,可能是国家大历史的主线,也可能是年代作为主线,也可能是人物关系作为主线,有些主线是贯穿整个写作的过程,还有些可能是人物的关系,或者某个人心理的历程,就像一些血脉一样,一些小血管一样,也无处不在。我们要通过不同人的故事,不同家族的构建进行建构。①譬如余江华2001年写成的《我的家史》,分我的祖辈、我的父辈、我们这一辈、我的一生四部分,此类简易格式最可操作。

作为一部图书,家史写作要提炼出新鲜的、具有现实意义的主题。家史不仅仅是昔日事件的罗列,而是要通过对家庭变迁历史的叙述告诉读者一个鲜明的思想。要形成一个连续的有机的整体,使人看出家庭发展、变迁的面貌。曹可凡认为:"第一是准确。要有翔实的史料,不能靠想象,不能无理由推断。《蠢园惊梦》所有的材料都有出处。第二,口述史很重要。口述史相对史料来说更灵活,要对二者进行比对。口述的东西有时候不完全可信,但非常鲜活。第三就是微观跟宏观的关系。要把握好家与国、个人与时代的关系。"②

三 家族史的项目类型

(一) 全国中学生历史写作大赛也提倡写家族史

2007年,李远江成为《看历史》记者。经过几年的积淀和谋划,终于在2011年1月1日推出首届全国中学生历史写作大赛。全国中学生历史写作大赛是唯一的全国性中学历史教育公益赛事,旨在激发学生主动关注并追寻自我生命源头。在历史研究及写作实践中逐步掌握历史研究和记录方法,培养推己及人的思维习惯,增进代际沟通与融合,塑造独立自主且富有社会责任感的现代公民。

① 李艺泓:《如何用15天写出一部好家史?》,万村写作计划2020年4月25日。
② 郭倩:《〈蠢园惊梦〉:一个园子背后的百年家族史》,《中华读书报》2015年5月20日。

2013年的主题是：《追寻自我生命的源头，你我同行》。大赛作品编辑设计如下：一、写作主题。1. 2013年度主题：中学组：大历史的失踪者；小学组：金色童年——跨越时空的对话。2. 写作要求：高中：从各自的家庭、社区、学校入手，通过实际采访和资料研究，了解先辈的经历，从具体的历史故事中探究个体与社会，局部与整体的互动关系。写作时须清楚地记录大历史对个人的影响，并展现个人的选择和努力对大历史产生的反作用。初中：从各自的家庭、社区、学校入手，通过实际采访和资料研究，了解先辈的经历，探索自己生命的源头，能够严谨、有趣地讲述一个完整的历史故事，对故事涉及的重大历史背景，能够准确表达。小学：听长辈讲自己的童年故事（衣、食、住、行、学习、娱乐均可），并把一个故事完整、有趣地讲述出来。二、作品格式，1. 所有学生参赛作品，均要求一组两篇，分为A（主文）、B（辅文）两文。A文：①真实地记录和写作通过探究过程中发现的"历史"。②作品为非虚构写作，不得有主观虚构或想象。B文：探究活动总结。忠实地记录探究活动的过程，总结本次探究活动的经验与心得。2. A、B两文应同时投稿。由于绝大多数学生既不懂得历史研究的方法，也不懂得非虚构写作。大赛开始后不久，李远江对历史教师和学生进行了基本的历史研究和写作方法培训，最终使比赛回归了本位，产生了一大批优秀作品，编辑出版了《课本上不说的历史：中学生的家国记忆》（2012）、《课本上不说的历史2：最熟悉的陌生人》（2012）、《熟悉的陌生人》1—2卷（2013）、《我们的家史——中学生笔下的那些年》（2015）。不过，近几年由于基金会没有进一步赞助等原因，全国中学生历史写作大赛也停止了。

（二）阿那亚家史计划

这是社区家史计划的一个实践项目。李远江负责，始于2015年以后，它通过秦皇岛一个新的海边社区做家史计划实践，记录来路，明晓归处，逐渐建立起价值、情感的共同体。这是中国第一个社区家史项目。建立"阿那亚业主家史微信群"，然后分别开展此项目。要求参与住户对亲人进行口述访谈，了解他们过去的经历。需要留心收集家中的老照片、老物件，并且了解它们背后的故事。这是家史文化交流平台，每年举办一届。家史节包括家史展览、家史观影、家史演讲、家史游戏、家史论坛等丰富多彩的形式，为业主打造温馨和谐的分享、交流舞台。几年以来，近500个家庭以不同的形式参与着家史活动，家史文化节、家史工作坊、家史征文赛、家史博物馆、家史基金会、家史志愿者、家

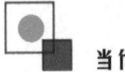

史游学、家史集刊等。邻居写就的家族故事超过50万字，凝结为厚厚四大本《阿那亚家史》和一本《迁居记忆》，数百段乡音、数千幅影像。记住是一种力量，将个体逆着时间往回拉，人类称之为回家。用鲜活记忆建构家族历史。用周斌话说，要细化细节描述、强化判断意识、在宏观历史中把握一个人的命运，能使家史更有温度，更能打动人心。

（三）首都高校大学生家史大赛

2014年10月，北京师范大学历史学院团委书记胡小溪与学院的"春秋人文报"的学生们策划组织了第一届首都高校大学生家史征文大赛。至2021年第八届时，更名为"全国高校大学生家史征文大赛"。根据比赛计划：

文字参赛作品格式要求。

作品：①根据访谈记录和其他资料，真实地记录家史。②作品应避免虚构或想象，诗歌作品恕不参评。③字数不限，20000字以内为宜（含标点）。④为保证作品质量，请做规范的脚注。⑤请认真填写附表。⑥若有录音、视频、照片等大文件，需先上传至百度网盘，再将网盘地址、访问密码填入表中。

图像参赛作品格式要求。

摄影：①老物件、祠堂、祖宅摄影，老照片翻拍，单幅、组照均可，彩色、黑白不限，组照每组限3—6张。②拍摄真实，除对影调、色彩进行适度调整及构图剪裁外，作者应保证作品为原图并拥有独立、完整著作权。③图片应为数码格式的TIF或JPEG文件，胶片作品需转换为电子格式。④长边不小于1600像素，单幅作品原则上不大于10M。

绘画：①画种不限，包含国画、水彩画、水粉画、版画、速写等。②国画作品不大于136cm×68cm，其他绘画作品规格最大不超过54cm×38cm（4开）。

短视频：①对家中长辈进行采访，拍摄采访视频，与其老照片剪辑成一个短视频。②时长不限，1—5分钟为佳，上传视频格式须为高清MP4。③支持横、竖屏多种格式，视频画面干净，无明显噪声，不带角标、台标、水印等，添加水印可能会影响评选结果。文字说明：请为图像作品附一则Word文字说明，命名为"第八届图像+姓名+文字说明"，500字以内为宜。

（四）万村写作计划

提供了八个选题方向：第一个主题，爷爷奶奶和外公外婆的故事。在这里面包括童年、求学、爱情、婚姻、生育、事业，还有父辈的故事，这里面也从

第九章　多形态的现代家族史

童年、求学再到事业，甚至再到他们内心的迷茫或者内在的成长，或者他们的思想各种层面。第二个主题，关于迁徙的轨迹。有的人因为他的爷爷是抗战老兵，他的父亲就是解放军，谈到他爷爷如何一步一步迁到不同的地方去打仗，再到他的父亲去支援国家建设，再到他自己如何跟着父母一路走，然后自己长大了之后去哪里求学，去工作，所经历的不同的地方，这是根据他迁徙的路径。第三个主题，家族的家风传统。通过这种方式一以贯之。在写作时，也有人写的是父母如何节俭，或者爷爷奶奶如何节俭，通过勤劳节俭这条线去串起大的故事，整个家族的历史，从爷爷奶奶的童年经历怎样的艰辛养成节俭的习惯，再到三年饥荒的时候，他如何通过节俭的方式养育孩子，又通过这个影响自己的子女。一代代人关于节俭的故事，其实融合起来就变成了一个家史，充分反映这个家庭。也有人写家族的女性特别能干，特别敢于承担，特别愿意追求爱情。第四个主题，书写家族命运，影响家族命运的大事。这种大事可能是很多件，也可能是一件，比如有的家族最关键的某一件大事可能是改革开放的时候，自己的父亲下海经商了，从此家庭的命运发生了重大的改变。也有可能在更往前一点可能是在中华人民共和国之前自己的父亲曾经在民国政府里工作过，通过这样的一些大事件为核心主题进行书写，也可以进入。第五个主题，最珍贵的一件东西。在中华人民共和国初期有这种老三件、新三件，所谓电视、自行车、手表、收音机等，这种是非常珍贵的东西。第六个主题，家族曾有过最痛苦、最幸福的事情。侧重的是一个家里的痛点，或者一个家里的最兴奋点，最幸福的事。这里可以把握一家人的情绪开关、心理历程，甚至某些脾气、习性、心理机制的养成。第七个主题，老照片。老照片可以承载家庭记忆的许多事情。久了之后，一张张照片的事情，其实是会被遗忘的，所以可以通过不断地写家庭的老照片的故事。如果家庭有相册的话，以老照片为线索，围绕主题去不断地写，也可以去写出一个个故事，写出自己的家史。第八个主题，食物简史。食物的记忆，一个家衣食住行，民以食为天，可以透过食物洞察到一个家族的变迁，可以洞察到你的生活，洞察到你的习俗、社会阶层、文化品位，或者说是甚至在身体、生理、心理层面的种种东西。①

2012年，上海的福寿园人文纪念公园发起一场"替亲人出书，为百姓立传"

---

① 李艺泓：《如何用15天写出一部好家史？》，万村写作计划2020年4月25日。

的主题文稿征集活动。在9个月的征集期内，《百姓家史》共征集书稿76部，平均每月多达8位参与者投稿。2014年，《百姓家史》第一期出版11部，首批6本：母亲为追忆早逝儿子而作的《湖边的日子》；记录赵氏家族三代人往事的《家事》；献给平凡母亲的《母亲走过的路》；一名传奇老人的回忆录《一名中国画家的红色传奇》；讲述母亲教育生涯及博爱情怀的《那代人的博爱》；以及撰写篆刻艺术家父亲的纪实性传记《竹刻人生》。《百姓家史》把原先以上海名人和社会精英为主体的人文纪念活动延伸、扩展为面向普通人的、全民性的人文纪念，它让每个生命都能像书一样流传千古。① 2015年，又联合相关政府部门，组织了面向全上海的第二期征稿活动。

2020年起，在北京大学"80后"教师王洪喆开设的《传播学理论》课上，个人家庭史的非虚构写作成为课程考核作业，期望学生由此"重新理解自己的家人和他们的时代"。在他的鼓励下，过去两年内，300多位"00后"大学生，成为民间历史的调查者。他们将视角对准自己的家庭，用口述史、媒介考古的方式，发掘日常之下被忽略的过去，记录具体而微的祖辈往事。2021年9月至10月，汇集其中50份作品的展览在北京举办。展览背后是由300多个家庭、100多万文字、无数老照片和老物件，构成的关于20世纪不同的历史横断面。② 由此可知，在家风家训教育活动大背景下，家庭往事的挖掘成为人们关注的主题，这是大力发展公众家族史的大好时机。有趣的是，新闻写作与公众史学，竟然在家史写作上找到了共通题材。

北京回忆久久文化传媒有限公司，2010—2015年曾做过几年的个人史与家族史，当时十分红火。舟山日报图书传媒有限公司也在推百年家史项目：家史是家族繁衍变迁的档案、兴衰起落的见证，当今社会大分化、家族大迁徙，寻根祭祖、教育子孙都需编写百年家史。家族渊源、代系传承、迁徙分布、发展繁衍、人物故事、得失教训、艺文图表、文化传承、亲戚关系图、百年大事记，整合而成就是百年家史。③ 此类公司，全国各地都有一些。

---

① 刘歆:《以文忆人为百姓立传：百姓家史系列丛书沪上首发》，东方网2014年4月4日。
② 陈馨懿:《北大慈溪女生：一片杨梅林，外公的奋斗，妈妈的童年，还有我的乡愁》，《钱江晚报》2021年11月26日。
③ 舟山日报图书传媒有限公司：《让每位老人都有回忆录，让每个家庭都有家族史》，《舟山日报》2019年7月15日。

(五) 其他百年家史

随着城镇化建设的推进，人们纷纷走出家门、国门在外落户定居，使得原本聚族而居的状况逐渐解体。在家庭结构日益松散的情况下，为了维护家庭关系，增强家庭成员之间的亲和力和凝聚力，编纂家史具有十分重要的现实意义。由全家人共同参与写作的《百年五代家族史》，最可操作。

由邯郸市永年区广府镇南桥村农民作家潘修德牵头，汇聚兄妹"八杆笔"，历时三年多编纂的潘氏《百年家史》终于面世。书中以淳朴厚重的笔调，反映了古城广府一隅，上至清末，下至新时代波澜壮阔的变化，凝聚了一大家八小家共计六代200人的苦乐年华。作者表示：年老了，心怀更敞亮了，心里想说的话终于用图文表达出来，要让后人永远记住：幸福生活来之不易，党和祖国才是我们的引路人。①

平民视角即以平民的眼光描写、再现普通民众的生活日常，用平民思维方式讲平民的故事，揭示平民的生活状态和思想情感。② 庞进《平民世代》，太白文艺出版社2008年，是一部典型的长篇家族史。林允富将这部著作的成就概括为十二个字：新体裁、新题材、新写法、新高度。③ 本书的材料来自祖辈遗书、遗物，作者的耳濡目染和实地调查，注重原创性和亲历性。写法上具有史家笔法：不溢美，不隐恶，实事求是，而且不仅仅在于记事，还特别重视揭示人物、家族命运背后的东西。全书35万字，图片100多幅。④ 又有张泽石主编《张明镜、罗光碧百年五代家族》（2010），北京时代弄潮文化公司。此类作品，该公司出过不少。

周荣生《家和万事兴——周荣生回忆录暨家族成员情况》。老人退休前是原上饶市司法局律师事务所主任，2002年底正式离岗回家，他利用半年多时间，写了一本《家和万事兴——周荣生回忆录暨家族成员情况》家谱式的书籍，书中收集了许多珍贵的家族成员的老照片。该书于2013年付印，受到兄弟姐妹们的赞扬，尤其是为下一代的孩子及孙辈们提供了了解周氏一族大家庭的历史资

---

① 赵毓志：《百年家史，波澜壮阔 永年农民潘修德用这部书献礼国庆》，微播永年2019年9月2日。
② 刘知英：《历史认知与日常生活书写》，《创作与评论》2018年第3期。
③ 林允富：《镌刻历史 凸现性格 洞见人生：评庞进〈平民世代〉》，《西安文理学院学报》（社会科学版）2009年第5期。
④ 田冲：《庞进新作〈平民世代〉出版》，西安作家田冲博客2008年11月19日。

料。"我们的家风与家教"一篇，更为后代的教育提供了许多有益的启发。①

2012年，退休十年后的欧阳俊感到有荒废生命的隐痛，于是选择认真地老去，留点文字在人间，要思考是自己是如何变老的，这次写作简直像是由小变老又苦了一次。2017年，用百姓家史的写作方式，梳理自己八十载个人成长史和三百年家族史，欧阳俊完成了《活着的传奇》（中国言实出版社，2017）。除了记录作者亲历、亲见、亲闻的人物、故事、地方风土民情和人文习俗，还对那些濒临消失的历史事件和民间文化进行了抢救性的追述。②

陈贵辉《陈家沟延鼎家史》（兰州大学出版社，2017），作者是甘肃省编制办副主任，他父亲陈延鼎是甘肃永靖县陈家沟一位普通农民，全书12章，书中清晰记载了一个普通农民及其家庭走过的艰辛道路，粗线条反映不同历史时期的社会变迁、民间生活、地方风俗、家庭悲欢。③ 这是一个家族流迁史研究的典型范例，这是一个新中国农村家庭史的典型个案，这也是一部陇上风土人文志，这是一册哀而不怨的家风传承谱。④ "《陈家沟延鼎家史》不是一本简单意义上由怀念父亲而展开的对家族史追忆的作品，而是一本内涵丰富、富有生动细节、葆有温度和质感的人类学和社会学文本。"⑤ 本书恰好对我们了解近70年甘肃农村的发展变迁提供了一个鲜活的样本，从而使其超越了家族史的范围，进入了中国社会乡村史的视野。⑥ 作者为了缅怀先人、弘扬家风，经过十年爬梳考证、四方奔走访谈而成。"虽然作者并没有受过系统的史学训练，但他却很自觉地运用了文献检索、碑刻铭文、实地访谈、田野踏勘等多种研究手段。"⑦ 这正是当代公众历史的典范，因为是写真，因为缺乏文献，逼着他四处调查与考订，最后成书。值得注意的是，此书完全是业余创作，于他的事业无直接帮助，完全是要解决自己内心的寻根意识。1985年父亲离开以后，陈贵辉久久难以释怀，30年后有了本书的写作。因为是业余写作，所以前后经历了十年时间。这应是当代公众历史面临的普遍现状。

---

① 汪增讨：《老人写"家谱" 痴心有宏愿》，《上饶晚报》2015年10月17日。
② 郑文丰：《百姓家史的典范书写》，《贵阳日报》2018年7月24日；郑文丰：《用信仰和拼搏影响下一代》，《贵阳日报》2019年9月22日。
③ 陈克恭：《读〈陈家沟延鼎家史〉感怀》，《人民日报》2017年12月19日。
④ 吴海涛：《一部哀而不怨的家族史记——〈陈家沟延鼎家史〉》，简书2022年3月18日。
⑤ 马永强：《我是谁？我从哪里来？我到哪里去？》，《上海青年报》2021年8月29日。
⑥ 刘进宝：《家庭、社会与国家：读一位普通农民的家史》，《中华读书报》2022年5月4日。
⑦ 吴海涛：《一部哀而不怨的家族史记——〈陈家沟延鼎家史〉》，简书2022年3月18日。

第九章 多形态的现代家族史

台湾作家张大春《聆听父亲》（上海人民出版社，2008）。1997年，年迈的父亲意外摔倒，从此没有站起来。当时他经常想，父亲如果有一天突然离去，那些关于他的经历、他所熟悉的家族记忆也都将随他而去。他想为父亲做些什么，于是让父亲讲家族往事，给还未出生的孩子说故事。张大春的写作是在与父亲的交谈中进行的，但这样的交谈持续不了太久，父亲不太愿意去面对他摔倒之前的人生，写作因此常常中断。① 这段对话十分有意义，一是不到临死，没有人会想到留住过往。二是老人则应沮丧而没有心情讲述过往，彼此的想法完全不对称。他得做父亲的思想工作，让其理解讲述过往的意义。因为，老人没有文本留存思想。父亲不太配合，如何办？此时，他想起了1988年回山东老家时让六大爷所写的70页《家史漫谈》。张大春从这些凌乱的稿件中，梳理出了家族史的大致框架，在整合父亲回忆的基础上创作完成了《聆听父亲》。做这件事的意义就在于将这些行将消失的家族记忆抢救并重新整理出来。② 写进书中，被他称为"住进一个没有命运也没有浴缸的房子"，它是一部极度简化的个人家族史，是一部在时代变迁中触摸个人血脉的故事。③

除了平民家史，更有望族家史。

上海电视台著名节目主持人曹可凡的家族故事可以追溯至无锡太湖边的蠡园，这座清朗质朴的园林始建于1927年，以蠡湖和范蠡得名，由曹可凡的曾外祖父王尧臣与其胞弟王禹卿两兄弟创立。白手入沪的无锡青年王尧臣、王禹卿兄弟一步一个脚印，不过短短十数载光阴，便在风云际会的魔都崭露头角，顶天立地。他们由儒学而经济，由经济而实业，由实业而政治，游走黑白两道间，纵横商、政、文等领域。曹可凡与传记作家宋路霞联袂完成了四十余万字的家史著作《蠡园惊梦》（上海交通大学出版社2015年版）。④ 120年五代人的生活变迁，在书中完整呈现。

冯氏是天津望族，除了1986年续修《居俟堂冯氏谱记》外，2000年又写了《断简残篇——公甫回忆录》。作者冯燮堮先生用散文体写"家事、俗事、轶事、趣事，一事一写。可以怀人，可以咏物，也可寄情"⑤。每集九篇，共四集，全

---

① 卜昌伟：《张大春：小说〈聆听父亲〉写作一度搁浅》，新华网2008年5月31日。
② 卜昌伟：《张大春：小说〈聆听父亲〉写作一度搁浅》，新华网2008年5月31日。
③ 张守刚：《张大春：抢救记忆的〈聆听父亲〉》，《南都周刊》2008年4月15日。
④ 李乃清：《海派大宅门——曹可凡讲述百年家史》，《南方人物周刊》2018年1月3日。
⑤ 李和璞：《序言》，见冯燮堮《"河东冯"回忆录》，《问津》2019年第4期。

· 461 ·

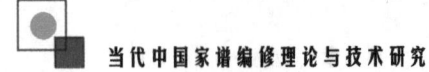

书三十六篇。这样的散文体，方便新手操作，是值得提倡的。当然，若能全景式写出冯氏家族史，更为理想。作者一再叮嘱："这些家庭生活琐事，只能在家族亲友闲暇时翻阅，不宜传播。"① 这种观念，正是公众史写作缺乏自信的表现。若用公众史学观念来视，它本身是公共文化生产活动。更何况天津冯氏是教育世家，值得后世人好好研究。

水梓是央视著名主持人水均益的爷爷，著名教育家。水天中编《煦园春秋——水梓和他的家世》（中国艺苑出版社，2006），梳理了甘肃水氏作为文化世家的历史。全书由不同体例的三部分组成：第一部分《眺望远山》，是家族历史的回忆，前后涉及水氏四代人的成长过程；第二部分《水梓诗文》；第三部分《回忆·散记》。它是由不同时代的回忆和史料组成的一段人文历史——一个地处西北高原的文人家族的历史。② 此类家史，更适应文化世家，有较多的诗文传下来，也会写作相关回忆录。

以上三种家史，三种风格，大家可自由选择。

家史编修事，没有人来做。能想到的家人必须立马动手，逐步调查、研究与写作，最终成稿。多数人会遇到平时不珍惜与父母相处的时间，"我奶奶在的时候愿意讲，但我们不愿意听，现在我想听，但她人已经不在了"③；或在外地工作，没有时间与父母相处。等父母离开时，才知没有来得及听父母讲述过往。这是两种讲述心情的不对称，长辈有心讲而晚辈无心听，或晚辈有心听而长辈再也没机会讲。"死亡不是终点，遗忘才是。为普通人做传记，只为恰当地留下对你而言重要的信息。"④

第四节 亲情谱制作

今日家谱是当代家族历史记录，家谱可以做各种各样的创新活动，如做亲情谱之类，可能更受人欢迎。

---

① 李和璞：《序言》，见冯燮埕《"河东冯"回忆录》，《问津》2019年第4期。
② 宝琴：《水梓和他的家世》，中国侨网2007年2月13日。
③ 马金辉、叶小果：《记忆流失的速度太快了，老人的临终讲述更像是一种托付》，《杭州日报》2021年3月30日。
④ 马金辉、叶小果：《记忆流失的速度太快了，老人的临终讲述更像是一种托付》，《杭州日报》2021年3月30日。

第九章　多形态的现代家族史

一　亲情谱价值意义

亲情谱，实际上是将父母内外两家合一的家谱。传统家谱是一姓家谱，是集体家谱，所以难以涉及外家。现在，突破了家谱的集体性，以公众家谱为主，自然可以更为灵活，兼及外家。对现实中的家族来说，亲戚是他们主要的人脉圈。亲戚是指姑、舅、姨。亲戚，又可分内亲（姑）与外亲（舅、姨）两类。五服内的同姓是一家人。简单地说，同姓是宗，异姓是戚。

传统修谱过于重视本姓。其实，父系永远是一半，另一半是母系，也就是他姓。不同姓氏互相通婚，共同繁衍子孙，这才是现实。女儿为什么不上吊线？因为女儿出嫁以后，成为其他家族人的，在夫家附属。这是同姓家谱，与祠堂配套。祠堂中不会祭祀姑姑，所以家谱中也不出现姑姑，这是十分正常的现象，与是否轻女无关。原来，女孩也是有根的。所谓百家谱观念，现在看来，也是值得反思的。作为家谱以宗亲血缘关系为主线记述，旁系辅之，宗脉清晰，并无杂乱。在公众家谱中，通过"女儿放前、女婿置后"的方式，直接将女儿家族成员也收罗进来。甚至通过增加"亲戚往来"的方式，记录相关外戚家庭的信息。就这样，传统宗亲的范围被突破了，不分男女的血缘关系成了家谱的新标准。男女平等的新取向攻入古老的家谱。[1]

亲情谱，这是吉林长春宛福成和浙江金华饶玉华两人达成的共识。针对的对象是没有家谱的人，当然也包括已经入谱的人。此类谱目前在国内外还不多。体例是以"我"为主线，上追二代，下延二代，构成五服世系。通俗地说，在原来的"男系"之外，将"女系"家族关系也记录下来，这是多维立体谱。这是"我系血缘构成谱"，彰显的是"我中有你，你中有我"。因为"我系"与"娶系""嫁系"，三者并立，只是后二者仅为三服。如姑娘嫁给了谁的儿子又生了谁，兄弟娶了谁的姑娘又生了谁。再有，此谱的最大看点是"姓氏源流"，当然有"我系"，但更多的是"母系"，撰文者均为业界行家执笔，经得住文化与历史的检验。还有，此谱，不仅是血缘组成谱，还是家庭档案谱，也就是把所有五服之亲的光荣事儿，都尽量记录下来，也包括反映历史的老照片。[2]　制作此

---

[1]　家谱国际：《人们真的不再需要家谱了吗？》，家谱国际2018年7月7日。
[2]　宛福成：《谱务走向》，宛福成《姓氏文化与实务》，北京九亲文化股份有限公司印，2020年。

谱的软件，已由金华天下谱局公司研发出来了。

不过实际的推广并不理想，民间似乎并不买账，接受家族并不太多。何以如此？或以为没有找到亲情谱的存在价值。在生活世界是走动的亲戚关系，彼此就是一个小共同体。将生活世界这种亲戚关系文本化，理论上是会受到支持的。亲情谱的用处，至少有两点，一是方便红白喜事邀请名单的拟定，或白事祭祀对象的确定。二是便于后人弄清楚前人彼此的亲戚关系。在生活世界，小孩对长辈的亲戚关系弄不清楚。结果，大家的响应并不强烈。何以如此？应与习惯缺失有关。在生活世界，人人是按习惯行事的，保守是普遍的现状。生活世界里没有亲情谱，要想创造出一个亲情谱，要大家来接受，难度肯定是大的。从物质与文化的顺序来说，文化是后起的。文化又可分为文化消费与文化生产，文化消费容易为人接受，而文化生产则不易为人接受。可以这么说，只有不足百分之五的人会从事文化生产。修亲情谱，就属文化生产活动之一。如此，推广难度肯定大。即使提供专业服务，有时人也不会买账。用商鞅的说法，普通人只可事后享成，无法事前商量。这是通透人情之论。要解决这个修谱问题，关键要从各个家族中寻找主编及编修团队。家谱都是靠人来做的，没有挑头人，没有组织者，是不可能办成群体文化生产活动的。尤其是此类创新的文化活动，更应如此。其次，必须提供大量成功亲情谱编修样本，进入生活世界，让彼此有一个学习与攀比机会，进行广泛的社会推广，进而成为民间的习俗，才能称为推广成功。此间仍有一个难度，亲情谱的信息过于私密，不太会公开传播。要他们公开传播，也有一定的难度。

二 亲情谱制作模式

目前有少量的亲情谱作品在公开传播，如《浙江宁海城关童巨丰家族谱志》。童遵兴主编的《浙江宁海城关童巨丰家族谱志》（2014）让笔者眼睛一亮，这不就是典型的亲情谱吗？据作者说，1998年，读到宁波前童村所修新谱《宁海塔山童氏谱志》（1995），于城关童氏一支"不够重视"，甚至有不少细节错误，1999年决定独修宁海县城关一支。大家谱对于某支尤其是外迁一支，记录简单，这是常见现象。这一支，是因为中华民国时期开办了童巨丰商号而出名的，于是称为"童巨丰家族"。有四个儿子，称为四分。这个家族，因为有家产，重视教育，子孙多走了学道，读书外出，分配到全国各地工作，于是成为文化之家。作者将视线扩大到了女婿家族，延及女婿、外甥、外甥女家族的后裔，近二百人，共出了

112位大学生。此谱较多地使用了表格，反映此家族的现象，体现了谱志的特点。此谱专门列功名学识、通信地址、亡故归宿。亡故归宿收录坟墓照片，是为一大创举。所谓谱志，是家谱与地方志结合的产物。就乡村来说，修谱、修志两者有相通之处。20世纪80—90年代，产生了一大批谱志，浙江金华、温州、台州地区最多。除了常见的谱系图，《浙江宁海城关童巨丰家族谱志》还收录了大量的家族名人，梳理了各人的履历，每人一照，一人一页，"以便后人瞻仰其形象"。人物传分为家族骄傲、成员略传两大部分。成员略传，又分为嫡系子孙、媳妇、女婿、外甥女及其配偶。大开本，铜版印纸，显得气魄。《编后话》"为提高后人的观看兴趣及对前人家境的留住之情"，加入了相当多的照片，"使谱志丰富多彩，鲜艳夺目"。这种精神也值得肯定。目前，某些机构提倡亲情谱，但所见样本不多。这部谱志，可以说是一部典型的亲情谱。这为大家提供了丰富的想象空间。离开宗谱档案性质，走向家族史以后，家谱的发展空间会更大，完全可以按亲情关系网，建构亲情谱。目前亲情谱之所以普及度不足，是因为市面上所见不多。眼睛既看不见，大脑记忆中无此物，人们自然不会想到做。一旦他们看到了，人人可以做，难度并不大。事实决定观念，实际的感受决定其接受与否。

用《缘谱》记录女儿家族世系。艾明、艾伟旺担纲，在《艾氏宗谱》之外，别创《艾氏缘谱》，确实是一大创新。为顺应新时代，体现男女平等，他们创新性地编写出了一部《艾氏缘谱》，专门记录家族女方的后裔资料。[①] 独立成册，与宗谱配套，如此儿女两方家族后裔均有记录，这确实是一大创新。在年轻人婚后，可以把男女双方的家庭情况，也就是亲家双方记载在同一本家谱之中，这样既能增加姻亲双方家庭的亲近感，进一步弘扬男女平等的新风尚，也能使未来的子孙更全面地认知到自己家族的血脉传承关系。[②] 这些想法，只有公众家谱范围内容易实现；如果大家谱也要加入，须增加"外戚篇"。

甚至可以女儿为主线，串联相关家族人员。如《刨根问底集——林家三姐妹的后人》[③]。林家三姐妹，就是林则徐的三个女儿林尘谭、林普晴、林金銮，当时分别许配给刘、沈、郑三氏。据家谱记载，早在20世纪20年代，三姐妹的

[①] 艾佳、艾前进：《陕西米脂：新时代的家谱典范——品读米脂太安九甲〈艾氏宗谱〉感悟》，艾氏宗亲网2018年2月11日。

[②] 周俊生：《推进"规则改革"，让家谱修编走向每一个家庭》，澎湃评论2017年5月13日。

[③] 非常奇怪的是，通过多种途径检索，却找不到此书的出版情况。可能是内部刊印。

后人就常常在北京北海公园聚会，有时聚会人数多达一二百人。这是一种"姨表亲"的欢聚。到了八九十年代，三姐妹的后人还会聚到一起，为长辈祝寿。在漫长而亲密的关系中，这些后人产生一个强烈愿望——以"三姐妹的后人"为题，把散居海内外的姨表亲全部编到一部家谱里。家谱在1991年编定完毕，以林则徐为第一代，林家三姐妹及其配偶为第二代，如此推演，竟有九代之多。它不仅以女性后裔为内容，而且对其后人中的子与女也一视同仁，登录他们的夫或妻及子女。

以女儿为中心建立独立的女性家谱。1999年，王火主编《熊岳满族赫舍里氏女性家谱》，记录辽宁盖州满族一女性字谱。赫舍里氏是满族古姓，后改姓何。老夫妻生五女一子，子早逝，于是以女儿为主，编成这部家谱。① 这是一部以女儿为主体的家谱。当然，按笔者"女儿置前"的书写法，它也可算是同姓家谱。

此外，有家谱卷轴。

挂谱，俗称家堂画、家堂、家堂轴、家谱轴、轴子、神轴、家影、祖影。挂谱是用于祭祀之谱，近于祖宗牌位的图像化。它是流动的祠堂，更方便普通人家使用，也算是一大发明，主要流行于山东、山西、河南、河北及东北。② 笔者所处杭州郊区，年三十夜请祖宗，只是象征性地在八仙桌四边放上八副碗筷，请祖宗先吃。这种方式比较物质化，挂谱则是图像化的。此外，河北井陉县，"谱和祠堂合二为一，列祖列宗的名讳就刻在祠堂里"③。

除了这种短的用于祭祀的家谱，现在也有一种更长的长卷家谱。它近于列代祖先一图到底，是一种总世系图。张槎街道东鄱东便村人庞日泉是一位搜集整理族谱的爱好者。2013年3月12日上午，一个特殊的族谱展览在佛山市图书馆开展。66岁的佛山张槎人庞日泉前后花了18年时间完成佛山陈氏、庞氏九卷族谱长卷，长卷用长6—8米、宽1.3米的纸张手写完成，总长度超过70米，九卷族谱以树形结构直观反映佛山陈氏、庞氏近千年家族历史变迁。④ "找资料的过程比较难，但是整理起来非常有趣。"因为这是家族亲人，自然更有兴趣来关

---

① 曹冬生：《论新家谱之新》，《图书馆学刊》2015年第3期。
② 励双杰：《不一样的家谱：敬祖追远话挂谱》，谱学社2022年5月11日。
③ 祁胜勇：《家谱唤醒孝思亲情》，《燕赵都市报》2014年7月13日。
④ 潘慕英：《佛山一老伯用18年手写70米族谱长卷》，《广州日报》2013年3月13日。

注。在东丽区华明示范小城镇，一位花甲老人孙桂林近日编写完成了135米的孙氏源流图家谱，这在国内尚属唯一。① "我们采用的塑料纸，不怕水，要不然这种天气不敢拿出来的。"热情的庞叔很快从书房搬出八捆族谱，语气中尽是自豪。② "族谱长卷主要用在祠堂内给族人校对改正，修谱后再根据长卷编排印刷多本族谱。"③ 孙桂林编写完成了135米的孙氏源流图家谱，"这在国内尚属唯一"。④ 笔者曾见宁波天一阁的龚烈沸为徐氏制作了几米长的宣纸长卷，是手工绘制、毛笔书写的。

除了手工画卷轴，现在也出现机打卷轴。湖北的岳名翔在参考众多卷轴基础上，花了六年时间制作出了岳氏卷轴，相当漂亮。岳名翔说："全国各地有很多地方几乎没有族谱，如果中华家谱编纂基地能够给他们设计一个简单的模板，先做《源流世系图》也是一个可行的办法。这样做下来人人都可以上谱，先小再大，先部分再整体。如果各地都有这样的世系图，将来如有机会把它们总结到一块，那不就是一本《族谱》了吗？"今日的拼接技术，可以做成几十代的长卷。这样的表达法，更受人喜欢。某些家谱公司会专门制作此类长轴。笔者曾在天下谱局见过饶氏通谱长卷，是拼接起来的长卷。

小结

家谱、家史、家族影像志，可以结合吗？前几年，老家编印的顾氏家谱，让山东的顾士玲老人想起了家族往事。2021年，《殷庄杜氏家谱》的刊印，又让她动了书写家族史的念头。经过近半年的打磨，2021年12月，总共六章的《我的家族史》初稿基本完成。2022年1月，顾士玲又想到了照片，把亲戚们发过来的110多张照片、16幅书画照片以及众多获奖证书，一张张地进行核对，并按时间、按家庭分类排列、对号入座，编成六个章节、近百页的相册。夫妻两人考虑再三，决定将相册作为《家族史·下册》与书稿合并刊印。⑤ 这是一个十分创意的想法，值得他人学习。家谱偏家族整体，家史重细节，照片重外观，两相结合，更合当代人的想法。

当代中国进入了家史编修的黄金时代，不过这是潜流，要创造平民的家史

---

① 张清：《国内唯一：花甲老人编写完成135米家谱》，《城市快报》2011年4月12日。
② 刘海波：《八米宽大族谱 全族人当校对》，《佛山日报》2012年12月1日。
③ 潘慕英：《佛山一老伯用18年手写70米族谱长卷》，《广州日报》2013年3月13日。
④ 张清：《国内唯一：花甲老人编写完成135米家谱》，《城市快报》天津网2011年4月12日。
⑤ 张桂亭：《"不把家族史写出来，总觉着愧对先辈"》，《彭城晚报》2022年3月22日。

编纂需求，将之做成显流，尚有很长的路要走。中国的体制是家国同构，国家的历史，大家十分熟悉，但家族人员的历史远未成为研究对象。家族的数量过多，家族又分贵族与寒族。今日有更多的家族富裕起来了，自然有更多的家族有机会成为关注对象，从而成为有文化之家。选择讲一些能上台面的人与事、言与行。家族史是一种家族集体史、整体史。没有集体观念的人，是不会关注家族史的。人往往会有普泛的国家视野，不太会有专门的家族史视野。现代史学提供了一种专门关注某一专题领域的研究，这是它的成功之处。